한 번에 합격!

해커스 [illegible]가사 합격 시스템

취약 부분 즉시 해결!
교수님
질문게시판

언제 어디서나 공부!
PC&모바일
수강 서비스

해커스만의
단기합격 커리큘럼

초밀착 학습관리
& 1:1 성적관리

해커스 감정평가사

민영기 부동산학원론

기본서

해커스 감정평가사

서문

현대는 자산관리의 시대입니다. 부동산, 기업, 금융상품, 특허권, 동산 등 가치가 매겨지는 자산은 헤아릴 수 없이 많습니다. 그중에서도 특히 부동산이 차지하는 비중은 가히 절대적이라고 할 수 있습니다. 우리나라 가구당 평균자산 구성비 중에서 부동산이 차지하는 비율은 70~80%에 달하고 있습니다. 부동산과 금융이 통합되는 추세가 가속되는 상황에서 부동산에 대한 심층적인 이해는 날로 그 중요성이 더해지고 있습니다.
감정평가사는 부동산활동에 있어서 핵심적인 역할을 담당하는 자격사이며, 앞으로도 이러한 중요성은 더할 것이라 생각됩니다.

「해커스 감정평가사 민영기 부동산학원론 기본서」는 감정평가사를 준비하는 수험생을 위하여 만들어졌습니다. 그러므로 수험서라는 소임을 잊지 않았습니다. 즉, 넘치지도 모자라지도 않게 최소비용 최대효용이라는 경제원칙에 충실한 교재입니다. 앞으로 수험생 여러분과 함께하면서 소중한 길잡이가 될 것이며, 합격이라는 최종목표를 달성하는 데 가장 빠른 수단이 될 것임을 확신합니다.
부동산학원론은 매우 방대한 내용을 함축하고 있습니다. 부동산학원론의 숙지를 위해서는 경제학과 경영학 전반을 아우르는 기본적 소양이 필요합니다. 또한 법학의 기초적 사고와 사회학, 심리학과 같은 사회과학적 토대가 필요한 학문입니다. 하지만 유감스럽게도 감정평가사를 준비하는 수험생들이 이 모든 분야에 정통할 수는 없습니다.
본서는 사회과학적 토대가 부족한 일반 수험생을 위해 세심하게 편집되었고 합격이라는 목표를 수행하기 위한 사고의 흐름을 면밀하게 의도하였습니다. 하지만 아무리 좋은 약이라도 스스로 삼키려 하는 노력이 없다면 쓸모가 없을 것입니다. 필자는 여러 수험생들께 다음과 같은 방법을 권해 보고자 합니다.

「해커스 감정평가사 민영기 부동산학원론 기본서」의 특징은 다음과 같습니다.

첫째, 본서를 3회독 이상 반복하라!

부동산학원론을 처음 접하는 수험생은 낯설고 딱딱한 용어에 겁을 집어먹고 포기하는 분들이 많습니다. 누구나 처음 가는 길은 낯설기 마련입니다. 그러니 주저하지 말고 교재를 읽어 나가시길 바랍니다. 처음에는 정독을 권하지 않으며, 다소 거칠게라도 첫회는 속독으로 읽고 먼저 내용의 체계와 대강을 파악한 후 정독하기를 권합니다.

처음에는 어렵고 이해되지 않는 부분들이 뒤에 가면서 해결되고, 그렇지 않다면 반복하는 과정에서 이해될 것입니다.

둘째, 단계적으로 문제를 풀어라!

처음부터 너무 욕심을 내지 말고 자신의 학습수준에 맞는 문제를 거르지 말고 풀어야 합니다. 이론을 이해한 후 문제풀이를 통해 실력을 다지는 것이 매우 중요합니다. 실제 시험장에서는 5개의 선택지가 주어진 문제를 푼다는 것을 잊지 말아야 합니다. 문제 푸는 요령이 숙지되지 않으면 아무리 머릿속에 아는 것이 많아도 목적을 달성할 수 없습니다.

셋째, 시사의 흐름을 놓치지 말라!

부동산학은 응용과학입니다. 결코 실험실에 갇힌 창백한 지식이 아닙니다. 현실 속에 역동하는 부동산 현상과 활동은 열려 있는 수험서입니다. 가끔 시사적인 문제가 출제되고 또한 이론을 현실적 용어로 포장해서 출제되는 경향이 커지고 있으며, 특히 여러 가지 이론을 일반화한 산식이 출제되어 수험생들을 당혹스럽게도 하고 있습니다. 수험생 여러분은 스스로 알고 있는 부동산 지식을 무기로 부동산에 대한 뉴스나 정보를 자신의 것으로 만들기 바랍니다.

넷째, 포기하지 말고 자신감을 갖자!

노력하는 사람은 누구든지 성취할 수 있습니다. 다만, 수험과정의 어려움으로 포기하는 분들도 드물지 않아 안타까운 심정입니다. 감정평가사는 쉬운 것은 아니나 포기하지만 않는다면 반드시 정복되는 시험이니 자신감을 갖고 정진하시길 바랍니다.

다섯째, 학원(동영상) 강의를 이용하라!

이미 오래전부터 독학만으로 감정평가사 시험에 합격하는 경우는 드문 현실이 되었습니다. 다소간의 비용이 들어간다 하더라도 학원(동영상) 강의를 적극 이용하시길 바랍니다. 혼자 학습할 경우의 오류와 시간을 획기적으로 줄일 수 있습니다.

모쪼록 본서를 통해 수험생 여러분들에게 영광된 합격의 기쁨 있기를 기원합니다.

저자 민영기 드림

PART 01 부동산학 총론

PART 02 부동산경제론

PART 03 부동산시장론

PART 04 부동산정책론

PART 05 부동산투자론

PART 06 부동산금융론

PART 07 부동산관리 및 개발론

PART 08 부동산 감정평가론

PART 01

부동산학 총론

제1장 부동산의 개념과 분류

View Point

1. 부동산학과 관련된 내용은 각론 학습의 기초가 되므로 개괄적으로 학습한다.
2. 복합개념의 부동산으로부터 준부동산을 중심으로한 법률적 개념의 부동산을 상세히 학습한다.
3. 정착물의 종류와 동산과의 차이점에 대하여 철저히 구분한다.
4. 후보지/이행지, 포락지, 건부지, 택지, 나지, 법지/빈지 등의 토지 용어가 빈출하고 있다.
5. 단독주택/ 공동주택, 준주택/도시형생활주택 등 주택의 분류에 대하여 꼼꼼히 숙지한다.

제1절 부동산학의 정의 및 접근방법

1 부동산학의 의의

1. 부동산학의 정의

(1) 부동산활동의 능률화 원리 및 그 응용기술을 개척하는 종합응용과학(김영진)

(2) 부동산현상의 정확한 인식을 기하고 바람직한 부동산활동을 전개해 가기 위해 부동산의 물적, 경제적, 법적 제 측면을 연구하는 종합응용과학(이창석)

(3) 부동산학은 부동산과 관련된 의사결정과정을 연구하기 위하여 부동산의 법적 · 경제적 · 기술적 측면의 접근을 시도하는 종합응용과학(조주현)

2. 부동산학의 연구목적: 부동산과 인간의 관계개선을 목적으로 연구하는 학문

부동산 문제의 해결과 개선을 위해 한정된 부동산자원을 어떻게 합리적 · 효율적으로 이용, 관리해야 하는 가를 연구하는 학문

3. 부동산학의 성격

① 응용과학(순수과학 ×), 실천과학
② 경험과학
③ 종합과학
④ 규범과학

4. 여러 학자들의 견해

김영진 교수	부동산활동의 능률화 원리 및 그 응용기술을 개척하는 종합응용과학
Ring & Dasso	토지와 토지상에 부착되어 있거나 연결되어 있는 여러 가지 항구적인 토지 개량물에 관하여 그것과 관련되어 있는 직업적 · 물적 · 법적 · 금융적 제 측면을 기술하고 분석하는 학문연구의 한 분야

이창석 교수	부동산현상의 정확한 인식을 기하고 바람직한 부동산활동을 전개해 나가기 위해 부동산의 기술적 · 경제적 · 법률적 제 측면을 연구하는 종합응용과학

5. 부동산학의 접근방법

법 · 제도적 접근방법	초기의 연구태도로 법과 제도적 측면에서 부동산이론을 연구하려는 태도
종합식 접근방법	부동산활동과 관련성을 갖는 주변과학의 연구결과를 종합 · 체계화하여 부동산학을 설명 ※ 분산식 접근방법–일반주변과학의 입장에서 각기 개별적, 부분적으로 부동산학을 다루려는 접근방법 ※ 중점식 접근방법–부동산활동의 특정측면(법률, 경제, 기술 등)에만 중점을 두어 부동산학을 설명
행태과학적 접근방법	부동산행태를 중심으로 부동산학의 본질을 규명하려는 방법이다. 즉, 부동산에 관한 의사결정을 하는 사람들의 개인적 욕망이나 동기 등을 사회심리학적으로 분석하려는 태도
현상학적 접근방법	토지를 객체로 보는 전근대성을 반성하고 인간세계의 측면에서 토지를 이해하려는 연구방법
의사결정 접근방법	합리적인 의사결정의 분석에 초점을 둔 접근방법

2 부동산학의 연구대상 및 연구분야

1. 부동산학의 연구대상

부동산인간	부동산 인간이란 부동산을 대상으로 계획, 의사결정, 부동산 행위를 하는 인간을 말한다.
부동산현상	인간의 삶의 터전으로서의 부동산으로부터 알아낼 수 있는 여러 가지 법칙성 등을 말한다.
부동산활동	인간이 부동산을 상대로 하여 전개하는 여러 가지 행위를 말하는데, 부동산학의 목적은 이러한 부동산활동을 능률화하는 데에 있다.

2. 부동산학의 연구분야

부동산연구분야는 부동산환경을 구성하고 있는 각 분야의 공통적인 기능과 역할에 따라 부동산 결정분야, 부동산 결정의 지원분야, 부동산학의 기초분야로 나뉘어 지는데, 이들 각 분야는 서로 다른 분야와 밀접한 관계를 맺고 있으며 동시에 상호의존적인 관계에 있다.

부동산 결정분야(실무)	부동산결정 지원분야(실무)	부동산학의 기초분야(이론)
① 부동산 투자 ② 부동산 금융 ③ 부동산 개발 ④ 부동산 정책	① 부동산 마케팅 ② 부동산 관리 ③ 부동산 평가 ④ 부동산 상담 ⑤ 부동산 중개	① 부동산 특성 ② 부동산법(공법 · 사법) ③ 도시지역 ④ 부동산시장 ⑤ 부동산세금 ⑥ 기초적 금융수학

3 부동산학의 지도이념

1. 일반적인 이념

효율성	사적주체의 원리
형평성	공적주체의 원리
합법성	법치국가의 원리(공 · 사 주체 모두의 원리)

2. 부동산학의 지도이념

공 · 사익 조화의 원리 [법률적 측면]	공 · 사법상의 여러 규율이 부동산활동에 영향을 주며, 이 활동을 통해 부동산 현상을 변화시키겠다는 점에서 공익과 사익의 조화의 원리가 중요하다.
효율적 관리의 원리 [경제적 측면]	효율적 관리는 과학적 관리로서 부동산의 보존과 이용 및 개발 등 부동산의 경제적 측면에서 중시된다(최유효이용의 추구).
공간 및 환경가치 증대의 원리 [기술적 측면]	3차원 공간을 최유효이용할 수 있는 토지이용밀도가 요구되며, 환경가치에서도 중요성이 강조되는 것이다. 따라서 공간가치를 개발하면서도 환경가치를 보존할 수 있는, 지속가능한 개발을 추구해야 할 것이다.

4 부동산활동

1. 부동산활동의 원칙

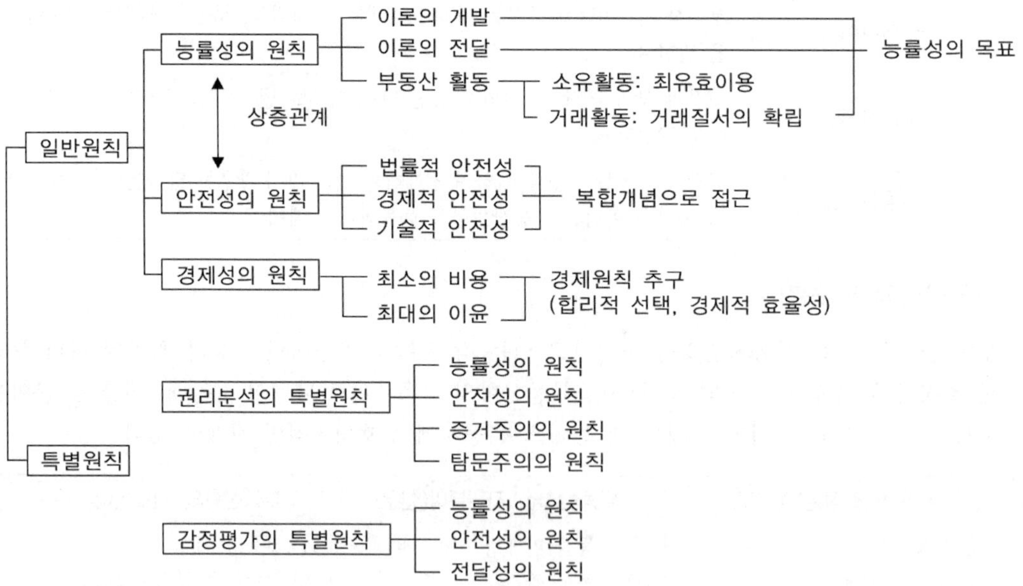

2. 한국표준산업분류상의 부동산업

다음과 같은 체계로 부동산업을 분류하고 있다.

대분류	중분류	소분류	세분류
부동산업	부동산 임대 및 공급업	부동산 임대업	• 주거용 건물임대업 • 비주거용 건물입대업 • 기타 부동산 임대업
		부동산 개발 및 공급업	• 주거용 건물 개발 및 공급업 • 비주거용 건물 개발 및 공급업 • 기타 부동산 개발 및 공급업
	부동산 관련 서비스업	부동산 관리업	• 주거용 부동산 관리업 • 비주거용 부동산 관리업
		부동산 중개, 자문 및 감정평가업	• 부동산 중개 및 대리업 • 부동산 투자 자문업 • 부동산 감정 평가업 • 부동산 분양 대행업

제2절 부동산의 개념

1 물리적 개념

1. 자연

토지를 자연으로 파악할 때는 자연환경으로 정의할 수 있으며, 가장 넓은 의미의 정의이다. 즉 자연환경은 햇빛, 바람, 기후, 강, 하천, 지하자원, 토양 및 지형학적 상태를 말한다. 자연자원으로서의 부동산의 개념은 부동산의 특성 중 부증성과 밀접하게 관련된다.

2. 공간

부동산은 공중, 지표(수평공간), 지중의 3차원 공간으로 이루어진다. 공중공간과 지중공간을 합하여 입체공간이라 하며, 입체공간으로서의 부동산은 법률적 · 경제적 개념에 해당하고, 아울러 도시 이용의 입체화가 활발하게 되고 있는 오늘날 대단히 중요한 기술적 개념이기도 하다.

KEY PLUS | 부동산 관련 개념의 구별

1. 부동산은 공간의 관점에서 보아도 복합개념에 해당되며, 3차원 공간이 된다.
2. 부동산의 공간개념은 건물의 고층화, 집합건물의 등장으로 그 중요성이 높아지고 있다.
3. 입체공간이 확대되는 현상은 도시의 고층화나 지하화에 알 수 있다.
4. 우리나라는 수평공간에 치중하였기 때문에 입체공간에 대하여 문제점을 안고 있으며, 앞으로 입체공간에 대한 지역지구제나 이용규제 등이 연구되어야 한다.

3. 위치

산업사회 이래 토지의 이용목적에 따라 그 위치가 매우 중요시되었다. 공업지는 생산비와 수송비가 절감되는 위치, 상업지는 매상고와 수익성이 좋은 위치, 주거지는 깨끗한 공기와 안락한 위치가 유리하기 때문이다. 이와 같이 토지는 그 용도에 따라 위치의 중요성이 다르며, 결국 어떤 특정 위치는 특정가격을 발생시킨다. 이에 따라 대부분의 토지 이용은 이 위치와 접근성에 따라 결정된다.

4. 환경

자연은 곧 자연환경이라 말하는데 부동산은 크게는 자연의 한 부분이지만 작게는 물리적 · 사회적 · 경제적 상황이나 조건 아래 놓여 있는데, 이를 환경이라고 한다.

2 경제적 개념

1. 생산요소(Factor of Production)

토지는 자본, 노동과 더불어 생산의 3요소 중 하나로 파악되며, 재화 생산에 필요한 부지를 제공할 뿐만 아니라 광물질이나 에너지, 건축자재 등과 같은 원료를 제공해 주는 공급처로서 역할을 수행하고 있다.

2. 소비재(Consumption goods)

토지는 생산요소인 동시에 소비재이다. 주거용 토지나 위락용 토지는 간접적으로는 생산요소로서의 역할을 할 수도 있겠지만, 보다 직접적으로는 최종소비재의 역할을 하고 있다. 즉, 토지는 내용연수를 갖지 않지만 용도면에서 공원용 토지, 빌딩용지, 공장용지, 주택용지 등 각종 개량물이 들어서면 다른 용도로 이용할 수 없다는 점에서 최종소비재의 성격을 갖는다.

3. 자산(Property)

부동산은 다른 재화에 비해 일반적으로 경제적 가치가 커서 자산(재산)으로서의 성격이 강하다. 통제경제에서는 부동산을 국유로 하므로 자산으로서 의미가 적으나, 시장경제에서는 대체로 부동산이 자산으로써 차지하는 비중이 크다고 볼 수 있다. 부동산은 시장경제에서 누구나 이를 소유하고 자유로이 이용 · 처분하여 거기서 수익을 얻을 수 있으므로 경제적 가치가 큰 자산으로서의 성격이 강하다.

4. 자본(Capital)

토지를 자본이나 자본증식의 수단으로 보는 견해도 있다. 주택은 소비자 자본으로 간주되기도 하며, 경제학에서는 인간이 토지를 만든 것이 아니므로 자본재에 포함시키지 않지만 부동산활동에서 토지는 자연자본으로 작용할 수 있다. 경제 관점에서 토지와 자본을 명확하게 구분하기 어렵고, 두 가지 요소의 특성은 유사한 면이 있다. 토지는 물리적으로 부증성과 내구성을 갖추고 있으며, 경제적으로는 자유재의 성격을 가질 수 있으며 구매나 대여가 가능하다. 따라서 부동산인 토양, 삼림, 광물 등은 다른 자본재와 유사한 성격을 가진다고 볼 수 있다.

5. 상품(Commodity)

부동산은 소비재이며 또한 시장에서 거래가 되는 상품이다. 부동산 자체는 지표에 고정되어 있어 움직이지 않는 상품이나, 부동산의 소유권은 빈번히 유통된다. 이것은, 즉 부동산과 화폐의 교환이며, 소유권과 화폐의 교환형태로 나타난다.

3 법률적 개념

법률적 측면에서의 부동산은, 거래하는 유통의 개념논의에 중점을 둔 것으로 '관리할 수 있는 한도'라고 볼 수 있다. 부동산의 매매 · 교환 등의 활동에 있어서는 법률적 견해를 택할 수밖에 없다(필지). 부동산매매 등의 활동에 있어서는 법률이 거래의 효력을 인정하여야 하며, 부동산의 개념도 법률적으로 해석해야 하기 때문이다. 민법에서 정한 것을 '협의의 부동산'이라 하고, 협의의 부동산을 포함한 공시 수단을 갖춘 독립된 거래의 객체가 인정되는 것을 '광의의 부동산'이라 한다.

1. 협의의 부동산

민법에서 규정하고 있는 토지와 그 정착물을 의미하며, 민법상 부동산이 협의의 부동산이다.

(1) 토지

민법 제212조에서 '토지의 소유권은 정당한 이익이 있는 범위 내에서 토지의 상하에 미친다.'고 규정하고 있다. 민법에서 규정하고 있는 토지는 자연 상태의 토지가 아니라 인위적으로 구분되고 토지대장에 필지로 등록된 일정범위의 객체이다.

① **토지의 구성물**: 흙, 지하수, 논둑 등을 말하며, 이는 토지의 구성부분으로서 토지의 별개의 물건이 아니며, 토지소유권은 그 구성물에도 미친다.

② **미채굴의 광물**: 국가에 광업권을 부여하는 권능이 있어 소유권이 미치지 못한다.

※ 토지와 해면의 분계: 최고 만조시의 분계점을 그 표준으로 한다.

(2) 정착물

① 원래는 동산이었으나, 토지와 건물에 항구적으로 설치되거나 부착되는 바람에 부동산의 일부가 된 물건으로서 토지와 분리해서 사용하는 것이 불가능한 물건을 말한다.

② 정착물 중에서 건물은 토지와는 별개의 독립된 부동산으로 취급된다.

※ 한국과 일본 등의 법제에서는 토지와 건물을 각각 독립된 부동산으로 규정하고 있으나, 구미 법제에서는 건물을 토지의 구성부분으로 보아 토지와 건물을 분리할 수 없는 1개의 부동산 덩어리로 취급하고 있다.

③ 정착물 중에서 철도 · 교량 · 축대 · 담장 · 수도시설 · 수목 등은 토지의 일부로서 토지로부터의 독립성이 인정되지 않는다.

④ 토지의 정착물 중에서 '수목의 집단과 농작물'은 '명인방법'에 의하거나 입목법의 적용대상이 아닌 경우에는 독립된 거래의 객체가 될 수 있다.

KEY PLUS |

1. **정착물 구분 기준**

정착물이란 원래는 분리된 동산이었으나 토지나 건물에 고정적으로 설치되거나 부착되어 용이하게 이동할 수 없는 물건을 가리킨다. 그러므로 거래 당시 어떤 물건이 정착물로 간주되면 부동산의 일부로 취급되어 매수인에게 이전되므로 그 물건이 정착물인지 아닌지를 구분하는 것이 중요하다.

(1) 물건의 부착 방법

일반적으로 토지나 건물에 부착된 물건을 제거하면 토지나 건물의 기능이 훼손, 손상되는 경우에는 정착물(설비)로 취급하고, 그렇지 않으면 동산으로 취급한다.

예 전기 배선, 상수도 파이프, 벽난로, 수도꼭지 등은 정착물(설비)로 취급한다.

(2) 물건의 성격(조화 및 적응의 정도)

특정 위치나 특정 용도에 맞도록 고안된 경우에는 그 물건은 정착물(설비)로 취급한다. 즉, 특별히 구축되거나 고안된 것이나 주물(主物)과 종물(從物)의 관계인 경우

예 건물에 고정된 창문, 특정 창문에 맞도록 제작된 커텐이나 방풍창, 현관 열쇠 등은 정착물(설비)로 취급한다.(주물인 자물쇠가 정착물이므로 종물인 열쇠도 정착물이 된다.)

(3) 당사자의 의도(설치 의도)

소유자인 임대인이 임대 가치를 증진시킬 목적으로 영구적으로 설치한 것은 정착물로 취급한다. 그리고 의도적 설치로 추정될 경우도 포함한다.

예 임대아파트에 설치되어 있는 가스스토브나 가스보일러

(4) 거래 당사자 관계(거래 당사자간의 합의)

진열대나 선반 등을 임대 건물의 소유자인 임대인이 설치한 경우에는 정착물(설비)로 취급하지만, 이를 임차인이 설치한 경우에는 동산으로 취급한다. 즉, 임차자 정착물인 거래 정착물, 농업 정착물, 가사 정착물은 동산으로 취급한다.

※ 매도인과 매수인의 쌍방의 관계에서 어떤 물건이 정착물인지 아닌지가 불분명 할 때는 그것은 정착물로 간주되어 매수인의 것이 된다.

2. **임차자 정착물 ⇨ 동산 취급(원칙)**

임대차 계약이 끝나면 임차인이 제거할 수 있는 물건을 임차자 정착물이라 하고, 이는 부동산 정착물에 포함되지 않고 동산으로 취급한다.

(1) 거래 정착물

임차인이 사업이나 거래의 편의를 위해 설치한 물건을 말한다.

예 임차인이 설치한 선반, 진열대

(2) 농업 정착물

타인의 토지를 빌려서 경작하는 농부가 농사 목적으로 설치한 물건을 말한다.

예 농기구 창고, 가축 우리

※ 입목이나 식생(植生)들이 토지에 부착되었다고 하여 모두 정착물로 취급되는 것은 아니다. 즉, 나무와 다년생식생은 부동산으로 취급되지만, 매년의 경작으로 수확을 얻는 경작수확물인 벼, 보리, 옥수수, 토마토 등은 동산으로 취급한다. 전자를 자연과실이라 하고 후자를 인공과실 또는 미분리 경작물이라 한다.

(3) 가사 정착물

타인의 주택을 빌려서 사용하는 임차인이 생활의 편의를 위해 설치한 물건을 말한다.

예 창틀의 블라인드, 공부방에 설치한 서가(書架)

2. 광의의 부동산

협의의 부동산과 준부동산(동산의 부동화현상)을 포함한 개념이다. 준부동산, 즉 의제부동산은 그 성질상 부동산으로 볼 수 없으나 그 재화의 성격이나 관리의 입장에서 볼 때 등기 · 등록이 불가피하므로 이를 넓은 의미의 부동산에 포함시키고 있는 것이다.

광의의 부동산	협의의 부동산	• 토지 + 정착물 • 독립정착물: 거래가 토지와 별도로 이루어지는 것(건물, 농작물 등) • 종속정착물: 거래가 토지와 함께 이루어지는 것(교량, 다리, 도로포장 등)
	준(의제) 부동산	• 물권변동을 등기 등으로 공시하는 동산 또는 동산과 부동산의 결합물 • 감정평가의 대상이 되며, 저당권의 목적이 될 수 있음 • 등기대상물: 공장재단, 광업재단, 입목, 선박(20t 이상) • 등록대상물: 자동차, 항공기, 건설기계 • 등록대상권리: 어업권, 광업권(단 특허권, 영업권은 해당되지 않음)

KEY PLUS | 입목에 관한 권리

① 입목은 부동산으로 본다.(입목의 독립성)
② 토지와 분리하여 입목을 양도하거나 저당권의 목적으로 할 수 있다.
③ 토지소유권 또는 지상권 처분의 효력은 입목에 미치지 아니한다
④ 입목의 경매나 그 밖의 사유로 토지와 그 입목이 각각 다른 소유자에게 속하게 되는 경우에는 법정지상권이 성립한다.

4 복합개념의 부동산

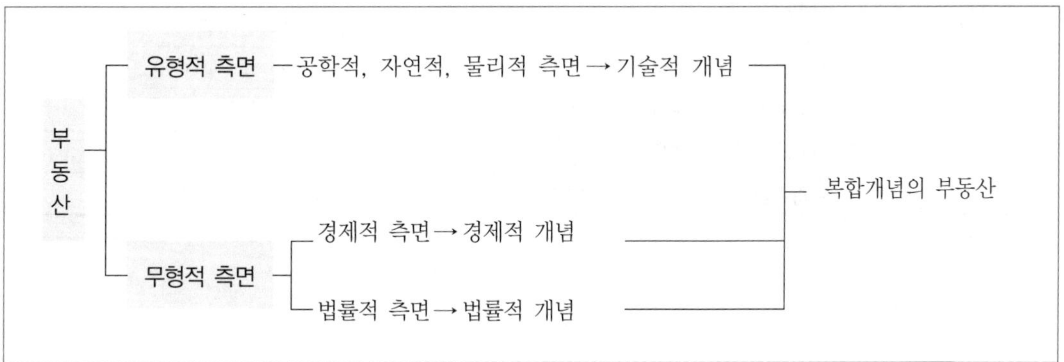

1. 유형적 측면(기술적 측면)

유형적 측면이란 인간의 눈에 비치는 부동산의 물리적, 기술적 측면을 가리키며, 여기에는 건물의 설계, 시공, 설비, 자재, 측량, 지질, 지형, 지반, 토양, 지대의 고저, 산악, 하천, 기상 조건 등 자연 조건 등이 해당된다.

2. 무형적 측면(법률적 측면과 경제적 측면)

(1) **법률적 측면:** 소유권, 저당권 등 권리 관계, 등기 관계, 국토의 계획 및 이용 관리에 관한 법률: 건축법 등의 지역 · 지구제 등이 있다.

(2) **경제적 측면:** 부동산 가격, 건축비용, 수익성, 부동산 경기, 부동산의 수요 공급 등이 있다.

KEY PLUS | 부동산 관련 개념의 구별

1. 광의의 부동산: 협의의 부동산 + 준(의제)부동산
2. 복합 개념의 부동산: 유형, 무형의 법적, 경제적, 기술적 측면의 부동산
3. 복합 부동산: 토지와 건물 등 부대시설이 결합된 부동산
4. 복합 건물: 주거와 근린생활 시설 등이 결합되어 복합 기능을 수행하는 건물(주상복합 건물)

WIDE PLUS |

3대 측면	구분	부동산	동산
기술적 측면	위치	고정성(비이동성)	이동성
	용도	용도의 다양성	용도의 제한성
경제적 측면	가치	가치가 크다.	가치가 적다.
	시장구조	추상적 시장, 불완전경쟁시장	구체적 시장, 완전경쟁시장
	가격형성	일물일가원칙 적용배제	일물일가원칙 적용가능
법률적 측면	공시방법	등기	사실상 점유
	공신력	없음	있음(선의취득 인정)
	취득시효	20년간 소유의사로 점유 등기시 10년	10년간 소유의사로 점유 선의 무과실 5년
	용익물권	지상권 · 지역권 · 전세권	설정불가
	담보물권	유치권 · 저당권	유치권 · 질권
	무주물의 귀속	국유	선점자
	환매기간	5년(민법 제591조)	3년(민법 제591조)

제3절 부동산의 분류

1 토지의 분류

1. 공법상의 분류

(1) **공간정보관리법상의 지목에 따른 분류**: 공간정보관리법에서는 토지를 필지, 즉 인위적인 선을 그어 구분하고 그 각각의 토지마다 용도에 따라 이름을 정하는데 그러한 토지에 붙여지는 이름을 지목이라 하며, 지목은 28개로 분류된다.

KEY PLUS | 지목의 종류

	지목	약자		지목	약자		지목	약자		지목	약자
1	전	전	8	대지	대	15	철도용지	철	22	공원	공
2	답	답	9	공장용지	장	16	제방	제	23	체육용지	체
3	과수원	과	10	학교용지	학	17	하천	천	24	유원지	원
4	목장용지	목	11	주차장	차	18	구거	구	25	종교용지	종
5	임야	임	12	주유소용지	주	19	유지	유	26	사적지	사
6	광천지	광	13	창고용지	창	20	양어장	양	27	묘지	묘
7	염전	염	14	도로	도	21	수도용지	수	28	잡종지	잡

(2) **국토의 계획 및 이용에 관한 법률상의 분류**: 도시지역, 관리지역, 농림지역, 자연환경보전지역 등으로 구분하고 있다.

2. 부동산활동에 따른 분류(토지의 용어)

(1) 택지(宅地)

지상에 건축물이 있거나 건축물을 세울 수 있는 토지로 주거·상업·공장·공공용지에 쓰일 수 있는 토지이다.

(2) 부지(敷地)

부지는 하천부지, 학교부지, 도로부지와 같이 일정한 목적에 제공되고 있는 토지이다. 모두 대지에 해당하나 대지라 해서 부지는 아닌 것이다.

(3) 대지(垈地), 대지(袋地), 대지(貸地)

① 대지(垈地)는 공간정보관리법상 지상에 건축물이 있거나 건축이 가능한 토지로서 건축법상 건축이 가능한 토지이다.

② 대지(袋地)는 자루형 토지로 다른 택지에 둘러싸여 공도에 연결된 부분이 협소한 토지이다.

③ 대지(貸地)는 임대 등에 사용되는 토지이다.

(4) 나지(裸地)

① 토지에 건물이나 그 밖의 정착물이 없고, 지상권 등 토지의 사용수익을 제한하는 사법상의 권리가 설정되어 있지 아니한 토지를 말한다(표준지조사 · 평가기준 제2조 제4호).
⇨ 공법상의 제한은 받는다.

② 건부지에 비하여 최유효이용의 상태에서 사용 · 수익 · 처분이 기대되므로 시장성이 높다고 할 수 있다. 이는 토지의 특성 중 '용도의 다양성'과 관계가 있다.

③ 토지가격에 대한 감정평가의 기준이 된다.

(5) 갱지(更地)

① 지상에 건축물이 없는 토지이며 공법상 규제를 받지만 사법상의 제한은 받지 않는 토지이다.

② 일본에서 사용되는 개념이다.

(6) 건부지(建附地)

건물 또는 구축물 등 토지상 부가물의 부지로 쓰이는, 즉 건물이 서 있는 토지를 말한다. 일본의 경우에는 다음과 같은 요건을 필요로 한다.

① 부지상의 건물과 토지의 소유자가 동일하다.
② 당해 소유자에 의해 사용된다.
③ 사용 · 수익을 제한하는 사법상의 권리 등이 부착되어 있지 않은 택지이다.

[건부감가와 건부증가]

건부지 평가액이 나지 평가액보다 높은 경우에는 건부증가라 하고, 건부지 평가액이 나지 평가액보다 낮은 경우에는 건부감가라 한다. 대개의 경우, 건부감가가 일반적이다.

(7) 한계지(限界地)

특정의 지점으로 기준으로 한 택지 이용의 최원방권상의 토지이다.

(8) 성숙지 · 미성숙지

시간의 낭비 없이 즉시 건축활동 등 토지이용활동을 할 수 있는 토지이면 성숙지이고 그렇지 않으면 미성숙지이다. 미성숙지가 성숙조건을 갖추는 데에는 상당한 성숙비용을 투입해야 한다.

(9) 후보지(候補地) · 이행지(移行地)

후보지는 토지의 대분류(택지, 농지, 임지)간 용도전환, 이행지는 소분류간 용도가 전환되는 토지. 즉, 현재의 용도에서 타 용도로 전환되고 있는 토지를 말한다.

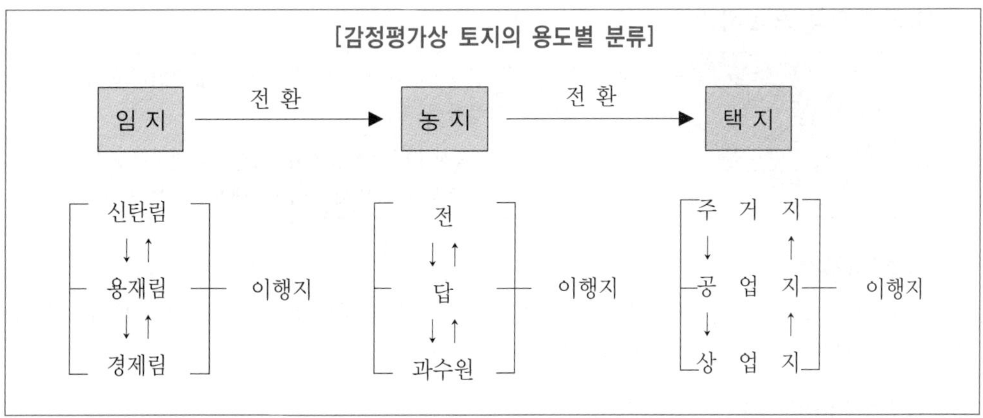

※ 후보지나 이행지는 용도전환의 과정 중일 때에만 지칭하는 용어이며, 용도전환이 끝나고 다른 용도지역이 되면 그 종별에 따라 지칭한다.

(10) 필지(筆地)와 획지(劃地)

필지	획지
• 공간정보관리법 · 부동산등기법상의 용어(법적 개념) • 토지의 권리변동관계의 기준적 단위개념 • 하나의 지번이 붙는 토지의 등기 · 등록단위 • 토지 소유권을 구분하기 위한 표시	• 가격수준을 구분하기 위한 경제적 개념 • 감정평가에서는 획지 개념을 더 중시함 • 인위적 · 자연적 · 행정적 조건에 의해 다른 토지와 구별되는 가격수준이 비슷한 일단의 토지 • 부동산활동 또는 부동산현상의 단위면적이 되는 일획의 토지

[필지와 획지의 관계]

필지와 획지는 면적을 기준으로 구분하는 개념이 아니므로 서로 면적이 크거나 작을 수 있으며, 서로 구분은 되나 배척되는 개념은 아니다.

1. 필지와 획지가 같은 경우(1필지= 1획지가 되는 경우)
2. 하나의 필지가 여러 개의 획지가 되는 경우(필지가 크거나 획지가 작은 경우)
3. 여러 개의 필지가 하나의 획지를 이루는 경우(획지가 큰 경우)가 있다.

(11) 공지(空地)

건폐율, 용적률 등의 규제로 인하여 동일한 필지 중 건물공간을 제외하고 남은 토지이다.

(12) 포락지(浦落地)

개인의 사유지로서 전, 답 등이 하천으로 변한 토지를 말한다.

(13) 법지(法地)와 빈지(濱地)

① **법지**: 소유권은 인정되나 사용 · 수익이 사실상 불가능한 토지. 택지의 유휴지 표면 경계와 인접지 또는 도로면과의 경사진 부분(도로의 붕괴를 막기 위해 경사를 이루어 놓은 곳)을 말한다. 측량면적에는 포함되나 실제로는 사용할 수 없는 토지이다.

② **빈지**: 바다와 육지 사이의 해변의 토지이다. 개인 소유권은 인정되지 않으나 활용의 실익이 있다. 지적공부에는 등록되어 있지 않은 부분의 토지이며, 공유수면관리법상 만조수위선으로부터 지적공부에 등록된 지역까지의 '사이'를 말한다.

(14) 표준지와 표본지

표준지	지가의 공시를 위해 가치형성요인이 같거나 유사하다고 인정되는 일단의 토지 중에서 선정한 토지
표본지	지가변동률 조사·산정대상지역에서 행정구역별·용도지역별·이용상황별로 지가변동을 측정하기 위해 선정한 대표성있는 필지

(15) 소지(素地)

원지라고도 하며, 택지 등으로 개발되기 이전의 자연적 상태 그대로의 토지를 의미하며 1차 산업의 용도로 활용하는 토지를 말한다.

(16) 선하지(線下地)

고압선 아래의 토지로 선하지 감가가 일반적이다. 다만 1필지의 일부를 고압선이 지나간다면, 선하지란 이로 인해 직접적인 사용상의 제약이 따르는 부분만을 의미하는 것이다.

(17) 맹지(盲地)와 준맹지(準盲地)

맹지란 4면이 다른 필지로 둘러싸여 공도와 접합면이 없는 토지이며 도로에 직접 접하고 있지 못한 땅을 말한다. 맹지는 건축허가를 받을 수 없는 제약이 있다. 준맹지는 4면이 다른 필지로 둘러싸인 것은 아니지만 사실상 출입이 불가능한 토지이다.

(18) 유휴지(遊休地), 공한지(空閑地), 휴한지(休閑地)

유휴지(遊休地)	바람직스럽지 못하게 놀리는 토지
공한지(空閑地)	도시 내의 택지 중에서 지가상승만을 기대하여 장기간 방치되고 있는 택지로써 투기목적 토지
휴한지(休閑地)	정상적으로 쉬게 하는 토지(농지 등)

(19) 공유지(共有地)

1필의 토지를 2인 이상이 소유한 토지, 지분비율 또는 지분의 위치에 따라 감정평가함

(20) 일단지(一團地)

용도상 불가분(不可分)관계에 있는 두 필지 이상의 토지

2 주택의 분류

1. 단독주택과 공동주택

주택명		층수	연면적	기타
단독주택	단독주택	—		
	다중주택	3개 층 이하	660㎡ 이하	독립된 주거형태가 아닐 것
	다가구주택	3개 층 이하	660㎡ 이하	3층 이하의 주택(분양불가)
	공관	—		
공동주택	아파트	5개 층 이상	무관	30세대 이상일 경우 사업승인 대상
	연립주택	4개 층 이하	바닥면적 660㎡ 초과	연립주택과 다세대주택은 대부분 조건이 동일하나 연면적 차이에 따라 구분
	다세대주택	4개 층 이하	바닥면적 660㎡ 이하	
	기숙사	독립된 주거형태가 아닐 것		

※ 가정보육시설을 포함하며, 층수를 산정함에 있어서 1층 전부를 필로티 구조로 하여 주차장으로 사용하는 경우에는 필로티 부분을 층수에서 제외한다.

2. 준주택과 도시형생활주택

구분	내용
준주택	• 주택 외의 건축물과 그 부속토지로서 주거시설로 이용 할 수 있는 시설로, 기숙사, 다중생활시설, 노인복지주택, 오피스텔 등으로 구분 • 준주택 중 다중생활시설(고시원)은 바닥면적에 따라 바닥면적이 500㎡ 미만일 경우 제2종 근린생활시설로, 500㎡ 이상일 경우 숙박시설로 구분 • 고시원은 욕실설치가 가능하며 민간임대주택법상 임대사업자 등록이 불가능함
도시형 생활주택	• 서민의 주거 안정을 위해 시행된 주거 형태로, 단지형 연립주택, 단지형 다세대, 소형주택으로 구분되며, 도시지역에 건설해야 함(국민주택 규모의 300세대 미만으로 구성) • 소형주택은 세대당 주거전용면적이 60㎡ 이하이어야 함(지하층 설치 불가) ※ 분양가 상한제는 공동주택에는 적용되지만 도시형 생활주택에는 적용되지 않음

3. 국민주택과 민영주택

구분	내용
국민주택	국가 · 지방자치단체, 한국토지주택공사 또는 지방공사가 건설하거나, 재정 또는 주택도시기금으로부터 자금을 지원받아 건설되거나 개량되는 주택으로서 주거전용면적이 85㎡ 이하인 주택
민영주택	국민주택을 제외한 주택

4. 기타 주택법령상 주택

세대구분형 공동주택	공동주택의 주택 내부 공간의 일부를 세대별로 구분하여 생활이 가능한 구조로 하되, 그 구분된 공간의 일부를 구분소유 할 수 없는 주택
에너지절약형 친환경주택	저에너지 건물 조성기술 등을 이용하여 에너지 사용량을 절감하거나 이산화탄소 배출량을 저감할 수 있도록 건설된 주택
건강친화형 주택	건강하고 쾌적한 실내환경의 조성을 위하여 실내공기의 오염물질 등을 최소화할 수 있도록 건설된 주택을 말한다.
장수명 주택	구조적으로 오랫동안 유지 · 관리될 수 있는 내구성을 갖추고, 입주자의 필요에 따라 내부 구조를 쉽게 변경할 수 있는 가변성과 수리 용이성 등이 우수한 주택

5. 공공주택(공공주택특별법령)

영구임대주택	국가나 지방자치단체의 재정을 지원받아 최저소득 계층의 주거안정을 위하여 50년 이상 또는 영구적인 임대를 목적으로 공급하는 공공임대주택
국민임대주택	국가나 지방자치단체의 재정이나 「주택도시기금법」에 따른 주택도시기금의 자금을 지원받아 저소득 서민의 주거안정을 위하여 30년 이상 장기간 임대를 목적으로 공급하는 공공임대주택
행복주택	국가나 지방자치단체의 재정이나 주택도시기금의 자금을 지원받아 대학생, 사회초년생, 신혼부부 등 젊은 층의 주거안정을 목적으로 공급하는 공공임대주택
통합공공임대주택	국가나 지방자치단체의 재정이나 주택도시기금의 자금을 지원받아 최저소득 계층, 저소득 서민, 젊은 층 및 장애인 · 국가유공자 등 사회 취약계층 등의 주거안정을 목적으로 공급하는 공공임대주택
장기전세주택	국가나 지방자치단체의 재정이나 주택도시기금의 자금을 지원받아 전세계약의 방식으로 공급하는 공공임대주택
분양전환공공임대주택	일정 기간 임대 후 분양전환할 목적으로 공급하는 공공임대주택
기존주택등 매입임대주택	국가나 지방자치단체의 재정이나 주택도시기금의 자금을 지원받아 기존주택 등을 매입하여 「국민기초생활 보장법」에 따른 수급자 등 저소득층과 청년 및 신혼부부 등에게 공급하는 공공임대주택
기존주택 전세임대주택	국가나 지방자치단체의 재정이나 주택도시기금의 자금을 지원받아 기존주택을 임차하여 「국민기초생활 보장법」에 따른 수급자 등 저소득층과 청년 및 신혼부부 등에게 전대(轉貸)하는 공공임대주택

WIDE PLUS |

1. 건축면적: 1층의 바닥면적을 일반적으로 가리킴
2. 연면적: 지하층을 포함한 지상건축 총면적
3. 건폐율: 대지면적에 대한 건축면적(1층 바닥면적)의 비율
4. 용적률: 대지면적에 대한 건축연면적의 비율(지하층제외)
5. 호수(戶數)밀도: 대지면적에 대한 주택수의 비율

제2장 부동산의 특성과 속성

View Point

1. 부동산의 특성은 토지의 특성을 중심으로 학습해야 한다. 거의 매회 빠지지 않고 출제되고 있다.
2. 토지의 자연적 특성인 부동성, 부증성, 영속성, 인접성, 개별성을 정확히 구분하고 파생특성까지 학습한다.
3. 부동산의 존재가치는 그 속성으로 구현된다. 가장 중요한 위치, 공간을 중심으로 꼼꼼히 점검한다.
4. 부동산의 공간가치는 3차원으로 구성되며 물에 관한 권리를 포함하는 지표권, 공중권, 한계심도와 관련되는 지하권에 이르기까지 모두 중요한 개념이므로 놓치지 않고 체크한다.

제1절 부동산의 특성

1 부동산특성의 의의

부동산의 특성은 전문적 분석 및 활동에 필요한 기본 원리를 제공하며, 이는 학자마다 다르게 해석된다. 부동산활동은 법칙적 현상을 생성하고 생활관계를 지배한다. 토지는 지구와 자연의 중요한 부분으로, 공간, 자연, 소비재, 생산요소, 위치, 자산 및 자본 등으로 설명된다.

2 토지의 특성

토지의 특성은 토지현상분석과 관련된 전문화와 활동을 지원하는 이론적 도구이다. 또한 토지는 일반경제재와는 다른 본질적인 특징을 가지며, 자연적 특성과 인문적 특성으로 구분된다.

1. 토지의 자연적 특성(고정적, 선천적, 불변적, 본래적, 물리적 특성)

(1) 부동성(비이동성, 지리적 위치의 고정성)

① 국지성, 지역분석 필요(부동성+인접성), 부분시장(하부시장)화 ⇨ 지역마다 거래관행, 임료 등이 다르다.
② 임장(臨場)활동, 정보활동(부동성+개별성) ⇨ 중개업 필요, 감정평가 필요(현장조사 필요)
③ 불완전 경쟁시장(부동성+부증성+개별성)이며 균형가격 성립을 방해함
④ 주위환경에 적합하게 이용해야 한다.(부동성 + 인접성) ⇨ 외부효과 위반시는 경제적 감가(외부적 감가)
⑤ 추상적 시장(자본시장 측면), 구체적 시장(지리적 공간 측면)
⑥ 사회 심리적 요인에 의해 동산과 부동산의 보유욕은 반대 ⇨ 사회가 불안전하면 부동산 소유욕은 감소하고 귀금속등 동산의 소유욕은 증가함
⑦ 정부의 정책의 규제대상으로 삼기가 용이(지방세 부과)
⑧ 부동산시장이 지역시장이 되므로 인근지역과 유사지역 분류를 가능하게 함

⑨ 담보가치의 안정성을 높게 한다.

⑩ 부동산과 동산의 구별근거 ⇨ 공시방법의 차이(동산은 점유, 부동산은 등기로 공시)

⑪ 토지의 이용방식, 입지선정에 영향을 미친다.(입지론)

(2) 영속성(비소멸성 · 불변성)

① 물리적 감가상각 × ⇨ 토지에 원가법 적용곤란(영속성, 부증성)

※ 경제적으로 수익성 감가 가능(경제적 감가)

② 토지의 수익성이 영속적 ⇨ 수익방식, 직접법, 장기적 배려필요, 예측의 원칙 중시, 가치보존력 우수(투자재로서 선호): 부동산의 가치(Value) 개념도입 근거

※ 건물의 평가는 직선환원법적용

③ 소유이익과 이용이익이 분리 ⇨ 임대차 시장 발달(영속성, 고가성)

④ 부동산관리의 의의 크게 함

⑤ 소모를 전제로 하는 재생산의 이론은 성립 ×

⑥ 가격하락에 비탄력성을 갖게 한다.

⑦ 부동성과 함께 누대(累代)의 토지관을 갖는다.

⑧ 토지의 수익가격산정시에 토지의 환원이율은 자본수익률만 사용한다. ⇨ 감가상각률 배제

(3) 부증성(비생산성, 면적의 유한성)

① 생산비 법칙 × ⇨ 토지의 물리적 공급 ×

※ 용도적 공급은 가능 ⇨ 용도의 다양성 때문(경제적 공급)

② 토지부족문제의 근원 토지의 희소성 근거, 지가 상승, 집약적 이용 필요, 토지의 공개념 도입(사회성, 공공성), 토지의 현장자원의 보존의 필요성 대두

③ 토지의 물리적 공급 곡선 ⇨ 수직

※ 균형가격 성립 방해: 공급이 완전비탄력적(부증성, 부동성) ⇨ 수요자 경쟁유발시킴

④ 최유효이용원칙의 근거(부증성, 용도의 다양성)

⑤ 토지의 독점소유욕 발생

(4) 개별성(비동질성, 비대체성, 이질성)

① 물리적 비대체성

※ 이용, 용도적 측면에서는 대체가능 ⇨ 이는 인접성에서 파생됨

② 표준지선정곤란

③ 일물일가의 법칙 ×

④ 개개의 부동산을 독점화, 개별화

⑤ 권리분석, 감정평가 필요

⑥ 개별분석 필요

⑦ 부동산의 비교 곤란케 함 ⇨ 이론도출을 어렵게 함

⑧ 개개의 부동산을 독점시킨다(소유자가 공급독점자).

(5) 인접성(연결성): 부동성에서 파생

① 외부효과 ⇨ 외부 불경제: 님비 현상(NIMBY) ⇨ 대책: 용도의 지역지구제
⇨ 외부 경제: 핌피 현상(PIMFY) ⇨ 대책: 개발이익의 사회적 환수제

② 경계문제, 협동적 이용필요
③ 지역분석 필요
④ 용도상의 대체가능성

(6) 기타의 특성

① 지력성(地力性): 토지에는 힘이 있다는 뜻
② 적재성(積載性): 토지가 건물이나 농작물 등을 지탱하여 그 기능을 발휘할 수 있도록 하는 성질
③ 가경성(可耕性): 식물의 뿌리를 정착시켜 식물의 지상부를 지지함과 동시에 뿌리의 흡수작용을 가능하게 하는 물리적 작용
④ 배양성(培養性: 비옥도): 식물의 생장 번식에 필요한 영양분을 공급하는 토지에 있는 유 · 무기질의 기능

2. 토지의 인문적 특성

(1) 용도의 다양성(변용성, 다용도성)

① 최유효이용원칙의 근거 ⇨ 토지이용의 비가역성(非可逆性): 한번 잘못 이용된 토지는 시정하기 어렵다.
② 적지론(광의의 입지론)의 근거: 정해진 부지의 용도선정문제
③ 가격 다원설 근거
④ 창조적 이용, 용도의 전환 ⇨ 토지의 경제적 공급증가 가능(우상향의 공급곡선)
⑤ 토지의 이행과 전환을 가능하게 함 ⇨ 후보지, 이행지 개념 성립
※ 수면 매립, 택지조성, 보유 공급의 개념, 경제적 공급 개념(생산공급 ×, 절대량의 증가 ×)

(2) 병합, 분할의 가능성(분합성)

① 용도의 다양성 지원
② 합병 증가 · 감가와 분할 증가 · 감가 발생
③ 기여의 원칙, 균형의 원칙, 적합의 원칙을 지원
④ 규모의 경제로 분할 · 합병 ⇨ 플롯테이지현상과 어셈블리현상 : 부동성과 함께 한정가격성립

(3) 사회적, 경제적, 행정적 위치의 가변성

① 사회적 위치의 가변성 ⇨ 공장, 공원, 고압선, 학교에 의한 주거환경의 변화, 인구 변화, 가구분리(핵가족), 공공시설, 도시형성, 건축 양식, 교육 · 복지상태 등
② 경제적 위치의 가변성 ⇨ 교통체계(도로, 철도), 경제성장, 소득변화, 국제수지, 물가, 임금, 기술혁신 등의 변화, 세부담의 상태변화 등
③ 행정적 위치의 가변성 ⇨ 정부의 정책, 제도, 계획의 변화(토지거래허가제, 그린벨트 제도, 도시계획 변경, 공업단지의 지정, 세제의 변화 등)

3. 토지의 경제적 특성

① 토지의 희소성 ⇨ 희소성 문제 해결책: 토지의 집약적 이용, 입체공간활용, 유효수요감소정책, 인구분산정책

② 투자의 고정성(내구성, 자본회수기간의 장기성) ⇨ 신중한 의사결정이나 관리전략 필요, 효용의 장기성

③ 토지개량물의 토지효용 변경성 ⇨ 토지개량물이 어떤 시설인가에 따라 토지의 효용 유용성이 달라짐

④ 위치의 선호성(용도에 따라 위치의 선호기준 다름) ⇨ 주거용은 쾌적성, 편리성, 상업용은 수익성이 양호한 위치

⑤ 고가성

3 건물의 특성

① 비영속성

② 생산가능성(건축생산성)

③ 동질성가능성

④ 이동가능성(고정성의 완화)

⑤ 종속성(토지의 개별적 요인의 지배성)

※ 건물은 토지위에 정착되므로 부동산 상품은 개별성·비표준화의 특성을 띤다.

제2절 부동산의 속성(존재가치)

1 자연물(자연자원)로서의 부동산(부증성과 관련)

(1) 토지는 인간의 생산물이 아니고 자연물이다.

⇨ 토지의 자연적 특성, 토지의 유한성, 인간생존을 위한 기본적 조건

(2) 토지의 자연물에서 파생되는 과제

① 자연적 특성 ⇨ 기존의 경제학이론이 부동산 분야에 그대로 적용안됨(적용제한)

⇨ 새로운 부동산학의 이론개발 필요성 대두

② 토지자연물의 사유화가 보장됨에 여러 가지 토지문제 발생

⇨ 공공복리 측면이 강조되고, 사회성, 공공성 강조됨

③ 토지자원 보전의 필요성

2 공간으로서의 부동산

1. 3차원 공간

부동산은 수평·지중·공중의 3차원 공간으로 구성되어 있으며, 각각의 공간은 분할이 가능하다.

(1) **수평 공간:** 지표와 연관된 토지, 택지, 농경지, 평야, 계곡, 수면 등을 말한다.

(2) **공중 공간:** 주택, 빌딩, 상점 기타 공중을 향하여 연장되는 공간으로서 일정한 높이에 한정된다.

(3) **지중 공간:** 지표에서 지중을 향하는 공간을 말한다.

※ 공중공간과 지중공간을 합하여 입체공간이라 한다.

KEY PLUS | 부동산 관련 개념의 중요성

1. 건물의 고층화, 집합건물 및 복합건물 등의 증가로 그 중요성이 높아지고 있다.
2. 구분소유권, 구분지상권, 고가도로, 고가선, 지하철, 터널 등은 입체공간의 개념과 밀접한 관련이 있다.
3. 3차원 공간이 부동산활동의 대상이므로 부동산활동은 공간활동, 부동산업은 공간업(空間業)이 된다.
4. 부동산 재산 가치를 수평공간, 지중공간, 공중공간 등의 가격으로 평가할 수 있으며, 각 공간 가격의 총화로 부동산의 전체 가치를 산정할 수 있다. 사용할 수 있는 공간 또는 사용하고 있는 공간의 크기에 따라 부동산 가치는 달라진다.
5. 부동산 공간개념의 확정은 영토고권, 환경권, 일조권 등의 범위·한계와도 밀접한 관련이 있다.

2. 부동산소유권의 공간적 범위

우리 민법 제212조는 "토지소유권은 정당한 이익이 있는 범위 내에서 토지의 상·하에 미친다."라고 사적 소유공간을 정하고 있다. 이에 따라 토지소유권은 지표·공중·지하에 미친다.

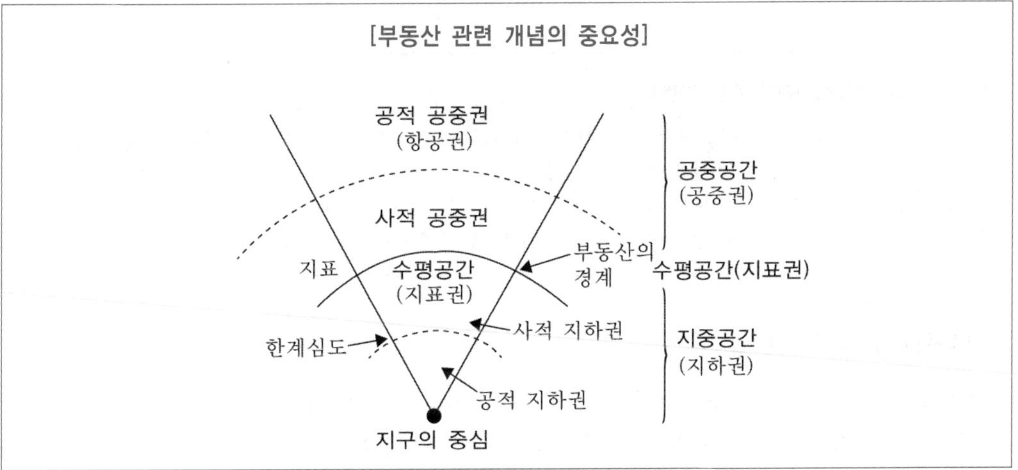

(1) **지표권:** 지표권이란 지표상의 토지를 배타적으로 이용할 수 있는 권리를 말한다. 작물을 경작하고, 건물을 짓고, 지표수를 이용하는 등의 권리는 바로 이 지표권에 해당한다.

KEY PLUS | 물에 관한 권리(지표권 中)

구분	내용
유역주의(流域主義)	• 어느 일방이 물을 독점적으로 사용하지 않고 인접한 다른 사람에게 해를 끼치지 않는 범위 내에서 물을 골고루 사용해야 함 • 습윤지역(우리나라)
선용주의(先用主義)	• 먼저 온 사람(선순위자)이 물을 먼저 독점적으로 사용하고 남는 것이 있으면 나중에 온 사람이 사용해야 하는 원칙 • 건조지역 ※ 유역주의, 선용주의는 각 나라에 맞는 고유원칙, 관습이므로 유역주의나 선용주의 어떤 것이 더 합리적이라 할 수는 없음
하천·호수 경계	• 항행 불가능: 수로의 중앙선 • 항행 가능: 물의 가장자리

(2) **공중권:** 공중권이란 소유권자의 토지구역상의 공중공간을 타인에게 방해받지 않고 일정한 고도까지 포괄적으로 이용하고 관리할 수 있는 권리를 말하며, 사적공중권과 공적공중권을 구분한다.

① **사적공중권(私的空中權)**: 일정범위까지 토지 소유자가 개인적으로 이용 관리할 수 있는 권리이다.

② **공적공중권(公的空中權)**: 일정범위 이상의 공중공간에 대해 공익목적으로 이용할 수 있는 권리를 의미한다. 공적공중권은 항공기의 통행이나 전파의 발착 등에 주로 이용된다. 공적공중권을 항공권이라고도 한다. 토지소유자의 사적공중권의 이용은 인접 토지 소유자의 권리를 방해해서는 안 된다.

(3) **지하권:** 지하권이란 소유권자의 토지구역의 지하공간으로부터 어떤 이익을 획득하거나 이를 사용할 수 있는 권리를 말한다. 지하로부터 석유, 가스, 석탄 등과 같은 광물자원을 채굴할 수 있는 권리뿐만 아니라, 터널, 지하도, 지하실과 같은 지하구조물을 구축하고 유지 관리 할 수 있는 권리도 포함한다.

KEY PLUS | 한계심도(지하권 관련)

① 토지소유자의 통상적인 이용행위가 예상되지 아니하고 지하시설물을 따로 설치하는 경우에도 일반적인 토지이용에 지장이 없을 것으로 판단되는 깊이(감정평가실무기준)
② 지하의 공공구조물 조성이나 상하수도 시설 설치 등을 위한 보상과 관련됨
③ 법률에 명시된 바는 없고 지방자치단체의 조례 등에 산발적으로 규정되어 있음

3. 부동산 소유권의 분할

(1) 부동산 소유권은 사용, 수익, 처분에 관한 여러 '권리의 묶음'이다.

(2) 부동산 소유권은 여러 개의 권리로 분할되며 각 권리는 경제적 가치가 인정되는 한 여러 개의 세부적 권리로 분할될 수 있다(파인애플 기법, 하와이 기법).

(3) 지표권에서처럼 지하권이나 공중권도 임대차나 지역권의 목적이 될 수 있고 분할될 수 있다(공중임대차, 공중지역권, 공중분양권).

WIDE PLUS |

1. 공중공간의 경제적 가치

공중공간도 지표권이나 지하권이나 마찬가지로 획지로 분할할 수가 있으며, 공중권은 임대차나 지역권의 목적이 될 수가 있다.
① 공중분할(air subdivision): 공중공간을 획지로 분할하는 것을 말한다.
② 공중획지(air lot): 공중권의 일부를 횡적·종적으로 분리한 경우의 공간단위이다.
③ 공중임대차(air lease): 공중획지의 임대차이다.
④ 공중지역권: 공중공간을 이용하는 지역권이다. 주로 전신주 등을 가설하는 것이 목적
⑤ 열주획지와 원주획지: 철근기둥을 세우는 데 필요한 지표에서 공중획지까지의 수직공간을 열주획지라고 하며, 지하기초를 구축하는 데 필요한 지표에서 지하의 일정부분까지의 공간을 원주획지라고 한다.

2. 파인애플 기법(pineapple technique)

Zeckendorf라는 부동산개발업자가 하와이 휴가 중에 한필지의 부동산을 여러 개의 권리로 나누는 파인애플 기법(한 필지의 토지에 대한 유일한 소유권을 파인애플을 여러 조각으로 나눌 수 있는 것처럼 수많은 권리로 나눌 수 있다.)을 처음으로 주장했다 하여, Zeckendorf 기법 또는 하와이 기법(Hawaiian technique)이라고도 불린다.

4. 부동산 소유권의 제한

① 공적 제한: ㉠ 경찰권 ㉡ 수용권 ㉢ 과세권 ㉣ 귀속권
② 사적 제한: ㉠ 저당권 ㉡ 유치권 ㉢ 지역권 ㉣ 제한특약(환매권)

3 환경으로서의 부동산

부동산의 환경이란 어떤 부동산을 에워싼 자연적 · 사회적 · 물리적 · 경제적인 여러 상황을 말한다.

1. 부동산과 환경과의 관계

(1) 부동산은 환경의 구성분자이고 환경으로부터 절대 독립할 수 없으며 환경과 영향을 주고받는다.
(2) 환경은 부동산활동을 지배하고 부동산현상에 영향을 미친다.
(3) 인간은 부동산활동을 통해 환경의 개선을 위해 부단히 노력한다.
(4) 부동산활동에서는 환경의 경계파악이 필요하다. 환경은 공간적 확대현상이나 무한대로 확대되는 것이 아니라 경계의 작용으로 차단되기도 한다.
(5) 최근의 부동산활동에서는 특히 주거에 있어서 생태학적인 환경요소를 중시하는 경향을 띠고 있다.

2. 부동산학적 관점에서의 환경

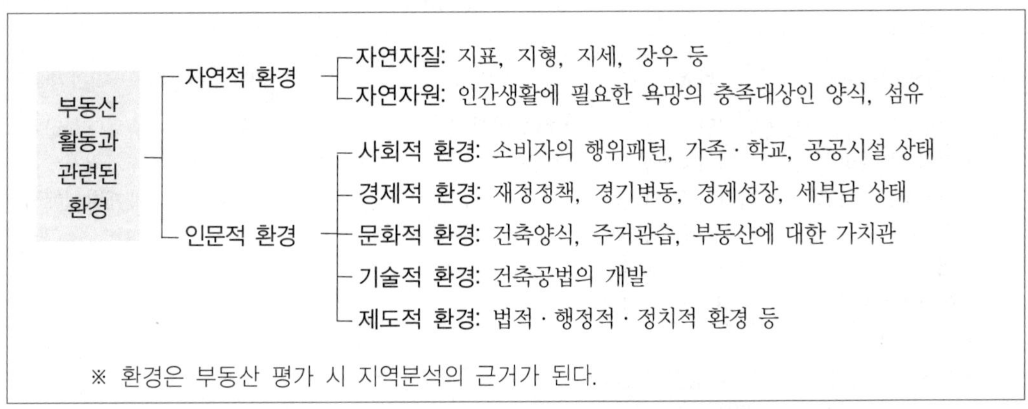

3. 인근지역의 생애주기현상

(1) 의의

① 인근지역의 성쇠현상을 생태학적 관점에서 파악하여 각 국면에서 나타나는 여러 가지 현상을 설명하려는 것을 말한다.

② 논의의 실익은 각종 부동산활동에 있어 예측의 한 근거로 되는 등 거의 모든 중요한 부동산활동에 있어 활용되는 이론분야이다.

③ 인근지역의 생애주기현상을 설명하기 위한 전제조건으로는 ㉠ 지역에 동질성이 있어야 하며, ㉡ 지역을 동시에 개발하여야 한다.

(2) 인근지역의 개념

① 대상부동산이 속해 있는 지역의 일부분이다.

② 인근지역의 지역특성은 지역 내의 부동산가격에 직접 영향을 준다.

③ 인간의 생활과 활동에 관련해 특정한 토지의 용도를 중심으로 집중된 형태이다.

④ 도시 · 농촌과 같은 종합형태로서의 지역사회와 비교하여 보다 작은 지역이다.

(3) 내용

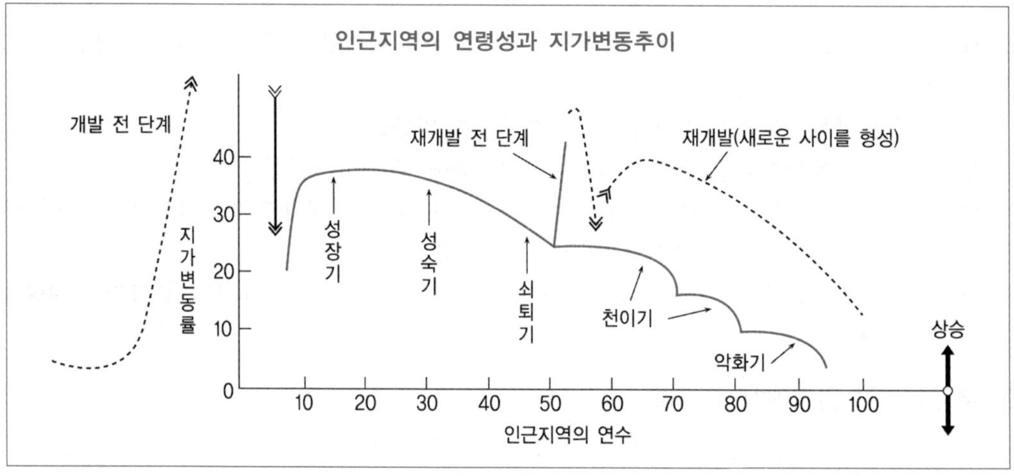

성장기	성숙기	쇠퇴기	천이기	악화기
• 신축단계 • 지역기능형성 • 지가상승률최고 • 입지경쟁 가장 치열 • 입주민 : 젊다. • 투기현상개입 • 유동인구 많다. • 신축부동산거래 • 상향여과현상	• 안정단계 • 지역기능정상 • 지가수준최고 • 입지경쟁안정 • 입주민 : 사회적 · 경제적 수준 최고 • 중고부동산거래가 부동산시장의 중심	• 하향여과현상 시작 단계 • 지가는 하락 • 재개발가능성	• 하향여과 활발 • 일시적 지가상승 • 재개발시 성장기	• 슬럼(slum)화 • 지가최저 • 재개발실패시

4 위치로서의 부동산

1. 위치의 의의

위치는 부동산의 존재가치의 주요한 하나의 요소이다. 부동산이 고정되어 있는 장소를 위치라 하며, 부동산은 특정한 위치를 갖는다. 부동산의 위치는 부동산의 가치를 결정하며, 부동산의 효용성을 결정한다.

[위치의 개념]

- 협의의 위치: 경제적 거래단위로서의 획지의 위치
- 광의의 위치: 대상 획지가 속하는 인근지역 - 지역적 위치
- 최광의의 위치: 인근지역이 속하는 도 · 시 · 군 - 광역적 위치

2. 위치와 접근성

허드(R. M. Hurd)는 "지가(地價)는 경제적 지대에 바탕을 두며, 지대는 위치에, 위치는 편리함에, 편리함은 가까움에 의존한다."라고 하여 결국 지가는 접근성에 의존한다고 한다.
따라서 일반적으로 위치의 양부(良否)는 접근성에 의해서 판단하게 되는 것이다.

KEY PLUS | 위치의 중요성에 관한 견해

1. 마샬(A. Marshall): '위치의 가치'라고 하여, 부동산 위치의 중요성을 강조하였다.
2. 허드(R. M. Hurd): "부동산의 가격은 곧 위치의 가치이고, 그것은 접근성에 의존한다."라고 하였다.

(1) 접근성의 의의

접근성이란 특정 목적물에 도달하는 데 시간적 · 경제적 · 거리적 부담이 적다는 것을 의미한다. 이에 따라 위치의 좋고 나쁨에 따라 부동산의 효용성은 차이가 발생하며 가격의 차이도 발생한다.

※ 거리의 종류: 실측거리 · 시간거리 · 운임거리 · 의식거리가 있으며, 서로 같을 수도 다를 수도 있다.

(2) 접근성의 특징

일반적으로 접근성이 좋을수록 부동산의 위치 또는 입지조건이 양호하고 가치가 크다. 그러나 접근성은 거리와 정비례하지 않으며, 항상 가치의 증가요인이 되는 것은 아니다.

① **접근의 대상:** 접근성이 양호하여도 접근대상물이 인간생활에 위험을 주거나 혐오의 대상이라면 부동산가치의 증가요인이 되지 않을 뿐만 아니라 때로는 오히려 감가요인이 된다.

② **접근의 정도:** 대상물이 인간생활을 위하여 필요한 경우라도 그 접근성이 지나치면 오히려 불리한 경우가 있다. 예를 들면, 대로변에 너무 가까운 주택 또는 시장 안의 주택 등이 있다.

③ **접근성과 거리:** 보통 거리가 가까울수록 접근성이 높다고 볼 수 있으나 반드시 접근성의 판단이 거리와 비례함수의 관계에 있는 것은 아니다. 때로는 거리는 가까운데 접근성은 의외로 낮은 경우가 있다.

주차장이 멀거나, 거리를 횡단하여야 하거나, 일방통행이거나 해서 실거리보다 우회해야 하는 경우 등이 있다.

④ **접근성 판단의 개별성:** 부동산은 그 용도에 따라서 접근성의 중요성과 기준이 달라진다. 편의점 · 약국 등과 같은 소매점의 경우에는 접근성이 매우 중요하게 평가되고, 특정 수요자들만 찾는 요양소나 독점력 · 흡입력이 강한 관광지 · 공항 · 터미널 등의 경우에는 상대적으로 접근성의 중요성이 떨어진다.

3. 위치의 평가

부동산의 위치(접근성)에 대한 평가는 그 용도에 따라 기준이 다르다. 위치는 절대적 위치(수리적 위치 · 지리적 위치)와 상대적 위치(관계적 위치)로 구분되며, 절대적 위치는 부동성(不動性)과, 상대적 위치는 인접성과 밀접하게 관련된다. 부동산 간에는 상대적 위치에 따라 효용성에서 차이가 난다. 효용성이 유사한 부동산간에는 상호대체관계가 적용된다.

※ 위치의 효용성이 유사한 부동산간의 상호대체성 ⇨ 동일수급권

5 자산으로서의 부동산

부동산의 경제활동의 순환과정 중 파악하는 시점에 따라 다음과 같이 구분할 수 있다.

1. 생산요소로서의 부동산

생산의 3요소 노동, 토지, 자본 중 토지는 자연으로서 선천적이고 본원적인 생산요소이다.

2. 투자재로서의 부동산

투자재로서의 부동산은 생산활동 과정 중 부동산을 조달하는 측면에서 파악되는 개념이다. 부동산이 다른 재화보다 유리한 이유는 다음과 같다.

(1) 토지는 더 이상 늘어나지 않는 부증성의 특성이 있고 생활수준과 경제수준이 높아짐에 따라 부동산의 수요가 증가하게 되면, 이로 인해 부동산의 희소가치는 더욱 커진다.

(2) 인플레이션이 발생하면 화폐 자산보다 실물자산의 가치가 올라간다.

(3) 토지는 비감가자산이므로 토지를 직접 사용하거나 임대하더라도 발생한 수익은 영속적이다.

3. 소비재로서의 부동산

부동산은 소비재로서의 역할을 하기도 한다. 위락용 부동산이나 주거용 부동산은 최종 소비재로서의 역할을 하고 있다.

KEY PLUS | 슈바베지수(SI)

가구의 생계비 중에서 주거비가 차지하는 비율

$$슈바베지수 = \frac{주거비}{생계비} \times 100$$

※ 소득이 증가할수록 주거비지출액은 증가하나 생계비중 주거비지출(부담)비율은 작아진다.

① 가계소득이 증대할수록 생계비 중에서 주거비 지출비율이 감소한다(슈바베 법칙)는 것이다. 이때 저소득계층일수록 슈바베지수가 높고, 슈바베지수가 높을수록 가구의 주택부담능력은 낮아진다. 고소득계층 일수록 슈바베지수가 낮고, 슈바베지수가 낮을수록 가구의 주택부담 능력은 높아진다.

② 주거비의 상승률이 소비자물가지수의 상승률을 초과하더라도, 소득증가율이 주거비 상승률을 상회한다면 심각한 문제가 되지 않는다. 그러나 주거비의 상승률이 소득증가율을 초과하게 되면, 가구의 주택부담능력은 낮아진다.

③ 슈바베 법칙에 의하면 주거비의 소득탄력성은 1보다 작다.
⇨ 소득증가율보다 주거비증가율이 작으므로 주거비의 소득탄력성은 1보다 작다(비탄력적).

④ 슈바베지수나 P/Y비율이 높을수록 주거비 부담이 증가하여 주택구입능력은 떨어진다.

⑤ 일반적으로 슈바베지수가 25%를 초과하거나 주택가격이 연가계소득의 2.5배가 넘으면 주택구입(부담)능력은 위험수위라고 본다.

※ $P/Y비율(PIR비율) = \frac{주택가격}{가계의연소득}$

※ $RIR비율 = \frac{주택임대료}{가계의 연소득}$

※ PIR비율이 클수록 주택가격부담이 커지고, RIR비율이 클수록 임대료(월세)부담이 커진다. 즉, 이 비율이 클수록 주택부담능력이 떨어진다.

6 자본으로서의 부동산

전통적인 경제이론에서 인공적인 생산요소를 자본이라 하고, 본래부터 존재한 물적 생산요소(자연)를 토지라 구분한다.

보충 부동산의 속성(존재가치)과 국가경제에서의 중요성

부동산 속성과 관련 토지의 특성	국가경제에서의 중요성
1. 위치로서의 부동산: 부동성, 인문적위치의 가변성	1. 국부원으로서의 부동산
2. 공간으로서의 부동산: 영속성, 개별성	2. 중요한 고용원으로서의 부동산
3. 환경으로서의 부동산: 인접성	3. 중요한 투자원으로서의 부동산
4. 자연으로서의 부동산: 부증성	4. 중요한 소비원으로서의 부동산
5. 자산으로서의 부동산: 영속성, 부증성	
6. 자본으로서의 부동산: 용도의 다양성	

PART 01 부동산학 총론 기출문제

01 한국표준산업분류(KSIC)에 따른 부동산업의 세분류 항목으로 옳지 않은 것은? 2020년 31회

① 주거용 건물 건설업
② 부동산 임대업
③ 부동산 개발 및 공급업
④ 부동산 관리업
⑤ 부동산 중개, 자문 및 감정평가업

해설

건설업은 부동산공간을 물리적으로 창조하는 산업으로서 대분류 수준에서 부동산업과 구분된다. 부동산업은 부동산 임대 및 공급업과 부동산관련 서비스업으로 나뉜다.

| 정답 | ①

02 입목에 관한 법령상 옳지 않은 것은? 2018년 29회

① 입목의 소유자는 토지와 분리하여 입목을 양도할 수 있다.
② 입목을 위한 법정지상권은 성립하지 않는다.
③ 토지소유권 또는 지상권 처분의 효력은 입목에 미치지 않는다.
④ 입목을 목적으로 하는 저당권의 효력은 입목을 베어 낸 경우에 그 토지로부터 분리된 수목에도 미친다.
⑤ 지상권자에게 속하는 입목이 저당권의 목적이 되어 있는 경우에는 지상권자는 저당권자의 승낙 없이 그 권리를 포기할 수 없다.

해설

입목에 관한 권리

- 입목은 부동산으로 본다.(입목의 독립성)
- 토지와 분리하여 입목을 양도하거나 저당권의 목적으로 할 수 있다.
- 토지소유권 또는 지상권 처분의 효력은 입목에 미치지 아니한다
- 입목의 경매나 그 밖의 사유로 토지와 그 입목이 각각 다른 소유자에게 속하게 되는 경우에는 법정지상권이 성립한다.

| 정답 | ②

03 **부동산과 준부동산에 관한 설명으로 옳은 것은? (다툼이 있으면 판례에 따름)** 2018년 29회

① 신축 중인 건물은 사용승인이 완료되기 전에는 토지와 별개의 부동산으로 취급되지 않는다.
② 개개의 수목은 명인방법을 갖추더라도 토지와 별개의 부동산으로 취급되지 않는다.
③ 토지에 정착된 담장은 토지와 별개의 부동산으로 취급된다.
④ 자동차에 관한 압류등록은 자동차 등록원부에 한다.
⑤ 총톤수 10톤 이상의 기선(機船)과 범선(帆船)은 등기가 가능하다.

해설

① 신축 중인 건물이더라도 토지와 구분되는 부동산으로 간주한다. 즉, 부동산의 독립성이 인정된다.
② 명인방법을 갖춘 수목은 토지와는 별개의 부동산으로 간주된다.
③ 토지에 정착된 담장은 종속물이므로 토지와 분리된 별도의 자산으로 인정되지 않는다.
⑤ 선박은 20톤 이상만 등기가 가능하다.

준(의제)부동산	• 등기대상물: 공장재단, 광업재단, 입목, 선박(20t 이상) • 등록대상물: 자동차, 항공기, 건설기계 • 등록대상권리: 어업권, 광업권(단, 특허권, 영업권은 해당되지 않음)

| 정답 | ④

04 토지의 정착물과 동산에 관한 설명으로 옳지 않은 것은?

2017년 28회

① 부동산과 동산은 공시방법을 달리하며, 동산은 공신의 원칙이 인정되나 부동산은 공신의 원칙이 인정되지 않는다.

② 토지의 정착물 중 명인방법을 구비한 수목의 집단은 토지와 독립적인 거래의 객체가 될 수 있다.

③ 토지의 정착물 중 도로와 교량 등은 토지와 독립적인 것이 아니라 토지의 일부로 간주된다.

④ 제거하여도 건물의 기능 및 효용의 손실이 없는 부착된 물건은 일반적으로 동산으로 취급한다.

⑤ 임차인이 설치한 영업용 선반 · 카운터 등 사업이나 생활의 편의를 위해 설치한 정착물은 일반적으로 부동산으로 취급한다.

해설

임대차 계약이 끝나면 임차인이 제거할 수 있는 물건을 임차자 정착물이라 하고, 이는 부동산 정착물에 포함되지 않고 동산으로 취급한다.

| 정답 | ⑤

05 부동산의 개념에 관한 설명으로 옳지 않은 것은?

2021년 32회

① 자연 · 공간 · 위치 환경 속성은 물리적 개념에 해당한다.

② 부동산의 절대적 위치는 토지의 부동성에서 비롯된다.

③ 토지는 생산의 기본요소이면서 소비재가 된다.

④ 협의의 부동산과 준부동산을 합쳐 광의의 부동산이라고 한다.

⑤ 부동산의 법률적 · 경제적 · 물리적 측면을 결합한 개념을 복합부동산이라고 한다.

해설

부동산 관련 개념의 구별

복합 개념의 부동산	유형, 무형의 법적, 경제적, 기술적 측면의 부동산
복합부동산	토지와 건물 등 부대시설이 결합된 부동산

| 정답 | ⑤

06 부동산의 개념 등에 관한 설명으로 옳지 않은 것은? 2017년 28회

① 부동산이란 토지 및 그 정착물을 말하며, 부동산 이외의 물건은 동산이다.
② 부동산의 복합 개념은 부동산을 법률적 · 경제적 · 기술적인 측면 등으로 이해하고자 하는 것이다.
③ 부동산은 20년간 소유의 의사로 평온, 공연하게 점유하고 등기함으로써 그 소유권을 취득한다.
④ 동산은 용익물권과 담보물권의 설정이 가능하다.
⑤ 넓은 의미의 부동산에는 등기 · 등록의 대상이 되는 항공기 · 선박 · 자동차 등도 포함된다.

해설

부동산과 동산의 물권설정 비교

구분	부동산	동산
용익물권	지상권 · 지역권 · 전세권	설정불가
담보물권	유치권 · 저당권	유치권 · 질권

| 정답 | ④

07 부동산의 개념에 관한 설명으로 옳지 않은 것은? 2019년 30회

① 토지는 제품생산에 필요한 부지를 제공하는 생산요소이다.
② 토지는 생활의 편의를 제공하는 최종 소비재이기도 하다.
③ 「민법」상 부동산은 토지 및 그 정착물이며, 부동산 이외의 물건은 동산이다.
④ 준부동산에는 등기나 등록수단으로 공시된 광업재단, 공장재단, 선박, 항공기, 어업권 등이 있다.
⑤ 「입목에 관한 법률」에 의해 소유권보존등기를 한 입목은 토지와 분리하여 양도할 수 없다.

해설

「입목에 관한 법률」에 의해 등기된 입목은 토지와 분리하여 양도하거나 저당권의 목적으로 할 수 있다.

| 정답 | ⑤

08 등기를 통해 소유권을 공시할 수 있는 물건 또는 권리는 몇 개인가? 2023년 34회

- 총톤수 30톤인 기선(機船)
- 적재용량 25톤인 덤프트럭
- 최대 이륙중량 400톤인 항공기
- 동력차 2량과 객차 8량으로 구성된 철도차량
- 면허를 받아 김 양식업을 경영할 수 있는 권리
- 5천만원을 주고 구입하여 심은 한 그루의 소나무

① 1개
② 2개
③ 3개
④ 4개
⑤ 5개

해설

20톤 이상의 선박은 등기할 수 있으며, 준부동산으로 간주된다.

등기대상물	공장재단, 광업재단, 입목, 선박(20t 이상)
등록대상물	자동차, 항공기, 건설기계
등록대상권리	어업권, 광업권(단, 특허권, 영업권은 해당되지 않음)

| 정답 | ①

09 부동산활동과 관련된 다음의 내용을 설명하는 용어로 옳게 연결된 것은? 2018년 29회

ㄱ. 인근 지역의 주위환경 등의 사정으로 보아 현재의 용도에서 장래 택지 등 다른 용도로의 전환이 객관적으로 예상되는 토지
ㄴ. 택지 등 다른 용도로 조성되기 이전 상태의 토지

① ㄱ: 후보지, ㄴ: 소지
② ㄱ: 후보지, ㄴ: 공지
③ ㄱ: 이행지, ㄴ: 소지
④ ㄱ: 이행지, ㄴ: 공지
⑤ ㄱ: 성숙지, ㄴ: 소지

해설

후보지는 토지의 대분류(택지, 농지, 임지)간 용도전환 중이거나 예상되는 토지이고, 소지(素地)란 택지 등으로 개발되기 이전의 자연적 상태 그대로의 토지를 의미한다.

| 정답 | ①

10 다음은 토지에 관하여 설명한 내용들이다. 옳은 것을 모두 고른 것은?

2016년 27회

ㄱ. 택지는 토지에 건물 등의 정착물이 없고 공법이나 사법의 제한을 받는 토지를 말한다.
ㄴ. 획지는 법률상의 단위개념으로 소유권이 미치는 범위를 말한다.
ㄷ. 이행지는 용도적 지역의 분류 중 세분된 지역 내에서 용도에 따라 전환되는 토지를 말한다.
ㄹ. 후보지는 임지지역, 농지지역, 택지지역 상호간에 다른 지역으로 전환되고 있는 지역의 토지를 말한다.
ㅁ. 건부지는 관련법령이 정하는 바에 따라 재난시 피난 등 안전이나 일조 등 양호한 생활환경 확보를 위해, 건축하면서 남겨놓은 일정면적 부분의 토지를 말한다.

① ㄷ
② ㄱ, ㄴ
③ ㄷ, ㄹ
④ ㄱ, ㄹ, ㅁ
⑤ ㄴ, ㄷ, ㄹ

해설

ㄱ. 택지는 지상에 건축물이 있거나 건축물을 세울 수 있는 토지로 주거 · 상업 · 공장 · 공공용지에 쓰일 수 있는 토지이다.
ㄴ. 획지는 가격수준이 비슷한 일단의 토지이며, 보기의 설명은 필지에 해당한다.
ㅁ. 보기의 설명은 공지에 해당한다.

| 정답 | ③

11 다음의 내용과 관련된 부동산활동상의 토지 분류에 해당하는 것은? 2019년 30회

> • 주택지가 대로변에 접하여 상업지로 전환 중인 토지
> • 공업지가 경기불황으로 공장가동률이 저하되어 주거지로 전환 중인 토지
> • 도로변 과수원이 전으로 전환 중인 토지

① 이행지 ② 우등지
③ 체비지 ④ 한계지
⑤ 후보지

해설

후보지는 임지지역, 농지지역, 택지지역 상호간(대분류)에 전환 중인 토지이며, 이행지는 소분류 간 용도가 전환되는 토지로. 예를들어 택지지역 중 주거, 상업, 공업지 상호간 전환되고 있는 토지이다.

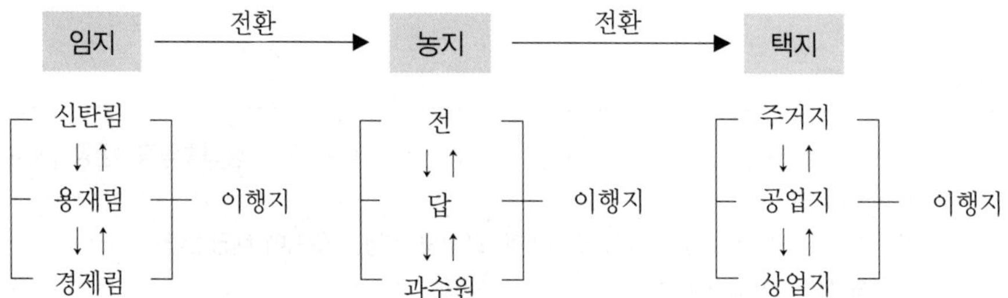

| 정답 | ①

12 토지의 분류 및 용어에 관한 설명으로 옳은 것은? 2021년 32회

① 필지는 법률적 개념으로 다른 토지와 구별되는 가격수준이 비슷한 일단의 토지이다.
② 후보지는 부동산의 용도적 지역인 택지지역, 농지지역, 임지지역 상호간에 전환되고 있는 지역의 토지이다.
③ 나지는 「건축법」에 의한 건폐율 · 용적률 등의 제한으로 인해 한 필지 내에서 건축하지 않고 비워둔 토지이다.
④ 표본지는 지가의 공시를 위해 가치형성요인이 같거나 유사하다고 인정되는 일단의 토지 중에서 선정한 토지이다.
⑤ 공한지는 특정의 지점을 기준으로 한 택지이용의 최원방권의 토지이다.

해설

① 법률적 개념으로 토지의 등기 · 등록의 단위는 필지이며, 가격수준의 비슷한 일단의 토지는 획지이다.
③ 건폐율, 용적률 등의 규제로 인하여 동일한 필지 중 건물공간을 제외하고 남은 토지는 공지이다.
④ 국토교통부장관이 지가를 공시하기 위해 선정하는 토지는 표준지이다.
⑤ 특정의 지점으로 기준으로 한 택지 이용의 최원방권상의 토지는 한계지(限界地)이다.

| 정답 | ②

13 부동산활동에 관련된 설명으로 옳은 것을 모두 고른 것은? 2022년 33회

ㄱ. 공유지(共有地)란 1필지의 토지를 2인 이상이 공동으로 소유한 토지로, 지분비율 또는 지분의 위치에 따라 감정평가한다.
ㄴ. 일단지란 용도상 불가분의 관계에 있고 지가형성요인이 같은 2필지 이상의 토지로, 필지별로 감정평가한다.
ㄷ. 선하지란 고압선 아래의 토지로, 고압선 등 통과부분의 면적 등 제한의 정도를 고려하여 감정평가한다.
ㄹ. 맹지란 도로와 접한 면이 없는 토지로, 도로로 사용하기 위한 지역권이 설정되어 있는 경우 도로가 있는 것으로 보고 감정평가한다.
ㅁ. 환지란 도시개발사업에서 사업전 토지의 위치 등을 고려하여 소유자에게 재분배하는 사업후의 토지로, 환지처분 이전에 환지예정지로 지정된 경우에는 종전 토지의 위치 등을 기준으로 감정평가한다.

① ㄱ, ㄴ, ㄷ
② ㄱ, ㄷ, ㄹ
③ ㄱ, ㄷ, ㅁ
④ ㄴ, ㄷ, ㄹ
⑤ ㄴ, ㄹ, ㅁ

해설

ㄴ. 용도상 불가분 관계에 있고 가격형성요인이 동일한 2필지 이상의 토지는 일단지로서 일괄평가한다.
ㅁ. 환지처분 이전에 환지예정지로 지정된 경우에는 환지예정지의 위치, 확정예정지번 면적, 형상, 도로접면상태와 성숙도 등을 고려하여 감정평가한다. 만약 환지예정지로 지정하기 전이라면 종전 토지의 위치, 지목, 면적, 형상, 이용상황 등을 기준으로 감정평가한다.

| 정답 | ②

14 토지의 분류 및 용어에 관한 설명으로 옳은 것은?

2023년 34회

① 획지(劃地)는 하나의 필지 중 일부에 대해서도 성립한다.
② 건부지(建敷地)는 건축물의 부지로 이용 중인 토지 또는 건축물의 부지로 이용가능한 토지를 말한다.
③ 나지(裸地)는 택지 중 정착물이 없는 토지로서 공법상 제한이 없는 토지를 말한다.
④ 제내지(堤內地)는 제방으로부터 하심측으로의 토지를 말한다.
⑤ 일단지(一團地)는 용도상 불가분의 관계에 있는 두 필지 이상을 합병한 토지를 말한다.

해설

① 획지와 필지는 면적개념이 아니다. 그러므로 하나의 필지가 여러 개의 획지가 될 수 있고, 반대로 여러 개의 필지가 하나의 획지가 될 수 있다. 즉 필지와 획지는 상호간 클수도, 작을 수도, 같을 수도 있다.
② 건부지(建敷地)는 건축물의 부지로 이용 중인 토지이다. 건축물의 부지로 이용가능한 토지는 건부지로 분류될 수 없으며 택지에 포함된다.
③ 나지(裸地)란 토지에 건물 기타의 정착물이 없고, 지상권 등 토지의 사용수익을 제한하는 사법상의 권리가 설정되어 있지 아니한 토지를 말한다(표준지조사·평가기준 제3조 제4호). ⇨ 공법상의 제한은 받는다.
④ 제방으로부터 하심측으로의 토지는 제외지(堤外地)이다. 제내지(堤內地)는 제방에 의해 보호받는 지역으로 제방의 안쪽 지역을 말한다.
⑤ 일단지(一團地)는 용도상 불가분의 관계에 있는 두 필지 이상의 토지이다. 토지의 합병과는 관련이 없다.

| 정답 | ①

15 주택법령상 주택의 정의에 관한 설명으로 옳지 않은 것은?

2016년 27회

① 주택은 세대의 구성원이 장기간 독립된 주거생활을 할 수 있는 구조로 된 건축물의 전부 또는 일부 및 그 부속토지를 말한다.
② 준주택은 주택 외의 건축물과 그 부속토지로서 주거시설로 이용가능한 시설 등을 말한다.
③ 공동주택은 건축물의 벽 · 복도 · 계단이나 그 밖의 설비 등의 전부 또는 일부를 공동으로 사용하는 각 세대가 하나의 건축물 안에서 각각 독립된 주거생활을 할 수 있는 구조로 된 주택을 말한다.
④ 민영주택은 국민주택 등을 제외한 주택을 말한다.
⑤ 세대구분형 공동주택은 300세대 미만의 국민주택 규모에 해당하는 주택으로서 단지형 연립주택, 단지형 다세대주택, 소형주택으로 분류한다.

해설

⑤ 도시형 생활주택에 대한 설명이다.

| 정답 | ⑤

16 감정평가사 A가 실지조사를 통해 확인한 1개 동의 건축물 현황이 다음과 같다. 건축법령상 용도별 건축물의 종류는?

2023년 34회

- 1층 전부를 필로티 구조로 하여 주차장으로 사용하며, 2층부터 5층까지 주택으로 사용함
- 주택으로 쓰는 바닥면적의 합계가 1,000m^2임
- 세대수 합계가 16세대로서 모든 세대에 취사시설이 설치됨

① 아파트
② 기숙사
③ 연립주택
④ 다가구주택
⑤ 다세대주택

해설

연립주택

아파트	5개 층 이상	면적무관
연립주택	4개 층 이하	바닥면적 660㎡ 초과
다세대주택	4개 층 이하	바닥면적 660㎡ 이하

| 정답 | ③

17 주택법령상 준주택에 해당하지 않는 것은?

2023년 34회

① 건축법령상 공동주택 중 기숙사
② 건축법령상 업무시설 중 오피스텔
③ 건축법령상 숙박시설 중 생활숙박시설
④ 건축법령상 제2종 근린생활시설 중 다중생활시설
⑤ 건축법령상 노유자시설 중 노인복지시설로서 「노인복지법」 상 노인복지주택

해설

준주택

주택 외의 건축물과 그 부속토지로서 주거시설로 이용할 수 있는 시설로, 기숙사, 다중생활시설, 노인복지주택, 오피스텔 등으로 구분

| 정답 | ③

18 다음의 내용과 모두 관련된 토지의 특성은?

2018년 29회

- 부동산활동에서 임장활동이 중요하다.
- 외부효과가 발생한다.
- 부동산활동 및 현상을 국지화 시킨다.

① 영속성 ② 부증성
③ 부동성 ④ 개별성
⑤ 기반성

해설

부동성에 대한 설명이다.

| 정답 | ③

19 다음의 내용과 관련된 토지의 특성은?

2020년 31회

- 지가를 상승시키는 요인이 된다.
- 토지는 생산비를 투입하여 생산할 수 없다.
- 토지의 독점 소유욕을 갖게 하며, 토지이용을 집약화시킨다.

① 부동성 ② 부증성
③ 영속성 ④ 개별성
⑤ 인접성

해설

부증성에 대한 설명이다.

| 정답 | ②

20 토지의 자연적 · 인문적 특성에 관한 설명으로 옳지 않은 것은?

2017년 28회

① 부동성(위치의 고정성)으로 인해 외부효과가 발생한다.
② 분할 · 합병의 가능성은 용도의 다양성을 지원하는 특성이 있다.
③ 용도의 다양성은 토지용도 중에서 최유효이용을 선택할 수 있는 근거가 된다.
④ 일반적으로 부증성은 집약적 토지이용과 가격급등 현상을 일으키기도 한다.
⑤ 토지의 인문적 특성 중에서 도시계획의 변경, 공업단지의 지정 등은 위치의 가변성 중 사회적 위치가 변화하는 예이다.

해설

인문적(사회, 경제, 행정) 위치의 가변성

구분	내용
사회적 위치	공장, 공원, 고압선, 학교에 의한 주거환경의 변화, 인구 변화, 가구분리(핵가족), 공공시설, 도시형성, 건축 양식, 교육 · 복지상태 등
경제적 위치	교통체계(도로, 철도), 경제성장, 소득변화, 국제수지, 물가, 임금, 기술혁신 등의 변화, 세부담의 상태변화 등
행정적 위치	정부의 정책, 제도, 계획의 변화(토지거래허가제, 그린벨트 제도, 도시계획 변경, 공업단지의 지정, 세제의 변화 등)

| 정답 | ⑤

21 토지의 특성에 관한 설명으로 옳지 않은 것은?

2019년 30회

① 부동성은 부동산활동 및 현상을 국지화하여 지역특성을 갖도록 한다.
② 부증성은 생산요소를 투입하여도 토지 자체의 양을 늘릴 수 없는 특성이다.
③ 영속성은 토지관리의 필요성을 높여 감정평가에서 원가방식의 이론적 근거가 된다.
④ 개별성은 대상토지와 다른 토지의 비교를 어렵게 하며 시장에서 상품 간 대체관계를 제약할 수 있다.
⑤ 인접성은 물리적으로 연속되고 연결되어 있는 특성이다.

해설

③ 영속성은 토지에 물리적 감가상각을 불가하게 하므로 원가법 적용을 곤란하게 한다. 반면 토지의 수익성이 영속적이라는 것은 오히려 감정평가 중 수익방식이 정당화되는 이론적 근거가 되고 있다.

| 정답 | ③

22 다음의 내용에 모두 관련된 토지의 특성은?

2019년 30회

- 최유효이용의 판단근거가 되며, 최고의 효율성을 발휘하게 하여 경제적 가치를 증대시킨다.
- 토지이용의 이행과 전환을 가능하게 한다.
- 부동산의 가격은 그 이용을 통해 초과이윤을 얻기 위한 시장참여자들의 경쟁관계에 의해 형성된다.

① 인접성
② 용도의 다양성
③ 위치의 가변성
④ 고가성
⑤ 부동성

해설

토지의 인문적 특성 중 용도의 다양성에 대한 설명이다.

| 정답 | ②

23 토지의 특성에 관한 설명으로 옳지 않은 것은?

2020년 31회

① 부동성으로 인해 지역분석을 필요로 하게 된다.
② 용도의 다양성은 최유효이용의 판단근거가 된다.
③ 영속성은 부동산활동에 대해서 장기적 배려를 필연적으로 고려하게 한다.
④ 합병 · 분할의 가능성은 토지의 이행과 전환을 가능하게 한다.
⑤ 개별성으로 인해 일물일가의 법칙이 적용되지 않고, 부동산시장에서 부동산상품 간에 완벽한 대체는 불가능하다.

해설

용도의 다양성: 토지의 이행과 전환을 가능하게 함 ⇨ 후보지, 이행지 개념 성립

| 정답 | ④

24 **토지의 특성에 관한 설명이다. (   )에 들어갈 내용으로 옳게 연결된 것은?** 2022년 33회

- (ㄱ)은 토지에 대한 소유욕을 증대시키며 토지이용을 집약화시킨다.
- (ㄴ)은 임장활동과 지역분석의 근거가 된다.
- (ㄷ)은 토지간의 비교를 어렵게 하며 완전한 대체를 제약시킨다.

① ㄱ: 개별성, ㄴ: 부동성, ㄷ: 영속성
② ㄱ: 영속성, ㄴ: 부동성, ㄷ: 용도의 다양성
③ ㄱ: 영속성, ㄴ: 인접성, ㄷ: 용도의 다양성
④ ㄱ: 부증성, ㄴ: 인접성, ㄷ: 부동성
⑤ ㄱ: 부증성, ㄴ: 부동성, ㄷ: 개별성

해설

⑤ 각각 부증성, 부동성, 개별성과 관련된다.

| 정답 | ⑤

25 **부동산의 특성에 관한 설명으로 옳은 것의 개수는?** 2022년 33회

- 용도의 다양성은 최유효이용을 선택할 수 있는 근거가 된다.
- 인접성은 외부효과의 원인이 된다.
- 분할·합병의 가능성은 부동산의 가치를 변화시킨다.
- 부동성은 인근지역과 유사지역의 분류를 가능하게 한다.
- 영속성은 부동산활동을 장기적으로 고려하게 한다.

① 1 ② 2
③ 3 ④ 4
⑤ 5

해설

보기의 모든 지문이 올바른 내용이다.

| 정답 | ⑤

26 토지의 특성과 내용에 관한 설명으로 옳지 않은 것은? 2023년 34회

① 토지는 시간의 경과에 의해 마멸되거나 소멸되지 않으므로 투자재로서 선호도가 높다.
② 물리적으로 완전히 동일한 토지는 없으므로 부동산시장은 불완전경쟁시장이 된다.
③ 토지는 공간적으로 연결되어 있으므로 외부효과를 발생시키고, 개발이익 환수의 근거가 된다.
④ 토지는 용익물권의 목적물로 활용할 수 있으므로 하나의 토지에 다양한 물권자가 존재할 수 있다.
⑤ 토지의 소유권은 정당한 이익 있는 범위내에서 토지의 상하에 미치며, 한계고도와 한계심도의 범위는 법률로 정하고 있다.

해설

한계심도(지하권 관련)

- 토지 지하부분에 대하여 지상의 일반적 토지이용에 지장이 없는 것으로 판단되는 깊이
- 지하의 공공구조물 조성이나 상하수도 시설 설치 등을 위한 보상과 관련됨
- 법률에 명시된 바는 없고 지방자치단체의 조례 등에 산발적으로 규정되어 있음

| 정답 | ⑤

27 공간으로서의 부동산에 관한 설명으로 옳지 않은 것은? 2020년 31회

① 토지는 물리적 형태로서의 지표면과 함께 공중공간과 지하공간을 포함한다.
② 부동산활동은 3차원의 공간활동으로 농촌지역에서는 주로 지표공간이 활동의 중심이 되고, 도시지역에서는 입체공간이 활동의 중심이 된다.
③ 지표권은 토지소유자가 지표상의 토지를 배타적으로 사용할 수 있는 권리를 말하며, 토지와 해면과의 분계는 최고만조시의 분계점을 표준으로 한다.
④ 지중권 또는 지하권은 토지소유자가 지하공간으로부터 어떤 이익을 획득하거나 사용할 수 있는 권리를 말하며, 물을 이용할 수 있는 권리가 이에 포함된다.
⑤ 공적 공중권은 일정 범위 이상의 공중공간을 공공기관이 공익 목적의 실현을 위해 사용할 수 있는 권리를 말하며, 항공기 통행권이나 전파의 발착권이 이에 포함된다.

해설

물을 이용할 수 있는 권리인 용수권(用水權)은 지표권의 일부이다.

| 정답 | ④

해커스 감정평가사
ca.Hackers.com

PART 02

부동산경제론

제1장 부동산의 수요와 공급

View Point

1. 부동산의 수요와 공급은 직접적으로는 잘 출제되지는 않으나 선행지식이 되므로 탄탄한 학습이 필요하다.
2. 수요/공급이 상호작용하여 만드는 균형점이 어떤 방식으로 도출되는지 검토한다.
3. 수요량의 변화와 수요의 변화를 구분하여 학습한다.
4. 공급량의 변화와 공급의 변화를 구분하여 학습한다.

제1절 부동산의 수요

1 수요의 개념

1. 일반적으로 수요라 함은 어떤 재화의 가격수준에 대응하여 구매하려는 재화의 수량을 말하는 바, 이는 단순한 구매욕구만을 의미하는 것이 아니라 구매력을 수반하는 유효수요여야 한다. 사람들이 부동산을 구입하려는 욕구를 부동산수요라 하며, 주어진 가격수준으로 부동산수요자가 구입하고자 하는 최대수량을 부동산수요량이라 한다.
2. 부동산수요자는 개별독점적 소유자가 되고, 또한 개별독점적인 공급자의 지위를 갖는다.
3. 부동산의 수요란 어떤 시기에 있어서 소비자들이 어떤 부동산이나 서비스(주택)를 구입하려는 욕구를 말한다. 경제학의 개념으로서는 단순히 욕구만을 가지고 있고 구매력이 없으면 현실의 수요가 아니다. 토지수요는 토지 그 자체에서 발생하는 것이 아니라 토지로부터 생산되는 각종 서비스 때문에 발생한다. 수요가 증가하면 일반적으로 가격은 상승하고 가격이 상승하면 수요는 감소하는 데, 부동산의 경우는 가격이 상승하는 데 오히려 수요가 증가하는 수도 있다. 이것은 양도차익을 목적으로 한 가수요에 의해 나타나는 현상이다.

4. 수요곡선이 우하향인 이유

(1) **기회비용:** 어떤 재화의 가격이 하락하면 그 재화를 다른 용도에 사용할 수 있으므로 수요량을 증가시킴

(2) **대체효과:** A재의 가격이 하락하면 가격이 불변인 B재는 상대적으로 비싸지므로 B재의 소비가 상대적으로 싸게 된 A재로 대체되는 효과(B재 소비감소가 A재의 소비증가로 대체)

(3) **소득효과:** 한재화의 가격 하락(상승)은 소비자의 실질소득을 증가(감소)시켜 재화의 소비량을 증가시키는 효과(정상재, 우등재)

※ 열등재는 반대 ⇨ 소득 증가(감소)시에 소비가 감소(증가)하는 재화

KEY PLUS | 주택시장 관련 기초개념

1. 주택서비스: 주택이 소유자에게 제공하는 만족도, 즉 효용을 말한다. 분석대상인 주택을 물리적인 실체로 보지 않고 주택서비스를 제공하는 효용이라는 하나의 추상적인 단위로 보는 것을 말한다.
2. 주택가치: 주택이 제공하는 주택서비스를 현재가치로 환원한 값이다. 주택가치의 크기가 주택시장에서 주택가격을 결정한다.
3. 저량(stock)과 유량(flow)
   (1) 주택저량의 수요량과 공급량
   ① 주택저량의 수요량이란 일정시점에 수요자들이 보유하고자 하는 주택의 양을 말한다.
   ② 주택저량의 공급량이란 일정시점에 시장에 존재하는 주택의 물리적인 양을 말한다.
   (2) 주택유량의 수요량과 공급량
   ① 주택유량의 수요량이란 일정기간 동안에 수요자들이 보유하고자 하는 주택의 양을 말한다.
   ② 주택유량의 공급량이란 일정기간 동안에 공급자들이 공급하고자 하는 주택의 양을 말한다.

2 부동산수요의 종류

1. **토지수요**: 토지에 대한 수요는 파생적 수요 또는 간접수요이다.
2. **유효수요**: 부동산을 구입할 의사와 지불능력이 있는 수요이다.
3. **파생수요**: 직접수요에서 파생되는 수요
   (예 주거지에 대한 택지수요는 주택수요의 파생수요이다. - 간접수요)
4. **가수요:** 이용·관리할 의사 없이 부동산을 구입하고자 하는 수요이며, 이러한 수요자는 자본이득의 획득을 그 목적으로 한다.

KEY PLUS | 주택소요와 주택수요

1. 주택소요: 단순한 생존수단으로서의 주거의 기능을 수용할 수 있는 정도의 사회적 주택 기준에 대한 욕구이다. 이는 무주택 저소득계층들이 속해 있는 주거환경으로서 시장경쟁원리로 충족될 수 없으므로 사회정책적 측면에서 주택정책이 요구된다.
2. 주택수요: 경제적 능력이 있는 중산층 이상의 유효수요에 의한 구매욕구를 말한다.

5. **신규주택수요과 중고주택수요**
   ① 신규주택수요는 교체할 주택으로 신규주택을 선호하는 수요
   ② 중고주택수요는 교체할 주택으로 중고주택을 선호하는 수요

6. **개별수요와 시장수요**
   ① 개별수요: 소비자의 개별적 수요를 말한다.
   ② 시장수요: 개별수요를 수평으로 전부 합한 것, 시장 전체의 수요를 말한다.

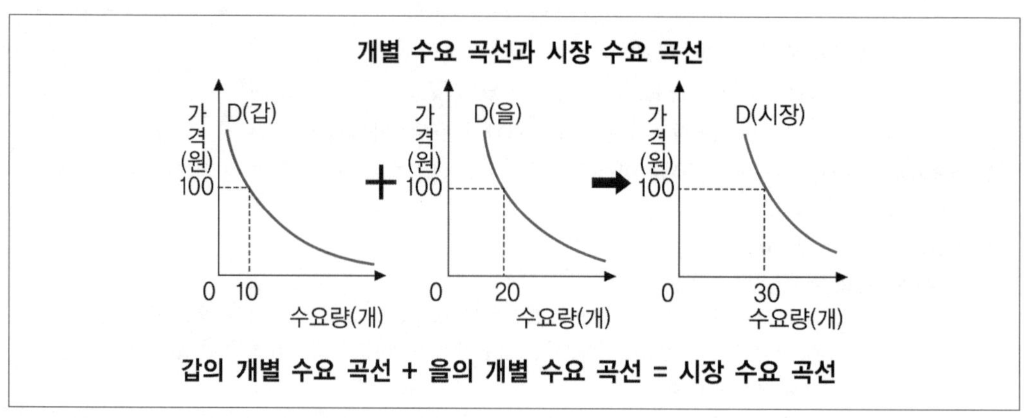

3 부동산수요의 특성

1. 부동산가격과 부동산수요는 반비례한다(수요법칙).
2. 부동산수요는 생활 또는 기업 활동을 위한 필수적 수요로 비탄력적이다. 단, 탄력성은 부동산의 종류에 따라 달라진다.
3. 구매자금 축적의 장기성: 부동산상품의 고가성에 기인한 것이다.
4. 부동산은 구매결정을 함에 있어서 검토되어야 할 사항이 일반경제재에 비하여 전문적이고 복잡하다.
5. 부동산은 구매절차에 있어서도 일반경제와는 다른 특수한 방법이 쓰인다.
6. 가수요현상: 부동산가격이 상승하는데도 오히려 수요가 증가하는 경우가 있다.
7. 부동산수요는 이용과 소유로 귀결된다.
8. 부동산은 부증성 등 자연적 특성으로 인하여 부동산수요의 증가는 부동산의 상대적 희소성을 더욱 커지게 한다.

4 부동산의 수요곡선

1. **수요함수**: 수요결정요인

(1) 수요함수란 어떤 재화에 대한 수요와 그 재화의 수요에 영향을 주는 요인들과의 함수관계를 말하며, 수요에 영향을 주는 요인에는 가격, 소득수준, 인구의 크기, 가구 및 핵가족화, 소비자의 기호, 공공용지의 확보, 산업시설용지 확대, 광고, 선전 등이 있다.

(2) 수요량과 가격의 관계를 명백히 분석하기 위하여 다른 요인들을 일정불변이라 가정하고 가격만을 변수로 할 때에 수요함수를 Dn = f(Pn) [수요량 = 수요함수의 기호(n재의 가격)]로 표시한다. 이때 수요함수는 수요의 법칙을 기호로 표시 한 것이다.

2. **수요법칙**

수요법칙은 가격만을 변수로 하여 수요와 가격의 관계를 나타낸 것으로서 가격의 인상은 수요량의 감소를 가져오고 가격의 인하는 수요량의 증가를 가져온다는 것이다. 다른 조건이 동일한 경우, 부동산에 대한 수요량은 가격에 반비례한다. 따라서 수요곡선은 우하향의 기울기를 갖는다.

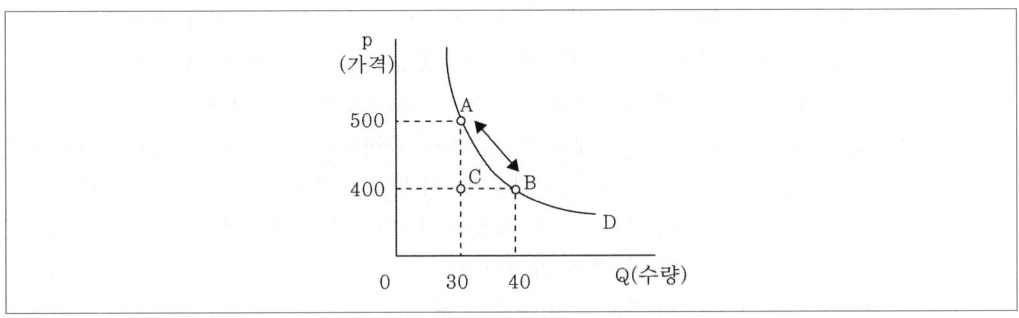

WIDE PLUS | 수요의 법칙에 대한 예외

1. **기펜의 역설(Giffen's paradox)**
   가격 하락시에도 수요가 감소하는 현상을 '기펜의 역설'이라고 하고, 그러한 재화를 기펜재라고 한다. 이 경우 기펜재의 수요곡선은 일반적인 수요곡선과는 달리 우상향하는 형태를 취한다.
2. **베블린 효과(과시성 소비)**
   물건의 가격이 상승하였음에도 불구하고 남에게 과시하기 위하여 그 물건에 대한 소비를 증가시키는 행위이다(예 모피가격의 상승시에 더 많은 모피에 대한 수요가 발생하는 것). 이는 중상층을 대상으로 하는 일반경제학이론의 가정과 달리 일부 고소득계층에서 나타나는 현상으로써, 흔히 발견되는 것은 아니다.
3. **투기적 수요(가수요)**
   가격상승시에도 수요가 증가하는 일시적 현상을 말한다. 특정한 지역의 부동산의 가격이 상승할 때 발생하는 투기적 수요의 경우가 해당된다.

수요법칙의 예외적 형태

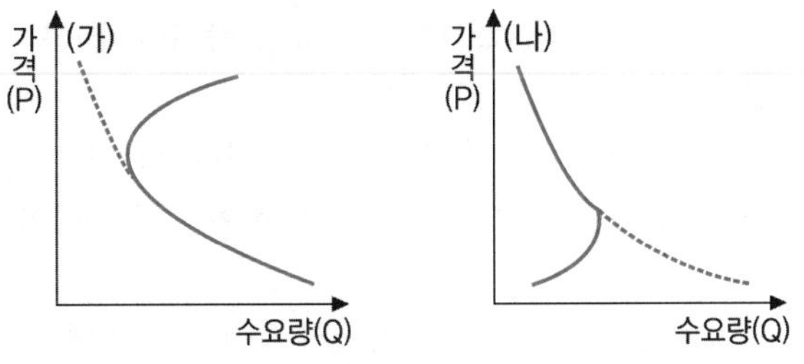

수요법칙이란 가격이 상승하면 수요량이 감소하는 현상을 말한다. 그러나 (가)의 그래프는 가격이 상승하면 어느 순간 오히려 수요량이 증가하는 현상을 나타낸 것이므로 가수요와 매점의 수요 곡선이 이와 같다. (나)의 그래프는 가격이 하락했는데도 오히려 수요량이 감소하는 재화, 즉 기펜재의 수요 곡선이다.

3. 수요량의 변화와 수요의 변화

(1) 수요량의 변화

① 해당 상품가격(임대료)의 변화에 의한 수요량의 변화이다.

② 수요곡선 자체가 이동하는 것이 아니라 기존의 수요곡선상의 점의 이동이다.

(2) 수요의 변화

① 해당 상품가격(임대료) 이외의 요인이 변화하여 일어나는 수요량의 변화이다.

② 수요곡선 자체의 이동이다.

③ 수요곡선이 우상향(좌하향)으로 이동하는 것을 수요의 증가(감소)라 한다.

④ 수요량이 변함에 따라 수요곡선도 이동한다. 모든 수치들이 동시에 변화할 때 수요곡선이 어떤 형태로 변화할 것인가를 예측하는 것은 곤란하다. 다만 여러 가지 요인 가운데 어느 한 요인이 어떤 형태로 변한다고 하면 수요곡선이 어떻게 변화할 것인가를 예측할 수 있다. 예를 들면 소비자가계의 평균소득이 종전보다 증가하면 가격과 수요량과의 관계는 우상향으로 이동하게 될 것이다. 왜냐하면 일반적으로 소득이 증가하면 동일한 가격수준의 임차인도 전보다 더 많은 공간을 필요로 하기 때문이다. 이와 반대로 소득수준이 종전보다 낮아진다면 같은 가격에서도 주택의 수요량이나 공간의 양이 감소될 것이므로 수요곡선은 좌하향으로 이동하게 될 것이다.

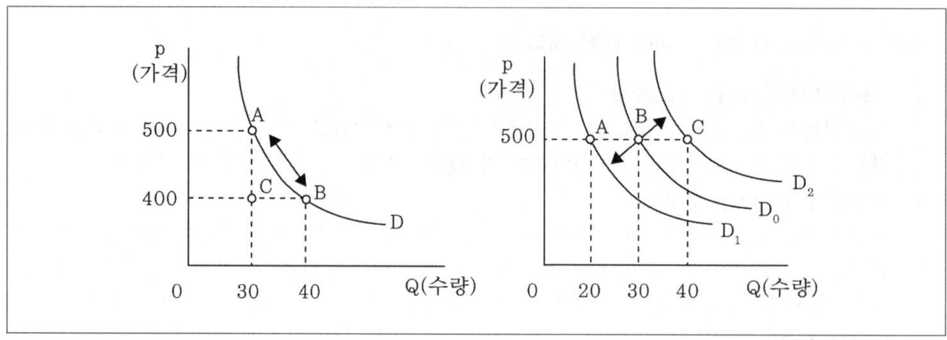

4. 수요변화의 요인

(1) 수요는 소비자의 소득에 의해서 영향을 받는다. 다른 조건이 일정불변일 때

① **정상재:** 소득이 증가함에 따라 그 수요가 증가하는 재화로, 상급재 또는 우등재라고도 한다. 정상재는 소득이 증가(감소)하면 수요가 증가(감소)하여 수요곡선이 우상향(좌하향)으로 이동된다.

② **열등재:** 소득이 증가함에 따라 그 수요가 감소하는 재화로, 하급재라고도 한다. 열등재는 소득이 증가(감소)하면 수요가 감소(증가)하여 수요곡선이 좌하향(우상향)으로 이동한다.

③ **중간재:** 소득이 변하더라도 동일한 가격에서 수요량이 전혀 변하지 않는 재화를 말한다. 중간재는 소득이 증가(감소)하면 수요가 불변이며, 따라서 수요곡선이 불변인 재화를 말하는데 소금, 간장 등이 이에 속한다.

(2) 수요는 관련재화의 가격변동에 의하여 영향을 받는다.

① **대체재:** 용도가 비슷하여 한 재화 대신 다른 재화를 소비하더라도 만족에는 별 차이가 없는 두 재화를 대체재라고 하는데, 커피와 홍차, 콜라와 사이다 등이 그 예이다. 대체재관계에 있는 X재와 Y재 중 X재(커피)의 가격이 상승(하락)하면 X재(커피)의 수요가 감소(증가)하고, Y재(홍차)의 수요가 증가(감소)하여 홍차의 수요곡선이 우상향(좌하향)으로 이동하게 된다.

② **보완재:** 한 재화씩 따로 소비할 때보다 두 재화를 함께 소비할 때 더 만족이 큰 두 재화를 보완재라 하는데 커피와 설탕, 가솔린과 자동차 등이 그 예이다. 보완재관계에 있는 X재와 Y재 중 X재(커피)의 가격이 상승(하락)하면 X재(커피)의 수요가 감소(증가)하고, Y재(설탕)의 수요가 감소(증가)하여 설탕의 수요곡선이 좌하향(우상향)으로 이동하게 된다.

③ **독립재**: 한 재화의 가격이 다른 재화의 수요에 아무런 영향을 주지 않고, 따라서 수요곡선도 불변인 두 재화를 독립재라 한다.

(3) 수요는 소비자의 기호변화에 의해서 영향을 받는다. : 어떤 재화에 대한 소비자들의 선호를 증가(감소)시키는 방향으로 기호가 변화하면 그 재화에 대한 수요가 증가(감소)하여 수요곡선은 우상향(좌하향)으로 이동한다.

(4) 수요는 소비자의 가격예상에 의해서 영향을 받는다. : 어떤 상품의 가격이 가까운 장래에 상승(하락)할 것으로 예상된다면, 가격이 상승하기 전에 그 재화를 보다 많이(적게) 사두려하기 때문에 그 상품에 대한 금기의 수요가 증가(감소)하여 수요곡선이 우상향(좌하향)으로 이동된다.

(5) 수요는 소비자(인구)의 수에 의해서 영향을 받는다. : 소비자의 수가 증가(감소)하면 재화에 대한 수요는 증가(감소)하고, 수요곡선은 우상향(좌하향)으로 이동한다.

(6) 수요는 이외에도 경기전망, 금리의 수준, 부동산에 대한 조세, 재산 등에 의해서 영향을 받는다.

5. 부동산수요의 발생 · 제약요인 비교

부동산수요 발생요인	부동산수요 제약요인
• 인구증가 • 가구분리(예 핵가족화, 결혼과 이혼) • 소득수준의 향상 • 대체부동산가격의 상승 • 공공시설용지 확보 • 주(住)의식의 변화(이용의식 ⇨ 소유의식) • 금리의 인하 • 취득세 세율의 인하 • 대체투자대상(주식 등)의 불안정 · 불황 • 가격상승에 대한 기대감 고조	• 당해 부동산의 고가성 • 공 · 사법상의 거래규제 (예 토지거래허가제) • 유사부동산의 과잉공급 • 대체투자대상의 호경기 • 취득세 세율 인상 등 • 당해 부동산의 용도의 특수성 • 금리의 인상 • 소득의 감소 • 대체부동산가격의 하락 • 전쟁 등 사회심리의 불안

제2절 부동산의 공급

1 부동산공급의 개념

1. 정의

부동산공급자가 부동산을 매도 · 임대하려는 욕구를 부동산공급이라 하고 그 양을 공급량이라 한다. 부동산공급자란 신규 부동산생산자뿐만 아니라 기존 부동산소유자를 포함한다. 따라서 부동산시장에는 수요자와 공급자의 구분이 명백하지 않은 특징이 있다.

2. 부동산공급활동

(1) 수면의 매립 · 간척 · 개발로 택지를 조성하여 분양하는 활동
(2) 여러 가지 용도의 부동산을 건설하여 분양하는 활동
(3) 소유하고 있는 부동산을 매각하기 위하여 시장에 출품하는 활동
(4) 임대용 부동산을 임대하는 활동
(5) 입체공간을 분양하거나 임대하는 활동

3. 부동산의 공급자

생산자란 건설업자나 개발업자만을 말하는 것이 아니라 부동산의 건축이나 생산에 관계되는 사람이면 누구나 생산자가 된다. 또한 부동산의 공급에는 신규부동산뿐만 아니라 기존의 부동산도 포함된다. 따라서 부동산공급자에는 생산자뿐만 아니라, 기존의 주택이나 건물의 소유주도 포함된다.

4. 부동산공급의 종류

(1) 토지공급

① 토지는 부증성으로 인해 물리적 공급은 불가능하다.
② 토지의 공급은 토지에 이용의 능률화를 기하여 경제적 이용도를 증대시키는 인위적 공급 즉, 경제적 공급을 의미한다.
③ 공급법칙 등을 설명할 때에는 경제적 공급을 전제로 하는 것이다.
④ 토지의 경제적 공급은 농지 · 임지 등 저밀도 이용토지가 주거용 · 공업용 등 고밀도 이용토지로 전환되는 경우가 많다.
⑤ 매립이나 간척 등의 경우는 물리적 공급이 아닌 용도의 전환에 해당한다.

WIDE PLUS | 토지의 경제적 공급의 유형

1. **토지이용의 개발화**: 토지를 물리적으로 공급되어 있는 상태에서 상품화시키는 것
2. **토지이용의 집약화**: 소규모 토지에 건축을 하여 연면적을 증가시키는 것
3. **공법상의 용도전환**: 예를 들어 개발제한구역이 해제되는 경우 토지의 가치는 물론 공급도 증가하게 된다.
4. **토지이용의 대체개발**: 도시계획사업과 같이 공권력에 의해 토지이용이 종래보다 증대된 경우
5. **세필화**: 대단위 토지의 분할이나 환지 등으로 세분화시키는 것

(2) 건물공급

건물은 절대량을 늘릴 수 있으나 그 공급은 토지의 양에 의존하게 된다.

5. 부동산공급의 특성

(1) 부동산가격이 오르면 공급이 증가하고, 가격이 내리면 공급이 감소한다(공급법칙).
(2) 부동산의 공급은 상당히 비탄력적이다. 특히 단기적으로는 매우 비탄력적이며, 장기적으로는 탄력적인 것이 된다.

2 부동산의 공급곡선

1. 공급법칙

모든 것(경제환경)이 불변인 상황에서 가격이 변함에 따라 재화의 공급량에 나타나는 변화, 즉 가격이 상승하면 공급량은 늘어나고 가격이 하락하면 공급량은 줄어든다는 법칙이다. 다른 조건이 일정한 경우, 부동산가격과 공급량은 비례한다. 따라서 공급곡선은 우상향하는 기울기를 갖는다. 공급이 탄력적일수록 공급곡선의 기울기는 완만해진다.

2. 공급함수

(1) 공급함수란 어떤 재화에 대한 공급과 그 재화의 공급에 영향을 주는 요인들과의 함수관계를 말한다.

(2) 공급에 영향을 주는 요인에는 가격, 생산비(생산요소의 가격) 변동, 경기변동, 정부의 정책, 이자비용 등이 있다.

3. 공급곡선

(1) 공급곡선이란 '공급함수나 공급의 법칙이 특정의 재화나 용역에 대하여 현실적으로 나타나고 있는 현상을 그래프에 나타낸 것'을 말한다. 다른 조건이 변하지 않는다면 특정기간에 있어서 공급량은 가격에 의존하게 된다. 이는 부동산에도 적용할 수 있다.

(2) 공급곡선은 다음 그래프와 같이 수요곡선과는 반대로 우상향하는 곡선이다. 공급곡선이 우상향하는 것은 공급의 법칙이 적용되는 것을 의미한다. 즉, 가격이 P_0일 경우에는 공급이 Q_0이지만, 가격이 상승하여 P_2인 경우에는 공급량이 Q_2로 증가한다.

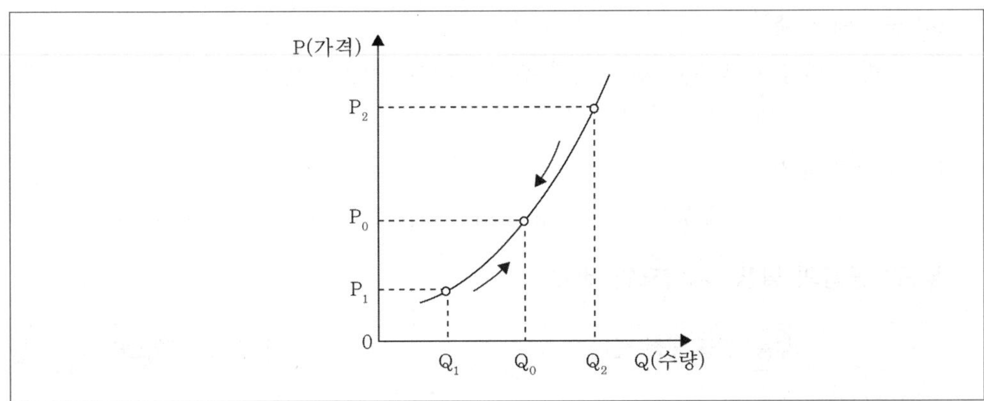

4. 공급량의 변화와 공급의 변화

(1) 공급량의 변화

① 해당 상품가격(임대료)의 변화에 의한 공급량의 변화이다.

② 공급곡선 자체가 이동하는 것이 아니라 기존의 공급곡선상 점의 이동이다.

(2) 공급의 변화

① 해당 상품가격(임대료) 이외의 요인이 변화하여 일어나는 공급량의 변화이다.

② 공급곡선 자체의 이동이다.

③ 공급곡선이 우하향(좌상향)으로 이동하는 것을 수요의 증가(감소)라 한다.

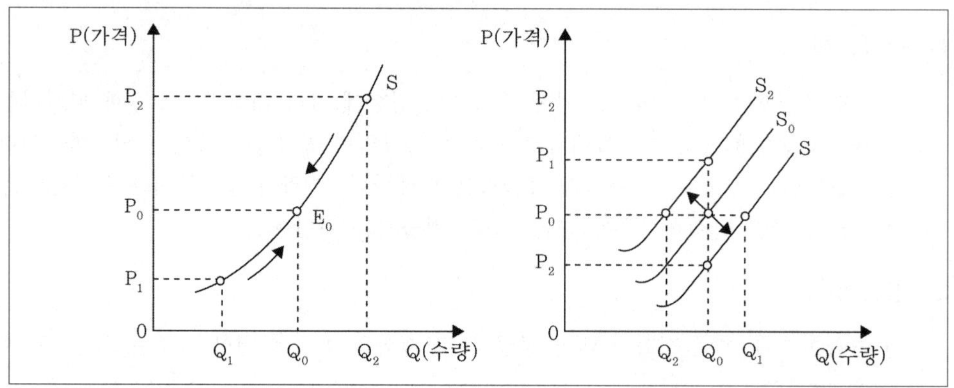

5. 공급변화의 요인

(1) 생산요소(자원) 가격

건축비, 인건비 등 생산요소의 가격이 상승하면 공급은 감소하고 반대면 증가한다.

(2) 기술수준

부동산 생산의 기술수준이 진보한다면 공급은 증가한다.

(3) 연관재의 가격

① 대체재 관계의 재화가격이 상승한다면 당해 재화의 공급은 감소하고 반대면 증가한다.
② 보완재 관계의 재화가격이 상승한다면 당해 재화의 공급은 증가하고 반대면 감소한다.

(4) 금리의 수준

금리가 인상된다면 부동산 공급과 관련된 자본비용이 높아지므로 공급이 감소한다. 금리를 인하하면 반대로 부동산 공급이 증가한다.

(5) 조세의 증감

세금이 인하되면 부동산 공급은 증가하고 세금이 인상되면 부동산 공급은 감소한다.

6. 부동산공급의 발생 · 제약요인 비교

부동산공급 발생요인	부동산공급 제약요인
• 건축기술의 발달 • 건축비용의 인하 • 건설보조금의 지불 • 토지의 용도전환에 대한 규제 완화 • 양도소득세 세율의 인하 • 금리의 인하 • 공급자수의 증가(시장진입의 자유화)	• 건축비용의 인상 • 토지의 용도전환에 대한 규제 강화 • 양도소득세 세율의 인상 • 금리의 인상 • 공급자수 감소 • 다른 부동산시장의 호경기

7. 부동산의 공급곡선

(1) 개별공급과 시장공급

① 개별공급: 생산자의 개별적 공급을 말한다.

② 시장공급: 개별공급를 수평으로 전부 합한 것, 시장 전체의 공급을 말한다.

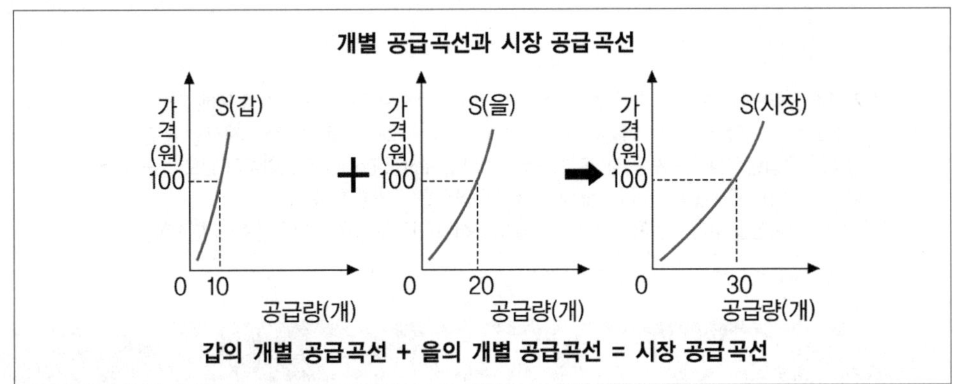

(2) 토지의 물리적 공급곡선: 수직 ⇨ 완전비탄력적(부증성)

(3) 토지의 경제적 공급곡선: 우상향곡선

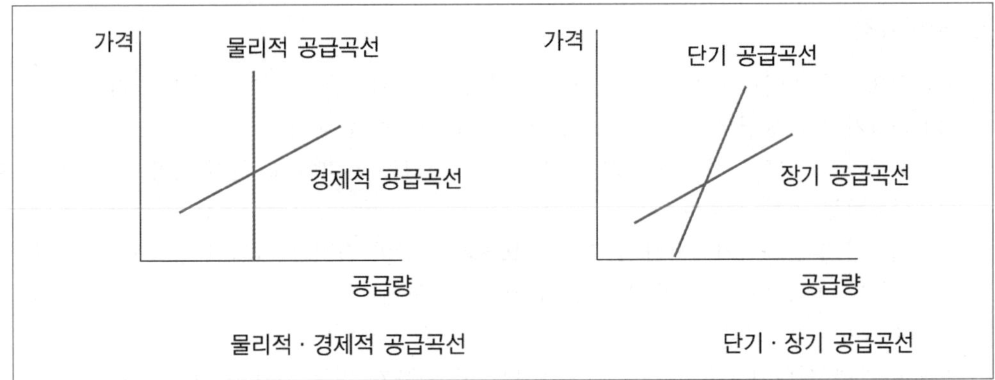

① 단기공급곡선: 급경사, 비탄력적 성질(생산요소의 사용이 제한, 공적규제, 용도전환 곤란) → 단기에는 공급의 한계 때문에 가격이 왜곡

② 장기공급곡선: 완경사, 탄력적인 성질(용도의 다양성, 생산요소의 사용제한의 완화, 공적규제 완화, 용도전환 용이, 공유수면 매립과 택지개발, 토지이용의 집약화) → 장기에는 수급조절이 가능

KEY PLUS | 부동산의 단기 · 장기균형

1. 단기개념: 개별기업의 입장에서 보면 생산시설을 늘릴 수 없는 기간이고, 시장 전체입장에서 보면 새로운 기업이 시장에 진입할 수 없는 짧은 기간
2. 장기개념: 생산시설을 확장할 수 있고, 새로운 기업이 진입할 수 있는 긴 기간

제2장 부동산 가격이론

View Point

1. 균형가격과 균형량이 어떤 방식으로 결정되는지 확인하고 수요함수와 공급함수를 통해 균형을 찾는다.
2. 수요함수 또는 공급함수가 변화했을 때, 균형가격과 균형량이 얼마나 움직이는지 계산할 줄 안다.
3. 수요탄력성, 공급탄력성, 소득탄력성, 교차탄력성은 모두 계산과 관련한 측정이슈가 있으니 숙지한다.
4. 탄력성과 기울기의 관계를 파악하고 수요함수나 공급함수를 통해 이를 추계한다.
5. 균형점이나 탄력성을 구하는 문제는 계산능력을 요구하니 기출문제를 통해 꼼꼼하게 훈련한다.

제1절 부동산시장의 가격결정

1 균형가격과 균형량의 개념

1. 균형가격

(1) 수요량과 공급량이 일치되어 정지 상태에 있는 가격을 균형가격이라 한다.

(2) 균형가격을 성립하게 한 수요 · 공급량을 균형량이라 한다.

(3) 균형가격은 다른 사정의 변화가 없는 한 지속되는 가격이며, 현실 시장가격은 이를 향하여 변동하는 경향이 있다.

(4) 시장가격이 균형가격보다 낮으면 수요초과 현상이 일어나 가격이 상승하고, 균형가격보다 높으면 공급초과 현상이 일어나 가격이 하락하게 된다.

※ 그러나 부동산시장에서는 부증성으로 인해 균형가격이 성립하지 않는다.

(5) 그 가격 이외의 다른 가격수준으로 변경할 이유가 없는 상태를 가리킨다.

2. 균형가격(임대료)과 균형량

(1) 수요곡선은 각 가격수준에서의 수요량을 나타내며, 공급곡선은 그 수준에서의 공급량을 나타낸다.

(2) 수요와 공급은 수요의 법칙과 공급의 법칙이 작용하므로, 초과수요는 가격을 상승시켜 공급을 증가시키며, 공급의 증가는 가격을 하락시켜 수요를 증가시킨다.

(3) 가격은 결국 공급량과 수요량을 일치시키는 수준까지 하락하는데, 이때의 가격수준을 균형가격이라 하고 수요와 공급량을 균형량이라 한다.

2 균형가격의 결정

부동산의 가격은 수요와 공급이 일치하는 점에서 결정됨으로 가격의 결정은 공급 측이나 수요측 사정만으로 설명할 수 없다. 그러므로 가격은 수요와 공급의 양 측면에서 설명하여야 한다.

1. 균형가격은 수요공급의 균형점, 즉 수요곡선과 공급곡선이 교차되는 점에서 결정된다. 이는 부동산에도 적용될 수 있다.
2. 수요곡선은 각각의 임대료에서 구하는 양을 보여주고 공급곡선은 공급되는 양을 보여 준다.
3. 다음 그림에서 균형점은 수요량과 공급량이 일치하는 점이 되고, 균형가격은 P_0, 균형량은 Q_0이다. 균형가격 P_0보다 높은 P_2 수준에서는 공급량이 수요량을 초과하여 초과공급이 존재하고 가격(임대료)을 하락시키는 압력이 존재한다. 반면에 균형 가격 P_0보다 낮은 P_1 수준에서는 수요량이 공급량을 초과하여 초과수요가 존재하고 가격(임대료)을 상승시키는 압력이 존재한다. 오직 균형가격(균형임대료)에서는 초과수요나 초과공급이 소멸되어, 매수자가 사고자 하는 양과 매도자가 팔려고 하는 양이 일치하게 된다.

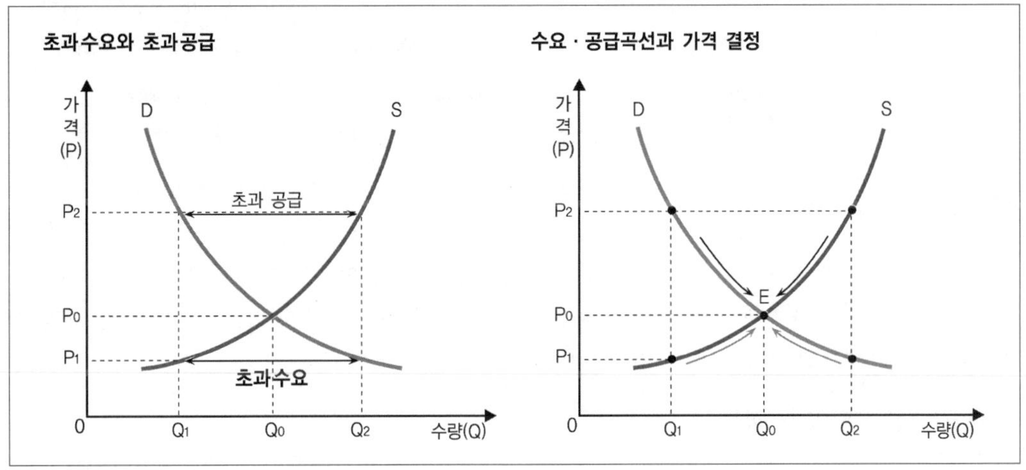

3 장·단기균형

1. 단기균형

(1) **수요의 증가시** ⇨ 균형가격(임대료) 상승시키고, 균형거래량(공급량)도 증가시킴 ⇨ 항상 총수입 증대됨 (수요의 증가는 수요곡선을 우상향 이동시켜 기존 공급자는 초과이윤 획득)

(2) **공급의 증가시** ⇨ 균형가격(임대료) 하락시키고, 균형거래량(공급량)을 증가시킴 ⇨ 총수입이 항상 증가되는 것은 아님(증가, 감소 가능) ∵ 공급의 증가는 공급곡선을 우하향 이동시키므로 가격 하락폭과 공급량 증가폭에 따라 총수입은 증가할 수도 있고 감소할 수도 있다.

2. 장기균형(수요증가 가정): 초과이윤 소멸할 때까지 공급 증가

(1) **비용증가산업(일반적):** 장기공급곡선 우상향(공급량 증가, 완만한 가격상승) ⇨ 원래 가격보다 높은 수준(수요증가폭 > 공급증가폭)

(2) **비용일정산업:** 장기공급곡선 수평(공급량 증가, 가격불변) ⇨ 원래 가격수준 회복(수요증가폭=공급증가폭)

(3) **비용감소산업:** 장기공급곡선 우하향(공급량 증가, 가격하락) ⇨ 원래 가격보다 낮은 수준(수요증가폭 〈 공급증가폭)

※ 단기에 수요의 증가로 초과이윤이 발생하면 장기에는 경쟁기업이 시장에 진입하므로 생산요소에 대한 수요가 증가한다. 이때 생산요소의 가격이 증가하는가 불변인가, 감소하는가에 따라 장기의 균형가격과 균형량이 달라진다.(비용증가산업이 일반적이다.)

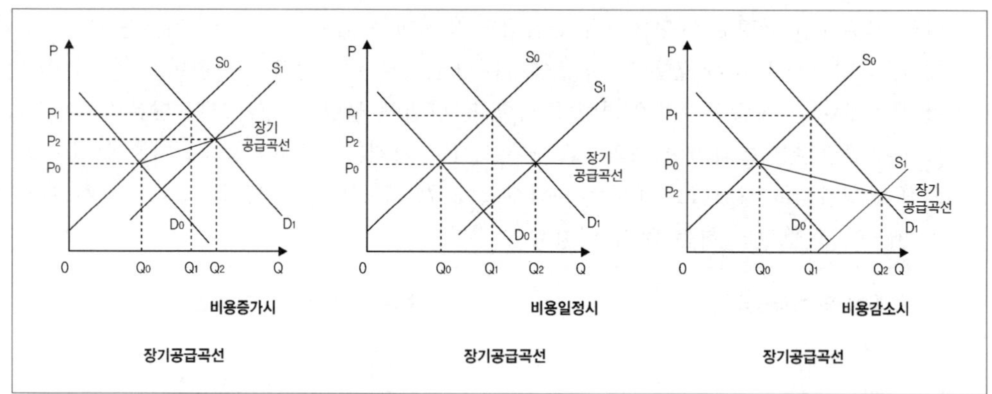

4 균형가격의 이동

임대균형가격과 균형교환량은 수요와 공급의 상호작용에 의해서 결정되므로, 둘 중의 어느 하나 또는 둘 모두가 변동하면 균형가격과 균형교환량은 변동하게 된다. 여기서 이들 균형교환량이 어떻게 변동할 것인가를 고찰하고자 한다.

1. 수요가 증가되었을 경우

공급곡선이 불변일 때 수요곡선이 오른쪽으로 이동하면 초과수요가 발생하여 임대료는 상승하고 거래량은 증가한다.

2. 수요가 감소하였을 경우

공급곡선이 불변일 때 수요곡선이 왼쪽으로 이동하면 초과공급이 발생하여 균형임대료는 하락하고 거래량도 감소한다.

3. 공급이 증가되었을 경우

수요가 불변일 때, 공급이 증가하는 경우에는 초과공급이 발생하여 임대료는 하락하고 거래량은 증가한다.

4. 공급이 감소하였을 경우

수요곡선이 불변일 때 공급곡선이 왼쪽으로 이동하면 초과수요가 발생하여 균형임대료는 상승하고 거래량은 감소한다.

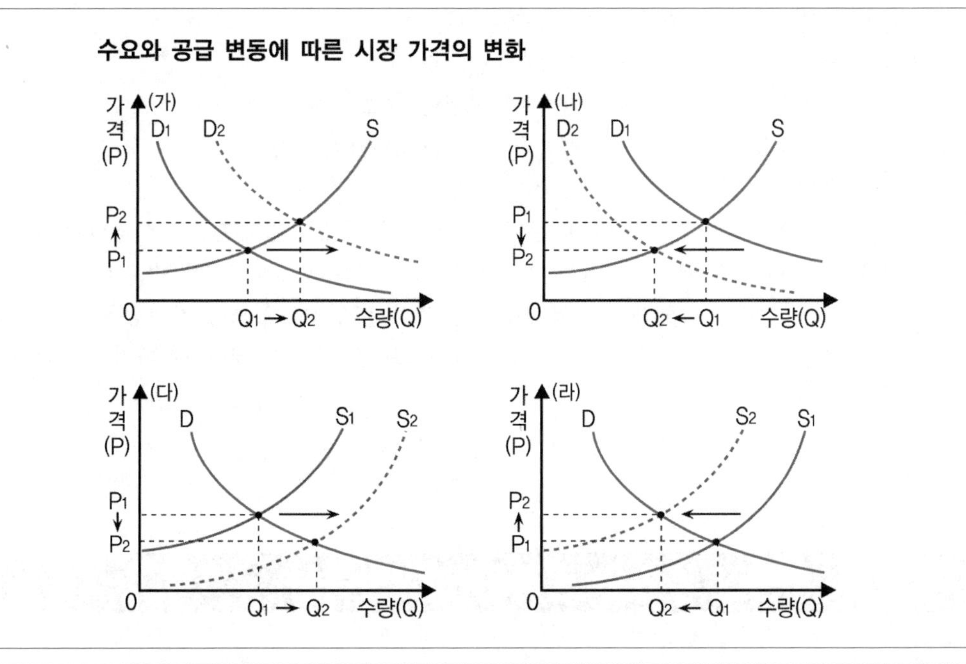

조건		변화요인	가격변화	거래량변화
공급	수요			
(가) 일정	증가	① 대체재 가격 상승 ② 소득 증가 ③ 선호 증가	상승	증가
(나) 일정	감소	① 대체재 가격 하락 ② 소득 하락 ③ 선호 감소	하락	감소
(다) 증가	일정	① 생산비 감소 ② 수입 증가 ③ 정부의 보조금 지원	하락	증가
(라) 감소	일정	① 생산비 증가 ② 수입 감소 ③ 정부의 세금 증가	상승	감소

5. 수요 공급이 동시에 변동될 경우

① 수요의 증가가 공급의 증가보다 크다면 임대료는 상승하고 거래량도 증가한다.
② 공급의 증가가 수요가 증가보다 크다면 임대료는 하락하고 거래량은 증가한다.
③ 수요와 공급이 동일하게 증가하면 임대료가 불변인 채 거래량만 증가한다.

6. 수요와 공급이 동시에 감소할 경우

① 수요의 감소가 공급의 감소보다 크다면 임대료는 하락하고 거래량도 감소한다.
② 공급의 감소가 수요의 감소보다 크다면 임대료는 상승하고 거래량은 감소한다.
③ 수요와 공급이 동일하게 감소하면 임대료는 불변인 채 거래량은 줄어든다.

④ 위에서 설명한 것을 요약하면 다음과 같다.

㉠ 공급일정 · 수요증가 → 가격상승 · 균형량 증가

㉡ 공급일정 · 수요감소 → 가격하락 · 균형량 감소

㉢ 수요일정 · 공급증가 → 가격하락 · 균형량 증가

㉣ 수요일정 · 공급감소 → 가격상승 · 균형량 감소

이것을 수요공급의 4원칙이라 하는데, 이들은 여러 가지 경제현상을 설명하는 데 긴요하게 사용된다. 실제 상황에선 수요와 공급이 같이 변하는 경우도 많다. 수요와 공급이 같이 증가 또는 감소하면 시장가격은 어떻게 변할지 미리 알 수 없으나 거래량은 많이 증가 또는 감소한다. 수요와 공급 중 어느 쪽이 상대적으로 많이 증가하느냐에 따라 가격의 변동방향이 결정된다.

제2절 부동산 수요와 공급의 가격탄력성

1 부동산 수요의 가격탄력성

1. 부동산의 수요탄력성 개념(elasticity of demand)

수요의 탄력성이란 수요량의 변화율을 수요변화를 일으키는 요인의 변화율로 나눈 값

$$\text{수요의 가격탄력성}(\varepsilon) = \frac{\text{수요량의 변동률}(dQ/Q)}{\text{가격 변동률}(dP/P)} = \frac{\frac{dQ}{Q}}{\frac{dP}{P}} = -\frac{dQ}{dP} \times \frac{P}{Q}$$

(1) 수요의 탄력성은 0에서 무한대까지 존재한다 : 가격이 변화하여도 수요량이 전혀 변화하지 않는다면 즉, 수요량이 가격의 변화에 대하여 아무런 반응을 보이지 않으면 수요의 탄력성은 0이 되며 이에 수요곡선은 수직이 된다.

(2) 주어진 가격변화율에 대한 수요량의 변화율이 커짐에 따라 수요의 탄력성의 값은 커지게 된다 : 수요량의 변화율이 가격변화율보다 작다면 수요의 탄력성은 1보다 작은 값을 가지게 되며 이 경우 수요곡선은 급격한 기울기를 가지게 된다. 만약 수요량의 변화율이 가격변화율과 동일하다면 수요의 탄력성은 1이 되며 이 경우는 수요가 단위탄력성을 갖는다고 말한다.

(3) 수요량의 변화율이 가격변화율보다 크면 수요의 탄력성은 1보다 큰 값을 갖게 되는데 이 경우 수요가 탄력적(elastic)이라고 한다 : 수요곡선은 일반적으로 완만한 기울기를 가지게 된다.

(4) 가격이 매우 소폭적으로 하락했을 때 수요량이 0에서 무한대로 증가하는 경우 수요의 탄력성은 무한대가 되며 이때 수요곡선은 횡축에 대하여 수평선이 된다 : 탄력성의 크기를 곡선으로 표시하면 우하향하지만 다음 그림에서와 같이 탄력성이 큰 것은 기울기가 완만하고 탄력성이 작은 것은 급경사이다.

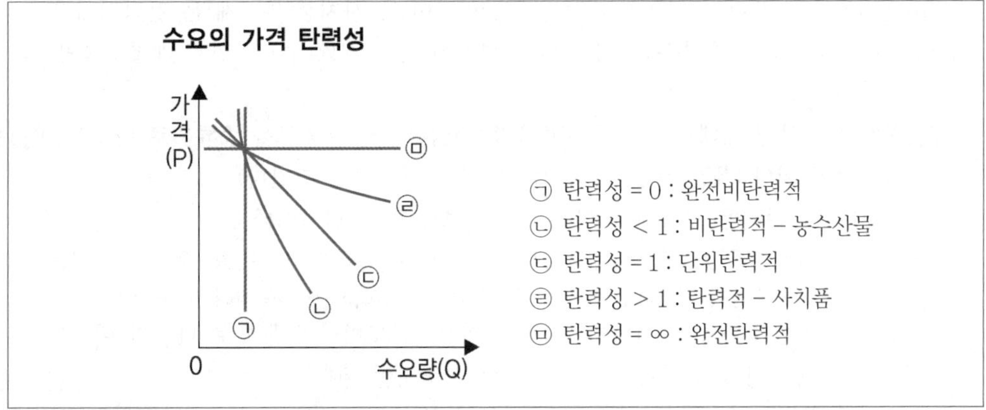

① **탄력적 제품** ⇨ 수요량 변화율 ㉡ > 가격 변화율 ㉠ (탄력성>1) ⇨ 완만
② **비탄력적 제품** ⇨ 수요량 변화율 ㉡ < 가격 변화율 ㉠ (탄력성<1) ⇨ 급경사
③ **단위탄력적 제품** ⇨ 수요량 변화율 ㉡=가격변화율 ㉠ (탄력성=1) ⇨ 직각 쌍곡선

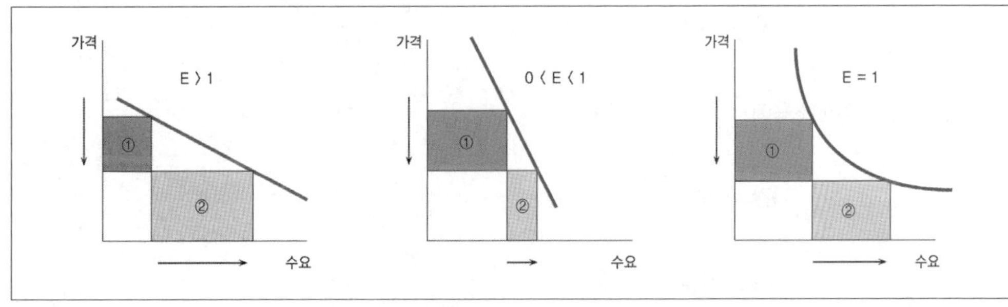

수요의 가격 탄력성	① 탄력적 : 기울기가 완만하다(작다) : 장기 : 대체재 많다 : 주거용 ② 비탄력적 : 기울기가 급하다(크다) : 단기 : 대체재 적다 : 상업용		
	가격탄력성의 크기	용어	예
	탄력성 = 0	완전비탄력적	수요곡선이 수직선
	0 < 탄력성 < 1	비탄력적	필수품
	탄력성 = 1	단위탄력적	수요곡선이 직각쌍곡선
	1 < 탄력성 < 무한대	탄력적	사치품
	탄력성 = 무한대	완전탄력적	수요곡선이 수평선

※ 완전탄력적인 경우는 수요곡선이 수평이고, 완전비탄력적인 경우는 수요곡선이 수직이다.
※ 탄력성이 클수록 가격변화가 적고 수요량 변화가 크므로 기울기가 작고, 가격이 비신축적이며, 비탄력적일수록 기울기가 크고, 가격이 많이 변하므로 가격이 신축적이다. ⇨ 가격변화분보다 수요량변화분이 클수록 탄력적이다.

2. 수요의 가격 탄력성 결정요인

(1) 대체관계에 있는 재화의 수가 많으면 일반적으로 탄력적이다.
(2) 재화의 용도가 다양할수록 탄력적이다.
(3) 기간이 길수록 탄력적이다. (대체재가 많이 유입되므로)
(4) 가격수준이 높을수록 탄력적이다. (저가품 10% 가격변화할 때보다 고가품 10% 가격변화할 때 수요량이 더 많이 변함)

(5) 일반적으로 생활필수품(투자재)은 비탄력적이고, 사치품(투기재)은 탄력적이다.

(6) 시장수요곡선은 개별수요곡선보다 탄력적이다. ⇨ 시장수요곡선은 개별수요곡선의 수평적 합계이므로

(7) 전체 부동산에 대해서 수요가 비탄력적인 경우라도 부동산을 종류별로 나누면 이것은 보다 탄력적이 된다.(세분화될수록 동질적이므로 탄력성이 커진다)

① 대체로 주거용 부동산은 다른 부동산보다 더 탄력적이다.

※ 주거용 부동산은 대체공간이 상업용, 공업용보다 더 넓다. 즉 상업용, 공업용부동산이 지역적, 국지적 영향을 더 많이 받으므로 대체공간이 적어서 비탄력적이다.

② 주거용 부동산을 다시 단독주택, 아파트, 콘도미니엄 등으로 나누면 이 각각의 수요가 전체 주거용 부동산에 비해 훨씬 더 탄력적이 된다.

(8) 소비자의 총 지출 중에서 차지하는 비중이 큰 재화일수록 탄력성이 크다, 즉, 고가품일수록 탄력성이 크다.

구분		탄력성의 크기
대체재 유무	유	↑
	무	↓
상품이 소득에서 차지하는 비중	고가	↑
	저가	↓
기간의 장단	장기	↑
	단기	↓
상품의 성질	사치재	↑
	필수재	↓
용도전환의 유무(용도의 다양성 유무)	유	↑
	무	↓
주택공급	중고주택	↑
	신규주택	↓
부동산	주거용	↑
	상업용 · 공업용	↓
법적 규제	완화	↑
	강화	↓

3. 수요의 가격탄력성과 기업의 총수입과의 관계

탄력성의 크기	기업의 수입	
	가격상승시	가격하락시
εP > 1(탄력적)	수입 감소	수입 증가
εP < 1(비탄력적)	수입 증가	수입 감소
εP = 1(단위탄력적)	수입 불변	수입 불변

4. 임대료가 상승할 때 전체수입의 변화여부

(1) 수요의 탄력성이 1보다 클 때는 전체수입은 임대료가 상승하더라도 감소한다.
(2) 수요의 탄력성이 1보다 작을 때는 전체수입은 임대료가 상승함에 따라 증가한다.
(3) 수요의 탄력성이 1일 경우에는 전체수입은 임대료와 관계없이 불변이다.
(4) 수요의 탄력성이 0인 경우에는(완전 비탄력)(수직) ⇨ 임대료 상승함에 따라 전체수입은 비례해서 증가
(5) 수요의 탄력성이 무한대인 경우에(완전 탄력적)(수평) ⇨ 임대료 상승하면 전체수입은 0이 된다.

KEY PLUS | 기업(공급자)의 총수입 극대화 전략

1. 고가정책이 유리한 경우: 수요의 가격 탄력성이 1보다 작은 경우, 독점력이 있거나 대체재가 적은 경우, 진입장벽이 높은 경우, 규모의 경제가 없는 경우, 좋은 품질로 우수한 고객을 확보하고자 하는 경우
2. 저가정책이 유리한 경우: 수요의 가격 탄력성이 1보다 큰 경우, 대체재가 많은 경우, 규모의 경제가 있는 경우, 다수의 고객을 확보할 목적인 경우(박리다매)

※ 어떤 기업이 어떤 지역에 주택을 건설하여 평당 분양가를 올렸더니 기업의 수입이 종전보다 증가했다면 ⇨ 이 주택의 수요탄력성은 1보다 작을 것이다. 즉, 비탄력적이므로 주택가격의 상승률 보다 주택수요량의 감소율이 더 작을 것이다.

---

5. 수요의 소득탄력성(income elasticity of demand)

(1) 수요는 가격변화에는 물론 소득의 변화에도 변동된다. 소득의 변화율(dY/Y)에 대한 수요량의 변화율(dQ/Q)을 수요의 소득탄력성(Ey)이라 한다.

$$\text{수요의 소득탄력성} = \frac{\text{수요의 변화량}(dQ/Q)}{\text{소득 변동률}(dY/Y)} = \frac{\frac{dQ}{Q}}{\frac{dY}{Y}} = \frac{dQ}{dY} \times \frac{Y}{Q}$$

(2) 수요의 소득탄력성이 부(−)의 값일 때의 재화는 열등재(쌀에 대한 보리쌀, 버터에 대한 마가린 등)이다. 정(+)의 값일 때는 정상재이다. 정상재의 경우에 소득탄력성 〉 1일 때는 일반적으로 사치품이나 공산품이다. 그 반대의 경우는 생활필수품이나 농산품이 된다.
(3) 한 재화에 대한 수요의 소득탄력성(Ey)은 매우 다양하며 소비자들의 소득수준에 의존한다고 할 수 있다. 재화는 소득수준의 낮을 때의 사치품이 소득수준이 높을 때에는 열등재로 되고 소득수준이 중간일 때는 필수품으로 될 수 있다.

KEY PLUS | 수요의 소득탄력성

1. 한 상품의 수요량이 수요자의 소득변동에 얼마나 반응하는가를 측정
2. 정상재(우등재, 상급재): 소득탄력성이 양의 부호
3. 열등재(하급재): 소득탄력성이 음의 부호

---

6. 수요의 교차탄력성(cross elasticity of demand)

(1) 재화의 수요는 그 재화의 가격에 따라서 변화함은 물론 그 재화와 관련된 다른 재화의 가격에 의해서도 변화된다.

(2) 즉, Y재의 가격변화율에 대한 X재의 수요량 변화율의 비를 X재 수요와 Y재 가격에 대한 교차탄력성이라고 한다.

$$\text{수요의 교차탄력성} = \frac{X\text{재의 수요량 변화율}(dDx/Dx)}{Y\text{재의 가격 변화율}(dPy/Py)}$$

이 값이 정(正)일 때에는 Y재의 가격등귀로 인해서 X재의 수요량이 증가하는 것을 뜻한다. 그것이 부(負)일 때에는 X재에 대한 수요가 오히려 감소하는 것을 뜻한다. 이것을 밝히려면 먼저 재화의 상관관계를 알아야 한다.

KEY PLUS | 수요의 교차탄력성

1. 한 상품의 수요량이 다른 상품의 가격변동에 대해 얼마나 반응하는가를 측정하는 척도
2. 대체재: 교차탄력성이 양의 부호
3. 보완재: 교차탄력성이 음의 부호

2 부동산공급의 가격탄력성

1. 개념

한 상품의 가격(임대료)이 변하면 그 상품의 공급량이 변하는데, 그 변화의 정도를 측정하는 척도이다. 즉, 공급량의 변화율을 가격의 변화율로 나눈 값이다.

$$\text{공급의 가격탄력성}(\eta) = \frac{\text{공급량의 변화율}(dQ/Q)}{\text{가격변화율}(dP/P)} = \frac{\frac{dQ}{Q}}{\frac{dP}{P}} = \frac{dQ}{dP} \times \frac{P}{Q}$$

2. 부동산가격에 대해 공급량의 변화가 얼마나 민감하게 반응하는지를 나타낸다.

3. 공급곡선 역시 기울기가 급할수록 비탄력적이다. 완전 비탄력적인 경우 공급곡선은 수직, 완전탄력적인 경우 공급곡선은 수평이 된다. 토지의 물리적 공급곡선은 부증성에 기인해 완전비탄력적인 경우와 같이 수직이 된다.

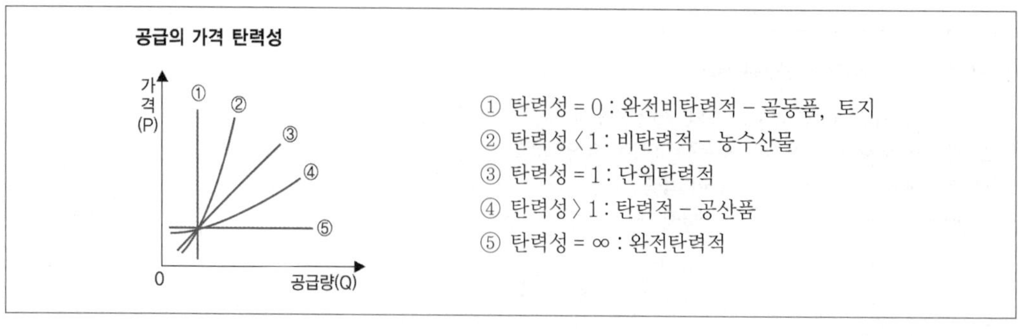

공급의 가격 탄력성
가격(P)
0
공급량(Q)
①
②
③
④
⑤
① 탄력성 = 0 : 완전비탄력적 - 골동품, 토지
② 탄력성 〈 1 : 비탄력적 - 농수산물
③ 탄력성 = 1 : 단위탄력적
④ 탄력성 〉 1 : 탄력적 - 공산품
⑤ 탄력성 = ∞ : 완전탄력적

4. 공급의 탄력성 결정요인

가격상승시 공급량을 더 많이 증가시킬 수 있으면 탄력적이고 공급이 곤란하면 비탄력적이다.

(1) **단위측정기간:** 단기일수록 비탄력(급경사), 장기일수록 탄력적(완경사이므로) ⇨ 공급확대
  ※ 장기 ⇨ 가용자원의 사용가능성 풍부, 용도전환이 용이, 공적규제완화, 간척, 공유수면 매립

(2) **재화생산기간(가용자원획득시간):** 생산기간(제조기간)이 길수록 비탄력적(예 아파트의 생산기간이 옷의 생산기간보다 오래 걸리므로) : 아파트의 공급곡선이 비탄력적이다(공급제한) ⇨ 가용자원획득시간이 오래 걸릴수록 공급이 비탄력적

(3) **기술수준:** 기술수준의 향상이 빠른 경우는 탄력적(공급확대)

(4) **생산물의 성격:** 부패하기 쉽거나, 신선도가 중시되는 생산물은 비탄력적(공급제한)

(5) **정부 정책 및 규제의 정도:** 용도변경의 제한법규가 강할수록 비탄력적(공급제한)

(6) **생산비:** 생산물 가격상승이 원인이 되어 생산량이 증가할 때 생산비가 급격히 상승하는 생산물은 공급이 비탄력적(공급제한)

(7) 신규주택의 공급곡선은 비탄력적이고, 중고주택(기준의 주택)의 공급곡선은 탄력적 경향
  ⇨ ∵ 신규주택을 공급하기 위한 유용한 토지확보가 도시지역 내에서 어렵기 때문에 신규주택의 공급은 비탄력적이고, 중고(재고) 주택의 경우는 이런 제약이 없으므로 탄력적이다.

(8) 동일한 수요의 증가인 경우에 공급이 비탄력적일수록(단기) 가격상승폭이 더 크다.

WIDE PLUS | 탄력성과 기울기

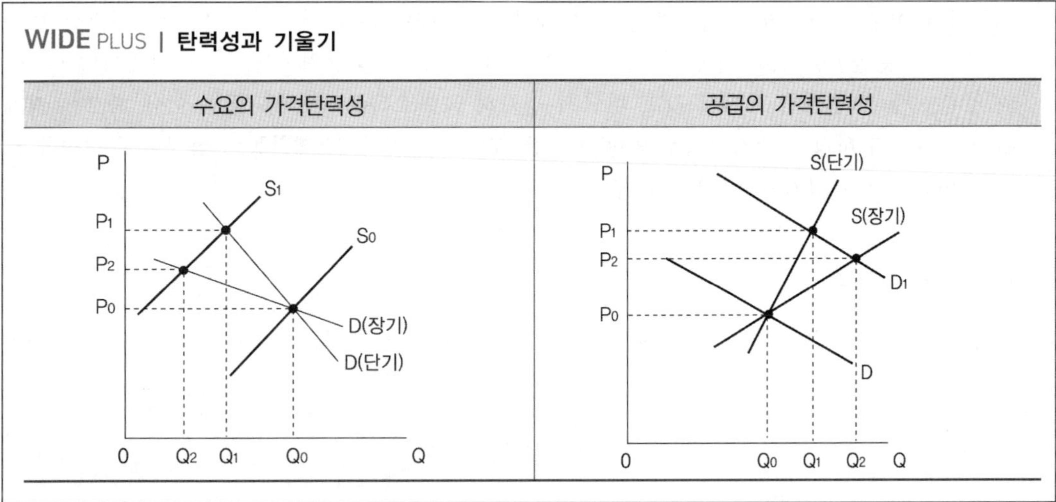

제3장 부동산의 경기변동

View Point

1. 부동산 경기의 특징과 순환국면별 특성을 정확히 확인한다.
2. 계절적 변동, 장기적 변동, 비주기적 변동 등의 부동산 경기변동에 대한 차이를 확인한다.
3. 거미집이론(Cob-web Theory)의 이론적 근거와 가정에 대해 학습한다.
4. 거미집이론의 3가지 모형, 즉 수렴형, 발산형, 안정형에 대해 확실히 숙지한다.

제1절 일반경기변동

1 경기변동의 의의

경기변동이란 경제활동의 순환적 변동을 의미한다. 순환적 변동이란 경제의 장기적 성장추세로부터의 이탈을 의미한다. 경제현상은 시간적으로 연속되는 것이며 이것은 규칙적으로 변동(계절변동, 순환변동, 추세변동)한다든가 천재지변 · 전쟁 등 불규칙적으로 일어나기도 한다. 이와 같은 변동은 일정한 주기를 갖고 비교적 정확히 국민소득수준, 고용 등과 이에 따르는 경제활동의 상승과 하강이 주기적으로 반복되어 온 것이 보통이다. 경제활동이 상당한 규칙성을 보이며 변동하므로 경기순환이라고도 한다.

2 경기변동의 국면

호황(prosperity) · 경기후퇴(recession) · 불황(depression) · 경기회복(recovery)의 4국면으로 구분된다.

[경기변동의 4국면]

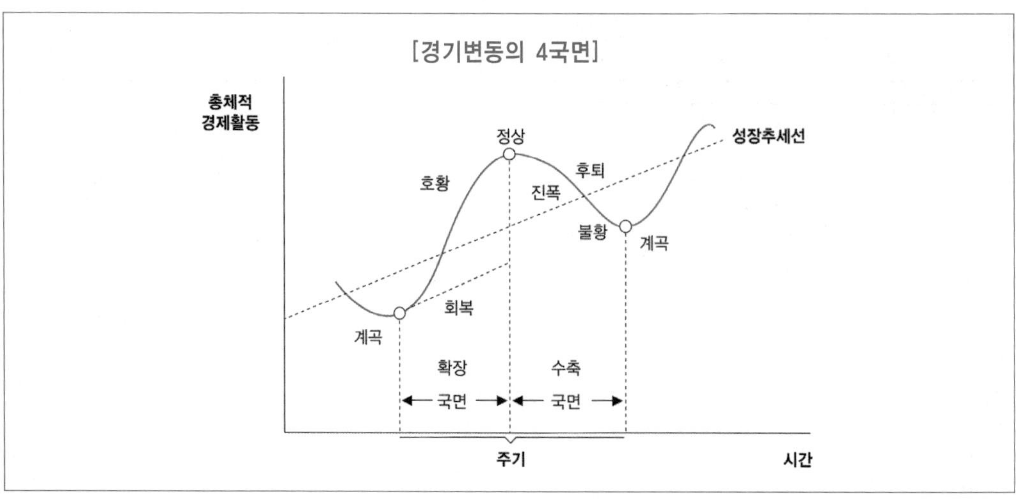

앞의 그림에서 보여 주는 바와 같이 경기순환은 두 개의 국면과 두 개의 전환점을 갖고 있다. 한 경기순환은 확장국면과 수축국면으로 구성되며 수축국면에서 특별히 관심의 대상이 되는 것은 복합불황현상이다. 이는 부동산가격이 금융기관의 담보대출 이하로 떨어져 자산디플레이션 현상이 생겨 금융기관이 부실해지고, 자금대출이 어려워져 기업과 가계가 도산되며 실물경제질서가 붕괴하면서 자산가치가 다시 떨어지는 악순환으로 경제가 장기침체에 빠지는 상태를 말한다. 하향전환점이 발생하는 시점을 흔히 경기순환의 정점이라 하며 상향전환점이 나타나는 시점을 저점이라 부른다.

3 경기변동의 주기

1. 경기변동의 주기와 진폭

(1) **경기변동의 주기:** 호경기로부터 시작하여 다시 호경기로 돌아오는 기간이다.

(2) **경기변동의 진폭:** 호경기의 정점(peak)과 불경기의 저점(trough) 사이의 폭이다.

2. 경기파동의 유형

경기파동의 유형은 다음과 같이 분류할 수 있으며 명명자는 미국의 경제학자 슘페터이다.

(1) 단기파동

① 키친(Kitchin)파동 → 소순환(minor cycle)이라 한다.

② **주기:** 3~4년(약 40개월)

③ **원인:** 키친은 영국과 미국의 도매물가, 이자율, 은행 간 수표교환액 등에 관한 분석을 통하여 이러한 순환을 발견하였고 이자율의 변동이나 기업의 재고변동을 원인으로 들 수 있다.

(2) 중기파동

① 쥬글라(Juglar)파동 → 주순환(major cycle)이라 한다.

② **주기:** 8~10년

③ **원인:** 쥬글라는 프랑스 · 영국 · 미국에서의 이자율, 물가 등에 관한 분석으로부터 이러한 순환을 관찰하였다. 이러한 순환은 GNP와 고용, 물가변동 등에 영향을 유발하는 투자재의 수명과 관련이 있는 것으로 알려져 있다. 기업의 설비투자를 원인으로 들 수 있다.

(3) 건축순환(building cycle)

① **학자:** 한센(A. H. Hansen)

② **주기:** 17~18년

③ **원인:** 건축순환의 원인은 주택수급의 시차, 즉 주택수요의 증대에 대하여 주택공급이 일정한 시차를 가지고 반응하는 주택임대료의 변동에 기인한다(건축투자 등).

(4) 쿠즈네츠(Kuznets)파동

① **주기**: 약 20년

② **원인**: 쿠즈네츠는 대체로 주택투자 경기가 20년이며, 자녀가 독립하여 가정을 이루는데 약 20년 정도 걸리기 때문에 일단 베이비 붐(baby boom)이 일어나면 약 20년 주기로 순환한다는 이론이며 원인으로는 경제성장률의 변동, 인구의 일시적인 폭발적 증가·감소, 인구에 비하여 주택·건축물의 과부족으로 인한 건축투자의 순환현상을 들 수 있다.

(5) 장기파동 → 콘드라티예프(Kondratiev)파동

① **주기**: 50~60년

② **원인**: 콘드라티예프는 영국과 독일의 시계열 자료, 특히 철강소비에 관한 분석을 통하여 50년 내지 60년의 주기를 갖는 장기순환의 존재를 주장하였고 원인으로는 기술의 혁신이나 신자원의 개발을 들 수 있다.

제2절 부동산경기변동의 개념과 특징

1 개념

(1) 부동산경기는 일반적으로 건축경기를 의미하며, 협의로는 주거용 부동산의 건축경기, 광의로는 공업용, 상업용 부동산경기 포함하며 최광의로는 토지경기를 포함한다. 이중에서 일반적으로 부동산경기라 하면 주거용 부동산경기를 말한다.

(2) 부동산경기는 일반경기의 한 구성부문이며, 부동산경기 또한 여러 가지 부문별 경기를 가중 평균한 것이다.

2 부동산경기변동의 특징

(1) 부동산경기는 일반경기에 후순환적이라고 하는 것이 다수설이나 때에 따라 선행, 역행, 병행할 수도 있고 독립적인 경우도 있다.

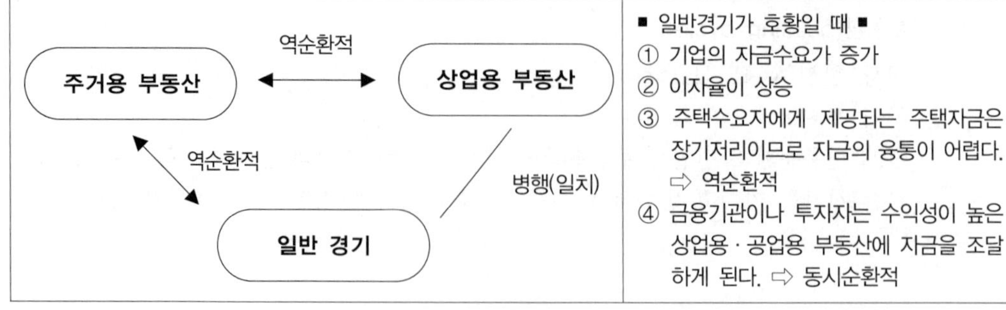

> **보충** **부동산의 경기순환**
>
> 부동산경기는 부분시장별 변동의 시차가 존재한다. 즉 상업용·공업용 부동산경기는 일반경제의 경기변동과 대체로 일치하지만, 주거용 부동산경기의 경우는 역순환을 보인다.

(2) 부동산경기순환에는 장기순환과 단기순환의 두 가지 형태가 있다. 장기순환은 15~22년을 주기로, 단기순환은 약 3년을 주기로 하는 것으로 되어 있다. 여기에서 장기순환의 경우, 일반경기의 2배에 해당하는 기간이다.

(3) 부동산경기는 타성기간이 길고 주기의 순환국면이 불분명하고 일정치 않다.

(4) **개별성과 국지성**: 부동산경기는 각 부동산의 유형에 따라 개별적으로 이루어지는 경향이 있으며 지역적으로도 각각 변량의 진행이 다르게 움직이는 특성이 있다. 바이머(Weimer)와 호이트(Hoyt) 교수는 '부동산경기는 도시마다 달리 변동하고 같은 도시라 하여도 그 도시 내의 지역에 따라 각기 다른 양상을 보인다.'라고 하였다.

(5) 부동산경기는 일반경기에 비해 정점(peak)이 높고, 저점(trough)이 깊다. 이는 후퇴와 회복시에 나타나며, 투기의 조장이나 침체의 늪에 빠지게 한다.

제3절 부동산경기의 순환국면별 특성

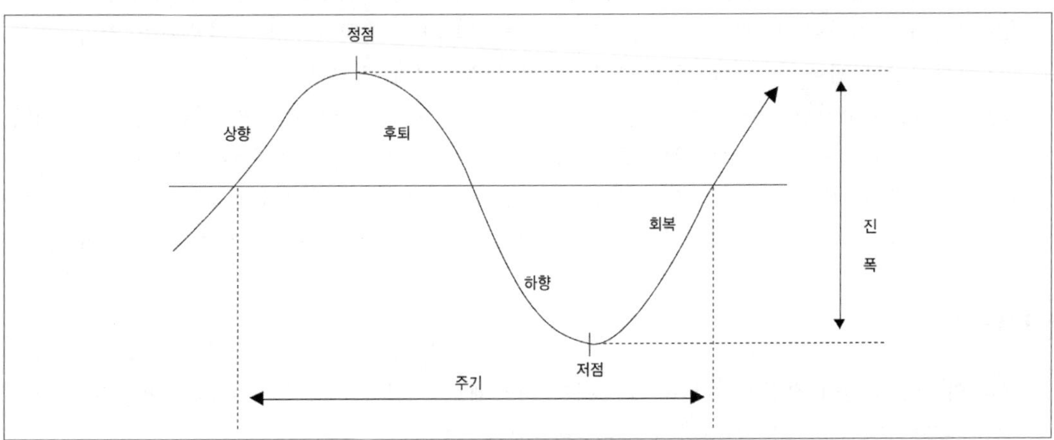

1 회복시장

경기의 하향을 멈추고 저점을 지나 상향으로 변동을 보이는 시장으로, 회복시장이 계속하여 상향하게 되면 호황의 국면에 접어들지만 아직은 불황에 속하는 시장이라 할 수 있다.

(1) 과거의 사례가격은 하한가, 중개시 매수자 중시에서 매도자 중시현상으로 바뀜

(2) 개별적, 지역적으로 회복이 시작되며 금리가 낮고 자금의 여유로, 투기의 징후가 나타난다.

참고 **부동산경기회복의 진단**

① 당해 지역을 찾는 고객의 동향	② 택지의 거래동향
③ 형성된 가격수준	④ 공가율의 동향
⑤ 건축자재 등 수요동향	⑥ 건축허가의 신청동향
⑦ 지난 날 경기후퇴를 초래한 요인의 변화	

(3) 하향시장이 저점에 이르러 하향을 멈추고 상승을 시작하는 국면이다. 이 국면에서 각종 시장 중 가장 빠른 반응을 보이는 순서는 증권시장, 금융시장, 부동산시장 순이다.

(4) 자금의 여유 및 경기의 회복상태에서 거래가 활기를 띠기 시작하고 가격은 상승하기 시작한다.

(5) 계속해서 감소하던 고객의 출입이 서서히 증가하며 일반의 경기변동과 병행하면 전체적으로 공실률 · 공가율은 감소되기 시작한다.

(6) 전체적인 건축허가 신청건수는 증가하는 편이지만 경기변동의 경험에 있어서 큰 호황과 긴 불황을 경험해 온 경우에는 시장에 참여하는 사람들의 심리적인 작용 등에 기인하는 타성현상이 존재하게 되므로 회복의 동향과 비례하여 건축허가 신청건수가 증가하지 않는다.

(7) 감정평가시 거래사례자료에 의하여 판단하는 경우 시계열상의 과거의 사례자료는 하한자료가 되기도 한다.

2 상향시장

회복시장의 상황이 지속해감으로써 호황에 이르러 경기상승국면을 지속해 가는 시장을 말한다.

(1) 과거의 사례가격은 하한가, 중개시 매도자 주도(Seller's Market) 현상이 커진다.

(2) 지역에 관계없이 거래는 활발하며 지가상승 계속되고 후퇴가능성이 내포되어 있다.

(3) 하향시장의 반대시장이고, 일반경기순환의 확장시장에 속한다.

(4) 파는 쪽은 가격상승률이 점차 높아지므로 거래성립을 미루려는 반면, 사는 쪽은 거래성립을 당기려 하므로 부동산전문활동에 있어서는 파는 쪽의 관리에 주안점을 두어야 한다.

(5) 건축허가신청은 증가되며 타성의 작용이 존재하는 곳에서는 시장참여의 저지력이 갑자기 해제되므로 급격한 건축허가신청의 증가가 일어나기도 하며, 그 증가율은 계속 상승하기도 한다.

3 후퇴시장

경기의 상승국면이 정점에 이르러 상승세가 하강세로 바뀌어 하강세가 중심을 이루지만, 아직은 불황의 상황에까지는 하강하지 않은 국면이다.

(1) 상향시장의 하향전환점에서 경기가 후퇴하는 시장이다.

(2) 과거의 사례가격은 상한가, 중개시 매도자중시가 매수자중시로 바뀜.

(3) 거래가 한산하고 가격상승 중단, 반전하여 경기가 후퇴하기 시작한다.

(4) 후퇴시장이 일반경기와 병행하여 장기화되면 점차 공실률이 증가하며, 경우에 따라서는 하강이 급격히 진행되어 단시일에 하강되어 이루어지는 곳에서는 부동산거래활동이 중단되기도 한다.

(5) 경기과열이 투기억제조치로 후퇴시장의 양상이 짧은 시간에 진행되거나 거의 인식되지 아니한 채 곧바로 불황의 시장으로 하강해 버리는 현상이 나타나기도 한다.

4 하향시장

불황하에서 지속적으로 경기하강이 진행되는 시장이다.

(1) 과거의 사례가격은 상한가, 중개시 매수자 주도(Buyer's Market) 현상이 커진다.
(2) 부동산가격하락, 공가율 · 공실률 증가, 금리상승
(3) 일반경기의 수축시장에 해당하는 부동산시장이다.
(4) 이 시장에서 과거의 사례가격은 새로운 가격의 상한선이 되므로 거래사례비교법을 쓸 경우에 특히 유의하여야 한다.
(5) 건축허가 신청건수는 상당히 저하된다.
(6) 과열투기 후 곧바로 하향시장으로 이어질 경우 경기의 흐름을 잘 탄자와 못 탄자의 상대적 불평등이 사회문제화 되어진다.

5 안정시장

일반시장과는 달리 부동산시장에서만 고려의 대상이 되는 시장으로서 불황에 강한 유형의 시장이라 한다.

(1) 불황에 강한 유형의 부동산으로 소규모주택 · 도심부동산이 대표적인데, 불황시 부동산가격이 안정적이거나 가벼운 상승을 나타낸다.
(2) 침체국면에서 나타나는데, 호황국면에서 약세를 보일 수 있다.
(3) 과거의 사례가격은 신뢰할 만한 기준가격이 된다.
(4) 부동산시장의 고유한 국면으로 계속적으로 부동산 가격이 안정되어 있거나 가벼운 상승을 동반하는 것인데 이는 불황에 친하지 않는 부동산경기의 특유한 시장이다.

제4절 부동산경기의 측정지표

우리나라에서는 아직 부동산경기의 종합적인 측정방법이 개발되지 않고 필요한 시기에 단순지표를 사용하여 왔다. 따라서 많은 시행착오가 발생하는데 이를 시정하기 위해서 다음의 동향을 가지고 부동산경기측정의 지표로 활용해야 할 것이다.

1 건축량

건축량은 경기측정의 적절한 지표가 될 수 있으며, 특히 건축착공량은 부동산경기의 측정지표로서 매우 빈번하게 사용하고 있다. 왜냐하면 건축허가량이나 착공량에 관한 자료는 다른 자료들보다 상대적으로 용이하게 구할 수 있기 때문이다.

2 부동산의 거래량

1. 주택거래량

부동산의 거래량은 부동산경기를 측정하는 적절한 지표가 될 수 있으며, 특히 건물의 공실 · 공가 등의 동향은 부동산경기의 선행지표가 될 수 있다. 부동산의 거래량을 통한 부동산경기의 측정은 정부가 수납한 취득세액, 부동산 등기실적 및 국세의 수입실적 등으로 파악할 수 있다.

2. 택지 분양실적

택지 분양실적도 부동산경기를 측정하는 지표로 이용될 수 있으나, 이에는 지역성이나 개별성이 크게 작용되므로 보편적인 지표로서는 유의해야 한다.
부동산경기의 측정은 단순지표에 의존할 것이 아니라, 건축량 · 가격변동 · 거래량의 3지표를 통한 종합적인 측정이 가장 바람직하다. 부동산경기측정의 지표는 이외에도 미분양재고량, 공가율, 임료수준, 주택금융상태 등을 통해 측정하기도 한다.

3 부동산 가격변동

토지 등 부동산가격 상승을 통해서 부동산경기를 측정하려는 일반적인 경향이 있다. 흔히 부동산가격이 상승하게 되면 부동산경기가 좋다고 말하는 경향이 있는데 이는 잘못된 것이다. 왜냐하면 부동산 가격변동을 유일한 지표로 삼는 데에는 문제점이 있기 때문이다.

(1) 건축비는 자재비, 인건비 등의 변동에 따라 민감한 영향을 받으므로 건축비 상승으로 건축물 가격이 상승한 경우 그 거래도 활발하다고 단언하기 어렵다.
(2) 투기현상이 심한 경우에는 지가 상승은 활발하더라도 건축활동은 별도의 양상을 보이는 경우도 있어 부동산경기가 호황이라고 단정하기 어렵다.
(3) 부동산가격이 비교적 안정된 상태에서 주택 건축이 활발한 경우를 불경기라고 말할 수는 없을 것이다.

제5절 다른 형태의 부동산경기변동

1 계절적 변동(seasonal variation)

역일(曆日, 24절기 등)에 관련된 풍속 · 관습의 영향에서 오는 경기변동이다. 예컨대 봄 · 가을의 이사철에 집값이 변화하는 등 계절적 변동이 일어난다.

2 장기적 변동(long-term movement)

50년 이상의 기간으로 측정되는 것으로 부동산부문에서는 어떤 지역이 새로 개발된다거나 기존의 지역이 재개발되었을 때 나타난다. 부동산경기의 장기변동은 일반경제의 변동보다 기간이 짧고 지역적으로 불규칙하게 나타난다. 추세변동이라고도 한다.

3 비주기적 변동(무작위적 변동 또는 불규칙변동)

홍수, 지진, 혁명, 등 예기치 못한 사태로 인해 초래되는 비주기적 경기변동현상을 무작위적 변동 또는 불규칙변동이라 한다.

> **참고 타성기간**
>
> 1. 타성기간이란 부동산경기의 운동이 일반경기의 진퇴에 비해 뒤지는 시간차(timelag)를 말한다.
> 예를 들면, 일반경기가 회복했는데도 부동산경기는 타성에 빠져 계속 침체상태가 되거나 일반경기가 후퇴하기 시작하였는데도 부동산경기는 민첩하게 반응하지 못하여 주택공급을 계속하는 호황기의 경제행태를 답습하여 후일의 경기회복을 지연하거나 경기의 침체를 더하게 하는 경우이다
> 2. 부동산경기의 타성으로 인하여 부동산경기의 진폭은 일반경기에 비해 크게 나타난다. 그러나 미국·일본 등에서는 회복시 부동산경기가 선행하는 현상도 나타나 종래의 타성이론은 후퇴기간에만 적용해야한 다는 논란이 있다.

제6절 거미집이론(Cob-web Theory)

에치켈(M. Eziekel)이 전개한 이론이다. 일반적으로 시장균형의 안정조건을 논할 때에는 가격의 변동에 대하여 수요의 공급이 즉각적으로 적응한다는 가정 하에서 이론을 전개하여 왔다. 그러나 이러한 가정은 일반적으로 허용되지 않는다.

수요량은 대체적으로 가격의 변화에 즉각 호응할 수 있다고 생각할 수 있지만, 공급량의 경우에는 이러한 즉각적인 반응을 생각하기가 어려우며, 가격의 변화에 대하여 공급량이 적응하자면 다소간의 시차를 요하는 것이라고 보아야 한다. 예컨대, 토지 수용 후 아파트의 건설이라든지 농산물의 가격의 변동이 1년 후 내지 수년 후의 공급량에 영향을 미치게 되는 것이다.

이와 같이 가격이 수요량과 공급량에 주는 영향에는 시차가 있는 것이 원칙이다. 이러한 점을 고려하여 시장균형의 안정조건을 설명한 것이 에치켈의 '거미집이론'이다.

1 거미집이론의 이론적 근거

1. 농산물가격은 주기적으로 폭락과 폭등을 반복하는 것이 일반적이다.
   (1) 농산물가격의 주기적 변동의 주요 요인 중 하나로 생산기간의 장기성을 들 수 있다. 생산기간이 길면 시장가격에 대한 공급반응속도가 매우 느리기 때문에 수급균형이 즉각적으로 이루어지지 않고 초과수요와 초과공급을 반복하면서 가격이 폭락과 폭등을 반복하는 것이다.
   (2) 생산기간의 장기성 때문에 발생하는 가격의 주기적 변동을 설명한 것으로, 공급에 시차가 있을 것, 공급자는 현재의 시장가격에만 반응할 것, 수요보다 공급이 더 비탄력적인 경우에 시장에서 균형가격이 성립하는 것을 설명하는 데 유용하다.
2. 거미집이론은 농산물가격의 순환적 변동을 이론화한 것이다.

3. 한 상품의 시장을 고립적으로 고찰하고 그 시장에서의 일시적 균형의 변동을 분석하여 이 일시적 균형의 계열이 결국 그 이후 변동을 보이지 않는 엄격한 의미의 정적 균형으로 도달될 것인지 않을 것인지를 분석한 이론이 거미집이론이다.
4. 거미집이란 말은 일시적 균형가격의 변동을 도식하면 거미집 같은 모양을 띄는 일이 있기 때문에 나온 것이다.

2 요약

(1) 수요 공급의 시차를 고려하여 가격이 어떻게 균형에 접근해 가는가 하는 과정을 규명(동태적 분석)
(2) 농산물 가격의 순환적 변동을 이론화 한 것 ⇨ 부동산에도 적용(건축업)

3 가정

(1) 금기의 수요량은 금기가격의 함수(수요량은 가격 변화에 즉각 반응)
(2) 금기의 공급량은 전기가격의 함수(공급량은 가격변화에 일정한 시차를 두고 반응)
(3) 생산기간의 장기성
(4) 미래가격에 대한 합리성 결여 ⇨ 공급자는 현재의 시장가격이나 임대료에만 반응함(정보부족 ⇨ 미래의 가격, 양을 합리적으로 예측 못함)
※ 만일 공급자가 미래를 합리적으로 예측하거나 저장이나 수출입이 가능하다고 하면 가격파동이 심하지 않아 거미집이론이 잘 적용되지 않을 것이다.
(5) 폐쇄경제가정 ⇨ 수출과 수입이 없다고 가정
(6) 당해 생산량은 당해에 모두 판매한다고 가정(저장 ×)

4 모형

1. **수렴형(안정형):** 시간의 경과에 의해 가격이 점차로 안정에 접근하는 경우
⇨ 공급곡선의 기울기 절대값 > 수요곡선의 기울기 절대값
(수요곡선의 가격탄력성 절대값 > 공급곡선의 가격탄력성 절대값): 수탄수
2. **발산형(불안정형):** 시간의 경과에 따라 가격이 점차로 안정권에서 이탈하는 경우
⇨ 수요곡선의 기울기 절대값 > 공급곡선의 기울기 절대값
(공급곡선의 가격탄력성 절대값 > 수요곡선의 가격탄력성 절대값): 공탄발
3. **순환형(중립형):** 시간의 경과에 따라 가격이 수렴도 확산도 하지 않고 순환만 계속하는 경우
⇨ 수요곡선의 기울기 절대값 = 공급곡선의 기울기 절대값
(공급곡선의 가격탄력성 절대값 = 수요곡선이 가격탄력성 절대값)

구분	수렴형(안정적)	발산형(불안정적)	순환형(중립형)
그래프 분석	가격(P), S, D, 0, Q_0, 수급량(Q)	가격(P), S, D, 0, Q_0, 수급량(Q)	가격(P), S, D, 0, Q_0, 수급량(Q)
변경 조헌	① 수요곡선 기울기 < 공급곡선 기울기 ② 수요의 가격탄력성 > 공급의 가격탄력성	① 수요곡선 기울기 > 공급곡선 기울기 ② 수요의 가격탄력성 < 공급의 가격탄력성	① 수요곡선 기울기 = 공급곡선 기울기 ② 수요의 가격탄력성 = 공급의 가격탄력성

5 부동산 경기에서의 거미집이론

(1) 부동산시장은 주기적으로 수요초과와 공급초과를 반복하는 경향이 있다.
⇨ 수요와 공급 사이에 시간적 갭이 존재하기 때문이다.

(2) 단기적으로 가격이 급등하면 건물 착공량이 증가하는데 공급물량이 막상 시장에 출하하게 되면 오히려 공급초과가 되어 부동산 가격이 하락하는 침체국면에 빠진다.

(3) 이런 주기적 현상은 주거용보다는 상업용이나 공업용 부동산에 더 잘 적용된다.
⇨ 이런 현상은 생필품적 성격을 띠는 주거용 부동산보다는 대규모의 임대공간을 동시에 창출하는 상업용이나 공업용 부동산에 더욱 빈번히 나타난다.

6 거미집모형의 한계

거미집모형을 부동산시장에 적용하는 것은 부동산공급이 비탄력적이고, 공급의 시차가 존재하기 때문인데 여기에는 근본적인 어려움이 있다. 부동산활동의 일반적 속성에는 배려의 장기성이 있다. 즉, 부동산시장에서 수요자는 미래를 생각한다는 것이고, 실제 부동산공급자는 공급시점의 부동산가격을 기준으로 공급량을 결정하는 것이 아니라 공급될 시점의 부동산 가격을 전제로 하는 것이다. 즉, 모든 공급자가 현재의 시장가격에만 반응하는 것이 아니라는 것이다. 그리고 비록 현재의 가격이 높다고 하더라도 초과공급이 예상된다면 쉽사리 새로운 부동산의 건설을 착공하지 않을 것이다. 따라서 실제 부동산시장에서 수요와 공급이 거미집모형과 같은 유형을 보기는 어렵다.

PART 02 부동산경제론 기출문제

01 저량(stock)의 경제변수가 아닌 것은? 2023년 34회

① 가계 자산
② 주택 가격
③ 주택 재고량
④ 주택 보급률
⑤ 신규주택 공급량

해설

저량(stock)은 '일정시점'에 측정되는 경제변수이고 유량(flow)은 '일정기간'동안 측정되는 경제변수이다. 신규주택 공급량은 '일정기간'을 전제로 측정되는 유량변수이다.

| 정답 | ⑤

02 A지역 아파트시장의 단기공급함수는 Q = 300, 장기공급함수는 Q = P + 250이고, 수요함수는 장단기 동일하게 Q = 400 − $\frac{1}{2}$ P이다. 이 아파트시장이 단기에서 장기로 변화할 때 아파트시장의 균형가격(ㄱ)과 균형수량(ㄴ)의 변화는? (단, P는 가격이고 Q는 수급량이며, 다른 조건은 일정하다고 가정함) 2021년 32회

① ㄱ: 50 감소, ㄴ: 50 증가
② ㄱ: 50 감소, ㄴ: 100 증가
③ ㄱ: 100 감소, ㄴ: 50 증가
④ ㄱ: 100 감소, ㄴ: 100 증가
⑤ ㄱ: 100 감소, ㄴ: 150 증가

해설

1. 단기 Q_S=300 일 때의 균형가격 및 균형거래량

$400 - \frac{1}{2}P = 300$

P = 200

Q = 300

2. 장기 Q_S=P+250일 때의 균형가격 및 균형거래량

$400 - \frac{1}{2}P = P + 250$

P = 100

Q = 350

∴균형가격(P)은 100 하락, 균형거래량(Q)은 50 증가

| 정답 | ③

03 부동산정책의 시행으로 A지역 아파트시장의 공급함수는 일정하고 수요함수는 다음과 같이 변화되었다. 이 경우 y축, 수요곡선, 공급곡선으로 둘러싸인 도형의 면적과 균형거래량의 변화는? (단, 거래량과 도형 면적의 단위는 무시하며, x축은 수량, y축은 가격을 나타냄)

2018년 29회

- 수요함수: $Q_{d1}=50-P$ (이전) → $Q_{d2}=80-P$ (이후)
- 공급함수: $Q_s=-40+2P$
- P는 가격, Q_d는 수요량, Q_s는 공급량

① 면적: 700 증가, 균형거래량: 10 증가
② 면적: 900 증가, 균형거래량: 10 증가
③ 면적: 700 증가, 균형거래량: 20 증가
④ 면적: 900 증가, 균형거래량: 20 증가
⑤ 면적: 700 증가, 균형거래량: 30 증가

해설

삼각형의 면적은 '(밑변×높이)÷2'를 이용하여 구한다.

1. Q_{D1}= 50 - P 일 때
(-40+2P) = 50 - P
P = 30, Q = 20
면적측정(가) (30×20)÷2=300

2. Q_{D2}= 80 - P 일 때
(-40+2P) = 80 - P
P = 40, Q = 40
면적측정(가 + 나) (60×40)÷2=1,200

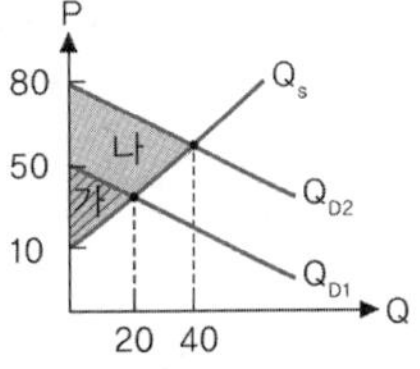

∴ 균형거래량은 20증가, 면적은 900 증가

| 정답 | ④

04 부동산의 수요와 공급, 균형에 관한 설명으로 옳은 것은? (단, 다른 조건은 동일함) 2017년 28회

① 부동산의 수요는 유효수요의 개념이 아니라, 단순히 부동산을 구입하고자 하는 의사만을 의미한다.
② 건축비의 하락 등 생산요소 가격의 하락은 주택공급곡선을 왼쪽으로 이동시킨다.
③ 수요자의 소득이 변하여 수요곡선 자체가 이동하는 경우는 수요량의 변화에 해당한다.
④ 인구의 증가로 부동산 수요가 증가하는 경우 균형가격은 상승하고, 균형량은 감소한다.
⑤ 기술의 개발로 부동산 공급이 증가하는 경우 수요의 가격탄력성이 작을수록 균형가격의 하락폭은 커지고, 균형량의 증가폭은 작아진다.

해설

① 일반적으로 수요라 함은 어떤 재화의 가격수준에 대응하여 구매하려는 재화의 수량을 말하는바, 이는 단순한 구매욕구만을 의미하는 것이 아니라 구매력을 수반하는 유효수요여야 한다.
② 건축비, 인건비 등 생산요소의 가격이 하락하면 공급은 증가하고 공급곡선은 오른쪽으로 이동한다.
③ 소득이 변화하면 수요곡선가 자체가 이동하는데 이를 '수요의 변화'라 한다.
④ 수요가 증가하여 수요곡선이 오른쪽으로 이동하면 균형가격은 상승하고 균형량은 증가한다.

| 정답 | ⑤

05 부동산의 가격탄력성과 균형변화에 관한 설명으로 옳지 않은 것은? (단, 완전탄력적과 완전비탄력적 조건이 없는 경우 수요와 공급법칙에 따르며, 다른 조건은 동일함) 2023년 34회

① 공급이 완전비탄력적일 경우, 수요가 증가하면 균형가격은 상승하고 균형량은 불변이다.
② 수요가 완전비탄력적일 경우, 공급이 감소하면 균형가격은 상승하고 균형량은 불변이다.
③ 수요가 완전탄력적일 경우, 공급이 증가하면 균형가격은 불변이고 균형량은 증가한다.
④ 공급이 증가하는 경우, 수요의 가격탄력성이 작을수록 균형가격의 하락폭은 크고 균형량의 증가폭은 작다.
⑤ 수요가 증가하는 경우, 공급의 가격탄력성이 작을수록 균형가격의 상승폭은 작고 균형량의 증가폭은 크다.

해설

상대적 탄력성에 따른 균형가격과 균형량의 변화(중요!! 빈출지문)

① 동일한 수요의 증가인 경우에 공급이 비탄력적일수록 가격상승폭이 더 크고 균형량의 증가폭은 더 작다.
② 동일한 수요의 감소인 경우에 공급이 비탄력적일수록 가격하락폭이 더 크고 균형량의 감소폭은 더 작다.
③ 동일한 공급의 증가인 경우에 수요가 비탄력적일수록 가격하락폭이 더 크고 균형량의 증가폭은 더 작다.
④ 동일한 공급의 감소인 경우에 수요가 비탄력적일수록 가격상승폭이 더 크고 균형량의 감소폭은 더 작다.
∴ 수요든 공급이든 비탄력적일수록 균형가격의 변화는 크고 균형량의 변화는 작다.

| 정답 | ⑤

06 부동산시장의 수요와 공급의 가격탄력성에 관한 설명으로 옳지 않은 것은? (단, 다른 조건은 동일함)

2023년 34회

① 측정하는 기간이 길수록 수요의 탄력성은 더 탄력적이다.
② 공급의 탄력성은 생산요소를 쉽게 얻을 수 있는 상품일수록 더 탄력적이다.
③ 수요의 탄력성이 탄력적일 경우 임대료가 상승하면 전체 임대수입은 감소한다.
④ 대체재가 많을수록 수요의 탄력성은 더 탄력적이다.
⑤ 제품의 가격이 가계소득에서 차지하는 비중이 작을수록 수요의 탄력성이 더 탄력적이다.

해설

수요의 가격 탄력성 결정요인

- 대체관계에 있는 재화의 수가 많으면 일반적으로 탄력적이다.
- 재화의 용도가 다양할수록 탄력적이다.
- 기간이 길수록 탄력적이다.
- 가격수준이 높을수록 탄력적이다.
- 일반적으로 생활필수품(투자재)은 비탄력적이고, 사치품(투기재)은 탄력적이다.
- 시장수요곡선은 개별수요곡선보다 탄력적이다.
- 전체 부동산에 대해서 수요가 비탄력적인 경우라도 부동산을 종류별로 나누면 이것은 보다 탄력적이 된다.
- 소비자의 총 지출 중에서 차지하는 비중이 큰 재화일수록 탄력성이 크다. 즉, 고가품일수록 탄력성이 크다.

| 정답 | ⑤

07 부동산수요의 가격탄력성에 관한 설명으로 옳지 않은 것은? (단, 다른 조건은 동일함)

2021년 32회

① 수요곡선 기울기의 절댓값이 클수록 수요의 가격탄력성이 작아진다.
② 임대주택 수요의 가격탄력성이 1보다 작을 경우 임대료가 상승하면 전체 수입은 증가한다.
③ 대체재가 많을수록 수요의 가격탄력성이 크다.
④ 일반적으로 부동산의 용도전환 가능성이 클수록 수요의 가격탄력성이 커진다.
⑤ 수요의 가격탄력성이 비탄력적이면 가격의 변화율보다 수요량의 변화율이 더 크다.

해설

수요(공급)가 비탄력적일수록 균형가격의 변화는 크고 균형량의 변화는 작다.

| 정답 | ⑤

08 부동산시장에 관한 설명으로 옳지 않은 것은? (단, 주어진 조건에 한함)

2019년 30회

① 부동산시장은 단기적으로 수급조절이 쉽지 않기 때문에 가격의 왜곡이 발생할 가능성이 높다.

② 부동산의 공급이 탄력적일수록 수요증가에 따른 가격변동의 폭이 크다.

③ 취득세의 강화는 수급자의 시장진입을 제한하여 시장의 효율성을 저해한다.

④ 토지이용 규제로 인한 택지공급의 비탄력성은 주택공급의 가격탄력성을 비탄력적으로 하는 요인 중 하나이다.

⑤ 주택시장에서 시장균형가격보다 낮은 수준의 가격상한규제는 장기적으로 민간주택 공급량을 감소시킨다.

해설

공급(수요)이 비탄력적일수록 균형가격의 변화는 크고 균형량의 변화는 작다.

| 정답 | ②

09 다음과 같은 조건하에서 아파트에 대한 수요함수가 Q_D = -2P + 6Y + 100이고, P = 5, Y = 5인 경우, 수요의 소득탄력성(E_Y)은? (단, Q_D : 수요량, P : 가격, Y : 소득이고, 소득탄력성(E_Y)은 점탄력성을 말하며, 다른 조건은 동일함)

2017년 28회

① 1/2
② 1/3
③ 1/4
④ 1/5
⑤ 1/6

해설

수요의 소득탄력성= $\frac{dQ}{dY} \times \frac{Y}{Q} = \frac{1}{4}$

수요의 소득탄력성= $\frac{dQ}{dY} \times \frac{5}{120}$

$\frac{dQ}{dY}$는 기울기의 역수이므로 6, 대입하면 $6 \times \frac{5}{120}$

수요의 소득탄력성 $= 6 \times \frac{5}{120} = \frac{1}{4}$

| 정답 | ③

10 A지역 오피스텔 시장의 시장수요함수가 Q_D=100-P이고, 시장공급함수가 2QS=-40+3P일 때, 오피스텔 시장의 균형에서 수요의 가격탄력성(ϵP)과 공급의 가격탄력성(η)은? (단, Q_D: 수요량, Q_S: 공급량, P: 가격이고, 수요의 가격탄력성과 공급의 가격탄력성은 점탄력성을 말하며. 다른 조건은 동일함)

2020년 31회

① $\epsilon P= \frac{12}{13}, \eta = \frac{18}{13}$

② $\epsilon P= \frac{12}{13}, \eta = \frac{13}{18}$

③ $\epsilon P= \frac{13}{12}, \eta = \frac{13}{18}$

④ $\epsilon P= \frac{13}{12}, \eta = \frac{18}{13}$

⑤ $\epsilon P= \frac{18}{13}, \eta = \frac{12}{13}$

해설

수요의 가격탄력성(εP) = $-\frac{dQ}{dP}\times\frac{P}{Q}$, 공급의 가격탄력성(η) = $\frac{dQ}{dP}\times\frac{P}{Q}$

균형을 계산하면 균형가격(P)는 48, 균형거래량(Q)는 52

1. 수요의 가격탄력성(εP) = $-\frac{dQ}{dP}\times\frac{48}{52}$

$\frac{dQ}{dP}$는 기울기의 역수이므로 1, 대입하면 $-(-1)\times\frac{48}{52} = \frac{12}{13}$

2. 공급의 가격탄력성(η) = $\frac{dQ}{dP}\times\frac{48}{52}$

$\frac{dQ}{dP}$는 기울기의 역수이므로 $\frac{3}{2}$, 대입하면 $\frac{3}{2}\times\frac{48}{52} = \frac{18}{13}$

∴ 수요의 가격탄력성(εP) = $\frac{12}{13}$, 공급의 가격탄력성(η) = $\frac{18}{13}$

| 정답 | ①

11 A지역 전원주택시장의 시장수요함수가 $Q_D=2,600-2P$이고, 시장공급함수가 $3Q_S=600+4P$일 때, 균형에서 수요의 가격탄력성과 공급의 가격탄력성의 합은? (단, Q_D: 수요량, Q_S: 공급량, P: 가격이고, 가격탄력성은 점탄력성을 말하며, 다른 조건은 동일함) 2022년 33회

① $\frac{82}{72}$

② $\frac{87}{72}$

③ $\frac{36}{29}$

④ $\frac{145}{72}$

⑤ $\frac{60}{29}$

해설

수요의 가격탄력성(εP) = $-\frac{dQ}{dP}\times\frac{P}{Q}$, 공급의 가격탄력성(η) = $\frac{dQ}{dP}\times\frac{P}{Q}$

균형을 계산하면 균형가격(P)는 720, 균형거래량(Q)는 1,160.

1. 수요의 가격탄력성(εP) = $-\frac{dQ}{dP}\times\frac{720}{1,160}$

   $\frac{dQ}{dP}$는 기울기의 역수이므로 -2, 대입하면 $-(-2)\times\frac{720}{1,160}$ = $\frac{36}{29}$

2. 공급의 가격탄력성(η) = $\frac{dQ}{dP}\times\frac{720}{1,160}$

   $\frac{dQ}{dP}$는 기울기의 역수이므로 $\frac{4}{3}$, 대입하면 $\frac{4}{3}\times\frac{720}{1,160}$ = $\frac{24}{29}$

3. 수요의 가격탄력성(εP) = $\frac{36}{29}$, 공급의 가격탄력성(η) = $\frac{24}{29}$

∴ 수요의 가격탄력성과 공급의 가격탄력성(η)의 합 $\frac{36}{29}$ + $\frac{24}{29}$ = $\frac{60}{29}$

| 정답 | ⑤

12 아파트 가격이 5% 하락함에 따라 아파트의 수요량 4% 증가, 아파트의 공급량 6% 감소, 연립주택의 수요량이 2% 증가하는 경우, (ㄱ)아파트 공급의 가격탄력성, (ㄴ)아파트와 연립주택의 관계는? (단, 수요의 가격탄력성은 절대값이며, 주어진 조건에 한함) 2023년 34회

① ㄱ: 탄력적, ㄴ: 보완재
② ㄱ: 비탄력적, ㄴ: 보완재
③ ㄱ: 탄력적, ㄴ: 대체재
④ ㄱ: 비탄력적, ㄴ: 대체재
⑤ ㄱ: 단위탄력적, ㄴ: 대체재

해설

(ㄱ) 공급의 가격탄력성(η) = $\frac{\text{공급량의 변화율}(dQ/Q)}{\text{가격변화율}(dP/P)} = \frac{-6\%}{-5\%} = 1.2$

탄력성이 1보다 크므로 '탄력적'

(ㄴ) 아파트와 연립주택관계

수요의 교차탄력성 = $\frac{\text{연립주택의 수요량 변화율}(dDx/Dx)}{\text{아파트의 가격 변화율}(dPy/Py)} = \frac{+2\%}{-5\%} = -0.4$

대체재	교차탄력성이 양의 부호
보완재	교차탄력성이 음의 부호

음의 부호로 측정되어서 보완재이다.

| 정답 | ①

PART 02 부동산경제론 | 해커스 감정평가사 민영기 부동산학원론 기본서

13 부동산 경기변동과 중개활동에 관한 설명으로 옳지 않은 것은? 2017년 28회

① 하향시장의 경우 종전의 거래사례 가격은 새로운 매매활동에 있어 가격 설정의 상한선이 되는 경향이 있다.
② 상향시장에서 매도자는 가격상승을 기대하여 거래의 성립을 미루려는 반면, 매수자는 거래성립을 앞당기려 하는 경향이 있다.
③ 중개물건 의뢰의 접수와 관련하여 안정기의 경우 공인중개사는 매각의뢰와 매입의뢰의 수집이 다 같이 중요하다.
④ 실수요 증가에 의한 공급부족이 발생하는 경우 공인중개사는 매수자를 확보해두려는 경향을 보인다.
⑤ 일반적으로 부동산경기는 일반경기에 비하여 경기의 변동폭이 큰 경향이 있다.

해설

공급부족이 발생하는 부동산시장의 호황(확장)국면에는 매도자 중시현상이 발생한다. 따라서 중개활동시 매도자를 확보해두려는 움직임이 강하다.

| 정답 | ④

14 부동산경기변동에 관한 설명으로 옳지 않은 것은? 2016년 27회

① 계절적 변동은 예기치 못한 사태로 초래되는 비순환적 경기변동 현상을 말한다.
② 부동산경기변동이란 일반적으로 상승과 하강국면이 반복되는 현상을 말한다.
③ 건축착공량과 부동산거래량은 부동산경기를 측정할 수 있는 지표로 활용될 수 있다.
④ 하향시장 국면이 장기화되면 부동산 공실률 증가에 의한 임대료 감소 등의 이유로 부동산 소유자에게 부담이 될 수 있다.
⑤ 회복시장은 일반적으로 경기가 하향을 멈추고 상승을 시작하는 국면이다.

해설

홍수, 지진, 혁명, 등 예기치 못한 사태로 인해 초래되는 비주기적 경기변동현상을 무작위적 변동 또는 불규칙변동이라 한다.

| 정답 | ①

15 수요함수와 공급함수가 각각 A부동산 시장에서는 $Q_D = 200 - P$, $Q_s = 10 + \frac{1}{2}P$이고 B부동산 시장에서는 $Q_D = 400 - \frac{1}{2}P$, $Q_s = 50 + 2P$이다. 거미집 이론(Cob-Web theory)에 의한 A시장과 B시장의 모형 형태의 연결이 옳은 것은? (단, x축은 수량, y축은 가격, 각각의 시장에 대한 P는 가격, Q_D는 수요량, Q_s는 공급량이며, 가격변화에 수요는 즉각 반응하지만 공급은 시간적인 차이를 두고 반응함, 다른 조건은 동일함) 2021년 32회

① A: 발산형, B: 수렴형
② A: 발산형, B: 순환형
③ A: 순환형, B: 발산형
④ A: 수렴형, B: 발산형
⑤ A: 수렴형, B: 순환형

해설

A부동산시장	공급곡선의 기울기 절대값 (2) > 수요곡선의 기울기 절대값 (1) ⇨ 수렴형
B부동산시장	공급곡선의 기울기 절대값 (0.5) < 수요곡선의 기울기 절대값 (2) ⇨ 발산형

| 정답 | ④

해커스 감정평가사
ca.Hackers.com

PART 03

부동산시장론

제1장 부동산시장

View Point

1. 부동산시장이 일반시장과는 다른 특성을 이해해야 한다.
2. 디파스퀠리-위튼의 4사분면 모형을 통해 공간시장, 자산시장, 건설산업의 유기적 연관성을 확실히 파악한다.
3. 부동산시장이 효율성이 달성되는 조건과 할당(배분)효율성의 개념을 정확히 숙지한다.
4. 주거분리가 발생하는 구조와 하향여과, 상향여과가 지속되는 조건을 확인한다.

제1절 부동산시장의 개념 및 유형

부동산시장은 추상적 시장으로 다음과 같이 정의될 수 있다.

(1) 부동산권리교환으로 공간적 배분과 공간이용패턴을 결정하고, 수요 · 공급에 의해 가격이 결정되는 상업 활동

(2) 양이나 질이나 위치측면에서 유사한 부동산의 가격이 균등해지는 경향이 있는 지리적 구역

(3) 대체관계가 성립하고 가격의 형성에 있어서 서로 영향을 미치는 관계에 있는 부동산이 존재하는 권역(동일수급권)

(4) 쿠르노는 '일물일가의 법칙이 적용되는 범위'를 '시장'이라고 규정하고 있다.

(5) 부동산의 자연적 특성인 지리적 위치의 고정성으로 인하여 국지적 시장형태를 이루고 있기 때문에 일반시장과는 다른 특성을 가지고 형성된다.

KEY PLUS | 완전경쟁시장의 성립조건

① 영세한 수요자와 공급자가 다수 ⇨ 개별기업은 시장가격의 순응자
② 상품의 동질성
③ 시장참여와 탈퇴의 자유
④ 완전한 정보(정보비용 ×)
⑤ 일물일가의 법칙 성립할 것(초과이윤 ×)

제2절 부동산시장의 특성 및 기능

1 부동산시장의 특성

부동산시장은 일반상품시장과는 달리 고유한 특성을 가지고 있다. 그것은 부동산이 지니고 있는 자연적 · 경제적 · 법률적 · 사회적인 부동산자체의 특성에 기인하는 것이다. 부동산시장의

특성은 한마디로 불완전경쟁시장이라 할 수 있다. 그러나 독과점 시장은 아니다. 부동산의 특성은 다음과 같다.

1. 소수의 매도자와 매수자

매도자시장의 성격이 강하다. 그러나 신규 아파트 분양시장과 같이 매수자시장인 경우도 있다. 부동산의 특징 중 하나가 특정지역에 소수의 매도자와 소수의 매수자가 있다는 것이다. 일반적으로 부동산시장은 지역시장의 성격을 띠고 있다.

2. 재화의 비동질성

부동산의 개별성 · 대체불가능성 등은 부동산시장에서 웃돈의 존재를 자연스럽게 한다.

3. 상품의 비표준성

개별성은 시장을 복잡 · 다양하게 하며 상품의 표준화를 불가능하게 한다. 부동산은 물리적으로 특유의 개별성을 갖게 되므로 그 성격은 전혀 상반되게 된다.
이러한 상품의 비표준화는 수요와 공급의 분석을 어렵게 하고 건물의 대량생산을 어렵게 한다.

4. 시장의 국지성(시장의 분화)

부동성 및 개별성에 기인해 부동산시장은 공간적으로 한정되는 경향이 있다. 시장의 국지성은 부동산간의 가격경쟁을 억제하는 효과가 있다.

5. 거래의 비공개성(정보유통의 불완전성)

부동산의 개별성 · 다액자금 필요성 · 행정적 규제 등에 따라 거래내용의 공개화가 저해되고, 가격에 대한 완전한 정보를 얻기가 어렵다.

6. 수급조절의 곤란성

수요와 공급이 일반적으로 비탄력적이어서 단기적으로 가격의 왜곡이 발생할 가능성이 높다. 시장의 수요분석을 오판하여 과잉공급을 하게 되더라도 대상 부동산을 다른 곳으로 이동시킬 수 없다. 또 공급을 초과하는 수요가 있으면 가격은 상승하나 반대로 수요가 공급을 따라가지 못하면 하락하는 등의 위험부담이 있기 때문에 시장에서의 공급은 자연히 제약을 받게 마련이다.

7. 매매의 장기성

부동산의 거래에는 탐색, 선택, 계약체결 및 이행 등 여러 절차가 필요하다.

8. 시장의 비조직성

부동산시장의 유통구조가 조직적이지 못하다. 이것은 각 지역시장 내의 모든 거래뿐만 아니라 한 지역사회, 한나라를 통해 적용되는 현상이다. 최근 컴퓨터를 이용한 정보망의 정보, '매스커뮤니케이션'을 이용한 '탈지역화'를 위한 시도가 이루어지고 있어 본래적으로 조직화가 불완전한 토지시장에 대한 부분적인 조직화를 기대할 수 있는 실정이다.

9. 단기거래의 곤란성

상품으로의 부동산은 동일성이 없다는 것과 특별한 행위에 대한 법적인 권리는 투기를 못하게 하므로 단기거래라는 시장기능을 저해한다. 단기거래는 투자자들이 유가증권이나 상품을 가격이 높을 때 팔고, 가격이 낮을 때 다시 사들이는 관례를 말한다.

10. 공매(空賣: short selling)의 곤란성

시장의 비조직성과 함께 부동산가격 파동의 원인이 된다.

11. 중개업자 개입의 필요성

매도인과 매수인의 직접적인 시장참여가 곤란하여 중개업자의 개입이 필요하다. 또한 정보유통의 불완전성을 보완해주는 역할을 한다.

2 부동산시장의 기능

1. 자원분배기능

경쟁과정에서 수요자와 공급자간의 공간분배의 역할을 한다. 이는 각종 부동산공간에 대한 경쟁과정에서 수급자간의 공간분배역할을 하는 것으로 공간과 입지가 상품이며 이익 내지 만족의 경쟁으로 나타난다.

2. 계속적인 부지경쟁

모든 부지는 다른 부지들과 동일효용으로 사용하는데 있어서 경쟁의 상태에 있다. 즉 주어진 지리적 공간 범위 내에서 토지이용형태를 경쟁한다.

3. 가격 창조기능

부동산상품의 가격은 매도인과 매수인의 가격 조정과정을 거쳐서 매수인이 더 이상 지불할 수 없는 상한가격과 매도인이 더 이상 양보할 수 없는 하한가격과의 조정된 가격에서 거래가격이 창조되는 것이다.

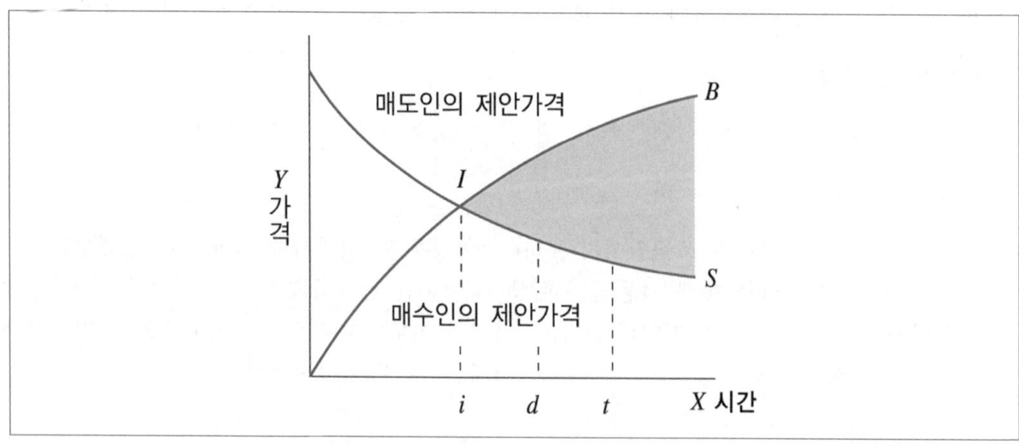

4. 정보제공기능

부동산활동주체에 필요한 정보제공을 해준다. 즉 투자가, 건축업자, 평가 주체, 임대업자, 과세평가원, 중개업자 등은 모두 그들의 업무상 또는 가격결정이나 판단을 위해 부동산거래에 관한 정보를 이용하고 또 수집한다.

5. 부동산상품의 양과 질의 조절기능

부동산시장에 관한 정보는 부동산 소유자, 관리자, 개발업자, 건설업자들에게 부동산상품의 유용성이 최대가 되도록 만들어서 부동산상품의 양과 질을 조절하게 한다.

6. 공급의 단기고정기능

부동산상에서의 공급은 적어도 몇 개월 또는 몇 년 동안은 고정 되어 있다. 수요가 수축하면 공급은 고정되어 있고, 수요가 증가하면 새로운 건물이 건축되어 공급되는 데 상당한 긴 시간이 걸리는 것을 말한다.

7. 도시성장기능

부동산시장은 도시성장에 결정적인 역할을 한다.

8. 부동산상품의 교환기능

부동산시장은 자금능력을 가진 부동산이용자의 기호에 따라 부동산 또는 공간을 재분배하게 되는데, 여기에는 부동산과 현금, 부동산과 부동산, 소유와 임대 등의 교환이 이루어지게 된다.

제3절 디파스퀠리 – 위튼(DiPasquale & Wheaton)의 4사분면 모형

1. 부동산 공간이 임대되는 공간시장과 부동산이 자산으로 거래되는 자산시장이 건설(개발)시장과 유기적으로 상호작용하는 현상을 설명한다.
2. 1사분면(공간시장)의 부동산수요(단기) 이동이 장기적으로 4사분면에서 부동산 재고량의 변화를 일으키는 흐름을 시계열적으로 파악할 수 있다.

구분	내용
공간시장 (1사분면)	• 공간 이용에 관한 권리를 사고파는 시장(임대시장) • 균형임대료(Rents)와 점유율(Occupancy Rate)이 결정 • 공간시장의 임대수요는 주로 지역 및 국가경제의 상황에 가장 크게 영향을 받음 • 공간시장의 공급(공간재고량)은 건설하여 완공되는 물량에 따라 결정
자산시장 (2사분면)	• 부동산자산의 공급과 수요에 의하여 결정 • 자산시장의 수급에 따라 해당 부동산시장의 자본환원율(CapRate) 수준이 결정 • 자본환원율이 자산시장의 거래지표이며, 일종의 요구수익률로 시장이자율에 영향받음 • 자산시장의 현금흐름과 시장요구 자본환원율을 알면 부동산의 시장가격 추정이 가능
건설(개발)시장 (3사분면)	• 개발비용이 시가보다 낮아서 개발이익이 발생한다면 개발을 결정 • 개발 후 자산시장에 신규자산으로 공급되는 동시에 공간시장의 임대공간으로 제공

KEY PLUS | 디파스퀠리-위튼(DiPasquale & Wheaton)의 4사분면 모형

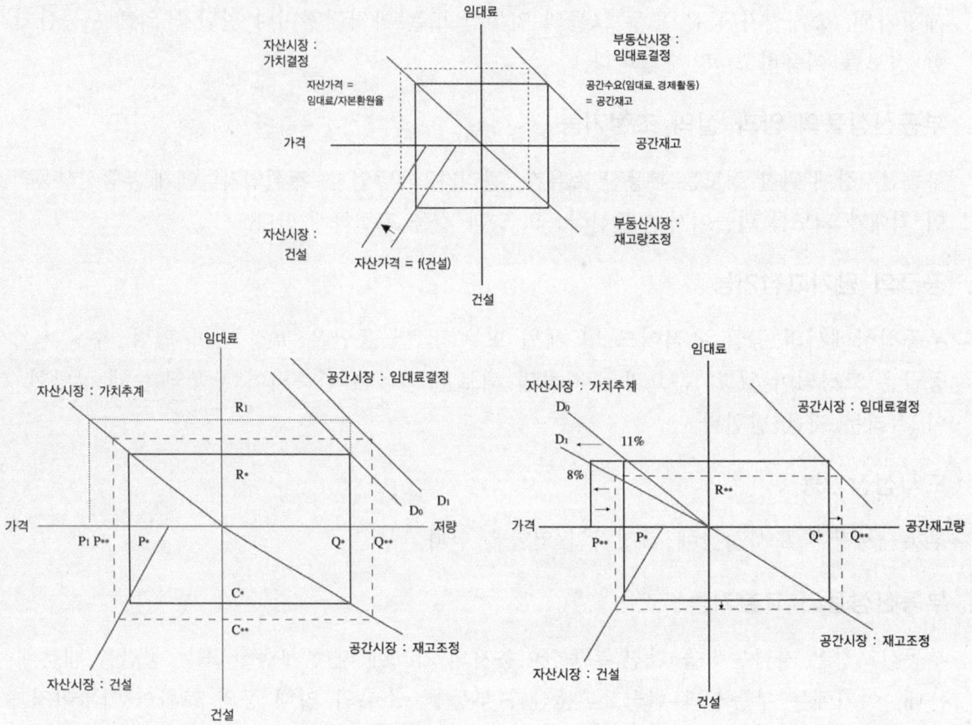

임대료
자산시장 :
가치결정
부동산시장 :
임대료결정
자산가격 =
임대료/자본환원율
공간수요(임대료, 경제활동)
= 공간재고
가격
공간재고
자산시장 :
건설
부동산시장 :
재고량조정
자산가격 = f(건설)
건설
임대료
공간시장 : 임대료결정
자산시장 : 가치추계
R1
R*
D1
D0
가격
저량
P1 P**
P*
Q*
Q**
C*
C**
공간시장 : 재고조정
자산시장 : 건설
건설
임대료
자산시장 : 가치추계
D0
공간시장 : 임대료결정
D1
11%
8%
R**
가격
공간재고량
P**
P*
Q*
Q**
공간시장 : 재고조정
자산시장 : 건설
건설

WIDE PLUS | 부동산시장 시스템

공간시장
신규공급
공간
(지주)
수요
(임차자)
국가/지역경제
지대
(입주)
미래
전망
건설시장
타당
자본시장
현금흐름
공급
(매도)
투자타당성
자본
시장
부동산
시장가치
자본
화율
수요
(매수)
건설비용
현금흐름
정보수집/분석

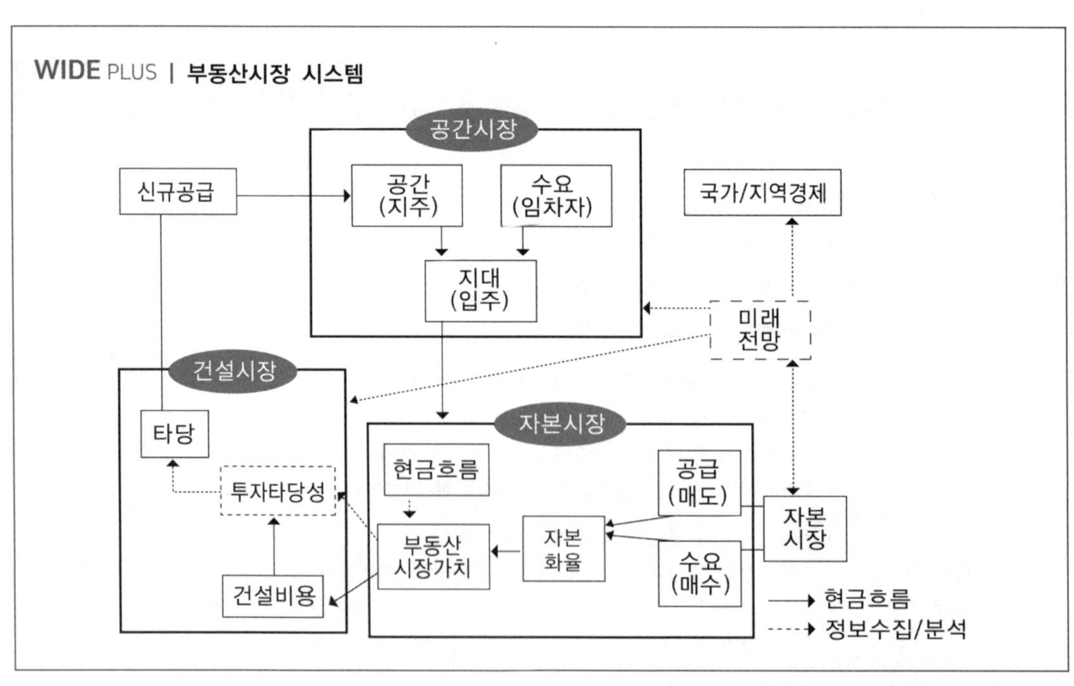

제4절 효율적 시장이론

1 효율적 시장이론

(1) 효율적 시장이론은 원래 주식시장에서 각종 정보가 주식가격에 미치는 영향을 분석하는 과정에서 출발하였다. 부동산시장에서 갖는 효율적 시장의 의미란 새로운 정보가 지체없이 판매가(가격)와 가치에 반영되는 변화가 있는 시장을 말한다.

(2) 어떤 사건이 발생하여 장래수익이 변동될 것이 현재 예상된다고 하면, 이것이 현재가치로 환원되어 현재의 부동산의 가치를 변화시킨다. 즉, 장래의 변동시점에서 가치가 변하는 것이 아니라 현재의 시점에서 즉시 변한다.

(3) 부동산시장에서도 개발정보 등이 부동산가격에 반영되는 것을 볼 수 있다.

(4) 부동산시장은 부동성과 개별성에 기인해 정보시장이 된다.

2 시장효율성

(1) **운영효율성:** 자금을 이전하는 데 드는 거래비용을 최소화하는 것을 말한다. 추상화된 완전자본시장의 세계에서는 거래비용이 0이고 그 시장은 완전한 운영의 효율성을 지니고 있어야 한다. 매매시 가장 저가의 거래서비스를 받을 수 있는 상태를 말한다.

(2) **할당(배분)효율성:** 모든 생산자 및 저축자에게 위험조정 후 한계수익률이 같도록 시장가격이 결정되는 것을 말한다. 희소한 자원인 자금이 모든 사람들에게 이익이 되는 방향으로 생산적 투자에 최적으로 배분될 수 있는 상태를 말한다.

(3) **정보효율성:** 시장에서 결정된 가격이 주어진 이용 가능한 정보를 충분히 반영하고 있는 상태를 말한다. 정보의 배분이 공평 · 저렴 · 충분할 때 달성되는데, 정보효율성의 개념은 공정게임 모형으로 정식화되었다.

3 효율적 시장의 유형

1. 약성 효율적 시장

(1) 현재의 시장가치가 과거의 역사적 추세를 충분히 반영한 가치이므로, 약성 효율적시장에서는 가치에 대한 과거의 역사적 자료를 분석함으로써 정상이상의 수익(초과이익)을 획득할 수 없다.

(2) 과거의 자료를 토대로 시장가치의 변동을 분석하는 것을 기술적 분석이라고 한다.

(3) 약성 효율적 시장에서는 시장참여자들이 모두 기술적 분석을 하고 있다고 가정하므로, 기술적 분석에 의하여 밝혀진 지표로써는 결코 초과이익을 얻을 수 없다.

(4) 약성 효율적 시장에서 초과이익을 얻었다면, 이것은 과거의 정보에 의한 것이 아니라 일부 사람이 현재 또는 미래정보를 얻을 수 있기에 가능한 것이다.

(5) 약성 효율적 시장에서 많은 시장참여자들이 기술적 분석조차 하지 않는다면, 분석자들은 정상 이상의 수익을 얻는 것이 가능할 것이다.

2. 준강성 효율적 시장

(1) 공표되는 모든 정보가 지체 없이 시장가치에 반영되는 시장이다.

(2) 공표된 사실을 토대로 시장가치의 변동을 분석하는 것을 기본적 분석이라고 한다.

(3) 준강성효율적 시장의 시장참여자들은 모두 기본적 분석을 하고 있다고 전제되므로, 기본적 분석을 하여 투자를 한다고 하더라도 정상 이상의 수익을 획득할 수 없다.

(4) 어떤 사람이 준강성 효율적 시장에서 정상 이상의 이익을 얻었다면, 이것은 공표된 정보 이상의 우수한 정보에 의해 가능한 것이지 결코 이미 공표된 사실에 의한 것은 아니다.

(5) 준강성 효율적 시장에서 많은 시장참여자들이 기본적 분석조차 하지 않는다면, 분석자들은 정상 이상의 수익을 얻는 것이 가능 할 것이다.

3. 강성효율적 시장

(1) 공표된 것이건 공표되지 않은 것이건 어떠한 정보도 이미 시장가치에 반영되어 있는 시장이다.

(2) 강성효율적 시장은 진정한 의미의 효율적 시장이며, 완전경쟁시장의 가정에 가장 부합되는 시장으로서 어느 누가 어떠한 정보를 이용한다고 하더라도 이미 모든 정보가 시장가치에 반영되어 있기 때문에 시장참여자들은 다른 사람보다 우수한 정보 획득을 통한 초과이윤을 결코 얻을 수 없다.

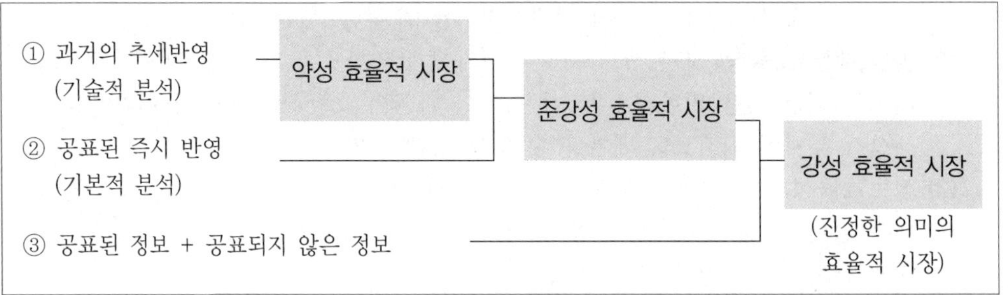

※ 일반적으로 주식시장이나 부동산시장에서는 강성 효율적 시장은 잘 나타나지 않으며 준강성 효율적 시장까지 존재한다.

[효율적 시장의 유형]

유형	반영되는 정보	정보분석방법	정상이윤	초과이윤 획득여부		
				과거정보	현재정보	미래정보
약성	과거의 정보	기술적 분석	○	×	○	○
준강성	과거 + 현재(공표)	기본적 분석	○	×	×	○
강성	과거 + 현재 + 미래(내부정보)	분석 불필요	○	×	×	×

4 할당(배분)효율적 시장(allocation efficient market)

1. 할당(배분)효율적 시장의 개념

(1) 자원의 할당이 효율적으로 이루어지는 시장으로, 어느 누구도 기회비용보다 싼 값으로 정보를 획득할 수 없는 시장이다.

(2) 이러한 할당효율적 시장을 논하는 실익은 부동산시장에서 초과이익(투기이익)의 발생원인에 대한 견해 차이에서 발생한다. 즉, 부동산시장에서 초과이익이 발생하는 것을 초과이익이 발생하지 않는 완전경쟁시장이 아닌 불완전경쟁시장이기 때문이라는 견해에 대한 반박이 할당효율적 시장의 개념이라고 할 수 있다.

2. 불완전경쟁시장과 할당(배분)효율적 시장

(1) 완전경쟁시장에서는 초과이윤이 0이어서 어느 누구도, 어떤 대안도 초과이윤을 얻을 수 없으므로 효율적인 할당이 이루어지나, 할당효율적 시장이 완전경쟁시장을 의미하는 것은 아니다. 불완전경쟁시장도 할당효율적 시장이 될 수 있기 때문이다.

(2) 완전경쟁시장에서는 정보비용이 존재하지 않는다. 따라서 부동산시장은 정보비용이 수반된다는 점에서 불완전경쟁시장으로 인정된다.

(3) 우수한 정보로 인해 발생하는 이윤과 그 정보를 얻기 위해 지불되는 기회비용이 같다면 그 시장은 할당효율적 시장이라고 할 수 있으며, 반면에 소수의 투자자가 다른 사람보다도 값싸게 정보를 획득할 수 있는 시장은 할당효율적 시장이 되지는 못한다.

(4) 따라서 불완전경쟁시장에서 발생하는 초과이윤과 그 초과이윤을 획득하는 데 들어가는 비용(기회비용)이 일치한다면 불완전경쟁시장도 할당효율적일 수가 있는 것이다.

(5) 부동산시장에서 특정 투자자가 초과이윤을 획득할 수 있는 것은 시장이 불완전하고 독점적이기 때문이 아니라 할당효율적이지 못하기 때문이다.

(6) 결국, 부동산투기가 성립할 수 있는 이유도 시장이 할당효율적이 되지 못하기 때문이지 부동산시장이 불완전해서가 아니다.

KEY PLUS | 부동산 관련 개념의 구별

1. 할당효율적 시장

① 완전경쟁시장 ⇨ 강성 효율적시장
- 정보비용 존재×
- 초과이윤×, 정상이윤○

② 불완전경쟁시장 ⇨ 약성, 준강성
- 정보비용 존재○
- 정보비용 = 초과이윤(정보가치)

⇨ 결국 초과이윤 없는 셈(투기×)

2. 할당비효율적 시장

③ 불완전경쟁시장 ⇨ 약성, 준강성
- 정보비용 존재○
- 정보비용 〈 초과이윤(정보가치)

⇨ 결국 초과이윤 존재(투기존재)

⇨ 시장을 패배시킴

제5절 주거분리와 여과현상

1 주택의 여과작용

주택이 소득계층에 따라 상 · 하로 이동되는 현상(filtering 현상) ⇨ 다른 조건(기호도, 관습)에 따른 차이는 없다고 가정

1. 여과작용의 개념

(1) **하향여과:** 상위계층이 사용하던 주택이 하위계층 사용으로 전환되는 현상

(2) **상향여과:** 하위계층이 사용하던 주택이 수선되거나 재개발되어 상위계층 사용으로 순환되는 현상 (소득증가 등으로 인해 저가주택에 대한 수요가 감소할 때)

2. 주택의 하향여과 과정 (저가주택 신축 금지 가정)

(1) 저소득층 인구증가 또는 저소득층에 대한 주택보조금 지급 등으로 인해 저가주택에 대한 수요증가 ⇨ 저가주택 임대료 상승 ⇨ 고가 주택이 저소득층에게 제공되는 하향여과 발생 (저가주택의 양은 증가) : 고가주택 공급은 신규로 건설하지만 저가주택 공급은 고가주택의 하향여과로 발생하므로 고가주택 소유자가 저가주택의 공급자임 ⇨ 저량공급개념

(2) 고가주택이 저가주택으로 전환되는 것은 시장에서 고가주택의 공급이 그만큼 줄어든다는 의미

(3) 고가주택의 공급감소로 ⇨ 고가주택의 임대료 상승 ⇨ 주택건설업자들은 가동률을 증가시키고 새로운 기업들이 시장에 진입(장기효과) ⇨ 유량공급개념

※ 주택의 건축비가 일정한 경우(비용불변산업인 경우)

- 고가주택의 공급곡선을 우측으로 이동시켜 고가주택의 공급량과 임대료를 원래 수준으로 회귀시킨다.
- 저가 주택의 공급곡선을 우측으로 이동시켜 저가주택의 공급량은 원래 수준보다 증가하고 임대료는 원래의 수준으로 회귀한다.

※ 주택의 건축비가 일정치 않고 주택 착공량에 따라 증가한 경우(비용증가산업인 경우)

- 고가주택과 저가주택의 균형임대료는 원래수준보다 높은 선에서 결정된다.
- 고가주택의 양은 원래 수준보다 감소된다.
- 저가주택의 양은 원래 수준보다는 많아지나, 주택건축비가 일정한 경우보다는 적게 증가한다.

(4) **불량주택문제:** 하향여과로 인해 발생하는 불량주택이나 저가주택은 시장경제 원리에 따라 자원이 효율적으로 배분된 결과이지 시장실패 때문이 아니다. 이는 소득의 문제이다.

2 주거분리와 여과작용

1. 주거분리 현상

산업화로 인한 도시인구의 집중 등으로 고소득층의 주거지역과 저소득층의 주거지역이 서로 분리되고 있는 현상 ⇨ 전체 지역뿐 아니라 인근지역에서도 발생

(1) 고급주택지역 ⇨ 수리, 개량비용보다 가치상승분이 클 때 계속 수리하여 고급주택 지역으로 남는다(상향여과).
(2) 저급주택지역 ⇨ 수리, 개량비용보다 가치상승분이 작을 때는 수리하지 않고 방치하여 저급주택지역으로 남는다(하향여과).

2. 여과작용에 의한 주거분리현상

[주거분리와 근린지역]

저소득층 주거지역	경계지역	고소득층 주거지역

(1) 저소득층 주거지역 중 오른쪽 (경계지역의 왼쪽)은 ⇨ 고소득층 주거지역에 가까우므로 선호도가 높고 정(+)의 외부효과 발생 ⇨ 할증거래
(2) 고소득층 주거지역중 왼쪽 (경계지역의 오른쪽)은 ⇨ 저소득층 주거지역에 가까우므로 선호도가 낮고 부(−)의 외부효과 발생 ⇨ 할인거래
(3) 저소득층지역에 인접한 고소득층 주거지역이 쇠퇴하여 주택의 수선·개량비용이 수선, 개량 후 주택의 가치상승분보다 클 때는 소유자는 주택은 수선·개량하지 않을 것이다(하향여과 발생).
(4) 침입에 의해 하향여과의 과정이 반복됨에 따라 고소득층 주거지역이 점차 저소득층 주거지역으로 변화되어 간다. 이처럼, 어떤 토지의 이용이 이질적 요소의 침입으로 인해 다른 종류의 토지이용으로 변화되어 가는 것 ⇨ 천이와 계승(Succession)
(5) 주택의 노후화가 심해진다면 결국 저소득층 주거지역은 재개발되어 고소득층 주거지역으로 변할 수 있다(상향여과 발생).

3 불량주택의 문제

1. 불량주택의 문제는 주택 그 자체의 문제라기보다는 실제로는 소득의 문제이다.
2. 불량주택문제는 하향여과된 저소득의 산물인 소득문제로서 시장실패가 아니고 자원이 효율적으로 배분된 것이다.
3. 불량주택문제는 시장이 실패하고 있는 것이 아니기 때문에, 철거와 같은 정부의 시장개입은 문제를 근본적으로 해결하는 방법이 되기 어렵다.
4. 저소득층의 실질소득향상이 효과적인 대책이다.

KEY PLUS | 불량주택

불량주택이란 일정수준에 미달하는 주택을 말하는바, 인간은 누구나 쾌적하고 좋은 주거환경에서 살고자 하는 욕구가 있다. 그러나 소득수준이 낮을 때는 주거환경이 나쁜 주택에서 생활을 영위하는 수밖에 없다. 즉, 불량주택의 문제는 단지 소득이 적기 때문에 발생한다. 특히 도시지역에서 슬럼과 같은 불량주택 밀집촌의 형성은 더욱 그렇다.

제2장 입지 및 공간구조론

View Point

1. 지대를 둘러싼 학자들의 논쟁을 분별한다. 핵심은 지대가 '잉여인지, 생산비인지'로부터 출발한다.
2. 튀넨을 시작으로 한 입지이론을 정리한다. 베버, 뢰쉬, 크리스탈러와 같은 거시적 입지이론가부터 살핀다.
3. 상업 또는 점포입지는 레일리, 컨버스, 허프의 방법론을 활용한 계산문제를 대비하여 숙달한다.
4. 구체적으로 레일리의 소매인력법칙, 컨버스의 분기점모형, 허프의 확률모형은 산식을 암기한다.
5. 동심원, 선형, 다핵심이론을 내용으로 하는 도시공간구조이론을 비교·검토한다.

제1절 지대이론

1 지대의 의의

지대는 일정기간 동안의 토지서비스의 가격으로 토지소유자의 소득으로 귀속되는 임대료를 말하며, 유량의 개념이다.

(1) **지가:** 지대/할인율(지대가 영속적인 경우)
(2) **지대:** 일정기간개념, 유량(flow)개념, 용익의 대가
(3) **지가:** 일정시점개념, 저량(stock)개념, 교환의 대가
(4) 지가는 지대에 비례하고, 이자율(할인율)에 반비례
(5) 지가는 부동산가치에 비례하고, 화폐가치에 반비례

2 지대결정이론

참고 **지대논쟁(지대가 생산비인가 아닌가의 논쟁)**

구분	고전학파	신고전학파
이론적 배경	소득분배에 중점	자원의 효율적 이용에 중점
경제현상	사회전체의 입장	개별경제주체의 입장
생산요소로서의 토지에 대한 관점	토지는 특별한 재화로 취급 토지의 자연적 특성을 강조	단지 여러가지 생산요소 중 하나임 다른 자원과 구별할 필요 없음
지대의 성격	잉여(잔여수익)	한계생산가치(비용)
생산물가격과의 관계	가격에 의해 결정되어진 소득	생산물가격에 영향을 주는 비용
지대소득의 사회적 정당성 유무	불로소득 ← Henry George의 토지단일세이론의 근거	잉여란 존재하지 않음

1. 차액지대설: 리카도(Ricardo)

(1) 비옥한 토지공급의 제한, 비옥도와 위치에 따른 생산성의 차이, 수확체감의 법칙(전제)
(2) 생산성이 낮아서 생산비와 곡물가격이 일치하는 토지인 한계지에서는 지대가 발생하지 않는다고 주장
(3) 지대는 한계지보다 생산성이 높은 토지에 대한 대가다. ⇨ 열등지와 우등지와의 비옥도·생산성의 차이
(4) 지대는 불로소득의 일종, 곡물가격이 지대를 결정한다(지대가 곡물가격에 영향 ×).
(5) 위치문제 경시, 비옥도 차이에만 중점, 한계지와 최열등지에서도 지대가 발생하는 현실을 설명하지 못하는 한계가 있음

2. 입지교차지대설: 튀넨(Thünen)

튀넨(Thünen) ⇨ 고립국론 : 단순지대 이론(위치지대론) ⇨ 입지론의 아버지
(1) 시장(소비자)과 해당 토지간의 거리에서 지대를 구하여 원거리의 위치에 비해 근거리 토지의 수송비 절약분이 지대화한다(수송비와 지대는 반비례).
(2) 한계지내의 토지는 도시(시장)에 가까운 만큼 수송비가 절약되어 지대화한다.
(3) 중심지 ⇨ 집약농업 (채소, 과일) : 한계지대곡선이 급경사(비탄력적)
(4) 멀수록 ⇨ 조방농업 (방목) : 한계지대곡선이 완경사(탄력적)
(5) 수송비 절약되면(교통발달) ⇨ 지대곡선은 완만하여 한계지대점이 멀어진다(탄력적이 된다).
(6) 지대 = 매상고 (생산물가격) - 생산비 - 수송비

3. 절대지대설: 마르크스(K. Marx)

(1) 자본주의 경제의 토지 사유화로 인해 토지의 위치나 생산력(비옥도)과 관계없이 한계지에서도 지대요구(높은 지대)
(2) 지대상승이 곡물가격을 상승시킨다.

구분	차액지대설	입지교차지대설	절대지대설
주장자	리카도	튀넨	마르크스
지대발생근거	비옥도 차이 (=우등지, 열등지 차이)	↓ 지대=매상고-생산비-수송비 ↑ (반비례관계)	자본주의 사회 「사유재산권」 ↑ 지대발생의 근거

4. 마샬의 도시 토지 지가이론

택지의 가격은 '농업지대 + 위치의 가치'의 합이다. 즉, 토지의 유용성에 대한 화폐가치의 총액이다. ⇨ 위치의 가치 중시(쾌적성, 편리성, 매상고, 생산비등)

5. 경제지대와 준지대

(1) **전용수입:** 생산요소가 다른 용도로 전용되지 않고 현재의 용도로 그대로 사용되도록 하기 위하여 최소한 지불해야 하는 금액 ⇨ 생산요소의 기회비용(이전수입)
(2) **경제지대:** 어떤 생산요소가 현재의 용도에서 받는 총수입과의 차액 ⇨ 생산요소의 공급자 잉여

(3) **준지대(마샬):** 기계, 자본, 설비 등 생산요소가 단기적으로 고정되어 있기 때문에 발생하는 지대

※ 준지대 = 총수입 - 총가변비용

(4) 생산요소의 공급곡선이 비탄력적일수록(수직에 가까울수록) 전용수입이 감소하고, 경제지대가 커진다.

※ 입지조건이 좋아 입지경쟁에 의해 발생되는 상가의 영업권리금은 경제적지대의 예에 해당한다.

※ 지대추구행위의 개념: 어떤 희소한 생산요소나 영업권이 정부의 인·허가 등 규제에 의해 공급량이 인위적으로 제한될 때 비생산적인 독점이윤(독점지대)을 얻을 수 있다. 이러한 지대를 추구하려는 행위는 새로운 공급자의 시장진입을 저지하려는 로비활동이나 뇌물수수나 이권추구행위로 나타나는 것이다(이는 공급을 제한시키므로 자원낭비를 가져온다. ⇨ 효율성 ×, 형평성 ×, 사회후생 ×).

(5) 생산요소의 공급곡선이 수직인 경우 ⇨ 전부 경제지대(전용수입 ×)

(6) 생산요소의 공급곡선이 수평인 경우 ⇨ 전부 전용수입(경제지대 ×)

(7) 공급곡선의 형태에 따라 전용수입과 경제지대의 양이 결정되며, 수요곡선의 형태와는 관계가 없다.

(8) 전용수입과 경제지대는 반비례관계이다.

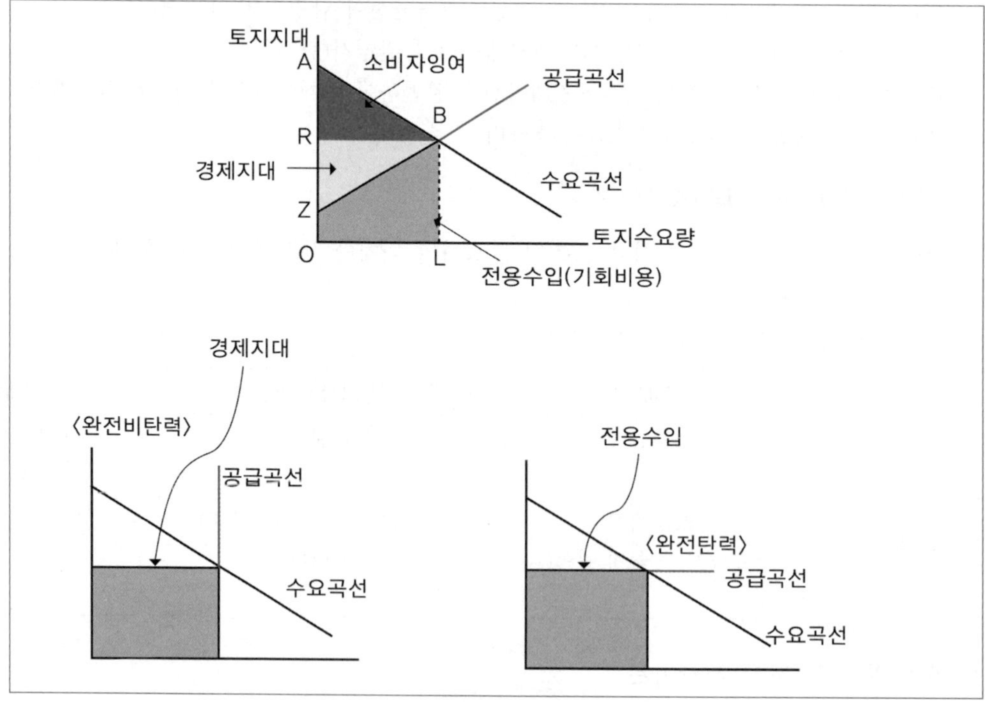

3 도시구조와 지대

1. 가치와 지대(지가 = 지대 / 할인율)

농촌토지에 대한 지대는 비옥도에 의해 결정되고 도시토지에 대한 지대는 접근성에 의해 결정된다. 또한 토지가치는 지대소득을 할인율로 나누어 줌으로써 산정된다. 일반적으로 지가는 도심지역에 가까울수록 높고 외곽으로 갈수록 낮아지는 유형을 보이고 있다. 이는 위치와 결부된 교통비용이 가장 중요한 요인이 된다.

2. 도시지대의 결정

가격과 생산비가 일정하다면 지대는 교통비에 의해 결정된다. 생산자가 부담해야 할 교통비는 도시에서 멀어질수록 증가하며 이에 따라 생산자가 지불할 수 있는 몫은 도시에서 멀어질수록 점차 적어진다. 교통비와 생산비가 일정하다면 지대는 생산물의 가격에 의해 결정된다. 생산물의 가격은 수요의 함수이며 생산물에 대한 수요가 감소하면 지대도 하락한다.

3. 생산요소의 대체성과 도시지대

생산요소 중 노동은 일정하고 토지와 자본의 투입량만을 달리하여 제품을 생산한다고 가정하면 이들의 관계는 우하향하는 지수곡선을 나타낸다.

(1) 생산요소의 결합비율(요소대체성)은 생산요소의 상대적 가격에 따라 결정됨: 생산기술이 일정하다면 상대적으로 값이 싼 생산요소를 많이 사용하는 것이 더 경제성이 있으므로 지대가 상승하면 상대적으로 값이 싼 자본을 더 많이 사용하게 된다. 자본에 대한 사용료(자본가격)가 고정되어 있고 다른 모든 것이 일정하다면 토지에 대한 자본의 비율은 도심지역에 가까울수록 높고 외곽으로 갈수록 낮아진다.

(2) 생산요소의 결합비율(요소대체성)은 기업마다 산업의 종류에 따라서도 달라짐: 예로 목장업은 그 성질상 많은 토지가 필요한 반면 금융업은 그렇지 않다. 도심지역의 건물이 고층화된다는 것은 토지에 대한 자본의 결합비율이 높은 것이며 이는 토지에 대한 자본의 대체성이 크다는 것을 의미한다. 따라서 도심지역에 입지하는 활동은 토지에 대한 자본의 대체성이 큰 것들이다.

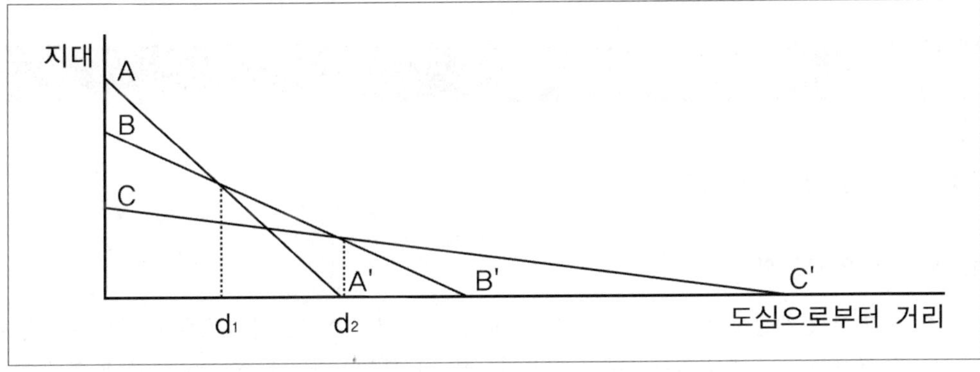

4 도시 토지 지가이론

(1) **마샬(A. Marshall)의 지가이론:** 마샬은 토지의 유용성에 대한 화폐가치의 총액을 지가라고 하였다. 택지의 가격은 위치의 가치와 농업지대의 합으로 나타난다고 하여 위치의 중요성을 강조하였고, 공업지의 가치는 비용의 절약, 상업지의 가치는 매출액의 증가로 나타난다고 하였다.

(2) **허드(R. M. Hurd)의 지가이론:** 허드는 지가는 접근성에 따라 다르다고 하였다. 즉, 지가의 바탕은 경제적 지대이며, 지대는 위치에, 위치는 편리에, 편리는 접근성에 의존하므로 지가는 접근성에 따라 달라진다고 하였다.

(3) **마찰비용이론 – 헤이그(R. M. Haig):** 지대란 용지의 이용자가 교통비를 절약할 수 있고 상대적 도달가능성을 갖는 경우, 용지의 소유자가 이용자에게 부과되는 요금이라고 하여, 지대에 있어서 교통비를 강조하였다. 교통수단은 공간의 마찰을 극복하기 위해 고안된 것으로, 교통수단이 양호하면 마찰이 적어진다. 즉, 공간의 마찰비용은 지대와 교통비의 합이며, 토지는 고정되어 있으므로 교통비의 절약액이 지대라고 하였다. 마찰비용은 지대와 교통비로 구성되어 토지의 이용자는 마찰비용으로 교통비와 지대를 지불한다.

(4) **인간생태학 이론 – 하우레이(A. H. Hawley):** 생태학자들은 지가를 잠재토지 이용자의 호가과정의 소산이라고 규정짓고, 그 과정에서 토지이용의 균형 유형이 결정된다고 하였다. 이는 지역의 분리나 용도의 결정에 있어서 지가가 미치는 결정적인 영향을 강조하는 것이다.

(5) **페널티(penalty)이론 – 알론소(W. Alonso):** 지가는 도심지에서 멀어짐에 따라 감소된다는 것으로, 고용 · 시장시설 등이 도시 중심지에 있는 것으로 가정하고, 중심지까지의 거리와 함수관계에 있는 수송비에 의해 지가가 결정된다는 이론이다.

(6) **토페카(Topeka)연구(소도시의 지가구조에 관한 연구 : D. S. Knos):** 미국의 소도시 토페카시를 대상으로 도시의 지가구조와 토지이용도의 관계를 분석한 것이다. 도시의 중심지는 지가가 높으며 토지이용이 집약적이나, 도시외부로 나아갈수록 지가가 급격히 낮아지고 토지이용의 조방적이 된다. 즉, 지가구배현상이 급격하게 나타난다.

제2절 부동산 입지선정

1 부동산입지선정의 의의

1. 입지와 입지선정

(1) 입지란 경제활동주체(입지주체)가 점하고 있는 장소이고, 입지주체가 원하는 조건이 입지조건이다. 부동산입지는 부동산이용활동의 한 분야이다. 즉, 입지주체가 필요한 활동을 위해 어떤 장소를 정해야 하는가를 연구한다.

(2) 입지선정이란 입지주체가 요구하는 자연적 · 사회적 여러 조건(입지조건)을 갖춘 토지를 찾는 것을 말하며 입지선정자가 점유하기 위한 위치를 선정하는 작업과정이다. 즉, 입지는 정적이고 공간적인 개념인 데에 비해 입지선정은 동적이고 공간적 · 시간적 개념이다. 그러므로 부동산입지선정이란 부동산활동을 수행함에 있어서 부동산입지선정자가 부동산현상을 분석하여 대상부동산의 입지를 선정하는 작업을 말한다.

(3) 입지선정의 절차에는 입지주체가 요구하는 입지조건이나 입지인자를 개별적으로 분석하여야 하고, 그 선정과정은 용도선정과 용지선정으로 나누어진다. 넓은 의미에 있어 입지선정이론에는 적지론을 포함하는 경우도 있으나 일반적으로는 입지점을 구하는 활동을 의미한다.

(4) 부동산입지선정과 관련하여 흔히 쓰이는 주요개념들로는 입지, 입지주체, 입지대상, 입지조건, 입지인자, 입지선정활동 등이 있으며 이들의 개념은 각각 다르다.

2. 입지론과 적지론

(1) 입지론은 공장 · 상점 등 토지를 이용하는 입장에서 더 유리한 위치를 선택 · 결정하는 것을 말한다. 이것은 공업지 · 상업지 등 단독 이해관계에서 본 공간가치평가에 관한 것이다.

(2) 적지론은 그 토지가 존재하는 경우 그것을 어떻게 사용하는 것이 최적인지를 논의하는 것이다. 토지의 감정평가도 그 토지단가 입장에서 본 최유효이용방법을 논하는 것이다.

입지론	주어진 용도 ⇨ 어떤 부지? ⇨ 부동성
적지론	주어진 부지 ⇨ 어떤 용도? ⇨ 용도의 다양성

(3) 동양은 주거입지, 서양은 산업입지를 중심으로 입지론은 발달하여 왔다.

3. 입지선정이 중요한 이유

(1) 입지선정에는 비가역성이 있다.

(2) 부동산에는 위치의 고정성 및 용도의 다양성이 있기 때문이다.

(3) 부동산은 당해 지역과 동질성이 있어야 유용성 높다.

(4) 입지선정에는 지역변화에 대한 예측이 필요하다.

(5) 모든 부동산활동은 입지선정과 관계가 있다.

4. 입지선정과 입지경쟁

(1) 입지선정과정에서 입지경쟁이 발생한다.

(2) 입지경쟁은 입지잉여(동일 업종이라도 입지조건 양호시 더 많은 이익)가 높은 곳은 한정되어 있는데, 이를 원하는 업체는 많기 때문에 발생한다.

(3) 입지경쟁에서는 토지를 집약적으로 이용할 수 있는 업체가 승리하게 된다. 입지경쟁에서 이길 수 있는 업체는 지가의 지불능력이 가장 우수한 토지집약적인 입지주체가 된다.

2 입지이론

1. 산업입지

(1) 농업입지론(튀넨의 입지론)

튀넨은 도시중심지와 접근성으로 거리에 따른 수송비 개념을 도입했다. 즉 도시중심지에 접근성이 높으면, 그곳까지 수송비가 적게 들기 때문에 지대가 높다는 것이다. 따라서 한계지대곡선은 우하향의 형태로 도심에 가까울수록 지대가 높고, 멀어지면 낮아져 조방한계점에 이르면 0이 된다.

입지 지대 = 시장 가격 − (생산비 + 운송비) → R = M − (P + Td)

① **원리**: 한계지대곡선은 작물이나 기타 경제활동마다 그 기울기가 각각 다르기 때문에 동일한 농업이라고 하여도 집약농업과 조방농업은 기울기가 각각 다르다.

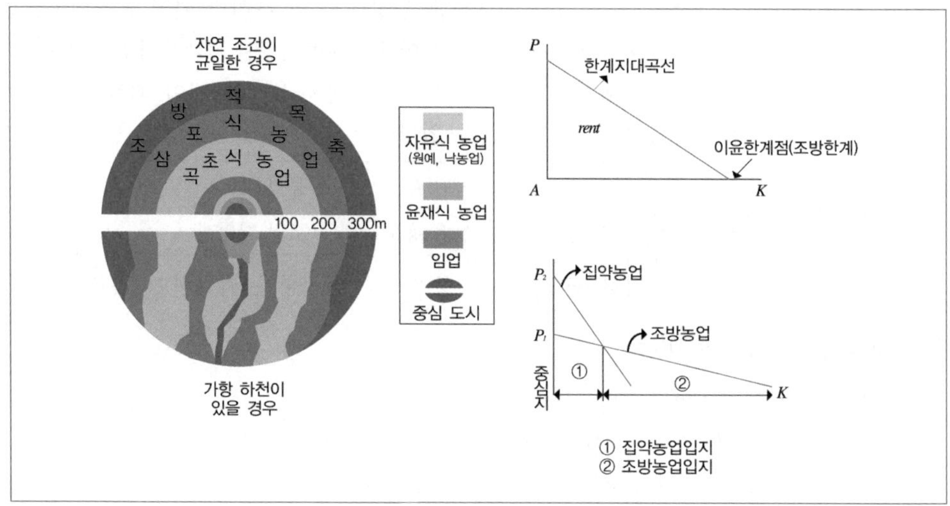

집약농업과 조방농업이 다른 한계지대곡선을 지니기 때문에 위의 그림에서처럼 결국 ① 지역은 집약농업이 입지하고, ②지역은 조방농업이 입지하게 된다는 것이다.

② 한계지대곡선은 중심지에서 상당한 지대를 발생시키다가 조방한계점에 이르면 0이 된다. 이러한 차이는 오로지 당해의 경제활동에 있어 산출물의 수송비에서 생긴다.

③ 튀넨은 그의 논문 '고립국'에서 결국 원예 · 우유 · 농업 · 임업 · 수작농업 · 곡작농업 · 방목 · 황야로 띠(rings)를 두르는 농업이 행해질 것으로 가정하였다. 이 원리는 은행 · 터미널 (terminal) · 근로자 거주자의 띠(rings)를 두르는 서비스업 입지로 그대로 원용되기도 한다.

KEY PLUS | 튀넨의 입지론 내용 요약

1. 수송비의 절약이 지대이다.
2. 작물 · 경제활동에 따라 한계지대곡선이 달라진다.
3. 중심지에 가까운 곳은 집약적 토지이용현상이 나타난다.
4. 가장 많은 지대를 지불하는 입지주체가 중심지와 가장 가깝게 입지란다.
5. 농산물 가격 · 생산비 · 수송비 · 인간의 행태변화는 지대(rings)를 변화시킨다.

---

(2) 공업입지론

경제 원칙에 입각하여 최소의 비용으로 최대의 이윤을 얻을 수 있는 공장의 입지를 체계적으로 선정하는 이론을 '공업입지론'이라 한다. 공업 발달의 초기에는 자연적 조건이 그 입지에 절대적인 영향을 끼쳤으나, 근래에는 교통수단과 공업 설비 및 개발 기술이 발달하여 자연적 조건의 비중이 상대적으로 낮아진 반면 사회-경제적 조건이 더욱 중요해지고 있다.

① 베버(A.Weber)의 공업입지론

㉠ 전제 조건

ⓐ 임금 수준은 지역 차가 있으며, 현재의 임금 수준에서 노동력은 무한정 공급된다.

ⓑ 원료 산지, 소비 시장은 고정되어 있다.

ⓒ 운송 수단은 동일하며, 운송비는 거리와 중량에 비례한다.

㉡ 입지 인자 = 생산요소 검토

ⓐ 국지적 인자: 운송비, 노동비 등

ⓑ 집적 - 분산 인자

② 이론의 전개 과정

베버는 생산비를 운송비, 노동비, 원료비, 동력비 등으로 구분하였으며, 이 중에서 장소에 따라 차이가 크게 나는 비용을 운송비로 보았다. 왜냐하면, 제품을 생산하는데 필요한 원료나 연료의 비용, 제품의 값이 얼마나 드느냐에 따라 차이가 나기 때문이다. 따라서 모든 생산 요소에 대한 비용이 지역 간에 차이가 없을 때에는 총운송비가 최소인 지점으로 공장의 위치가 결정된다. 또한 최소 운송비 지점보다 다른 지점이 노동비가 저렴하여 노동비 절감액이 운송비 증가액보다 클 경우에는 노동비 절약 지점이 최소 생산비 지점이 된다. 서로 다른 기업들이 한 곳에 집적함으로써 절감되는 생산비가 운송비나 노동비의 증가 비용보다 클 경우에는 공장들은 한 곳에 집적한다. 이 경우 기술, 정보를 쉽게 얻을 수 있고 용수나 운송 시설들을 공동으로 사용하여 생산비를 줄일 수 있다.

최소 운송비 지점 ⇨ 노동비 절약 지점 ⇨ 집적 이익 지점 ⇨ 최소 생산비 지점

㉠ 의의: 공업 입지의 기본적 틀 제시 ⇨ 공업의 지역적 분포 형태를 이해하는데 도움

㉡ 비판: 시장에서의 수요를 간과하고 생산비만 분석, 장거리 수송의 유리성을 무시하고 운반 운송비가 거리에 정비례한다는 가정은 문제점으로 지적된다.

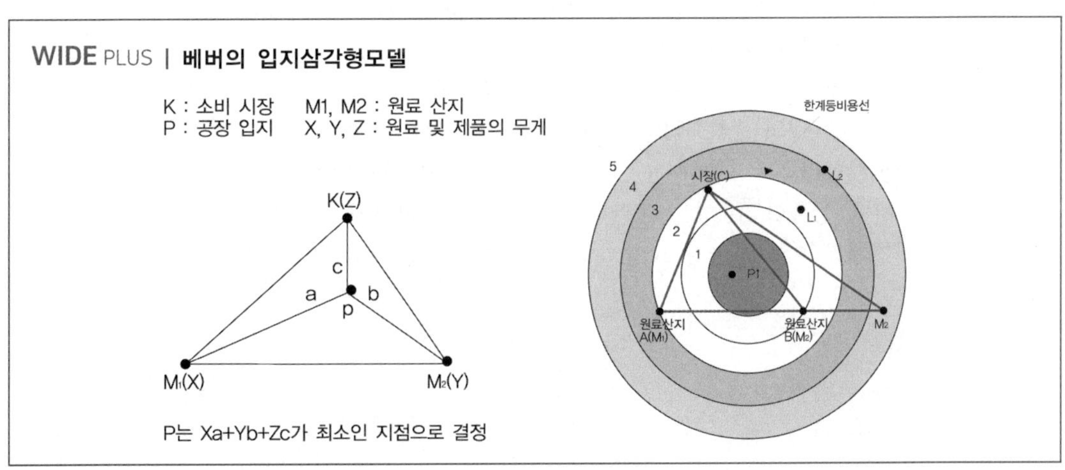

③ 뢰쉬(A Lösch)의 최대수요이론

㉠ 뢰쉬는 베버의 입지론이 너무 생산비에만 치우쳐 있음을 지적하여 이의를 제기했다.

㉡ 비용최소화의 원리에 입각한 베버의 입지론은 기업이 궁극적으로 꾀하는 이윤극대화의 원칙과 배치되므로 모순이라 지적하였다.

㉢ 따라서 뢰쉬는 이윤극대화를 꾀하기 위해 공장의 입지는 시장 확대가능성이 가장 풍부한곳에 이루어져야 한다고 했다.

WIDE PLUS | 공간(수요)원추모형: 거리와 수요량의 함수관계로 공간원추곡선을 나타낸다.

① 수요원추형의 밑바닥은 시장범위를 나타낸다.
② 수요원추형의 높이는 수요량이 된다.
③ 수요원추형의 반지름은 중심지로부터 거리를 나타낸다.
④ 수요원추형의 용적(체적)은 총수요량이 된다.
⑤ 중심지에서 멀수록 수요량이 감소되는 것은 높아지는 가격을 소비자가 부담하기 때문이다.

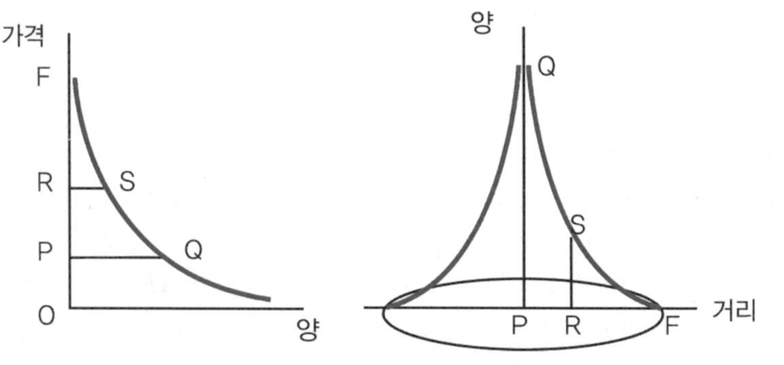

④ 그린헛(K. Greenhut)의 이윤극대화론

㉠ 최적 입지는 최대이윤이 확보되는 지점

㉡ '한계수익(MR) = 한계비용(MC)' 또는 총수익(TR)과 총비용(TC)의 차가 최대인 지점이 최적 입지임

㉢ 이윤이 극대화되는 지점은 입지적 상호의존성에 의해 변동될 수 있음

㉣ 가격이나 입지경쟁이 심할수록 집중입지하고 가격이나 입지에 대한 경쟁이 적을수록 분산입지

⑤ 아이사드(W. Isard)의 대체원리(substitution principle)

㉠ 입지비용에 대체원리(substitution principle)를 결합

㉡ 후보지역이 가지고 있는 비용최소 요인을 대체함으로써 최적입지가 달라질 수 있음

⑥ 스미스(D. Smith)의 준최적입지론(suboptimal location)

㉠ 생산활동비용 = 기본비용(지역차이×) + 입지비용(지역차이○)

㉡ 이윤을 창출할 수 있는 공간한계 안에서는 어디든지 입지할 수 있음

㉢ 비경제적 요인(정치적 요인, 개인적 선호 등)에 의해서도 입지가 가능

2. 서비스업의 입지론(크리스탈러)

'중심지 기능'이란 주변 지역에 재화(상품: goods)와 용역(서비스: services)을 제공하는 기능으로 기반 활동(basic activity)과 유사한 개념이다. 이 중심지 기능을 수행하는 장소를 중심지라고 하는데, 도시는 대부분 중심지 기능을 수행하므로 중심지는 곧 도시를 의미한다.

(1) 이론의 전제 조건: 이론을 전개시키기 위해 복잡한 지표를 다음과 같이 단순화시켰다.

① 자연 조건이 동질적인 평야에 인구 분포가 균등하다.

② 이들의 구매력·소비 성향 및 교통수단이 동일하다.

③ 이들은 최소의 비용으로 재화를 구입하는 '경제인(economic man)'으로 행동한다.

(2) 주요 개념

① **최소 요구치(threshold)**: 중심지 기능 유지에 필요한 최소한의 인구수

② **재화의 도달 범위(range of goods)**: 중심지가 수행하는 중심 기능이 중심지로부터 미치는 공간적 한계

③ **보완 구역**: 중심지와 도달 범위 사이의 공간 범위

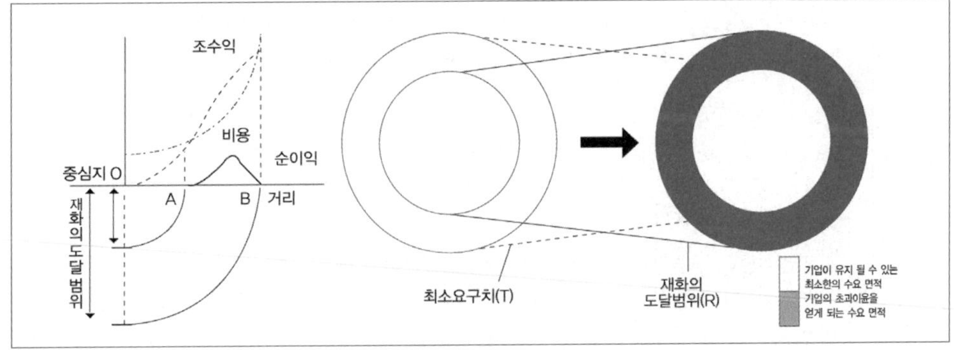

(3) 중심지의 성립 조건: 최소 요구치 < 재화의 도달 범위 ⇨ 공간상에 하나의 중심지가 성립

(4) 시장 지역의 형태

공간상에 하나의 슈퍼마켓만 있다면 시장의 형태는 재화의 도달 범위를 반지름으로 하는 원형이 된다. 원형은 모든 방향에서의 접근성이 최소인 도형이다. 그러나 지표 공간상에는 동일 계층의 중심지가 여러 개 존재하게 되고 이들 중심지 상호 간의 경쟁을 최소화하기 위하여 다음 ㈎⇨㈏⇨㈐의 과정을 거쳐 원형에 가까운 정육각형의 배후지가 된다. 그것은 모든 지역이 중심지로부터 상품을 공급받을 수 있는 안정된 배후지 형태가 바로 육각형이기 때문이다.

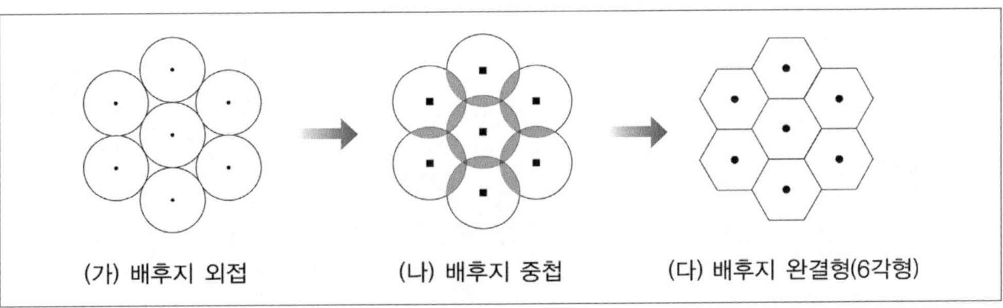

(5) 중심지 계층 구조

중심 기능이 큰 중심지일수록 시장 지역이 넓어 육각형의 규모가 크고 중심지 상호 간의 거리가 멀어진다. 즉, 슈퍼마켓에 비해 백화점과 같이 큰 중심지 기능은 배후지의 형상이 더 큰 육각형 구조로 이루어진다. 따라서 중심지 기능의 규모 차에 따라 중심지 구조는 여러 층으로 나누어진 계층 구조를 띠게 된다. 이러한 과정을 여러 중심지 기능이 모여 있는 도시와 그 배후지인 농촌 지역으로 바꾸어 생각해 보면 '대도시⇨중도시⇨소도시' 등으로 이어지는 도시 체계를 생각해 볼 수 있다. 이상과 같이, 중심지 이론에 따르면 하늘에서 내려다 본 지표상의 도시들은 육각형의 계층 구조로 질서 정연하게 배열되어 있다고 주장한다.

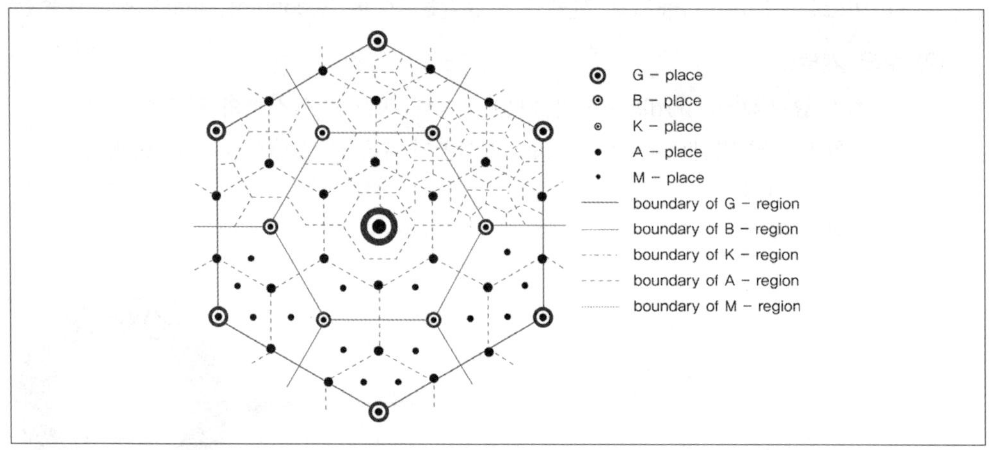

① 상위 계층 중심지 – 배후지가 넓은 경우
② 하위 계층 중심지 – 배후지가 좁은 경우
③ 상위 계층 중심지는 하위 계층 중심지의 기능도 보유하며 최소 요구치와 재화의 도달 범위가 더 넓어 하위 중심지를 포함한다. 일정한 공간상에서 상위 계층 중심지는 하위 계층 중심지보다 숫자가 적고, 중심지간의 거리도 더 멀다.

(6) 포섭 원리

① 시장 원리(k=3): 중심지간의 경쟁이 최소화되며, 상위 중심지의 배후시가 가장 좁게 나타난다.
② 교통 원리(k=4): 중심지들이 교통로를 따라 배열되어 접근성이 크다.
③ 행정 원리(k=7): 중심지들이 배후지를 효율적으로 관리할 수 있도록 배열되어 있으며, 상위 중심지의 배후지가 가장 넓다.

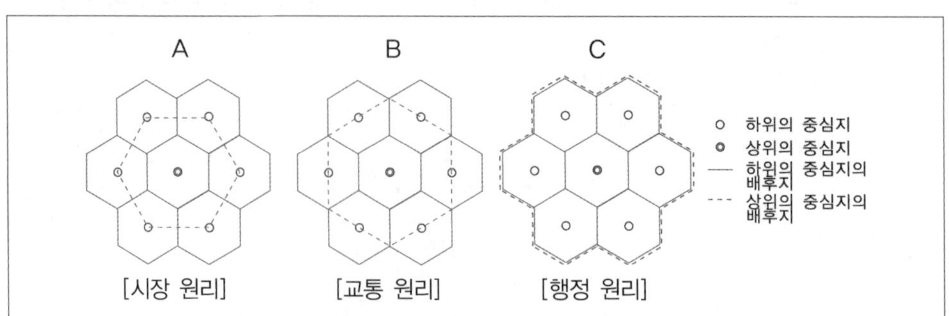

(7) 중심지 이론의 주제와 의의

도시 분포의 규칙성과 도시간의 계층 구조 및 지리적 분포 유형에 관한 공간적 체계의 원리 제시 ⇨ 지역의 공간 구조를 이해하는 틀이 됨

① **이상적 배후지 형성과정:** ⓐ 서비스 미도달 지역 발생 ⇨ ⓑ 불필요한 경쟁 지역 발생(과잉경쟁) ⇨ ⓒ 경쟁의 최소화(정6각형)

㉠ 중심지: 그 주변지역(배후지)에 상품과 서비스를 생산 · 공급하는 중심 기능을 갖는 장소를 말한다.

㉡ 최소요구치: 특정기능을 유지시키기 위하여 필요로 하는 최소한의 수요수준(고객 수)을 말한다.

㉢ 재화의 도달거리: 특정 재화나 서비스를 얻기 위하여 소비자들이 통행하는 최대의 거리를 말한다.

② **중심지가 성립할 수 있는 경우: 재화의 도달거리 〉 최소요구치**

③ **최소요구치의 크기순서** ⇨ ⓐ 전문품점 〉 ⓑ 선매품점 〉 ⓒ 편의품점

④ **중심지의 계층**

㉠ 고차 중심지: 백화점, 시청, 대학교

㉡ 중차 중심지: 재래시장, 구청, 중고등학교

㉢ 저차 중심지: 구멍가게, 동사무소, 초등학교

KEY PLUS | 크리스탈러의 중심지 이론 요약

① 고차중심지일수록 거리(체적)가 더 멀고 저차중심지일수록 가깝다.
② 고차중심지일수록 규모가 더 커지고 다양한 중심기능을 갖는다.
③ 저차중심지에서 고차중심지로 갈수록 중심지의 수는 피라미드형을 이룬다(수는 감소한다).
④ 중차중심지가 포용하는 저차중심지의 수는 고차중심지로 갈수록 그 분포도가 줄어든다(저차중심지로 갈수록 그 분포도는 증가한다).
⑤ 시장원리, 교통원리, 행정원리 등에 따라 중심지의 수와 모형은 많은 영향을 받는다.
⑥ 인구밀도 증가와 소득증가 경제 활성화는 중심지간의 간격을 좁게 하며, 자동차 교통의 발달은 저차중심지를 쇠퇴시키고 고차중심지를 발달시킨다.

(8) 허프(D. L. Huff)의 미시적 중심지이론(확률모델)

크리스탈러의 중심지이론과 그의 추정 · 확대 · 수정에 관한 수많은 이론들이 주로 수요자분포, 거시적 분석에 치우친 편이었다. 그런데 허프는 수요자의 개성, 미시적 분석에 관심을 두고 미시적 중심지 이론을 전개하였다. 허프의 이론은 특히 소비자행태에 많은 관심을 쏟았는데, 그의 이론 가운데 중요한 것을 들면 다음과 같은 것으로 요약된다.

① 일반적으로 소비자는 가장 가까운 곳에서 상품을 택하려는 경향이 있다.
② 적당한 거리에 고차원 중심지가 있으면 인근의 저차원 중심지를 지나칠 가능성이 커진다.
③ 고차원 계층일수록 수송가능성은 더 확대된다.

3 상권이론

1. 상점분포이론

(1) 상점분포이론의 발전: 중심지 이론은 소매상점의 입지에 관한 전형적인 규범적 이론으로서 1933년 독일의 크리스탈러에 의해 제안되고, 1954년 뢰쉬에 의해서 발전되었다. 그 후 여러 학자들에 의해 상점분포의 고전이론으로 발전하였다.

(2) 상점의 분포특성 및 소비자의 형태

① 고전적인 상점분포이론은 다른 조건이 동일한 경우 비내구재인 상품(일용품)의 단위가격이 비쌀수록, 소비단위가 많을수록, 저장비용이 클수록 구매주기는 단축되며 구매빈도는 높아진다는 것이다. 즉, 근린상가에서는 구매빈도가 높은 상품, 저장비용이 높은 신선도를 요구하는 식품을 취급하는 상점이 많아질 것이고, 지역상가는 구매빈도가 낮고 저장하기 쉬운 준내구재를 취급하는 상점이 많아질 것이다.

② 장기균형조건에서는 구매빈도가 높은 상품을 취급하는 점포의 밀도는 높아지며, 점포의 고정비용이 높을수록 점포밀도는 낮아진다. 즉, 백화점과 같이 고정비용이 높은 점포는 구매빈도가 낮은 상품을 취급하게 된다. 그리고 철물점이나 가구점 등은 높은 고정비용과 낮은 구매빈도로 인하여 점포밀도는 낮아지게 된다.

③ 이러한 고전적 상점입지의 단점은 소비자들이 한 번의 구매통행으로 여러 가지 물건을 구입한다는 현실적인 면을 간과하고 있다는 것이며, 이러한 교통비 절감행동은 현대적 쇼핑센터나 상점군의 출현을 설명하는 주된 요소이다. 이러한 소매센터들은 가격 경쟁뿐만 아니라 소비자들에게 가장 유리한 상점의 혼재(store mix)를 제공함으로써 서로 경쟁하게 된다.

2. 상권에 관한 이론

(1) 상권의 의의

상권이란 점포와 고객을 흡인하는 지리적 영역이라고 말하며, 모든 소비자의 공간선호의 범위를 의미하기도 한다. 또한 상권은 대상 상가가 흡인할 수 있는 실질적인 소비자의 숫자가 존재하는 권역으로 상업활동을 성립시키는 지역조건을 가진 넓이를 말한다.

(2) 상권의 추정기법

상권의 추정방법은 현재의 소비자뿐만 아니라 잠재적 소비자의 수요 및 그 지역의 거래방법 · 내용 및 과정 등이 그 지역적 특성과 어떻게 형성되어 있는가를 파악 하는 것으로서 이는 그 지역 소비자와의 계속적인 거래관계를 위해서도 유익한 측정방법이라 하겠다. 상권추정법에는 다음의 세 가지 기술적인 방법이외에도 2차자료 이용법 등이 있다.

① **실제조사방법(the survey technique):** 그 지역에 사는 세대와 지역에 소재하는 상품을 대표하는 샘플을 추출하여 면접을 실시해서 상권을 측정하는 방법이다.

② **통계적 분석법(the statistic technique):** 기존 통계를 분석해서 시장의 지역성을 포착하고 그 지역성을 기초로 상권의 특성을 추계하는 방법이다.

③ **수학적 분석법(the mathematical technique):** 경험적인 연구에 입각한 결론을 수식 화해 일반화하는 것으로부터 발전한 방법이다. 여기에는 레일리의 법칙, 허프모델, 중심지 집락지수 모델 등이 있다.

WIDE PLUS | 상권획정의 접근법

공간독점법	① 지역적으로 독점력을 행사하는 업종으로서 허가제나 거리제한을 두는 업종에 적용 ② 공간획정은 상권다각형의 형태를 취하며, 동일 시간대의 1차상권 ③ 응용: 편의점, 체인점, 표준적인 쇼핑센터 등
시장침투법	① 상점으로부터의 거리에 따라서 1 · 2 · 3차의 상권으로 구분 ② 중첩부분도 인정하며, 대부분의 업종이 이에 해당 ③ 응용: 선매품, 전문상가의 경쟁점포
분산시장 접근법	① 특정지역만 공급하는 불연속상권 ② 시장분화를 전제로 하여 동일 지역 내에서도 그룹별로 차이를 둠 ③ 응용: 매우 전문화된 상품으로 특정소득, 특정그룹 대상

(3) 티센폴리건(다각형) 모형

① 티센다각형 방법(Thiessen Polygons)은 소비자들이 거주지로부터 가장 근접한 쇼핑센터를 이용할 것이라 가정하는 최근접 상가 선택가설에 근거하여 상권을 설정하는 방법이다. 따라서 이 방법에서 하나의 쇼핑시설이 지니는 상권의 영역은 다른 쇼핑시설보다 해당 쇼핑시설에 가장 가까운 지리적 영역의 경계를 구분함으로써 간단히 확인할 수 있다.

② 티센다각형 방법의 적용방법

(A) 현재 입지하고 있는 쇼핑센터의 위치를 도면에 나타내고, (B) 각 상가별로 인접한 상가를 연결하는 선을 그린 후, (C) 연결된 각 선의 중심점(혹은 분기점)을 찾아, 이 중심점들을 각 쇼핑센터가 중심이 되도록 연결하면, (D) 중심점을 연결한 선을 통해 각 상가의 영역권을 확인할 수 있다.

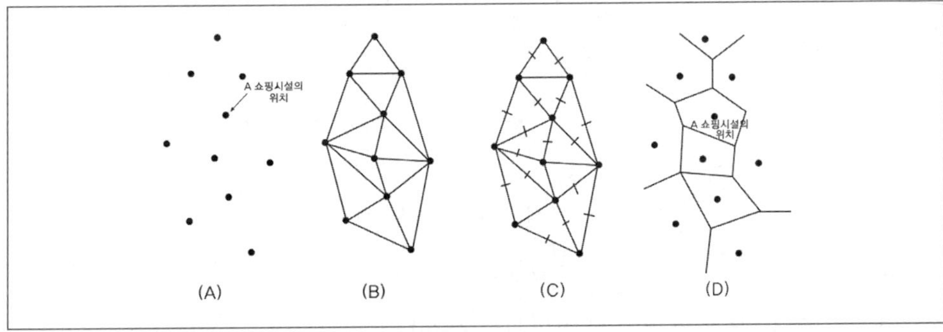

(4) 레일리의 소매인력법칙

KEY PLUS | 소매인력법칙

A
B
48.8km
19.2km
29.6km
인구 92,000
인구 250,000

① 중력모형을 이용한 상권의 범위를 확정하는 모형이다.

② 두 중심지 사이에 위치하는 소비자에 대하여 상권이 미치는 영향력의 크기는 그 두 중심 의 크기(상점가의 크기, 대체로 상점수)에 비례하여 배분된다고 볼 수 있다. 이 점에 착안하여 두 중심지 사이의 상업지역의 구분을 최초로 시도하여 체계화시킨 사람이 레일리이다.

③ 그림에서 A도시와 B도시 간의 크기(인구)가 같다면 두 도시 간의 상권의 경계는 중간지점이 될 것이고, A도시가 B도시보다 2배가 크다면 상권의 경계가 되는 분기점은 B도시보다 A도시 쪽으로부터 1.4배 정도 더 떨어진 곳이 된다.

④ 도시 A와 도시 B 사이에 작은 마을 C가 있다고 가정할 경우, C마을에 살고 있는 소비자들의 A · B도시에서의 구매지향비율은 A · B도시의 인구에 비례하고, A · B까지의 거리의 제곱에 반비례한다.

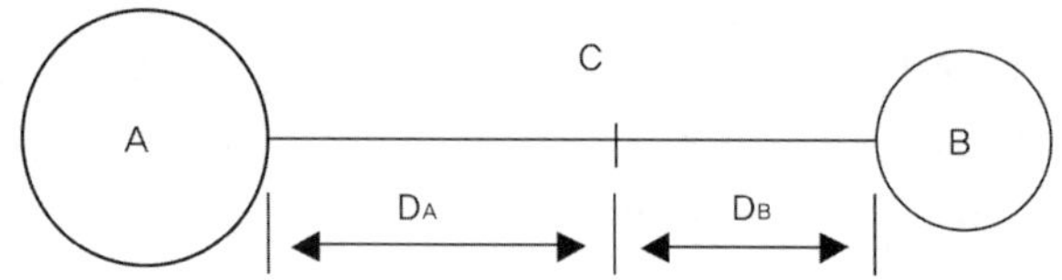

$$\frac{B_A}{B_B} = \frac{P_A}{P_B} \times (\frac{D_B}{D_A})^2, \quad \frac{흡인력_A}{흡인력_B} = \frac{인구_A}{인구_B} \times (\frac{거리_B}{거리_A})^2$$

(5) 컨버스(P.D.Converse)의 분기점모형

레일리의 법칙을 응용한 것으로 두 도시 간의 구매 영향력이 같은 분기점의 위치를 구하는 방법을 제시한다. 다음의 공식으로 두 도시 간의 상권의 경계점을 분석한다.

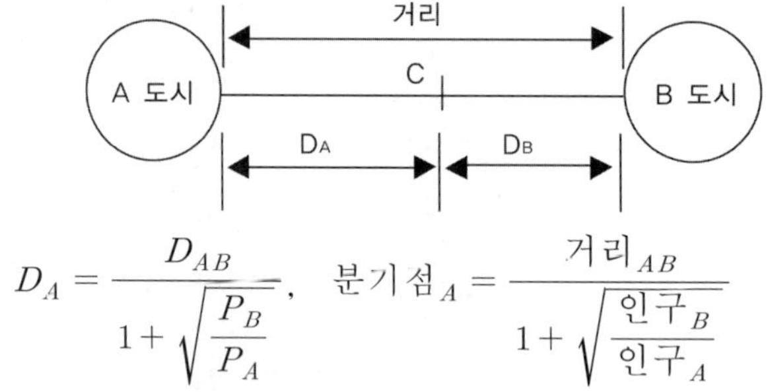

$$D_A = \frac{D_{AB}}{1 + \sqrt{\frac{P_B}{P_A}}}, \quad 분기점_A = \frac{거리_{AB}}{1 + \sqrt{\frac{인구_B}{인구_A}}}$$

(6) 허프(D. L. Huff)의 확률모델(미시적 분석)

① 허프(D. L. Huff)는 대도시에서 쇼핑 패턴을 결정하는 확률모형을 제시하고 있다. ⇨ 이것은 상업지를 측정하는 데 흔히 쓰인다.

② 점포의 거래권에 영향을 주는 것은 근본적으로 행동자로서의 소비자를 말하는데 이는 수요자의 개성, 소비자행태에 관심을 두고 중심지이론을 전개시켰다(미시적 분석법).

③ 고밀도 시가지(대도시)에 거주하는 소비자는 특정지역에서만 상품을 구입하지 않으므로 상가는 소비자의 기호나 소득관계, 교통편의 등을 참작하여 선택된 상품(전문품) 등을 판매하여야 한다. 그리고 저밀도 시가지에서는 편의품을 취급해야 한다.

㉠ A지역에서 B지역의 백화점에 쇼핑갈 확률은 ⇨ 거리의 제곱에 반비례, 경쟁 쇼핑센터의 수에 반비례, 대상 백화점의 크기에 비례한다.

㉡ 허프는 레일리의 소매인력 법칙이 선택가능한 점포수가 한정되어 있는 농촌의 경우에는 타당할지 모르나 선택가능한 점포수가 많은 도시지역에서는 타당하지 않다고 비판하고 도시지역에서는 선택 가능한 점포 중 어느 점포에서 구매하느냐 하는 것을 확률적으로 파악할 수밖에 없다고 했다. ⇨ 즉, 허프의 확률모델은 어떤 지역에서 다수의 경쟁업체(점포수가 많은 도시지역)가 입지할 경우 각 점포의 이론적인 소비자의 유인 흡인력 및 매상고를 추산하는데 유용하다.

WIDE PLUS | 허브의 확률적 상권 개념도

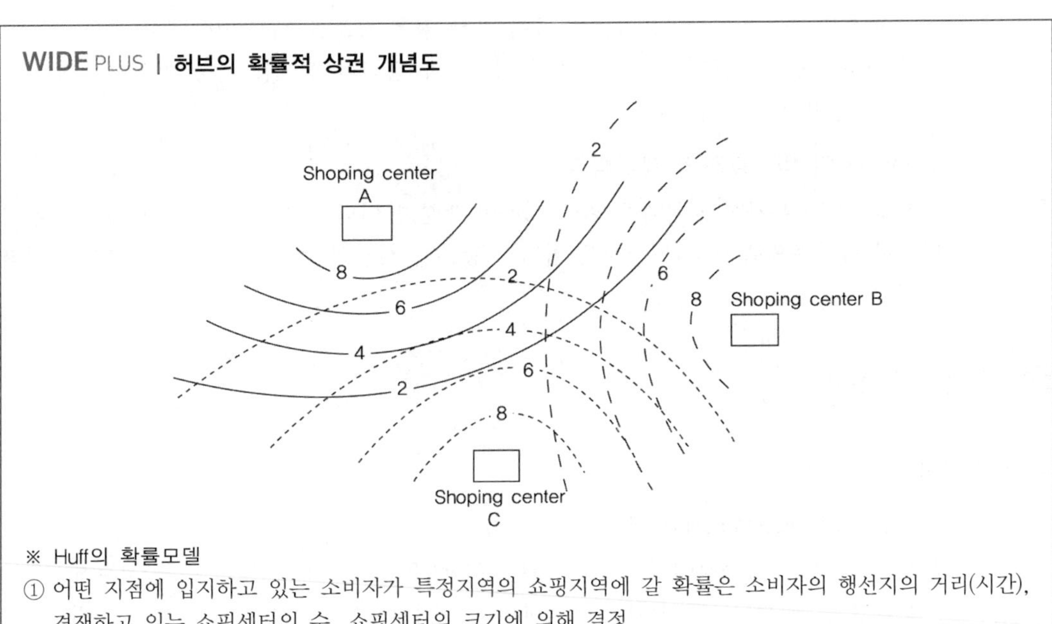

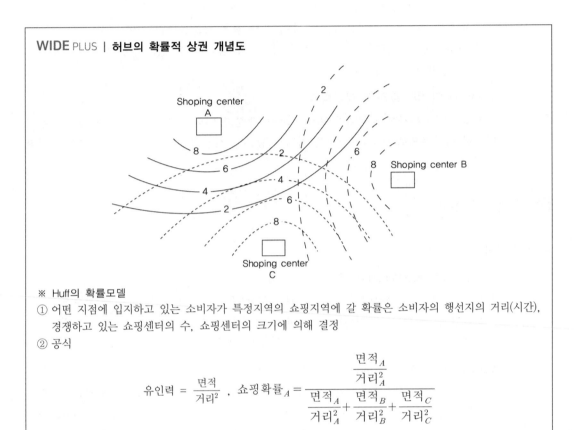

※ Huff의 확률모델

① 어떤 지점에 입지하고 있는 소비자가 특정지역의 쇼핑지역에 갈 확률은 소비자의 행선지의 거리(시간), 경쟁하고 있는 쇼핑센터의 수, 쇼핑센터의 크기에 의해 결정

② 공식

$$유인력 = \frac{면적}{거리^2}, \quad 쇼핑확률_A = \frac{\frac{면적_A}{거리_A^2}}{\frac{면적_A}{거리_A^2} + \frac{면적_B}{거리_B^2} + \frac{면적_C}{거리_C^2}}$$

(7) 넬슨(Nelson)의 소매입지이론

① 넬슨은 점포의 경영주체가 최대의 이익을 얻을 수 있는 매출고를 확보하기 위하여 어떤 장소에 입지하여야 하는가에 대하여 8가지 원칙(점포입지의 원칙)을 제시하였다.

② 점포입지의 8가지 원칙

㉠ 현재의 지역후보의 적합지점: 입지하려고 하는 지역의 상권을 결정하고 인구·소득·소비지출내역 등을 조사하여 그 지역에서 개점하는 것이 어느 정도로 소매입지로서 적당한가를 판단하여야 한다.

㉡ 잠재적 발전성: 입지는 가급적 인구나 수입이 증대하고 있는 상업지역 내이어야 한다.

㉢ 고객의 중간유인: 상업지역에 가는 도중의 고객을 중간에 유인하기 위하여 그들의 주거지와 전에 다니던 장소의 중간에 점포를 개점하는 것이 유리하다.

㉣ 상거래 지역에 대한 적합지점: 자발적 판매, 공유적 판매, 충동적 판매를 고려하여 현실적으로 그 점포가 충분한 고객을 확보할 수 있는가를 판단하여야 한다.

㉤ 집중흡입력: 떨어져서 독립적으로 존재하는 것보다 동종의 점포가 서로 집중된 것이 업종에 따라 유익한 경우가 많다. 동류의 점포나 보조적인 점포 간에 적용된다.

㉥ 양립성: 구매객의 유동을 방해하지 않고 고객이 충분히 이동할 수 있도록 배려하여야 한다. 양립성이란 서로 다른 인접점포가 고객을 주고받는 현상을 의미한다. 넬슨은 특히 이 원칙을 강조하고 있다.

㉦ 경합성의 최소화: 상업용지는 경합이 가장 적은 장소를 택하여야 한다.

㉧ 용지경제학: 투자하는 자본에 대해 생산성과 장래의 성장을 가장 확실하게 보장해 주는 용지를 택한다.

(8) 후버(Hoover)의 입지효과의 시간법칙

좋은 상업입지는 투자한 자본과 노력에 대하여 충분한 이익을 주지만, 이러한 이익은 개점과 더불어 즉각적으로 나타나는 것은 아니고 충분한 시간적 여유를 가진 장기적인 것이라는 원칙이다.

4 용도별 입지선정

1. 주거지의 입지선정

(1) 한계주거비용(MHC; Marginal Housing Cost)

도심에서 외곽으로 나아감에 따라 유발되는 주거비용의 감소분을 말하며, 한계주거비용곡선은 우하향의 곡선으로 표시된다. 왜냐하면 총주거비용은 외곽으로 갈수록 감소하며, 또한 감소폭도 체감하기 때문이다.(외곽으로 갈수록 총주거비와 한계주거비 모두 감소한다)

(2) 한계교통비용(MCC; Marginal Commuting Cost)

도심에서 외곽으로 나아감에 따라 유발되는 교통비용의 증가분을 말하며, 한계교통비용곡선도 우하향의 곡선으로 표시된다. 왜냐하면 총교통비용은 외곽으로 갈수록 증가하나 증가폭은 체감하기 때문이다.(외곽으로 갈수록 총교통비는 증가하나 한계교통비는 감소한다)

(3) 최적주거입지

① 한계주거비용 감소분 〔(−)MHC〕 > 한계교통비용 증가분 〔(+)MCC〕 일 때에는 외곽으로 나아가야 한다.

② 한계주거비용 감소분 〔(−)MHC〕 < 한계교통비용 증가분 〔(+)MCC〕 일 때에는 도심으로 들어와야 한다.

③ 한계주거비용 감소분 〔(−)MHC〕 = 한계교통비용 증가분 〔(+)MCC〕 일 때 더 이상 이동을 통해 비용을 극소화시킬 수 있는 여지가 없으므로 최적주거입지가 된다.

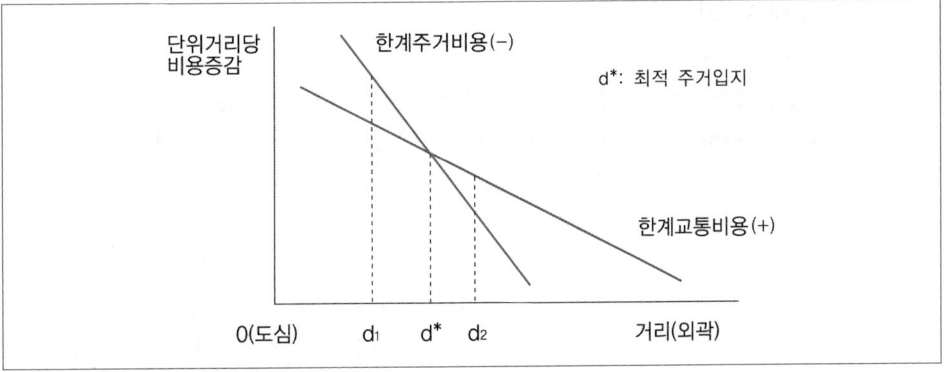

④ 소득이 증가할수록 최적주거지는 외곽으로 이동한다.

⑤ 교통체증(교통비)이 증가할수록 최적주거지는 도심으로 이동한다.

⑥ 교통수단의 발달, 교통비의 감소는 최적주거지를 외곽으로 이동시킨다.

⑦ 소득이 증가하고, 교통비도 증가하는 경우에는 소득 증가폭, 교통비 증가폭에 따라 최적주거지는 외곽으로 이동할 수도 있고, 도심으로 이동할 수도 있다.

⑧ 단위당 주거비 감소분이 단위당 교통비 증가분보다 클 때에는 최적주거지는 외곽으로 이동

⑨ 단위당 주거비 감소분이 단위당 교통비 증가분보다 작을 때에는 최적주거지는 도심으로 이동

⑩ 단위당 주거비 감소분과 단위당 교통비 증가분이 같은 지점이 최적주거지가 된다(기대효용의 극대화 지점)

⑪ 도심거주자는 주택을 적게 소비하고 다른 상품(서비스)을 많이 소비하며, 교외거주자는 저렴한 주택을 많이 소비하고 다른 상품을 적게 소비함으로써 주어진 조건하에 효용을 극대화 한다.

⑫ 한계 주거비용 곡선이 한계 교통비용 곡선보다 급경사이므로 한계 주거비용 곡선과 한계 교통비용 곡선이 만나는 점이 최적주거지가 된다.

⑬ 만일 한계교통비가 0되는 지점이 한계주거비용이 0이 되는 지점보다 가깝다면 최적주거지는 도심이 될 것이다.(한계교통비가 급경사라면)

⑭ 한계교통비곡선이 상향이동하면 한계주거비용곡선과 과거보다 더 도심과 가까운 곳에서 교차한다.

2. 상업지의 입지선정

KEY PLUS | 배후지

1. 고객이 존재하는 지역을 말하며, 상업지의 입장에 있어서 매우 중요하다.
2. 상권 또는 시장지역이라고도 하는데, 상업활동은 고객을 상대로 하므로 그들이 존재하는 배후지가 중요하다. 따라서 배후지는 고객의 사회적 · 경제적 수준이 높을수록 양호하며, 배후지의 범위는 가변적이다.
3. 배후지의 분석은 매상고를 예측하는 입지선정활동이며 현재의 배후지뿐만 아니라 장래의 배후지로 발전할 후보지도 고려해야 한다.
4. 배후지는 인구밀도가 높을수록 양호하다.

(1) 공간균배의 원리

① 의의

공간균배의 원리란 경쟁관계에 있는 점포 사이에 공간을 서로 균등하게 배분한다는 이론을 말한다. 이는 하나의 상권에 동질적인 소비자가 균등하게 분포하고 있다고 가정하고, 먼저 한 점포가 입지하고 나중에 새로운 점포가 입지 할 때 어느 위치에 입지하는 것이 유리한가를 분석하는 원리이다.

② 내용

㉠ 중앙에 입지하는 경우는 운송비의 다소에 관계없이 소비자의 수요량이 일정한 경우, 즉 수요의 (교통비)탄력성이 영(0)인 경우에만 해당한다.

㉡ 현실적으로 수요의 (교통비)탄력성이 영(0)보다 크기 때문에, 즉 수송비의 부담이 커질수록 수요량이 감소하기 때문에 두 점포에게 모두 불리하게 된다.
공간 균배의 원리로 볼 때 점포의 입지는 배후지가 좁고 수요의 탄력성이 작을 경우에는 배후지의 중심부로 모이는 경향(집심적 입지)이 있고, 배후지가 넓고 수요의 탄력성이 클 경우에는 배후지의 중심부에서 분산되는 경향(분산입지)이 있다.

분류	클수록(넓을수록)	작을수록(좁을수록)
수요의 탄력성	분산입지	집심입지
시장규모(도시규모)	분산입지	집심입지

(2) 점포의 종류와 입지

① 점포의 유형별 분류(소재 위치에 따른 분류) ⇦ 공간균배원리에 기초

집심성 점포	상권이 도심에서 형성되는 것이 경영상 유리한 점포 ⇨ 백화점, 고급음식점, 영화관 등
집재성 점포	동일한 업종의 점포가 서로 한 곳에 모여 있는 것이 유리한 점포 ⇨ 은행, 보험회사, 상사의 사무실, 관공서, 서점, 기계점, 가구점 등
산재성 점포	동일한 업종의 점포가 서로 분산되어야만 유리한 점포 ⇨ 목욕탕, 이발소, 세탁소, 잡화상, 양화점, 제과점 등
국부적 집중성 점포	동업종의 점포들이 서로 국부적 중심지에 입지함으로써 유리한 점포 ⇨ 철공소, 비료상, 종묘상 등

② 상품의 유형별 분류(구매 관습에 의한 상점의 분류): 상품도달거리 크기순서
⇨ ⓐ 전문품점 > ⓑ 선매품점 > ⓒ 편의품점

㉠ 편의품점: 주변의 가게에서 생활필수품을 판매하는 상점으로, 상권은 도보로 10-20분 거리정도이며, 상점의 접근성은 거리보다 중요하다. 주로 저차원중심지에 입지한다. 거래빈도가 높고, 이윤율이 낮다.

㉡ 선매품점: 고객이 상품의 가격, 모양, 품질 등을 여러 상점을 통해서 비교 선택하여 상품을 구매하는 상점이다. 상품의 성격상 집심성, 집재성 점포가 많다. 예컨대 가구 · 부인용 의상 · 보석류 등이 있다. 주로 중차원 중심지나 고차원 중심지에 입지한다.

㉢ 전문품점: 고객이 상품의 특수한 매력을 찾아 구매를 위한 노력을 아끼지 않으며 가격수준이 높고, 유명상품을 갖춘 상점을 말한다. 주로 고차원중심지에 입지한다.

예컨대 고급양복 · 고급향수 · 고급카메라 · 고급자동차 등이 있다. 거래빈도가 낮고, 이윤율이 높다.

3. 공업지의 입지선정

(1) 공업지의 입지인자

<table>
<tr><td rowspan="7">입지인자</td><td colspan="4">입지인자는 경제주체의 경제적 평가를 가미한 요소를 말한다.</td></tr>
<tr><td rowspan="3">경제적 인자</td><td>수입인자</td><td colspan="2">• 수요인자, 시장인자라고도 한다.
• 판매가격, 판매량 등</td></tr>
<tr><td rowspan="2">비용인자</td><td>운송비인자</td><td>원재료운송비, 제품운송비</td></tr>
<tr><td>비운송비인자</td><td>임료, 택지비 등</td></tr>
<tr><td>비경제 인자</td><td colspan="3">정책, 행태(비경제적인 가치로서는 사회적 정치적 국방적 가치라든가 혹은 기업가 자신의 기호라든가 입지지향의 특수적 입장 등이 있다.)</td></tr>
<tr><td rowspan="2">공업의 집적인자와 분산인자</td><td>집적인자</td><td colspan="2">① 공업이 일정한 지역에 집중하는 현상
② 처음에는 대규모화를 통한 경영의 합리화이지만, 점차지역적 확대과정을 거쳐 집중으로 변화
③ 규모적 집적 → 지역적 집적</td></tr>
<tr><td>분산인자</td><td colspan="2">① 지나치게 밀집된 공업단지, 밀집된 상가의 지대상승은 분산작용의 원인
② 지대, 공장 공해 등의 환경오염, 공업용수의 부족, 교통체증 등은 분산인자</td></tr>
</table>

(2) 공업입지의 결정의 3단계

① (목표)시장의 결정: 입지선정의 첫 번째 단계로 기업의 목표시장을 결정한다.

② 지역의 결정: 목표시장의 목표달성을 위한 지리적 범위를 결정한다.

③ 지점의 결정: 시장과 지역의 범위 내에서 입지점을 결정한다.

(3) 공장부지의 입지요인

① 원료지향형 산업

㉠ 중량감소산업(시멘트공업, 제련공업)과 부패하기 쉬운 원료 · 물품을 생산하는 공장(통조림공업, 냉동공업)은 원료산지에 입지하는 경향이 있다.

㉡ 보편원료를 많이 사용하는 공장은 시장지향형 입지를 하지만, 편재원료를 많이 사용하는 공장은 원료지향형 입지를 하는 경향이 있다.

② 시장지향형 산업

㉠ 대체적으로 중간재나 완제품을 생산하는 공장, 중량증가산업(청량음료, 맥주), 완제품의 부패성이 심한 산업은 시장지향형 입지를 하고 있다.

㉡ 산출제품의 무게나 부피가 투입원료보다 큰 경우에는 시장지향형이다.

㉢ 원료지수란 최종생산물의 중량에 대한 국지원료중량의 비율을 말한다.

$$\text{원료지수} = \frac{\text{국지원료중량}}{\text{제품중량}} \begin{cases} > 1 : \text{원료 지향형 입지} \\ = 1 : \text{자유 지향형 입지} \\ < 1 : \text{시장 지향형 입지} \end{cases}$$

※ 입지중량 = 원료지수 + 1

㉣ 원료지수와 입지중량에 의한 입지성향

ⓐ 원료지수 〈 1 이거나 입지중량 〈 2 이면 시장지향 입지성향

ⓑ 원료지수 〉 1 이거나 입지중량 〉 2 이면 원료지향 입지성향

ⓒ 원료지수 = 1 이거나 입지중량 = 1 이면 자유입지성향

KEY PLUS | 원료지향형 입지 vs 시장지향형 입지

원료지향형 입지	시장지향형 입지
편재원료를 많이 사용하는 공장	보편원료를 많이 사용하는 공장
원료지수(M) = $\frac{\text{국지원료중량}}{\text{제품중량}} > 1$	원료지수(M) = $\frac{\text{국지원료중량}}{\text{제품중량}} < 1$
중량감소산업(시멘트, 제련공업)	중량증가산업(청량음료, 맥주제조업)
원료의 부패성이 쉬운 산업(통조림공업)	제품의 부패성이 쉬운 산업(빵, 두부)

③ 노동지향형 산업

노동집약적이고 미숙련공을 많이 사용하는 의류산업이나 신발산업 같은 것은 저임금지역에 공장이 입지하는 경향이 있다. 따라서 노동지향형 입지요건은 저임금과 노동력의 밀집도가 결정한다. 노임자 수가 클수록 노동지향형 입지를 선호한다.

④ 집적지향형 산업

수송비의 비중이 적고 기술연관성이 높은 산업으로, 기술 · 정보 · 시설 · 원료 등을 공동이용함으로써 비용을 절감하는 경우를 말한다. 기계공업, 자동차공업, 석유화학, 제철 등이 여기에 속한다.

⑤ 자유입지형 산업

제품수송비의 비중이 작아서 수송비가 입지선정에 거의 작용하지 않는 고도의 대규모 기술집약적 산업으로서 자동차, 항공기, 전자산업 등이 이에 속한다.

5 매장용 부동산의 부지선정

1. 부지선정의 단계

① 기존 부지의 분석 ⇨ ② 시장규모의 파악(도시분석) ⇨ ③ 근린분석 ⇨ ④ 매출잠재력의 분석(대상근린지역의 선정) ⇨ ⑤ 대상부지의 선정

(1) **기존 부지의 분석:** 기존 점포를 중심으로 1개의 점포가 유지되기 위한 최소한의 시장지역 내의 인구규모 및 인구구조, 소득수준(구매력수준), 1인당 평균 구매량, 1개 점포의 평균매상고 등 사회적 · 경제적 기반을 분석한다.

(2) **지역분석(도시분석):** 기존 상권, 즉 기존 경쟁점포들의 목표시장을 분석하여 잠재시장권을 고려한다.

(3) **근린분석:** 지역별 생애주기의 단계와 번영도, 교통체계의 유용성, 경쟁점포와의 교통수단 및 교통소요시간, 도시계획자료 등 관련 자료를 분석하여 목표시장의 최소요구치를 분석한다.

(4) **대상근린지역의 선정:** 지역 간의 입지요소를 비교하고, 근린지역주민의 지출가능액과 점포가 유지하기 위한 최소요구치를 비교하여 차이가 가장 클수록, 그리고 기존 경쟁점포의 실제매상고와 주민들의 지출가능액을 비교하여 차이가 큰 것을 대상근린지역으로 선정한다.

(5) **대상부지의 선정:** 몇 개의 가능한 대안부지들이 선택되면 대안부지별로 현금수지분석을 하고, 이 중에서 최대의 수익을 창출하는 대상부지를 선택하여야 한다. 즉, 특정점포의 입지가 기존의 다른 점포에 미치는 부정적 · 긍정적 효과를 고려해야 한다.

2. 선정된 대안부지의 분석방법

(1) 가능매상고의 추계방법

부지선정팀은 부지별 가능매상고를 비교하여 입지가능한 대안부지를 선택하는데, 가능매상고를 추계하는 방법으로는 비율법, 유추법, 중력모형법, 회귀분석법 등이 있다.

① **비율법:** 비율법은 가장 주관성이 많이 개입되는 방법인데 그 절차는 가능거래지역확정 ⇨ 거래지역의 지출가능액 추계 ⇨ 1인당 주민소득 추계 ⇨ 대상점포의 취급품목들에 대한 지출가능액이 가구당 가처분소득에서 차지하는 비율 산출 등으로 이루어진다.

② **유추법:** 같은 회사 내의 다른 점포나 유사점포를 대상으로 거래지역과 고객에 대한 분석을 하고, 이를 토대로 대상점포의 가능매상고를 추계하는 방법이다.

③ **중력모형:** 중력모형이란 두 물체 간의 인력은 거리의 제곱에 반비례하고, 질량의 크기에 비례한다는 만유인력의 법칙을 원용하여 대상점포의 가능매상고를 추계하는 방법이다. 중력모형은 같은 지역사회에 다수의 경쟁업체가 입지하고 있을 때 각 점포에 대한 이론적인 매상고를 결정해 준다. 또한 지역사회의 전체 매상고가 이론적인 예상고와 차이가 날 수 있는데 이것은 지역사회경계 밖으로 매상고가 유출된다는 것을 의미한다. 개별점포의 실제매상고와 이론적 매상고의 차이는 수정이미지계수로써 조정한다.

④ **회귀모형:** 회귀모형은 매상고에 영향을 주는 여러 가지 변수들을 설정하고, 이 변수들로 대상점포의 예상매상고를 추계하는 방법이다. 즉 점포의 매상고는 종속변수가 되며, 매상고에 영향을 주는 다른 변수들은 독립변수가 된다. 회귀모형은 다른 어떤 방법보다도 많은 변수를 사용하여 예상매상고를 추계한다는 장점이 있다.

(2) 체크리스트의 활용

규모가 작은 회사들은 보통 체크리스트를 이용하여 대안부지를 평가한다. 그러나 일반적으로 체크리스트법은 매상고를 추계하는 수단으로 사용되기보다는 이에 대한 보조 자료로 많이 사용된다. 또 체크리스트는 평점제도로도 사용되는바, 체크리스트를 이용하여 기존 점포들에 대한 평점을 한 후 이를 서로 비교해야 한다.

(3) 현금수지분석

부지선정팀은 대안부별로 현금수지분석을 하고, 회사의 부를 극대화시키는 대안을 선택한다. 대안부지의 건축면적은 소유주에 의해 사전에 결정되는 것이 아니라 추계된 가능매상고의 크기에 따라 달라진다. 예상매상고를 단위면적당 평균매상고로 나누면 점포시설의 예상면적이 나온다. 여기서 주의할 것은 대상점포의 가능매상고를 지역사회 전체의 유사점포의 매상고로 나누는 것이 아니라 유사거래 지역의 유사점포의 평균매상고로 나눈다는 것이다.

3. 대안부지가 평가

부지평가를 위한 체크리스트가 작성되면 가능부지별로 평가에 필요한 자료를 수집한다. 가능부지에 대한 탐색과정은 비공개로 하는 것이 바람직하다. 부지선정팀은 수집된 자료를 토대로 비교 평가하여 최종적으로 서너 개의 부지를 추천한다. 최종선택은 최고관리자가 하기도 하고, 부지선정팀이 최종선택을 하고 나중에 최고관리자나 이사회의 사후승인을 얻도록 하는 방법을 사용하기도 한다. 마지막으로 남은 서너 개의 대안부지에 대해서는 반드시 할인현금수지분석을 하여야 한다.

제3절 도시공간(내부)구조이론

1 버제스(E. W. Burgess)의 동심원이론

1. 의의

도시는 그 중심지에서 동심원상으로 확대되어 5개 지구로 분화되면서 성장한다는 이론이다. 도시 내의 각종 활동기능이 지대지불능력에 따라 다섯 가지의 토지이용 패턴으로 이루어진다.

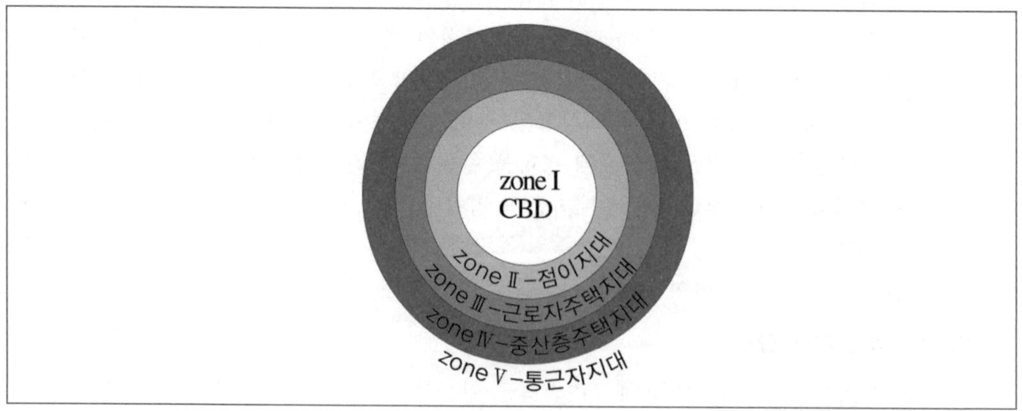

2. 내용

① 도시의 내부구조를 설명하는 가장 오래된 실증적 모형이다.

② 사회 · 경제적 인자가 상호경쟁을 통하여 도시 내의 공간적 구분과 형태를 이루어낸다는 도시형태론자의 입장에 입각하여 구축한 이론이다.

③ 도시는 중심지에서 멀어질수록 접근성 · 지대 · 인구밀도 등의 낮아지고, 범죄 · 인구이동 · 빈곤 등의 도시문제가 감소한다. 도시는 단핵구조이다.

④ 도시 내의 각종 활동의 기능이 5가지 토지이용의 패턴에 따라 이루어진다고 보고 있다.

3. 비판

① 토지이용패턴을 지나치게 단순화한 이론이다.

② 시카고시만을 대상으로 한 연구이므로 도시공간구조에 대한 일반성이 결여 되었다.

③ 도로 및 교통수단의 발달이 동심원형을 변형시킬 수 있다는 점을 고려하지 않았다.

④ 수송비가 중심지에서 각 방향으로 같을 수가 없으므로 현실의 토지이용은 동심원구조가 될 수 없다.

⑤ 실질적으로 도시는 주요 도로망에 따라 토지이용모형과 지가가 달라진다. 즉, 도시는 교통망에 따라 원이 아니라 별모양으로 성장한다.

⑥ 중심업무지구는 불규칙적인 크기를 가지며, 원형이라기보다는 정방 또는 장방형이다.

참고 5개의 동심원지대

1. 제1지대: 중심업무지대(central business district : CBD)
   도심지역으로서 도시의 중추관리기능, 산업 · 사회 · 문화 · 교통의 중심핵을 이루는 지역이다.
2. 제2지대: 점이지대(zone in transition) : 천이지대
   도심지역을 둘러싸고 있으며, 주거지가 쇠퇴하여 제1지대로 부터 상업과 소기업의 진입이 시작되어 주거지로서의 매력이 감소하고 도시의 주요 빈민지대로 전락할 소지가 있는 지역이다. 내측지대는 경공업지구에 해당하고, 외측지대에 거주하는 주민들은 소득수준이 향상되면 근로자 주택지대로 주거를 옮겨가는 경향이 있다.
3. 제3지대: 저소득층 주거지대(zone of low income housing)
   주로 공장노동자 · 단순기능인과 같은 근로자의 주거지대로서 주민 가운데에는 제2지대로부터 직장 가까이에 살려는 동기로 옮겨진 층이 많다.
4. 제4지대: 중산층 주거지대(zone of middle income housing)
   대다수의 중산층이 사는 지대이다. 주민의 구성은 소규모 자영인, 전문직종인, 판매인, 사무원 등이다. 이 지역은 또한 단독주택이 아파트 등 집단주택으로 변하고 있는 지역이기도 하다.
5. 제5지대: 통근자지대(commuter's zone)
   도시경계외곽에 형성된 작은 교외도시들로 구성되어 있으며, 거주자의 대부분이 시내에 직장을 가지고 있어 주거중심의 위성도시로 볼 수 있는 지대이다.

2 호이트(Homer Hoyt)의 선형이론

1. 의의

토지이용은 도심에서 시작되어 점차 교통망을 따라 동질적으로 확장된다. 따라서 원을 변형한 모양으로 도시가 성장한다는 이론이다. 도로에 따라 부채꼴 모양 혹은 축현상을 이룬다 하여 축이론, 부문이론이라고도 한다.

2. 내용

① 도시공간은 교통노선(개발축)을 따라 불규칙적으로 부채꼴 모양으로 확대하여 배치된다.

② 고급주택은 교통망의 축에 가까이 입지하고, 중급주택은 고급주택의 인근에 입지하며, 하급주택은 반대편에 입지하는 경향이 있다.

③ 도시중심지에서 고소득층이 교외로 이동하면, 중 · 하위소득층이 그곳을 점유하여 새로운 주거군을 형성한다.

④ 도시공간이 개발축에 따라 형성되면서 섹터(sector)를 이루는 경향이 있다.

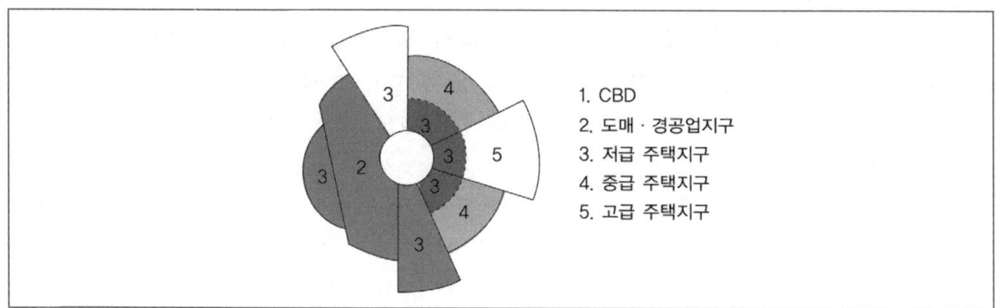

3. 비판

① 단순히 과거의 경향을 말하는 것일 뿐, 도시성장의 추세분석을 유도하기에는 미흡하다.

② 동일수준의 주택이 집적하는 데 대한 설명은 있으나, 그 원인에 대한 설명이 없다.

③ 주택입지의 이동을 설명 또는 예측하기 위해 고급주택의 역할을 강조한 것에 불과하다.

3 해리스(C. D. Harris)와 울만(E. L. Ullman)의 다핵심이론

1. 의의

도시성장에 있어서 도시의 핵심은 하나가 아니다. 즉, 도시가 성장하면 핵심의 수가 증가하고 도시는 복수의 핵심주변에서 발달한다는 것으로, 맥켄지(R. D Mckenzie)가 처음 주장하고, 해리스와 울만에 의해 발전된 이론이다.

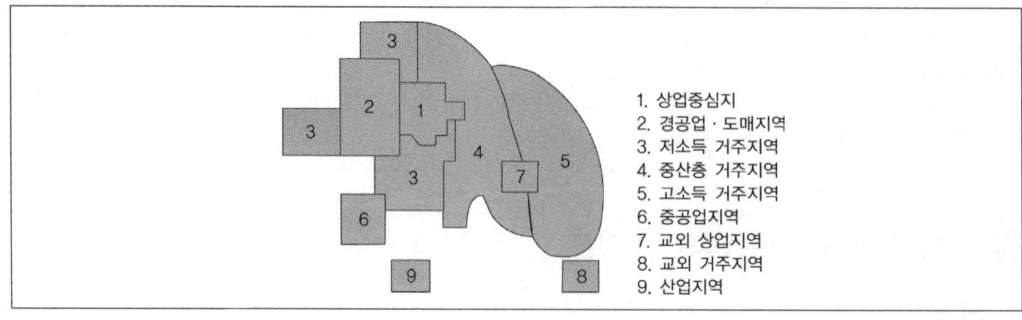

2. 내용

① 도시토지이용의 패턴이 하나의 핵으로 된 것이 아니라, 몇 개의 이산 되는 핵으로 구성되어 있다는 이론이다.
② 도시성장은 분산된 핵을 따라 행하여졌으며, 핵의 형성은 입지조건에 따라 다르다.
③ 하나의 핵을 이루는 곳에 교통망이 모이고 주거지역과 산업지역 등 토지이용군이 형성된다. 런던의 도시구조가 대표적이고 동종활동의 집적이익의 추구를 위해 집적지향성을 강조하였다.

4 유상도시이론 - 베리(Berry)

1. 의의

교통기관의 현저한 발달로 종래 도시내부에 집약되어 있던 업무시설과 주택이 간선도로를 따라 리본 모양으로 확산·입지하는 경향이 있다는 이론이다.

2. 내용

① 도시성장은 마치 리본 모양과 같다는 의미에서 유상도시이론이라 한다.
② 현대는 자동차 시대라 할 수 있으므로 간선도로를 따라 토지이용의 효용이 날로 증대되고 있다.

5 3지대구조론

디킨슨(R. Dickinson)이 1947년 유럽의 여러 도시를 연구한 결과로서 역사적으로 도시발전과 지대구조를 결합한 이론이다. 이 이론은 도시공간구조를 중앙지대, 중간지대, 외부지대로 구분하고 있다.

1. 중앙지대(Central Zone)

도심부에 있으며 중세·전근대의 도시를 포함하는 지대이다. 이 지역은 가옥밀도가 높고 수직적 팽창이 현저하다.

2. 중간지대(Midde Zone)

중앙지대 밖에 위치하면서 주로 공장이나 주택이 산재한 곳이다. 이 지대는 도시주변의 사회현상 악화와 무질서로 항상 퇴화상태에 있다.

3. 외부지대(Outer Zone)

도시농촌경계 혹은 교외지 등으로 불리며, 교통수단의 등장으로 발전되기 시작하였다. 철도와 수로를 따라 위치하는 새로운 주택군과 공장군이 있으며, 최근의 급속한 발전과 실질상 도시에의 흡수가 일반적 경향이다.

PART 03 부동산시장론 기출문제

01 부동산시장의 특성으로 옳은 것은?

2021년 32회

① 일반상품의 시장과 달리 조직성을 갖고 지역을 확대하는 특성이 있다.
② 토지의 인문적 특성인 지리적 위치의 고정성으로 인하여 개별화된다.
③ 매매의 단기성으로 인하여 유동성과 환금성이 우수하다.
④ 거래정보의 대칭성으로 인하여 정보수집이 쉽고 은밀성이 축소된다.
⑤ 부동산의 개별성으로 인한 부동산상품의 비표준화로 복잡 · 다양하게 된다.

해설

① 부동산시장은 일반상품 시장과 달리 조직성이 결여되어 있다. 즉, 비조직적 시장이다.
② 지리적 위치의 고정성은 토지의 자연적 특성이다.
③ 부동산시장은 매매의 장기성으로 인하여 유동성과 환금성이 떨어진다.
④ 거래 정보의 비대칭성으로 인하여 정보수집이 어렵고 은밀성이 확대된다.

| 정답 | ⑤

02 디파스퀠리-위튼(DiPasquale&Wheaton)의 4사분면 모형에 관한 설명으로 옳지 않은 것은?

2016년 27회

① 부동산 공간시장과 부동산 자산시장의 관계를 설명한 모형이다.
② 1사분면은 부동산 가격과 공간재고량의 관계를 나타낸다.
③ 2사분면은 부동산 가격과 임대료의 관계를 나타낸다.
④ 3사분면은 부동산 가격과 신규건설량의 관계를 나타낸다.
⑤ 4사분면은 신규건설량과 공간재고량의 관계를 나타낸다.

해설

② 1사분면은 부동산 공급(재고량)과 임대수요와의 관계를 통해 임대료가 결정되는 공간(임대)시장이다.

| 정답 | ②

03 디파스퀠리-위튼(DiPasquale & Wheaton)의 4사분면 모형에 관한 설명으로 옳지 않은 것은? (단, 주어진 조건에 한함) 2020년 31회

① 1사분면에서는 부동산 공간시장의 단기공급곡선과 수요곡선에 의해 균형임대료가 결정된다.
② 2사분면에서는 부동산의 임대료가 가격으로 환원되는 부동산자산시장의 조건을 나타낸다.
③ 3사분면에서 신규 부동산의 건설량은 부동산가격과 부동산개발비용의 함수로 결정된다.
④ 4사분면에서는 신규 부동산의 건설량과 재고의 멸실량이 변화하여야 부동산공간시장의 균형을 이룰 수 있다.
⑤ 이 모형은 부동산이 소비재이면서도 투자재라는 특성을 전제로 한다.

해설

④ 4사분면은 3사분면에서 유입된 신규건설량과 멸실량의 조절을 통해 전체 공간재고량 정보가 확인된다. 공간재고량은 다시 1사분면을 통해 장기 공급곡선으로 반영된다.

| 정답 | ④

04 디파스퀠리-위튼(DiPasquale & Wheaton)의 사분면 모형에 관한 설명으로 옳지 않은 것은?(단, 주어진 조건에 한함) 2022년 33회

① 장기균형에서 4개의 내생변수, 즉 공간재고, 임대료, 자본환원율, 건물의 신규공급량이 결정된다.
② 신축을 통한 건물의 신규공급량은 부동산 자산가격, 생산요소가격 등에 의해 영향을 받는다.
③ 자본환원율은 요구수익률을 의미하며 시장이자율 등에 의해 영향을 받는다.
④ 최초 공간재고가 공간서비스에 대한 수요량과 일치할 때 균형임대료가 결정된다.
⑤ 건물의 신규공급량과 기존 재고의 소멸에 의한 재고량 감소분이 일치할 때 장기균형에 도달한다.

해설

① 장기균형에서 4개의 내생변수는 공간재고(4사분면), 임대료(1사분면), 자산가격(2사분면), 건물의 신규 공급량(3사분면)이다. 자본환원율(CapRate)은 곡선을 이동시키는 외생변수이다.

| 정답 | ①

05 부동산시장의 효율성에 관한 설명으로 옳지 않은 것은? (단, 다른 조건은 고려하지 않음)

2018년 29회

① 약성 효율적 시장은 현재의 시장가치가 과거의 추세를 충분히 반영하고 있는 시장이다.
② 준강성 효율적 시장은 어떤 새로운 정보가 공표되는 즉시 시장가치에 반영되는 시장이다.
③ 강성 효율적 시장은 공표된 것이건 공표되지 않은 것이건 어떠한 정보도 이미 시장가치에 반영되어 있는 시장이다.
④ 부동산시장은 주식시장이나 일반상품시장보다 더 불완전하고 비효율적이므로 할당 효율적일 수 없다.
⑤ 부동산시장의 제약조건을 극복하는 데 소요되는 거래비용이 타 시장보다 부동산시장을 더 비효율적이게 하는 중요한 요인이다.

해설

④ 부동산시장은 비효율성이 있으므로 불완전시장이다. 그러나 불완전시장이라도 할당효율적 일수는 있다. 부동산시장이 정보의 효율성 측면에서 정보비용(기회비용)과 정보가치(초과이윤)이 일치한다면 할당효율적일 수 있다.

| 정답 | ④

06 부동산시장에 관한 설명으로 옳은 것은?

2017년 28회

① 부동산시장은 부동산 재화와 서비스가 교환되는 매커니즘이기 때문에 유형의 부동산거래는 허용되며, 무형의 이용과 관련한 권리는 제외된다.
② 일반적으로 부동산시장은 일반시장에 비해 거래비용이 많이 들고, 수요자와 공급자의 시장진출입이 제약을 받게 되어 완전경쟁시장이 된다.
③ 부동산의 입지성으로 인해 소유자는 해당 부동산의 활용과 가격결정에 있어서 입지 독점권(location monopoly)을 가지며, 이것은 하위시장의 형성과 관련 있다.
④ 정부가 제품의 품질이나 규격을 통제하는 건축기준은 양적규제의 예로 들 수 있다.
⑤ 준강성 효율적 시장은 공표된 것이건 그렇지 않은 것이건 어떠한 정보도 이미 가치에 반영되어 있는 시장이다.

해설

① 부동산시장에서는 물리적(유형적) 부동산 뿐 아니라 무형의 부동산 권리도 거래된다.
② 고가의 거래비용과 시장 참여자의 진출입 제약으로 불완전경쟁시장이 된다.
④ 건축기준은 질적 규제로 분류된다.
⑤ 모든 정보가 현재가치에 반영된 시장은 강성 효율적 시장이다.

| 정답 | ③

07 부동산시장의 효율성에 관한 설명으로 옳은 것은?

2022년 33회

① 특정 투자자가 얻는 초과이윤이 이를 발생시키는데 소요되는 정보비용보다 크면 배분 효율적 시장이 아니다.

② 약성 효율적 시장은 정보가 완전하고 모든 정보가 공개되어 있으며 정보비용이 없다는 완전경쟁시장의 조건을 만족한다.

③ 부동산시장은 주식시장이나 일반적인 재화시장보다 더 불완전경쟁적이므로 배분 효율성을 달성할 수 없다.

④ 강성 효율적 시장에서는 정보를 이용하여 초과이윤을 얻을 수 있다.

⑤ 약성 효율적 시장의 개념은 준강성 효율적 시장의 성격을 모두 포함하고 있다.

해설

② 완전경쟁시장의 조건을 만족하는 시장은 강성 효율적 시장이다.

③ 부동산시장은 불완전하지만 배분(Allocation) 효율성 달성이 가능하다.

④ 강성 효율적 시장에서는 모든 정보가 현재가치에 반영되어 있어 초과이윤 획득이 불가능하다.

⑤ 준강성 효율적 시장이 약성 효율적 시장의 성격을 포함하고 있다.

| 정답 | ①

08 부동산시장에 관한 설명으로 옳은 것은?

2023년 34회

① 할당 효율적 시장은 완전경쟁시장을 의미하며 불완전경쟁시장은 할당 효율적 시장이 될 수 없다.

② 완전경쟁시장이나 강성 효율적 시장에서는 할당 효율적인 시장만 존재한다.

③ 약성 효율적 시장에서 과거의 역사적 정보를 통해 정상 이상의 수익을 획득할 수 있다.

④ 완전경쟁시장에서는 초과이윤이 발생할 수 있다.

⑤ 준강성 효율적 시장에서 공표된 정보는 물론 공표되지 않은 정보도 시장가치에 반영된다.

해설

① 불완전경쟁시장이라도 초과이윤과 초과이윤을 획득하는데 투입되는 기회비용이 같다면 할당 효율적 시장이 될 수 있다.

③ 약성 효율적 시장은 과거 정보가 이미 현재가치에 반영되었으므로 이를 통해 정상 이상의 이윤(초과이윤)을 획득할 수 없다.

④ 완전경쟁시장에서는 완전한 정보를 가정하므로 초과이윤이 발생할 수 없다.

⑤ 강성 효율적 시장에 대한 설명이다.

| 정답 | ②

09 A토지에 접하여 도시 · 군계획시설(도로)이 개설될 확률은 60%로 알려져 있고, 1년 후에 해당 도로가 개설되면 A토지의 가치는 2억 7,500만원, 그렇지 않으면 9,350만원으로 예상된다. 만약 부동산시장이 할당효율적이라면 합리적인 투자자가 최대한 지불할 수 있는 정보비용의 현재가치는? (단, 요구수익률은 연 10%이고, 주어진 조건에 한함) 2021년 32회

① 5,200만원
② 5,600만원
③ 6,200만원
④ 6,600만원
⑤ 7,200만원

해설

정보의 가치 = 확실성하의 현재가치 - 불확실성의 현재가치

1. 확실성하의 현재가치: $\frac{2억7,500만원}{(1+0.1)}$ = 2억 5,000만원

2. 불확실성하의 현재가치: $\frac{(2억7,500만원 \times 0.6) + (9,350만원 \times 0.4)}{(1+0.1)}$ = 1억 8,400만원

3. 정보의 가치 = 2억 5,000만원 - 1억 8,400만원 = 6,600만원

| 정답 | ④

10 주거분리와 여과과정에 관한 설명으로 옳지 않은 것은? 2019년 30회

① 저가주택이 수선되거나 재개발되어 상위계층의 사용으로 전환되는 것을 상향여과라 한다.
② 민간주택시장에서 저가주택이 발생하는 것은 시장이 하향여과작용을 통해 자원할당기능을 원활하게 수행하고 있기 때문이다.
③ 주거입지는 침입과 천이현상으로 인해 변화할 수 있다.
④ 주거분리는 도시 전체에서뿐만 아니라 지리적으로 인접한 근린지역에서도 발생할 수 있다.
⑤ 하향여과는 고소득층 주거지역에서 주택의 개량을 통한 가치상승분이 주택개량비용보다 큰 경우에 발생한다.

해설

고소득층 주거지역에서 개량을 통한 가치상승분이 개량비용보다 크다면 개량이익이 발생한다. 개량을 통해 이익이 발생하게 되면 지속적으로 개량하게 될 것이고 그 지역은 정의 외부효과가 발생하여 할증거래 될 것이다. 가치의 선순환으로 하향여과는 발생하지 않는다.

| 정답 | ⑤

11 주거분리와 여과과정에 관한 설명으로 옳지 않은 것은? 2019년 30회

① 저가주택이 수선되거나 재개발되어 상위계층의 사용으로 전환되는 것을 상향여과라 한다.
② 민간주택시장에서 저가주택이 발생하는 것은 시장이 하향여과작용을 통해 자원할당기능을 원활하게 수행하고 있기 때문이다.
③ 주거입지는 침입과 천이현상으로 인해 변화할 수 있다.
④ 주거분리는 도시 전체에서뿐만 아니라 지리적으로 인접한 근린지역에서도 발생할 수 있다.
⑤ 하향여과는 고소득층 주거지역에서 주택의 개량을 통한 가치상승분이 주택개량비용보다 큰 경우에 발생한다.

해설

고소득층 주거지역에서 개량을 통한 가치상승분이 개량비용보다 크다면 개량이익이 발생한다. 개량을 통해 이익이 발생하게 되면 지속적으로 개량하게 될 것이고 그 지역은 정의 외부효과가 발생하여 할증거래 될 것이다. 가치의 선순환으로 하향여과는 발생하지 않는다.

| 정답 | ⑤

12 주거분리와 여과과정에 관한 설명으로 옳은 것은? 2022년 33회

① 여과과정이 원활하게 작동하면 신규주택에 대한 정부지원으로 모든 소득계층이 이득을 볼 수 있다.
② 하향여과는 고소득층 주거지역에서 주택의 개량을 통한 가치상승분이 주택개량비용보다 큰 경우에 발생한다.
③ 다른 조건이 동일할 경우 고가주택에 가까이 위치한 저가주택에는 부(−)의 외부효과가 발생한다.
④ 민간주택시장에서 불량주택이 발생하는 것은 시장실패를 의미한다.
⑤ 주거분리현상은 도시지역에서만 발생하고, 도시와 지리적으로 인접한 근린지역에서는 발생하지 않는다.

해설

② 하향여과는 주택개량을 통한 가치상승분이 주택개량비용보다 작은 경우 발생한다.
③ 다른 조건이 동일할 경우 고가주택에 가까이 위치한 저가주택에는 정(+)의 외부효과가 발생한다.
④ 불량주택이 발생하는 것은 시장의 실패 때문이 아니며 불량주택을 필요로 하는 저소득층이 존재하기 때문이다. 즉 불량주택이 존재하는 것은 이를 필요로 하는 저소득층에게 자원이 적절히 배분되고 있는 상태라고 보아야 한다.
⑤ 주거분리현상은 근린지역뿐만 아니라 도시지역 전체에서도 발생하는 현상이다.

| 정답 | ①

13 다음과 같은 지대이론을 주장한 학자는?

2020년 31회

- 지대는 자연적 기회를 이용하는 반대급부로 토지소유자에게 지불하는 대가로 보았다.
- 토지지대는 토지이용으로부터 얻는 순소득을 의미하며, 이 순소득을 잉여라고 하였다.
- 토지의 몰수가 아닌 지대의 몰수라고 주장하면서 토지가치에 대한 조세 이외의 모든 조세를 철폐하자고 하였다.

① 리카도(D. Ricardo)
② 알론소(W. Alonso)
③ 헨리 조지(H. George)
④ 마르크스(K. Marx)
⑤ 튀넨(J.H. von Thunen)

해설

헨리 조지는 토지가치가 사회 구성원 전체의 공통 재산이며 지대는 잉여(불로소득)이라는 사고에서 출발하여 모든 세금을 없애고 오직 토지에만 세금을 부과하는 '단일세(single tax)'를 주장했다.

| 정답 | ③

14 산업입지이론에 관한 설명으로 옳지 않은 것은?

2022년 33회

① 베버(A. Weber)는 운송비의 관점에서 특정 공장이 원료지향적인지 또는 시장지향적인지 판단하기 위해 원료지수(material index)를 사용하였다.
② 베버(A. Weber)의 최소비용이론에서는 노동비, 운송비, 집적이익 가운데 운송비를 최적입지 결정에 가장 우선적으로 검토한다.
③ 뢰쉬(A. Lösch)의 최대수요이론에서는 입지분석에 있어 대상지역 내 원자재가 불균등하게 존재한다는 전제 하에, 수요가 최대가 되는 지점이 최적입지라고 본다.
④ 아이사드(W. Isard)는 여러 입지 가운데 하나의 입지를 선정할 때 각 후보지역이 가지고 있는 비용최소 요인을 대체함으로써 최적입지가 달라질 수 있다는 대체원리(substitution principle)를 입지이론에 적용하였다.
⑤ 스미스(D. Smith)의 비용수요통합이론에서는 이윤을 창출할 수 있는 공간한계 내에서는 어디든지 입지할 수 있다는 준최적입지(suboptimal location) 개념을 강조한다.

해설

뢰쉬는 베버의 입지론이 너무 생산비에만 치우쳐 있음을 지적하여 생산에 필요한 원자재 등의 조건은 일정하다고 가정하고 이론을 전개했다.

| 정답 | ③

15 D도시 인근에 A, B, C 세 개의 쇼핑센터가 있다. 허프(Huff)의 상권분석모형을 적용할 경우, 각 쇼핑센터의 이용객 수는? (단, 거리마찰계수 : 2, D도시 인구의 40%가 위 쇼핑센터의 이용객이고, A, B, C 중 한 곳에서만 쇼핑함) 2018년 29회

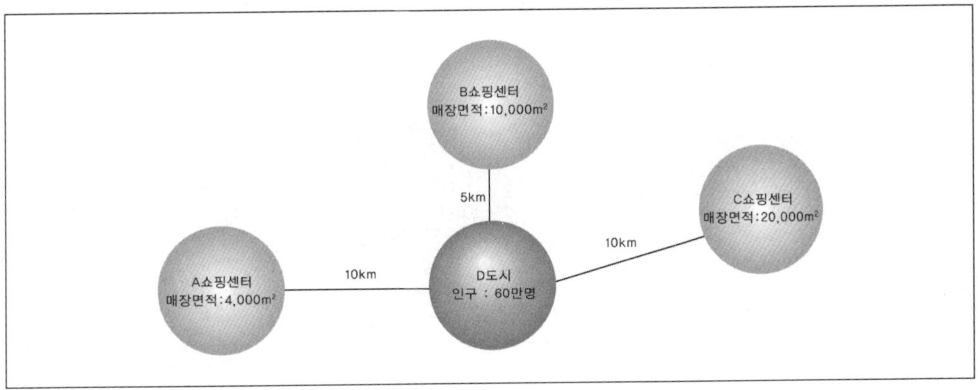

① A: 15,000명, B: 150,000명, C: 75,000명
② A: 15,000명, B: 155,000명, C: 70,000명
③ A: 15,000명, B: 160,000명, C: 65,000명
④ A: 16,000명, B: 150,000명, C: 74,000명
⑤ A: 16,000명, B: 155,000명, C: 69,000명

해설

D도시 인구 600,000만명 중 40%만 쇼핑하므로 이용객은 240,000명이다. 이 인구가 A, B, C 3개의 쇼핑센터로 유인되는 비율을 구하는 것이 관건이다. 쇼핑센터의 유인력(흡인력)은 면적(도시의 경우는 인구)에 비례하고 거리의 제곱에 반비례한다. 이를 산식으로 표현하면, 유인력 = $\frac{면적}{거리^2}$ 이다.

1. 쇼핑센터의 유인력

- A 쇼핑센터 = $\frac{4,000}{10^2} = 40$
- B 쇼핑센터 = $\frac{10,000}{5^2} = 400$
- C 쇼핑센터 = $\frac{20,000}{5^2} = 200$

2. 쇼핑센터에 갈 확률(시장점유율) 및 이용객수

- A 쇼핑센터 = $\frac{40}{640} = 0.0625$, 240,000명 × 0.0625 = 15,000명
- B 쇼핑센터 = $\frac{400}{640} = 0.6250$, 240,000명 × 0.6250 = 150,000명
- C 쇼핑센터 = $\frac{200}{640} = 0.3125$, 240,000명 × 0.3125 = 75,000명

| 정답 | ①

16 C도시 인근에 A할인점과 B할인점이 있다. 허프(D.L.Huff)의 상권분석모형을 적용할 경우, A할인점의 이용객수는 C도시 인구의 몇 %인가? (단, 거리에 대한 소비자의 거리마찰계수값은 2이고, C도시 인구 중 50%가 A할인점이나 B할인점을 이용함) 2016년 27회

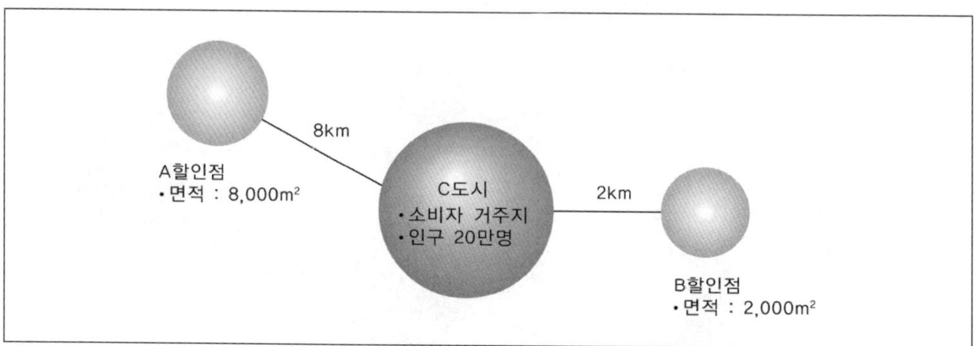

① 5.0%
② 10.0%
③ 15.0%
④ 20.0%
⑤ 25.0%

해설

C도시 인구의 50%만 쇼핑한다는 것을 먼저 기억한다.

1. 할인점의 유인력

A 할인점 = $\frac{8,000}{8^2} = 125$, B 할인점 = $\frac{2,000}{2^2} = 500$

2. 쇼핑센터에 갈 확률(시장점유율) 및 이용객 비율

A 할인점 = $\frac{125}{125+500} = 0.2(20\%)$, C도시 쇼핑인구의 20%가 A 할인점을 이용함

∴ A 할인점 이용객 비율은 C도시 인구의 10%

| 정답 | ②

17 A도시와 B도시 사이에 C도시가 있다. 레일리의 소매인력법칙을 적용할 경우, C도시에서 A도시, B도시로 구매 활동에 유입되는 비율은? (단, C도시의 인구는 모두 A도시 또는 B도시에서 구매하고, 주어진 조건에 한함) 2020년 31회

• A도시 인구수 : 45,000명 • B도시 인구수 : 20,000명 • C도시에서 A도시 간의 거리 : 36km • C도시에서 B도시 간의 거리 : 18km

① A: 36%, B: 64%
② A: 38%, B: 62%
③ A: 40%, B: 60%
④ A: 42%, B: 58%
⑤ A: 44%, B: 56%

해설

레일리 소매인력법칙의 기본 산식: $\frac{흡인력_A}{흡인력_B} = \frac{인구_A}{인구_B} \times \left(\frac{거리_B}{거리_A}\right)^2$

$\frac{9}{16} = \frac{45,000}{20,000} \times \frac{18^2}{36^2}$

A도시 유입비율은 $\frac{9}{25}$ = 36%, 그러므로 B도시 유입비율은 64%

| 정답 | ①

18 컨버스(P. Converse)의 분기점모형에 따르면 상권은 거리의 제곱에 반비례하고 인구에 비례한다. 다음의 조건에서 A, B 도시의 상권 경계지점은 A시로부터 얼마나 떨어진 곳에 형성되는가? (단, 주어진 조건에 한함)

2019년 30회

- A시의 인구: 16만명, B시의 인구: 4만명
- 두 도시 간의 거리: 15km
- 두 도시의 인구는 모두 구매자이며, 두 도시에서만 구매함

① 8km
② 9km
③ 10km
④ 11km
⑤ 12km

해설

컨버스(P.D.Converse)의 분기점모형 기본산식: $분기점_A = \frac{거리_{AB}}{1+\sqrt{\frac{인구_B}{인구_A}}}$

$$10Km = \frac{15Km}{1+\sqrt{\frac{4}{16}}}$$

| 정답 | ③

19 상업용 부동산 시장분석에 관한 설명으로 옳지 않은 것은?

2017년 28회

① 소매점포 개설을 위한 시장분석의 절차는 부지평가 → 구역분석 → 시장선택의 3단계로 이루어진다.
② 통계적 분석방법은 기존통계를 분석해서 시장의 지역성을 포착하고, 그 지역성을 기초로 상권의 특성을 추계하는 방법이다.
③ 상권추정기법에는 실제조사방법, 2차 자료 이용방법, 통계적 분석방법 등이 있다.
④ 수정허프모델에서 고객의 구매확률은 상업지의 매장면적과 상업지로의 도달거리에 의해 결정된다.
⑤ 체크리스트법은 매출액과 비용에 영향을 미칠 것으로 예상되는 다양한 요인들을 나열하고 이를 토대로 전문가적 경험에 의존하여 시장 내 대안부지들을 체계적으로 비교 · 평가하는 기법이다.

해설

시장분석은 일반적으로 Top-Down방식, 즉 거시적인 것에서 미시적인 부분으로 내려오는 분석법을 쓴다. 시장선택 → 구역분석 → 부지평가의 순서이다.

| 정답 | ①

20 지대이론 및 도시공간구조이론에 관한 설명으로 옳지 않은 것은? 2019년 30회

① 리카도(D. Ricardo)는 비옥한 토지의 희소성과 수확체감의 법칙으로 인해 지대가 발생한다고 보았다.

② 마샬(A. Marshall)은 일시적으로 토지와 유사한 성격을 가지는 생산요소에 귀속되는 소득을 준지대로 보았다.

③ 알론소(W. Alonso)는 각 토지의 이용은 최고의 지대지불의사가 있는 용도에 할당된다고 보았다.

④ 호이트(H. Hoyt)는 저급주택지가 고용기회가 많은 도심지역과의 교통이 편리한 지역에 선형으로 입지한다고 보았다.

⑤ 해리스(C. Harris)와 울만(B. Ullman)은 도시 내부의 토지이용이 단일한 중심이 아니라 여러 개의 전문화된 중심으로 이루어진다고 보았다.

해설

호이트에 의하면 고급주택지는 교통이 편리한 지역인 교통망의 축에 가까이 입지한다. 저급주택지는 고용기회가 많은 지역에 입지한다.

| 정답 | ④

21 도시성장구조이론에 관한 설명으로 옳지 않은 것은? 2016년 27회

① 버제스(Burgess)의 동심원이론은 도시생태학적 관점에서 접근하였다.

② 해리스(Harris)와 울만(Ullman)의 다핵심이론은 도시가 그 도시내에서도 수개의 핵심 이 형성되면서 성장한다는 이론이다.

③ 동심원이론은 도시가 그 중심에서 동심원상으로 확대되어 분화되면서 성장한다는 이론이다.

④ 다핵심이론과 호이트(Hoyt)의 선형이론의 한계를 극복하기 위해서 개발된 동심원이론에서 점이지대는 저소득지대와 통근자지대 사이에 위치하고 있다.

⑤ 선형이론은 도시가 교통망을 따라 확장되어 부채꼴 모양으로 성장한다는 이론이다.

해설

이론이 등장한 순서는 동심원이론 - 선형이론 - 다핵심이론 순이다. 또한 점이지대는 중심업무지구(CBD)와 저소득층 주거지대 사이에 위치하고 있다.

| 정답 | ④

22 **입지 및 도시공간구조이론에 관한 설명으로 옳지 않은 것은?** 2018년 29회

① 최소마찰비용 이론은 경제부문의 집적화 이익이 시공간적으로 누적적 인과 과정을 통해 낙후된 지역까지 파급된다고 본다

② 알론소(Alonso)의 입찰지대곡선은 도심으로부터 교외로 이동하면서 거리에 따라 가장 높은 지대를 지불할 수 있는 산업들의 지대곡선을 연결한 선이다.

③ 해리스(Harris)와 울만(Ullman)의 다핵심이론은 서로 유사한 활동이 집적하려는 특성이 있다고 본다.

④ 버제스(Burgess)의 동심원이론은 침입, 경쟁, 천이과정을 수반하는 생태학적 논리에 기반하고 있다.

⑤ 호이트(Hoyt)의 선형이론은 도시공간의 성장 및 분화가 주요 교통노선을 따라 확대되면서 나타난다고 본다.

해설

허드(R. M. Hurd)의 최소마찰비용이론은 마찰비용(지대+교통비)이 가장 적은 쪽에서 도시가 팽창한다는 이론이다. 집적화이익이 시공간적으로 누적된 도시는 이미 마찰비용이 높은 상태이므로 마찰비용이 최소인 지역부터 성장이 이루어진다.

| 정답 | ①

23 도시공간구조이론에 관한 설명으로 옳지 않은 것은?

2021년 32회

① 동심원이론은 도시공간구조의 형성을 침입, 경쟁, 천이 과정으로 설명하였다.
② 동심원이론에 따르면 중심지에서 멀어질수록 지대 및 인구 밀도가 낮아진다.
③ 선형이론에서의 점이지대는 중심업무지구에 직장 및 생활 터전이 있어 중심업무지구에 근접하여 거주하는 지대를 말한다
④ 선형이론에 따르면 도시공간구조의 성장 및 분화가 주요 교통노선을 따라 부채꼴 모양으로 확대된다.
⑤ 다핵심이론에 따르면 하나의 중심이 아니라 몇 개의 분리된 중심이 점진적으로 통합됨에 따라 전체적인 도시공간구조가 형성된다.

해설

점이지대에 대한 설명은 선형이론이 아닌 동심원이론의 내용이다.

| 정답 | ③

해커스 감정평가사
ca.Hackers.com

PART 04

부동산정책론

제1장 부동산정책의 의의 및 기능

View Point

1. 정부가 부동산시장에 개입하여 긍정적 효과를 기대하는 부동산 정책의 전반적 개념을 정립한다.
2. 시장의 실패가 무엇인지 파악하고 이에 대한 원인은 나열할 수 있다.
3. '시장의 실패' 중 외부효과에 대하여 정(+), 부(-) 측면에서 확실한 차이점을 확인하고 반복 정리한다.
4. 시장에 대한 정부의 개입이 기존의 상태를 오히려 더욱 악화시키는 경우인 '정부실패' 원인을 파악한다.

제1절 부동산정책의 개념 및 종류

부동산과 인간과의 관계악화 현상, 토지 및 토지의 부가물(improvements)과 인간과 부조화 측면, 그 부조화는 인간에 의해 의도되어졌는가의 여부는 관계없이 개인이나 또는 집단의 행동으로부터 연유된 것이다. 오늘날 흔히 거론되어지고 있는 생활공간의 유한성이나 그 가치 및 그것의 환경으로서의 문제는 특히 최근에 인간의 생활, 더 나아가서는 인간의 생명과 관계되는 것으로서 본질적인 의문을 던져 주고 있다

1. 부동산문제의 특성

악화성향	어떤 부동산문제가 한 번 생기면 계속해서 나빠지는 경향이 있음
비가역성	부동산문제가 발생하면 이를 완전한 옛 상태로 회복하기 어려움
지속성	시간의 흐름과 함께 부동산문제는 계속됨
해결수단 다양성(복합성)	하나의 문제 해결을 위해 여러 수단이 동원되어야 함

2. 부동산정책의 개념

(1) 부동산정책의 필요성

경제적 논리	시장실패로 인한 정책의 필요성: 불완전경쟁, 규모의 경제, 외부효과, 공공재, 불안정적 불균형 변동 등을 방지하기 위해 공적 개입 필요
정치적 논리	부동산은 국가성립의 기본요소: 정부개입 필요, 반면에 정부실패 가능성이 존재
최유효이용론	공간은 한정되어 있고, 부동산 소유자의 자유로운 이용으로는 구성원들 모두에게 최선의 가치를 가져다줄 수 없기 때문에 공적 개입 필요
강력한 복지론	복지사회를 건설하기 위한 유효자원: 정부는 공공재로서 형평성을 위해 공적 개입 필요

(2) 부동산정책의 성격

부동산문제의 개선	부동산문제는 본래 상태로 되돌릴 수 없는 비가역성이 존재하기에 예방이 필요
부동산활동의 일부	부동산정책은 부동산활동의 일부로서 부동산학 응용분야의 하나로 분류
부동산법의 구현수단	부동산정책은 부동산법의 사회·경제적인 이상을 현실화 하는 수단

3. 부동산정책의 종류

토지정책	• 토지관리체계, 토지이용계획 및 공공용지의 확보, 토지소유권의 규제
주택정책	• 주택공급: 주택보급률은 주택공급의 통계치로 활용하며, 주택보급률을 100% 이상 확보하여 이사 등의 예비주택 여유분을 확보해야 함 • 주택가격 대책: 적정가격은 사회적으로 합리적인 수준이어야 하며, 정확한 수요예측과 공급정책이 필요 • 주거환경의 개선: 양적인 성장과 함께 질적인 성장(적합한 입지, 내부설계와 시공, 시설관리 등)이 필요
조세정책	• 관리 주체(국세와 지방세), 목적(지방세, 일반세), 부과대상 등에 따라 부과 • 조세의 성격: 재정수입원 기능에서 정책목표 달성의 수단(취득단계, 보유단계, 양도단계 세금 등)으로 활용 • 조세의 기능: 부동산 경기 조절, 분배문제 개선, 규제의 완급 조절 등
금융정책	• 금리정책: 저금리는 부동산가격을 상승시키고, 고금리는 하락시킴 • 대출정책: 간접적 정책으로 시장에서 즉시 발효·시행되기 때문에 다른 정책보다 효과가 크고 빠름

제2절 정부의 시장개입 필요성

1. 정치적 기능 수행

사회적 목표(형평성·효율성 등)를 달성하기 위해 정부가 부동산시장에 개입하는 것이 시대적 요청이나, 그 나라가 처해 있는 환경에 따라 정도와 내용을 달리 한다. 이때 사회적 목표는 형평성일 수도 있으며 효율성일 수도 있다. 예컨대 저소득층에 대한 주택공급에 대한 여러 가지 주택정책을 말한다.

2. 경제적 기능 수행

어떠한 요인에 의해 사적 시장이 실패할 경우에 이를 수정하기 위해 시장에 개입하고, 경기변동의 경제안정을 위하여 개입하는 것을 말한다.

KEY PLUS | 시장실패의 원인

시장실패란 시장의 가격자동조절기능이 원활히 작동치 못하여 사회에서 요구하는 적정량의 생산과 소비가 이루어지지 못하는 상태. 즉, 효율적인 자원배분이 이루어지지 못하여 초과수요 내지 초과공급의 불균형 상태에 머무는 시장상태를 말한다.

① 외부효과(외부경제 및 외부불경제)의 발생
② 부동산시장의 불완전성(불완전경쟁시장)
③ 공공재(비경합성+비배제성)와 무임승차(Free Ride) 예 국방, 치안, 가로등 등
④ 정보의 불확실성과 정보의 비대칭성
⑤ 규모의 경제(비용체감산업)
⑥ 부동산의 시장기구의 자율적 조정기능 상실

(1) 외부효과(외부성)의 문제

① 의의

부동산시장의 교환과정에 참여하지 않고 다른 사람에게 의도하지 않는 이익이나 손해를 주면서 이에 대한 대가를 주지도 받지도 않으며 시장가격에 반영되지도 않는 것을 외부효과라 한다.

② 외부경제[정(+)의 외부효과]

주택 주위에 호수, 공원이 있는 경우에 제3자의 행위가 시장 메커니즘을 통하지 않고 다른 제3자에게 미치는 이익을 주는 효과를 말한다. 이는 공급곡선은 변함이 없이 수요곡선을 우상향으로 이동시키며 주택 가치를 증가시키고, 균형량을 증가시킨다.

③ 외부불경제[부(-)의 외부효과]

제3자의 행위가 시장 메커니즘을 통하지 않고 다른 제3자에게 손해를 주는 효과를 말한다(낮은 비용, 가격으로 과대생산). 이를 정부가 규제하면 공급곡선을 좌상향으로 이동시켜서 주택 가치를 상승하게 하고 균형량을 감소시킨다(예 자동차공장과 양식업자).

외부경제(정의 외부효과) 기업 ⇨ 과수원과 양봉업	외부불경제(부의 외부효과) 기업 ⇨ 공해방출기업(시멘트공장)
대가관계를 받지 않고 의도하지 않은 이익을 줌 ⇨ PIMFY현상	대가관계를 지불하지 않고 의도하지 않은 손해를 미침 ⇨ NIMBY현상
• 사적비용 〉 사회적 비용 • 사적편익 〈 사회적 편익 • 과소생산	• 사적비용 〈 사회적 비용 • 사적편익 〉 사회적 편익 • 과대생산
보조금 · 지원금 · 조세경감 등의 조장정책을 사용하고 인근토지와의 합병적 · 협동적 이용을 하도록 유도하는 정책	공해유발업종 및 개발손실을 야기하는 기업에 대해 부담금을 부과하거나 중과세를 부과하는 등의 정책을 취한다. 또한 인근토지와의 어울리지 않은 이용의 진입을 규제하는 정책을 취할 수 있다.

(2) 외부효과의 대책

① **적극적 개입**: 환경오염물질 배출 허용기준제시 및 배출시 조업중지, 용도지역지구제와 같은 토지이용규제, 과징금 부과, 개발이익의 환수제

② **간접적 개입**: 개인으로 하여금 외부불경제로 인한 재산권 피해시에는 피해보상청구권을 인정하여 자율적으로 해결(코오즈의 정리)

> **WIDE PLUS | 정부실패(government failure)**
>
> 시장에 대한 정부의 개입이 자원의 최적 배분 등 본래 의도한 결과를 가져오지 못하거나 기존의 상태를 오히려 더욱 악화시키는 경우를 말한다. 정부실패 원인은 다음과 같다.
>
> 1. 정보 부족 또는 오류
> 2. 부적절한 정책 수립(관료주의, 관료집단의 무능)
> 3. 시행과정에서의 실효성 문제(행정의 비능률, 정책의 시차발생)
> 4. 정치적 압력, 이익집단의 로비, 관련 조직간 알력, 인간적 부패와 타락 등

제2장 토지정책

View Point

1. 토지문제에 대한 개괄적 이해를 바탕으로 토지부족문제, 지가고에 대한 문제 등을 간략히 정리한다.
2. 정부의 시장개입은 직접개입, 간접개입, 이용규제로 구분되는데 매우 자주 출제되므로 철저히 학습한다.
3. 토지투기억제를 위한 정부의 대책에는 어떠한 종류가 있는지 확인한다.
4. 토지공개념 관련제도 중 현재 시행되고 있지 않는 택지소유상한제와 토지초과이득세 등을 정리한다.
5. 용도지역 · 지구제는 매우 중요한 외부효과 대응 수단이므로 전체 흐름을 확실히 정리하여 둔다.

제1절 토지문제

1. 토지부족문제

(1) **물리적 부족문제:** 자연적 조건으로서 토지가 부족한 것이다. 이는 물리적 개발이나 매립, 경제적 이용으로 극복할 수밖에 없다.

(2) **경제적 부족문제:** 경제적 이용을 위해 요구되는 조건을 결여함으로써 생기는 토지의 부족 현상이다.

2. 토지이용의 비효율성

토지를 효율적으로 이용한다는 것은 매우 어렵다. 그 이유는 각종 용도지역과 여타의 행정규제 등과 지역의 무질서한 개발 등의 이용이 지역의 균형, 안전을 방해하며 문제를 야기하기 때문이다. 토지문제를 해결하는 방법은 주어진 토지자원을 능률적으로 이용하는 것이며, 그 이용도를 높일수록 물리적 토지부족의 심각성을 덜 수 있다.

3. 지가고(地價高)의 폐해

(1) **투기심리의 만연:** 지가가 이상하게 상승하면, 자본이득을 얻으려는 심리를 부추기게 되어 투기 심리가 만연하게 된다.

(2) **사회 불평등의 심화:** 지가가 상승하면 국민경제에 심각한 영향을 끼쳐 부의 재분배를 왜곡시킴으로써 사회 불평등을 초래하게 된다.

(3) **공공용지 확보의 어려움:** 국가나 지방자치단체는 여러 시설을 설치하기 위해 공공용지를 취득하는데 공공용지 가격이 높으면 그만큼 예산을 증액하거나 필요한 양을 줄여야 하기 때문에 어려움이 발생된다.

(4) **기업경영에 악영향:** 지가가 높으면 제품의 생산비가 높아지므로 기업은 제품의 가격을 상승시키게 되고 물가를 압박하게 된다.

(5) **주택문제 해결에 악영향**

① 주택취득에 불가결한 조건인 택지취득을 어렵게 한다.

② 택지비에 많은 비용이 들면 상대적으로 건축비가 줄어들기 때문에 설비 등의 질적 수준이 낮아져 주택의 질이 저하된다.

③ 높은 택지가격은 공동주택의 고층화를 촉진시키며, 주택의 협소화를 조장한다.

④ 직주분리 현상이 생겨 통근을 어렵게 한다.

(6) **토지이용에 악영향:** 지가수준이 불합리하게 높으면 토지의 분할이용이 촉진되어 과밀화의 요인이 되며, 때로는 스프롤(sprawl)현상이 발생하여 토지이용이 혼란해진다.

4. 분배의 부적정

토지분배는 소위 역대의 토지문제였으며, 면적분배, 소유권분배 또는 그로부터 발생하는 수익의 분배가 부정적하게 이루어진 것이 그 문제의 핵심이었다.

5. 관리의 비원활

양호한 토지제도를 유지하기 위해서 원활하고 적당하게 토지를 관리해야 한다. 우리가 더불어 사는 생활 속에서 토지는 분규를 발생시키는 원인이 되기 때문에, 인간과 토지가 친밀한 관계를 유지하도록 토지를 관리해야 하며 그렇지 않으면 문제가 생긴다.

제2절 토지정책

1 토지정책의 수단

직접개입방식	간접개입방식	토지이용규제
정부가 직접 개입하여 수요, 공급량을 통제하거나 가격통제를 하거나 토지의 수요자와 공급자의 역할을 담당하는 경우 ① 토지비축(은행)제도 ② 분양가(임대료)상한제 ③ 토지수용, 토지선매 ④ 공공소유제도(공공임대보유) ⑤ 공공임대주택정책 ⑥ 공영개발과 토시개발	시장기구의 틀을 유지하면서 그 기능을 통해서 소기의 성과를 거두려는 방법(경제적 동기조성) ① 금융수단(대출지원 및 규제 등) ② 각종 보조금(주택바우처 등) 및 부담금 ③ 토지관련 조세부과(부동산보유세, 거래세 등)와 조세감면 ④ 토지 행정상의 지원(부동산가격공시제도, GIS구축)등	토지이용행위를 바람직한 방향으로 유도하기 위해 법적, 행정적 조치에 의해 구속하고 제한하는 것 ① 용도지역지구제 ② 부동산거래허가제 ③ 건축규제 ④ 정부의 각종 인 · 허가제 ⑤ 도시계획 ⑥ 개발권양도제(T.D.R)

2 토지투기억제대책

(1) **토지거래허가제:** 토지거래계약 전에 행정관청 허가
(2) **검인(檢印)계약서제도:** 부동산등기특별조치법의 특례규정
(3) **농지취득자격증명제도:** 농지소재지 관할 시 · 구청장, 읍 · 면장이 증명발급
(4) **임야매매증명제도(1997년 폐지):** 농지취득자격증명제와 같은 취지
(5) **유휴지제도**

3 토지공개념 관련제도

1. 토지공개념과 역할

(1) 토지의 사적 소유는 인정하되, 그 이용은 공공복리에 적합하게 규제한다는 것이다. 토지시장안정, 토지소유권의 형평적 분배, 개발이익환수 등의 목적으로 도입되었다.
(2) 토지시장안정, 토지관련 세수의 증대라는 순기능이 있으나 수요억제에 치중하여 토지거래 및 이용의 위축, 토지시장의 자율성 훼손이라는 역기능이 있다.

2. 토지공개념 관련제도

(1) **택지소유상한제:** 국민이 고르게 택지를 소유할 수 있도록 하기 위해 택지에 대한 초과소유부담금을 부과(1998년 폐지)
(2) **토지초과이득세:** 양도소득세만으로 부동산경기과열을 막는데 한계가 있어, 지가상승만을 기대하는 유휴토지의 공급을 촉진해 지가를 안정시키기 위한 제도(1998년 폐지)
(3) **개발부담금제:** 행정청의 개발과 관련한 인 · 허가로 인해 발생한 토지증가(增價)를 환수하는 제도
(4) **등기의무제:** 부동산등기특별조치법에서 소유권이전등기 신청 의무화
(5) **부동산실명제:** 부동산실명제란 부동산거래시에 차명, 즉 남의 이름을 빌려 쓰는 행위를 금지시키는 것으로 금융실명제의 보완적 성격이 강한 제도이다. 이에 관한 "부동산실권리자명의등기에 관한 법률"이 제정되어 1995년 7월 1일부터 시행되고 있다.

4 개발이익환수제도

1. 개발이익환수의 필요성

(1) 불로소득의 사유화 가능성은 투기의 원인이 된다.
(2) 개발이익의 사유화는 빈부격차를 심하게 한다.
(3) 투기의 제거는 지가를 안정되게 한다.
(4) 개발이익환수로 정부의 재정수입이 증대된다.
(5) 불필요한 조기개발을 막을 수 있다.

2. P.H. 클라크의 개발이익환수제도 분류

(1) **초과매수법:** 공공사업에 필요한 양 이상의 토지를 매수해, 가치가 증대된 높은 가격으로 매각 또는 임대

(2) **상쇄법:** 부분수용의 경우 개발이익을 상쇄한 후 보상

(3) **직접부과법:** 개발이익환수세 등 부과

(4) **토지국유화법:** 개발이익이 발생할 토지를 국유화한 뒤 그것을 수요자에게 임대

3. 개발이익환수제도의 유형

(1) **개발권허가제도:** 토지의 소유권과 개발권을 분리해 개발권을 국가에 귀속시켜 개발을 원하면 국가의 허가를 받도록 하는 제도

(2) **개발권선매제도:** 먼 장래에 발생할 토지개발에 관한 권리를 국가가 토지소유자로부터 미리 매입하는 제도

(3) **개발권양도(TDR)제도**

① 개발권과 소유권을 분리하되 개발권상실로 인한 개발(우발)손실을 개발(우발)이익으로 보상하는 정책수단

② 개발권허가제도나 개발권선매제도의 문제점을 보완할 수 있으며, 미국에서 문화재보호 차원에서 고안되었다.

③ 즉, 문화재가 발견된 지역을 보전지역으로 지정함에 따라 발생하는 개발손실을 개발지역의 개발이익으로 보상을 해준다.

(4) **토지비축(은행)제도:** 미래의 용도를 위해 정부가 미리 싼 값에 미개발토지를 대량 매입하여 공공자산보유 또는 공공임대 보유형태로 비축하였다가 토지수요의 증가에 대응하여 이 비축된 토지를 수요자에게 팔거나 대여하는 제도

장점	• 공공시설용지를 제때 저렴한 가격으로 공급할 수 있다. • 개인들의 무계획한 개발을 막을 수 있다. • 개발이익을 사회로 환수할 수 있다.
단점	• 막대한 토지매입비가 필요하다. • 방대한 토지관리행정이 요구된다. • 정부가 투기자 역할을 한다고 볼 수도 있다.

(5) **공영개발:** 일단의 토지소유자들로부터 토지를 매입하기 때문에 개발이익을 어느 정도 환수할 수 있다. 그러나 개발된 토지를 분양하고 난 후 발생하는 지가앙등에 따른 개발이익을 환수할 수는 없다. 또한 도시개발사업(구 토지구획정리사업)과 마찬가지로 공영개발 주변지역의 지가상승에 대해서는 아무런 대책이 없다.

(6) **공공임대보유제:** 개발된 토지를 분양하지 않고 임대하는 것이다. 즉, 공영개발에 따른 지가상승이 클 경우 이것은 원래 토지소유자들의 희생위에 엉뚱한 사람들에게 특혜를 주는 결과가 될 수 있다는 형평성의 문제를 해결하는 방법이다.

5 토지이용규제

1. 토지이용규제의 방법

지역지구제 · 건축규제 · 인허가제도 · 도시계획 등이 보편적인 방법이다.

2. 용도지역 · 지구제

(1) **목적:** 지역 · 지구제의 목적은 전국토를 일정한 용도지역 · 지구 · 구역 등으로 구분하여 토지이용의 제한을 가함으로써 토지이용에 수반되는 기술적 · 경제적인 부(負)의 외부효과를 제거하거나 감소시키는 데에 그 목적이 있다.

(2) **지역 · 지구제의 경제적 효과:** 지역 · 지구제는 사적(私的) 시장이 부(負)의 외부효과에 대하여 효율적으로 대처하지 못하여 시장실패가 있을 때 정부에 의해 흔히 채택되는 부동산규제의 한 방법이다 지역 · 지구제가 시행되면 부동산사용을 특정 용도로 제한하므로, 투자자의 입장에서는 부적합한 토지이용으로 인한 주택의 가치가 하락할 위험을 감소시켜 준다. 다른 조건이 동일하다면 위험부담의 경감은 기대수익을 그만큼 높여주므로 그 지역에 대한 부동산수요를 증가시키고 단기적으로 부동산가치를 상승하게 한다.

① 단기적 효과

어울리지 않는 토지이용을 분리시킴으로 그 지역 부동산에 대한 수요가 증가해 가격이 상승한다. 결과적으로 지역 지구제의 실시는 단기적으로 그 지역의 주택가치와 주택량을 증가시킨다. 그러나 장기에 있어서는 그 결과가 다르게 나타난다.

② 장기적 효과

㉠ 다른 공급자의 진입으로 가격은 다시 하락하게 된다. 단기적으로 주택가치가 상승함에 따라 기존의 공급자들은 초과이윤을 획득하게 된다. 기존 공급자들의 초과이윤의 획득은 설비의 확장과 새로운 기업의 시장진입을 유발시켜 시장 전체의 공급은 증가하게 된다. 그 결과 공급곡선은 우측으로 이동하게 된다.

㉡ 초과이윤이 발생하면 수요는 즉각적으로 반응하여 수요곡선을 이동시키지만, 공급은 설비의 설치와 생산 기간이 필요하므로 장기적으로 반응한다. 따라서 수요곡선의 분석은 단기분석이고, 공급곡선의 분석은 장기분석에 해당된다.

㉢ 장기적으로는 초과이윤의 획득은 다른 공급자들의 진입을 유발하고 비용불변산업의 경우는 원래의 주택가치수준에서 주택공급량을 증가시킨다. 비용증가산업의 경우는 비용불변산업의 경우보다 공급의 증가가 작게 이루어지므로 원래의 가격수준보다 높은 가격수준에서 새로운 균형이 형성된다(초과이윤 소멸할 때까지 공급증가).

㉣ 당해 지역에 신축금지조치를 취하면 경쟁적 지역에서 신축에 의한 공급의 증가가 이루어져서 기존 소유자의 초과이윤은 소멸한다.

(3) **지역 · 지구제와 독점의 문제점:** 부동산에서 문제는 사전적 독점, 즉 특정지역만 용도를 지정하거나 변경하는 것을 말하며, 사후적 독점은 초과이윤이 생기지 않는다. 왜냐하면 투자자가 지불하는 가격에는 이미 위치에 대한 이익이 가산되어 있기 때문이다.

WIDE PLUS | 지역지구제의 단점을 보완한 제도

1. 성과주의 지역지구제(Performance Zoning): 지역의 환경여건과 수용력을 고려하여 공해물질을 발생시키는 업소에 대한 총량규제를 하는 방식으로, 우리나라의 수도권정비계획법에도 이러한 총량규제개념이 도입되어 공장과 대학의 입지 등에 적용되고 있다.
2. 계획단위개발(PUD;Planned Urban Development): 미국에서 교외의 주거단지를 만들 때 사용하는 수법으로, 이는 개발업자가 전체적인 개발계획을 수립하고 공공은 전체적인 밀도와 기반시설 여건을 확인한 후에 개발을 허가하는 제도이다. 일단 허가받은 내용은 개발 후 필지를 분양할 때 유효하게 적용되며, 우리나라에서는 지구단위계획에 이를 응용하고 있다.
3. 재정적 지역지구제(Fiscal Zoning) · 계약지역지구제(Contractual Zoning): 기반시설의 공급에 역점을 둔 지역지구제로, 이 제도하에서 민간은 공공에 토지 등의 현물을 기부하거나 시설을 준공하여 귀속케 하며, 또한 현금으로 부담할 수도 있는 등 다양한 방법의 기반시설에 대한 부담을 지우는 방법이다.
4. 개발권양도제(TDR;Transferable Development Rights): 공익목적을 위해 높이나 용적률의 규제가 적용될 경우, 주변의 이용에 비해서 규제되는 부분에 대한 개발권을 발행하여 이를 근처의 지역에서 판매하도록 하고, 개발권을 구입한 개발자에게는 개발권의 양만큼 법적 용적률을 초과하여 개발하는 것을 허용함으로써 보상이 이루어지도록 하는 제도이다.

제3장 주택정책

View Point

1. 임대주택 정책은 매우 반복적으로 출제되는 주제이므로 포괄적인 이해가 선행되어야 한다.
2. 임대료상한제(규제)는 분양가상한제와 동일한 구조를 가지고 있으므로 함께 학습한다.
3. 분양가상한제가 임대주택 정책 중 가장 많이 등장하는 테마이므로 규제 효과 자율화 효과까지 정리한다.
4. 분양가(임대료)를 규제함으로써 발생하는 수요 · 공급의 불일치에 대한 계산문제를 미리 대비한다.
5. 분양가상한제 적용주택과 미적용주택을 구분한다.

제1절 주택문제

주택문제는 주택사정이 악화되어 많은 사람에게 과제가 되는 것을 말한다. 주택이 가지는 특수성 때문에 주택문제는 지속성이 있으며, 이는 양적 문제와 질적 문제로 구별된다.

1. 양적 주택문제

필요한 주택수에 공급된 주택이 부족한 것. 원인은 다음과 같다.

(1) 인구증가(자연적 · 사회적 증가), 결혼과 이혼, 핵가족화 현상

(2) 기존주택의 노후화에 따른 교체수요 발생

(3) 필요적 공가율 증가: 필요적 공가는 다음과 같은 현상에 기인해 요구된다.

① **마찰적 공가현상:** 적정 공가율로서 현재 가구 수의 3~4% 공가율을 의미한다. 이는 주택 유통을 원화하게 하기 위해 필요하다.

② **의도적 공가현상:** 제1주택을 비우고, 제2주택에 투숙했을 때의 비어 있는 공가율을 말한다.

③ **통계적 공가현상:** 주택통계조사를 함에 있어서 3분의 2이상 완공된 주택을 주택보급률에 포함시킴으로써 현실과의 차이로 발생하는 공가율이다.

④ **주택방기현상:** 도시주택방기현상 + 농촌주택방기현상

2. 질적 주택문제

경제가 향상되어 개인의 가처분소득이 늘면 주택의 교체욕구가 생기고 그에 따른 공급불균형이 발생하여 질의 문제가 생긴다. 불량주택 문제를 생각할 수 있는데 이는 낮은 소득수준이 원인이며, 주거수준은 계량화하기 어렵다. 질적수요를 증가시키는 요인으로는 소득증대, 생활수준의 향상, 신건축자재의 개발과 보급, 주택금융의 확대, 행정상의 조장과 배려 등을 들 수 있다.

WIDE PLUS | 소득분배의 측정수단

① 10분위분배율 = $\frac{\text{하위층 40\%의 소득합계}}{\text{상위층 20\%의 소득합계}}$ ⇨ 클수록 소득분배가 개선됨

② 로렌츠곡선이 대각선에 가까워 로렌츠면적이 작을수록 소득분배가 개선됨

③ 지니계수는 0과 1사이므로 지니계수가 0에 가까울수록(작을수록)소득분배가 개선됨

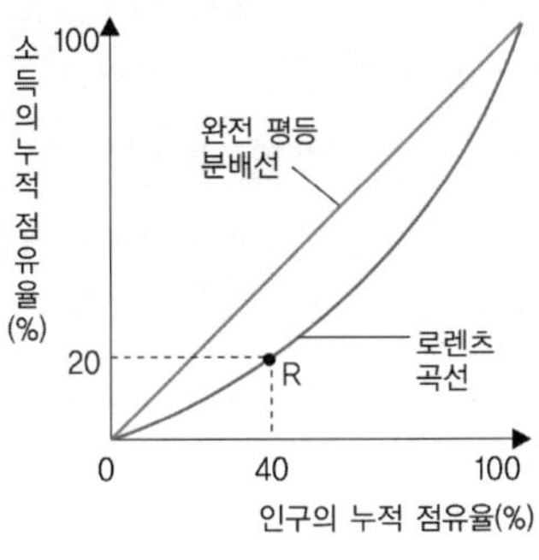

제2절 주택정책

1 임대주택정책

1. 임대료 상한제(규제)

(1) 임대료의 급상승은 주거를 불안정하게 하기 때문에 임대료를 규제한다.

(2) 임대료 상한제를 임대료 한도제라고도 하는데, 이는 주택의 소유자가 임차인에게 어느 특정 수준 이상으로 임대료를 부과할 수 없도록 하는 제도이다.

(3) 정부에서 규제하는 한도가 시장에서 결정되는 균형임대료보다 높다고 하면, 시장에서의 주택가치와 공급량에는 아무런 영향을 미치지 않는다.

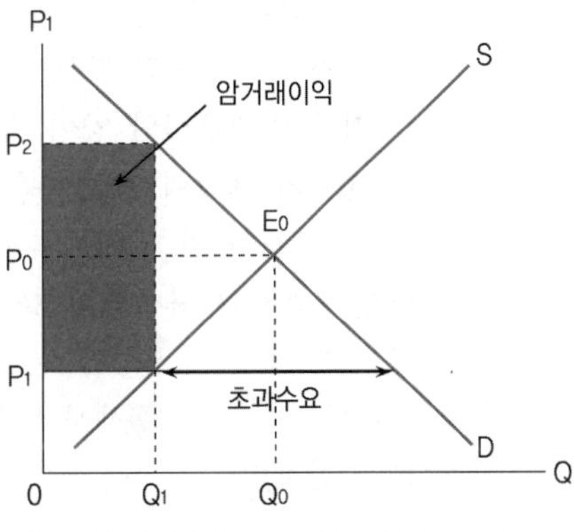

(4) 정부에서 규제하고 있는 임대료가 시장의 균형임대료보다 낮게 설정되어 있을 경우에는, 균형임대료 수준보다 낮은 임대료 설정은 그만큼 초과수요를 발생시켜 임대부동산의 부족 현상을 초래하게 된다.

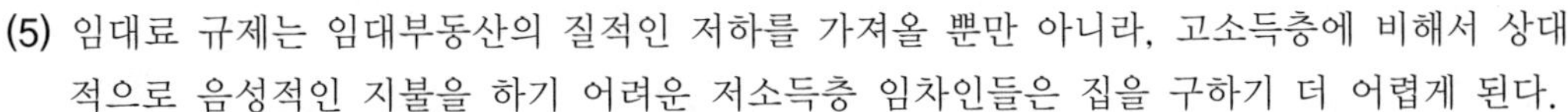

(5) 임대료 규제는 임대부동산의 질적인 저하를 가져올 뿐만 아니라, 고소득층에 비해서 상대적으로 음성적인 지불을 하기 어려운 저소득층 임차인들은 집을 구하기 더 어렵게 된다.

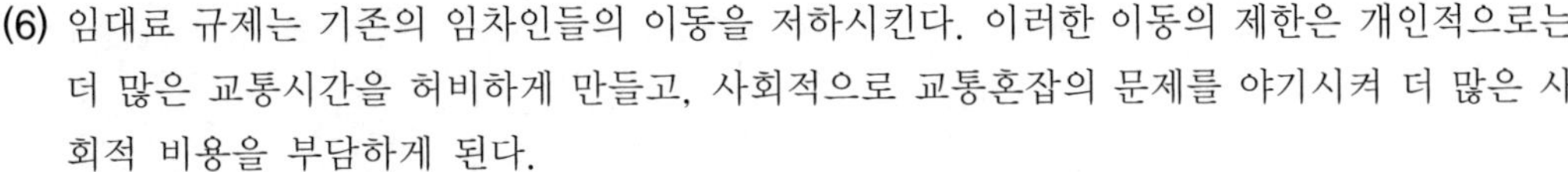

(6) 임대료 규제는 기존의 임차인들의 이동을 저하시킨다. 이러한 이동의 제한은 개인적으로는 더 많은 교통시간을 허비하게 만들고, 사회적으로 교통혼잡의 문제를 야기시켜 더 많은 사회적 비용을 부담하게 된다.

(7) 임차인들이 이동하지 않게 됨에 따라 새로운 임차인들은 기존의 임차인들보다 불리한 위치에 놓이게 되고 더 많은 임대료를 지불하게 된다.

(8) 임대료 규제에 따른 부작용은 다음과 같다.

① 임대주택의 과소비를 초래하고 주거이동을 감소시킨다.

② 임대주택의 질적 수준을 떨어뜨리는 결과를 가져온다.

③ 임대인의 이익을 감소시켜 임대주택공급의 저하요인이 될 수 있다.

④ 임대주택의 암거래, 웃돈현상이 발생할 수 있다.

임대업자 측면	임차인 측면	정부 및 시장 측면
① 투자기피 ⇨ 주택공급량 감소 ② 임대주택 다른 용도로 전환 ③ 임대주택 질적 수준 저하	① 임차인 집구하기 더 어려워짐 ② 임대주택의 과소비 초래 ③ 가구이동 감소	① 임대소득세액 감소 ② 임대주택 암시장 형성 ⇨ 암거래 발생

2. 임대료보조 정책

(1) 개념

임대료보조 정책은 임대료규제와 함께 저소득층의 주택문제를 해결하기 위한 간접적인 시장 개입 정책이다. 임대료보조란 정부가 무상으로 임대료의 일부를 보조해 주는 정책으로 저소득층이 부담하는 임대료를 경감시키므로 임대료보조정책은 저소득층의 실질소득을 증가시키는 효과가 있다.

(2) 효과

① 임대료 보조는 저소득층의 실질소득이 상승한 것과 같은 효과를 가져온다. ⇨ 임대주택의 수요 증가(임대료 상승)

② 저가 임대주택의 공급증가

⇨ 저가 임대주택의 건설을 제한하는 정도에 따라 고가주택으로부터 하향여과 되어오는 저가 임대주택의 양이 결정된다.

⇨ 정부의 제한이 강할수록 많은 양의 저가주택이 고가주택으로부터 하향여과 된다.

③ 장기적으로 저가 임대주택의 양은 증가하나 고가주택의 양은 전과 동일한 수준에서 균형을 이룬다(비용불변산업인 경우).

⇨ 다른 조건이 일정한 경우 임대료도 원래 수준으로 회귀한다.

④ 임대료 보조금은 집세보조금보다 현금으로 보조금을 지원하는 것이 소비자 잉여를 더 크게 한다.

구분	임대료보조(가격보조)	소득보조(현금보조)
개념	• 보조금을 임대료로만 사용 • 주택바우처제도	• 임대료보조와 동일한 금액을 현금으로 지급 • 임차인이 보조금을 주택과 비주택 재화에 자유롭게 배분
비교	주택의 상대가격 하락 ⇨ 주택소비증가	적정 주택소비 수준을 임차인 스스로 결정
	주택소비량의 절대적 증대 측면에서 유리	임차인의 주택소비증대 측면에서는 불리
	임차인의 후생증대 측면에서는 소득보조보다 불리	소비자의 선택폭이 넓어져 효용적 측면에서 우월

WIDE PLUS | 주거급여와 주택바우처 제도

주거급여	① 저소득층 가구의 주거 안정을 위해 도입된 제도 ② 일정 수준 이하의 소득을 가진 가구에게 임대료나 주택 구입 비용 등을 지원 ③ 기초생활수급자와 차상위계층 등에게 지원 ④ 지원 형태는 실질적인 현금 지원과 공공임대주택 공급 등 다양 ⑤ 수급 자격은 소득과 재산 기준에 따라 결정, 해당 기준은 정부에서 매년 발표
주택바우처	① 2010년 서울시에서 시범사업으로 도입 ② 기초생활수급자와 차상위계층의 주택임대료 일부만 지원 ③ 현재 우리나라에서 공식적으로 시행하고 있지 않음

3. 공공임대주택 공급

(1) 개념

저소득층을 위해 정부가 시장임대료보다 저렴한 가격으로 임대주택을 공급하는 정책(정부의 직접개입정책)

(2) 단기적 효과

① 공공주택 임대료 〈 사적시장 임대료 ⇨ 공공주택 공급은 공공주택 수요를 증가시키고 사적시장의 임대주택에 대한 수요를 감소시킨다.
⇨ 저가주택에 대한 사적시장의 임대료 수준은 하락한다.

② 공공주택의 공급은 공공주택으로 이주해 오는 사람이나 사적시장에 머무는 사람이나 단기적으로 둘다 혜택을 보게 된다.

(3) 장기적 효과

① 다른 조건이 일정할 경우 공공주택의 공급은 사적시장의 공급을 그만큼 감소시키므로 사적시장의 임대료는 원래의 수준까지 상승하며 회복된다(사회전체의 임대주택의 양은 불변).

② 공공주택의 공급은 임대료에 대한 2중가격을 형성하여 공공주택에 거주하는 저소득층에게만 혜택을 준다. 즉, 공공주택 거주자들은 임대료 차액만큼 정부로부터 보조받는 것과 같은 효과를 얻는다.

2 분양가 상한제와 자율화

1. 분양가 상한제(규제)의 효과

(1) 분양가가 시장가격 이하면, 공급감소 · 수요증가(초과수요)로 투기가 발생한다.
(2) 또한 도시화 · 인구집중 등의 상황에서는 기존주택의 공급이 위축되고, 가격수준도 상승하게 된다.

2. 분양가 자율화의 효과

(1) 단기적으로 분양주택가격의 급상승과 대형평수 위주의 공급 등이 나타날 수 있다.
(2) 장기적으로는 신규주택공급 확대되고 신규주택의 가격이 상승하며 가수요가 소멸한다.
(3) 가수요 소멸은 주택수요의 감소와 중고주택공급을 확대함으로써 중고주택가격을 하락시켜 신규주택시장과 중고주택시장이 균형을 이루게 된다.

WIDE PLUS | 주택분양가 제한 관련 내용(주택법 제57조)

분양가상한제 적용주택	분양가상한제 미적용주택	분양가격 공시
• 공공택지 • 도심 공공주택 복합지구 • 주거재생혁신지구 • 국토교통부장관이 지정하는 지역	• 도시형 생활주택 • 경제자유구역 내 일정 요건을 갖춘 공동주택 • 관광특구 내 일정 요건을 갖춘 공동주택 • 소규모주택정비사업 • 정비사업 중 일정 공공성 요건을 갖춘 주택 등	• 택지비 • 공사비 • 간접비 • 국토부령으로 정하는 비용

3 선분양제도와 후분양제도

구분	선분양제도	후분양제도
의의	① 완공전의 주택 분양 ② 민간자금을 조달 ③ 공급자 중심	① 완공후의 주택 분양 ② 건설업자 직접 자금조달 ③ 소비자 중심
장점	① 분양금 분할 납부 ② 목돈 마련 부담 덜함 ③ 건설업자 건설자금을 쉽게 조달	① 상품비교 가능 소비자의 선택 폭이 넓음 ② 분양금의 금융비용 전가 문제없음 ③ 회사의 부도로 인한 소비자의 피해 없음 ④ 견본주택과 비교한 분쟁이 줄어듬 ⑤ 부실시공으로 인한 분쟁이 줄어듬 ⑥ 투기축소(분양권 프리미엄이 없음)
단점	① 건설자금 이자는 소비자가 부담 ② 건설업체의 자금난의 위험은 소비자가 부담 ③ 건설업체의 부도 시 입주가 지연 ④ 부실시공으로 주택의 품질 저하 ⑤ 부동산투기 발생 ⑥ 견본주택의 필요성 절실 ⑦ 건설업체와 분쟁 많음	① 소비자의 단기간에 목돈을 마련 ② 건설회사의 건설자금을 직접 조달 ③ 주택공급 감소 ④ 주택상품의 비교시간 부족 ⑤ 건설자금 이자: 소비자 전가 가능

제4장 부동산 조세정책

View Point

1. 부동산 관련 조세를 국세/지방세, 취득/보유/양도, 비례/누진, 신고납부/보통징수 등으로 나누어 암기한다.
2. 조세부과의 효과 즉, 전가와 귀착 문제를 정확히 이해하고 설명할 수 있어야 한다.
3. 균형시장에서 부동산조세가 종량세 형태로 부과되었을 때, 줄어드는 거래량과 경제순손실을 계산한다.
4. 재산세, 종합부동산세, 양도소득세는 부동산 조세 중 상대적으로 더 중요한 세목으로 인지하여 학습한다.

제1절 부동산관련 조세일반

1. 부동산 조세의 기능

재정조달 기능	정부 · 지방정부의 재원 조달
사회 정책적 기능	① 소득재분배 ② 부동산 자원배분 ③ 지가안정 ④ 주거안정 기능 ⑤ 부동산 투기억제

2. 부동산조세의 분류

(1) 조세이론상의 분류

① 국세와 지방세 – 과세주체에 따른 분류

㉠ 국세: 중앙정부나 과세권에 의해 징수하는 조세(예 종합부동산세, 양도소득세, 상속세, 증여세, 소득세, 부가가치세, 인지세)

㉡ 지방세: 지방자치단체가 국가로부터 부여받은 과세권에 의해 과징하는 조세(예 재산세, 취득세, 등록면허세)

구분	취득단계	보유단계	양도단계
국세	상속세, 증여세, 부가가치세, 인지세	종합부동산세, 부가가치세	양도소득세, 부가가치세, 인지세,
지방세	취득세, 등록면허세	재산세	(소득할)주민세

② 종가세와 종량세

㉠ 종가세: 과세표준의 표시형태가 금액, 가액 등 화폐단위인 조세 : 비율(%)적용(예 양도소득세, 종합부동산세, 취득세, 등록면허세, 재산세 등)

㉡ 종량세: 과세표준의 표시형태가 수량, 면적 등 화폐 이외의 단위인 조세 : 금액적용

구분	취득단계	보유단계	양도단계
종가세	취득세, 등록면허세	재산세, 종합부동산세	양도소득세
종량세	등록면허세(일부)		

③ 비례세와 누진세 - 세율에 따른 분류

㉠ 비례세: 과세표준의 크기와는 관계없이 일정세율이 적용되는 조세

㉡ 누진세: 과세표준금액이 증가함에 따라 적용되는 세율도 점차 높아지는 조세

구분	취득단계	보유단계	양도단계
비례세	취득세, 등록면허세(일부)	재산세(일부), 종합부동산세(일부)	
누진세		재산세(일부), 종합부동산세(일부)	양도소득세(일부)

④ 신고납부와 보통징수

㉠ 신고납부: 납세의무자가 그 납부할 조세의 과세표준액과 세액을 신고하고 동시에 신고한 세금을 납부하는 방식, 신고 및 납부의 불이행시 가산세 발생

㉡ 보통징수(정부부과): 과세권자가 납세고지서를 납세의무자에게 교부하여 세금을 징수하는 방식이며, 신고 및 납부의무가 납세의무자에게 부여되지 않아 가산세 없이 가산금만 발생

구분	취득단계	보유단계	양도단계
보통징수		재산세, 종합부동산세(일반)	
신고납부	취득세, 등록면허세	종합부동산세(예외)	양도소득세

제2절 조세부과의 효과

1. 조세의 전가와 귀착

(1) 조세의 전가: 조세를 처음 부과시 각 경제주체들이 자신의 경제활동에서 부과된 조세의 실질적인 부담의 일부 또는 전부를 다른 경제주체에게 이전하는 것을 말한다.

(2) 조세의 귀착: 전가된 실질적인 조세가 각 경제주체들에게 최종적으로 누가 부담하느냐의 문제를 말한다. ⇨ 수요 · 공급의 탄력성에 따라 부담액이 달라진다.

(3) 세금의 부과는 수요와 공급이 완전탄력, 완전비탄력이 아닌 한(우하향의 수요곡선, 우상향의 공급곡선인 경우) 어느 일방만의 부담으로 귀착되지는 않으며 부담액의 차이는 있으나 쌍방 모두에 귀착된다.

※ 주택가격이 1억원이고 재산세를 1천만원 부과할 때 수요의 가격 탄력성이 공급의 탄력성보다 크다면 주택가격은 500만원보다 적게 상승한다. 만일 주택가격이 300만원 상승하면 소비자부담액은 300만원 증가하고 공급자 부담액은 700만원 증가한다.

⇨ 공급곡선이 조세부과 크기만큼 좌상향 이동하는 효과가 나타나고, 주택가치는 조세부과액 보다 적게 상승한다.

⇨ 예전보다 주택 소비 · 공급량(주택거래량)이 감소한다.

⇨ 주택 수요, 공급의 탄력성이 작은 쪽(비탄력적)에서 부담액이 더 크고, 탄력성이 큰 쪽(탄력적)에서 부담액이 더 작다.

(4) 일반적으로 주택 부족률이 심한 국가에서는 임대주택시장의 수요곡선이 상대적으로 비탄력적이 된다.

※ 토지의 공급은 비탄력적이므로 토지에 대한 조세부과시에도 토지의 양을 줄이지 못하므로 자원배분의 왜곡이 일반재화보다 적다.

2. 탄력성의 크기와 조세의 귀착

(1) **수요가 완전 비탄력적(수요곡선 수직):** 소비자(임차인)가 전부 부담한다.

(2) **공급이 완전 비탄력적(공급곡선 수직):** 생산자(임대인)가 전부 부담한다.

(3) **공급이 비탄력적일 때(수요가 탄력적 일 때):** 소비자(임차인) 부담이 작아지고 생산자(임대인)의 부담이 커진다.

(4) **수요가 비탄력적일 때(공급이 탄력적일 때):** 생산자(임대인)의 부담이 작아지고 소비자(임차인)의 부담이 커진다.

(5) 신규주택과 중고주택에 조세를 부과하면 신규주택의 소비자인 고소득층이 중고주택의 소비자인 저소득층에 비해 오히려 조세를 적게 부담하는 결과를 야기한다(역진세 성격).

① **신규주택(고가주택)**: 공급이 비탄력 ⇨ 공급자가 많이 부담하고 수요자(고소득층)가 적게 부담하는 효과

② **중고주택(저가주택, 임대주택)**: 공급이 탄력적 ⇨ 공급자가 적게 부담하고, 수요자(저소득층, 임차인)가 많이 부담하는 효과

KEY PLUS | 탄력성과 조세귀착 요약

1. 수요가 탄력적일수록 소비자부담은 작아지고, 수요가 비탄력적일수록 소비자부담은 커진다.
2. 공급이 탄력적일수록 생산자부담은 작아지고, 공급이 비탄력적일수록 생산자부담은 커진다.

---

(6) 정부가 일률적으로 주택가격에 적용하는 재산세는 역진세적인 효과를 나타낸다. 이에 대한 해결방안으로 누진세를 부과하는 것이 소득계층간의 조세부담의 형평성에 대한 왜곡현상을 방지할 수 있다.

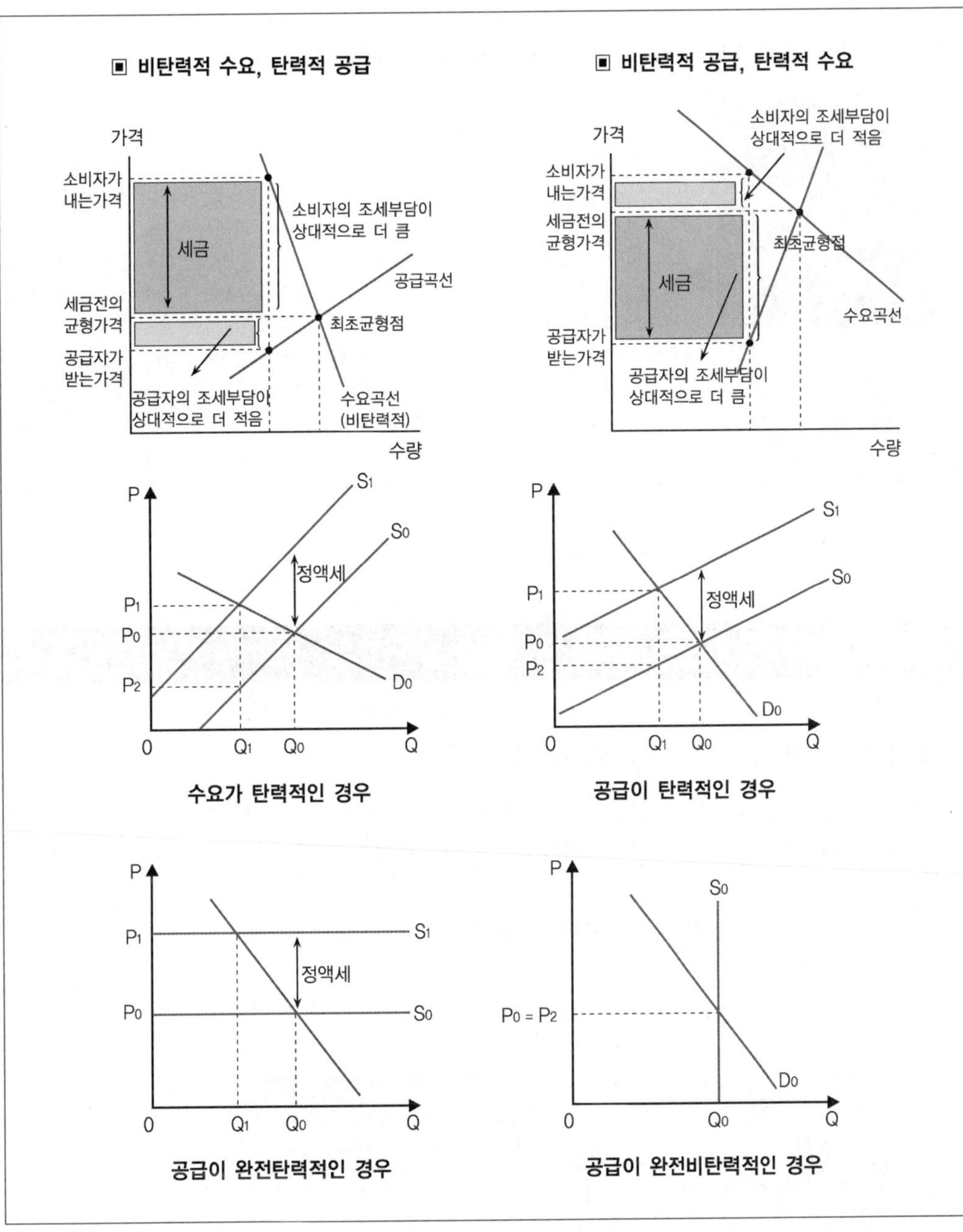

▣ 비탄력적 수요, 탄력적 공급
가격
소비자가 내는가격
세금
세금전의 균형가격
공급자가 받는가격
소비자의 조세부담이 상대적으로 더 큼
공급곡선
최초균형점
공급자의 조세부담이 상대적으로 더 적음
수요곡선 (비탄력적)
수량
▣ 비탄력적 공급, 탄력적 수요
가격
소비자의 조세부담이 상대적으로 더 적음
소비자가 내는가격
세금전의 균형가격
최초균형점
세금
수요곡선
공급자가 받는가격
공급자의 조세부담이 상대적으로 더 큼
수량
P
S1
S0
정액세
P1
P0
P2
D0
0
Q1
Q0
Q
수요가 탄력적인 경우
P
S1
P1
정액세
S0
P0
P2
D0
0
Q1
Q0
Q
공급이 탄력적인 경우
P
P1
S1
정액세
P0
S0
0
Q1
Q0
Q
공급이 완전탄력적인 경우
P
S0
P0 = P2
D0
0
Q0
Q
공급이 완전비탄력적인 경우

WIDE PLUS | 헨리 조지(Henry George, 1839~1897)와 토지단일세

필라델피아 출생. 초등교육을 마치고 사환 · 선원 · 인쇄공 · 출판사원 등을 전전한 후, 독학으로 공부하였다. 단일토지세를 주장한 《진보와 빈곤 Progress and Poverty》 (1879)가 각국어로 번역되어 수백만 부가 팔림으로써 유명해졌다. D.리카도적인 지대론(地代論)에 입각, 인구의 증가나 기계사용에 의한 이익은 토지의 독점적 소유자에게 거의 흡수되어 버리는 결과 빈부의 차가 커지고, 지대는 상승하여 이자, 임금은 하락한다고 주장하였다. 따라서 토지 공유의 필요성을 설파하고, 방법으로 모든 지대를 조세로 징수하여 사회복지 등의 지출에 충당해야 한다고 역설하였다. 이 세수(稅收)는 전체 재정지출을 충당하고도 남음이 있다고 전제, 다른 조세는 철폐할 것을 주장하였다.
그의 사상은 19세기 말 영국 사회주의 운동에 커다란 영향을 끼쳐 '조지주의 운동'이 확산되었다. 저서에 《토지문제 The Irish Land Question》 (1881) 《사회문제 Social Problems》 (1883) 《The Science of Political Economy》 (1898) 등이 있다.

제3절 우리나라의 부동산 조세

1. 취득세 - 지방세, 차등비례세율, 신고납부

(1) 지방세법에서 열거하고 있는 재산적 가치가 있다고 인정되는 특정의 유형 또는 무형의 재산을 취득하는 경우 그 취득 사실 자체를 과세대상으로 하여 도(특별시 · 광역시)가 부과하는 조세이다.

(2) 지방세법에서 열거하고 있는 부동산 등을 취득하는 때에 납세의무가 성립하고 신고납부하는 때에 확정된다.

(3) 취득세는 취득가액을 과세표준으로 하는 종가세이며, 차등 비례세율이다.

(4) 취득세의 과세물건

구분	과세대상자산
① 부동산	토지, 건축물
② 부동산에 준하는 것	차량, 기계장비, 입목, 항공기, 선박, 광업권, 어업권
③ 각종 회원권	골프회원권, 콘도미니엄회원권, 승마회원권, 종합체육시설이용회원권

2. 등록면허세 - 지방세, 비례세(일반), 신고납부

(1) 재산권 기타 권리를 공부에 등기 또는 등록하는 경우에 그 등기 · 등록 또는 면허를 받는 자에게 부과하는 도세(특별시 · 광역시세)이다.

(2) 등기 · 등록하는 때에 납세의무가 성립하고 신고납부하는 때에 납세의무가 확정된다.

(3) 취득가액을 과세표준으로 하는 종가세이다. 그러나 건수를 과세표준으로 하는 종량세도 있다.

(4) 취득세의 과세물건

3. 재산세 - 지방세, 차등비례세율+초과누진세율, 보통징수

(1) 토지, 건축물, 주택, 항공기 및 선박과 같은 재산에 대해 정기적으로 부과되는 지방세

(2) 납세의무 성립시기는 매년 6월 1일이며, 이를 과세기준일이라 한다.

(3) 과세표준과 세액은 지방자치단체가 결정하는 때에 확정되며 징수방법은 보통징수이다.

(4) 세율은 차등비례세율과 초과누진세율이 함께 적용된다.

(5) 재산세 과세표준은 '시가표준액×공정시장가액비율'로 한다.

(6) 토지에 대한 재산세 과세대상

구분	과세대상
종합합산 과세대상	• 별도합산과세대상 또는 분리과세대상이 되는 토지를 제외한 토지
별도합산 과세대상	• 공장용 건축물의 부속토지 등 • 차고용 토지, 보세창고용 토지, 시험 · 연구 · 검사용 토지, 물류단지시설용 토지 등 공지상태나 해당 토지의 이용에 필요한 시설 등을 설치해 업무 또는 경제활동에 활용되는 토지 등 • 철거 · 멸실된 건축물 또는 주택의 부속토지 등
분리 과세대상	• 공장용지 · 전 · 답 · 과수원 및 목장용지 등 • 산림의 보호육성을 위하여 필요한 임야 및 종중 소유 임야 등 • 골프장용 토지와 고급오락장용 부속토지 등 • 공장의 부속토지로서 개발제한구역의 지정이 있기 이전에 그 부지취득이 완료된 곳으로서 공장입지기준면적 범위의 토지 • 국가 및 지방자치단체 지원을 위한 특정목적 사업용 토지 등 • 에너지 · 자원의 공급 및 방송 · 통신 · 교통 등의 기반시설용 토지 등 • 국토의 효율적 이용을 위한 개발사업용 토지 등 • 그 밖에 지역경제의 발전, 공익성의 정도 등을 고려하여 분리과세해야 할 타당한 이유가 있는 토지 등

4. 종합부동산세 - 국세, 누진(원칙)+비례(예외), 보통징수(정부부과)

(1) 종합부동산세의 의의 및 특징

① 고액의 부동산 보유자에 대해 재산세와 별도로 세금을 부과하여 부동산보유에 대한 조세부담의 형평성을 제고하고, 부동산의 가격안정을 도모함으로써 지방재정의 균형발전과 국민경제의 건전한 발전에 이바지함을 목적으로 하는 국세

② 납세의무 성립시기는 매년 6월 1일이며, 이를 과세기준일이라 한다.

③ 과세표준과 세액은 중앙정부가 결정하는 때에 확정되며 징수방법은 보통징수이다.

④ 세율은 원칙적으로 초과누진세율이 적용된다.

⑤ 개인별로 전국 단위 합산을 하여 과세표준을 결정한다.

(2) 과세흐름 및 그 대상과 공제금액

① 과세기준일(매년 6월 1일) 현재 국내에 소재한 재산세 과세대상인 주택 및 토지를 유형별로 구분하여 인별로 합산한 결과, 그 공시가격 합계액이 각 유형별로 공제금액을 초과하는 경우 그 초과분에 대하여 과세함

② 1차: 부동산 소재지 관할 시 · 군 · 구에서 관내 부동산을 과세유형별로 구분하여 재산세 부과

③ 2차: 각 유형별 공제액을 초과하는 부분에 대하여 주소지 관할세무서에서 종합부동산세 부과

④ 세율은 원칙적으로 초과누진세율이 적용된다.

⑤ 과세대상과 공제금액

유형별 과세대상	공제금액
주택(주택부속토지 포함)	9억 원(1세대 1주택자 12억 원)
종합합산토지(나대지 · 잡종지 등)	5억 원
별도합산 토지(상가 · 사무실 부속토지 등)	80억 원

5. 양도소득세

(1) 양도소득세의 특징

① 국세
② 분류과세
③ 열거주의
④ 소득과세
⑤ 분류과세
⑥ 신고납부

(2) 과세대상자산

구분	양도소득세 과세대상자산
넓은 의미의 부동산류	① 토지 및 건물 ② 부동산에 관한 권리 ㉠ 지상권 · 전세권 및 등기된 부동산임차권(지역권×) ㉡ 부동산을 취득할 수 있는 권리
	③ 기타자산 ㉠ 특정주식 ㉡ 부동산과다보유법인의 주식 ㉢ 특정시설물 이용권 ㉣ 사업용 고정자산과 함께 양도하는 영업권
주식류	④ 주식(출자지분과 신주인수권 포함) ㉠ 상장주식 중 다음에 해당하는 것 ⓐ 대주주가 양도하는 것 ⓑ 장외 양도분 ㉡ 비상장 비등록 주식

(3) "양도"라 함은 자산에 대한 등기 또는 등록에 관계없이 매도, 교환, 법인에 대한 현물출자 등으로 인하여 그 자산이 유상으로 사실상 이전되는 것이다.

(4) 양도소득 과세표준

원칙: 실지거래가액기준

양도가액	: 실지양도가액
(−) 취득가액	: 실지취득가액
(−) 자본적지출액	: 실액
(−) 양도비용	: 실액
= 양도차익	
(−) 장기보유특별공제	
= 양도소득금액	
(−) 양도소득기본공제	
= 양도소득 과세표준	

PART 04

부동산정책론 | 해커스 감정평가사 민영기 부동산학원론 기본서

제5장 각종 부동산제도

View Point

1. 우리나라에서 현재 시행하고 있는 정책과 시행하고 있지 않을 정책을 분리하여 숙지한다.
2. 우리나라의 부동산제도와 근거법률을 정리하여 학습한다.
3. 부동산정책에 대한 일반적 의의와 효과 등을 포괄적으로 이해한다.
4. 국토계획법 상 용도지역이 어떻게 구성되어 있는지 확인하고 정비사업의 종류도 파악하여 숙지한다.
5. 토지비축, 토지수요, 선매, 개발권양도제, 토지적성평가, 개발부담금, 부동산거래허가제 등을 요약 · 정리한다.

제1절 부동산 관련 제도 개관

1 부동산관련 제도 및 근거법규

1. 용도지역지구제: 『국토의 계획 및 이용에 관한 법률』

유사한 용도의 시설을 집단화하고 이질적인 시설의 혼재를 막는 토지이용 규제에 관한 제도를 말한다. 전국의 토지를 그 위치와 기능 및 적성에 따라 구분하고 적절한 용도를 부여해 그 용도에 어긋나는 토지의 이용행위는 규제함으로써 토지의 효율적 이용과 도시 기능의 증진을 유도한다.

2. 투기지역 지정제도: 『소득세법』

토지나 주택 등 부동산 가격이 급등하거나 급등할 우려가 있어 기획재정부장관이 부동산가격안정심의위원회의 심의를 거쳐 지정하는 지역으로, 2003년 도입되었다. 투기지역 지정제도는 주택투기지역과 토지투기지역으로 나뉘며, 행정구역 단위로 지정된다.

3. 투기과열지구지정제도: 『주택법』

주택가격이 급등하거나 주택에 대한 투기수요로 청약 경쟁이 과열되어 무주택자 등 실수요자의 내 집 마련 기회가 어려운 지역에 대하여 청약 · 전매제도 등을 강화 운영함으로써 투기를 차단하고 시장과열 현상을 완화하기 위하여 국토교통부장관 또는 시 · 도지사가 지정한 지구를 말한다.

4. 조정대상지역 지정제도: 『주택법』

주택가격, 청약경쟁률, 분양권 전매량 및 주택보급률 등을 고려하였을 때 주택 분양 등이 과열되어 있거나 과열될 우려가 있는 지역 등에 대해 국토교통부 장관이 지정하는 지역이다.

5. 토지거래허가제: 『부동산 거래신고 등에 관한 법률』

일정 면적 이상의 토지를 거래할 때는 사전에 관할지역의 시장이나 군수의 허가를 받아야만 땅을 사고팔 수 있는 제도. 거래 당사자들은 토지의 이용 목적과 규모 · 가격 등을 명시, 관할 시 · 군에 허가를 신청해야 하며, 시 · 군은 이를 심사해 허가 또는 불허처분 결정을 통보해 주어야 한다.

6. 분양가상한제: 『주택법』

일정한 지역에서 아파트 등 공동주택을 분양할 때 일정한 기준으로 산정한 분양가격 이하로만 판매할 수 있게 하는 제도. 주택법 57조에 근거한다. 사업주체는 산정된 분양가격을 입주자 모집공고에 세부내역과 함께 공시해야 한다.

7. 검인계약서제: 『부동산등기 특별조치법』

부동산 거래계약서를 작성할 때 실제 거래가격을 기재하여 거래부동산의 소재지 관할 시장 · 군수 · 구청장의 검인을 받도록 하는 제도다. 검인을 받은 계약서를 검인계약서라 한다. 이것은 부동산 등기를 신청할 때 등기원인을 증명하는 서면의 하나이며, 등기 원인이 매매 또는 교환인 경우에는 반드시 이것을 제출해야 한다.

8. 토지비축(은행)제: 『공공토지의 비축에 관한 법률』

장래 이용하거나 개발할 수 있는 다양한 토지를 미리 확보해 공익목적에 적기 활용할 수 있도록 하는 정책수단이다. 한국토지공사에 설치 · 운영하게 되는데, 정부의 통제 · 감독이 가능하도록 토공회계와 분리된 별도의 독립계정으로 운영된다.

9. 개발부담금제: 『개발이익 환수에 관한 법률』

택지개발사업, 도심재개발사업, 토지 형질변경으로 인해 개발사업자 및 토지소유자가 얻는 땅값 상승분의 일정액을 정부가 환수하는 제도다.

2 현재 시행되지 않는 부동산제도

1. 택지소유상한제

1989년 12월 30일 '택지소유 상한에 관한 법률'을 제정해 이듬해 3월부터 시행된 제도. 토지소유 제한과 관련해 '택지 소유의 한도는 서울 등 6개 도시는 660㎡, 6대도시 이외 시급지역은 990㎡, 기타 읍 · 면 도시계획지역은 1320㎡이며, 종업원 기숙사용 택지, 주택이 아닌 건축물 건축용 택지, 주택건설 또는 대지조성사업용 택지 등의 경우에는 허가를 받아 상한을 초과할 수 있게 했다. 그러나 '택지소유 상한에 관한 법률'과 '토지초과이득세법'은 위헌 및 헌법불합치 판결을 받아 폐지됐다.

2. 토지초과이득세

토지공개념의 도입으로 개인이 소유하는 유휴토지나 법인의 비업무용토지에서 발생하는 초과이득의 일부를 조세로 환수하기 위해 과세하는 세금이다. 토지초과이득세는 땅을 보유만 하여 쉽게 얻은 이득에 대해 중과세함으로써 조세부담의 형평과 분배정의를 실현하고, 불필요한 토지수요 증가와 토지 소유 편중에 따른 부작용을 억제하며, 땅값 안정과 토지의 효율적 이용을 촉진하기 위해 도입되었다. 개발부담금 택지소유 상한제도와 함께 토지 공개념의 근간을 이루는 제도였으나 땅값이 안정되면서 1994년부터 과세가 이뤄지지 않았고 외환위기 직후인 1998년 경기 부양을 위해 폐지됐다. 당시 사유재산권 침해 등으로 논란이 됐고 1994년 일부 조항이 헌법 불합치 결정을 받기도 했다.

3. 종합토지세

토지를 사실상 소유한 자에게 부과하는 지방세로 1990년부터 2004년까지 시행되었으나 2005년 1월 지방세법이 개정되면서 폐지되었다.

4. 공한지세

토지투기 등을 목적으로 토지를 매입한 후 지가상승만을 노리고 있는 토지에 대한 과세로서 부동산투기방지를 위한 세목의 하나이다. 토지관련세법이 보완, 개정되어 오면서 현재는 공식적으로 폐지되었다.

5. 개발권양도제도(TDR)

개발권과 소유권을 분리하는 개념으로서 관련 법·제도에 의해 개발이 제한되는 지역의 개발권을 고밀 개발이 가능한 지역으로 매매·양도할 수 있도록 하는 제도이다. 개발권양도제(Transfer of Development Right; TDR)를 적용하기 위해서는 개발권에 대한 법률적 정의와 이에 따른 새로운 등기제도의 도입이 필요하다. 또한 대규모 개발이나 정비사업에는 적용하기 어려운 점 등 현실적인 문제로 인해 우리나라에 도입되지 않고 있다.

제2절 주요 부동산제도

1 용도지역 · 지구 · 구역 지정제도

토지의 이용 및 건축물의 용도·건폐율·용적률·높이 등을 제한함으로써 토지를 경제적·효율적으로 이용하고 공공복리의 증진을 도모하기 위한 제도

1. 용도지역

(1) 토지의 이용 및 건폐율, 용적률 등을 제한함으로써 토지이용의 효율과 공공복리의 증진을 위하여 결정한 지역

(2) **지정원칙 및 범위:** 모든 토지에 지정하며, 중복지정이 불가능하고 전국의 모든 토지를 대상으로 함

<table>
<tr><td rowspan="9">도시지역</td><td rowspan="6">주거지역</td><td rowspan="2">전용주거지역</td><td>1종(단독주택)</td></tr>
<tr><td>2종(공동주택)</td></tr>
<tr><td rowspan="3">일반주거지역</td><td>1종(저층주택)</td></tr>
<tr><td>2종(중층주택)</td></tr>
<tr><td>3종(중고층주택)</td></tr>
<tr><td colspan="2">준주거지역</td></tr>
<tr><td>상업지역</td><td colspan="2">중심, 일반, 근린, 유통</td></tr>
<tr><td>공업지역</td><td colspan="2">전용, 일반, 준</td></tr>
<tr><td>녹지지역</td><td colspan="2">보전, 생산, 자연</td></tr>
<tr><td colspan="2">관리지역</td><td colspan="2">보전, 생산, 계획</td></tr>
<tr><td colspan="2">농업지역</td><td colspan="2">—</td></tr>
<tr><td colspan="2">자연환경보전지역</td><td colspan="2">—</td></tr>
</table>

2. 용도지구

(1) 용도지역의 제한을 강화 · 완화하여 용도지역의 기능을 증진시키기 위해 도시 · 군관리계획으로 결정하는 지역

(2) **지정원칙 및 범위:** 필요한 토지에 지정하며, 중복지정이 가능하고 용도지역 내 일부 토지를 대상으로 함

경관지구	자연경관지구, 수변경관지구, 시가지경관지구
미관지구	중심지미관지구, 역사문화미관지구, 일반미관지구
고도지구	최고고도지구, 최저고도지구
보존지구	역사문화환경보존지구, 중요시설물보존지구, 생태계보존지구
시설보호지구	학교시설보호지구, 공용시설보호지구, 항만시설보호지구, 공항시설보호지구
취락지구	자연취락지구, 집단취락지구
개발진흥지구	주거개발진흥지구, 산업 및 유통개발진흥지구, 복합개발진흥지구, 특정개발진흥지구
특정용도제한지구	청소년 유해시설 등 특정시설의 입지를 제한하는 지구

3. 용도구역

(1) 용도지역, 용도지구를 강화 · 완화하여 시가지의 무질서한 확산방지 등을 위해 도시 · 군관리계획으로 결정하는 지역

(2) **지정원칙 및 범위:** 필요한 토지에 지정하며, 구역의 중복지정이 불가능하지만 구역과 지역 · 지구의 중복지정이 가능하며, 용도지역, 용도지구와 별도의 규모로 지정이 가능

(3) **종류:** 개발제한구역, 도시자연공원구역, 시가화조정구역, 수산자원보호구역

2 투기지역 / 투기과열지구 / 조정대상지역 지정제도

토지나 주택 등 부동산 가격이 급등하거나 급등할 우려가 있어 시장이 교란되고 거래질서 문란이 우려될 때 투기와 과열을 방지하기 위해 도입된 제도

1. 투기지역 / 투기과열지구 비교

구분	투기지역(소득세법)	투기과열지구(주택법)
지정주체	• 기획재정부장관	• 국토교통부장관 또는 시 · 도지사
지정요건	• 직전 월 해당지역 주택가격 상승률이 소비자물가상승률의 일정 수준보다 높은 지역으로서 해당 지역의 부동산 가격상승이 지속될 가능성이 있거나 다른 지역으로 확산 우려가 있다고 판단되는 경우	• 주택가격상승률이 물가상승률보다 현저히 높은 지역으로서 투기가 성행하고 있거나 성행할 우려가 있는 지역을 지정
지정효과	• 양도세 가산세율 적용 • 주택담보대출 만기 연장 제한 • 기업자금대출 제한 • 농어촌주택 취득 특례 배제 • LTV, DTI 40% 적용	• 청약 1순위 자격 제한 • 민영주택 재당첨 제한 • 재건축 조합원당 재건축 주택공급수 제한(1주택) • 전매 제한(소유권이전등기시까지) • 재건축조합원 지위 양도 금지(조합설립인가 후) • 민간택지 분양가 상한제 적용주택의 분양가 공시 • 청약 1순위 자격요건 강화 • 청약가점제 적용 확대 • 오피스텔 전매 제한 강화 • 재개발 · 재건축 규제 정비 • 거래 시 자금조달계획, 입주계획 신고 의무화(거래가액 3억원 이상 주택)
규제 성격	• 간접적 규제(금융규제 등)	• 직접적 규제(부동산 거래 차단 등)

2. 조정대상지역

구분	조정대상지역(주택법)
지정주체	• 국토교통부장관
지정요건	• 주택가격, 청약경쟁률, 분양권 전매량 및 주택보급률 등을 고려하였을 때 주택 분양 등이 과열되어 있거나 과열될 우려가 있는 지역 • 주택가격, 주택거래량, 미분양주택의 수 및 주택보급률 등을 고려하여 주택의 분양 · 매매 등 거래가 위축되어 있거나 위축될 우려가 있는 지역
지정효과	• 주택청약 요건강화 • 주택담보대출, 중도금대출 제한 • 분양권 전매 제한 • 양도소득세 중과 및 거주요건 강화 • 실거래 검증강화 및 자금조달계획서 작성
규제 성격	• 직접적 규제

3 부동산거래신고제도

부동산 등의 실제 거래가격 등을 거래계약체결일부터 30일 이내에 대상 부동산 소재지의 관할 시 · 군 · 구청장에게 공동 신고하도록 하는 제도

1. 부동산 거래 신고

(1) 부동산거래시 실거래가격 보다 낮게 계약서를 작성하는 이중계약의 관행을 없애고 부동산 거래를 투명하게 하는 목적으로 시행

(2) 매수인과 매도인을 포함한 거래당사자는 해당 부동산이나 부동산을 취득할 수 있는 권리에 관한 매매계약을 체결한 때에는 일정한 사항을 거래계약의 체결일부터 30일 이내 신고

(3) 매매대상 부동산, 권리에 관한 매매계약의 경우에는 그 권리의 대상인 부동산의 소재지의 관할 시장 · 군수 또는 구청장에게 공동으로 신고해야 한다.

(4) 국토교통부 부동산거래관리시스템을 통해 온라인으로도 신고가 가능하다

(5) 부동산 개업공인중개사가 매매거래 계약서를 작성 · 교부한 경우는 해당 부동산 개업공인중개사가 신고를 해야 한다.

KEY PLUS | 부동산거래 신고대상 매매계약

① 단순 부동산 매매계약
② 택지개발촉진법과 주택법 등 대통령령으로 정하는 법률에 따른 부동산에 대한 공급계약
③ 부동산을 공급받는 자로 선정된 지위
④ 「도시 및 주거환경정비법」에 따른 관리처분계획의 인가 및 「빈집 및 소규모주택정비에 관한 특례법」에 따른 사업시행계획인가로 취득한 입주자로 선정된 지위

2. 주택 임대차 계약 신고

(1) 임대차계약당사자는 주택에 대하여 대통령령으로 정하는 금액을 초과하는 임대차 계약을 체결한 경우 그 보증금 또는 차임 등 국토교통부령으로 정하는 사항을 임대차 계약의 체결일부터 30일 이내에 주택 소재지를 관할하는 신고관청에 공동으로 신고하여야 한다. 다만, 임대차계약당사자 중 일방이 국가 등인 경우에는 국가 등이 신고하여야 한다.

(2) 주택 임대차 계약의 신고는 임차가구 현황 등을 고려하여 대통령령으로 정하는 지역에 적용한다.

(3) 임대차계약당사자 중 일방이 신고를 거부하는 경우에는 국토교통부령으로 정하는 바에 따라 단독으로 신고할 수 있다.

(4) 신고를 받은 신고관청은 그 신고 내용을 확인한 후 신고인에게 신고필증을 지체 없이 발급하여야 한다.

4 토지거래허가제도

부동산 등의 실제 거래가격 등을 거래계약체결일부터 30일 이내에 대상 부동산 소재지의 관할 시 · 군 · 구청장에게 공동 신고하도록 하는 제도

1. 토지거래허가제의 개관

(1) **의의:** 토지거래허가구역 내에서 기준면적 초과인 토지를 계약할 때 허가받도록 하는 제도

(2) **지정:** 투기적 거래가 성행하는 지역에 5년 이내의 기간으로 국토교통부장관 또는 시 · 도지사 지정

(3) **토지거래허가대상 권리:** 대가를 받고 소유권, 지상권 취득을 목적으로 하는 권리에 대한 이전 또는 설정하는 계약을 하는 경우 토지거래허가를 받아야 함

(4) 허가구역에 있는 토지에 관한 소유권 · 지상권을 이전하거나 설정하는 계약을 체결하려는 당사자는 공동으로 시장 · 군수 또는 구청장의 허가를 받아야 한다.

(5) 시장 · 군수 또는 구청장은 허가신청서를 받으면 「민원 처리에 관한 법률」에 따른 처리기간에 허가 또는 불허가의 처분을 하고, 그 신청인에게 허가증을 발급하거나 불허가처분 사유를 서면으로 알려야 한다. 기간에 허가증의 발급 또는 불허가처분 사유의 통지가 없거나 선매협의 사실의 통지가 없는 경우에는 그 기간이 끝난 날의 다음날에 허가가 있는 것으로 본다.

(6) 허가를 받지 아니하고 체결한 토지거래계약은 그 효력이 발생하지 아니한다.

(7) **토지거래허가 대상**

토지거래허가가 필요한 경우	토지에 관한 소유권 · 지상권, 대물변제 계약, 대물변제 예약, 양도담보, 매도담보, 유저당계약, 가등기담보, 부담부증여
토지거래허가가 불필요한 경우	건물에 대한 소유권 이전계약, 토지에 대한 전세권 · 임차권 · (근)저당권 등 설정 계약, 증여 · 사용대차 등의 무상계약, 상속, 유증, 사인증여 등

(8) **토지거래계약허가대상 토지면적(도시지역 안)**

구분	용도지역	허가를 요하는 면적
도시지역	주거지역	60㎡ 초과
	상업지역	150㎡ 초과
	공업지역	150㎡ 초과
	녹지지역	200㎡ 초과

(9) 토지 취득자는 농업용 토지는 2년, 축 · 임 · 어업용은 3년, 개발사업용은 4년 동안 당초 허가받은 목적으로 사용해야 함

2. 토지선매제도

(1) 시장 · 군수 또는 구청장은 아래에 해당하는 토지에 대하여 국가, 지방자치단체, 한국토지주택공사, 그 밖에 대통령령으로 정하는 공공기관 또는 공공단체가 그 매수를 원하는 경우에는 이들 중에서 선매자를 지정하여 그 토지를 협의 매수하게 할 수 있다.

1. 공익사업용 토지 2. 토지거래계약허가를 받아 취득한 토지를 그 이용목적대로 이용하고 있지 아니한 토지

(2) 시장 · 군수 또는 구청장은 토지거래계약 허가신청이 있는 경우에는 그 신청이 있는 날부터 1개월 이내에 선매자를 지정하여 토지 소유자에게 알려야 하며, 선매자는 지정 통지를 받은 날부터 1개월 이내에 그 토지 소유자와 대통령령으로 정하는 바에 따라 선매협의를 끝내야 한다.

(3) 시장 · 군수 또는 구청장은 제2항에 따른 선매협의가 이루어지지 아니한 경우에는 지체 없이 허가 또는 불허가의 여부를 결정하여 통보하여야 한다.

(4) 토지선매제도는 토지거래허가구역내에서 사적거래에 우선하여 국가가 협의매수하는 것으로 강제수용을 의미하지는 않는다.

5 정비사업 관련 제도

정비사업이란 도시기능을 회복하기 위해 정비구역에서 정비기반시설을 정비하거나 주택 등 건축물을 개량 · 건설하는 사업으로 「도시 및 주거환경정비법」에 근거한다.

1. 정비사업의 개념과 종류

주거환경개선사업		도시 저소득 주민이 집단거주하는 지역으로서 정비기반시설이 극히 열악하고 노후 · 불량건축물이 과도하게 밀집한 지역의 주거환경을 개선하거나 단독주택 및 다세대주택이 밀집한 지역에서 정비기반시설과 공동이용시설 확충을 통하여 주거환경을 보전 · 정비 · 개량하기 위한 사업
재개발사업		정비기반시설이 열악하고 노후 · 불량건축물이 밀집한 지역에서 주거환경을 개선하거나 상업지역 · 공업지역 등에서 도시기능의 회복 및 상권 활성화 등을 위하여 도시환경을 개선하기 위한 사업
재건축사업		정비기반시설은 양호하나 노후 · 불량건축물에 해당하는 공동주택이 밀집한 지역에서 주거환경을 개선하기 위한 사업
소규모 주택정비사업	자율주택 정비사업	단독주택, 다세대주택 및 연립주택을 스스로 개량 또는 건설하기 위한 사업으로서 통상 20가구 미만의 작은 면적에 대한 정비사업
	가로주택 정비사업	가로구역에서 종전의 가로를 유지하면서 소규모로 주거환경을 개선하기 위한 사업으로서 기존주택이 단독주택 10가구 이상, 공동주택은 20세대 이상이어야 함
	소규모 재건축사업	정비기반시설이 양호한 지역에서 소규모로 공동주택을 재건축하기 위한 사업
	소규모 재개발사업	역세권 또는 준공업지역에서 소규모로 주거환경 또는 도시환경을 개선하기 위한 사업

2. 재건축과 재개발 비교

구분	재건축	재개발
대상	정비기반시설 양호 + 노후 · 불량주택 밀집	정비기반시설 열악 + 노후 · 불량주택 밀집
목적	노후 · 불량주택 개선	노후 · 불량주택 개선 + 기반시설의 정비
개발이익 환수	있음	없음
조합원지위양도금지 (투기과열지구)	조합설립 이후 적용	관리처분계인가 후 적용

6 개발이익환수제

부동산 등의 실제 거래가격 등을 거래계약체결일부터 30일 이내에 대상 부동산 소재지의 관할 시 · 군 · 구청장에게 공동 신고하도록 하는 제도

1. 개발이익환수제도의 개요

(1) 토지에서 발생하는 개발이익을 환수하여 이를 적정하게 배분하여서 토지에 대한 투기를 방지하고 토지의 효율적인 이용을 촉진하여 국민경제의 건전한 발전에 이바지하는 것을 목적으로 한다.

(2) "개발이익"이란 개발사업의 시행이나 토지이용계획의 변경, 그 밖에 사회적 · 경제적 요인에 따라 정상지가(正常地價)상승분을 초과하여 토지 가액의 증가분을 말한다.

(3) "개발부담금"이란 개발이익 중 이 법에 따라 특별자치시장 · 특별자치도지사 · 시장 · 군수 또는 구청장이 부과 · 징수하는 금액을 말한다.

2. 개발부담금

(1) 시장 · 군수 · 구청장은 개발부담금 부과 대상 사업이 시행되는 지역에서 발생하는 개발이익을 이 법으로 정하는 바에 따라 개발부담금으로 징수하여야 한다.

(2) 개발부담금의 100분의 50에 해당하는 금액은 개발이익이 발생한 토지가 속하는 지방자치단체에 귀속되고, 이를 제외한 나머지 개발부담금은 지역균형발전특별회계에 귀속된다.

7 토지적성평가

(1) 전 국토의 "환경친화적이고 지속가능한 개발"을 보장하고 개발과 보전이 조화되는 "선계획 · 후개발의 국토관리체계"를 구축하기 위하여 토지의 환경생태적 · 물리적 · 공간적 특성을 종합적으로 고려하여 개별토지가 갖는 환경적 · 사회적 가치를 과학적으로 평가한다.

(2) 도시 · 군기본계획을 수립 · 변경하거나 도시 · 군관리계획을 입안하는 경우에 정량적 · 체계적인 판단 근거를 제공하기 위하여 실시하는 기초조사이다.

(3) 토지에 대한 개발과 보전의 경합이 발생했을 때 이를 합리적으로 조정하는 수단이다.

구분	내용	법적근거
시행주체	특별시장 · 광역시장 · 특별자치시장 · 특별자치도지사 · 시장 또는 군수	
평가활용	도시 · 군 기본계획 수립 및 변경 도시 · 군 관리계획 입안	국토계획법
평가대상	주거 · 상업 · 공업지역 및 이북지역을 제외한 모든 지역 (전국토의 96%)	
평가주기	2017년(최초) 이후, 1회/5년	토지적성평가지침
검증기관	LX한국국토정보공사	
검증의무	필수	

8 최저주거기준(주거기본법)

(1) 주거기본법은 주거복지 등 주거정책의 수립 · 추진 등에 관한 사항을 정하고 주거권을 보장함으로써 국민의 주거안정과 주거수준의 향상에 이바지하는 것을 목적으로 한다.

(2) 국민은 관계 법령 및 조례로 정하는 바에 따라 물리적 · 사회적 위험으로부터 벗어나 쾌적하고 안정적인 주거환경에서 인간다운 주거생활을 할 권리인 '주거권'을 갖는다.

(3) 최저주거기준의 내용은 가구구성별 최소 주거면적, 용도별 방의 개수, 전용부엌, 화장실 등 필수적인 설비의 기준, 안전성, 쾌적성 등을 고려한 주택의 구조, 성능 및 환경 기준이 있다.

(4) 최저주거기준에 미달되는 가구가 밀집된 지역에는 우선하여 임대주택을 건설하거나 우선하여 정비사업을 할 수 있도록 필요한 조치를 할 수 있도록 법에 정해 놓고 있다.

KEY PLUS | 가구구성별 최저주거기준(2018년 기준)

가구원수(인)	표준 가구구성	실(방) 구성	총주거면적
1	1인 가구	1 K	14㎡
2	부부	1 DK	26㎡
3	부부 + 자녀1	2 DK	36㎡
4	부부 + 자녀2	3 DK	43㎡
5	부부 + 자녀3	3 DK	46㎡
6	노부모 + 부부 + 자녀2	4 DK	55㎡

주) K : 부엌, DK : 식사실 겸 부엌. 숫자는 침실 또는 침실로 활용이 가능한 방의 수

PART 04 부동산정책론 기출문제

01 **시장실패의 원인으로 옳지 않은 것은?** 2023년 34회

① 외부효과
② 정보의 대칭성
③ 공공재의 공급
④ 불완전경쟁시장
⑤ 시장의 자율적 조절기능 상실

해설

시장실패의 원인

- 외부효과(외부경제 및 외부불경제)의 발생
- 부동산시장의 불완전성(불완전경쟁시장)
- 공공재(비경합성+비배제성)와 무임승차(Free Rider) 예 국방, 치안, 가로등 등
- 정보의 불확실성과 정보의 비대칭성
- 규모의 경제(비용체감산업)
- 부동산의 시장기구의 자율적 조정기능 상실

| 정답 | ②

02 **시장실패 또는 정부의 시장개입에 관한 설명으로 옳지 않은 것은?** 2018년 29회

① 외부효과는 시장실패의 원인이 된다.
② 소비의 비경합성과 비배제성을 수반하는 공공재는 시장실패의 원인이 된다.
③ 정보의 비대칭성은 시장실패의 원인이 아니다.
④ 시장가격에 임의로 영향을 미칠 수 있는 독과점 공급자의 존재는 시장실패의 원인이 된다.
⑤ 시장실패의 문제를 해결하기 위하여 정부는 시장에 개입할 수 있다.

해설

정보의 비대칭성은 자원의 적정배분을 방해하여 시장의 실패를 일으킨다.

| 정답 | ③

03 **부동산정책의 공적개입 필요성에 관한 설명으로 옳지 않은 것은?** 2017년 28회

① 정부가 부동산시장에 개입하는 논리에는 부(-)의 외부효과 방지와 공공재 공급 등이 있다.
② 부동산시장은 불완전정보, 공급의 비탄력성으로 인한 수요 · 공급 시차로 인하여 시장실패가 나타날 수 있다.
③ 정부는 토지를 경제적 · 효율적으로 이용하고 공공복리의 증진을 도모하기 위하여 용도지역제를 활용하고 있다.
④ 정부는 주민의 편의를 위해 공공재인 도로, 공원 등의 도시계획시설을 공급하고 있다.
⑤ 공공재는 시장기구에 맡겨둘 경우 경합성과 배제성으로 인하여 무임승차(free ride) 현상이 발생할 수 있다.

해설

공공재(public goods)는 비경합성(nonrivalry)와 비배제성(nonexclusion)의 특성을 지니고 있다. 비경합성이란 어떤 재화를 소비함에 있어 대가를 지불하지 않은 사람들이 함께 사용해도 효용이 줄지 않아 다툴 필요가 없는 성질을 말한다. 비배제성이란 대가를 지불하지 않은 사람이라 할지라도 소비에서 배제시킬 수 없는 특성을 말한다. 가로등이나 치안(국방)서비스는 불특정 다수가 제한없이 향유할 수 있으며 이것이 대표적인 공공재이다. 공공재는 마치 공짜처럼 인식되며 대가없이 누리는 것을 당연하다 여긴다. '무임승차'가 일반화된다. 그런데 가로등이나 국가안보 또는 치안서비스는 절대 '공짜'가 아니다. 평화로운 삶이 이루어지는 이 세상은 많은 이들의 비용과 희생으로 이루어진 것이다. 가로등은 국민들의 세금으로 세워지고, 젊은이들의 숭고한 희생으로 국가가 지켜진다. 공공재가 공짜라는 착각은 무임승차자를 양산해낸다. 모두가 혜택만 향유하고 대가를 지불하려 하지 않게 된다. 무서운 '시장의 실패'가 다가온다. 공동체는 황폐화되고 국가는 침략당한다.

| 정답 | ⑤

04 정부의 주택시장 개입에 관한 설명으로 옳지 않은 것은?

2022년 33회

① 주택은 긍정적인 외부효과를 창출하므로 생산과 소비를 장려해야 할 가치재(merit goods)이다.
② 저소득층에 대한 임대주택 공급은 소득의 직접분배효과가 있다.
③ 주택구입능력을 제고하기 위한 정책은 소득계층에 따라 달라진다.
④ 자가주택 보유를 촉진하는 정책은 중산층 형성과 사회안정에 기여한다.
⑤ 주거안정은 노동생산성과 지역사회에 대한 주민참여를 제고하는 효과가 있다.

해설

저소득층에 대한 주택서비스의 공급은 소득의 재분배정책이다. 임대주택의 공급은 정부가 직접적으로 자원분배를 한다기 보다는 시장을 통해 보조금을 지급하는 방식의 소득정책이다. 즉 정부가 임대주택을 공급함으로서 저렴한 임대주택의 혜택을 저소득층이 얻게 되고 이로인한 경제적 이익은 결국 소득양극화를 완화하는 소득재분배의 기능을 수행하게 된다.

| 정답 | ②

05 정부의 간접적 시장개입방법이 아닌 것은?

2018년 29회

① 주택에 대한 금융지원정책
② 토지비축정책
③ 토지에 대한 조세감면정책
④ 토지거래에 관한 정보체계 구축
⑤ 임대주택에 대한 임대료 보조

해설

토지비축(은행)제도는 정부의 직접적 시장개입방식이다.

직접개입방식	간접개입방식	토지이용규제
① 토지비축(은행)제도 ② 분양가(임대료)상한제 ③ 토지수용, 토지선매 ④ 공공소유제도(공공임대보유) ⑤ 공공임대주택정책 ⑥ 공영개발과 토시개발	① 금융수단(대출지원 및 규제 등) ② 각종 보조금(주택바우처 등) 및 부담금 ③ 토지관련 조세부과(부동산보유세, 거래세 등)와 조세감면 ④ 토지 행정상의 지원(부동산가격공시제도, GIS구축)등	① 용도지역지구제 ② 부동산거래허가제 ③ 건축규제 ④ 정부의 각종 인·허가제 ⑤ 도시계획 ⑥ 개발권양도제(T.D.R)

| 정답 | ②

06 부동산시장에 대한 정부의 간접개입방식으로 옳게 묶인 것은? 2022년 33회

① 임대료상한제, 부동산보유세, 담보대출규제
② 담보대출규제, 토지거래허가제, 부동산거래세
③ 개발부담금제, 부동산거래세, 부동산가격공시제도
④ 지역지구제, 토지거래허가제, 부동산가격공시제도
⑤ 부동산보유세, 개발부담금제, 지역지구제

해설

각종 보조금과 부담금, 금융(대출포함)정책, 조세관련제도, 토지 행정상의 지원(부동산가격공시제도, GIS구축) 등은 모두 정부에 의한 간접적 시장개입방식이다.

| 정답 | ③

07 부동산시장에 대한 정부의 직접개입방식으로 옳게 묶인 것은? 2020년 31회

① 토지비축제, 개발부담금제도
② 수용제도, 선매권제도
③ 최고가격제도, 부동산조세
④ 보조금제도, 용도지역지구제
⑤ 담보대출규제, 부동산거래허가제

해설

토지수용제도, 선매제도 등은 모두 정부의 직접적 시장개입방식이다.

| 정답 | ②

08 부동산정책의 수단을 직접개입과 간접개입으로 구분할 때, 정부의 간접개입수단에 해당하는 것은?

2017년 28회

① 공영개발사업
② 토지세제
③ 토지수용
④ 토지은행제도
⑤ 공공임대주택 공급

해설

간접개입방식: 금융수단(대출지원 및 규제 등), 각종 보조금(주택바우처 등) 및 부담금, 토지관련 조세부과(부동산보유세, 거래세 등)와 조세감면, 토지 행정상의 지원(부동산가격공시제도, GIS구축) 등

| 정답 | ②

09 부동산시장이 과열국면일 경우, 정부가 시행할 수 있는 부동산시장 안정화 대책을 모두 고른 것은?

2017년 28회

ㄱ. 양도소득세율 인상
ㄴ. 분양가상한제 폐지
ㄷ. 아파트 전매제한 기간 확대
ㄹ. 주택 청약시 재당첨제한 폐지
ㅁ. 담보인정비율(LTV) 및 총부채상환비율(DTI)의 축소

① ㄱ, ㄴ, ㄷ
② ㄱ, ㄷ, ㅁ
③ ㄱ, ㄹ, ㅁ
④ ㄴ, ㄷ, ㄹ
⑤ ㄴ, ㄹ, ㅁ

해설

시장판단	정책목표	수단
과열	경기안정	ㄱ. 양도소득세율 인상 ㄷ. 아파트 전매제한기간 확대 ㅁ. 담보인정비율(LTV) 및 총부채상환비율(DTI)의 축소
침체	경기부양	ㄴ. 분양가상한제 폐지, ㄹ. 주택청약시 재당첨제한 폐지

| 정답 | ②

10 외부효과에 관한 설명으로 옳은 것은?

2023년 34회

① 외부효과란 거래 당사자가 시장메카니즘을 통하여 상대방에게 미치는 유리하거나 불리한 효과를 말한다.
② 부(−)의 외부효과는 의도되지 않은 손해를 주면서 그 대가를 지불하지 않는 외부경제라고 할 수 있다.
③ 정(+)의 외부효과는 소비에 있어 사회적 편익이 사적 편익보다 큰 결과를 초래한다.
④ 부(−)의 외부효과에는 보조금 지급이나 조세경감의 정책이 필요하다.
⑤ 부(−)의 외부효과는 사회적 최적생산량보다 시장생산량이 적은 과소생산을 초래한다.

해설

옳은 지문은 ③이다.

① 외부효과란 거래당사자 사이에서 어떠한 보상이나 대가의 지불없이(시장메카니즘을 통하지 않고) 발생하는 효과이다
② 부(-)의 외부효과는 외부불경제, 정(+)의 외부효과는 외부경제라고 부른다.
④ 정(+)의 외부효과는 사회적 최적생산량보다 시장생산량이 적은 과소생산의 문제가 발생하므로 보조금이나 조세경감 등의 보조(지원, 조장)정책이 필요하다.
⑤ 부(-)의 외부효과가 발생하면 사회적 최적생산량보다 시장생산량이 많은 과대생산이 초래되므로 교정적 조세, 부담금 등의 규제정책을 통해 과대생산을 줄이게 된다.

| 정답 | ③

11 외부효과에 관한 설명으로 옳지 않은 것은?

2016년 27회

① 외부효과는 한 사람의 행위가 제3자의 경제적 후생에 영향을 미치고, 그에 대해 지급된 보상을 제3자가 인지하지 못하는 현상을 말한다.
② 정(+)의 외부효과는 핌피(PIMFY)현상을 초래할 수 있다.
③ 부(−)의 외부효과를 완화하기 위한 수단으로 배출권 거래제도 등이 있다.
④ 정(+)의 외부효과를 장려하기 위한 수단으로 보조금 지급 등이 있다.
⑤ 공장이 설립된 인근지역에는 해당 공장에서 배출되는 폐수 등으로 인해 부(−)의 외부효과가 발생할 수 있다.

해설

외부효과란 한 경제주체의 행위가 다른 경제주체에게 시장기구를 통하지 아니하고(어떠한 대가나 보상없이) 긍정적(외부경제)이거나 부정적(외부불경제)인 영향을 발생시키는 것이다. 여기서 중요한 것은 인지를 했느냐 안했느냐가 아니고 타인에게 영향을 주는 행위에 있어 서로 대가나 보상이라는 시장교환 행위가 있었느냐가 중요하다. 선택지에서 보상을 지급하였다고 했으므로 이 행위는 시장을 통해 거래가 이루어진 것으로 외부효과가 아니다.

| 정답 | ①

12 A지역 임대아파트의 시장수요함수가 $Q_d = 100 - \frac{1}{2}P$ 이고, 시장공급함수는 $Q_s = 20 + \frac{1}{3}P$ 이다. 정부가 임대료를 시장균형임대료에서 36만원을 낮추었을 경우 A지역 임대아파트의 초과수요량은? (단, Q_d: 수요량, Q_s: 공급량, P: 임대료, 단위는 천호 및 만원이고, 다른 조건은 불변임)

2019년 30회

① 30천호
② 32천호
③ 40천호
④ 52천호
⑤ 70천호

해설

정식

① 균형 임대료의 산정: $100-\frac{1}{2}P = 20+\frac{1}{3}P$, P=96만원

② 정부의 규제 임대료: 96만원-36만원 = 60만원

③ 60만원을 수급 함수에 대입:

수요량 :$100-\frac{1}{2}$×60만원=70천호, 공급량 $20+\frac{1}{3}$×60만원 =40천호

∴ 초과수요, 30천호

| 정답 | ①

13 분양가상한제에 관한 설명으로 옳지 않은 것은?

2016년 27회

① 주택구매 수요자들의 주택구입 부담을 덜어주기 위해 신규분양주택의 분양가격을 주택법령에 따라 정한 가격을 초과하여 받지 못하도록 규제하는 제도이다.
② 주택법령상 사업주체가 일반인에게 공급하는 공동주택 중 공공택지 외의 택지에서 주택가격 상승 우려가 있어 심의를 거쳐 지정하는 지역에서 공급하는 주택의 경우에는 기준에 따라 산정되는 분양가격 이하로 공급하여야 한다.
③ 공급자의 이윤이 저하되어 주택의 공급이 감소하는 현상이 나타날 수 있다.
④ 주택법령상 사업주체는 분양가상한제 적용주택으로서 공공택지에서 공급하는 주택에 대하여 입주자모집 승인을 받았을 때에는 입주자 모집공고에 택지비, 공사비, 간접비 등에 대하여 분양가격을 공시하여야 한다.
⑤ 주택법령상 사업주체가 일반인에게 공급하는 공동주택 중 공공택지에서 공급하는 도시형 생활주택은 분양가상한제를 적용한다.

해설

주택분양가 제한 관련 내용(주택법 제57조)

분양가상한제 적용주택	분양가상한제 미적용주택	분양가격 공시
• 공공택지 • 도심 공공주택 복합지구 • 주거재생혁신지구 • 국토교통부장관 지정지역	• 도시형 생활주택 • 경제자유구역 내 일정 요건을 갖춘 공동주택 • 관광특구 내 일정 요건을 갖춘 공동주택 • 소규모주택정비사업 • 정비사업 중 일정 공공성 요건을 갖춘 주택 등	• 택지비 • 공사비 • 간접비 • 국토부령으로 정하는 비용

| 정답 | ⑤

14 분양가상한제로 인해 발생할 수 있는 문제점과 그 보완책을 연결한 것으로 옳지 않은 것은?

2022년 33회

① 분양주택의 질 하락 – 분양가상한제의 기본 건축비 현실화
② 분양주택 배분 문제 – 주택청약제도를 통한 분양
③ 분양프리미엄 유발 – 분양주택의 전매제한 완화
④ 신규주택 공급량 감소 – 공공의 저렴한 택지 공급
⑤ 신규주택 공급량 감소 – 신규주택건설에 대한 금융지원

해설

분양가 상한제는 신축주택의 분양가를 시장가보다 낮게 규제함으로써 2중가격을 발생시키고 이로 인해 투기가 성행하게 된다. 분양프리미엄의 과도한 발생과 투기로 인한 시장왜곡을 막기 위해 정부는 분양주택의 전매제한을 강화하여 이 흐름을 차단하고자 한다.

| 정답 | ③

15 양도소득세의 과세대상인 양도소득에 속하지 않는 것은?

2018년 29회

① 지상권의 양도로 발생하는 소득
② 전세권의 양도로 발생하는 소득
③ 지역권의 양도로 발생하는 소득
④ 등기된 부동산임차권의 양도로 발생하는 소득
⑤ 부동산을 취득할 수 있는 권리의 양도로 발생하는 소득

해설

지역권 거래에 의한 양도소득은 양도소득세의 대상으로 열거되지 않았다. 우리나라는 조세법정주의 국가이므로 법률에 열거되어 있지 않은 대상은 과세하지 않고 있다.

| 정답 | ③

16 부동산 보유과세와 관련된 내용으로 옳지 않은 것은?

2017년 28회

① 종합부동산세는 인별 과세이고 누진세율을 채택하고 있다.
② 토지에 대한 종합부동산세는 종합합산과세대상인 경우에는 국내에 소재하는 해당 과세대상토지의 공시가격을 합한 금액이 3억원을 초과하는 자는 종합부동산세를 납부할 의무가 있다.
③ 종합부동산세는 조세부담의 형평성을 제고하고 가격안정을 도모하기 위해 도입되었다.
④ 종합부동산세는 주택에 대한 종합부동산세와 토지에 대한 종합부동산세의 세액을 합한 금액을 그 세액으로 한다.
⑤ 종합부동산세의 과세기준일은 재산세의 과세기준일로 한다.

해설

국내에 소재하는 해당 과세대상토지의 공시가격을 합한 금액이 5억원을 초과하는 자는 종합부동산세를 납부할 의무가 있다.

| 정답 | ②

17 부동산 조세에 관한 설명으로 옳지 않은 것은?

2017년 28회

① 재산세나 종합부동산세는 과세관청이 세액을 산정하여 납세의무자에게 교부하여 징수하는 세금인 반면, 상속세나 양도소득세는 납세의무자가 과세관청에 신고를 통해 납부하는 세금이다.

② 자본이득에 과세하는 양도소득세의 경우 소유자가 자산을 계속 보유함으로써 시장에서 자산거래가 위축되는 동결효과(lock-in effect)가 발생할 수 있다.

③ 토지분 재산세의 과세대상 중 공장용지 · 전 · 답 · 과수원 · 목장용지와 같이 생산활동에 이용되는 토지는 별도 합산하여 과세한다.

④ 취득세의 납세의무자는 사실상 취득자이다.

⑤ 양도소득세의 양도가액은 원칙적으로 그 자산의 양도 당시의 양도자와 양수자 간에 실제로 거래한 가액에 따른다.

해설

구분	과세대상
종합합산 과세대상	• 별도합산과세대상 또는 분리과세대상이 되는 토지를 제외한 토지
별도합산 과세대상	• 공장용 건축물의 부속토지 등 • 철거 · 멸실된 건축물 또는 주택의 부속토지 등
분리 과세대상	• 공장용지 · 전 · 답 · 과수원 및 목장용지 등 • 산림의 보호육성을 위하여 필요한 임야 및 종중 소유 임야 등 • 골프장용 토지와 고급오락장용 부속토지 등 • 국가 및 지방자치단체 지원을 위한 특정목적 사업용 토지 등

| 정답 | ③

18 부동산 관련 조세는 과세주체 또는 과세권자에 따라 국세와 지방세로 구분된다. 이 기준에 따라 동일한 유형으로 분류된 것은?

2020년 31회

① 취득세, 상속세, 증여세

② 종합부동산세, 증여세, 취득세

③ 등록면허세, 소득세, 부가가치세

④ 소득세, 상속세, 재산세

⑤ 취득세, 등록면허세, 재산세

해설

구분	취득단계	보유단계	양도단계
국세	상속세, 증여세, 부가가치세, 인지세	종합부동산세, 부가가치세	양도소득세, 부가가치세, 인지세
지방세	취득세, 등록면허세	재산세	(소득할)주민세

| 정답 | ⑤

19 다음 부동산 관련 조세 중 국세만으로 묶인 것은?

2019년 30회

① 상속세, 취득세, 양도소득세
② 증여세, 등록면허세, 양도소득세
③ 취득세, 등록면허세, 종합부동산세
④ 증여세, 양도소득세, 종합부동산세
⑤ 재산세, 양도소득세, 종합부동산세

해설

구분	취득단계	보유단계	양도단계
국세	상속세, 증여세, 부가가치세, 인지세	종합부동산세, 부가가치세	양도소득세, 부가가치세, 인지세,
지방세	취득세, 등록면허세	재산세	(소득할)주민세

| 정답 | ④

20 부동산조세에 관한 설명으로 옳지 않은 것은? (단, 주어진 조건에 한함)

2019년 30회

① 종합부동산세와 재산세의 과세대상은 일치한다.
② 조세의 귀착 문제는 수요와 공급의 상대적 탄력성에 달려있다.
③ 임대주택에 재산세가 강화되면 장기적으로 임차인에게 전가될 수 있다.
④ 부동산조세는 자원을 재분배하는 기능이 있다.
⑤ 주택에 보유세가 중과되면 자가소유 수요가 감소할 수 있다.

해설

- 재산세 과세대상: 토지, 건축물, 주택, 항공기 및 선박
- 종합부동산세 과세대상: 토지, 주택

| 정답 | ①

21 부동산조세 유형 중 보유과세를 모두 고른 것은?

2016년 27회

ㄱ. 취득세	ㄴ. 상속세	ㄷ. 재산세
ㄹ. 종합부동산세	ㅁ. 양도소득세	

① ㄱ, ㄴ
② ㄴ, ㄷ
③ ㄷ, ㄹ
④ ㄴ, ㄷ, ㄹ
⑤ ㄷ, ㄹ, ㅁ

해설

구분	취득단계	보유단계	양도단계
국세	상속세, 증여세, 부가가치세, 인지세	종합부동산세, 부가가치세	양도소득세, 부가가치세, 인지세,
지방세	취득세, 등록면허세	재산세	(소득할)주민세

| 정답 | ③

22 우리나라의 부동산조세제도에 관한 설명으로 옳지 않은 것은?

2021년 32회

① 양도소득세와 취득세는 신고납부방식이다.
② 취득세와 증여세는 부동산의 취득단계에 부과한다.
③ 양도소득세와 종합부동산세는 국세에 속한다.
④ 상속세와 증여세는 누진세율을 적용한다.
⑤ 종합부동산세와 재산세의 과세기준일은 매년 6월 30일이다.

해설

종합부동산세와 재산세의 납세의무 성립시기는 매년 6월 1일이며, 이를 과세기준일이라 한다.

| 정답 | ⑤

23 다음 설명에 모두 해당하는 부동산 조세는?

2022년 33회

- 시 · 군 · 구세, 특별자치시(도)세
- 과세대상에 따라 누진세율 또는 단일세율 적용
- 보통징수 방식

① 종합부동산세
② 양도소득세
③ 취득세
④ 등록면허세
⑤ 재산세

해설

지방세이면서 신고납부가 아닌 보통징수 방식으로 납부하며 누진세율과 단일세율을 병용하는 세목은 재산세뿐이다.

| 정답 | ⑤

24 우리나라의 부동산조세정책에 관한 설명으로 옳은 것을 모두 고른 것은?

2023년 34회

ㄱ. 부가가치세와 등록면허세는 국세에 속한다.
ㄴ. 재산세와 상속세는 신고납부방식이다.
ㄷ. 증여세와 재산세는 부동산의 보유단계에 부과한다.
ㄹ. 상속세와 증여세는 누진세율을 적용한다.

① ㄹ
② ㄱ, ㄹ
③ ㄴ, ㄷ
④ ㄱ, ㄴ, ㄷ
⑤ ㄱ, ㄴ, ㄹ

해설

ㄱ. 부가가치세는 국세, 등록면허세는 지방세이다.
ㄴ. 재산세는 보통징수방식이고 상속세는 신고납부방식이다.
ㄷ. 증여세는 취득단계, 재산세는 보유단계에 부과한다.

| 정답 | ①

25 A지역 주택시장의 시장수요함수는 Q_D= - 2P + 2,400이고 시장공급함수는 Q_S= 3P- 1,200이다. 정부가 부동산거래세를 공급측면에 단위당 세액 20만원의 종량세 형태로 부과하는 경우에 A지역 주택시장의 경제적 순손실은? (단, Q_D: 수요량, Q_S: 공급량, P: 가격, 단위는 만호, 만원이며, 다른 조건은 동일함) 2022년 33회

① 60억원 ② 120억원
③ 240억원 ④ 360억원
⑤ 480억원

해설

정식

① 균형량 도출: 1,200 - $\frac{1}{2}$Q = 400 + $\frac{1}{3}$Q, Q = 960만호

② 종량세 부과로 인한 거래량 감소 측정: 1,200 - $\frac{1}{2}$Q - (400 + $\frac{1}{3}$Q) = 20만원, Q = 936만호

960 - 936 = 24만호

∴ 사회적 후생손실(경제적 순손실): (24만호 × 20만원) ÷ 2 = 240억원

| 정답 | ③

26 A지역 주택시장의 시장수요함수는 $2Q_D$ = 200 - P이고 시장공급함수는 $3Q_S$ = 60 + P이다. (Q_D : 수요량, Q_S : 공급량, P : 가격, 단위는 만호, 만원임) 정부가 부동산거래세를 수요측면에 단위당 세액 10만원의 종량세의 형태로 부과하는 경우에 A지역 주택시장 부동산거래세의 초과 부담은? (단, 다른 조건은 동일함) 2020년 31회

① 8억원 ② 10억원
③ 12억원 ④ 20억원
⑤ 24억원

해설

정식

① 균형량 도출: 200 - 2Q = - 60 + 3Q, Q = 52만호

② 종량세 부과로 인한 거래량 감소 측정: 200 - 2Q - (- 60 + 3Q) = 10, Q = 50만호

52 - 50 = 2만호

∴ 사회적 후생손실(경제적 순손실): (2만호 × 10만원) ÷ 2 = 10억원

| 정답 | ②

27 우리나라에서 현재(2020. 3. 7.) 시행하지 않는 부동산정책을 모두 고른 것은? 2020년 31회

ㄱ. 종합토지세	ㄴ. 공한지세
ㄷ. 토지거래허가제	ㄹ. 택지소유상한제
ㅁ. 분양가상한제	ㅂ. 개발이익환수제
ㅅ. 실거래가신고제	ㅇ. 부동산실명제

① ㄱ, ㄴ, ㄹ
② ㄱ, ㅁ, ㅂ
③ ㄱ, ㅂ, ㅅ
④ ㄴ, ㄷ, ㅁ
⑤ ㄹ, ㅅ, ㅇ

해설

현재 시행되지 않는 부동산제도

① 택지소유상한제
② 토지초과이득세
③ 종합토지세
④ 공한지세
⑤ 개발권양도제도(TDR)

| 정답 | ①

28 현재 우리나라에서 시행중인 부동산정책이 아닌 것은? 2018년 29회

① 토지거래허가제
② 실거래가신고제
③ 개발이익환수제
④ 분양가상한제
⑤ 택지소유상한제

해설

택지소유상한제: 국민이 고르게 택지를 소유할 수 있도록 하기 위해 택지에 대한 초과소유부담금을 부과(1998년 폐지)

| 정답 | ⑤

29 우리나라의 부동산제도와 근거법률의 연결이 옳은 것은? 2021년 32회

① 토지거래허가제 – 「부동산 거래신고 등에 관한 법률」
② 검인계약서제 – 「부동산등기법」
③ 토지은행제 – 「공익사업을 위한 토지 등의 취득 및 보상에 관한 법률」
④ 개발부담금제 – 「재건축 초과이익 환수에 관한 법률」
⑤ 분양가상한제 – 「건축물의 분양에 관한 법률」

해설

부동산관련 제도 및 근거법규

① 용도지역지구제: 『국토의 계획 및 이용에 관한 법률』
② 투기지역 지정제도: 『소득세법』
③ 투기과열지구 지정제도: 『주택법』
④ 조정대상지역 지정제도: 『주택법』
⑤ 토지거래허가제: 『부동산 거래신고 등에 관한 법률』
⑥ 분양가상한제: 『주택법』
⑦ 검인계약서제: 『부동산등기 특별조치법』
⑧ 토지비축(은행)제: 『공공토지의 비축에 관한 법률』
⑨ 개발부담금제: 『개발이익 환수에 관한 법률』

| 정답 | ①

30 다음 중 부동산시장과 부동산정책에 관한 설명으로 옳은 것은 몇 개인가? 2021년 32회

- 부동산정책이 자원배분의 비효율성을 오히려 악화시키는 것을 시장의 실패라 한다.
- 법령상 도입순서를 비교하면 부동산거래신고제는 부동산실명제보다 빠르다.
- 개발행위허가제와 택지소유상한제는 현재 시행되고 있는 제도이다.
- 분양가상한제와 개발부담금제는 정부가 직접적으로 부동산시장에 개입하는 정책수단이다.
- PIR(Price to Income Ratio)은 가구의 주택지불능력을 측정하는 지표이다.

① 없음
② 1개
③ 2개
④ 3개
⑤ 4개

해설

옳은 지문은 1개이다.

- 부동산정책이 자원배분의 비효율성을 오히려 악화시키는 것은 시장의 실패가 아닌 정부의 실패이다.
- 부동산거래신고제(2006년)는 부동산실명제(1995년)보다 늦게 도입되었다.
- 택지소유상한제는 현재 폐지되어 시행되고 있지 않는 제도이다.
- 분양가상한제는 정부의 직접적 시장개입 수단이고, 개발부담금제는 정부의 간접적 시장개입 수단이다.

| 정답 | ②

31 **부동산정책에 관한 설명으로 옳지 않은 것은?** 2016년 27회

① 부동산정책이란 바람직한 부동산활동을 유도하기 위한 목표설정과 이를 달성하기 위한 각종 부동산대책의 결정 및 운용에 관한 정부의 공적인 계획이나 실행행위를 말한다.

② 부동산 거래신고 제도는 부동산 거래신고 등에 관한 법령에 따라 거래당사자가 부동산등에 관한 매매계약을 체결한 경우 그 실제 매매가격 등을 거래계약 후 잔금일로부터 60일 이내에 그 부동산 등의 소재지를 관할하는 시장·군수 또는 구청장에게 공동 또는 예외적인 경우 단독으로 신고하게 하여 건전하고 투명한 부동산 거래질서를 확립하여 국민경제에 이바지함을 목적으로 한다.

③ 개발제한구역의 지정 및 관리에 관한 특별조치법령상 국토교통부장관은 국방부장관의 요청으로 보안상 도시의 개발을 제한할 필요가 있다고 인정되면 개발제한구역의 지정 및 해제를 도시·군관리계획으로 결정할 수 있다.

④ 지적재조사사업은 공간정보의 구축 및 관리 등에 관한 법령에 따라 지적공부의 등록사항을 조사·측량하여 기존의 지적공부를 디지털에 의한 새로운 지적공부로 대체함과 동시에 지적공부의 등록사항이 토지의 실제 현황과 일치하지 아니하는 경우 이를 바로 잡기 위하여 실시하는 국가사업으로 국토를 효율적으로 관리함과 아울러 국민의 재산권 보호에 기여함을 목적으로 한다.

⑤ 산지관리법령상 국가나 지방자치단체는 산지전용·일시사용제한지역의 지정목적을 달성하기 위하여 필요하면 산지소유자와 협의하여 산지전용·일시사용제한지역의 산지를 매수할 수 있다.

해설

부동산 거래 신고는 계약체결일로부터 30일 이내에 시장·군수 또는 구청장에게 신고하여야 한다.

| 정답 | ②

32 국토의 계획 및 이용에 관한 법령상 현재 지정될 수 있는 용도지역을 모두 고른 것은?

2021년 32회

ㄱ. 준상업지역	ㄴ. 준주거지역
ㄷ. 준공업지역	ㄹ. 준농림지역

① ㄱ, ㄴ
② ㄴ, ㄷ
③ ㄷ, ㄹ
④ ㄱ, ㄴ, ㄷ
⑤ ㄴ, ㄷ, ㄹ

해설

용도지역

도시지역	주거지역	전용주거지역	1종(단독주택)
			2종(공동주택)
		일반주거지역	1종(저층주택)
			2종(중층주택)
			3종(중고층주택)
		준주거지역	
	상업지역	중심, 일반, 근린, 유통	
	공업지역	전용, 일반, 준	
	녹지지역	보전, 생산, 자연	
관리지역		보전, 생산, 계획	
농업지역		—	
자연환경보전지역		—	

| 정답 | ②

33 토지정책에 관한 설명으로 옳은 것은? 2019년 30회

① 토지정책수단 중 토지비축제도, 토지수용, 금융지원, 보조금 지급은 간접개입방식이다.

② 개발부담금제는 개발이 제한되는 지역의 토지소유권에서 개발권을 분리하여 개발이 필요한 다른 지역에 개발권을 양도할 수 있도록 하는 제도이다.

③ 토지선매에 있어 시장·군수·구청장은 토지거래계약허가를 받아 취득한 토지를 그 이용목적대로 이용하고 있지 아니한 토지에 대해서 선매자에게 강제로 수용하게 할 수 있다.

④ 개발권양도제는 개발사업의 시행으로 이익을 얻은 사업시행자로부터 개발이익의 일정액을 환수하는 제도이다.

⑤ 토지적성평가제는 토지에 대한 개발과 보전의 경합이 발생했을 때 이를 합리적으로 조정하는 수단이다.

해설

① 토지정책수단 중 토지비축제도, 토지수용은 직접개입방식이고 금융지원, 보조금 지급은 간접개입방식이다.

② 개발권양도제(TDR)에 관한 설명이다.

③ 토지선매는 협의매수하는 방식을 취한다. 강제 수용방식은 허용되지 않는다.

④ 개발권양도제(TDR)가 아닌 개발부담금제에 관한 설명이다.

| 정답 | ⑤

34 도시 및 주거환경정비법령상 다음에 해당하는 정비사업은?

2023년 34회

> 도시저소득 주민이 집단거주하는 지역으로서 정비기반시설이 극히 열악하고 노후·불량건축물이 과도하게 밀집한 지역의 주거환경을 개선하거나 단독주택 및 다세대주택이 밀집한 지역에서 정비기반시설과 공동이용시설 확충을 통하여 주거환경을 보전·정비·개량하기 위한 사업

① 도시환경정비사업
② 주거환경개선사업
③ 주거환경관리사업
④ 가로주택정비사업
⑤ 재정비촉진사업

해설

정비사업의 개념과 종류

구분		내용
주거환경개선사업		도시저소득 주민이 집단거주하는 지역으로서 정비기반시설이 극히 열악하고 노후·불량건축물이 과도하게 밀집한 지역의 주거환경을 개선하거나 단독주택 및 다세대주택이 밀집한 지역에서 정비기반시설과 공동이용시설 확충을 통하여 주거환경을 보전·정비·개량하기 위한 사업
재개발사업		정비기반시설이 열악하고 노후·불량건축물이 밀집한 지역에서 주거환경을 개선하거나 상업지역·공업지역 등에서 도시기능의 회복 및 상권 활성화 등을 위하여 도시환경을 개선하기 위한 사업
재건축사업		정비기반시설은 양호하나 노후·불량건축물에 해당하는 공동주택이 밀집한 지역에서 주거환경을 개선하기 위한 사업
소규모 주택정비 사업	자율주택 정비사업	단독주택, 다세대주택 및 연립주택을 스스로 개량 또는 건설하기 위한 사업으로서 통상 20가구 미만의 작은 면적에 대한 정비사업
	가로주택 정비사업	가로구역에서 종전의 가로를 유지하면서 소규모로 주거환경을 개선하기 위한 사업으로서 기존주택이 단독주택 10가구 이상, 공동주택은 20세대 이상이어야 함
	소규모 재건축사업	정비기반시설이 양호한 지역에서 소규모로 공동주택을 재건축하기 위한 사업
	소규모 재개발사업	역세권 또는 준공업지역에서 소규모로 주거환경 또는 도시환경을 개선하기 위한 사업

| 정답 | ②

35 우리나라의 부동산정보 관리정책에 관한 설명으로 옳은 것은? 2019년 30회

① 부동산거래 계약과 신고 등에 관한 정보체계 구축의 법적 근거는 「공간정보의 구축 및 관리 등에 관한 법률」이다.

② 국토교통부장관 또는 시장 · 군수 · 구청장은 정보의 관리를 위하여 관계 행정기관이나 그 밖에 필요한 기관에 필요한 자료를 요청할 수 있으며, 이 경우 관계 행정기관 등은 특별한 사유가 없으면 요청에 따라야 한다.

③ 광역시장 · 도지사는 적절한 부동산정책의 수립 및 시행을 위하여 부동산 거래상황, 외국인 부동산 취득현황, 부동산 가격 동향 등에 관한 정보를 종합적으로 관리하고, 이를 관련 기관단체 등에 제공해야 한다.

④ 광역시장 · 도지사는 효율적인 정보의 관리 및 국민편의 증진을 위하여 대통령령으로 정하는 바에 따라 부동산거래의 계약 · 신고 · 허가 · 관리 등의 업무와 관련된 정보체계를 구축 · 운영해야 한다.

⑤ 국토교통부장관은 정보체계에 구축되어 있는 정보를 수요자에게 제공할 수 있으며, 이 경우 제공하는 정보의 종류와 내용을 제한할 수 없다.

해설

① 『부동산 거래신고 등에 관한 법률』이 근거법률이다.

③ 광역시장 · 도지사 ×, 국토교통부장관 또는 시장 · 군수 · 구청장 ○

④ 광역시장 · 도지사 ×, 국토교통부장관 ○

⑤ 정보의 종류와 내용을 제한할 수 있다.

| 정답 | ②

36 부동산 거래신고 등에 관한 법률상 옳지 않은 것은? (단, 주어진 조건에 한함) 2020년 31회

① 거래당사자 중 일방이 지방자치단체인 경우에는 지방자치단체가 신고를 하여야 한다.
② 공동으로 중개한 경우에는 해당 개업공인중개사가 공동으로 신고하여야 하며, 일방이 신고를 거부한 경우에는 단독으로 신고할 수 있다.
③ 거래당사자는 그 실제 거래가격 등을 거래계약의 체결일부터 30일 이내에 공동으로 신고해야 한다.
④ 누구든지 개업공인중개사에게 부동산 거래의 신고를 하지 아니하게 하거나 거짓으로 신고하도록 요구하는 행위를 하여서는 아니 된다.
⑤ 거래당사자가 부동산의 거래신고를 한 후 해당 거래계약이 취소된 경우에는 취소가 확정된 날부터 60일 이내에 해당 신고관청에 공동으로 신고하여야 한다.

해설

거래당사자가 부동산의 거래신고를 한 후 해당 거래계약이 취소된 경우에는 취소가 확정된 날부터 30일 이내에 해당 신고관청에 공동으로 신고하여야 한다.

| 정답 | ⑤

해커스 감정평가사
ca.Hackers.com

PART 05

부동산투자론

제1장 부동산 투자이론

View Point

1. 부동산투자의 의의를 비롯한 투자이론 전반에 대한 이해는 개론적 수준이면 무난하다.
2. 부동산 투자 위험과 레버리지효과에 대한 이해와 투자의 특성, 일반투자와의 차이점 등을 정리한다.
3. 투자준거로서 기대수익률, 요구수익률을 상세히 학습하고 위험지표로서 분산과 표준편차를 이해하고 측정한다.
4. 위험관리이론으로 포트폴리오 이론을 숙지하고 상관계수에 대하여 확실히 이해하고 넘어가야 한다.
5. 평균-분산지배원리에서 평균은 기대수익률, 분산은 표준편차에 이르기 까지 계산문제 대비에 철저해야 한다.

제1절 부동산투자의 의의

1 부동산투자의 개념

부동산투자란 확실한 현재의 소비를 희생하여, 장래의 불확실한 수익의 획득을 목적으로 합리적 안전성과 원금의 궁극적인 회수를 전제로 부동산에 자본을 투입하는 행위이다.
부동산 투자 행위는 현금유출보다 현금유입이 더 큰 부의 극대화를 목표로 한다.

2 부동산투자와 투기의 구별

1. 부동산투기

부동산투기란 단기간의 양도차익을 목적으로 부동산을 보유하는 것을 말한다. 부동산을 생산활동에 이용하지 않고 단지 가격상승에 의한 양도차익만을 목적으로 규모 이상의 부동산을 보유하는 것을 말한다.

(1) 투기의 발생원인

부동산의 투기성향은 토지 붐(boom), 즉 대기업체의 진입, 급격한 도시성장, 철도, 도로들의 신설 등에 의한 경제적 요인이 그 계기가 된다. 특히 ①, ②, ③은 지역적 투기현상의 주요 발생요인에 해당한다.

① **개발**: 신도시개발, 도시재개발, 광산, 금광, 유전, 온천의 발견
② **수송수단의 신설과 확장**: 운하, 철도, 항만, 전철, 도로 등의 신설이나 확장
③ **경제성장**: 경제성장은 부동산의 수요를 증가시키나 공급량은 한정되고 희소성이 생겨 투기가 발생

④ 주택 · 택지가격의 상승
⑤ 부동산시장의 불완전 경쟁적 성격
⑥ 인플레현상에서의 환물투기심리
⑦ 토지에 대한 전통적인 소유욕
⑧ 저금리 · 저배당

(2) 투기의 순기능과 역기능

부동산투기의 폐해(단점)	부동산투기의 기능(장점)
① 빈익빈 부익부 현상 심화 ② 기업의 신규 투자 감소 ③ 생산원가의 상승과 수출부진 ④ 근로의욕상실 ⑤ 공공용지 확보 어려움 ⑥ 토지의 효율적 · 합리적 이용의 저해	① 투기적 공급으로 주택문제 해결에 도움 ② 택지의 투기적 공급 가능 ③ 1가구 1주택 목표 달성 촉진

(3) 투자와 투기의 비교

구분	투자	투기
목적	실수요자의 정당한 기대이익행위	양도차익으로 인한 가수요자의 불로소득행위
범위	최적면적(최유효사용에 입각)	최적면적 이상
대상	항구적 용도의 자산(성숙 · 미성숙지)	미성숙지(잡종지 · 전 · 답)
합리성 · 안전성	합리적인 자유시장에서 안전성을 보장받을 수 있음(장기)	보장이 안 됨
가격	시장가격(정상 · 균형가격)	소유자 희망가능가격(투기가격)
생산성	생산적(이용 · 관리의사 있음)	비생산적(이용 · 관리의사 없음)
정책	정책적으로 조장	정책적으로 규제
거리	거주지에 근접	거주지에서 원거리
면적	이용 · 관리가능한 필요량	필요량 이상 구입가능한 양
이용 · 관리의사	있음	없음

2. 부동산투자의 특징

(1) **정(正)의 레버리지 효과:** 금전대부를 이용하여 순자산 투자로부터 얻을 수 있는 수익률을 증가시킨다.

KEY PLUS | 레버리지 효과(leverage effect)

저렴한 비용의 부채를 이용하여 투자자의 이익을 증대시키는 것으로, 이것은 부채금액에 지급하는 이자보다 높은 투자수익률을 가정한 것이다. 이 경우 수익률은 주기적인 수입이든 가격상승으로 인한 것이든 불문하는 것이다. 주택구입시 전세를 주는 것도 레버리지효과를 기대하는 것이다.

① 타인의 부채를 이용하여 자기자본 대비 수익률(지분투자수익률)의 진폭을 크게 하는 것
② 투자금액 대비 차입비율이 클수록 레버리지 효과도 크게 하지만 지분투자자가 부담하는 위험(채무불이행 위험, 금융상의 위험)도 커진다.
③ 정(+)의 레버리지 효과: 지분투자수익률 〉 총투자수익률 〉 차입이자율
④ 부(−)의 레버리지 효과: 지분투자수익률 〈 총투자수익률 〈 차입이자율

(2) 미래의 가변적 입지에 유리하고 투자기간이 장기이다.
(3) **구매력 보호**: 부동산은 인플레이션으로부터 보호기능을 가지고 있다.
(4) **소득이득과 자본이득 향유**: 부동산은 타인에게 빌려주거나 소유자 자신이 직접 사용하여 수입을 얻을 수 있다.이것을 소득이득(income gain)이라 한다. 지대, 임대료가 이에 해당한다. 이와는 달리 단지 소유함으로써 사회에서 발생하는 지가상승 등의 영향으로 이득을 얻을 수 있다. 이를 자본이득(capital gain)이라 한다. 1억 주고 작년에 산 집이 올해에 1억 4천만원이 되었다면 나머지 4천만원이 자본이득이다.
(5) **절세효과**: 부동산은 낮은 세율, 세액공제 등의 기회가 있어 세금을 최소화 할 수 있다.
(6) **소유의 긍지**: 부동산의 소유로 말미암은 만족은 많은 투자자에게 중요한 투자동기가 된다.
(7) 투자액이 다른 자산의 투자액보다 많은 자본을 필요로 한다.
(8) 수익획득은 경영자의 경영수완에 의존한다.
(9) 장래기대수익은 불확실하며 개발이익이 발생할 수 있다.
(10) 도난 · 멸실의 위험이 없다.

제2절 부동산투자이론

1 부동산투자의 위험과 수익

1. 부동산투자의 위험

(1) 위험의 개념

위험이란 어떤 투자 안으로부터 얻어지게 될 결과에 대해 불확실성이 존재함으로써 발생하는 변동성, 즉 투자수익이 기대치를 벗어날 변동가능성을 가리킨다.

(2) 부동산투자의 위험

① 사업상의 위험

부동산사업 자체로부터 연유하는 수익성에 관한 위험

㉠ 시장위험: 경기침체 등 수요공급의 변화에 따른 위험

㉡ 운영위험
- 사업장의 관리
- 근로자의 파업
- 영업경비의 변동 등으로 인한 위험

㉢ 입지(위치적) 위험: 지리적 위치의 고정성에서 야기되는 위험

② 금융적 위험

부채가 많으면 많을수록 원금과 이자에 대한 채무불이행의 가능성이 높아지며, 파산할 위험도 그만큼 더 커진다.

③ 법률적 위험

㉠ 부동산세제나 감가상각방법의 변경

㉡ 임대료에 관한 법령의 변경

㉢ 화폐정책이나 재정정책의 변화 등에 의한 위험

④ 인플레 위험

인플레이션이 심하게 되면 대출자는 원금의 실질적인 가치가 하락하는 위험을 최소화하기 위해 그만큼 금리를 높게 함으로써 투자자의 투자수익률이 낮아지는 위험

⑤ 유동성 위험

부동산을 갑자기 현금화하고자 할 때 매매가 어렵다든지 또는 갑작스런 급매로 부동산 소유자의 손실을 가져오는 것을 말한다.

⑥ 이자율 위험

이자율변동에 의하여 부동산수익률이 변화하는 것을 말한다. 시장이자율은 자금에 대한 수요와 공급에 따라 지속적으로 변동하며 이러한 이자율의 변동률은 모든 부동산의 가격과 수익률에 대하여 직접 영향을 미치게 된다.

⑦ 구매력 위험

주로 인플레이션에 의하여 구매력이 하락하게 될 가능성을 의미한다. 따라서 구매력 위험은 확정이자율을 갖는 건축이나 연금 등의 투자에서 가장 크게 작용하며 인플레이션율이 확정수익률보다 높을 때 구매력은 감소하게 된다.

2. 부동산투자의 수익률

(1) 수익률의 의의

수익률이란 투하된 자본에 대한 산출의 비율을 말하며, 부동산투자에 대한 의사결정의 중요한 변수 중 하나이다.

(2) 수익률의 종류

① 기대수익률

투자로부터 기대되는 예상수입과 예상 지출을 기초로 계산되는 수익률로써 투자사업자체에 내재되어 있으므로 내부수익률이라고도 한다. 확률을 고려한 객관적 수익률

⇨ 자본의 한계효율, 예상수익률: 각각의 예상수익에 확률을 곱하여 가중평균치로 구한다.

② 요구수익률

투자에 대한 위험이 있을 때 투자자가 대상부동산에 자금을 투자하기 위해서 보장되어야 할 최소한의 수익률(기회비용, 외부수익률): 무위험률(시간댓가)에 위험할증률(위험댓가)을 가산하므로 위험할증률은 투자자에 따라 차이가 있다. ⇨ 대안적 수익률, 필수적 수익률

③ 실현수익률(실제수익률, 사후수익률)

투자가 이루어지고 난 후에 실제로 달성된 수익률로서, 부동산에 대한 투자선택시 직접적인 관련성이 없는 수익률이다(사후에 감정에만 영향 줌).

(3) 기대수익률과 요구수익률의 관계

① 기대수익률 〉 요구수익률인 경우

대상부동산의 투자수요 증가 ⇨ 대상부동산의 시장가치 상승(투자비용증가)
⇨ 대상부동산의 기대수익률 감소(요구수익률과 균형때까지)

② 기대수익률 〈 요구수익률인 경우

대상부동산의 투자수요 감소 ⇨ 대상부동산의 시장가치 하락(투자비용감소)
⇨ 대상부동산의 기대수익률 증가(요구수익률과 균형때까지)

③ 투자의 선택

기대수익률이 요구수익률보다 클 때 투자를 하게 된다.

3. 위험과 수익의 상쇄관계

일반적으로 위험과 수익은 비례(상쇄)관계를 가지고 있다. 부담하는 위험이 크면 클수록 요구하는 수익률도 커진다. ⇨ 위험 · 수익의 상쇄관계 (모든 위험이 아니라 체계적 위험과 수익이 비례)

위험과 수익, 위험과 요구수익률과의 관계

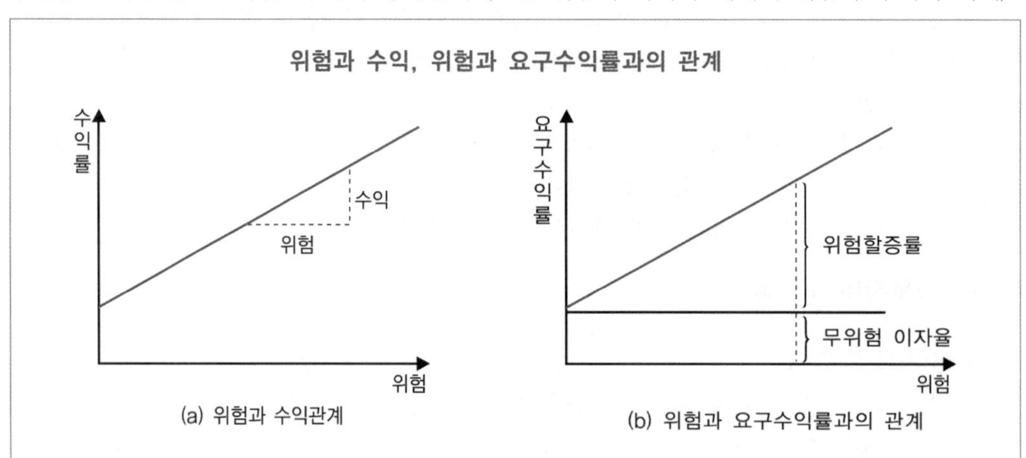

(a) 위험과 수익관계

(b) 위험과 요구수익률과의 관계

앞의 그림이 의미하는 것은 재무적 의사결정에 관한한 최소의 위험을 부담하고 최대의 수익률을 올릴 수 없다는 것이다. 즉 위험이 많으면 그에 따라 기대수익률도 높다. 부동산투자는 위험이 크면 기대수익률도 크다고 말한다. 위험과 기대수익률 사이에는 다음과 같은 공식으로 표시할 수 있다.

기대수익률 = 무위험률 + 위험할증(프리미엄)률

화폐의 공급과 수요, 저축과 투자 등의 증감 등은 무위험률에 영향을 주는 요인들이다. 투자목적으로 어떤 자산을 선택하느냐 하는 이유는 그 자산으로부터 발생하는 기대수익률이기 때문이다.

그러나 그 기대수익은 미래에 발생하기 때문에 불확실성이 내포되어 있다. 부동산투자자는 위험과 수익성을 고려하여 투자자산의 가치를 평가하여야 한다. 투자자의 위험에 대한 태도는 다음 세 가지로 구분된다.

(1) 기대수익률이 동일한 두 개의 투자 대안이 있을 경우에 사람들은 대부분 덜 위험한 쪽을 선택하려고 할 것이다. 투자자들의 이러한 행동을 '위험혐오적'이라 한다(위험회피적 태도) ⇨ 가장 합리적 태도

(2) 위험혐오적이란 말은 사람들이 전혀 위험을 감수하려고 하지 않는다는 것을 의미하는 것은 아니다. 위험을 전혀 감수하지 않고 얻을 수 있는 수익률은 무위험률 밖에 없다. 따라서 위험을 전혀 수반하지 않는 투자자는 진정한 의미의 투자라 할 수 없다.

(3) 결국, 위험혐오적인 투자자라 할지라도 감수할만한 유인책이 있는 위험이거나 회피할 수 없는 위험일 경우에는 투자자는 기꺼이 이를 감수한다. ⇨ 위험혐오도(위험회피도)가 큰 투자자일수록 위험할증률을 증가시켜 요구수익률선은 더 급경사가 된다.

4. 요구수익률의 구조

요구수익률 = 무위험률 + 위험할증률 + (예상된 인플레에 대한 할증률)

(1) 무위험률 ⇨ 안전, 확실한 수익률(국공채이자, 정기예금이자)

① 시간가치에 대한 댓가

② 일반경제상황, 정책에 영향 받음 ⇨ 화폐공급(통화량)의 감소와 화폐수요 증가, 유동성 선호 증가, 투자율 증가와 저축률 감소, 지급준비율 인상은 무위험률(이자율)을 증가시킨다.

(2) 위험할증률

① 투자에 수반되는 위험이 증대되는 것에 대한 대가이다.

② 투자한 임대부동산의 가격상승은 자본이득으로서 위험률을 낮추게 하므로 그만큼 공제한다. ⇨ 위험할증률은 개인으로서 피할 수 없는 위험인 체계적 위험, 즉, 시장위험 뿐만 아니라 개별투자가 내포하고 있는 위험에 따라서도 변한다. 즉, 위험할증률은 개별적인 투자사업에 대한 체계적 위험에 대한 댓가를 말한다. 투자자의 개별적인 위험 혐오도에 따라 위험할증률에 반영되는 정도가 다르나, 투자자의 개별적인 위험혐오도와 시장의 무위험률과는 상관이 없다.

예 어느 도심지역에 사무실 건물을 지을 때 이 투자사업이 내포하고 있는 위험할증률이 5%라고 하면 투자자는 5%의 위험할증률이 요구수익률에 반영되기를 원한다.

(3) 피셔효과

시장에서 예상되는 인플레이션이 요구수익률에 반영된다는 것을 '피셔효과'라 한다.

※ 만일 디플레이션이 예상되면 디플레율 만큼 요구수익률을 감소시킨다.

5. 시장가치와 투자가치

투자가치	대상부동산이 투자자에게 부여하는 미래편익의 주관적 현재가치
시장가치	대상부동산이 공개경쟁시장에서 가지는 객관적 가치

$$\text{부동산의 투자가치} = \frac{\text{매년계속되는예상(순)수익[세후현금수지]}}{\text{시장의요구수익률[무위험률+위험할증률+예상인플레율]}}$$

6. 위험과 부동산의 가치

부동산가치란 장래 기대되는 수익을 현재가치로 환원한 값이다. 요구수익률은 장래의 기대수익을 현재가치로 환원하는 할인율로 사용된다. 따라서 투자에 따르는 위험이 높을수록 부동산가치는 하락한다(반비례관계).

7. 위험에 대한 처리방법

(1) **위험한 투자를 제외시키는 방법:** 위험한 투자는 가능한 투자대상에서 제외하고 안전한 데에만 투자하는 방법(국공채, 정기예금에 투자)

(2) **보수적 예측방법:** 투자수익을 최대, 중간, 최소로 추계하고, 그 중에서 최소추계치를 기준으로 투자 결정하는 방법(부의 극대화 곤란)

(3) **위험조정할인률의 사용:** 장래 기대되는 소득을 현재가치로 환원할 때 위험한 투자일수록 높은 할인율을 적용하는 방법. 즉, 요구수익률을 결정하는 데에 있어서 감수해야 하는 위험의 정도에 따라 그만큼 위험할증률을 더해 가는 것이다(가장 선호됨).

※ 위험의 전가(risk shifting)란 임대인이 물가상승의 위험을 임차인에게 전가시키는 방법을 말한다(물가상승만큼 임대료인상) ⇨ 보험에 가입하는 것도 위험의 전가의 한 방법이 된다.

8. 부동산투자의 위험분석

(1) 위험과 수익의 측정

재무적 투자결정론에서는 기대소득에 대한 변동가능성을 위험으로 정의한다. 따라서 기대소득에 대한 측정이 이루어져야만 위험도를 측정할 수 있다. 수익에 대한 측정지표는 기대치를 위험에 대한 측정지표는 표준편차를 사용한다.

① **수익의 기대치(기대수익률):** 수익의 기대치란 미래의 불확실한 현금수지를 측정할 때 각 사상(event)에 확률을 부과한 후 이것을 가중평균하여 현금수지의 기대치를 계산하는 방법이다. 기대치가 계산되면 각 사상이 기대치를 벗어나는 정도에 따라 위험이 계산된다.

기대수익률(expected rate of return)

$$E(R) = \sum_{i=1}^{m} p_i r_i$$

$E(R)$: 개별자산의 기대수익률

p_i: 상황 i가 발생할 확률(일어날 상황은 m가지)

r_i: 상황 i가 발생할 때의 수익률

② **위험의 측정**: 부동산투자에 대한 위험은 실현된 소득이 평균기대소득으로부터 벗어나는 정도를 가지고 측정한다. 실현된 소득이 평균기대소득으로부터 멀리 벗어날수록 위험은 커지고 평균기대소득에 가까울수록 위험은 작아진다. 위험의 측정은 통계학적인 분산이나 표준편차로 측정된다. 분산이나 표준편차가 클수록 위험은 커지고 분산이나 표준편차가 작을수록 위험은 작아진다. 표준편차가 0이라는 것은 위험이 없다는 것을 의미한다.

분산(variance) 혹은 표준편차(standard deviation)

$$Var(R) = \sigma^2 = E[R - E(R)]^2$$

$$= \sum_{i=1}^{m} [r_i - E(R)]^2 \cdot p_i$$

$$\sigma = \sqrt{Var(R)} = \sqrt{\sum_{i=1}^{m} [r_i - E(R)]^2 \cdot p_i}$$

단, $Var(R) = \sigma^2$: 수익률의 분산, σ: 수익률의 표준편차

(2) 평균 – 분산의 지배원리

평균 – 분산의 지배원리란 투자안의 기대수익률과 위험의 상관관계에 따라 투자안을 선택하는 기준으로 위험과 수익을 평가하는 방법이다. 다음과 같이 구분된다.

① 위험(분산)이 동일한 경우에는 가장 큰 평균기대수익률을 갖는 투자안이 다른 투자안을 지배한다.

② 평균기대수익률이 동일할 경우에는 가장 작은 위험(분산)을 갖는 투자안이 다른 투자안을 지배한다. 따라서 위험(분산)이 동일한 경우에는 가장 큰 평균기대수익률을 갖는 투자안을 선택하고 평균기대수익률이 동일할 경우에는 가장 작은 위험(분산)을 갖는 투자안을 선택한다.

③ 평균 – 분산의 지배원리는 동일한 수익률하에서 낮은 위험을 동일한 위험에서 높은 수익률을 선택하는 기준으로 두 개 이상의 투자대안 중 어느 하나를 선택하는 기준이다. 따라서 수익률과 위험이 각각 다른 투자대안에 대하여는 평균–분산의 지배원리를 적용할 수 없다는 문제점이 있다.

변동계수(상대위험계수, CV: Coefficient of Variation)

기대수익률 단위당 위험 정도를 나타낸다. 투자이론에서는 투자자산의 위험의 정도를 표준편차로 나타내고 있다. 그러나 분산 및 표준편차는 절대적인 위험도를 측정하기 때문에 평균(수익률)이 다를 경우, 서로 비교하기가 불편하다. 따라서 서로 다른 자산들의 상대적인 위험도는 변동계수를 사용한다. 이 계수가 작을수록, 자료들이 평균 주위에 보다 가깝게 분포되어 있다. 변동계수를 상대위험계수라고도 한다.

$$CV = \frac{\sigma}{E(Ri)} = \frac{\text{표준편차}}{\text{평균(기대수익률)}}$$

(3) 민감도분석(감응도분석)

위험의 내용이 산출결과에 어떠한 영향을 미치는가를 파악하는 방법으로, 민감도 분석(sensitivity analysis)이 사용되고 있다. 민감도 분석이란 투자효과를 분석하는 모형의 투입요소가 변화함에 따라, 그 산출결과가 어떠한 영향을 받는가 하는 기법이다. 즉 임대료, 영업비, 공실률, 감가상각방법, 보유기간, 가치상승 등의 투자수익에 영향을 줄 수 있는 구성 요소들이 변화함에 따라 투자에 대한 순현가(net present value)나 내부수익률(internal rate of return)이 어떻게 변화하는가를 분석하는 것이다.

KEY PLUS | 기대수익률과 위험의 측정 예

평균 · 분산기준에 의해서 개별자산을 평가하는 예를 보기로 하자. 먼저 미래에 대한 여러 가지 예측자료를 근거로 하여 〈표 1〉의 확률분포를 얻었다고 가정하자. 즉, 세 가지 경제상황(불황, 정상, 호황)이 예상되고 각 상황이 일어날 확률이 각기 0.25, 0.50, 0.25 그리고 부동산 A, B, C의 상황별 발생 가능한 수익률이 〈표 1〉에 제시되어 있다.

〈표 1〉 부동산 A, B, C의 수익률의 확률분포

경제상황	확률	예상수익률(r_i)		
		부동산 A	부동산 B	부동산 C
불황	0.25	−0.10	0.00	0.10
정상	0.5	0.10	0.05	0.05
호황	0.25	0.30	0.10	0.00

먼저 부동산 A, B, C의 기대수익률을 식에 의하여 구하면 다음과 같이 부동산 A는 10%, 부동산 B와 C는 각각 5%가 된다.

$$E(R_A) = (-0.10)(0.25) + (0.10)(0.50) + (0.30)(0.25) = 0.10$$
$$E(R_B) = (0.00)(0.25) + (0.05)(0.50) + (0.10)(0.25) = 0.05$$
$$E(R_C) = (0.10)(0.25) + (0.05)(0.50) + (0.00)(0.25) = 0.05$$

한편 위험을 분산(표준편차)에 의해서 계량적으로 측정하면 부동산 A의 표준편차는 〈표 2〉와 같이 14.14%가 되고, 부동산 B와 C는 3.54%가 된다.

〈표 2〉부동산 A의 위험(분산 · 표준편차)의 계산

상황	확률(p_i)	예상수익률(r_i)	$r_i - E(R)$	$[r_i - E(R)]^2$	$p_i[r_i - E(R)]^2$
불황	0.25	−0.10	−0.1−0.1	0.04	0.01
정상	0.50	0.10	0.1−0.1	0.00	0.00
호황	0.25	0.30	0.3−0.1	0.04	0.01

$$\sigma_A^2 = \sum P_i [r_i - E(R)]^2 = 0.02$$
$$\therefore \sigma_A = \sqrt{0.02} = 14.14\%$$
$$\sigma_B^2 = (0.00 - 0.05)^2 0.25 + (0.05 - 0.05)^2 0.50 + (0.10 - 0.05)^2 0.25$$
$$= 0.00125$$
$$\therefore \sigma_B = \sqrt{0.00125} = 3.54\%$$
$$\sigma_C^2 = (0.10 - 0.05)^2 0.25 + (0.05 - 0.05)^2 0.50 + (0.00 - 0.05)^2 0.25$$
$$= 0.00125$$
$$\therefore \sigma_c = \sqrt{0.00125} = 3.54\%$$

〈표 3〉 부동산 A, B, C의 기대수익률과 표준편차

구분	부동산 A	부동산 B	부동산 C
기대수익률(E(R))	10%	5%	5%
표준편차(σ)	14.14%	3.54%	3.54%

따라서 이들 개별부동산의 가치를 기대수익률과 표준편차로 평가하면 부동산 A가 B, C보다 수익성도 높고 위험도 크다. 반면 부동산 B와 C는 부동산 A와 비교하여 볼 때 수익성도 낮고 위험도 작다.
그러면 투자자 입장에서 볼 때 부동산 A, B, C 중 어떤 부동산을 택해야 할 것인가? 이들 부동산의 수익성과 위험은 서로 상반관계에 있으므로 우열을 가릴 수 없으며 결국 선택은 투자자의 위험에 대한 선호도에 달려 있다. 투자자가 위험선호형이라면 위험이 높은 대신 수익성이 높은 부동산 A를 최적 투자안으로 택하겠지만, 위험회피형이라면 수익성이 낮은 대신 위험이 낮은 부동산 B나 C를 최적 투자안으로 선택할 것이다.

제3절 부동산투자의 포트폴리오 이론

1 포트폴리오의 개념과 부동산 포트폴리오

1. 개념

포트폴리오 이론이란 자산이 하나에 집중되어 있는 경우 발생할 수 있는 불확실성을 제거하기 위해 여러 개의 자산을 소유함으로써 분산된 자산으로부터 안정된 결합 편익을 획득하도록 하는 자산관리의 방법이다.

2. 부동산 포트폴리오

(1) **포트폴리오 관리:** 부동산투자에는 어떤 부동산을 얼마만큼 매입할 것인가의 문제 외에도 언제 매입하는가, 언제 매각하는가 등의 투자시기의 문제 등이 있다. 일단 조성된 포트폴리오를 어떻게 관리할 것인가 등의 사항을 일괄하여 포트폴리오 관리라고 한다.

(2) **투자의사결정과정:** 포트폴리오 선택에 있어서 부동산투자의 의사결정과정은 투자방침의 설정 ⇨ 투자대상 후보선택 ⇨ 투자하여야 할 부동산의 그 구성비율의 결정 ⇨ 주체적 거래계획의 결정이라고 볼 수 있다.

(3) **포트폴리오 효과:** 부동산투자의 분산화 효과에 대하여서는, 투자자는 부동산을 매입하여 하나의 투자 포트폴리오를 구성함으로써 그의 총투자위험을 축소시킬 수 있다. 또한 부동산의 결합을 통한 투자의 분산화행위는 투자자의 위험을 감소시킬 수 있다. 따라서 투자자가 그의 여유자금을 한 장소, 한 종류에 집중적으로 투자하지 않고 분산투자하는 것은 투자위험을 축소할 수 있다. 이와 같은 것을 포트폴리오 효과라고 한다.

2 포트폴리오의 위험과 수익

무작위적으로 자산을 배합한다면 포트폴리오를 구성하는 자산의 수가 많으면 많을수록 불필요한 위험은 통계적으로 제거된다. 그러나 일반적으로는 어떤 포트폴리오를 어떻게 구성하고 선택하는지가 중요하며 이를 위해 포트폴리오 관리가 필요하다. 포트폴리오 관리란 단순 분산투자가 아니라 투자대안이 갖고 있는 위험과 수익을 분석하여 불필요한 위험을 제거하고 최선의 결과를 얻을 수 있는 포트폴리오를 선택하는 것이다.

3 자산관리 삼분법

자산선택에 있어서 수익성, 안전성, 환금성을 고려하여 부동산, 증권, 예금 3분야에 분산시킴으로써 경기변동에서 오는 위험부담으로부터 벗어나고 수익을 취하자는 데 목적을 둔 자산관리이다. 이는 단지 포트폴리오의 일종일 뿐 최선의 배합은 아니다.

구분	부동산	주식	예금
안전성	○	×	○
수익성	○	○	×
환금성	×	○	○

(○ : 유리, × : 불리)

4 체계적 위험과 비체계적 위험

1. 체계적 위험

시장의 전체적인 움직임의 불확실성과 시장의 힘에 야기되는 것으로 피할 수 없는 위험을 말하며 모든 부동산에 영향을 준다. 예 경기변동, 이자율변동, 인플레이션의 심화

2. 비체계적 위험

개별적인 부동산의 특성으로부터 야기되는 위험으로 피할 수 있는 위험을 말하며 투자대상을 다양화하여 분산투자를 함으로써 피할 수 있다.

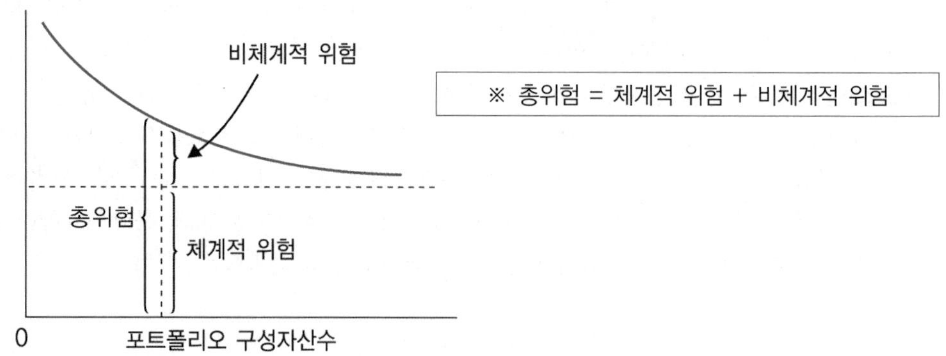

KEY PLUS | 투자 위험 정리	
체계적 위험	• 아무리 완벽한 포트폴리오를 구성해도 어느 누구도 피할 수 없는 위험을 말함 • 종류: 경기변동, 인플레이션 심화, 이자율 변화 등
비체계적 위험	• 투자자산을 다양화(포트폴리오 구성)함으로써 피할 수 있는 위험
총위험	• 총위험 = 체계적 위험 +비체계적 위험 • 자산 수가 많을수록 비체계적 위험은 줄어들지만 체계적 위험은 줄지 않음

5 포트폴리오의 응용

포트폴리오 기법에 의하면 평균-분산법으로 판단하기 어려운 투자대안의 위험과 수익관계를 용이하게 분석할 수 있다. 즉, 두 개의 투자대안 중 하나가 위험도 높고 수익률도 높을 때 포트폴리오이론은 평균-분산법의 논리를 여러 개의 자산조합을 한 포트폴리오에 적용하여 수익과 위험과의 관계를 전체적으로 파악할 수 있다.

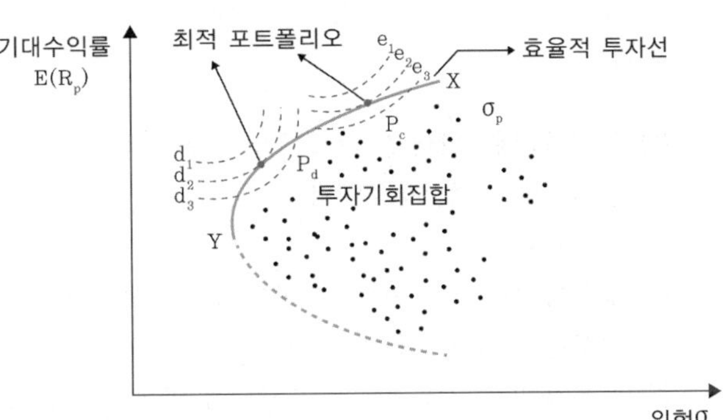

시장에는 선택 가능한 수많은 자산들이 있다. 이들 간의 결합 가능한 경우의 수와 투자비율의 조정까지를 고려하면 헤아릴 수 없이 많은 수의 포트폴리오가 투자대상으로 존재한다. 이들을 투자기회집합(investment opportunity set)이라고 한다. 이 중에서 선택대상으로 적절한 포트폴리오는 XY선상에 위치하는 효율적 투자선(효율적 프론티어; efficient frontier) 또는 효율적 포트폴리오집합이다. 효율적 투자선(위로 볼록한 우상향곡선)과 각 투자자의 무차별곡선(아래로 볼록한 우상향곡선)이 접하는 점이 각 투자자의 최적점 즉, 최적 포트폴리오이다.

6 포트폴리오 관리

부동산투자에 있어서는 투자에 따른 위험, 수익률, 환금성 등이 고려되어야 하며, 또한 단순히 여러 개의 자산만을 배합한다고 해서 좋은 결과를 얻을 수 없으므로 투자대안이 갖고 있는 위험과 수익을 분석하여 불필요한 위험을 제거하고 최선의 결과를 얻을 수 있는 조합을 선택하여야 하는데 이를 포트폴리오 관리라 한다. 일반적으로 포트폴리오를 구성하는 자산의 수가 많을수록 불필요한 위험(비체계적 위험)은 통계학적으로 제거된다. 일반적으로 시장에서 거래되는 자산들 간의 상관계수는 대부분 −1과 +1 사이, 다시 말하여 $-1 \langle \rho \langle +1$인데, 이와 같은 경우는 호 XY 처럼 표시된다. 투자비율이 달라질 때 기대수익률과 위험이 이제는 선형적으로 변화하지 않고 비선형의 관계로 변화하게 되는데, w^*되는 점에서 위험이 최소가 된다.

PART 05 부동산투자론 | 해커스 감정평가사 민영기 부동산학원론 기본서

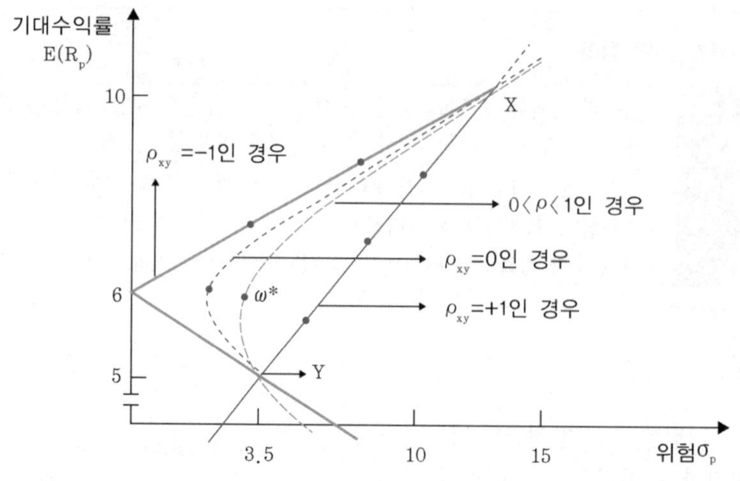

(1) 분산효과란 위험을 감소시키는 포트폴리오 효과를 의미하며 상관계수가 작을수록 분산효과가 크다. 즉, 각 부동산의 수익률이 개별적이어야 상호연관이 적으므로 분산투자의 효과가 크다.

(2) 상관계수(ρ)는 −1과 1사이의 값으로 나타나므로 1에 가까울수록 분산효과가 적고 −1에 가까울수록 분산효과가 크다.

(3) 포트폴리오를 구성하는 자산수가 많을수록 비체계적 위험이 감소하는 이유는 각 자산의 예상수익률의 분포양상이 다르기 때문에 서로 상쇄하여 통계학적으로 표준편차(위험)가 작아진다.

7 부동산포트폴리오의 한계

부동산포트폴리오를 구성하거나 수익 및 위험을 측정할 때 객관적이고 논리적인 계량적 접근을 전제로 한다. 그러나 부동산의 특성으로 인하여 다음과 같은 원칙적인 제약을 가진다.

(1) 부동산시장은 불완전경쟁시장이므로 개별부동산의 가격내지 수익률이 다르다. 따라서 시장 포트폴리오 수익률을 계량하기가 어렵다.

(2) 투자자별로 투자부동산에 대한 세율이 다르게 산출되어 절세효과 등에 따른 시장 포트폴리오 수익률을 계량하기가 어렵다.

(3) 투자자의 능력에 따라 수익률이 다르게 산출되므로 평균적 수익률 산정이 어렵다.

(4) 부동산은 그 특성상 불가분의 특징이 있다.

제2장 부동산 투자분석 및 기법

View Point

1. 부동산투자분석을 위한 수학적 기초로서 화폐의 시간가치 계수를 철저히 숙지하고 암기하고 계산해야 한다.
2. 투자의 현금흐름 분석을 위해 영업현금흐름과 매각현금흐름을 표로 정리하고 완전하게 암기해야 한다.
3. 영업소득세나 자본이득세 또한 드물게 물어볼 수 있으니 대비하고 평상시에도 계산기 활용 연습을 한다.
4. 투자분석기법 중 비할인법으로 승수법, 수익률법, 비율분석법(대부비율, 부채비율, 부채감당률 등)을 학습한다.
5. 투자분석기법 중 할인법인 순현가법, 내부수익률법, 수익성지수법은 단독문제로 이론과 계산문제 모두 출제된다.
6. 부동산투자 의사결정방법은 할인법, 비할인법 모두를 아우르는 온전한 이해가 필요하다.

제1절 부동산투자분석을 위한 수학적 기초

구분		개념	수식
미래가치	일시불의 내가계수	• 현재 1원이 수익률이 r% 일 때 n년 후 금액을 구하는 계수 • 일시불의 미래가치 = 일시불 × 일시불의 내가계수	$(1+r)^n$
	연금의 내가계수	• 매기 1원이 수익률이 r% 일 때 n년 후 금액을 구하는 계수 • 연금의 미래가치 = 연금 × 연금의 내가계수	$\frac{(1+r)^n-1}{r}$
	감채기금 계수	• 수익률이 r% 일 때 n년 후 1원을 만들기 위해 매기에 적립할 금액을 구하는 계수 • 적금액 = 적금총액 × 감채기금계수	$\frac{r}{(1+r)^n-1}$
현재가치	일시불의 현가계수	• n년 후 1원이 할인율이 r%일 때 현재금액을 구하는 계수 • 일시불의 현재가치 = 일시불 × 일시불의 현가계수	$\frac{1}{(1+r)^n}$
	연금의 현가계수	• n년 동안 매기 1원이 할인율이 r%일 때 현재금액을 구하는 계수 • 연금의 현재가치 = 연금 × 연금의 현가계수 • 융자잔고 = 원리금상환액 × 연금의 현가계수(잔여기간)	$\frac{1-(1+r)^{-n}}{r}$
	저당상수	• 현재 1원을 차용한 경우 수익률 r%로 n년 동안 상환할 금액을 구하는 계수 • 원리금균등액 = 융자액 × 저당상수	$\frac{r}{1-(1+r)^{-n}}$
역수관계		• 일시불의 내가계수 ↔ 일시불의 현가계수 • 연금의 내가계수 ↔ 감채기금계수 • 연금의 현가계수 ↔ 저당상수	

KEY PLUS | 할인율과 현재가치

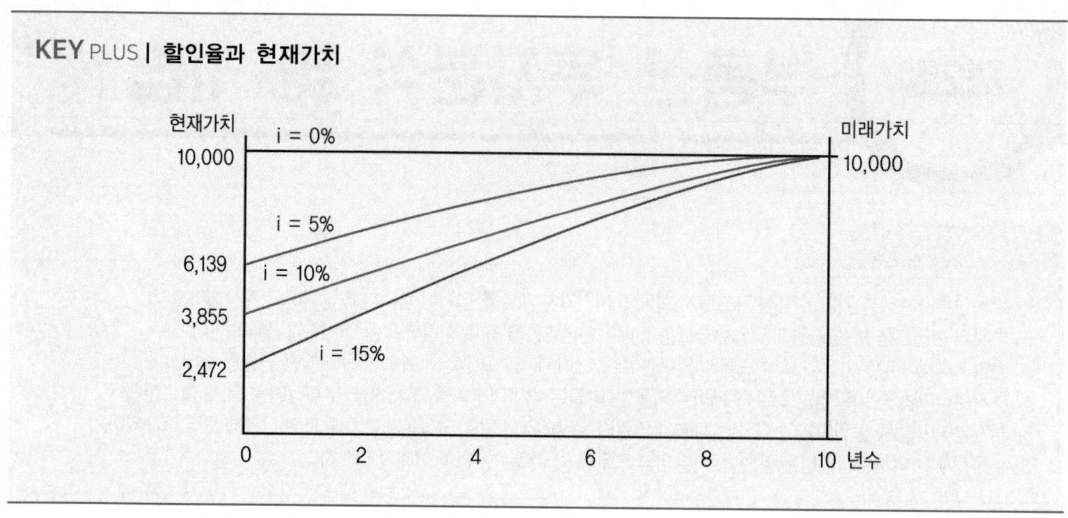

1. 미래가치의 계산

(1) 일시불의 미래가치

① 개념

일정액을 이자율 r로 저금했을 때 n년 후에 찾게 되는 금액 예 현재 10,000원인 아파트 가격이 4년 후에는 얼마가 되겠는가? ⇨ 10,000원 × 일시불의 내가계수

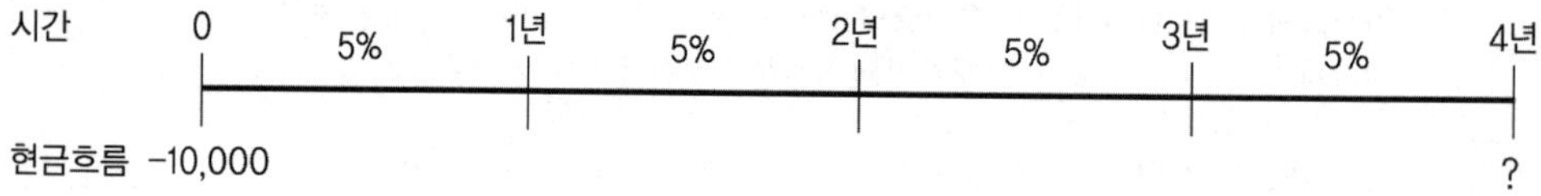

② 일시불의 미래가치계수(일시불의 내가계수) ⇨ 일시불의 현가계수 역수

$$\text{일시불의 내가계수} = (1+r)^n$$

(2) 연금의 미래가치 ※ 매 기간말에 받는 정규연금 전제

① 개념

매매기간의 일정액인 연금을 이자율 r로 계속해서 적립했을 때, n년 후에 달성되는 금액 예 어떤 퇴직공무원이 매년 10,000원씩 연금을 수령할 수 있는데 이를 수령 하지 않고 그대로 은행에 적립하는 경우에 10년 후에는 얼마가 되겠는가?

⇨ 10,000원 × 연금의 내가계수

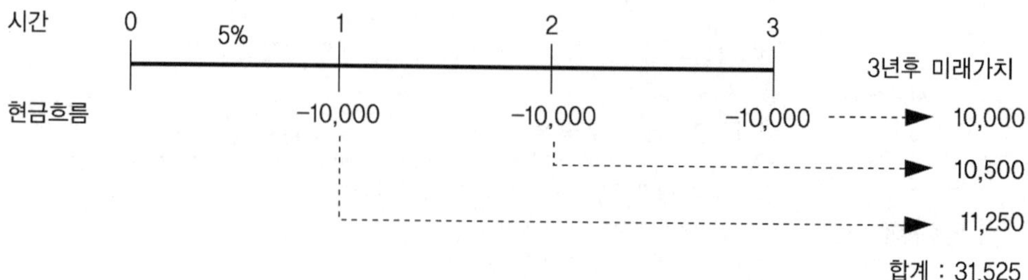

② 연금의 미래가치계수(연금의 내가계수)

$$연금의\ 내가계수 = \frac{(1+r)^n - 1}{r}$$

(3) 감채기금계수

① 개념

n년 후에 1원(일정액)을 만들기 위해서 매기간 불입해야 할 적립금의 금액

⇨ 연금의 내가계수의 역수 예 10년 후에 1억 6천만원인 주택을 구입하기 위해 매년 얼마씩 균등하게 불입하면 되겠는가? ⇨ 1억 6천만원 × 감채기금계수

⇨ 1억 6천만원 ÷ 연금의 내가계수

② 감채기금계수 ⇨ 연금의 내가계수의 역수

$$감채기금계수 = \frac{r}{(1+r)^n - 1}$$

2. 현재가치의 계산

(1) 일시불의 현재가치

① 개념

이자율이 r%일 때, n년 후의 1원(일시불)이 현재 얼마인가를 구하는 경우

예 5년 후에 1억 2,763만원인 아파트를 구입하기 위해 현재 얼마의 일시금을 예금하면 되겠는가? ⇨ 1억 2,763만원 × 일시불의 현가계수

⇨ 1억 2,763만원 ÷ 일시불의 내가계수

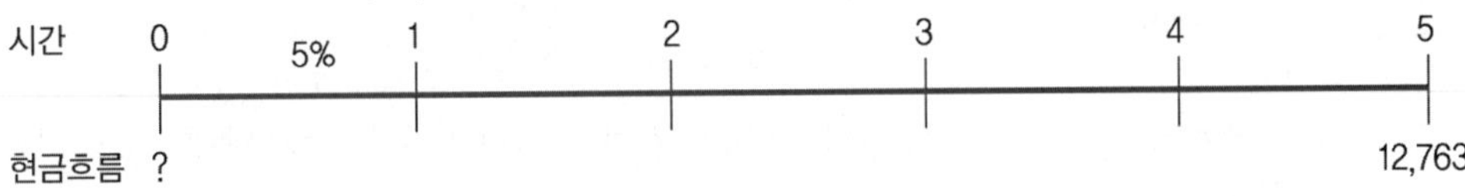

② 일시불의 현재가치계수 ⇨ 일시불의 내가계수의 역수

$$일시불의\ 현가계수 = \frac{1}{(1+r)^n}$$

(2) 연금의 현재가치

① 개념

이자율이 r이고 기간이 n일 때, 매년 1원(일정액)씩 n년 동안 받게 될 연금을 현재 일시불로 환원한 액수를 가리킨다. 예 어떤 퇴직공무원이 매년 10,000만원씩 3년 동안 연금을 수령할 수 있는데 목돈이 필요하여 현재 일시불로 수령하면 그 액수는 얼마가 되겠는가? ⇨ 10,000원 × 연금의 현가계수

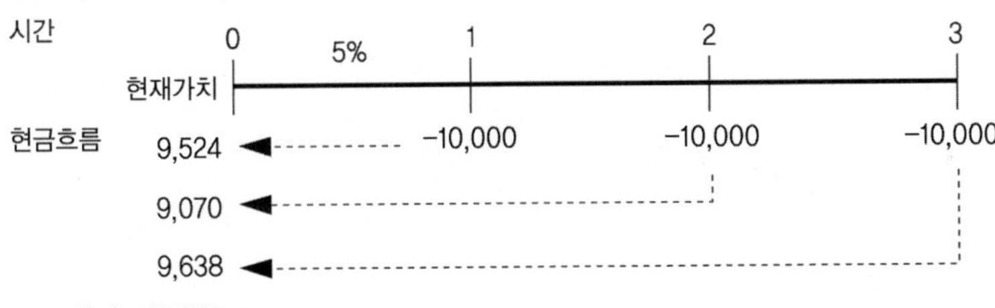

② 연금의 현재가치계수

$$\text{연금의 현가계수} = \frac{1-(1+r)^{-n}}{r} \text{ 또는 } \frac{(1+r)^n-1}{r(1+r)^n}$$

(3) 저당상수(MC)

① 목적

일정액을 빌렸을 때 매 기간마다 갚아나가야 할 원금과 이자의 합계(부채서비스액)를 구할 때 사용 예 어떤 사람이 주택을 구입하기 위해 현재 은행에서 6천만원을 대출받았을 때 매년 얼마씩 균등하게 10년 동안 상환하면 되겠는가?

⇨ 6천만원 × 저당상수

⇨ 6천만원 ÷ 연금의 현가계수

② **저당상수:** 연금의 현가계수의 역수이다.

$$\text{저당상수} = \frac{r}{1-(1+r)^{-n}} \text{ 또는 } \frac{r(1+r)^n}{(1+r)^n-1}$$

KEY PLUS | 상환조견표(amortization schedule)

1. 개념

부동산 금융분야 등에서 은행저당에 대한 이자지급분과 원금상환금액을 구분하고 이러한 내용을 표로 만들어 놓은 것을 '상환조견표'라고 한다. 한편, 일정한 기간 동안 한정된 금액으로 지불하는 것을 저당지불액이라 하는데 상환조견표에서는 저당지불액을 원금상환분과 이자지급분으로 구분하고 있다.

2. 잔금비율과 상환비율

① 잔금비율

저당대출액 중 원금의 미상환금을 잔금이라고 하며, 원금에서 잔금이 차지하는 비율을 잔금비율이라고 한다.

② 상환비율

저당대부액 중 원금의 상환금을 상환금이라고 하며, 원금에서 상환금이 차지하는 비율을 상환비율이라고 한다.

3. 특징

① 상환조견표를 통해 저당대출에 대한 원금상환분과 이자지급분이 시간에 따라 어떻게 달라지는지 볼 수 있다.

② 상환비율 + 잔금비율 = 1이 된다.

③ 이자율을 고정이자율로 가정하였을 경우 상환기간이 지남에 따라 원금상환분은 증가하고 이자지급분은 점점 감소하게 된다. 따라서 대략 상환기간이 2/3정도가 지나야만 원금의 1/2이 상환된다.

④ 상환조견표는 조정이자율을 적용시킬 경우에는 원금상환곡선의 그래프와 상환조견표도 달라지게 된다.

제2절 부동산투자의 결정과정

1 부동산투자결정

부동산투자결정이란 부동산투자에 대한 투자자의 의사결정을 말한다. 투자결정은 여러 가지 투자대안 중 최적대안을 선택함으로써 종결되며, 이는 투자목표와 투자결정요인에 따라 결정된다.

1. 투자목표

부동산투자에 대체성을 갖는 분야에는 증권, 예금 및 보험 등이 있으나 이에 대한 인간활동은 결국 경제적 이익을 추구함에 있다. 투자목적를 달성하기 위해서는 다음과 같은 조건들의 검토가 중요하게 된다.

(1) 투자의 안정성

투자에는 안전성이 있어야 한다. 이는 투자를 통하여 얻는 자산의 처분 및 원금의 합리적 회수가능성까지를 포함한다. 부동산은 일반적으로 거래사고만 없으면 투자의 안전성이 높다. 투자활동에 있어 안정성은 항상 보장되는 것이 아니고 원금회수가 불가능한 경우도 있는데 이를 '원금의 위험부담'이라 표현하고, 부동산투자의 3대 위험부담 중의 하나로 분류된다. 부동산투자의 안전성의 판단은 복합개념에 따라 경제적 · 법률적 · 기술적 측면에서 분석 · 판단하여야 한다.

(2) 산출의 확실성

수익성부동산의 경우 그 부동산이 계속적으로 수익을 산출하는 능력을 보유하고 자산가치의 추가적 증가가 보장되어짐을 말한다(확실성).

(3) 투자의 환금성

투자가는 그의 자산을 합리적인 시간에 시장가격으로 처분케 하여 현금화시킬 수 있는 빠르기 정도를 말한다. 환금성이 나쁘거나 환금결과 손해를 보는 것을 '환금의 위험부담'이라 표현하고, 이것 역시 부동산투자의 3대 위험부담 중의 하나로 분류된다.

(4) 자산가치의 확대

투자는 실질적 자산가치를 증대함이 그 목적이 되어 있다. 특히, 가치의 감가가 적거나 혹은 인플레이션에 대한 헤지가 되도록 하여야 한다.

(5) 세금면의 이익

어느 부동산에 대한 투자에 있어 세제상의 특전이 부여되어서 다른 대체 투자분야에 대한 투자보다 세금부담이 경감되어짐이 기대되는 경우에는 그만큼 유리한 투자대상이 된다.

(6) 경영관리의 부담

투자자가 희망하는 경우에는 대상자산의 경영관리에 참여하는 기회가 부여되고 희망치 않는 경우에는 그와 같은 부담이 없는 것이어야 한다.

(7) 순수익의 재투자

대상자산이 산출하는 주기적 순수익 및 이윤은 이를 사장하지 않고 재투자하는 기회가 있어야 한다(순수익재투자).

(8) 지레의 작용

투자자가 이미 보유하고 있는 자본금과 타인으로부터 차입한 자본금을 총합하여 효과적으로 활용함으로써 투자가의 경제활동의 범위(투자효과의 극대화)가 확대되는 이익이 있어야 한다.

(9) 거리의 감안

투자가는 부동산 투자를 함에 있어서 실거리, 시간거리, 운임거리, 의식거리 등을 감안하여야 한다.

2 부동산투자결정의 단계

부동산투자결정은 보유와 처분시에 예상되는 수입과 지출을 비교함으로써 이루어지며, 다음과 같은 다섯 단계가 있다.

(1) 투자자의 목적이 무엇인지를 파악한다.

(2) 투자결정이 이루어지는 투자환경을 분석한다.

(3) 부동산투자로부터 기대되는 편익과 비용을 분석한다(현금수지에 의한 측정).

(4) 분석된 현금수지에 투자준거를 적용해 투자의 타당성을 판단한다.

(5) 기대수익률이 요구수익률보다 높으면 채택, 투자가치가 시장가치보다 크면 채택한다.

3 부동산투자의사결정을 위한 산정기초

1. 영업의 현금수지

(1) 가능총소득

매년 예상단위당 임대료에 임대가능한 단위수를 곱한 것이다.

(2) 공실 및 불량부채액

모든 임대료가 들어온다고 할 수 없다는 가정하의 여유분

(3) 기타 소득

유료세탁기, 자판기, 주차장 임대시 수입 등이 있다.

(4) 유효총소득

가능총소득에서 공실 및 불량부채액을 빼고 기타 수입을 더한 것이다.

(5) 순영업소득

유효총소득에서 영업경비를 뺀 것이다.

(6) 영업경비

대상부동산을 운영하는 데에 드는 수리비, 관리비, 재산세, 보험료, 광고비, 공익사업비 등이 포함 된다(감가상각비, 영업소득세와 자본이득세 등은 포함 안됨).

(7) 세공제전 현금수지

순영업소득에서 부채서비스액(저당대부에 대한 매년의 원금상환분과 이자지급분)을 뺀 것이다.

(8) 세공제후 현금수지

세공제전 현금수지에서 영업소득세를 뺀 것이다.

단위당 예상임대료 × 임대단위수 가능총소득(PGI: Potential Gross Income) - 공실 및 대손충당금 + 기 타 수 입 유효총소득(EGI: Effective Gross Income) - 영업(운영)경비(OE: Operating Expenses) 순영업소득(NOI: Net Operating Income) - 부채서비스액(DS: Debt Service) 세전현금흐름(BTCF: Before-Tax Cash Flow) - 영업소득세(TFO: Taxes from Operating) 세후현금흐름(ATCF: After-Tax Cash Flow)

2. 복귀액의 현금수지

(1) 매도가격

현금수지와 과세소득의 계산에서 출발점은 미래에 예상되는 매도가격이다.

(2) 순매도액

① 매도경비는 투자의 처분과 관계되며 예상되는 매도가격에서 뺀 것이다.

② 매도경비는 부동산 처분(판매)과 관련되는 중개사 수수료, 법적수수료, 그리고 기타 비용을 포함한다.

(3) 세공제전 지분복귀액

순매도액에서 미상환저당잔금을 뺀 것이다.

(4) 세공제후 지분복귀액

판매로부터 현금수지를 계산하는데 있어서 최종단계는 지급해야 되는 세금의 공제액이다.

매도가격(selling price) - 매도비용(selling expense): 중개수수료, 법적 수속비, 기타경비 등 순매도액(net sales proceed) - 미상환저당잔금(unpaid mortgage balance) 세전지분복귀액(before-tax equity reversion) - 자본이득세(capital gain tax) 세후지분복귀액(after-tax equity reversion)

3. 영업소득세 계산방법

• 순영업소득	• 세전현금수지
+ 대체충당금	+ 대체충당금
− 이자지급분	+ 원금상환액
− 감가상각액	− 감가상각액
과세소득	과세소득
× 세 율	× 세 율
영업소득세	영업소득세

(1) 영업소득세 계산은 순영업소득에서 계산하나 세전현금수지에서 계산하나 결과는 마찬가지다.

(2) 대체충당금은 영업경비 항목에는 포함되나 자본적 지출로 취급되어 세액 공제는 되지 않는다(임대아파트 투자자가 에어컨 시설이나 주방기구를 일정기간마다 대체하기 위해 매년 얼마씩 영업경비로 지출하여 적립한 금액을 대체충당금이라 한다. ⇨ 자본적 지출로 취급).

(3) 영업경비를 분류할 때 세액공제가 되는 영업비 지출과 세액공제가 되지 않는 자본적 지출로 구별해야 한다.

① 부동산의 유효수명이나 가치를 유지시켜주는 수선비는 영업비 지출로 취급된다(세액공제됨).

② 부동산의 유효수명이나 가치를 증진시켜주는 수선비는 자본적 지출로 취급된다(세액공제 안됨).

(4) 부채서비스액 중 이자지급분은 세금에서 공제된다.

(5) 부채서비스액 중 원금상환분은 세금에서 공제되지 않는다(∵이는 부동산의 실질가치를 상승시켜 투자자의 지분을 증가시키므로).

(6) 감가상각액은 세금에서 공제된다.

(7) 감가상각방법과 투자수익성

① 감가상각기간이 짧고 초기에 감가상각이 많이 이루어지는 방법일수록 투자자에게 수익성이 많아서 유리하다. 왜냐하면 화폐의 시간가치와 인플레이션 등을 고려한다면 초기에 세금을 적게 내게 하는 방법이 투자자에게 유리하기 때문이다.

② 부동산 투자를 장려하기 위해 여러 나라에서는 초기에 감가상각을 많게 하는 '가속적 자본회수제'를 실시하고 있다.

③ 감가상각기간 동안에 계속 동일한 액수를 감가상각하는 방법을 직선법이라 하며, 이 직선법에 비해 '가속적 자본회수제'는 초기에 많은 초과감가상각을 할 수 있다.

④ '가속적 자본회수제'에서 초과감가상각분은 부동산 처분시에 과세하는데 이를 '자본회수세'라 하며, 자본회수세액은 초과감가상각분에 세율을 곱하여 계산한다. 만일 직선법으로 감가상각액을 행한 경우는 자본회수세가 없다.

⑤ 감가상각비는 수익가격 산정시에 영업경비(운영경비)에는 포함되지 않지만 임대료 계산시에 필요제경비에는 포함된다.

제3절 부동산투자분석 기법

1 비할인법

1. 어림셈법(경험셈법, 주먹구구식 방법, rule-of-thumb method)

어림셈법에서는 크게 두 가지의 유형이 있다. 즉, 여러 종류의 현금수지를 승수의 형태로 표시하는 것(승수법)과 수익률의 형태로 표시하는 것(수익률법)이 있다. ⇨ 시간가치 고려×
⇨ 한해의 소득을 기준으로 투자여부 결정

구분	승수법(몇 배인가?)	수익률법(몇 %인가?)
개념	$\frac{\text{투자액}}{\text{수익}}$	$\frac{\text{수익}}{\text{투자액}}$
종류	(유효)총소득승수 = $\frac{\text{총투자액}}{\text{(유효)총소득}}$	
	순소득승수(자본회수기간) = $\frac{\text{총투자액}}{\text{순영업소득}}$	종합자본환원율(총투자수익률) = $\frac{\text{순영업소득}}{\text{총투자액}}$
	세전현금수지승수 = $\frac{\text{지분투자액}}{\text{세전현금수지}}$	지분배당률 = $\frac{\text{세전현금수지}}{\text{지분투자액}}$
	세전현금수지승수 = $\frac{\text{지분투자액}}{\text{세후현금수지}}$	세후수익률 = $\frac{\text{세후현금수지}}{\text{지분투자액}}$

[어림셈법의 한계]
- 다른 방법에 의해 계산된 비율과 직접 비교하기가 곤란하다.
- 미래의 현금수지를 할인하지 않는다.
- 부동산보유기간 중, 현금수지의 변동이 심할 경우는 사용하기가 부적절하다.

2. 비율분석법

(1) 대부비율(LTV)

부동산가치에 대한 융자(부채, 저당잔금)액의 비율을 말하며, 저당비율, 담보인정비율이라고도 한다. 대부비율이 높을수록 채무불이행시 원금을 회수하기가 어렵다. 시간이 지남에 따라 부동산 가치가 하락하거나 감가가 심하면 대부비율이 100%를 초과할 수도 있으므로 대출자는 대부비율의 상한선(최고한도)을 정하기도 한다.

$$\text{대부비율} = \frac{\text{저당(부채)금액}}{\text{부동산가치}}$$

한편, 대부비율은 부채비율과 밀접한 관계가 있다. 즉, 80%의 대부비율 = 400%의 부채비율이다.

부채비율은 '타인자본/자기자본'의 형태로 구할 수 있다(단위: %).

대부 비율	20	50	80	100
부채 비율	25	100	400	무한대

(2) 부채감당률(DCR)

부채감당률이란 순영업소득이 부채서비스액의 몇 배가 되는가를 나타내는 비율이다. 부채서비스액이란 매월 또는 매년 지불하여야만 하는 원금상환분과 이자지급액을 말한다. 보통 부채감당률이 1.4~1.6 정도 되어야 실무에서 승인하는 경향이 있다.

$$\text{부채감당률} = \frac{\text{순영업소득}}{\text{부채서비스액}}$$

부채감당률이 1에 가까울수록 대출자나 차입자는 모두 위험한 입장에 처하게 되는데, 부채감당률이 1보다 작을 경우에는 부동산으로부터 나오는 순영업소득이 부채를 감당하기에는 부족하다는 뜻이 된다.

순영업소득	10 억	10 억	10 억	10 억	10 억
부채서비스액	1 억	2 억	5 억	10 억	20 억
부채감당률	10	5	2	1	0.5

(3) 채무불이행률

유효총소득이 영업경비와 부채서비스액을 감당할 수 있는 능력이 있는지를 측정하는 것이다. 영업경비와 부채서비스액이 유효총소득에서 차지하는 비율이 높을수록 채무불이행의 가능성은 커진다.

$$\text{채무불이행률} = \frac{\text{영업경비} + \text{부채서비스액}}{\text{유효조소득}}$$

(4) 총자산회전율

총자산회전율이란 투자된 총자산(부동산가치)에 대한 총소득의 비율을 말하며, 총소득승수의 역수가 된다.

$$\text{총자산회전율} = \frac{\text{조소득}}{\text{부동산가치}}$$

(5) 영업경비비율

영업경비가 조소득에서 차지하는 비율로써 투자대상부동산의 재무관리 상태를 파악하는 지표의 하나로 사용된다.

$$\text{영업경비비율} = \frac{\text{영업경비}}{\text{조소득}}$$

EXERCISE

어떤 부동산의 가능총소득이 1억원, 공실 및 대손충당금이 1,500만원, 기타수입이 500만원, 영업경비 3,000만원, 부채서비스액이 1,500만원, 영업소득세가 1,500만원 일 때, 채무불이행률은 얼마인가?

정답: 채무불이행률 = $\frac{\text{영업경비} + \text{부채서비스액}}{\text{유효조소득}} = \frac{4{,}500\text{만원}}{9{,}000\text{만원}} = 0.5$ ⇨ 50%

참고 비율분석법의 한계

- 비율의 구성요소에 대한 추계 잘못으로 비율 자체가 왜곡될 수 있다.
- 주어진 비율 자체로만 좋다, 나쁘다는 판단할 수 없다. → 투자에 관련된 사람들의 "목적"이 다를 수 있기 때문
- 동일한 투자대안이라도 사용하는 지표에 따라 결정이 다르게 나타날 수 있다.

2 할인법(할인현금수지분석법)

시간가치 고려 (현재의 1원이 미래의 1원보다 크다는 개념) ⇨ 여러 해의 소득을 기준으로 투자 여부 결정(예상보유기간한정)

1. 의의

할인현금수지분석법(discounted cash flow analysis: DCF분석법)이란 장래 예상되는 현금수입과 지출을 현재가치로 할인하고 이것을 서로 비교하여 투자판단을 하는 방법을 가리킨다. 할인현금수지분석법은 다시 순현가법과 내부수익률법 및 수익지수법으로 구분되며, 여러 해의 소득을 기준으로 하며 소득이득과 자본이득을 모두 고려하며 세후현금수지를 기준으로 투자여부를 결정한다.

2. 절차

(1) 투자로부터 예상되는 장래의 수입과 지출을 추계한다.
(2) 추계된 현금수지에 대한 위험을 평가한다.
(3) 전 단계에서 평가된 위험을 기초로 적절한 위험조정할인율을 결정한다. 위험조정할인율은 투자자의 요구수익률로 사용된다.
(4) 이상에서 분석된 자료를 토대로 투자 여부를 결정한다.

3. 종류

(1) 순현가법(NPV법)

순현가법(NPV법)이란 장래 기대되는 세후소득의 현재가치의 합계와 최초의 투자비용으로 지출된 지분의 현가 합계를 서로 비교하는 것이다.

① 순현가 ≥ 0 이면, 투자 채택
② 순현가 < 0 이면, 투자 기각
③ 세후 현금수지 사용

④ 요구수익률(위험조정률: 자본의 기회비용)을 할인율로 사용하고 재투자율로 사용
  ⇨ 요구수익률은 투자주체에 따라 달라질 수 있는 주관적 수익률
⑤ 전통적이든 비전통적이든 항상 부(가치)의 극대화 가능
⑥ 이론적으로 우월 · 선호
⑦ 연평균순현가(ANPY)는 순현가에 저당상수를 곱하여 구하므로 초기나 후기나 동일

(2) 내부수익률법(IRR법)

내부수익률법이란 투자에 대한 내부수익률과 요구수익률을 서로 비교하여 투자결정을 하는 방법이다. 이는 예상된 현금유입의 현가합과 현금유출의 현가합을 서로 같게 만드는 할인율로서, 순현가를 0으로 만드는 할인율이다. 즉 수익성지수를 1로 만드는 할인율이다.

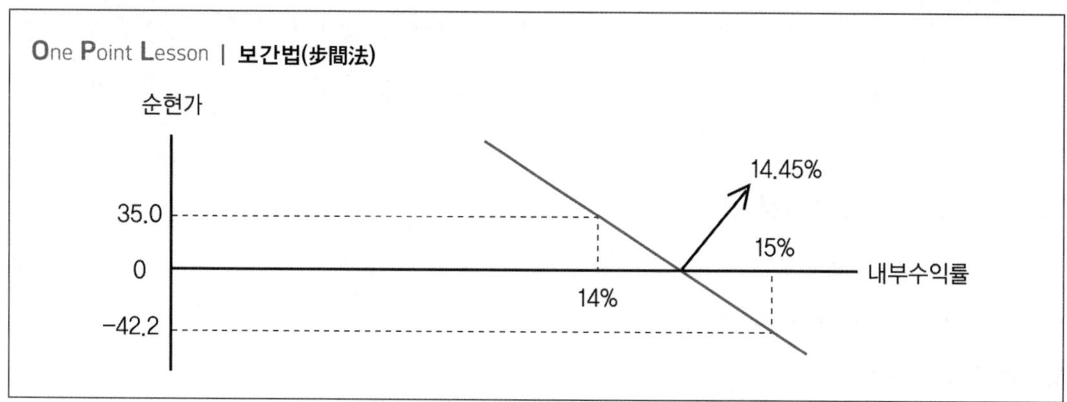

① 내부수익률 ≧ 요구수익률이면, 투자 채택
② 내부수익률 < 요구수익률이면, 투자 기각
③ 내부수익률로서 재투자 가정
④ 내부수익률법의 우선수위가 순현가법과 반드시 일치하는 것은 아님
⑤ 여러 번 투자할 때는 복수, 허수, 0 이 나올 수도 있음 ⇨ 이때는 큰 내부수익률을 요구수익률과 비교하는 것이 아니라 순현가법으로 투자 결정
⑥ 순현가가 (+)인 할인율과 (−)인 할인율 1% 사이로 구해놓고 보간법으로 내부수익률의 근사치를 구할 수 있음
⑦ 내부수익률을 계산할 때는 요구수익률을 알 필요 없음. 그러나 이렇게 구한 내부수익률이 요구수익률보다 크거나 같을 때 투자를 선택
⑧ 내부수익률은 기대수익률을 의미하므로 동일한 수입이라면 후반기보다는 초기에 현금유입이 많은 대안의 내부수익률이 높음(시간가치를 고려하면 초기의 1억이 후기의 1억보다 크므로)

(3) 수익성지수법(PI법)

이는 현금유입의 현가를 현금유출의 현가로 나눈 값인 수익성지수로써 투자가치를 평가하는 방법인데 투자안의 상대적 수익성을 나타내줌

① 수익성지수(PI) ≧ 1 경우, 투자 채택
② 수익성지수(PI) < 1 경우, 투자 기각
③ 수익성지수가 클수록 투자사업의 가치가 더 좋다고 봄

④ 순현가가 동일한 2개의 대안이 있을 때는 수익성지수가 큰 것을 선택(투자비용이 작은 것이 수익성 지수가 큼)

⑤ 편익 · 비용율을 투자 준거로 적용할 경우에 다수의 대체 투자사업 중에서 사업규모가 작아서 순현가가 적게 발생하는 사업도 선택될 가능성이 큼. 이럴 때는 순현재가치 기준과는 상반되는 투자사업이 선택될 가능성도 커지게 됨

구분	순현가법	내부수익률법
개념	수익의 현가(합)에서 비용의 현가(합)를 뺀 몫	• 기대수익률 • 현금유입의 현가와 현금유출의 현가를 같도록 하는 수익률 • 순현가를 0으로 하는 수익률
투자결정	• 순현가 ≧ 0 : 투자채택 • 순현가 < 0 : 투자기각	• 내부수익률 ≧ 요구수익률 : 투자채택 • 내부수익률 < 요구수익률 : 투자기각
할인율	요구수익률	내부수익률
비고	일반적으로 순현가법이 투자판단의 준거로 내부수익률법보다 선호되고 이론적으로도 우수	
수익성 지수	수익의 현가 ÷ 지출의 현가, 수익성 지수 ≧ 1 : 투자, 수익성 지수 < 1 : 기각	

One Point Lesson | 투자를 선택(결정) 조건

① 기대수익률(내부수익률) ≥ 요구수익률(외부수익률, 기회비용)
② 투자가치(주관적 가치) ≥ 시장가치(객관적 가치)
③ 순현가(NPV) ≥ 0
④ 수익성지수(PI) ≥ 1
⑤ 자본회수기간(P.P.) ≤ 기업(투자자)의 목표회수기간

(4) 연평균순현가(ANPV)

① 사업기간 중 회사의 한계자본비용으로 순현가(NPV)를 사업기간에 투자했을 때 받을 수 있는 연금을 의미한다. 즉, NPV는 연평균 얼마의 순수익과 같은지를 의미한다.

② 연평균순현가의 장점은 최대의 수용 가능한 투자오차의 한계를 나타낸다는 점이다. 즉, 순현가가 마이너스가 되기까지 현금의 수입이 연평균 얼마나 줄어들 수 있는가를 의미한다. 또한 연평균순현가는 사업기간이 서로 다른 사업간의 비교를 가능케 한다는 장점도 있다.

(5) 회수기간법(Payback Period)

회수기간법에는 단순회수기간법과 현가회수기간법이 있다.

① 단순회수기간법(비할인기법)

초기에 투자된 총금액을 회수하는 데 걸리는 기간을 의미하며 이 때 자금회수는 어느 시기에 이루어지더라도 할인하여 고려하지는 않는다.

② 현가회수기간법(할인기법)

초기 투자자금을 현재가치로 회수하는 데 걸리는 기간을 의미한다. 회수기간법은 비교적 단순하며, 일반적으로 기업에서 많이 사용하고 있으나 계속적인 투자가 이루어지는 경우나 준공 후 원상복구를 하는 경우에는 적합하지 않다.

(6) 민감도분석(Sensitivity Analysis) = 감응도분석

① 민감도분석은 불확실성하에서 투자대안을 평가하는 경우, 사업수익에 영향을 미치는 변수 중 나머지 변수들을 일정하게 두고 어느 한 변수만을 변동시킬 때 투자대안의 NPV(순현가)나 IRR(내부수익률)이 어느 정도 민감하게 변화하는지를 분석하여 수익률의 범위를 예측하고 집중관리대상의 변수를 확인하는 기법이다.

② 민감도분석이란 투자효과를 분석하는 모형의 투입요소가 변화함에 따라 그 결과치가 어떠한 영향을 받는가를 분석하는 기법이다.

③ 즉 임대주택사업의 경우 공실률, 임대료, 운영경비 중 다른 변수를 일정하게 두고 어느 한 변수를 변화시킬 경우 부동산의 투자수익률의 변동을 파악하는 것이다(임대료가 10% 상승했더니 순현가가 15% 상승하고…).

④ 투자수익에 가장 민감하게 영향을 주는 요소가 무엇인지를 파악할 수 있다.

⑤ 여러 변수에 대해 시행해 볼 수 있으며 부동산투자의 경우는 분양률, 인플레 등의 변수에 대해 시행해 볼 수 있다.

⑥ 일반적으로 민감도가 큰 투자안일수록 순현재가치의 변동이 심하고, 더 위험한 투자 안으로 평가된다.

구분	모든 현금흐름 고려	할인율(요구수익률)	가산법칙 성립
회수기간법(단순)	×	×	×
회계적수익률법	×	×	×
내부수익률법	○	×	×
수익성지수법	○	○	×
순현가법	○	○	○

ca.Hackers.com

PART 05 부동산투자론 기출문제

01 **부동산투자에 관한 설명으로 옳은 것은?** 2023년 34회

① 부동산투자는 부동산이 갖고 있는 고유한 특성이 있지만 환금성, 안전성 측면에서 주식투자와 다르지 않다.

② 부동산은 실물자산이기 때문에 인플레이션 방어 능력이 우수하여 디플레이션과 같은 경기침체기에 좋은 투자대상이다.

③ 부동산은 다른 투자상품에 비하여 거래비용의 부담이 크지만 부동산시장은 정보의 대칭성으로 인한 효율적 시장이다.

④ 부동산투자는 부동산의 사회적 · 경제적 · 행정적 위치의 가변성 등으로 인해 부동산시장의 변화를 면밀히 살펴야 한다.

⑤ 투자의 금융성이란 투자자가 투자자산을 필요한 시기에 손실 없이 현금으로 전환할 수 있는 안전성의 정도를 말한다.

해설

① 주식 투자와 부동산 투자는 환금성과 안전성 측면에서는 다르다. 주식투자는 환금성이 좋지만 안전성은 낮고 반대로 부동산투자는 환금성은 좋지 않으나 안전성이 높다.

② 부동산은 실물자산으로 인플레이션 헤지 기능이 있어 물가상승기(인플레이션기)에 좋은 투자대상이 된다.

③ 일반적으로 부동산시장은 정보가 비대칭적이다.

⑤ 투자의 금융성이라는 표현은 적절치 않으며 해당 지문은 투자의 환금성 또는 유동성에 대한 설명이다.

| 정답 | ④

02 **부동산투자와 위험에 관한 설명으로 옳은 것은?** 2023년 34회

① 상업용 부동산투자는 일반적으로 다른 상품에 비하여 초기투자비용이 많이 들며 투자비용의 회수기간이 길지만 경기침체에 민감하지 않아 투자위험이 낮다.

② 시장위험이란 부동산이 위치한 입지여건의 변화 때문에 발생하는 위험으로서, 부동산시장의 수요 · 공급과 관련된 상황의 변화와 관련되어 있다.

③ 사업위험이란 부동산 사업자체에서 발생하는 수익성 변동의 위험을 말하며 시장위험, 입지위험, 관리 · 운영위험 등이 있다.

④ 법 · 제도적 위험에는 소유권위험, 정부정책위험, 정치적위험, 불가항력적 위험, 유동성 위험이 있다.

⑤ 위험과 수익 간에는 부(−)의 관계가 성립한다.

해설

① 상업용 부동산투자는 투자 위험이 높다. 상업용 부동산투자는 초기비용도 높고 임대차 등을 통해 자본을 회수하기 때문에 긴 자본 회수기간의 특징이 있다.
② 부동산시장의 수요·공급과 관련된 상황의 변화와 관련된 위험은 시장위험이다. 부동산이 위치한 입지여건의 변화 때문에 발생하는 위험은 위치적 위험(입지위험)이다.
④ 불가항력적 위험이나 유동성 위험은 법·제도적 위험에 해당하지 않는다. 소유권위험, 정부정책위험, 정치적 위험은 법·제도적 위험에 해당된다.
⑤ 위험과 수익 간에는 정(+)의 관계가 성립한다. 정(+)의 관계를 비례관계로 표현하기도 한다.

| 정답 | ③

03 다음과 같은 이유들로 인해 나타날 수 있는 부동산투자의 위험은? 2018년 29회

- 근로자의 파업 가능성
- 관리자의 관리 능력
- 영업경비의 증가
- 임대료의 연체

① 인플레이션위험
② 금융위험
③ 유동성위험
④ 입지위험
⑤ 운영위험

해설

사업상의 위험

시장위험	경기침체 등 수요공급의 변화에 따른 위험
운영위험	• 사업장의 관리 • 근로자의 파업 • 영업경비의 변동 등
입지(위치적) 위험	지리적 위치의 고정성에서 야기되는 위험

| 정답 | ⑤

04 부동산투자시 위험과 수익과의 관계에 관한 설명으로 옳은 것을 모두 고른 것은? 2017년 28회

ㄱ. 위험회피형 투자자는 위험 증가에 따른 보상으로 높은 기대수익률을 요구한다.
ㄴ. 위험과 수익과의 상쇄관계는 위험이 크면 클수록 요구하는 수익률이 작아지는 것을 의미한다.
ㄷ. 위험의 크기에 관계없이 기대수익률에만 의존해서 행동하는 투자유형을 위험선호형이라 한다.
ㄹ. 요구수익률은 무위험률과 위험할증률을 합산하여 계산해야 한다.
ㅁ. 평균-분산모형에서, 기대수익률이 같다면 위험이 작은 투자안을 선택하고, 위험이 같다면 기대수익률이 높은 투자안을 선택하는 투자안의 선택기준을 지배원리(dominance principle)라고 한다.

① ㄱ, ㄴ
② ㄴ, ㄷ
③ ㄱ, ㄹ, ㅁ
④ ㄴ, ㄷ, ㅁ
⑤ ㄷ, ㄹ, ㅁ

해설

ㄴ. 위험과 수익과의 상쇄(비례)관계는 위험이 크면 클수록 요구하는 수익률도 커지는 것을 의미한다.
ㄷ. 위험의 크기에 관계없이 기대수익률에만 의존해서 행동하는 투자유형을 위험중립형이라 한다. 같은 수익률이 주어져 있을 때 상대적으로 덜 위험한 투자안을 선택하는 투자유형을 위험회피형이라하고, 적극적으로 위험을 부담하려는 투자유형을 위험선호형이라 한다.

| 정답 | ③

05 부동산투자에서 레버리지(leverage)에 관한 설명으로 옳지 않은 것은? 2019년 30회

① 총투자수익률에서 지분투자수익률을 차감하여 정(+)의 수익률이 나오는 경우에는 정(+)의 레버리지가 발생한다.
② 차입이자율이 총투자수익률보다 높은 경우에는 부(−)의 레버리지가 발생한다.
③ 정(+)의 레버리지는 이자율의 변화 등에 따라 부(−)의 레버리지로 변화될 수 있다.
④ 부채비율이 상승할수록 레버리지 효과로 인한 지분투자자의 수익률 증대효과가 있지만, 한편으로는 차입금리의 상승으로 지분투자자의 수익률 감소효과도 발생한다.
⑤ 대출기간 연장을 통하여 기간이자 상환액을 줄이는 것은 부(−)의 레버리지 발생시 적용할 수 있는 대안 중 하나이다.

해설

총투자수익률 - 지분투지수익률 = 정(+) ⇨ '지분투자수익률 < 총투자수익률' 이므로 부(-)의 레버리지 효과 발생

정(+)의 레버리지 효과	지분투자수익률 〉 총투자수익률 〉 차입이자율
부(−)의 레버리지 효과	지분투자수익률 〈 총투자수익률 〈 차입이자율

| 정답 | ①

06 **부동산투자의 수익률에 관한 설명으로 옳지 않은 것은? (단, 주어진 조건에 한함)** 2017년 28회

① 기대수익률은 투자한 부동산의 예상수입과 예상지출로 계산되는 수익률이다.
② 실현수익률이란 투자가 이루어지고 난 후에 실제로 달성된 수익률이다.
③ 요구수익률은 투자자에게 충족되어야 할 최소한의 수익률이다.
④ 장래 기대되는 수익의 흐름이 주어졌을 때, 요구수익률이 클수록 부동산의 가치는 증가한다.
⑤ 투자자의 요구수익률은 체계적위험이 증대됨에 따라 상승한다.

해설

요구수익률(할인율) / 기대수익률과 가치의 균형

① 기대수익률 〉 요구수익률(할인율)인 경우
대상부동산의 투자수요 증가 ⇨ 대상부동산의 시장가치 상승(투자비용증가)
⇨ 대상부동산의 기대수익률 감소(요구수익률과 균형때까지)

② 기대수익률 < 요구수익률(할인율)인 경우
대상부동산의 투자수요 감소 ⇨ 대상부동산의 시장가치 하락(투자비용감소)
⇨ 대상부동산의 기대수익률 증가(요구수익률과 균형때까지)

| 정답 | ④

07 부동산 수익률에 관한 설명으로 옳지 않은 것을 모두 고른 것은? 2019년 30회

> ㄱ. 요구수익률이란 투자자가 투자하기 위한 최대한의 수익률을 말하는 것으로 시간에 대한 비용은 고려하지 않는다.
> ㄴ. 실현수익률이란 투자가 이루어지고 난 후 현실적으로 달성된 수익률로서 역사적 수익률을 의미한다.
> ㄷ. 기대수익률이 요구수익보다 높으면, 대상부동산에 대하여 수요가 증가하여 기대수익률이 상승한다.

① ㄱ
② ㄷ
③ ㄱ, ㄴ
④ ㄱ, ㄷ
⑤ ㄱ, ㄴ, ㄷ

해설

ㄱ. 요구수익률은 투자에 대한 위험이 있을 때 투자자가 대상부동산에 자금을 투자하기 위해서 보장되어야 할 최소한의 수익률(기회비용, 외부수익률) : 무위험률(시간댓가)에 위험할증률(위험댓가)을 가산하므로 위험할증률은 투자자에 따라 차이가 있다.

ㄷ. '기대수익률 〉 요구수익률(할인율)'인 경우, 대상부동산의 투자수요 증가 ⇨ 대상부동산의 시장가치 상승(투자비용증가) ⇨ 대상부동산의 기대수익률 감소(요구수익률과 균형때까지)

| 정답 | ④

08 시장상황별 수익률의 예상치가 다음과 같은 경우 기대수익률과 분산은? 2017년 28회

시 장 상 황	수익률	확 률
불 황	20%	30%
보 통	30%	40%
호 황	40%	30%

① 기대수익률: 20%, 분산: 0.004
② 기대수익률: 20%, 분산: 0.006
③ 기대수익률: 30%, 분산: 0.004
④ 기대수익률: 30%, 분산: 0.006
⑤ 기대수익률: 30%, 분산: 0.04

해설

기대수익률 30%, 분산 0.006

① 기대수익률

E(R) = (0.2 × 0.3) + (0.3 × 0.4) + (0.4 × 0.3) = 0.3

② 분산

$$\sigma^2 = (0.2-0.3)^2 \times 0.3 + (0.3-0.3)^2 \times 0.4 + (0.4-0.3)^2 \times 0.3$$
$$= 0.006$$

| 정답 | ④

09 시장상황별 추정 수익률의 예상치가 다음과 같은 투자자산의 분산은? 2016년 27회

시장상황	수익률	확률
호황	20%	0.6
불황	10%	0.4

① 0.0012
② 0.0014
③ 0.0024
④ 0.0048
⑤ 0.0096

해설

분산 0.0024

$$\sigma^2 = (0.20-0.16)^2 \times 0.6 + (0.10-0.16)^2 \times 0.4$$
$$= 0.0024$$

| 정답 | ③

10 경제상황별 예상수익률이 다음과 같을 때, 상가 투자안의 변동계수(coefficient of variation)는? (단, 호황과 불황의 확률은 같음)

2018년 29회

구분	경제상황별 예상수익률	
	호황	불황
상가	0.1	0.06

① 0.25　② 0.35　③ 0.45
④ 0.55　⑤ 0.65

해설

변동계수(CV: Coefficient of Variation) = $\frac{\sigma}{E(Ri)} = \frac{\text{표준편차}}{\text{평균(기대수익률)}}$

① 기대수익률 E(R)=(0.1 × 0.5)+(0.06 × 0.5) = 0.08

② 분산 $\sigma^2 = (0.10-0.08)^2 \times 0.5 + (0.06-0.08)^2 \times 0.5 = 0.0004$

③ 표준편차 $\sigma = \sqrt{\text{분산}}$, $\sqrt{0.0004}$ = 0.02

④ CV= $\frac{\sigma}{E(Ri)} = \frac{0.02}{0.08}$ = 0.25

| 정답 | ①

11 자산 A, B, C에 대한 경제상황별 예상수익률이 다음과 같을 때, 이에 관한 설명으로 옳지 않은 것은? (단, 호황과 불황의 확률은 같음)

2019년 30회

구 분	경제상황별 예상수익률(%)	
	호 황	불 황
자산A	8	4
자산B	12	8
자산C	16	10

① 기대수익률은 자산C가 가장 높고, 자산A가 가장 낮다.
② 합리적인 투자자라면 자산A와 자산B 중에서는 자산B를 투자안으로 선택한다.
③ 평균분산지배원리에 따르면 자산C가 자산B를 지배한다.
④ 자산B의 변동계수(Coefficient of variation)는 0.2이다.
⑤ 자산C가 상대적으로 다른 자산에 비해서 위험이 높다.

해설

평균 - 분산의 지배원리는 동일한 수익률하에서 낮은 위험을 동일한 위험에서 높은 수익률을 선택하는 기준으로 두 개 이상의 투자대안 중 어느 하나를 선택하는 기준이다. 따라서 수익률과 위험이 각각 다른 투자대안에 대하여는 평균-분산의 지배원리를 적용할 수 없다는 문제점이 있다. 자산C는 자산B보다 수익률이 높지만 위험 또한 높으므로 자산C가 자산B를 지배한다고 볼 수 없다.

상 황	기대수익률 $E(R)$	분산 $\sigma^2(\sigma)$	변동계수 CV
자산A	6%	0.0004(0.02)	0.33
자산B	10%	0.0004(0.02)	0.20
자산C	13%	0.0009(0.03)	0.23

| 정답 | ③

12 부동산 투자에서 위험과 수익에 관한 설명으로 옳지 않은 것은? (단, 주어진 조건에 한함)

2020년 31회

① 투자자의 요구수익률에는 위험할증률이 포함된다.
② 투자자가 위험기피자일 경우, 위험이 증가할수록 투자자의 요구수익률도 증가한다.
③ 투자자의 개별적인 위험혐오도에 따라 무위험률이 결정된다.
④ 체계적 위험은 분산투자에 의해 제거될 수 없다.
⑤ 위험조정할인율이란 장래 기대소득을 현재가치로 할인할 때 위험한 투자일수록 높은 할인율을 적용하는 것을 말한다.

해설

무위험률은 순수한 시간에 대한 보상이므로 개별적 위험혐오도에 따라 변화하지 않는다. 위험혐오도에 영향을 받는 것은 위험할증률(위험댓가)이다.

| 정답 | ③

13 다음의 그림은 포트폴리오 분석을 위해 기대수익률과 위험이 다른 개별 자산1과 자산2로 포트폴리오를 구성하여, 포트폴리오 내의 상관계수별 자산비중에 따른 위험과 수익 궤적을 나타낸 것이다. 이에 관한 설명으로 옳은 것은? (단, 주어진 조건에 한함) 2019년 30회

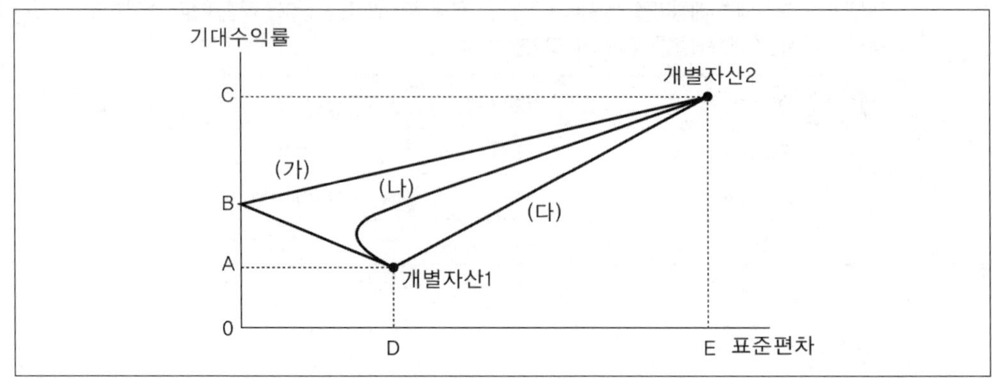

① 두 개별자산간의 상관계수가 1인 경우에는 비체계적 위험을 완전히 제거할 수 있다.
② 두 개별자산간의 상관계수가 − 1인 경우에는 체계적 위험을 완전히 제거할 수 있다.
③ 두 개별자산간의 상관계수가 0인 경우의 위험과 수익 궤적을 나타낸 선은 (다)이다.
④ 두 개별자산간의 상관계수가 1인 경우에는 체계적 위험을 완전히 제거할 수 있다.
⑤ 두 개별자산간의 상관계수가 −1인 경우의 위험과 수익 궤적을 나타낸 선은 (가)이다.

해설

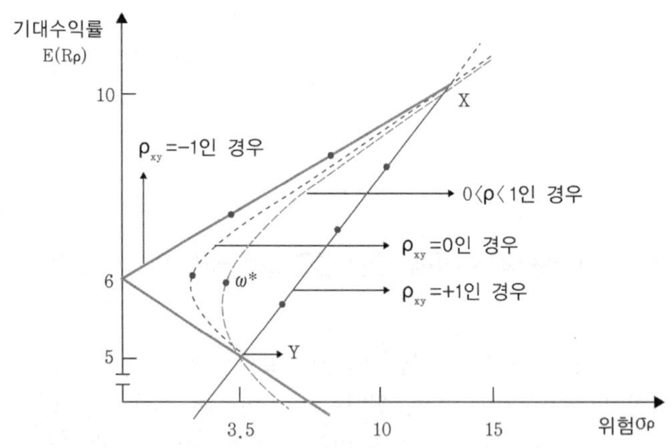

① 상관계수(ρ)는 -1과 1사이의 값으로 나타나므로 1에 가까울수록 분산효과가 적고 -1에 가까울수록 분산효과가 크다. 상관계수(ρ)는 +1은 위험분산효과과가 전혀 없으므로 비체계적 위험은 제거할 수 없다.
② 상관계수(ρ)와 관련없이 포트폴리오관리로는 체계적 위험을 감소시킬 수 없다.
③ 상관계수(ρ)는 +1이다.
④ 상관계수(ρ)와 관련없이 포트폴리오관리로는 체계적 위험을 감소시킬 수 없다.

| 정답 | ⑤

14 포트폴리오 이론에 따른 부동산투자의 포트폴리오 분석에 관한 설명으로 옳지 않은 것은?

2018년 29회

① 체계적 위험은 분산투자를 통해서도 회피할 수 없다.
② 위험과 수익은 상충관계에 있으므로 효율적 투자선은 우하향하는 곡선이다.
③ 투자자의 무차별곡선과 효율적 투자선의 접점에서 최적의 포트폴리오가 선택된다.
④ 비체계적 위험은 개별적인 부동산의 특성으로 야기되며 분산투자 등으로 회피할 수 있다.
⑤ 포트폴리오 구성자산의 수익률 간 상관계수(ρ)가 '-1'인 경우는 상관계수(ρ)가 '1'인 경우에 비해서 위험 회피효과가 더 크다.

해설

효율적 투자선(위로 볼록한 우상향곡선)과 각 투자자의 무차별곡선(아래로 볼록한 우상향곡선)이 접하는 점이 각 투자자의 최적점 즉, 최적 포트폴리오이다.

| 정답 | ②

15 포트폴리오 이론에 관한 설명으로 옳지 않은 것은?

2021년 32회

① 부동산투자에 수반되는 총위험은 체계적 위험과 비체계적 위험을 합한 것으로, 포트폴리오를 구성함으로써 제거될 수 있는 위험은 비체계적 위험이다.
② 포트폴리오를 구성하는 자산들의 수익률 간 상관계수가 1인 경우에는 포트폴리오를 구성한다고 하더라도 위험은 감소되지 않는다.
③ 효율적 프론티어(efficient frontier)는 모든 위험수준에서 최대의 기대수익률을 올릴 수 있는 포트폴리오의 집합을 연결한 선이다.
④ 무위험자산이 없는 경우의 최적 포트폴리오는 효율적 프론티어(efficient frontier)와 투자자의 무차별곡선이 접하는 점에서 결정되는데, 투자자가 위험선호형일 경우 최적 포트폴리오는 위험기피형에 비해 저위험-고수익 포트폴리오가 된다.
⑤ 위험자산으로만 구성된 포트폴리오와 무위험자산을 결합할 때 얻게 되는 직선의 기울기가 커질수록 기대초과수익률(위험프리미엄)이 커진다.

해설

투자자가 위험선호형이라면 고위험-고수익 포트폴리오가 될 것이다.

| 정답 | ④

16 부동산투자이론에 관한 설명으로 옳지 않은 것은? 2022년 33회

① 변동계수는 수익률을 올리기 위해 감수하는 위험의 비율로 표준편차를 기대수익률로 나눈 값이다.
② 포트폴리오를 구성하면 비체계적 위험을 회피할 수 있다.
③ 위험기피형 투자자는 위험부담에 대한 보상심리로 위험할증률을 요구수익률에 반영한다.
④ 두 개별자산으로 구성된 포트폴리오에서 자산 간 상관계수가 양수인 경우에 음수인 경우보다 포트폴리오 위험절감효과가 높다.
⑤ 투자안의 기대수익률이 요구수익률보다 높으면 해당 투자안의 수요증가로 기대수익률이 낮아져 요구수익률에 수렴한다.

해설

분산효과란 위험을 감소(절감)시키는 포트폴리오 효과를 의미하며 상관계수가 작을수록(음수일수록) 분산효과가 크다. 즉, 각 부동산의 수익률이 개별적이어야 상호연관이 적으므로 분산투자의 효과가 크다.

| 정답 | ④

17 A는 주택구입자금을 마련하기 위해 20X6년 1월 1일 현재, 4년 동안 매년 말 1,000만원씩 불입하는 4년 만기의 정기적금에 가입하였다. 이 정기적금의 이자율이 복리로 연 10%라면 4년 후의 미래가치는? 2016년 27회

① 4,541만원
② 4,564만원
③ 4,621만원
④ 4,641만원
⑤ 4,821만원

해설

연금의 내가계수 $= \frac{(1+r)^n - 1}{r}$

1,000만원 × $\frac{(1+0.1)^4 - 1}{0.1}$ = 4,641만원

| 정답 | ④

18 **화폐의 시간가치에 관한 설명으로 옳지 않은 것은? (단, 다른 조건은 동일함)** 2020년 31회

① 은행으로부터 주택구입자금을 원리금균등분할상환 방식으로 대출한 가구가 매월 상환할 원리금을 계산하는 경우, 저당상수를 사용한다.

② 일시불의 미래가치계수는 이자율이 상승할수록 커진다.

③ 연금의 현재가치계수와 저당상수는 역수관계이다.

④ 연금의 미래가치계수와 감채기금계수는 역수관계이다.

⑤ 3년 후에 주택자금 5억원을 만들기 위해 매 기간 납입해야 할 금액을 계산하는 경우, 연금의 미래가치계수를 사용한다.

해설

목표액을 정해놓고 이를 달성하기 위한 적립금을 구한다면 감채기금계수를 사용해야 한다.

| 정답 | ⑤

19 **화폐의 시간가치계산에 관한 설명으로 옳은 것은?** 2021년 32회

① 연금의 현재가치계수에 일시불의 미래가치계수를 곱하면 연금의 미래가치 계수가 된다.

② 원금균등분할상환방식에서 매 기간의 상환액을 계산할 경우 저당상수를 사용한다.

③ 기말에 일정 누적액을 만들기 위해 매 기간마다 적립해야 할 금액을 계산할 경우 연금의 현재가치계수를 사용한다.

④ 연금의 미래가치계수에 일시불의 현재가치계수를 곱하면 일시불의 미래가치계수가 된다.

⑤ 저당상수에 연금의 현재가치계수를 곱하면 일시불의 현재가치가 된다.

해설

② 저당상수(MC)를 통해 구할 수 있는 것은 원리금균등상환방식의 원리금이다.

③ 기말 목표액(누적액)을 달성하기 위한 적립금은 감채기금계수를 통해 구한다.

④ 연금내가계수와 일시불현가계수의 곱은 연금현가계수가 된다.

⑤ 저당상수와 연금현가계수는 역수이므로 곱하면 1이 된다.

| 정답 | ①

20 화폐의 시간가치에 관한 설명으로 옳지 않은 것은?

2023년 34회

① 인플레이션, 화폐의 시차선호, 미래의 불확실성은 화폐의 시간가치를 발생시키는 요인이다.
② 감채기금이란 일정기간 후에 일정금액을 만들기 위해 매 기간 납입해야 할 금액을 말한다.
③ 연금의 미래가치란 매 기간 마다 일정금액을 불입해 나갈 때, 미래 일정시점에서의 불입금액총액의 가치를 말한다.
④ 현재가치에 대한 미래가치를 산출하기 위하여 사용하는 이율을 이자율이라 하고, 미래가치에 대한 현재가치를 산출하기 위하여 사용하는 이율을 할인율이라 한다.
⑤ 부동산 경기가 침체하는 시기에 상업용 부동산의 수익이 일정함에도 불구하고 부동산 가격이 떨어지는 것은 할인율이 낮아지기 때문이다.

해설

할인율이란 미래가치를 현재가치로 바꾸는 비율이다. 할인율이 높게 되면 자산의 현재가치가 낮아지게 된다. 이는 채권의 가치가 금리상승기에 급격히 낮아지는 것과 같은 이치이다. 자산의 현재가치는 일정한 할인율과의 관계에서 결정되는데 한마디로 역의 관계이다. 즉, 할인율이 높으면 낮아지고 낮으면 높아진다. 금리상승시 부동산가격이 하락하는 것은 이 때문이다.

| 정답 | ⑤

21 다음과 같이 고정금리부 원리금균등분할상환조건의 주택저당대출을 받는 경우 매월 상환해야 하는 원리금을 구하는 산식은?

2018년 29회

- 대출원금: 1억원
- 대출이자율: 연 5.0%
- 대출기간: 10년(대출일: 2018. 4. 1)
- 원리금상환일: 매월 말일

① 1억원 × $[(1+0.05)^{10}-1]$ / $[0.05 \times (1+0.05)^{10}]$
② 1억원 × $[0.05 \times (1+0.05)^{10}]$ / $[(1+0.05)^{10}-1]$
③ 1억원 × $[0.05 \times (1+0.05)^{120}]$ / $[(1+0.05)^{120}-1]$
④ 1억원 × $[0.05/12 \times (1+0.05/12)^{120}]$ / $[(1+0.05/12)^{120}-1]$
⑤ 1억원 × $[(1+0.05/12)^{120} - 1)$ / $[0.05/12 \times (1+0.05/12)^{120}]$

해설

저당상수 $= \dfrac{r(1+r)^n}{(1+r)^n-1}$ 의 활용

대출원금 1억원, 이자는 월단위 부리하므로 $\dfrac{0.05}{12}$, 기간도 월단위 부리이므로 10년×12=120 이다.

$$\therefore\ 1억원 \times \frac{\frac{0.05}{12}\times(1+\frac{0.05}{12})^{120}}{(1+\frac{0.05}{12})^{120}-1}$$

| 정답 | ④

22 A는 향후 30년간 매월 말 30만원의 연금을 받을 예정이다. 시중 금리가 연 6%일 때, 이 연금의 현재가치를 구하는 식으로 옳은 것은? (단, 주어진 조건에 한함) 2022년 33회

① $30만원 \times (1+\frac{0.06}{12})^{30\times12}$

② $30만원 \times \left[\frac{(1+0.06)^{30}-1}{0.06}\right]$

③ $30만원 \times \left[\frac{1-(1+0.06)^{-30}}{0.06}\right]$

④ $30만원 \times \left[\frac{1-(1+\frac{0.06}{12})^{-30\times12}}{\frac{0.06}{12}}\right]$

⑤ $30만원 \times \left[\frac{(1+\frac{0.06}{12})^{30\times12}-1}{\frac{0.06}{12}}\right]$

해설

연금의 현가계수 $= \dfrac{1-(1+r)^{-n}}{r}$ 또는 $\dfrac{(1+r)^n-1}{r(1+r)^n}$

월단위 부리이므로 $\dfrac{0.06}{12}$, 기간도 월단위 부리이므로 30×12이다.

| 정답 | ④

23 이자율과 할인율이 연 6%로 일정할 때, A, B, C를 크기 순서로 나열한 것은? (단, 주어진 자료에 한하며, 모든 현금흐름은 연말에 발생함) 2022년 33회

- A : 2차년도부터 6차년도까지 매년 250만원씩 받는 연금의 현재가치
- B : 2차년도부터 6차년도까지 매년 200만원씩 받는 연금의 6차년도의 미래가치
- C : 1차년도에 40만원을 받고 매년 전년 대비 2%씩 수령액이 증가하는 성장형 영구연금의 현재가치
- 연금현가계수(6%, 5): 4.212
- 연금현가계수(6%, 6): 4.917
- 연금내가계수(6%, 5): 5.637
- 연금내가계수(6%, 6): 6.975

① A 〉 B 〉 C
② A 〉 C 〉 B
③ B 〉 A 〉 C
④ B 〉 C 〉 A
⑤ C 〉 B 〉 A

해설

B > C > A

A : $\frac{250만 \times 4.212}{1.06}$ = 993,396만원

B : 200만 X 5.637 = 1,127.4만원

C : 정률성장형 연구연금 현재가치 $\frac{연금액}{할인(이자)율 - 성장률} = \frac{40만}{0.06 - 0.02}$ = 1,000만원

| 정답 | ④

24 다음 자료에 의한 영업소득세는? (단, 주어진 조건에 한함) 2017년 28회

- 세전현금수지: 4,000만원
- 대체충당금: 350만원
- 원금상환액: 400만원
- 감가상각액: 250만원
- 세율: 20%

① 820만원
② 900만원
③ 1,000만원
④ 1,100만원
⑤ 1,200만원

해설

영업소득세 계산방법

• 순영업소득	• 세전현금수지
+ 대체충당금	+ 대체충당금
- 이자지급분	+ 원금상환액
- 감가상각액	- 감가상각액
과세소득	과세소득
× 세 율	× 세 율
영업소득세	영업소득세

세전현금수지로부터 시작하여 계산한다.

(4,000만원 + 350만원 + 400만원 - 250만원) X 0.02 = 900만원

| 정답 | ②

25 **다음은 투자 예정 부동산의 향후 1년 동안 예상되는 현금흐름이다. 연간 세후현금흐름은? (단, 주어진 조건에 한함)**

2020년 31회

- 단위 면적당 월 임대료 : 20,000원/m^2
- 임대면적: 100m^2
- 공실손실상당액: 임대료의 10%
- 영업정비: 유효총소득의 30%
- 부채서비스액: 연 600만원
- 영업소득세: 세전현금흐름의 20%

① 4,320,000원
② 6,384,000원
③ 7,296,000원
④ 9,120,000원
⑤ 12,120,000원

해설

1. 가능총소득(PGI) : 20,000원/m^2 × 100m^2 × 12월 = 24,000,000원
2. 유효총소득(EGI) : 24,000,000원 × (1 - 0.1) = 21,600,000원
3. 순영업소득(NOI) : 21,600,000원 × (1 - 0.3) = 15,120,000원
4. 세전현금흐름(BTCF) : 15,120,000원 - 6,000,000원 = 9,120,000원
5. 세후현금흐름(ATCF) : 9,120,000원 × (1 - 0.2) = 7,296,000원

∴ 7,296,000원

| 정답 | ③

26 **투자부동산 A에 관한 투자분석을 위해 관련 자료를 수집한 내용은 다음과 같다. 이 경우 순영업소득은? (단, 주어진 자료에 한하며, 연간 기준임)**

2023년 34회

• 유효총소득: 360,000,000원	• 직원 인건비: 80,000,000원
• 대출원리금 상환액: 50,000,000원	• 감가상각비: 40,000,000원
• 수도광열비: 36,000,000원	• 용역비: 30,000,000원
• 수선유지비: 18,000,000원	• 재산세: 18,000,000원
• 공실손실상당액 · 대손충당금: 18,000,000원	• 사업소득세: 3,000,000원

① 138,000,000원
② 157,000,000원
③ 160,000,000원
④ 178,000,000원
⑤ 258,000,000원

해설

유효총소득(EGI: Effective Gross Incom
- 영업경비(OE: Operating Expenses)

순영업소득(NOI: Net Operating Income)

※ 영업경비: 대상부동산을 운영하는 데에 드는 수리비, 관리비, 재산세, 보험료, 광고비, 공익사업비 등이 포함된다.(감가상각비, 영업소득세와 자본이득세 등은 포함 안 됨)

EGI: 360,000,000원
- OE: 182,000,000원(인건비+광열비+용역비+수선유지비+재산세)

NOI: 178,000,000원

| 정답 | ④

27 비율분석법을 이용하여 산출한 것으로 옳지 않은 것은? (단, 주어진 조건에 한하며, 연간 기준임) 2021년 32회

- 주택담보대출액: 2억원
- 주택담보대출의 연간 원리금상환액: 1천만원
- 부동산 가치: 4억원
- 차입자의 연소득: 5천만원
- 가능총소득: 4천만원
- 공실손실상당액 및 대손충당금: 가능총소득의 25%
- 영업경비: 가능총소득의 50%

① 부채감당률(DCR) = 1.0
② 채무불이행률(DR)= 1.0
③ 총부채상환비율(DTI) = 0.2
④ 부채비율(debt ratio) = 1.0
⑤ 영업경비비율(OER, 유효총소득 기준) = 0.8

해설

영업경비비율(OER) = $\frac{\text{영업경비}}{\text{유효총소득}} = \frac{2{,}000\text{만}}{3{,}000\text{만}}$ ≒ 0.67(67%)이다.

① 부채감당률(DCR) = $\frac{\text{순영업소득}}{\text{부채서비스액}} = \frac{1{,}000\text{만}}{1{,}000\text{만}}$ = 1.0

② 채무불이행률(DR) = $\frac{\text{영업경비} + \text{부채서비스액}}{\text{유효총소득}} = \frac{2{,}000\text{만} + 1{,}000\text{만}}{3{,}000\text{만}}$ = 1.0

③ 총부채상환바율(DTI) = $\frac{\text{원리금상환액}}{\text{차입자의 연소득}} = \frac{1{,}000\text{만}}{5{,}000\text{만}}$ = 0.2

④ 부채비율(debt ratio) = $\frac{\text{타인자본(대출)}}{\text{자기자본}} = \frac{2\text{억원}}{2\text{억원}}$ = 1.0

| 정답 | ⑤

28 다음의 조건을 가진 A부동산의 대부비율(LTV)은? (단, 주어진 조건에 한함)

2020년 31회

- 매매가격: 5억원
- 부채감당률: 1.5
- 순영업소득: 3,000만원
- 연 저당상수: 0.1

① 10%
② 20%
③ 30%
④ 40%
⑤ 50%

해설

대부비율(LTV) = $\frac{\text{저당(부채)금액}}{\text{부동산가치}}$, 부채감당률(DCR) = $\frac{\text{순영업소득}}{\text{부채서비스액}}$, 저당상수(MC) = $\frac{\text{부채서비스액}}{\text{대출금액}}$

1. 부채감당률을 활용하여 부채서비스액(DS)을 알아낸다. 부채감당률(1.5) = $\frac{\text{3,000만원}}{DS\text{(2,000만원)}}$

2. 저당상수(MC)를 이용하여 대출금액을 알아낸다. 저당상수(0.1) = $\frac{\text{2,000만원}}{\text{대출금액(2억원)}}$

∴ 대부비율(0.4) = = $\frac{\text{저당(부채)금액}}{\text{부동산가치}}$ = $\frac{\text{2억원}}{\text{5억원}}$ = 40%

| 정답 | ④

29 다음은 A부동산 투자에 따른 1년간 예상 현금흐름이다. 운영경비비율(OER)과 부채감당률(DCR)을 순서대로 나열한 것은? (단, 주어진 조건에 한함)

2019년 30회

- 총투자액: 10억원(자기자본 6억원)
- 세전현금흐름: 6천만원
- 부채서비스액: 4천만원
- 유효총소득승수: 5

① 0.5, 0.4
② 0.5, 2.5
③ 2.0, 0.4
④ 2.0, 2.0
⑤ 2.0, 2.5

해설

(유효)총소득승수 = 5이고 총투자액이 10억원이다. ∴ $\frac{\text{총투자액}}{\text{(유효)총소득}} = \frac{\text{10억원}}{x}$ = 5, 유효총소득은 2억원

순영업소득은 부채서비스액과 세전현금흐름의 합이므로 1억원, 영업경비도 1억원이다.

∴ 운영(영업)경비비율(OER) = $\frac{\text{영업경비}}{\text{유효총소득}} = \frac{\text{1억원}}{\text{2억원}}$ = 0.5

부채감당률(DCR) = $\frac{\text{순영업소득}}{\text{부채서비스액}} = \frac{\text{1억}}{\text{4,000만}}$ = 2.5

| 정답 | ②

30 A부동산의 1년 동안 예상되는 현금흐름이다. 다음 중 옳은 것은? (단, 주어진 조건에 한함)

2017년 28회

- A부동산 가격: 15억원(자기자본: 10억원, 대출: 5억원)
- 순영업소득: 1억 5,000만원
- 영업소득세: 5,000만원
- 저당지분액: 8,000만원

① 부채비율: 20%
② 순소득승수: 15
③ 지분투자수익률: 30%
④ 부채감당비율: 53%
⑤ 총투자수익률: 10%

해설

총투자수익률 = $\frac{\text{순영업소득}}{\text{총투자액}} = \frac{1.5\text{억}}{15\text{억}}$ = 10%

① 부채비율 = $\frac{\text{타인자본(대출금)}}{\text{자기자본}} = \frac{5\text{억}}{10\text{억}}$ = 50%

② 순소득승수 = $\frac{\text{총투자액}}{\text{순영업소득}} = \frac{15\text{억}}{1.5\text{억}}$ = 10

③ 지분투자수익률 = $\frac{\text{세전현금흐름}}{\text{지분투자액}} = \frac{1.5\text{억} - 0.8\text{억}}{10\text{억}}$ = 7%

④ 부채감당비율 = $\frac{\text{순영업소득}}{\text{부채서비스액}} = \frac{1.5\text{억}}{0.8\text{억}}$ = 187.5%

| 정답 | ⑤

31 재무비율에 관한 설명으로 옳지 않은 것은?

2016년 27회

① 총투자수익(ROI)은 순영업소득(NOI)을 총투자액으로 나눈 비율이다.
② 지분투자수익률(ROE)은 세후현금흐름(ATCF)을 지분투자액으로 나눈 비율이다.
③ 유동비율은 유동자산을 유동부채로 나눈 비율이다.
④ 순소득승수(NIM)는 총투자액을 순영업소득으로 나눈 값이다.
⑤ 부채감당률(DCR)이 1보다 작으면 순영업소득으로 원리금 지불능력이 충분하다.

해설

부채감당률(DCR)은 $\frac{\text{순영업소득}}{\text{부채서비스액}}$ 이다. DCR이 1보다 작다는 것은 순영업소득이 부채서비스액에 미치지 못한다는 의미로 영업활동으로 원리금을 갚지 못하는 상태이다.

| 정답 | ⑤

32 다음 부동산투자 타당성분석 방법 중 할인기법을 모두 고른 것은? 2016년 27회

ㄱ. 순현재가치법	ㄴ. 내부수익률법
ㄷ. 현가회수기간법	ㄹ. 회계적수익률법

① ㄱ, ㄴ
② ㄴ, ㄷ
③ ㄱ, ㄴ, ㄷ
④ ㄱ, ㄷ, ㄹ
⑤ ㄴ, ㄷ, ㄹ

해설

할인법 : 순현재가치(NPV)법. 내부수익률(IRR)법, 수익성지수(PI)법, 현가회수기간법 등이 있다.

| 정답 | ③

33 화폐의 시간적 가치를 고려하지 않는 부동산 투자타당성방법은? 2020년 31회

① 수익성지수법(PI)
② 회계적수익률법(ARR)
③ 현가회수기간법(PVP)
④ 내부수익률법(IRR)
⑤ 순현재가치법(NPV)

해설

화폐의 시간가치를 고려하지 않는 방법이란 할인하지 않는 분석기법을 말한다. 회계적수익률법(ARR)은 비할인법 즉 화폐의 시간가치를 고려하지 않는 방법이다.

| 정답 | ②

34 부동산 투자타당성 분석기법에 관한 설명으로 옳지 않은 것은?

2018년 29회

① 수익성지수는 투자개시시점에서의 순현가와 현금지출의 현재가치 비율이다.
② 내부수익률법은 화폐의 시간가치를 고려한다.
③ 동일한 투자안에 대해서 복수의 내부수익률이 존재할 수 있다.
④ 내부수익률은 순현가가 '0'이 되는 할인율이다.
⑤ 순현가법에 적용되는 할인율은 요구수익률이다.

해설

수익성지수(PI)법의 산식은 $\frac{\text{현금유입 현재가치}}{\text{현금유출 현재가치}}$ 이다. PI는 1을 기준으로 1보다 클수록 지출 1원당 수익이 커지는 것으로 수익성이 좋다.

| 정답 | ①

35 부동산투자분석에 관한 설명으로 옳지 않은 것은?

2019년 30회

① 순현재가치는 장래 예상되는 현금유입액과 현금유출액의 현재가치를 차감한 금액이다.
② 내부수익률은 장래 예상되는 현금유입액과 현금유출액의 현재가치를 같게 하는 할인율이다.
③ 회수기간법은 투자안 중에서 회수기간이 가장 단기인 투자안을 선택하는 방법이다.
④ 순현가법, 내부수익률법, 수익성지수법은 현금흐름을 할인하여 투자분석을 하는 방법이다.
⑤ 순현재가치가 1보다 큰 경우나 내부수익률이 요구수익률보다 큰 경우에는 투자하지 않는다.

해설

순현가는 0을 기준으로 판단하며 0보다 크면 투자한다. 또한 내부수익률의 필수적 레퍼런스는 요구수익률로서 서로 비교하여 내부수익률이 요구수익률보다 크거나 같으면 투자한다.

| 정답 | ⑤

36 **부동산투자 의사결정방법에 관한 설명으로 옳지 않은 것은?** 2017년 28회

① 수익성지수법은 투자된 현금유출의 현재가치를 이 투자로부터 발생되는 현금유입의 현재가치로 나눈 것이다.
② 회계적이익률법에서는 상호배타적인 투자안일 경우에 목표이익률보다 큰 투자안 중에서 회계적 이익률이 가장 큰 투자안을 선택한다.
③ 순현가법은 화폐의 시간가치를 고려한 방법으로 순현가가 "0"보다 작으면 그 투자안을 기각한다.
④ 내부수익률은 투자안의 순현가를 "0"으로 만드는 할인율을 의미하며, 투자자 입장에서는 최소한의 요구수익률이기도 하다.
⑤ 회수기간법은 화폐의 시간적 가치를 고려하지 않고, 회수기간이 더 짧은 투자안을 선택하는 투자결정법이다.

해설

수익성지수(PI)는 현금유입의 현재가치를 현금유출의 현재가치로 나눈 값이다. 흔이 이것을 뒤바꾸어 혼동을 야기하니 주의해야 한다. 수익성지수는 1을 기준으로 1보다 클수록 지출 1원당 수익이 커진다는 의미로 투자를 결정한다.

| 정답 | ①

37 **부동산 투자분석 기법에 관한 설명으로 옳지 않은 것은?** 2020년 31회

① 다른 조건이 일정하다면, 승수법에서는 승수가 클수록 더 좋은 투자안이다.
② 내부수익률(IRR)은 순현재가치(NPV)를 "0"으로 만드는 할인율이다.
③ 내부수익률(IRR)이 요구수익률보다 클 경우 투자한다.
④ 순현재가치(NPV)가 "0"보다 클 경우 투자한다.
⑤ 수익성지수(PI)가 "1"보다 클 경우 투자한다.

해설

어림셈법에서는 크게 두 가지의 유형이 있다. 즉, 여러 종류의 현금수지를 승수의 형태로 표시하는 것(승수법)과 수익률의 형태로 표시하는 것(수익률법)이 있다. 여기서 승수는 분모인 수익에 대하여 분자인 투자액이 몇 배인가를 나타낸다. 그러므로 승수가 작을수록 이른바 '가성비' 좋은 투자이다.

| 정답 | ①

38 부동산 투자분석기법에 관한 설명으로 옳은 것을 모두 고른 것은? (단, 다른 조건은 동일함)

2021년 32회

ㄱ. 현금유출의 현가합이 4천만원이고 현금유입의 현가합이 5천만원이라면, 수익성지수는 0.8이다.
ㄴ. 내부수익률은 투자로부터 발생하는 현재와 미래 현금흐름의 순현재가치를 1로 만드는 할인율을 말한다.
ㄷ. 재투자율로 내부수익률법에서는 요구수익률을 사용하지만, 순현재가치법에서는 시장이자율을 사용한다.
ㄹ. 내부수익률법, 순현재가치법, 수익성지수법은 할인현금흐름기법에 해당한다.
ㅁ. 내부수익률법에서는 내부수익률과 요구수익률을 비교하여 투자여부를 결정한다.

① ㄱ, ㄹ
② ㄴ, ㄷ
③ ㄹ, ㅁ
④ ㄱ, ㄴ, ㅁ
⑤ ㄷ, ㄹ, ㅁ

해설

ㄱ. 수익성지수 = $\frac{\text{현금유입 현재가치}}{\text{현금유출 현재가치}} = \frac{5{,}000\text{만}}{4{,}000\text{만}}$ = 1.25

ㄴ. 내부수익률은 순현재가치를 0으로 만드는 할인율 또는 수익성지수를 1로 만드는 할인율이다.

ㄷ. 내부수익률법은 재투자율로 내부수익률을 사용하고, 순현재가치법은 재투자율로 요구수익률을 사용한다.

| 정답 | ③

39 부동산 투자분석기법에 관한 설명으로 옳은 것은?

2022년 33회

① 투자 규모가 상이한 투자안에서 수익성지수(PI)가 큰 투자안이 순현재가치(NPV)도 크다.
② 서로 다른 투자안 A, B를 결합한 새로운 투자안의 내부수익률(IRR)은 A의 내부수익률과 B의 내부수익률을 합한 값이다.
③ 순현재가치법과 수익성지수법에서는 화폐의 시간가치를 고려하지 않는다.
④ 투자안마다 단일의 내부수익률만 대응된다.
⑤ 수익성지수가 1보다 크면 순현재가치는 0보다 크다.

해설

① 투자 규모(Scale)가 다르다면 수익성지수(PI)와 순현재가치(NPV)가 반드시 같은 결론을 내려주지는 않는다. 지출규모 50억원짜리 사업과 100억원짜리 사업에서 수익성지수의 결과와 순현가법의 결과가 반드시 같은 방향으로 움직이는 것은 아니다.
② 서로 다른 투자안의 내부수익률(IRR)은 가치합산의 원리가 관철되지 않는다. A의 내부수익률과 B의 내부수익률을 합산하여 투자판단해서는 안된다.
③ 순현재가치법, 수익성지수법, 내부수익률법 등은 화폐의 시간가치를 고려한다. 즉, 현금흐름을 할인한다.
④ 내부수익률은 연립방정식의 해이므로 실근 하나만 있는 것이 아니라 허근 또는 중근이 나올 수 있다. 즉, 내부수익률을 구할 수 없거나 복수의 내부수익률이 나올 수 있다. 이럴때는 내부수익률법으로 투자분석이 불가능하므로 다른 기법(순현가법)으로 대체해야 한다.

| 정답 | ⑤

40 부동산투자에 관한 설명으로 옳은 것을 모두 고른 것은?

2023년 34회

ㄱ. 순현재가치(NPV)법이란 투자로부터 발생하는 현재와 미래의 모든 현금흐름을 적절한 할인율로 할인하여 현재가치로 환산하고 이를 통하여 투자의사결정에 이용하는 기법이다.
ㄴ. 추계된 현금수지에 대한 위험을 평가하는 위험할증률의 추계는 투자기간의 결정 및 현금수지에 대한 예측 이전에 해야 한다.
ㄷ. 내부수익률(IRR)이란 투자로부터 발생하는 미래의 현금흐름의 순현재가치와 부동산가격을 1로 만드는 할인율을 말한다.
ㄹ. 수익성지수(PI)는 투자로 인해 발생하는 현금유입의 현재가치를 현금유출의 현재가치로 나눈 비율로서 1보다 크면 경제적 타당성이 있는 것으로 판단한다.

① ㄱ, ㄹ
② ㄴ, ㄷ
③ ㄱ, ㄴ, ㄷ
④ ㄱ, ㄴ, ㄹ
⑤ ㄱ, ㄴ, ㄷ, ㄹ

해설

ㄴ. 현금흐름의 위험을 평가하는 위험할증률(Risk Premium)의 추계는 투자기간 가정과 현금흐름 예측과 함께 하는 것이며 예측 이전에 추계하는 것은 불가능하다. 현금흐름과 투자기간 전제없이 리스크의 크기를 가정하는 것은 마치 미혼자가 이혼을 걱정하는 것처럼 넌센스이다.

ㄷ. 내부수익률은 순현재가치를 0으로 만드는 할인율 또는 수익성지수를 1로 만드는 할인율이다.

| 정답 | ①

41 다음은 부동산투자의 예상 현금흐름표이다. 이 투자안의 수익성지수(PI)는? (단, 현금유출은 기초, 현금유입은 기말로 가정하고, 0년차 현금흐름은 현금유출이며, 1년차부터 3년차까지의 현금흐름은 연 단위의 현금유입만 발생함. 할인율은 연 10%이고, 주어진 조건에 한함)

2016년 27회

(단위 : 만원)

사업 기간	0년	1년	2년	3년
현금흐름	2,000	550	1,210	1,331

① 1.15
② 1.25
③ 1.35
④ 1.40
⑤ 1.45

해설

수익성지수 = $\frac{\text{현금유입 현재가치}}{\text{현금유출 현재가치}} = \frac{2{,}500\text{만}}{2{,}000\text{만}}$ = 1.25

※ 현금유입 현재가치 = $\frac{550}{1.1} \times \frac{1{,}210}{1.1^2} \times \frac{1{,}331}{1.1^3}$ = 2,500만원

| 정답 | ②

42 사업기간 초에 3억원을 투자하여 다음과 같은 현금유입의 현재가치가 발생하는 투자사업이 있다. 이 경우 보간법으로 산출한 내부수익률은? (단, 주어진 조건에 한함) 2021년 32회

현금유입의 현재가치(단위 : 천원)	
할인율 5%인 경우	할인율 6%인 경우
303,465	295,765

① 5.42% ② 5.43%
③ 5.44% ④ 5.45%
⑤ 5.46%

해설

내부수익률이란 순현가가 0이 되는 할인율이다.

보간법(步間法)

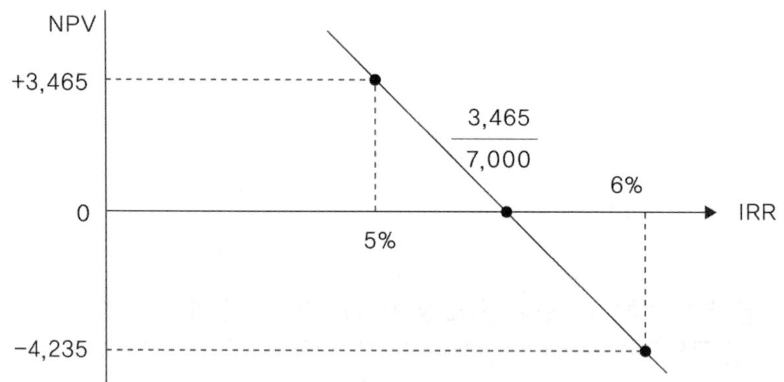

순현가가 0이 되려면 현금유출의 현재가치(3억원)과 현금유입의 현재가치가 같아야 한다. 할인율 5%로 할인한 경우 현금유입현가가 303,465천원으로 순현가는 3,465천원이고, 동일한 요령으로 6%로 할인한 경우의 순현가는 -4,235천원이다. 할인율 1%에 할당된 순현가는 7,700천원이다. 내부수익률은 할인율 5%와 6%사이에 있다. 그 크기는 5%+$\left(\frac{3,465}{7,700}\right)$% 즉, 5.45% 이다.

| 정답 | ④

43 A투자안의 현금흐름이다. 추가 투자가 없었을 때의 NPV(ㄱ)와 추가 투자로 인한 NPV 증감(ㄴ)은? (단, 0기 기준이며, 주어진 자료에 한함) 2022년 33회

구분	0기	1기	2기	3기
초기 투자	(1억원)			
NOI		4천만원	3천만원	4천만원
추가 투자			(5천만원)	
추가 투자에 따른 NOI 증감			+ 3천만원	+ 4천만원
현가계수		0.952	0.906	0.862

① ㄱ : − 260,000원, ㄴ : + 16,360,000원
② ㄱ : − 260,000원, ㄴ : + 17,240,000원
③ ㄱ : − 260,000원, ㄴ : + 18,120,000원
④ ㄱ : + 260,000원, ㄴ : + 16,360,000원
⑤ ㄱ : + 260,000원, ㄴ : + 17,240,000원

해설

1. 추가 투자 없을 때의 순현가(NPV) ⇨ (ㄱ)
   ① 현금유입의 현재가치: (4,000만원 × 0.952) + (3,000만원 × 0.906) + (4,000만원 × 0.862) = 9,974만원
   ② 현금유출의 현재가치: 10,000만원
   ③ 순현가(NPV): -26만원
2. 추가 투자 실시로 인한 현금유출 · 입의 변동
   ① 현금유입의 변동: (3,000만원 × 0.906) + (4,000만원 × 0.862) = 6,166만원
   ② 현금유출의 변동: (5,000만원 × 0.906) = 4,530만원
3. 추가 투자 실시로 인한 순현가(NPV)의 증감 ⇨ (ㄴ)
   순현재가치(NPV)의 증감: 6,166만원 - 4,530만원 = 1,636만원

| 정답 | ①

PART 06

부동산금융론

제1장 부동산금융론

View Point

1. 주택금융이 어떤 성격을 가지고 있는지 개괄적인 학습이 필요하다.
2. 지분금융, 부채금융, 메자닌금융의 구분과 종류에 대하여 학습한다.
3. 대출시 고정금리와 변동금리 조건을 비교하고 장 · 단점에 대하여 정리한다.
4. 원리금균등상환방식, 원금균등상환방식, 체증상환방식을 비교하고 원리금과 잔금의 흐름 등을 학습한다.
5. 대출의 상환관련 계산문제에 철저히 대비한다. 잔금, 원리금, 이자지급금, 원금상환액 등을 충분히 연습한다.

제1절 부동산금융 개관

1 부동산금융의 의의 및 기능

1. 부동산금융의 의의

금융이란 화폐의 수요와 공급에 의한 화폐만의 독립적 유통을 말한다. 부동산금융이란 일정한 자금을 확보하여 그것을 무주택서민과 주택건설업자에게 장기 저리로 대출해줌으로써 주택공급을 확대하고 주택구입을 용이하도록 하는 특수금융을 말한다.

2. 부동산금융의 기능

부동산금융은 크게 두 부분으로 나뉘는데, 하나는 주택개발금융이고, 다른 하나는 주택소비금융이다.

(1) **저축의 유도와 주택자금의 조성:** 일정한 저축자에게 청약조건을 줌으로 주택마련저축을 유도하고, 금융기관은 필요한 주택자금을 조성한다.

(2) **자가 주택의 공급확대:** 임차가구가 주택소유를 확대하는데 기여한다.

(3) **주거안정기능:** 주택자금대출을 통해 국민의 주거불안정문제를 해소하는 기능이 있다.

(4) 주택거래의 활성화기능

(5) **경기조절기능:** 금융을 통해 주택경기부양을 유도할 수 있다. 즉 주택가격의 안정적 상승 기대효과가 있다.

(6) 주택소요를 주택의 유효수요로 전환

2 주택금융

1. 주택금융의 의의

일반적으로 주택금융은 무주택 서민과 주택건설사업자에게 장기 저리로 대출해 줌으로써 주택의 공급을 확대하는 한편 주택구입을 용이하도록 하는 제도라고 할 수 있다.

(1) **주택소비금융(저당대부):** 주택의 거래를 원활히 하고 국민의 지불능력을 높이기 위해 주택을 구입하거나 개량하고자 하는 사람에게 주택을 담보로 하여 자금을 융자해 주는 실수요자, 즉 가계에 대한 금융이다. ⇨ 장기(10년~30년), 저리, 일시불 대부, 분할상환

(2) **주택개발금융(건축대부):** 주택건설을 촉진하려는 목적에서 주택건설업자의 건설 활동에 수반되는 자금융통의 필요성에 대응하여 이를 지원해 주는 건설업자에 대한 금융이다. ⇨ 단기(3~4년), 고리, 단계적 대부, 일시불 상환(건축단계별로 분할해서 대출하고, 건물완성과 더불어 일시불로 상환한다.)

KEY PLUS | 주택금융의 특수성

1. 주택자금 융자는 ① 차주(借主)가 일반적으로 무주택서민이고 ② 융자금액이 소득에 비해 많으며 ③ 부동산을 담보로 하고 ④ 융자기간이 장기이다(10년~30년)
2. 기초용어
   ① 저당비율: 담보부동산의 시장가치에 대한 저당대부액의 비율(융자비율)
   ② 저당원금: 최초의 융자금액
   ③ 미상환원금(잔금): 융자기간 중 상환되지 않은 융자원금 부분
   ④ 잔금비율: 저당대부액 중 잔금이 차지하는 비율
   ⑤ 상환비율: 1 - 잔금비율
   ⑥ 상환조견표: 저당대출금액에 대해 원금상환분과 이자지급분이 시간에 따른 변화를 표시
   ⑦ 원리금균등상환액: 대출금 × 저당상수 또는 대출금 ÷ 연금의 현가계수
   ⑧ 조기상환(Call Option)위험과 채무불이행(Default)위험: 차입자의 조기상환권은 일종의 콜옵션(Call Option)이다. 차입자의 Call Option 행사나 Default는 대출자에게 큰 위험이 된다. MBS에 있어 콜방어(Call Protection)가 중요한 이유이다.
   ⑨ 잔금의 계산: 연금의 현가계수 사용

KEY PLUS | 지분금융 vs 부채금융 vs 메자닌금융

지분금융	부채금융	메자닌금융
지분금융은 주식회사가 주식을 발행하거나, 주식회사가 아닌 법인이 지분권을 판매하여 자기자본을 조달하는 것 ① 신디케이트(Syndicate) ② 조인트벤처(joint venture) ③ 리츠(REITs) ④ 주식 공모 또는 사모 ⑤ 간접투자펀드	저당권을 설정하거나 사채를 발행하여 타인자본을 조달하는 것 ① 저당금융(저당대출) ② 신탁금융(신탁증서금융) ③ 회사채발행, 주택상환사채 ④ 주택저당담보증권(MBS) ⑤ 자산유동화증권(ABS)	담보나 신용 없이 대출을 받기 힘들 때 자금을 조달하는 방법. 대개 무담보이며 채권변제 순위에서 대출에서 밀리고, 지분투자분보다는 앞서기 때문에 일종의 후순위채의 성격이 강함 ① 신주인수권부사채(BW) ② 전환사채(CB) ③ 교환사채(EB) ④ 후순위채권 ⑤ 상환우선주

3 부동산금융의 원칙

부동산금융에 있어 문제가 되는 것은 자금의 확보, 대출금리의 책정, 대출채권의 유동화, 채권의 보전 등을 들 수 있다.

1. 자금의 확보

(1) 부동산에 소요되는 자금은 거액이기 때문에 부동산금융의 재원을 정부재정에만 의존한다는 것은 어려움이 있다.

(2) 따라서 민간자금을 적극 유치할 수 있도록 해야 하는데, 부동산자금을 확보하는 데는 다음과 같은 것이 고려되어야 한다.

① 부동산금융을 위한 자금지출과 저소득층을 위한 국고보조금과는 별개로 예산책정이 되고 계정되어야 한다.

② 부동산자금은 다른 산업부문과 경쟁이 되지 않는 재원에서 확보되어야 한다.

③ 생명보험을 위시한 보험회사 계통의 자금은 그 성질상 부동산금융이 가능한 재원이다.

2. 대출금리의 책정

(1) 부동산금융은 주로 저소득층과 중간계층을 위한 장기대출이기 때문에 이에 적합한 장기·저리가 요망된다. 여기에는 양면성이 존재하는데, 부동산 자금 확보를 위해서는 충분한 수익성을 보장해 주어야 하기 때문이다.

(2) 대출금리가 일반시장금리보다 낮게 책정될 경우, 여기서 발생되는 차액과 자금에 대한 수익성을 어떻게 맞추어야 할 것인가가 문제가 된다.

WIDE PLUS | 이자의 역사

인류 역사에서 최초의 이자에 대한 기록을 보면, 기원전 3세기경 은과 보리를 빌리는 데 대한 이자율이 각각 연 33.3%와 연 20%였다. 우리나라도 옛날 농촌에서는 봄에 씨앗을 빌려 주었다가 가을에 이자를 붙여 되돌려 받는 경우가 많았다. 그러나 그리스, 로마시대에는 돈을 빌려 주거나 이자를 받는 행위를 비도덕적으로 여겼으며, 중세 시대에는 이자를 주고받는 것 자체를 죄악시하여 교회법으로 금지하였다. 그 후 종교 개혁과 함께 이자를 금지하던 제도가 완화되기 시작하였으며, 자본주의 경제체제가 자리를 잡아 가면서 모든 금융거래에서 이자를 자연스럽게 주고받게 되었다.

3. 부동산 대출채권의 유동화

(1) 부동산자금대출의 대상은 통상 가계이고 거액이기 때문에 10~30년에 걸쳐 상환되는 장기대출이다. 이러한 대출은 금융기관이 보통 단기로 조달하는 자금을 장기 고정화시킨 결과가 되어 자금의 조달과 공급면의 차질을 초래하여 더 많은 부동산 장기융자를 제한하게 된다.

(2) 이러한 장기고정화는 부동산대출채권을 저당증서 또는 기타의 방법을 매개로 유동화시켜 자금화함으로써 부동산자금의 원활한 공급이 촉진된다.

4. 부동산 채권보전

부동산금융은 개인을 상대로 장기대출해 주는 것이기 때문에 상환에 대한 보장이 불확실하여 금융기관에서 부동산융자에 참여하기를 꺼려한다. 이것이 부동산 부문으로 자금이 유입되지 않는 또 하나의 이유가 되고 있다. 채권보전에 대한 보장은 부동산금융 발전을 좌우하는 중요한 요인이므로 신용보완책으로서의 여러 가지 조치가 강구되어야 한다.

제2절 부동산저당과 상환방법

1 부동산의 저당대출제도

1. 저당의 개념

(1) **저당(mortgage):** 저당이란 부동산을 담보로 필요한 자금을 융통하는 것을 말한다.

(2) **저당의 유동화:** 저당의 유동화란 저당권을 다른 사람에게 양도할 수 있도록 허용하는 것이다. 저당의 유동화제도는 부동산금융의 활성화에 큰 기여를 한다. 차입자를 피저당권자(mortgagor)라하고 대출자를 저당권자(mortgagee)라 한다.

(3) **저당대출:** 오늘날 저당대출이란 용어는 특수한 법률적인 의미를 벗어나 저당금융을 통칭하는 광범위한 용어로 쓰인다. 즉 부동산을 담보로 제공하고 신용을 공여 받는 금융의 형태를 지칭한다.

(4) **저당제도:** 저당제도란 금전대차관계에 있어서 차주의 채무변제를 담보하기 위하여 차주 또는 제3자 소유의 부동산에 설정하는 저당권 내지 일체의 우선변제 특권을 말하며, 채권자는 담보물상의 이권을 채무불이행시에 행사함으로써 자기채권을 충족시킬 수 있는 제도이다.

2. 저당의 종류

(1) **정부지원저당:** 정부가 저소득층을 보호하기 위하여 실시하는 저당으로 채무자가 채무를 이행하지 않는 경우에는 정부에서 대출자의 손실을 대신 보상해 준다는 것을 보증하는 것이 정부보증 프로그램이다. 정부보증 프로그램은 대출기관이 안게 되는 위험을 실제적으로 제거해 주고 있다.

(2) **재래적 저당(전통적 저당):** 각종의 금융기관에서 일반대출자를 대상으로 대출을 실시해 주는 제도로서, 재래적 저당(convention mortgage)은 정부지원저당보다 대출기간은 더 짧으며, 부동산가치에 대한 대부비율도 일반적으로 더 낮다.

(3) **건축대부(construction loan):** 부동산을 건설하는 공급자에게 제공되는 대부의 일종으로, 대출 기간도 단기이며, 이자율도 높은 편이다. 또한 건축대부는 위험률이 높기 때문에 자금도 일시불로 제공되지 않고 단계적으로 이루어진다. 그러나 대출된 자금에 대한 상환은 건축물이 완공되면 일시불로 상환되어야 한다.

2 저당상환방법

1. 금리결정방식에 의한 저당대부

(1) 고정이자율 상환방법

전체 대출기간동안 일정한 이자율이 적용되는 저당대부방법이다. 예상치 못한 인플레이션 위험이 발생하면 금리위험을 대출자가 부담하므로 대출자는 손해가 되고, 차입자는 이익이 된다. ⇨ 대출금리가 시장금리보다 낮으면 대출기관에게 불리하다(수익성 악화). 그러나 대출금리가 시장금리보다 높으면 차입자에 불리하므로 차입자는 조기상환 하는 것이 유리하다(조기상환 위험은 대출자가 부담).

※ 대출일 기준 시에는 고정이자율이 변동이자율보다 일반적으로 높다.

※ 명목이자율 = 실질이자율 + 예상인플레율

※ 실질이자율 = 명목이자율 − 예상인플레율

※ 실질이자율 = 명목이자율 + 예상디플레율

KEY PLUS | 금리의 구조

WIDE PLUS | 명목 금리와 실질 금리

금리는 돈의 가치, 즉 물가의 변동을 고려하느냐 안 하느냐에 따라 명목금리와 실질금리로 구분할 수 있다. 명목금리는 돈의 가치 변동을 고려하지 않은 금리이며, 실질금리는 명목금리에서 물가 상승률을 뺀 금리이다.

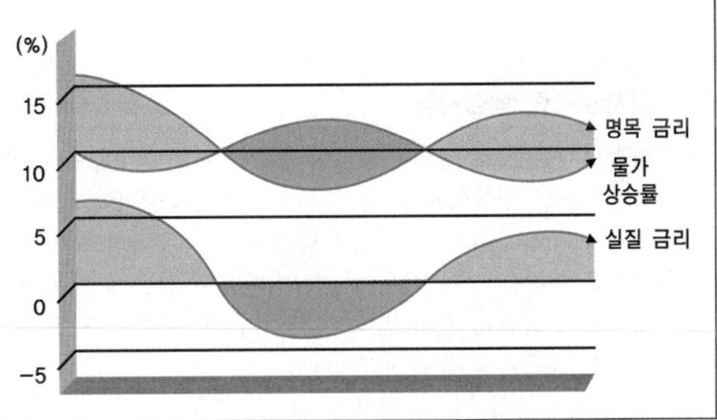

(2) 변동이자율 상환방법

예상치 못한 인플레이션으로 인한 우려 때문에 장기간 고정이자율로 대부하기를 기피하고 있는 대출기관들이 채택하는 방법이다.

① **가변이자율저당**: 차입자와 대출자간에 사전에 특약에 의해 인플레 감응지수(COFIX 금리 또는 CD금리)에 따라 이자율이 변동하는 저당이다. ⇨ 변동금리는 차입자가 금리위험을 부담하고 대출일 현재기준으로 하면 변동금리가 고정금리보다 이자율이 낮다.

② **조정이자율저당**: 이자율이 지수에 따라 변화한다는 점에서 같지만, 지수가 전통적인 가변이자율저당보다는 다양하여 대출자에게 더 많은 재량을 부과한다는 점에서 차이가 난다.

③ **재협정이자율저당**: 이자율이 미리 정해진 지수에 의해 결정되는 것이 아니라 일정기간(3년에서 5년)마다 차입자와 대출자간의 재협상에 의해 결정된다.

※ 일반적으로 변동이자율 방식이 고정이자율방식에 비해 채무불이행의 위험이 더 크다.

※ 이자율 조정주기가 짧을수록 대출자에게 더 유리하다.

WIDE PLUS |

1. 단리와 복리

금리는 그 계산 방법에 따라 단리와 복리로 나눌 수 있다. 단리는 원금에 대해서만 이자를 계산하는 방법이고, 복리는 원금에 대한 이자뿐만 아니라 이자에 대한 이자도 함께 계산하는 방법이다. 예를 들어, 우리가 100만원을 연 10%의 금리로 2년간 은행에 예금할 경우 만기에 받게 되는 원금과 이자의 합계액은 단리 방식으로는 120만원[100만원×(1+0.1×2)] 이 되지만, 복리 방식으로는 121만원[100만원×$(1+0.1)^2$] 이 된다.

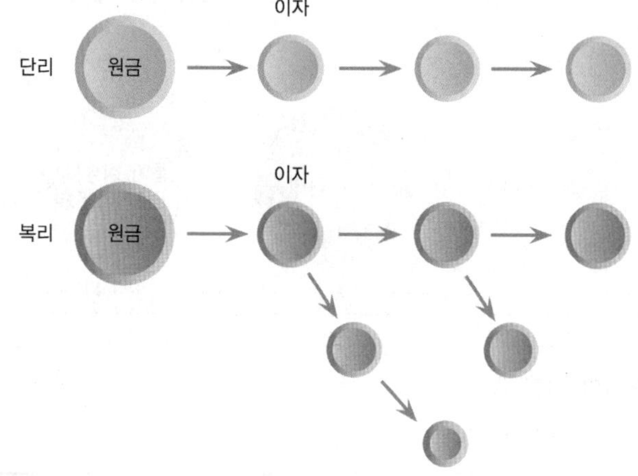

2. 이자율관련 핵심사항

① 대출일 기준으로 볼 때 고정이자율이 변동이자율보다 일반적으로 높다(예상인플레율만큼 가산하므로).
② 일반적으로 변동이자율 방식이 고정이자율방식에 비해 채무불이행의 위험이 더 크다.
③ 이자율 조정주기가 짧을수록 대출자에게 유리하고 차입자에게 불리하다.
④ 복리로 이자를 받는 경우에 연간이자율이 같은데 대출자는 1년에 한 번 이자를 지급받는 것보다 12번으로 나누어 지급받는 것이 만기 이자액이 더 많다. 즉 명목이자율이 같을지라도 연간유효이자율은 이자계산기간이 짧을수록 높아진다.
⑤ (대출시)명목이자율은 시장의 실질이자율, 위험의 대가, 예상인플레율로 구성된다.
⑥ (현재시점)변동이자율은 기준금리에 가산금리(마진)를 합해서 구한다.
(기준금리는 양도성예금증서인 CD금리나 은행연합회의 자금조달비용지수인 COFIX를 활용한다. 대개 CD금리를 적용하는 경우가 많다.)
⑦ 가산금리는 대출기간, 신용도, 담보유무, 조달금리와의 차이 등에 따라 달라지나 원칙적으로 한번 결정되면 대출기간에 변경되지 않는다.

2. 원리금분배방식에 의한 저당대부

(1) 균등상환저당대부방법

① 원리금 균등분할방식: 원금과 이자를 합하여 똑같이 상환하는 방식(초기부터 후반기까지의 상환액이 일정)

㉠ 원리금 균등상환방식은 부동산 금융 특히 주택금융에서 가장 보편화되어 있고, 이는 고정이자율을 전제로 한다.

㉡ 매기간 일정액을 상환할 때 상환조견표를 분석해보면 ⇨ 이자액은 초기에 많고 후반기에 감소하나, 원금액은 초기에 작고, 후반기에 많다. (이자상환곡선은 우하향,

원금상환곡선은 우상향) 대출금의 50%를 상환하기 위해서는 상환기간의 2/3정도 지나야 가능

※ 매년의 부채서비스액 = 대출금 × 저당상수 = 부동산가치 × 대부비율 × 저당상수

KEY PLUS | 원리금균등상환방법의 내용

1. 매기간의 원리금균등상환액(부채서비스액, 저당지불액)

= 대출금(총융자원금) × 저당상수(총상환기간)

= 부동산가치 × 대부비율 × 저당상수

= 대출금 ÷ 연금의 현가계수(총상환기간)

※ 대출원금액(연금의 현재가치)= 원리금균등상환액(부채서비스액, 연금액) × 연금의 현가계수(총상환기간)

※ 저당상수 = $\frac{\text{원리금균등상환액}}{\text{대출금}}$

2. 원금의 상환분과 이자지급분의 크기(상환조견표)

① 매기의 원리금 상환액이 균등할지라도 원금상환액과 이자지급분은 매기간 달라진다.

② 상환초기에는 이자지급분이 많고 원금상환분이 적다. 상환후기로 갈수록 이자지급분이 작아지고 원금상환분이 많아진다.

③ 매기의 이자지급액 = 매기초의 융자잔금액 × 고정이자율

④ 매기의 원금상환액 = 원리금균등상환액 - 해당기간의 이자지급액

3. 중도상환시의 부채잔금과 잔금비율 및 상환비율

① 융자원금 = 잔금(미상환원금) + 상환된 원금

② 잔금비율 = $\frac{\text{잔금액}}{\text{대출금}}$

③ 상환비율 = $\frac{\text{상환원금}}{\text{대출금}}$

④ 잔금비율 + 상환비율 = 1

⑤ 상환비율 = 1 - 잔금비율

⑥ t시점의 부채잔금(미상환저당잔금) = 대출원금 × t시점의 잔금비율

= 부채서비스액(연금액) × 연금의 현가계수(잔존기간)

⑦ t시점의 잔금비율 = $\frac{\text{부채잔금}}{\text{대출금}}$

$= \frac{\text{부채서비스액} \times \text{연금의 현가계수(잔존기간)}}{\text{부채서비스액} \times \text{연금의 현가계수(전체기간)}}$

$= \frac{\text{연금의 현가계수(잔존기간)}}{\text{연금의 현가계수(전체기간)}}$

⇨ 대략 만기의 $\frac{2}{3}$정도 경과하면 대출원금의 50%정도 상환하므로 이때 잔금비율도 50% 정도 된다.

⇨ 잔금비율은 이자율, 만기, 잔여기간의 함수이나 저당대부액 크기와는 상관이 없다.

---

② **원금 균등분할방식**: 원금을 매 기간 동일하게 갚고 이자는 남은 원금에 따라 달라지는 방식(초기의 상환액이 가장 많고 후반기의 상환액이 가장 적다) ⇨ 카드채권 상환에 많이 사용

⇨ 대출자의 원금회수위험이 작다.

⇨ 현재의 소득이 많은 중·장년층에 적용 가능

⇨ 체감식 상환방법

[원리금상환방식에 따른 분류]

구분	월불입액(A+B)	월 원금상환액(A)	월이자액(B)
원금균등 분할상환	감소	고정	감소
원리금균등 분할상환	고정	증가	감소

(2) 체증분할상환방법(체증 또는 점증지불저당)

① 젊은 층의 차입자에게 유리한 방법으로 원금과 이자를 함께 상환하되 초기에는 원리금 상환지불금이 낮은 수준이나 차주의 수입이 증가함에 따라 원리금 상환지불금이 점진적으로 증가하는 방법이다.

② 초기상환액은 이자액에도 미치지 못하여 부(-)의 상환이 되고, 주택보유예정기간이 짧은 차입자에게 유리하며, 인플레를 고려한 상환방법이다.

③ 차입자의 소득증가폭이 상환액 증가액보다 낮으면 채무불이행의 가능성이 커서 대출자의 위험이 크다.

④ 대출조건이 동일하다면 대출기간 동안 차입자의 총원리금상환액의 크기는 '체증분할상환(GPM) 〉 원리금균등상환(CPM) 〉 원금균등상환(CAM)'이다.

[시간의 경과에 따른 원리금 상환액의 변동분석]

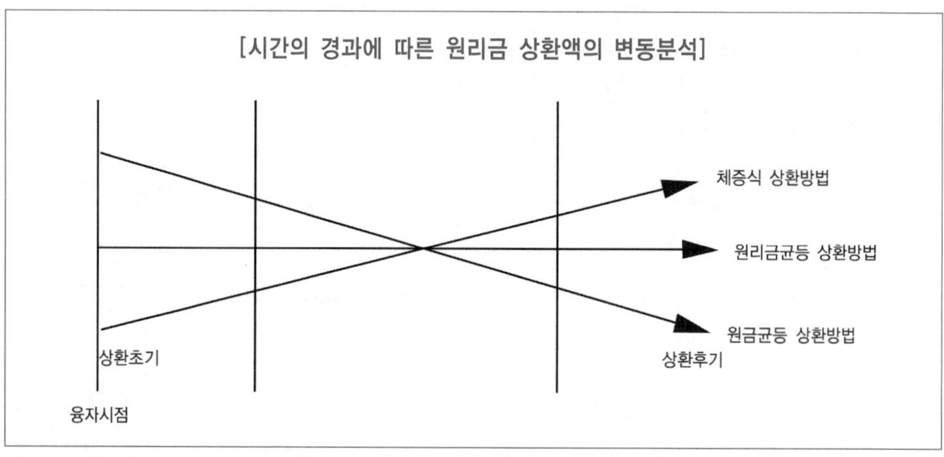

(3) 부분원리금 상환방법

변제 만기일이 되어도 차주와 대출자간의 원리금이 완전히 상환되지 않음을 합의한 특별금융방법이다.

(4) 수요금융으로서 이자매월상환방법(만기상환저당대출)

이자만 매월 지불하고, 원금은 만기에 일시불로 변제하는 금융이다.

⇨ 전세자금대출에 많이 사용

(5) 가격수준조정저당

인플레위험에 대처하기위해 이자율을 변화시키는 것이 아니라 전기의 저당잔금액에다 인플레이션율을 곱한 금액을 추가하여 대출상환액을 조정하는 방법이다. ⇨ 초기의 저당잔금액이 원대출금보다 많다(부의 상환).

KEY PLUS | 금융관련 용어 정리

1. 가치상승 공유형 저당대출(가치상승참가부 저당)(SAM: shared apprecieciation mortgage, 분할증분저당)
- 담보주택 가치상승액의 일정비율을 대출에게 이전하는 형태의 저당대출
  ⇨ 담보부동산의 가치상승에 연동하여 상환하는 방식
- 주택 가치상승액을 대출자에게 분배해야 하므로 차입자의 유지관리에 의한 가치보존의 동기부여가 작아 질 수 있는 문제점 등이 있다.

2. 매수금저당(purchase money mortgage)
- 주택을 구입할 경우 주택매수대금의 상당부분을 저당대부로 충당하고 나머지만 현금으로 지불하는 방식
- 차입자가 보유 예정인 미래의 주택을 담보로 저당대부
- 저당대부액만큼 은행에서 약속어음을 발행하는 형태로도 시행

3. 생명보험연계저당대출
- 대출기간 동안에는 이자만 지불하고 원금은 생명보험에 가입하였다가 만기에 보험금을 찾아서 상환
- 대출금상환기능에 보험기능 및 자산증식기능이 혼합된 제도이다.

4. 역모기지(reverse mortgage, 역연금식 저당대출)
- 대출기간 동안 연금의 형태로 매월 일정액을 지급하고 대출기간 만료시 청산하거나 담보물(주택 또는 농지 등)의 소유권을 대출기관이 갖는 방식이다.
- 현재 주택연금과 농지연금이 공적보증형태의 역모기지 제도로 시행되고 있다.
- 시간이 지남에 따라 대출잔액이 늘어나는 구조이고, 일반적으로 비소구(non-recourse)형 대출이다.

5. SWAP(교체매매)
- 금융기관이 신용도가 낮은 저당을 유동화기관에 매각하고, 유동화기관으로부터 신용도가 높은 MBS를 다시 구입함으로서 금융기관 자체의 재정의 건실도(BIS비율)를 높이는 방법
- BIS(Bank For international settlement)비율: 국제결제은행에서 정한 위험가중자산 대비 자기자본의 비율

6. 계단식상환 저당대출
- 원리금균등상환과 체증상환의 두 가지 방식을 절충한 상품
- 일정기간(약 3년)동안 원리금이 동일, 다음 일정기간은 상향된 원리금을 적용하는 방식으로 전체 기간에 원리금액이 계단 형태를 이룸

7. 포괄융자
- 기존의 융자를 떠안고 총 융자액을 증가시켜 새로운 융자형태로 만들어 내는 방식
- 저당이자율보다 시장이자율이 낮으면 차입자가 조기상환할 가능성이 있으므로 대출자는 포괄융자를 하여 조기상환 하는 것을 방지할 수 있으며 종전의 저당순위는 그대로 유지된다.

8. 전환형 융자(convertible mortgage)
- 채권의 소지자가 일정기간 후에 부동산의 지분을 취득하는 방식의 융자를 말한다.

One Point Lesson |

DTI(총부채상환비율)

$$DTI_1 = \frac{\text{신규대출 원리금 상환액}}{\text{차입자 연소득}}$$

$$DTI_2 = \frac{\text{신규대출 원리금 상환액} + \text{기타부채 이자상환액}}{\text{차입자 연소득}}$$

- 총부채상환비율(Debt To Income:DTI)은 주택을 구입하려는 고객이 주택담보대출을 받을 때 미래에 돈을 얼마나 잘 갚을 수 있는지를 소득으로 따져 대출한도를 정하는 것을 말한다.
- 세부적으로는 매년 갚아야 할 대출 원리금이 연간 소득에서 차지하는 비중으로 계산하는데 이 수치가 낮을수록 빚 갚을 능력이 좋거나, 소득에 비해 대출규모가 작다는 의미이다.
- 만약 대출한도를 DTI 40% 이내로 제한하고 있다면 매년 상환하는 원리금이 연소득의 40% 이내여야 한다는 뜻이다.

DSR(총부채원리금상환비율)

$$DSR = \frac{\text{전금융권 대출 원리금상환액}}{\text{차입자 연소득}}$$

- 총부채원리금상환비율(Debt Service Ratio:DSR)은 개인이 받은 모든 대출의 연간 원리금을 연 소득으로 나눈 비율을 말한다. 주택담보대출 · 신용대출 · 카드론 등 모든 대출이 포함된다.
- 차주가 1년 동안 갚아야 할 금액이 연소득의 몇 %나 되는지 확인할 수 있으며 DSR에 금리 상승 가능성을 반영하면 금융기관은 대출 신청자의 미래 상환 능력을 예상할 수 있다.
- DSR은 소득을 통해 대출한도를 정하는 방법이다.

제2장 부동산증권론

View Point

1. 저당의 유동화, 증권화에 대한 개념을 하나의 흐름으로 철저히 숙지한다.
2. 부동산증권을 종류별로 나열하고 구분하여 학습한다. MPTS, MBB, MPTB, CMO의 특성을 확인한다.
3. 부동산투자회사에 대하여 법률적 요건을 충분히 반복하여 정리해야 한다.

제1절 저당의 유동화

1 저당의 유동화 제도

저당권 자체를 하나의 상품으로 유통되게 하여 신용창조의 수단으로 활용하는 것을 저당권의 유동화라 한다. 저당이 유동화 되면 대출자인 금융기관은 한정된 부동산 금융 재원을 이론적으로 무한대로 대출해 줄 수 있게 된다.

1. 저당유동화의 기능

(1) 자금수요자에게는 더 많은 자금공급혜택을 부여한다.

(2) 투자자에게는 다양한 종류의 투자상품을 제공해 준다.

(3) 대출기관에게는 자금의 단기조달 · 장기운용에 따른 유동성문제를 해결해 줄 수 있다(유동성위험 감소). ⇨ 대출기관의 입장에서는 단기자금을 장기자금으로 전환시켜 자금 대출의 고정화 현상을 완화시켜준다.

(4) 정부에서는 부동산시장과 금융시장이 융합됨으로써 경기조절이 그만큼 수월해졌다고 볼 수 있다. ⇨ MBS를 통해 모기지론을 활성화시킬 수 있다.

2. 저당유동화의 전제조건

(1) 저당대부에 필요한 자금이 계속해서 저당시장으로 원활하게 공급되어야 한다.

(2) 저당수익률이 투자자들의 요구수익률을 만족시킬 수 있어야 한다. 즉, 원대출채권의 수익률(1차 저당시장) 〉 저당담보증권의 수익률(2차 저당시장) 〉 요구수익률

2 저당시장의 구조

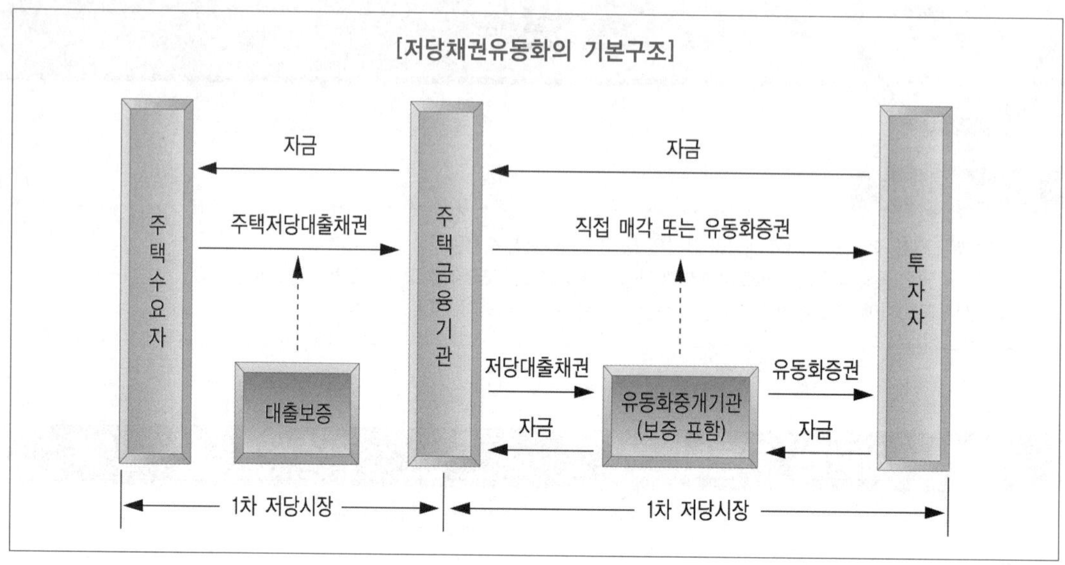

1. 1차 저당시장

저당대부를 원하는 수요자(차입자)와 저당대부를 제공하는 금융기관(제1차 대출기관) 즉, 저축대부조합, 상업은행, 상호저축은행, 생명보험회사, 저당은행 등으로 이루어져 있다. 각종의 제1차 저당대출자들은 주택을 구입하고자 하는 일반 수요자와 새로이 부동산을 공급하고자 하는 건설업자에게 자금을 대여하고 있다. 이때 1차 저당대출자들은 저당을 자신들의 자산 포트폴리오의 일부로 보유하기도 하고, 자금의 여유가 없으면 2차 시장에 팔기도 한다. ⇨ 1차 저당시장은 저당이 설정되는 시장이고 소매금융이다.

2. 2차 저당시장

(1) 저당 대출기관(유동화 중개기관)과 다른 기관 투자자들 사이에 구성되는 시장을 말한다. 1차 대출기관은 저당권을 지역별, 가격별, 만기별로 유사한 것들을 모아 '저당패키지'를 만들어 2차 대출기관에 매각하면 2차 대출기관은 저당패키지를 자신의 포트폴리오 일부로 보유하기도 하고 저당담보증권(MBS)를 만들어 기관투자자등에게 매각한다. ⇨ 2차 저당시장은 도매금융이며 저당의 유동화가 이루어지는 시장이다.

(2) 2차 저당시장은 원래의 저당차입자와는 직접 관계가 없고 저당을 유동화하는데 결정적인 역할을 한다. 왜냐하면 2차 저당시장이 없다면, 1차 대출기관은 금방 자금이 고갈되어 더 이상 저당대부를 할 수 없게 될 것이다.

※ 대출기관은 특수목적회사(SPC: 명목회사)를 설립하여 유동화 할 수 있다.

1차 저당시장	2차 저당시장
① 1차 저당시장이란 저당대부를 원하는 수요자와 저당대부를 제공하는 금융기관 사이에 이루어지는 시장 ② 1차 저당대출자들은 주택을 구입하는 일반수요자와 새로이 부동산을 공급하고자 하는 건설업자에게 저당을 설정하고 자금을 대여 ③ 1차 저당대출자들은 설정된 저당을 자신들의 자산포트폴리오의 일부로 보유하기도 하며, 2차 저당시장에 팔기도 한다.	① 2차 저당시장이란 저당대출기관과 다른 기관투자자들 사이에 기존의 저당을 사고파는 시장 ② 1차 대출기관들은 2차 저당시장에서 그들이 설정한 저당을 팔고 필요한 자금을 조달하므로 2차 저당시장은 저당대부를 받은 원래의 저당차입자와는 아무런 직접적인 관계가 없다. ③ 2차 저당시장은 저당의 유동화에 결정적인 역할을 하는 시장

제2절 저당의 증권화

1 저당대출 채권의 증권화

1. MBS(Mortage Backed Securities, 주택저당증권)

(1) 부동산증권은 지분증권(예 주식)과 부채증권(예 채권, 주택저당증권)으로 구분할 수 있다.

(2) 제1차 대출기관은 저당권을 근거로 발행한 주택저당채권을 유동화 중개기관에 매각해 대출자금을 회수하고 일정한 수수료를 받게 된다. 공신력이 높은 유동화 중개기관은 인수한 주택저당채권을 담보로 20~30년 만기의 주택저당채권 담보부증권(MBS)을 발행해 유동성에 여유가 있는 장기투자자인 연금 · 기금, 투자신탁회사, 생명보험회사, 외국인투자자 등에게 매각해 저리의 자금을 조달한다. 이때 중개기관을 집중 육성함으로써 주택저당채권을 기초로 한 다양한 상품을 개발한다면 유동화제도의 활성화에도 기여할 수 있다.

※ 선진국에서는 미래의 주택을 담보로 저당을 설정해주는데 이를 매수금저당이라 한다.

※ 우리나라는 2003년 3월 기존의 한국주택저당채권 주식회사(Komoco)와 주택신용보증기금을 합병하여 주택금융공사(KHFC)를 설립했다.

(3) MBS시장이 정착하려면 유동화증권의 발행금리(2차 저당대출기관의 입장에서는 조달금리)보다 주택저당대출금리(1차 저당대출기관의 입장에서는 운용금리)가 높아야 한다. ⇨ 저당담보증권에 투자한자의 수익률은 개별저당을 직접 구입하는 것보다는 약간 적다.

(4) MBS는 그 특성에 따라 이체증권, 저당채권, 저당직불채권, 참여증서, 담보저당채권으로 분류된다.

(5) MBS의 형태

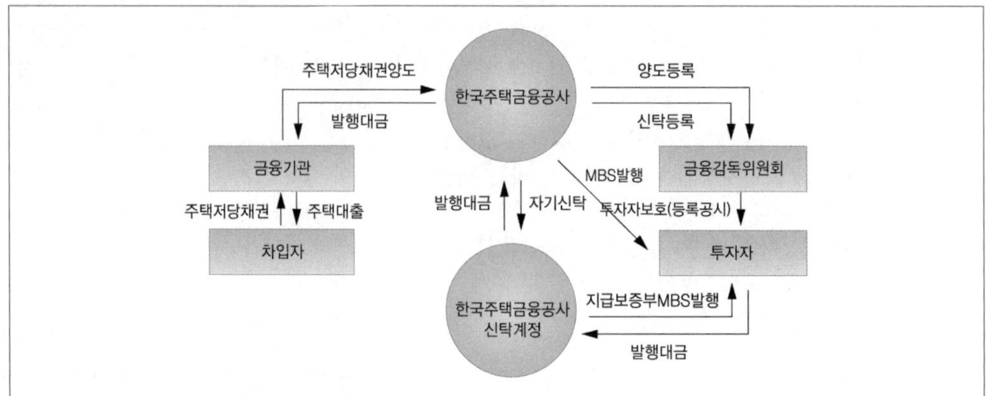

① 무기명형

증서상에 소유자의 이름과 주소가 명시되지 않은 증서로서, 진정한 소유자 확인시 보유기간의 이자와 배당을 지급하는 형태

② 등록형

등록사무소에 현재 소유자의 이름과 주소가 등록되어야만 원금이나 이자를 지급받을 수 있는 형태

③ 장부기입형

소유권 증서를 발행치 않고 컴퓨터 장부에만 기입하는 형태로 소유자는 아무런 증서를 소지하지 않는다.

(6) MBS 발행의 효과

① 소비자는 장기, 저리의 주택자금을 융자받아 소규모자본으로 주택구입이 가능해진다.

② 금융기관은 대출채권의 매각에 의해 현금보유비율(BIS)이 높아지고, 대출여력이 확대된다.

③ 투자자는 기존의 단기채권상품에서 벗어나 장기적으로 고정금리를 확보할 수도 있어 적은 위험으로 상대적으로 높은 수익률을 올릴 수 있다(다양한 투자 가능).

④ 정부입장에서는 금융지원을 통해 주택보급률을 확대할 수 있고 주택을 소유의식에서 투자, 이용의식으로 전환되도록 유도할 수 있다.

WIDE PLUS | 유가증권의 어원

유가증권이란 영어로 'Security'또는 'Securities'라고 하는데, 그 어원은 라틴어의 'Securitas'에서 찾아볼 수 있다. 이 말은 처음에는 위험으로부터 보호되는 상태를 의미했으나, 후에는 신뢰성 또는 확실성의 의미를 갖게 되었으며 주권과 채권이 대표적인 예이다.

주권 발행의 역사는 주식회사의 역사와 궤를 같이한다. 주식회사의 기원에 대하여는 이론이 분분하나 오늘날의 일반적인 정설은 1602년에 설립된 네덜란드의 동인도회사(東印度會社)를 그 시초로 보고 있다. 채권의 경우 국가의 전비 조달뿐만 아니라 합법적인 자본 축적 정책을 수행하는 데 필요한 막대한 경비를 충당하기 위해 국공채를 중심으로 발행되기 시작하였다.

2. ABS(Asset Backed Securities, 자산유동화증권)

자산유동화증권이란 저당대부, 신용카드채권, 기계설비리스 등 현금수지가 보장되는 자산을 담보로 발행하는 부채증권을 말한다. 이 중 주택저당채권은 MBS를 통해 유동화 된다.

(1) 자산보유자는 금융기관을 통해 차입하는 것보다 유리한 금리로 자금을 조달할 수 있다(재무구조 개선).

(2) ABS는 기초자산이 담보가 되므로 투자자는 안전한 투자대상이 될 수 있다.

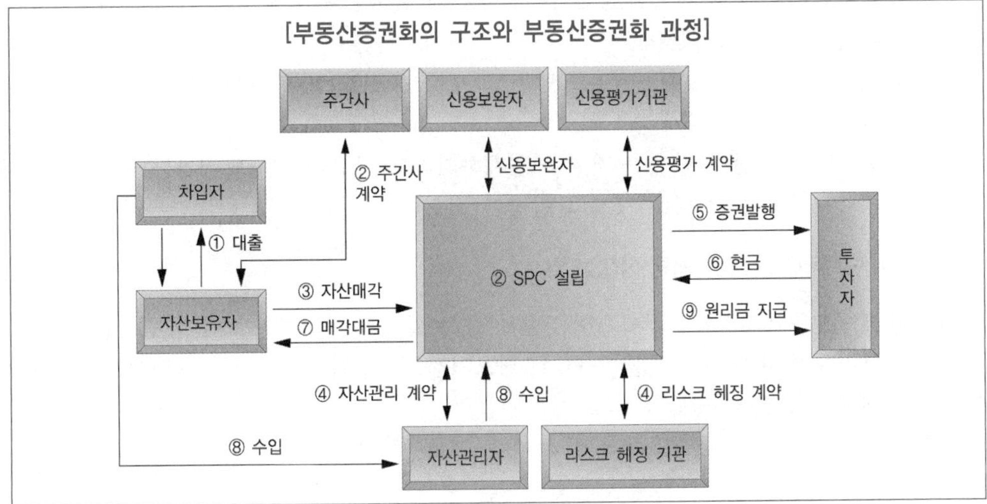

(3) 비교적 만기가 긴 ABS보다 ABCP(Asset Backed Commercial Paper)가 프로젝트파이낸싱(PF)분야에서 자금조달 방법으로 활용되고 있다.

2 MBS(주택저당증권)의 종류

1. 저당이체증권(MPTS): 주택저당 지분이전증권

(1) 발행기관이 주택저당을 기초로 발행하는 증권이다.

(2) 원리금의 수취권과 저당권 모두가 투자자에게 이전(매각)된다(지분증권의 성격 ⇨ 이자율, 조기상환위험 등을 투자자가 부담).

(3) 발행기관이 자신의 자산을 매도하는 것으로 발행액만큼 자산은 감소하지만 현금이 증가하므로 주택저당의 총액과 이체증권의 발행액이 같아진다(현금의 흐름이 투자자에게 연결).

(4) 저당차입자는 시장이자율이 저당이자율보다 낮을 때 조기상환가능(투자자의 콜위험)

(5) 투자자는 매월을 단위로 원금과 이자를 지급 받는다(원리금 수취권).

(6) MBB보다 수명은 짧으나 수익률은 높다.

2. 저당담보채권(MBB): 주택저당 담보부 채권

(1) 주택저당을 담보로 하되 발행기관의 신용으로 발행되는 채권형 저당담보증권이다(대출채권과 별개의 채권발행).

(2) 원리금 수취권, 저당권 모두 발행기관이 보유한다(매수자 부분 콜방어 실현).

(3) 발행기관은 저당대출자로부터 받은 원리금을 투자자에게 바로 이전하지 않고 자신들이 발행한 저당채권에 대해 새로운 원리금을 지불하므로 저당대출자와 투자자간에 현금흐름이 바로 연결되지 않는다.

(4) 발행기관이 주택저당을 보유하고 그에 따른 이자율 위험, 조기상환위험, 채무불이행위험 등을 부담한다. 따라서 발행기관의 신용도가 중요하다. ⇨ 정부의 규제감독을 많이 받으며, 투자자의 위험이 가장 작다.

(5) 발행기관은 투자의 안정성을 높이기 위해 초과담보를 확보하며, 주택저당 대부액보다 저당채권의 발행액이 적어진다.

(6) 투자자는 원금과 이자를 6개월 단위로 지급 받으며 이체증권보다 수명은 길고, 수익률은 낮다.

(7) 저당차입자가 만기 전에 모저당을 변제하더라도 저당채권의 발행자는 만기 전에 변제하지 않는다는 약속을 한다(투자자의 콜방어 실현).

3. 지불이체채권(MPTB): 저당직불채권

(1) MPTB는 주택저당채권이나 MPTS를 기초로 발행되는 채권으로서 발행기관이 발행 기초인 담보자산에 대한 소유권을 가지며, 담보자산으로부터 발생하는 현금흐름은 MPTB의 투자자에게 이전된다.

(2) MPTB는 MBB와 MPTS의 주요 특징을 함께 지니고 있다.

(3) MPTB가 발행기관의 부채로서 발행되는 점에서 MBB와 유사하고, 담보자산으로부터 발생하는 현금흐름이 투자자에게 이전 되는 점에서 MPTS와 유사하다.

(4) 저당권은 발행기관이 보유하지만, 원리금수취권은 투자자에게 이전된다. 그러므로 투자자에게 콜위험 발생한다. ⇨ MBB보다 초과담보물이 작다.

4. 다계층증권(CMO): 다계층채권(저당채권성격 + 이체증권의성격)

(1) 저당채권의 총발행액을 몇 개의 그룹으로 나눈 후 각 그룹마다 상이한 이자율을 적용하고 원금이 지급되는 순서를 다르게 정한다.

(2) 트랜치의 수명은 저당차입자의 만기전 변제율에 따라 결정되며, 만기전 변제율은 저당이자율과 시장이자율의 관계에서 결정된다. ⇨ 일반적으로 각 트렌치의 조기상환위험은 투자자가 부담한다.

(3) 저당차입자의 원금과 이자를 트랜치별로 직접 지급하므로 이체증권의 성격을 갖는다.

(4) 마지막 Z트랜치는 중간에 이자와 원금을 전혀 지불하지 않고 만기 때 누적된 원금과 이자를 한꺼번에 지급 받는다. ⇨ 장기 투자자들이 원하는 콜방어 실현 가능

(5) 트랜치는 규모와 수를 조정하며, 투자자의 부분콜방어는 실현된다.

(6) 트랜치는 4~5개 정도이며, 마지막 트랜치는 Z트랜치이다.

[MBS 종류별 특성]

구분	MPTS	MBB	MPTB	CMO
발행증권의 유형	증권	채권	채권	혼합
발행증권의 종류	1종	1종	1종	여러 종류
원리금의 이체	있음	없음	있음	우선순위별
채무불이행위험 부담자	투자자	발행자	발행자	발행자
이자율 및 조기상환위험 부담자	투자자	발행자	투자자	투자자
콜방어	불가능	가능	가능	가능
모저당 대비 증권발행액(초과담보)	같다	적다	적다	적다

WIDE PLUS | MPTS · MBB · MPTB의 비교

1. MPTS는 원리금의 수취권과 저당권이 모두 MPTS의 투자자에게 이전된다. 따라서 모저당의 차입자는 원금과 이자를 MPTS투자자에게 직접 상환하게 된다.
2. MBB는 발행기관이 원리금수취권과 저당권을 보유하고 있으므로 모저당의 차입자는 발행기관에게 원금과 이자를 상환한다. 그리고 MBB의 발행기관은 자기가 발행한 채권에 대하여 MBB투자자에게 발행자의 상환의무로써 원금과 이자를 상환한다.
3. MPTB는 발행기관은 저당권만 보유하고 원리금수취권은 MPTB투자자에게 이전된다. 따라서 MPTB투자자는 MPTS투자자와 같이 이자율 위험과 만기 전 변제위험을 부담한다. 다만 MPTB에 있어서는 만기가 다양한 MPTS가 담보로 제공되었기 때문에 위험의 크기가 MPTS보다 상대적으로 적다.

제3절 부동산투자회사(REITs) 제도

1 부동산 투자회사

1. 부동산투자회사의 이해

[부동산투자회사(Reits)의 운영구조]

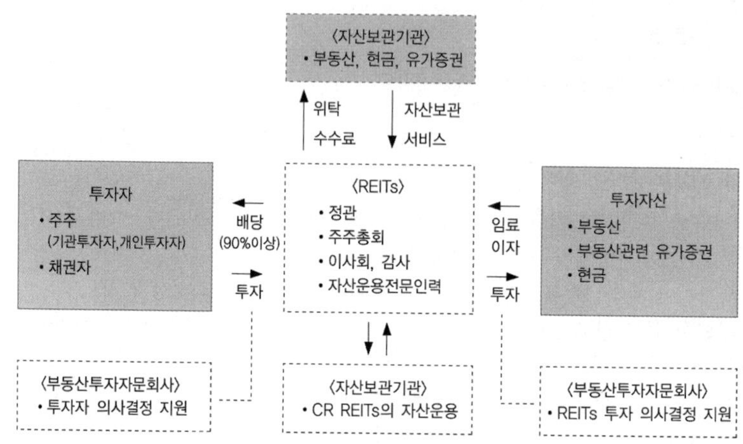

정의	• 자산을 부동산에 투자하여 운용하는 것을 주된 목적으로 설립된 회사
종류	• 자기관리부동산투자회사: 자산운용 전문인력을 포함한 임직원을 상근으로 두고 자산의 투자·운용을 수행하는 회사 • 위탁관리부동산투자회사: 자산의 투자·운용을 자산관리회사에 위탁하는 회사 • 기업구조조정부동산투자회사: 기업구조조정부동산을 대상으로 투자하며 자산의 투자·운용을 자산관리회사에 위탁하는 회사
설립	• 발기설립(→ 현물출자 ×) • 자본금: 자기관리부동산투자회사(5억원 이상), 위탁관리부동산투자회사·기업구조조정부동산투자회사(3억원 이상)
영업인가·등록	• 부동산투자회사의 종류별로 국토교통부장관의 영업인가를 받거나 국토교통부장관에게 등록 • 영업인가·등록 후 6개월 이후 최저자본금 - 자기관리부동산투자회사: 70억원 이상 - 위탁관리부동산투자회사·기업구조조정부동산투자회사: 50억원 이상 • 위탁관리부동산투자회사 및 기업구조조정 부동산투자회사는 본점 외의 지점을 둘 수 없고, 직원을 고용하거나 상근임원을 둘 수 없음
업무위탁	• 자기관리부동산투자회사: 영업인가 시에는 3인 이상, 영업인가를 받은 후 6개월 경과 시에는 5인 이상의 자산운용 전문인력을 두어야 함 • 위탁관리부동산투자회사 - 자산의 투자·운용업무(자산관리회사), 증권발행·일반사무(사무관리회사), 판매(판매회사)에 각각 위탁함 - 자산관리회사 설립요건: 자본금 70억원 이상, 자산운용 전문인력 5인 이상, 자산관리회사와 투자자 간 또는 특정 투자자 사이의 이해상충 방지를 위한 체계와 전산설비, 기타 물적 설비

2. 부동산투자회사의 자산운용 및 규제

(1) 부동산투자회사는 부동산의 취득 후 일정 기간 내 처분금지

① **국내소재의 주택**: 1년 내 처분금지

② **국내소재의 주택 이외 부동산**: 1년 내 처분금지

③ **국외소재의 부동산**: 정관에서 정하는 기간 내 처분금지

- 예외: 부동산개발사업으로 분양하거나 부동산투자회사가 합병 · 분할 · 해산 등을 하는 경우

(2) 부동산투자회사는 나대지를 매입하여 개발사업 시행 이전에 처분금지

- 예외: 관련 법령의 개정으로 사업수행이 곤란하거나, 부동산투자회사가 합병 · 분할 · 해산 등을 하는 경우

(3) 부동산투자회사는 부동산을 취득하거나 처분할 경우 실사보고서를 작성: 부동산 현황, 거래가격 · 비용, 관련 재무자료, 수익에 영향을 미치는 요소, 소유 및 권리사항 등이 포함되어야 함

(4) 부동산투자회사는 최저자본금준비기간이 끝난 후, 매 분기말 현재 총자산의 80% 이상은 부동산 또는 부동산관련증권 및 현금으로 구성하여야 함(총자산의 70% 이상은 부동산)

(5) 부동산투자회사는 사업계획서를 작성하여 부동산투자자문회사의 평가를 거쳐 부동산 개발사업 투자 1개월 전에 국토부장관에 제출해야 함

(6) 부동산투자회사는 원칙적으로 다른 회사의 의결권 있는 주식을 10% 초과 취득금지

- 예외: 합병, 영업전부의 양수, 권리행사, SOC법에 따른 법인의 주식, 다른 부동산투자회사의 주식 등

(7) 부동산투자회사는 원칙적으로 동일인이 발행한 증권을 5% 초과 취득금지

- 예외: 국채, 지방채 등의 증권

(8) 부동산투자회사는 해당 연도 이익배당한도의 90% 이상을 주주에게 배당(이익준비금은 적립하지 않음)

(9) 부동산투자회사는 차입금 및 사채발행은 자기자본의 2배를 초과할 수 없음

(10) 부동산투자회사는 부동산투자회사법 또는 다른 법령에 따른 경우를 제외하고는 다른 업무를 할 수 없음

(11) 부동산투자회사의 상근임원은 다른 회사의 상근임직원이 되거나 다른 사업을 할 수 없음

(12) 부동산투자회사의 임직원은 이익보장, 내부자거래, 주주의 이익을 침해하는 행위 등을 할 수 없음

KEY PLUS | 자기관리 부동산투자회사의 자산운용 전문인력(부동산투자회사법 제22조)

1. 감정평가사 또는 공인중개사로서 해당 분야에 5년 이상 종사한 사람
2. 부동산 관련 분야의 석사학위 이상의 소지자로서 부동산의 투자 · 운용과 관련된 업무에 3년 이상 종사한 사람
3. 그 밖에 제1호 또는 제2호에 준하는 경력이 있는 사람으로서 대통령령으로 정하는 사람

3. REITs 도입의 효과

(1) 부동산시장이 자본시장과 통합됨으로써 부동산시장의 안정화 및 투명성이 제고될 것으로 본다.

(2) 감정평가활동에 있어서도 전통적인 비교방식 및 원가방식 보다는 수익방식이 더 큰 비중을 차지하게 될 것으로 본다.

(3) 부동산투자자들은 투자대상이 확대될 것이고, 특히 외국인 투자자들은 국내부동산에 직접 투자하는 것에 대한 불확실성이 크게 감소함에 따라 부동산투자회사에 대한 투자를 크게 증가시킬 것으로 보고, 경우에 따라서는 직접 부동산회사를 설립할 것으로 본다.

(4) 부동산시장의 확대는 정부로 하여금 시장에 직접적이고 적극적으로 개입하는 것을 지양하게 할 것으로 보며, 오히려 부동산시장이 자율기능을 제대로 발휘할 수 있게 투명성을 확보하는 제도의 정비가 있을 것으로 본다(정부의 재정부담 완화).

(5) 안정성 있고 수익률도 어느 정도 보장되는 투자수단의 등장으로 사회전반에 만연해 있는 부동산투기가 크게 차단될 것으로 본다(탈세방지 효과).

(6) 부동산업계의 전문화와 대형화를 가져올 것으로 본다.

(7) 월세 중심의 임대주택 활성화(주거생활 안정) ※ 전세×

4. 기업구조조정 부동산 투자회사에 관한 특례

(1) 부동산투자회사법에서 정한 부동산투자회사의 요건을 갖추고, 총자산의 100분의 70 이상을 일정한 부동산으로 구성하여야 함

> **참고**
>
> '일정한 부동산'은 기업이 채무를 상환하기 위하여 매각하는 부동산, 재무구조개선 약정을 체결 후 해당 약정의 이행을 위해 매각하는 부동산, 회생절차에 따라 매각하는 부동산, 기타 기업구조조정을 지원하기 위하여 금융위가 인정하는 부동산을 말함

(2) 부동산투자회사법의 적용이 배제되는 규정(특례규정)

① 영업인가를 받은 날부터 2년 이내 발행하는 주식 총수의 30% 이상을 일반청약에 제공하여야 하는 규정

② 부동산의 취득 후 일정 기간 내 처분을 금지하는 규정

③ 건축물이나 그 밖의 공작물이 없는 토지를 매입하여 개발사업 시행 이전에 처분을 금지하는 규정

④ 최저자본금준비기간이 끝난 후, 매 분기 말 현재 총자산의 80% 이상을 부동산 또는 부동산관련증권 및 현금으로 구성해야 한다는 규정

제3장 기타 금융관련제도

View Point

1. 한국주택금융공사의 설립목적, 주요 업무 등을 확인한다.
2. 주택연금은 대상과 대상주택 등을 중심으로 꼼꼼하게 학습해야 한다. 고령화와 관련되어 주목되는 상품이다.
3. 프로젝트 파이낸싱은 매우 중요한 부동산개발금융으로 그 특성은 반복하여 출제되고 있다.
4. 부동산 신디케이션이나 조인트벤처, 부동산펀드와 같은 새로운 금융제도도 정리해 놓아야 한다.

제1절 저당의 유동화

1 한국주택금융공사

1. 한국주택금융공사의 목적

(1) 주택저당채권 등의 유동화
(2) 주택금융 신용보증 및 주택담보노후연금보증 업무를 수행
(3) 주택금융 등의 장기적·안정적 공급을 촉진

구분	내용
보금자리론과 적격대출 공급	무주택자가 금리변동 위험없이 안정적인 대출금 상환이 가능한 10년 이상 장기고정금리 원리금 분할상환 방식의 모기지론인 보금자리론과 적격대출 공급
주택보증 공급	국민들의 주거안정을 위해 금융기관으로부터의 전세자금대출 및 아파트중도금 대출 등에 대한 보증서를 발급해 오고 있으며, 주택건설사업자를 대상으로 하는 아파트 건설자금 대출에 대한 주택보증 지원
주택연금 공급	만 55세 이상의 고령층을 대상으로 보유하고 있는 주택을 담보로 금융기관으로부터의 종신연금 수령을 보장하는 주택연금 업무를 수행함으로써 노후복지향상에 기여
유동화증권 발행	금융기관으로부터 주택저당채권을 양도받아 이를 기초로 유동화증권(MBS, MBB)발행, 투자자들에게 판매함으로써 채권시장으로부터 장기저리의 자금을 안정적으로 조달하여 대출재원을 획기적으로 확충

2. 한국주택금융공사 주요 업무

(1) 채권유동화
(2) 채권보유
(3) 주택저당증권, 학자금대출증권, 유동화증권 대한 지급보증
(4) 금융기관에 대한 신용공여
(5) 주택저당채권 또는 학자금대출채권에 대한 평가 및 실사

(6) 기금 · 계정의 관리 및 운용
(7) 신용보증
(8) 제7호와 관련된 신용보증채무의 이행 및 구상권의 행사
(9) 주택담보노후연금보증

2 주택연금

1. 개요

주택을 소유하고 있으나 특별한 소득원이 없는 고령자가 주로 이용

2. 특징

(1) **대상:** 부부(주택소유자와 그 배우자) 중 연장자가 만 55세 이상
(2) **대상주택:** 공시가격 12억원 이하인 주택법상 주택 + 주거용 오피스텔○, 노인복지주택○, 상가주택×
(3) **지급방식:** 종신방식, 확정기간방식, 대출상환방식 등
(4) **대출금리:** 3개월 CD금리 + 1.1%, COFIX + 0.85% 고정이 아닌 변동금리임
(5) **대출금 상환:** 계약 종료 시 담보주택 처분가격 범위 내
(6) 연금지급방식으로 주택소유자가 선택하는 일정기간 동안 노후생활자금을 매월 지급받는 방식이 가능하다.
(7) 주택담보노후연금보증을 받은 사람은 담보주택의 소유권등기에 한국주택금융공사의 동의 없이는 제한물권을 설정하거나 압류 등의 목적물이 될 수 없는 재산임을 부기등기하여야 한다.
(8) 주택담보노후연금을 받을 권리는 양도하거나 압류할 수 없다.
(9) 한국주택금융공사는 주택담보노후연금보증을 받으려는 사람에게 소유주택에 대한 저당권 설정에 관한 사항을 설명하여야 한다.

상환시점	상환할 금액	비고
주택가격 > 대출잔액	대출잔액	남은 돈은 상속인에게 돌려줌
주택가격 < 대출잔액	주택가격	부족한 돈을 상속인에게 청구하지 않음

3 프로젝트 파이낸싱(project financing): 개발계획융자

자산(담보)나 신용을 바탕으로 자금을 조달하는 것이 아니라 사업성을 담보로 하는 금융조달 방식을 의미한다. 통상적으로 대규모 자금이 소요되며 공사기간이 긴 사업에 유용한 자금조달 수단이다. 이는 대출원리금 상환부담이 개발계획의 내재가치와 예상 현금수입의 범위 내로 제한됨으로써 사업추진자의 일정범위 추가부담으로 제한되는 비소구(non-recourse) 또는 제한적 소구(limited-recourse) 방식이므로 상환의무가 제한되는 장점이 있다. 수익성이 높고 현금흐름이 안정적인 사업에 적합하다.

(1) 프로젝트회사(사업시행회사)는 프로젝트사업주(스폰서)가 출자하여 설립하지만 법적으로는 독립된 회사이고 프로젝트회사가 차입주체가 된다(법적으로는 신용절연).
(2) 대출기관의 위험이 크므로 이자율이 높은 편이다.
(3) 대형개발사업시에 자금을 대형금융지원단(은행, 투자신탁회사 등)이 구성되어 신디케이트 론 방식(대출방식)으로 대출해 주는 것이 일반적 ⇨ 개인적 채무가 없는 비소구금융 또는 제한소구금융
(4) 프로젝트 파이낸싱은 개발사업주의 대차대조표에는 차입금이 부채로 계상되지 않기 때문에 사업주의 입장에서는 부외금융(off—balance sheet financing)이 되므로 채무수용능력이 높아진다.
(5) 당해사업자체의 수익성과 설비에만 의존하기 때문에 모든 당사자가 당해 개발사업의 사업성 검토에 집중되므로 정보의 비대칭성 문제가 감소한다.
(6) 프로젝트 파이낸싱은 사업주, 건설업자, 토지나 재료공급자등 다양한 이해관계자의 보증과 금융 참여를 통해 위험을 분산 감소시키지만 일반개발사업에 비해 사업진행이 신속하지 못하다.
(7) 일정한 요건을 갖춘 프로젝트회사는 법인세 감면을 받을 수 있다.

[부동산프로젝트 파이낸싱 개념도]

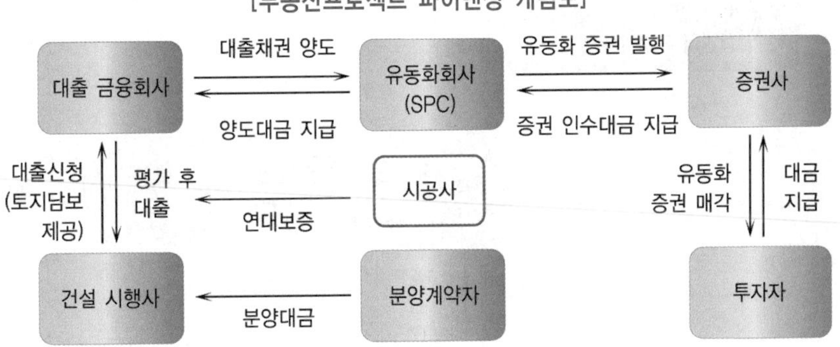

4 부동산신디케이션 & 조인트벤처

1. 부동산신디케이트(syndicate): 투자자의 합동조합

(1) 여러 명의 투자자가 부동산 전문가로서의 경험을 토대로 공동의 부동산 프로젝트를 수행하는 것으로 파트너십(partnership)의 유형을 띠고 있다. 개별투자자는 투자한도 내에서 책임을 지며(유한책임) 출자비율에 따라 배당을 받는다. 그러나 개발업자는 무한책임으로 관리 · 운영의 책임을 진다.
(2) **투자자 조합 구성(조합원):** 개발의 참여자(지분투자자)
(3) 사업의 규모가 큰 토지개발사업 등에서 부동산업자 또는 부동산 관계회사들 사이에 결성된다. ⇨ 투자자 모집방법에는 공모방식과 사모방식이 있고, 공모방식은 규제가 많다.

2. 조인트벤처(joint venture)

(1) 부동산 개발사업과 같은 특정한 사업을 영위하기 위해 둘 또는 그 이상의 자연인이나 법인의 결사체이다.

(2) 신디케이션은 불특정 다수의 투자자로 구성된 반면, 조인트벤처는 소수의 적격투자자로 구성되는 것이 일반적이다.

5 부동산펀드(Real Estate Fund)

1. 투자신탁과 투자회사

(1) 법적형태

① 투자신탁과 투자회사는 펀드가 어떤 법적 형태를 취하고 있는가에 따라 구분한 것으로 펀드판매, 운용 등에 있어 큰 차이는 없고, 투자자 지위나 수익금 지급방법 등에서 차이가 있음

② 흔히 투자신탁은 수익증권, 투자회사는 뮤추얼펀드(Mutual Fund)라고 부름

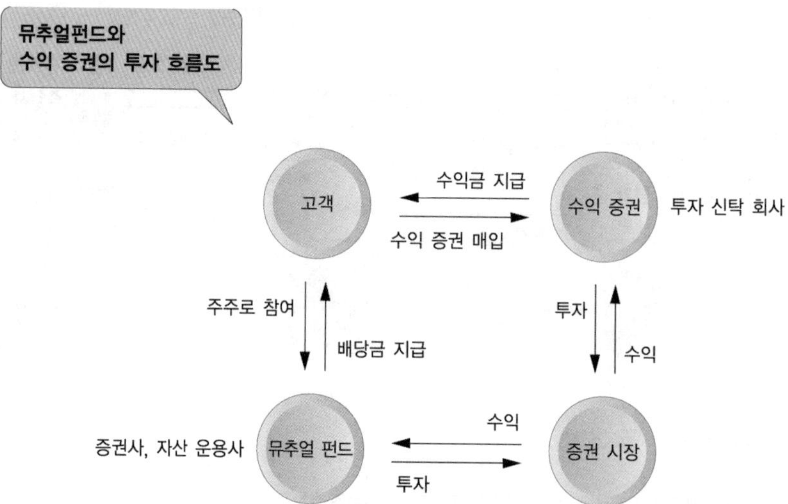

(2) 투자신탁과 투자회사의 차이점 비교

구 분	투자신탁(수익증권)	투자회사(뮤추얼펀드)	사모투자전문회사
투자자 지위	수익자	주주	사원
투자지분 표시	수익증권	주식	지분
수익금 지급	분배금	배당금	배당금

2. 부동산펀드(Real Estate Fund)

(1) 법상 정의

펀드재산을 부동산에 투자하는 펀드

(2) 부동산펀드의 유형

① 부동산개발회사(시행사=Developer)에 대한 자금대여를 주된 운용방법으로 하고 부동산개발회사로부터 안정적인 대출이자를 지급받는 것을 운용목적으로 하는 "대출형 부동산펀드(Project Financing방식 부동산펀드)"

WIDE PLUS | 대출형부동산펀드(Project Financing방식 부동산펀드)

- 아파트, 오피스, 오피스텔, 상가 등을 신축하거나 리모델링하는 등 부동산개발관련 사업에 필요한 자금을 펀드에서 대출형태로 빌려주고, 대신 미리 정한 대출금리를 받아 투자자에게 지급하는 형태로, 회사채 투자와 매우 유사함
- 향후 PF방식의 경우에도 기존의 상환지상주의를 탈피한 다양한 Risk-Return Profile을 반영한 PF방식 부동산펀드가 나타날 것으로 전망됨

② 업무용 또는 상업용 부동산(오피스빌딩, 상가 등)을 매입하고 임대하는 것을 주된 운용방법으로 하고, 이를 통해 지속적인 임대수입과 향후의 부동산 자산가치의 증가를 운용목적으로 하는 "임대형 부동산펀드(Buy&Lease 방식 부동산펀드)"

③ 법원이 실시하는 경매 또는 자산관리공사 · 은행이 실시하는 공매를 통해 주로 업무용 · 상업용 부동산을 저가에 매입한 후 임대하거나 또는 매각함으로써 임대수익과 시세차익을 노리는 것을 주된 운용목적으로 하는 "경 · 공매형 부동산펀드"

④ 부동산펀드가 시행사의 역할을 수행함으로써 직접 개발에 참여하여 분양이나 임대를 통해 개발이익을 얻는 "직접개발형 부동산펀드(Development방식 부동산펀드)"

PART 06 부동산금융론 기출문제

01 **부동산금융 및 투자에 관한 설명으로 옳지 않은 것은?** 2023년 34회

① 부동산금융은 부동산의 매입이나 매각, 개발 등과 관련하여 자금이나 신용을 조달하거나 제공하는 것을 말한다.
② 부동산의 특성과 관련하여 분할거래의 용이성과 생산의 장기성으로 인해 부동산금융은 부동산의 거래나 개발 등에서 중요한 역할을 하게 된다.
③ 부동산투자에서 지분투자자가 대상 부동산에 가지는 권한을 지분권이라 하고, 저당투자자가 대상 부동산에 가지는 권한을 저당권이라 한다.
④ 부동산보유자는 보유부동산의 증권화를 통해 유동성을 확보할 수 있다.
⑤ 부동산금융은 일반금융과 다른 점으로는 담보기능과 감가상각 및 차입금 이자에 대한 세금감면이 있다.

해설

부동산은 분할거래가 용이하지 않다. 또한 생산의 장기성을 가지고 있어 부동산 거래나 개발 등에서 부동산금융의 중요성이 더해진다.

| 정답 | ②

02 **주택금융에 관한 설명으로 옳은 것을 모두 고른 것은?** 2017년 28회

ㄱ. 주택금융은 주택수요자에게 자금을 융자해 줌으로써 주택구매력을 높여준다.
ㄴ. 주택소비금융은 주택을 구입하려는 사람이 신용을 담보로 제공하고, 자금을 제공받는 형태의 금융을 말한다.
ㄷ. 주택개발금융은 서민에게 주택을 담보로 하고 자금을 융자해주는 실수요자 금융이다.
ㄹ. 주택자금융자는 주로 장기융자 형태이므로, 대출기관의 유동성 제약이 발생할 우려가 있어 주택저당채권의 유동화 필요성이 있다.

① ㄱ, ㄴ
② ㄱ, ㄷ
③ ㄱ, ㄹ
④ ㄴ, ㄹ
⑤ ㄷ, ㄹ

해설

ㄴ. 주택소비금융은 주택을 구입하려는 사람이 신용을 담보로 제공하는 것이 아니라 구입대상 주택을 담보로 제공하고 자금을 제공받는 형태의 금융이다. 주택담보대출, 모기지 대출이 대표적이다.

ㄷ. 서민에게 주택을 담보로 하고 지금을 융자해주는 실수요자 금융은 주택소비금융이다.

| 정답 | ③

03 **조기상환에 관한 설명으로 옳지 않은 것은?** 2021년 32회

① 조기상환이 어느 정도 일어나는가를 측정하는 지표로 조기상환율(CPR: Constant Prepayment Rate)이 있다.

② 저당대출차입자에게 주어진 조기상환권은 풋옵션(put option)의 일종으로, 차입자가 조기상환을 한다는 것은 대출잔액을 행사가격으로 하여 대출채권을 매각하는 것과 같다.

③ 저당대출차입자의 조기상환 정도에 따라 MPTS(Mortgage Pass-Through Securities)의 현금흐름과 가치가 달라진다.

④ 이자율 하락에 따른 위험을 감안하여 금융기관은 대출기간 중 조기상환을 금지하는 기간을 설정하고, 위반 시에는 위약금으로 조기상환수수료를 부과하기도 한다.

⑤ 저당대출차입자의 조기상환은 MPTS(Mortgage Pass-Through Securities) 투자자에게 재투자 위험을 유발한다.

해설

차입자의 조기상환은 일종의 콜옵션(Call Option)이다. 차입자의 Call Option 행사는 대출자에게 큰 위험이 된다. MBS에 있어 콜방어(Call Protection)가 중요한 이유이다.

| 정답 | ②

04 다음 보기에는 지분금융, 메자닌금융(mezzanine financing), 부채금융이 있다. 이 중 지분금융(equity financing)을 모두 고른 것은? 2016년 27회

ㄱ. 저당금융	ㄴ. 신탁증서금융
ㄷ. 부동산 신디케이트(syndicate)	ㄹ. 자산유동화증권(ABS)
ㄹ. 신주인수권부사채	

① ㄷ　　② ㄴ, ㅁ
③ ㄷ, ㄹ　　④ ㄷ, ㅁ
⑤ ㄱ, ㄷ, ㅁ

해설

지분금융 vs 부채금융 vs 메자닌금융

지분금융	부채금융	메자닌금융
① 신디케이트(Syndicate) ② 조인트벤처(joint venture) ③ 리츠(REITs) ④ 주식 공모 또는 사모 ⑤ 간접투자펀드	① 저당금융(저당대출) ② 신탁금융(신탁증서금융) ③ 회사채발행, 주택상환사채 ④ 주책저당담보증권(MBS) ⑤ 자산유동화증권(ABS)	① 신주인수권부사채(BW) ② 전환사채(CB) ③ 교환사채(EB) ④ 후순위채권 ⑤ 상환우선주

| 정답 | ①

05 고정금리대출과 변동금리대출에 관한 설명으로 옳은 것은? 2019년 30회

① 예상치 못한 인플레이션이 발생할 경우 대출기관에게 유리한 유형은 고정금리대출이다.
② 일반적으로 대출일 기준 시 이자율은 변동금리대출이 고정금리대출보다 높다.
③ 시장이자율 하락 시 고정금리 대출을 실행한 대출기관은 차입자의 조기상환으로 인한 위험이 커진다.
④ 변동금리대출은 시장상황에 따라 이자율을 변동시킬 수 있으므로 기준금리 외에 가산금리는 별도로 고려하지 않는다.
⑤ 변동금리대출의 경우 시장이자율 상승 시 이자율 조정주기가 짧을수록 대출기관에게 불리하다.

해설

① 예상치 못한 인플레이션이 발생할 때 위험을 차입자에게 전가시킬 수 있어 변동금리가 대출기관에게 유리한 유형이다.

② 일반적으로 고정금리의 대출금리가 변동금리의 대출금리보다 높다. 이것은 대출자인 은행 입장에서 시장 상황에 대응할 수 없는 고정금리 대출이 보다 위험하기 때문이다.

④ 변동금리 대출의 대출금리는 기준금리에 가산금리(마진)를 합해서 구한다.

⑤ 변동금리 대출의 경우 이자율 조정주기가 짧을수록 대출기관에게 유리하다. 대출자인 은행은 위험을 보다 빠르게 차입자에게 전가시킬 수 있기 때문이다.

| 정답 | ③

06 **A는 주택 투자를 위해 은행으로부터 다음과 같은 조건으로 대출을 받았다. A가 7년 후까지 원리금을 정상적으로 상환했을 경우, 미상환 원금잔액은? (단, 주어진 조건에 한함. 1.04^{-7} ≒ 0.76, 1.04^{-13} ≒ 0.6, 1.04^{-20} ≒ 0.46으로 계산. 천원 단위에서 반올림)** 2020년 31회

- 대출원금: 5억원
- 대출금리: 연 4%(고정금리)
- 대출기간: 20년
- 상환방식: 연 1회 원리금균등분할상환

① 2억 2,222만원
② 3억 263만원
③ 3억 7,037만원
④ 3억 8,333만원
⑤ 3억 9,474만원

해설

연금의 현가계수 $= \frac{1-(1+r)^{-n}}{r}$ 활용하여 해결

① t시점의 부채잔금(미상환저당잔금) = 대출원금 × t시점의 잔금비율

② t시점의 잔금비율 = $\frac{\text{부채잔금}}{\text{대출금}}$ = $\frac{\text{연금의 현가계수(잔존기간)}}{\text{연금의 현가계수(전체기간)}}$

③ 연금현가계수(13년) = $\frac{1-0.6}{0.04}$ = 10, 연금현가계수(20년) = $\frac{1-0.46}{0.04}$ = 13.5

④ 잔금비율= $\frac{10(13\text{년})}{13.5(20\text{년})}$ ≒ 0.7407

∴ 5억원 × 0.7407 = 3억 7,037만원

| 정답 | ③

07 A는 다음과 같은 조건을 가지는 원리금균등분할상환방식의 주택저당대출을 받았다. 5년 뒤 대출잔액은 얼마인가? (단, 주어진 자료에 한함) 2022년 33회

- 대출액: 47,400만원
- 대출만기: 15년
- 대출금리: 연 6%, 고정금리
- 원리금은 매월 말 상환
- 연금현가계수(0.5%, 60): 51.73
- 연금현가계수(0.5%, 120): 90.07
- 연금현가계수(0.5%, 180): 118.50

① 20,692만원
② 25,804만원
③ 30,916만원
④ 36,028만원
⑤ 41,140만원

해설

t시점의 부채잔금(미상환저당잔금) = 대출원금 × t시점의 잔금비율

※ t시점의 잔금비율 = $\frac{\text{연금의 현가계수(잔존기간)}}{\text{연금의 현가계수(전체기간)}}$

∴ 47,400만원 × $\frac{90.07}{118.50}$ = 36,028만원

| 정답 | ④

08 A씨는 주택을 구입하고자 한다. 다음 조건과 같이 기존 주택저당대출을 승계할 수 있다면 신규 주택저당대출 조건과 비교할 때, 이 승계권의 가치는 얼마인가? (단, 주어진 자료에 한함)

2023년 34회

> • 기존 주택저당대출 조건
>   – 현재 대출잔액 : 1억 5천만원
>   – 원리금균등분할상환방식: 만기 20년, 대출금리 5%, 고정금리대출
> • 신규 주택저당대출 조건
>   – 대출금액 : 1억 5천만원
>   – 원리금균등분할상환방식 : 만기 20년, 대출금리 7%, 고정금리대출
> • 월 기준 연금현가계수
>   – (5%, 20년) : 150
>   – (7%, 20년) : 125

① 2,000만원
② 2,250만원
③ 2,500만원
④ 2,750만원
⑤ 3,000만원

해설

원리금균등분할상환방식에서 원리금은 대출금액×저당상수(MC)이다. 저당상수가 아닌 연금현가계수가 주어진 경우 역수로 만들어 원리금을 구하는 요령을 숙지해야 한다.

1. 기존 대출을 승계받았을 때 원리금

: 1억 5,000만 × $\frac{1}{150}$(5%, 20년) = 100만원

2. 신규대출로 자금조달했을 경우 원리금

: 1억 5,000만 × $\frac{1}{125}$(7%, 20년) = 120만원

3. 승계권의 가치(원리금 차이의 현재가치)

∴ (120만원 - 100만원) × 125(7%, 20년) = - 2,500만원(2,500만원 비용 절감)

| 정답 | ③

PART 06 부동산금융론 | 해커스 감정평가사 민영기 부동산학원론 기본서

09 주택저당대출방식에 관한 설명으로 옳지 않은 것은?

2016년 27회

① 원금균등분할상환방식은 대출기간 동안 매기 원금을 균등하게 분할 상환하고 이자는 점차적으로 감소하는 방식이다.
② 원리금균등분할상환방식의 원리금은 대출금에 감채기금계수를 곱하여 산출한다.
③ 만기일시상환방식은 만기 이전에는 이자만 상환하다가 만기에 일시로 원금을 상환하는 방식이다.
④ 체증분할상환방식은 원리금 상환액 부담을 초기에는 적게하는 대신 시간이 경과할수록 원리금 상환액 부담을 늘려가는 상환방식이다.
⑤ 원리금균등분할상환방식은 원금이 상환됨에 따라 매기 이자액의 비중은 점차적으로 줄고 매기 원금상환액 비중은 점차적으로 증가한다.

해설

매기간의 원리금균등상환액(부채서비스액, 저당지불액)
= 대출금 × 저당상수(MC)

| 정답 | ②

10 저당대출의 상환방식에 관한 설명으로 옳은 것은?

2020년 31회

① 원금균등분할상환(CAM) 방식의 경우, 원리금의 합계가 매기 동일하다.
② 원리금균등분할상환(CPM) 방식의 경우, 초기에는 원리금에서 이자가 차지하는 비중이 높으나, 원금을 상환해 가면서 원리금에서 이자가 차지하는 비중이 줄어든다.
③ 다른 조건이 일정하다면, 대출채권의 듀레이션(평균 회수기간)은 원리금균등분할상환(CPM) 방식이 원금균등분할상환(CAM) 방식보다 짧다.
④ 체증분할상환(CPM) 방식은 장래 소득이 줄어들 것으로 예상되는 차입자에게 적합한 대출방식이다.
⑤ 거치식(Interest-only Mortgage) 방식은 대출자 입장에서 금리수입이 줄어드는 상환 방식으로, 상업용 부동산 저당대출보다 주택 저당대출에서 주로 활용된다.

해설

① 원금균등분할상환방식의 경우, 매기 상환하는 원금이 동일하다. 원리금의 합계가 매기 동일한 방식은 원리금균등상환방식이다.
③ 대출채권의 듀레이션(가중평균 회수기간)은 초기에 상환금이 큰 상환방식이 초기 상환금이 작은 상환방식보다 짧다. 즉 원금균등상환방식(CAM)이 원리금균등상환방식(CPM)보다 짧다.
④ 체증식상환(GPM) 방식은 장래 소득이 증가할 것으로 예상되는 젊은 저소득 차입자에게 적합한 대출 방식이다.
⑤ 거치식(Interest-only Mortgage)은 일정기간동안 원금을 상환하지 않고 이자만 지불하는 방식이다. 그러므로 여타 방식과는 달리 원금의 회수기간이 길며 이로인해 은행은 더 많은 이자를 수취하여 금리수입이 늘어나게 된다.

| 정답 | ②

11 대출상환방식에 관한 설명으로 옳지 않은 것은? (단, 주어진 조건에 한함) 2022년 33회

① 원금균등분할상환방식은 만기에 가까워질수록 차입자의 원리금상환액이 감소한다.
② 원리금균등분할상환방식은 만기에 가까워질수록 원리금상환액 중 원금의 비율이 높아진다.
③ 대출조건이 동일하다면 대출기간 동안 차입자의 총원리금상환액은 원금균등분할상환방식이 원리금균등분할상환방식보다 크다.
④ 차입자의 소득에 변동이 없는 경우 원금균등상환방식의 총부채상환비율(DTI)은 만기에 가까워질수록 낮아진다.
⑤ 차입자의 소득에 변동이 없는 경우 원리금균등분할상환방식의 총부채상환비율은 대출기간 동안 일정하게 유지된다.

해설

대출조건이 동일하다면 대출기간 동안 차입자의 총원리금상환액은 원금균등분할상환방식이 원리금균등분할상환방식보다 작다. 원금균등분할상환은 대출초기 원금상환액이 상대적으로 크므로 상환기간 동안의 이자액이 적어지기 때문이다. 대출기간 동안 차입자의 총원리금상환액의 크기는 '체증분할상환(GPM) > 원리금균등상환(CPM) > 원금균등상환(CAM)'이다.

| 정답 | ③

12 부동산 금융에 관한 설명으로 옳지 않은 것은? (단, 주어진 조건에 한함) 2022년 33회

① 대출채권의 듀레이션(평균 회수기간)은 만기일시상환대출이 원리금균등분할상환대출보다 길다.
② 대출수수료와 조기상환수수료를 부담하는 경우 차입자의 실효이자율은 조기상환시점이 앞당겨질수록 상승한다.
③ 금리하락기에 변동금리대출은 고정금리대출에 비해 대출자의 조기상환위험이 낮다.
④ 금리상승기에 변동금리대출의 금리조정주기가 짧을수록 대출자의 금리위험은 낮아진다.
⑤ 총부채원리금상환비율(DSR)과 담보인정비율(LTV)은 소득기준으로 채무불이행위험을 측정하는 지표이다.

해설

총부채상환비율(Debt To Income:DTI)은 주택을 구입하려는 고객이 주택담보대출을 받을 때 미래에 돈을 얼마나 잘 갚을 수 있는지를 소득으로 따져 대출한도를 정하는 것을 말한다. 총부채원리금상환비율(Debt Service Ratio:DSR) 역시 소득을 통해 대출한도를 정하는 방법이다. 그러나 담보인정비율(LTV)은 부동산가치에 대한 융자(부채, 저당잔금)액의 비율이므로 소득기준으로 채무불이행을 측정하는 지표가 아니다.

| 정답 | ⑤

13 주택금융의 상환방식에 관한 설명으로 옳지 않은 것은?

2023년 34회

① 만기일시상환방식은 대출만기 때까지는 원금상환이 전혀 이루어지지 않기에 매월 내는 이자가 만기 때까지 동일하다.

② 원금균등분할상환방식은 대출 초기에 대출원리금의 지급액이 가장 크기에 차입자의 원리금지급 부담도 대출 초기에 가장 크다.

③ 원리금균등분할상환방식은 매기의 대출원리금이 동일하기에 대출 초기에는 대체로 원금상환 부분이 작고 이자지급 부분이 크다.

④ 점증상환방식은 초기에 대출이자를 전부 내고, 나머지 대출원금을 상환하는 방식으로 부의 상환(negative amortization)이 일어날 수 있다.

⑤ 원금균등분할상환방식이나 원리금균등분할상환방식에서 거치기간을 별도로 정할 수 있다.

해설

체증분할상환방식(체증 · 점증지불저당)은 원금과 이자를 함께 상환하되 초기에는 원리금 상환지불금이 낮은 수준이나 차주의 수입이 증가함에 따라 원리금 상환지불금이 점진적으로 증가하는 방법이다.

| 정답 | ④

14 대출조건이 다음과 같을 때, 5년 거치가 있을 경우(A)와 거치가 없을 경우(B)에 원금을 상환해야 할 첫번째 회차의 상환원금의 차액(A-B)은?

2021년 32회

- 대출금: 1억 2천만원
- 대출금리: 고정금리, 연 3%
- 대출기간: 30년
- 월 저당상수(360개월 기준): 0.00422
- 월 저당상수(300개월 기준): 0.00474
- 월 원리금균등분할상환방식

① 52,000원
② 54,600원
③ 57,200원
④ 59,800원
⑤ 62,400원

해설

1. 거치기간이 있는 경우
   ① 원리금: 120,000,000원 × 0.00474(MC 300개월) = 568,800원
   ② 이자: $\frac{120,000,000 \times 0.03}{12}$ = 300,000원
   ③ 원금: 268,800원
2. 거치기간이 없는 경우
   ① 원리금: 120,000,000원 × 0.00422(MC 360개월) = 506,400원
   ② 이자: $\frac{120,000,000 \times 0.03}{12}$ = 300,000원
   ③ 원금: 206,400원
3. 원금 차이: 268,800원 - 206,400원 = 62,400원

| 정답 | ⑤

15 **대출조건이 다음과 같을 때, 원금균등분할상환방식과 원리금균등분할상환방식에서 1회차에 납부할 원금을 순서대로 나열한 것은?** 2019년 30회

- 대출금: 1억2천만원
- 대출금리: 고정금리, 연 6%
- 대출기간: 10년
- 월 저당상수: 0.0111
- 거치기간 없이 매월말 상환

① 1,000,000원, 725,000원
② 1,000,000원, 732,000원
③ 1,000,000원, 735,000원
④ 1,200,000원, 732,000원
⑤ 1,200,000원, 735,000원

해설

1. 원금 균등 상환 방식의 1회차 원금: $\frac{120,000,000}{120}$ = 1,000,000원
2. 원리금 균등 상환 방식
   ① 1회차 원리금: 120,000,000원 × 0.0111=1,332,000원
   ② 1회차 이자지급액: $\frac{120,000,000 \times 0.06}{12}$ = 600,000원
   ③ 1회차 원금상환액: 1,332,000원 - 600,000원 = 732,000원

| 정답 | ②

16 **A금융기관은 원금균등분할상환방식과 원리금균등분할상환방식의 대출을 제공하고 있다. 두 방식에 의해 산정한 첫 번째 월불입액의 차액은? (단, 주어진 조건에 한함)** 2017년 28회

- 주택가격: 6억원
- 담보인정비율(LTV): 50%
- 대출조건(매월말 상환): 대출기간은 30년, 대출이자율은 연 6%(월 0.5%, 월 저당상수 = 0.006443)
- 원금균등분할상환방식: 3년 거치 후 원금균등분할상환하며, 거치기간 동안에는 이자만 지급함
- 원리금균등분할상환방식: 거치기간 없음

① 332,900원
② 432,900원
③ 532,900원
④ 632,900원
⑤ 732,900원

해설

1. 원금 균등 분할 상환 방식: 6억원 × 0.5 × 0.005 = 1,500.000원
2. 원리금 균등 분할 상환 방식: 6억원 × 0.5 × 0.006443 = 1,932,900원

∴ 1,932,900원 - 1,500,000원 = 432,900원

| 정답 | ②

17 **다음 (　　)에 알맞은 모기지(Mortgage) 증권은?** 2016년 27회

(　　)은/는 발행자가 주택저당채권 집합물을 가지고 일정한 가공을 통해 위험 – 수익 구조가 다양한 트랜치(tranche)로 구성된 증권으로 발행된 채권형 증권을 말한다.

① MPTS(Mortgage Pass – Through Securities)
② MBB(Mortgage Backed Bond)
③ MPTB(Mortgage Pay –Through Bond)
④ CMO(Collateralized Mortgage Obligation)
⑤ CMBS(Commercial Mortgage Backed Securities)의 MBB

해설

CMO(Collateralized Mortgage Obligation) 상품의 핵심구조는 위험-수익의 다차원성이며 이 구조 한단위를 트랜치(tranche)라 부른다.

| 정답 | ④

18 **부동산 증권에 관한 설명으로 옳지 않은 것은?** 2019년 30회

① 자산유동화증권(ABS)은 금융기관 및 기업이 보유하고 있는 매출채권, 부동산저당채권 등 현금흐름이 보장되는 자산을 담보로 발행하는 증권을 의미한다.
② 저당담보부채권(MBB)은 모기지풀에서 발생하는 현금흐름과 관련된 위험을 투자자에게 이전하는 채권이다.
③ 주택저당증권(MBS)은 금융기관 등이 주택자금을 대출하고 취득한 주택저당채권을 유동화 전문회사 등이 양수하여 이를 기초로 발행하는 증권을 의미한다.
④ 저당이체증권(MPTS)은 발행기관이 원리금수취권과 주택저당권에 대한 지분권을 모두 투자자에게 이전하는 증권이다.
⑤ 다계층증권(CMO)은 저당채권의 발행액을 몇 개의 계층으로 나눈 후 각 계층마다 상이한 이자율을 적용하고 원금이 지급되는 순서를 다르게 정할 수 있다.

해설

MBB는 발행기관이 주택저당을 보유하고 그에 따른 이자율 위험, 조기상환위험, 채무불이행위험 등을 부담한다. 따라서 발행기관의 신용도가 중요하다. ⇨ 정부의 규제감독을 많이 받으며, 투자자의 위험이 가장 작다.

| 정답 | ②

19 **부동산 증권에 관한 설명으로 옳은 것은?** 2020년 31회

① 저당이체증권(MPTS)의 모기지 소유권과 원리금 수취권은 모두 투자자에게 이전된다.
② 지불이체채권(MPTB)의 모기지 소유권은 투자자에게 이전되고, 원리금 수취권은 발행자에게 이전된다.
③ 저당담보부채권(MBB)의 조기상환위험과 채무불이행 위험은 투자자가 부담한다.
④ 다계층증권(CMO)은 지분형증권으로만 구성되어 있다.
⑤ 상업용 저당증권(CMBS)은 반드시 공적 유동화중개기관을 통하여 발행된다.

해설

MBS 종류별 특성

구분	MPTS	MBB	MPTB	CMO
발행증권의 유형	증권	채권	채권	혼합
발행증권의 종류	1종	1종	1종	여러 종류
원리금의 이체	있음	없음	있음	우선순위별
채무불이행위험 부담자	투자자	발행자	발행자	발행자
이자율 및 조기상환위험 부담자	투자자	발행자	투자자	투자자
콜방어	불가능	가능	가능	가능
모저당 대비 증권발행액(초과담보)	같다	적다	적다	적다

| 정답 | ①

20 부동산 증권에 관한 설명으로 옳지 않은 것은? 2021년 32회

① MPTS(Mortgage Pass-Through Securities)는 지분을 나타내는 증권으로서 유동화기관의 부채로 표기되지 않는다.
② CMO(Collateralized Mortgage Obligation)는 동일한 저당풀(mortgage pool)에서 상환우선순위와 만기가 다른 다양한 증권을 발행할 수 있다.
③ 부동산개발PF ABCP(Asset Backed Commercial Paper)는 부동산개발PF ABS(Asset Backed Securities)에 비해 만기가 길고, 대부분 공모로 발행된다.
④ MPTS(Mortgage Pass-Through Securities)는 주택담보대출의 원리금이 회수되면 MPTS의 원리금으로 지급되므로 유동화기관의 자금관리 필요성이 원칙적으로 제거된다.
⑤ MBB(Mortgage Backed Bond)는 주택저당대출차입자의 채무불이행이 발생하더라도 MBB에 대한 원리금을 발행자가 투자자에게 지급하여야 한다.

해설

CP(Commercial Paper)란 기업어음을 말한다. 대표적인 단기금융상품이며 여기서 단기란 1년 미만을 말한다. 부동산개발PF를 준거자산으로 하는 ABCP(Asset Backed Commercial Paper)는 건설회사들이 주로 발행하며 대개 3개월 만기를 정해 발행되고 있다.

| 정답 | ③

21 부동산증권에 관한 설명으로 옳지 않은 것은? 2022년 33회

① 한국주택금융공사는 유동화증권의 발행을 통해 자본시장에서 정책모기지 재원을 조달할 수 있다.
② 금융기관은 주택저당증권(MBS)을 통해 유동성 위험을 감소시킬 수 있다.
③ 저당담보부채권(MBB)의 투자자는 채무불이행위험을 부담한다.
④ 저당이체증권(MPTS)은 지분형 증권이며 유동화기관의 부채로 표기되지 않는다.
⑤ 지불이체채권(MPTB)의 투자자는 조기상환위험을 부담한다.

해설

MBS 종류별 핵심 특성

구분	MPTS	MBB	MPTB
발행증권의 유형	증권	채권	채권
원리금의 이체	있음	없음	있음
채무불이행위험 부담자	투자자	발행자	발행자
이자율 및 조기상환위험 부담자	투자자	발행자	투자자

| 정답 | ③

22 우리나라의 부동산투자회사제도에 관한 설명으로 옳지 않은 것은? 2018년 29회

① 자기관리 부동산투자회사의 설립 자본금은 5억원 이상이다.
② 부동산투자회사는 발기설립의 방법으로 하여야 하며, 현물출자에 의한 설립이 가능하다.
③ 위탁관리 부동산투자회사는 자산의 투자·운용업무를 자산관리회사에 위탁하여야 한다.
④ 부동산투자회사는 최저자본금준비기간이 끝난 후에는 매 분기 말 현재 총자산의 100분의 80 이상을 부동산, 부동산 관련 증권 및 현금으로 구성하여야 한다.
⑤ 부동산투자회사의 상근 임원은 다른 회사의 상근 임직원이 되거나 다른 사업을 하여서는 아니 된다.

해설

부동산투자회사는 현물출자에 의한 설립이 불가하다.

| 정답 | ②

23 부동산투자회사법령상 부동산투자회사에 관한 설명으로 옳은 것은? 2016년 27회

① 영업인가를 받은 날부터 6개월이 지난 자기관리 부동산투자회사의 자본금은 70억원 이상이 되어야 한다.
② 위탁관리 부동산투자회사 및 기업구조조정 부동산투자회사의 설립 자본금은 10억원 이상으로 한다.
③ 자기관리 부동산부자회사의 설립 자본금은 3억원 이상으로 한다.
④ 영업인가를 받은 날부터 6개월이 지난 위탁관리 부동산투자회사 및 기업구조조정 부동산투자회사의 자본금은 100억원 이상이 되어야 한다.
⑤ 부동산투자회사는 부동산 등 자산의 운용에 관하여 회계처리를 할 때에는 국토교통부가 정하는 회계처리기준에 따라야 한다.

해설

부동산투자회사법

제6조(설립 자본금)

① 자기관리 부동산투자회사의 설립 자본금은 5억원 이상으로 한다.
② 위탁관리 부동산투자회사 및 기업구조조정 부동산투자회사의 설립 자본금은 3억원 이상으로 한다.

제10조(최저자본금)

1. 자기관리 부동산투자회사: 70억원
2. 위탁관리 부동산투자회사 및 기업구조조정 부동산투자회사: 50억원

제25조의2(회계처리)

① 부동산투자회사는 부동산 등 자산의 운용에 관하여 회계처리를 할 때에는 금융위원회가 정하는 회계처리기준에 따라야 한다.

| 정답 | ①

24 **부동산투자회사법령상 자기관리 부동산투자회사가 자산을 투자 · 운용할 때 상근으로 두어야 하는 자산운용 전문인력에 해당되지 않는 사람은?** 2021년 32회

① 공인회계사로서 해당 분야에 3년 이상 종사한 사람
② 공인중개사로서 해당 분야에 5년 이상 종사한 사람
③ 감정평가사로서 해당 분야에 5년 이상 종사한 사람
④ 부동산 관련 분야의 석사학위 이상의 소지자로서 부동산의 투자 · 운용과 관련된 업무에 3년 이상 종사한 사람
⑤ 자산관리회사에서 5년 이상 근무한 사람으로서 부동산의 취득 · 처분 · 관리 · 개발 또는 자문 등의 업무에 3년 이상 종사한 경력이 있는 사람

해설

자기관리 부동산투자회사의 자산운용 전문인력(부동산투자회사법 제22조)
1. 감정평가사 또는 공인중개사로서 해당 분야에 5년 이상 종사한 사람
2. 부동산 관련 분야의 석사학위 이상의 소지자로서 부동산의 투자 · 운용과 관련된 업무에 3년 이상 종사한 사람
3. 그 밖에 제1호 또는 제2호에 준하는 경력이 있는 사람으로서 대통령령으로 정하는 사람

| 정답 | ①

25 **부동산투자회사법상 부동산투자회사에 관한 설명으로 옳은 것은?** 2022년 33회

① 최저자본금준비기간이 지난 위탁관리 부동산투자회사의 자본금은 70억원 이상이 되어야 한다.
② 자기관리 부동산투자회사의 설립자본금은 3억원 이상으로 한다.
③ 자기관리 부동산투자회사에 자산운용 전문인력으로 상근하는 감정평가사는 해당분야에 3년 이상 종사한 사람이어야 한다.
④ 최저자본금준비기간이 끝난 후에는 매 분기 말 현재 총자산의 100분의 80 이상이 부동산(건축 중인 건축물 포함)이어야 한다.
⑤ 위탁관리 부동산투자회사는 해당 연도 이익을 초과하여 배당할 수 있다.

해설

① 최저자본금준비기간이 지난 위탁관리 부동산투자회사의 자본금은 50억 이상이 되어야 한다.
② 자기관리 부동산투자회사의 설립자본금은 5억원 이상으로 한다.
③ 해당 분야에 5년 이상 종사한 사람이어야 한다.
④ 부동산투자회사는 최저자본금준비기간이 끝난 후에는 매 분기 말 현재 총자산의 100분의 80 이상을 부동산, 부동산 관련 증권 및 현금으로 구성하여야 한다. 이 경우 총자산의 100분의 70 이상은 부동산(건축 중인 건축물 포함)이어야 한다.

| 정답 | ⑤

26 **프로젝트 사업주(sponsor)가 특수목적회사인 프로젝트 회사를 설립하여 특정 프로젝트 수행에 필요한 자금을 금융회사로부터 대출받는 방식의 프로젝트 파이낸싱(PF)에 관한 설명으로 옳은 것을 모두 고른 것은? (단, 프로젝트 사업주가 프로젝트 회사를 위해 보증이나 담보제공을 하지 않음)** 2018년 29회

ㄱ. 일정한 요건을 갖춘 프로젝트 회사는 법인세 감면을 받을 수 있다.
ㄴ. 프로젝트 사업주의 재무상태표에 해당 부채가 표시되지 않는다.
ㄷ. 금융회사는 담보가 없어 위험이 높은 반면 대출이자율을 높게 할 수 있다.
ㄹ. 프로젝트 회사가 파산하더라도 금융회사는 프로젝트 사업주에 대해 원리금 상환을 청구할 수 없다.

① ㄱ, ㄴ, ㄷ
② ㄱ, ㄴ, ㄹ
③ ㄱ, ㄷ, ㄹ
④ ㄴ, ㄷ, ㄹ
⑤ ㄱ, ㄴ, ㄷ, ㄹ

해설

프로젝트 파이낸싱의 법인세 감면 효과, 부외금융, 고위험 고수익, 비소구금융에 대한 설명이 모두 적절하다.

| 정답 | ⑤

27 **프로젝트 파이낸싱(PF)에 의한 부동산개발에 관한 설명으로 옳지 않은 것은?** 2017년 28회

① PF는 부동산 개발로 인해 발생하는 현금흐름을 담보로 개발에 필요한 자금을 조달한다.
② 일반적으로 PF의 자금관리는 부동산 신탁회사가 에스크로우(Escrow) 계정을 관리하면서 사업비의 공정하고 투명한 자금집행을 담당한다.
③ 일반적으로 PF의 차입금리는 기업 대출 금리보다 높다.
④ PF는 위험부담을 위해 여러 이해관계자가 계약관계에 따라 참여하므로, 일반개발사업에 비해 사업진행이 신속하다.
⑤ PF의 금융구조는 비소구금융이 원칙이나, 제한적소구금융의 경우도 있다.

해설

프로젝트 파이낸싱은 사업주, 건설업자, 토지나 재료공급자등 다양한 이해관계자의 보증과 금융 참여를 통해 위험을 분산 감소시키지만 일반개발사업에 비해 사업진행이 신속하지 못하다.

| 정답 | ④

28 **사업주가 특수목적회사인 프로젝트 회사를 설립하여 특정 프로젝트 수행에 필요한 자금을 금융기관으로부터 대출받는 방식의 프로젝트 금융을 활용하는 경우에 관한 설명으로 옳지 않은 것은? (단, 프로젝트 회사를 위한 별도의 보증이나 담보제공 등은 없음)** 2019년 30회

① 대규모 자금이 소요되고 공사기간이 장기인 사업에 적합한 자금조달수단이다.
② 프로젝트 금융에 의한 채무는 사업주와 독립적이므로 부채상환의무가 사업주에게 전가되지 않는다.
③ 사업주가 이미 대출한도를 넘어섰거나 대출제약요인이 있는 경우에도 가능하다.
④ 해당 프로젝트가 부실화되더라도 대출기관의 채권회수에는 영향이 없다.
⑤ 프로젝트 회사는 법률적, 경제적으로 완전히 독립적인 회사이지만 이해당사자간의 이견이 있을 경우에는 사업지연을 초래할 수 있다.

해설

프로젝트파이낸싱은 개인적 채무가 없는 비소구금융 또는 제한소구금융이다. 해당 프로젝트가 부실화되면 대출기관의 채권회수는 이론적으로 불가하다.

| 정답 | ④

29 **프로젝트 금융의 특징에 관한 설명으로 옳지 않은 것은?** 2020년 31회

① 사업자체의 현금흐름을 근거로 자금을 조달하고, 원리금 상환도 해당 사업에서 발생하는 현금흐름에 근거한다.
② 사업주의 입장에서는 비소구(non-recourse) 또는 제한적 소구(limited-recourse) 방식이므로 상환 의무가 제한되는 장점이 있다.
③ 금융기관의 입장에서는 부외금융(off-balance sheet financing)에 의해 채무수용능력이 커지는 장점이 있다.
④ 금융기관의 입장에서는 금리와 수수료 수준이 높아 일반적인 기업금융보다 높은 수익을 얻을 수 있는 장점이 있다.
⑤ 복잡한 계약에 따른 사업의 지연과 이해당사자 간의 조정의 어려움은 사업주와 금융기관 모두의 입장에서 단점으로 작용한다

해설

프로젝트파이낸싱은 개발사업주의 대차대조표에는 차입금이 부채로 계상되지 않기 때문에 사업주(금융기관 ×)의 입장에서는 부외금융(off—balance sheet financing)이 되므로 채무수용능력이 높아진다.

| 정답 | ③

30 프로젝트 금융에 관한 설명으로 옳은 것은?

2023년 34회

① 기업 전체의 자산 또는 신용을 바탕으로 자금을 조달하고, 기업의 수익으로 원리금을 상환하거나 수익을 배당하는 방식의 자금조달기법이다.

② 프로젝트 사업주는 기업 또는 개인일 수 있으나, 법인은 될 수 없다.

③ 프로젝트 사업주는 대출기관으로부터 상환청구를 받지는 않으나, 이러한 방식으로 조달한 부채는 사업주의 재무상태표에는 부채로 계상된다.

④ 프로젝트 회사가 파산 또는 청산할 경우, 채권자들은 프로젝트 회사에 대해 원리금상환을 청구할 수 없다.

⑤ 프로젝트 사업주의 도덕적 해이를 방지하기 위해 금융기관은 제한적 소구금융의 장치를 마련해두기도 한다.

해설

① 프로젝트 파이낸싱(project financing)은 자산(담보)나 신용을 바탕으로 자금을 조달하는 것이 아니라 사업성을 담보로 하는 금융조달 방식을 의미한다.

② 사업주(스폰서)는 기업, 개인, 법인 모두 가능하다.

③ 프로젝트 파이낸싱은 개발사업주의 대차대조표에는 차입금이 부채로 계상되지 않기 때문에 사업주의 입장에서는 부외금융(off—balance sheet financing)이다.

④ 프로젝트 회사가 파산 또는 청산할 경우, 채권자들은 잔여재산의 범위 내에서 원리금상환을 청구할 수 있다.

| 정답 | ⑤

31 부동산 금융에 관한 설명으로 옳은 것은?

2021년 32회

① 역모기지(reverse mortgage)는 시간이 지남에 따라 대출잔액이 늘어나는 구조이고, 일반적으로 비소구형 대출이다.

② 가치상승공유형대출(SAM: Shared Appreciation Mortgage)은 담보물의 가치상승 일부분을 대출자가 사전약정에 의해 차입자에게 이전하기로 하는 조건의 대출이다.

③ 기업의 구조조정을 촉진하기 위하여 기업구조조정 부동산투자회사에 대하여는 현물출자, 자산구성, 최저자본금을 제한하는 규정이 없다.

④ 부채금융은 대출이나 회사채 발행 등을 통해 타인자본을 조달하는 방법으로서 저당담보부증권(MBS), 조인트벤처(joint venture) 등이 있다.

⑤ 우리나라의 공적보증형태 역모기지제도로 현재 주택연금, 농지연금, 산지연금이 시행되고 있다.

해설

② 가치상승 공유형 저당대출(SAM): 담보주택 가치상승액의 일정비율을 대출자에게 이전하는 형태의 저당대출

③ 기업구조조정 부동산투자회사에 대하여 현물출자, 최저자본금 관련 규정은 존재한다.

④ 저당담보부증권(MBS)은 부채금융이나 조인트벤처(joint venture)는 지분금융이다.

⑤ 현재 주택연금과 농지연금이 공적보증형태의 역모기지 제도로 시행되고 있으나 산지연금은 이와는 성격이 다르다.

| 정답 | ①

32 **한국주택금융공사법에 의한 주택담보노후연금에 관한 설명으로 옳지 않은 것은?** 2017년 28회

① 단독주택, 다세대주택, 오피스텔, 상가주택 등이 연금의 대상주택이 된다.
② 연금 수령 중 담보 주택이 주택재개발, 주택재건축이 되더라도 계약을 유지할 수 있다.
③ 연금의 방식에는 주택소유자가 선택하는 일정기간 동안 노후생활자금을 매월 지급받는 방식이 있다.
④ 가입자와 그 배우자는 종신거주, 종신지급이 보장되며, 가입자는 보증료를 납부해야 한다.
⑤ 연금의 방식에는 주택소유자가 생존해 있는 동안 노후생활자금을 매월 지급 받는 방식이 있다.

해설

대상주택: 공시가격 12억원 이하인 주택법상 주택 + 주거용 오피스텔 ○, 노인복지주택 ○, 상가주택 ×

| 정답 | ①

33 **한국주택금융공사법령에 의한 주택담보노후연금제도에 관한 설명으로 옳지 않은 것은?**

2018년 29회

① 주택소유자와 그 배우자 모두 60세 이상이어야 이용할 수 있다.
② 연금지급방식으로 주택소유자가 선택하는 일정한 기간 동안 노후생활자금을 매월 지급받는 방식이 가능하다.
③ 주택담보노후연금보증을 받은 사람은 담보주택의 소유권등기에 한국주택금융공사의 동의 없이는 제한물권을 설정하거나 압류 등의 목적물이 될 수 없는 재산임을 부기등기 하여야 한다.
④ 주택담보노후연금을 받을 권리는 양도하거나 압류할 수 없다.
⑤ 한국주택금융공사는 주택담보노후연금보증을 받으려는 사람에게 소유주택에 대한 저당권 설정에 관한 사항을 설명하여야 한다.

해설

부부(주택소유자와 그 배우자) 중 연장자가 만 55세 이상이면 된다.

| 정답 | ①

해커스 감정평가사
ca.Hackers.com

PART 07

부동산관리 및 개발론

제1장 부동산 이용 및 개발론

View Point

1. 최유효이용을 중심으로 한 부동산 이용활동은 부동산 활동상의 용어 이해 수준으로 학습하면 된다.
2. 부동산 개발의 정의와 위험에 대하여 학습하고 워포드가 제시한 개발과정은 암기해야 한다.
3. 부동산 개발의 타당성 분석, 매수방식/환지방식/혼용방식에 대한 변별력 있는 학습이 필요하다.
4. 부동산개발방식인 공영개발, 직접개발, 대물교환, 토지신탁 등의 종류를 나누어 숙지한다.
5. 민간투자사업방식인 BTL, BTO, BOT, BOO 등은 꼼꼼히 정리하고 관련된 문제를 반복하여 풀어본다.

제1절 부동산 이용활동

1 토지이용활동과 최유효이용

1. 최유효이용의 개념

(1) 최유효이용이란 객관적으로 보아 양식과 통상의 사용능력을 가진 사람에 의한 합리적 · 합법적인 최고 · 최선의 이용방법을 말한다.

(2) 최유효이용이 강조되는 근거

① 용도의 다양성
② 부증성을 갖는 토지와 인간과의 관계악화 방지
③ 능률적인 토지정책의 강구
④ 부동산 경제주체의 이윤극대화
⑤ 토지의 공공성 · 사회성의 최대발휘

2. 최유효이용의 판단기준

(1) **합리적 이용일 것:** 합리적으로 실현가능한 이용이어야 한다. 따라서 투기목적의 비합리적 이용이나 먼 장래의 불확실한 이용은 합리적 이용이라 할 수 없다.

(2) **합법적 이용일 것:** 공 · 사법상의 규제요건을 충족시키는 범위 내에서의 이용이어야 한다. 단, 변경가능성 검토 및 비적법적 이용과 같은 예외가 인정된다.

(3) **물리적 채택가능성:** 대상토지의 물리적 요소가 의도하고 있는 토지이용에 적합해야 한다.

(4) **최고수익의 경험적 증거:** 최고수익을 실현할 수 있다는 경험적 증거가 있어야 한다.

3. 최유효이용의 구체적 판단요령

(1) **토지규모:** 획지의 개별적 요인만 보지 말고, 광역적 · 사회적 · 자연적 조건을 모두 고려해 판정해야 한다.
(2) **이용주체:** 공적 주체인지 사적 주체인지를 고려해야 한다.
(3) **내용:** 용도, 이용의 규모, 공작물의 구조, 관리운영방법, 재원조달 등까지도 고려한다.
(4) **합리성:** 복합적 판단이어야 한다.
(5) **용도상 일체성:** 토지와 건물 등의 사이에 일체성이 있어야 한다. 이러한 일체성은 용도의 전환이 있은 경우 시계열적 일체성에 대한 배려도 있어야 한다.
(6) **현재 이용상태:** 현재의 이용이 최유효이용이 아니라면 전환할 필요가 있다.
(7) **통상이용능력 판단:** 최유효이용의 하한선이라 할 수 있다.

2 최유효이용과 집약적 토지이용

$$집약도 = \frac{투입되는\ 노동과\ 자본의\ 양}{단위면적(토지)}$$

1. 토지이용의 집약도가 높은 경우를 집약적 토지이용, 낮은 경우를 조방적(粗放的) 토지이용이라 한다. 토지이용의 집약도와 지가는 항상 정비례하는 것이 아니라, 같은 종류의 산업, 토지이용을 하는 곳에서만 정비례한다는 주장도 있다.

2. 토지이용의 집약화는 좁은 면적이나 소규모의 토지에 건물을 축조하여 연면적의 증가를 목적으로 빌딩의 고층화 · 입체화 등에 의하여 집약적으로 이용되며 집약도는 규모의 경제, 부증성, 인구밀도, 가격상승, 경영효율의 증가 등으로 높아진다.

(1) **규모의 경제:** 설비의 확장을 통해 규모의 경제가 발생하므로 규모의 경제는 토지이용을 집약화시킨다.
(2) **이용가능 토지의 한정:** 토지는 한정되어 있는데 인구의 증가 내지 산업의 발달은 토지수요를 증가시켜 토지이용을 집약화시킨다.
(3) **인구밀도의 증가:** 인구밀도의 증가는 한정된 공간 내에서 토지이용을 집약화시킨다.
(4) **자가의 상승:** 땅값이 상승할수록 입지주체는 토지이용을 집약적으로 이용하려 한다.
(5) **경영효율의 증가:** 경영효율이 증가함으로써 토지의 면적을 효율적으로 이용하게 되고 그 결과 토지이용은 집약화된다.
(6) 1차 산업보다는 2차 산업이 2차 산업보다는 3차 산업이 토지이용을 집약화시킨다.

3. 집약한계

(1) 이윤극대화점(한계효용층수)
(2) 한계비용(MC) = 한계수입(MR)인 지점
(3) 토지이용 집약도의 상한선
(4) 이 지점을 벗어나면 이윤감소(바로 손실 ×)

4. 조방한계

(1) 이윤이 없는 지점(손익분기점)
(2) 총수입(TR) = 총비용(TC)인 지점
(3) 토지이용 집약도의 하한선
(4) 이 지점을 벗어나면 바로 손실

구분	집약한계	조방한계
성립조건	한계비용=한계수익	총수익=총비용
이윤	이윤극대화	0(손익분기점)
토지이용	상한선	하한선
건물	한계효용계층	

※ 한계수입이 한계비용보다 크면 추가투입하고, 한계비용이 한계수입보다 크면 투자를 줄인다.
※ 토지이용은 집약한계를 상한선, 조방한계를 하한선으로 하여 최유효이용 방안을 모색함
※ 조방한계점이 집약한계점보다 토지이용의 집약도가 클 수도 있다.

도심 : 지가↑ ⇨	자본↑ / 토지↓ ⇨ 집약도↑(집약적 토지이용) ⇨ 건물의 고층화
외곽 : 지가↓ ⇨	자본↓ / 토지↑ ⇨ 집약도↓(조방적 토지이용) ⇨ 건물의 저층화

5. 최유효이용 판단

(1) 집약한계를 상한선으로 조방한계를 하한선으로 하여 최유효이용 방안을 모색한다.
(2) 집약한계란 투입의 한계비용이 한계수입과 일치되는 선까지의 집약도, 조방한계는 최적의 조건하에서 겨우 생산비를 감당할 수 있는 산출밖에 얻을 수 없는 집약도이다.
(3) 입지잉여란 동일한 산업경영이라도 그 입지조건이 양호한 경우에는 특별한 이익이 발생하는 것을 말한다.
(4) 입지조건과 토지이용의 집약도가 같은 경우라도 입지잉여는 모든 산업에 공통적으로 생기는 것은 아님에 주의해야 한다.

보충 **입지잉여**

1. 입지잉여와 입지조건: 입지잉여는 입지조건이 나쁠수록 감소하고 좋을수록 증가하는데, 입지조건이 최악에 이르면 입지잉여는 마이너스(−)나 '0'이 되고 입지조건이 최상이면 플러스(+)나 '100'이 된다.
2. 발생요건: 어떤 위치의 가치가 한계입지 이상이고 또한 그 위치를 최유효이용할 수 있는 입지주체가 이용하는 경우라야 발생한다. 즉, 입지조건과 토지이용의 집약도가 같은 경우라도 입지잉여는 모든 입지주체에 똑같이 생기지 않는다.
3. 한계입지: 입지조건이 상대적으로 나쁜 곳으로, 초과수익을 전혀 기대할 수 없는 곳에 입지하는 것을 말한다. 즉, 입지잉여가 '0'이 되는 위치이다.

입지잉여 (입지조건 양호)	⇨	입지경쟁↑	⇨	부동산 수요↑	⇨	부동산 가격↑	⇨	집약적 토지이용
⇩		(용도상의 경쟁)						⇩
초과이윤 발생						도시성장	⇦	건물의 고층화

보충 **입지경쟁**

토지이용의 다양성으로 인해 동일한 토지에 대해 유사한 업종의 입지주체 사이에서 보다 유리한 입장에서 토지를 이용·확보하려는 경쟁이다. 토지이용의 집약도가 클수록 입지경쟁은 커지고 입지경쟁이 커질수록 땅값은 상승한다. 입지경쟁에 있어서의 지불능력과 입지잉여가 가장 우수한자가 입지주체가 된다.

참고 **생산요소의 대체성**

도시지역의 지대는 도심이 높고 외곽으로 갈수록 낮아진다.

- 만약 생산이 토지와 자본의 결합에 의해서만 이루어진다면, 도심 가까운 곳에서는 자본의 결합비율을 높이고, 외곽으로 나가면서 자본의 결합비율을 낮추는 것이 합리적이다.
- 이 결합비율은 토지와 자본의 상대적 가격 차이 또는 산업의 종류에 따라 달라진다. 토지에 대한 자본의 비율이 높다는 것은 그만큼 토지에 대한 자본의 대체성이 크다는 것을 의미한다.
- 일정량의 재화를 생산하기 위한 토지와 자본의 대체관계는 우하향하는 지수곡선으로 나타난다.

지대 곡선과 토지 이용

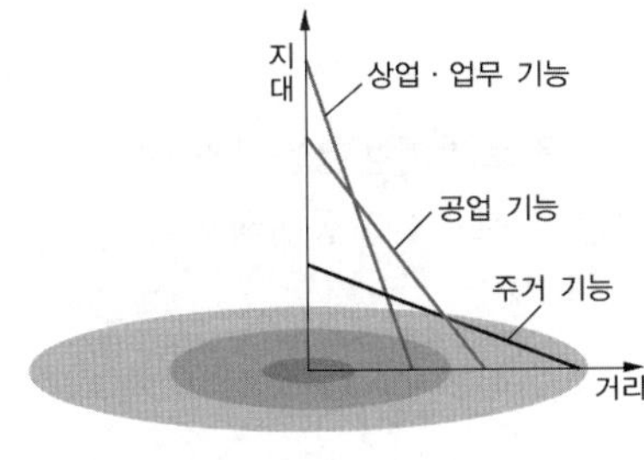

도심에서는 상업·업무 기능의 이익(지대)이 가장 높다. 그러나 상업·업무 기능은 공업 기능과 주거 기능에 비해 높은 접근성을 필요로 하기 때문에 거리가 멀어질수록 지대의 감소폭이 크다. 공업 기능과 주거기능은 상업·업무 기능보다는 접근성의 중요성이 낮아지므로 지대경사가 완만하다.

3 지가법칙

1. 지가의 입지교차법칙

토지의 입지조건에 따라 유리한 위치의 토지는 불리한 위치의 토지보다 지가가 높게 형성된다는 것이다. 즉, 토지의 위치에 따른 유용성에 따라 토지의 가격이 서로 다른 것을 말한다.

2. 지가의 시간법칙

어느 특정지점의 지가는 시간이 경과함에 따라 상승하게 되는데 이를 지가의 시간법칙이라 한다.

3. 한계지의 지가법칙

(1) 한계지

특정의 시점과 특정의 장소를 기준으로 하여, 토지이용의 최원방권을 말하며 택지 이용의 최원방권을 택지 한계지라 한다.

(2) 한계지의 특성

① 대중교통수단의 발달 및 교통체계의 정비는 한계지의 연장을 가져온다. 따라서 한계지는 대중교통수단을 주축으로 하여 점점 연장된다.

② 한계지(농경지가 택지화된 곳)는 초기에 지가의 상승이 빠르다.

③ 택지이용의 한계지는 한계지 외곽의 농경지 등의 용도가 전환되어 한계지로 편입되나 한계지의 지가수준은 농경지의 지가수준과는 무관하게 형성되는 것이 일반적이다. 이 경우에 한계지와 주변농지와의 지가의 차이가 심할 때, 이 가격차를 단절지가라 한다.

④ 도심지의 지가와 한계지의 지가는 상호간에 밀접한 관계가 이루어지고 각 한계지의 상호간에도 밀접한 대체관계가 성립된다.

⑤ 자가집(자가)의 한계지는 세 들어 사는 집(차가)의 한계지보다 더욱 택지이용의 먼 곳에 위치하므로 보다 더 도심지로부터 멀어진다.

4 토지이용현상

토지의 용도 또는 이용한도 내에서 유용성을 추구하는 행위를 토지이용활동이라 하고, 그 활동의 결과가 토지이용현상이다. 따라서 토지이용현상은 일종의 부동산활동현상이다.

1. 직 · 주 분리와 직 · 주 접근

(1) 직주분리 현상

① **원인** ⇨ 도심환경의 악화, 도심의 고지가, 도심재개발(주택철거), 공적규제, 교통발달, 외곽의 지가 낮음

② **결과** ⇨ 도심의 주 · 야간의 상주인구차가 커지는 도심공동화 현상(도넛현상), 외곽(위성도시)의 베드타운화, 도심으로의 고동(鼓動)비율증가로 교통 혼란 초래, 외곽지역의 지가상승 초래

(2) 직주접근 현상

① 원인 ⇨ 교통체증의 심화, 도심지의 지가하락, 도심지의 환경개선, 정책적 유도

② 결과 ⇨ 도심건물의 고층화(주상복합건물화), 도시회춘화 현상

※ 도시회춘화 현상 ⇨ 오래된 건물이 재건축됨에 따라 도심에 거주하는 소득계층이 저소득층에서 중·고소득층으로 유입, 대체되는 현상

2. 도시스프롤현상

(1) 도시가 불규칙적으로 볼품없이 확산하는 것으로 스프롤지역의 지가수준은 표준적 수준 이하인 것이 보통이다. 스프롤현상은 주거지역뿐만 아니라 상업지역·공업지역에서도 나타나며 대도시의 중심지보다는 외곽부에서 더욱 발달하며, 경우에 따라서는 입체슬럼 형태를 보이기도 한다. 토지이용이 최유효이용이 되지 않아서 생기는 현상이며 스프롤지대의 지가수준은 지역특성에 따라 다양하며 일반적으로 표준지가 수준 이하이다.

(2) 스프롤의 유형

① **저밀도 연쇄개발현상**: 합리적 밀도 이하의 수준을 유지하면서 인접지를 잠식해가는 현상

② **고밀도 연쇄개발현상**: 합리적 밀도 이상의 수준을 유지하면서 인접지를 잠식해가는 현상. 우리나라의 경우 고밀도 스프롤이 통상적이다.

③ **비지적(飛地的) 현상**: 도심에서 외곽으로 개구리가 뛰는 것처럼 중간 중간에 상당한 공지를 남기면서 확산

3. 침입적 토지이용

(1) 일정지역에서 이용주체가 새로운 이질적 인자의 침입으로 인하여 새로운 이용주체로 변화하는 것으로 침입과 계승 두 가지가 있다.

① **침입**: 어떤 지역에 새로운 지역 기능이 개입되고 있는 현상을 말한다. 침입에는 확대적 침입과 축소적 침입이 있는데 확대적 침입이 일반적 현상이다. 침입의 경우 보통 땅 값이 상승한다. 확대적 침입은 새로운 주택가를 조성하는 침입에 있어서 규모가 확대되는 경우를 들 수 있고, 축소적 침입은 상가의 출현에 의한 기존주택가의 축소를 들 수 있다.

② **계승**: 침입의 결과 새로운 차원의 인구집단 또는 토지이용이 예전 것을 교체하는 결과를 말한다. 계승이 이루어지면 또 다른 형태의 침입을 거부하는 배타적인 토지이용형태가 이루어진다.

(2) 침입적 토지이용상의 특징

① 침입과 계승은 일반적으로 일정지역의 낮은 지가수준과 부동산입지에 대한 강한 흡인력 등의 원인에 의해 나타난다.

② 침입이 있을 경우 원주민의 강한 저항을 초래할 수도 있다.

③ 침입은 새로운 지역이 아니라 기존의 취락 또는 지역에서 이루어지는 것이 일반적이다.

④ 침입적 토지이용시 행정규제와의 관계를 면밀히 검토하게 한다.

4. 도시의 토지이용과 지가구배 현상

(1) 도시의 지가패턴은 도심이 가장 높고 도심에서 멀어질수록 점점 낮아지는데, 이와 같이 지가가 도심에서 도로를 따라 외곽으로 나갈수록 점점 낮아지는 현상을 지가구배현상이라 한다.

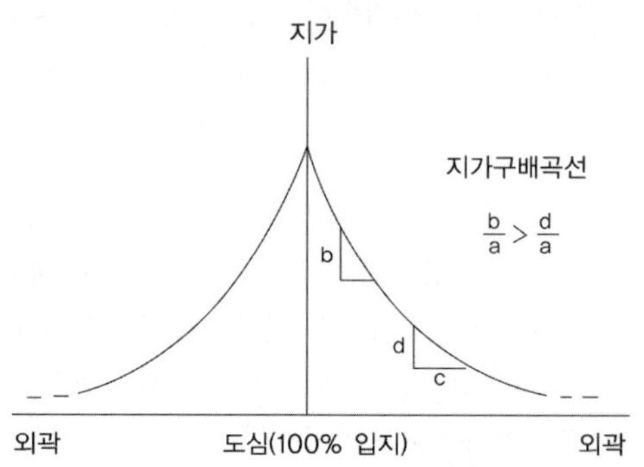

대규모 쇼핑센터에서의 가설적인 임대료 기울기

백화점 혹은 연쇄점 (multiple store)
여성의류
신발
여성의류
코너부지
보석
가구
남성의류
가구
식료품
코너부지
중심으로부터 거리

(2) 도시의 지가는 도심이 가장 높고 도심에서 멀어질수록 점점 낮아지는 현상이다. 도심의 지가수준이 가장 높은 곳을 100%입지라 한다.

(3) 지가구배현상은 미국의 노스교수에 의해 토페카시의 지가조사를 통해 발견되었는데, 도시의 규모 등에 따른 차이가 있어서 일률적으로 말할 수는 없다.
① **소도시:** 도심의 지가구조가 비교적 단순하고, 도심의 토지이용이 보다 집약적이지만, 교외로 나감에 따라서 급격하게 저하되는 경향을 보인다.
② **대도시:** 도심에서 도시의 경계까지 직선적으로 가격수준이 저하되는 것이 아니라, 중간에 여러 도시 핵이 있고 거기에는 다시 번화가도 있어서 지가수준도 다시 높아졌다가 저하되는 현상이 있다.

WIDE PLUS | 교통체계와 토지공급과의 관계

교통체계의 발달은 토지의 희소성을 완화할 수 있는 방법이 되며, 교통체계가 외곽까지 연장이 되면 다음과 같은 현상이 나타난다.
① 교통체계의 발달은 한계지의 지가상승을 가져온다(도심부 지가의 상대적 하락).
② 도심부에서 외곽에 이르는 지가경사도가 완만해진다.
③ 도심부 토지이용밀도가 상대적으로 하락한다.
④ 외곽지역에서 이용주체별 단위토지 사용량이 감소한다.

참고 방사형 교통망의 개선과 확충이 토지시장에 미치는 영향

1. 교통망 확충으로 외곽의 지가가 상승하기 때문에 도심에서 외곽으로 갈수록 지가경사도는 완화된다.
2. 외곽의 교통망 확충으로 외곽지역 지가는 도심에 비하여 상대적으로 상승한다.
3. 도심부의 토지이용밀도는 외곽의 연장으로 상대적으로 낮아진다.
4. 교통망 확충으로 외곽지역의 토지이용주체가 많아졌으므로 외곽지역의 토지수요를 증가시키며, 상대적으로 도심부 지가의 수요를 감소시킨다. 따라서 외곽지역의 지가는 상승하며, 도심부 지가는 상대적으로 하락을 야기시킨다.

제2절 부동산개발

1 부동산개발의 의의 및 정의

1. 부동산개발의 의의

부동산 개발이란 인간에게 생활 · 일 · 쇼핑 · 레저 등의 공간을 제공하기 위하여 토지를 개량하는 활동이다. 또한 토지 개량을 통해서 토지의 유용성을 증가시킨다.

(1) 조성에 의한 개량

정지(整地)나 도로공사 등으로 건축활동의 준비활동이라 할 수 있다.

(2) 건축에 의한 개량

토지 위에 주택이나 상 · 공업용 부동산 등을 건축하여 토지의 효용을 증진시키는 것이다. 이는 공간창조와 관계된다.

(3) 부동산개발의 분류(외관에 따라)

① **유형적 개발**: 직접적으로 토지의 물리적 변형을 초래하는 행위로서 건축 · 토목사업 · 공공사업 등이 이에 속한다.
② **무형적 개발**: 토지의 물리적 변형을 초래하지 않으나, 이용상태에 변경을 초래하는 행위로서 용도지역 · 지구의 지정 또는 변경, 농지전용 등이 이에 해당된다.
③ **복합적 개발**: 토지의 유형 · 무형의 개발행위가 동시에 이루어지는 경우로서, 토지형질변경사업, 도시재개발정비사업, 공업단지조성사업, 도시개발사업 등이 이에 속한다.

2. 부동산개발의 정의

부동산개발의 정의는 그것을 내리는 사람에 따라 차이가 있다.

(1) 캐드먼과 크로우의 정의

캐드먼과 크로우는 부동산개발이란 용어는 본래 가지고 있는 뜻 외에 감정적인 의미도 가지고 있는데 첫째, 부동산개발이 불확실성하에 놓여 있는 한 그것은 투기를 포함하며 둘째, 부동산개발은 땅장사가 아니라는 것이다. 그러면서 다음과 같은 정의를 내리고 있다. 즉, 부동산개발이란 우리가 점유하기 위하여 하나뿐인 토지에 여러 가지 재료를 모아, 건물을 생산하는 하나의 산업이다.

(2) 링과 다소의 정의

링과 다소는 '부동산개발이란 완전하게 운용할 수 있는 부동산을 생산하기 위한 토지와 개량물의 결합'이라 정의한다.

(3) 워포드의 정의

워포드는 '부동산개발이란 토지에 개량물을 생산하기 위한 토지 · 노동 · 자본 및 기업가적 능력의 결합과정'이라 한다.

KEY PLUS | 부동산개발업의 관리 및 육성에 관한 법률 상 "부동산개발"의 정의 〈제2조〉

1. "부동산개발"이란 다음 각 목의 어느 하나에 해당하는 행위를 말한다. 다만, 시공을 담당하는 행위는 제외한다.
   가. 토지를 건설공사의 수행 또는 형질변경의 방법으로 조성하는 행위
   나. 건축물을 건축·대수선·리모델링 또는 용도변경 하거나 공작물을 설치하는 행위. 이 경우 "건축", "대수선", "리모델링"은 「건축법」의 규정에 따른 "건축", "대수선" 및 "리모델링"을 말하고, "용도변경"은 같은 법 제19조에 따른 "용도변경"을 말한다.

2 부동산개발과 보전

토지자원을 개발한다는 것은 바로 자연환경을 파괴하는 결과가 되고 이로 인해 공해가 발생하게 된다. 따라서 모든 개발이 항상 당위성을 갖는 것은 아니며 보전의 필요성이 있다. 항구적으로 사회적 이익이 최대가 되게 하기 위해서는 개발과 보전의 적절한 조화가 필요하다.

구분	현장자원으로서의 토지	상품자원으로서의 토지
의의	자연상태로 보존될 토지(현장에서 직접효용)	개발되어 이용될 토지
종류	황무지를 포함한 지표수, 산림, 갯벌 등	택지, 농경지 등
성격	공공재적 성격(비경합성, 비배제성)	인위적 노력을 가한 토지
공급	① 공급이 한정적(비생산성) ② 대체재가 부족(비대체성) ③ 용도결정의 비가역성	① 공급증가 가능(용도전환) ② 공급측면에서 본다면 상품자원이 현장자원보다 풍부하다.
수요	① 소득증가, 교육수준 향상, 여가 증대, 인구증가는 현장자원에 대한 수요를 크게 증가시킴 ② 현장자원에 대한 수요는 매우 소득 탄력적, 규모의 경제, 선택 수요 ⇨ 수요예측곤란	① 상품자원에 대한 개발수요는 그 수요가격에 반영된다. ② 상품자원은 시장의 힘에 의해서 뒷받침된다.
결론적으로 기술진보가 진전되고 소득수준이 향상됨에 따라 현장자원의 상대적인 희소성과 사회적 가치는 점차 증대할 것이므로 정부의 정책적 배려가 필요하다.		

3 부동산개발의 주체

개발주체는 개발사업을 맡아서 완성시키는 자이다. 공공부문과 민간부문으로 나뉜다. 그 밖에 특수법인이나 제3개발업자 등도 있다.

(1) 공적주체

공공부문을 공적주체라 할 수 있고, 국가, 지방자치단체, 공기업(한국토지개발 공사, 대한주택공사, 수자원개발공사) 등이 있다.

(2) 사적주체

민간부문을 공적주체로 토지소유자가 개인, 조합, 기업(주택사업등록자) 등이 있다.

(3) 공사혼합(제3섹터, 복합주체)

정부와 민간이 공동개발(출자)하여 사업하는 공사협동기업이다.

4 부동산개발 및 개발방식의 유형

1. 부동산개발의 유형

토지개발은 일반적으로 신개발과 재개발로 나눈다. 우리나라에서 현행법상 실시되고 있는 유형을 보면, 신개발은 토지개발사업, 택지개발예정지구사업, 토지형질변경사업 등이 있고 재개발은 주거환경개선사업, 재개발사업, 재건축사업, 소규모주택정비사업 등이 있다.

(1) 신개발

① 토지를 새롭게 개발하는 형태로 도시개발사업이 대표적이다. 이것은 이른바 1903년의 미국의 아디케스(lex Adickes) 법에서부터 시작하여 일본을 거쳐 1937년 우리나라에 도입된 것이다. 이 제도는 주로 아직 개발되지 않은 도시주변의 농경지나 산지를 도시토지로개발 할 때 자주 사용하는 사업으로 개발주체가 토지소유자의 소유권을 근본적으로 보존한 채 대단위 토지개발목적을 달성할 수 있다는 데 큰 매력이 있다.

② 신개발의 유형

㉠ 도시개발사업: 도시주변의 농경지 등 미개발토지를 도시토지로 용도 전환할 때 사용하는 사업으로 개발주체가 토지소유자의 소유권을 근본적으로 보존한 채 대단위 토지개발목적을 달성할 수 있다.

㉡ 아파트지구개발사업: 도시계획으로 아파트지구가 지정되면 관할 시장 · 군수는 지구 전체에 대한 개발기본계획을 수립하여 국토부장관의 승인하에 아파트지구를 조성하는 사업이며 이 지구의 조성사업은 지구 내의 토지소유자 또는 그들로 구성된 조합이 시행함을 원칙으로 하며, 일정한 요건이 해당될 때에 국토부장관은 국가 · 지방자치단체 · 대한주택공사 · 한국토지개발공사 중에서 시행자를 지정하여 개발사업을 시행할 수 있다. 그러나 예외적으로 주택사업지정업자를 지정하여 개발사업을 시행시킬 수도 있다.

㉢ 일단의 주택지 조성사업: 주택의 집단건축을 위하여 10,000㎡ 이상의 구역에서 실시하는 도시계획사업이다. 즉, 택지로 조성되지 아니한 10,000㎡ 이상의 미개발지 토지를 택지로 조성하는 도시계획사업으로 대단위 개발이라는 점에서 보면 도시개발사업 다음가는 사업이라 할 수 있다.

㉣ 토지형질변경사업: 토지의 원형 · 지표 · 지질 등을 변경하는 사업이며 이와 같은 형질은 지표를 변경하기 위한 대지조성과 개간 · 매립 · 성토 · 토지굴착 및 기타의 형질변경 등으로 구분된다. 그러므로 가장 큰 목적인 대지조성으로 볼 때 지목상 전 · 답 · 잡종지 · 임야 등이 대로 지목변경 되는 경우가 대부분이다.

㉤ 신도시개발사업: 일정한 지역을 도시계획구역으로 지정하여 그 구역 내에 기본계획과 도시설계를 한 후 사업시행자를 인가하여 새로운 도시를 건설하는 방법

③ 도시개발의 적정규모

도시규모가 지나치게 작으면 주민에 대한 서비스가 부족해지고, 지나치게 크면 과밀로 인한 도시문제가 발생할 수 있다. 따라서 적정규모 및 적정밀도의 개발이 필요하다.

㉠ 개발규모가 크고 개발밀도가 높을수록 다양한 서비스시설을 갖출 수 있어 고용창출 효과가 생긴다. 또한 규모의 경제를 통해 주민의 부담비용을 줄일 수 있다.

㉡ 개발규모가 크고 개발밀도가 낮을수록 환경친화적인 개발이 가능하다.

㉢ 개발규모가 작고 개발밀도가 낮을수록 주민들의 소속감이나 친밀도가 높아진다.

(2) 재개발

① 재개발구역 안에서의 토지의 합리적이고 효율적인 고도이용과 도시기능을 회복하기 위한 정비·조성·부대사업을 말한다. 재개발은 그 대상이 불량주택과 무허가주택이 되는 것이 일반적이며 개발이익은 신개발뿐만 아니라 재개발에서도 나타난다. 재개발지역의 선정기준은 물리적·기능적·경제적 노후화 등에 바탕을 둔 복합적 기준으로 정하여져야 한다.

② 재개발의 유형

㉠ 수복재개발: 도시시설 및 건물의 불량·노후상태가 관리나 이용의 부실로 발생된 경우, 본래의 기능을 회복하기 위하여 현재의 대부분 시설을 그대로 보존하면서, 노후·불량화의 요인만을 제거시키는 것으로서 소극적인 도시재개발의 대표적인 예이다. 일본에서는 지구수복이라고도 불린다. 이러한 수복재개발 방법은 기존의 토지이용형태나 목적을 변용할 필요가 없어 경제적이며 도시의 다양한 기능과 우선순위의 상관관계에 의하여 자연적으로 진행되도록 함으로써 마찰과 피해를 최소화할 수 있는 방법이다.

㉡ 개량재개발: 기존 도시환경의 시설기준 및 구조 등이 현재의 수준에 크게 미달되는 경우, 기존시설의 확장·개선 또는 새로운 시설을 첨가를 통하여 기존 물리환경의 질적 수준을 높여 도시기능을 재고시키고자 하는 도시재개발의 한 형태이다. 이는 수복재개발의 일종이다.

㉢ 보전재개발: 도시지역이 아직 노후·불량상태가 발생되지 않았으나, 앞으로 노후·불량화가 야기될 우려가 있을 때 사전에 노후·불량화의 진행을 방지하기 위하여 채택하는 가장 소극적인 도시재개발이다. 보전재개발 방법은 도시의 노후, 불량화를 미연에 예방시킴으로써 막대한 자원의 손실을 크게 경감시킬 수 있는 장점이 있기 때문에 현재는 역사적 지구의 보존만이 아니라 노후, 불량화 우려가 있는 주거지와 상업, 업무지구에까지 확대되고 있다.

㉣ 철거재개발: 부적당한 기존 환경을 완전히 제거하고 새로운 환경, 즉 시설물로 대체시키는 가장 전형적인 도시재개발의 유형이다. 철거재개발 방법은 그 지구의 기능변신이 나 토지이용의 효율화를 위하여 새로운 시설물이 필요하거나 기존 환경의 불량 및 노후 상태 등으로 안전위생 및 사회복지에 대한 위해 요인이 기존시설의 완전철거 정비방법을 사용하지 않고서는 제거해내기 불가능한 경우 기타의 도시재개발 방법보다 경제적인 경우에만 한정하여 사용되어야 한다.

(3) 공영개발과 비공영개발

① 공영개발

공영개발은 사업자의 법적 지위를 기준으로 하면 국가·지자체·공사가 택지개발의 주체가 되는 공공부문으로서의 개발을 말한다. 토지의 취득방법에 의해서는 공공개발 중에서도 환지방식이 아닌 전면 매수하여 개발·공급하는 방식을 공영개발로 볼 수 있으며 사업시행의 근거법에 따라서는 택지개발촉진법에 의한 개발사업만을 공영개발로 보는 견해도 있다.

② 공영개발의 필요성과 원칙

㉠ 공영개발의 필요성

ⓐ 시장의 실패: 일방적으로 재화에 있어서 그 배분과 이용은 시장 기구를 통해 이루어질 때 가장 합리적이고 효율적이라 인정되고 있다. 그러나 토지의 자연적 특성과 토지시장의 구조적 결함 및 외부효과의 존재 등은 시장 기구를 통한 토지자원의 최적배분을 어렵게 하고 있으며, 이 같은 시장의 실패는 토지시장에 대한 공공개입의 필요성을 제공하고 있다.

ⓑ 효율성과 형평성 추구: 공공개입은 정부가 비효율성을 감소시키고 편익의 최종적인 분배를 더욱 공평하게 하려는 의도에서 출발한다. 정부의 토지시장개입에 나타나는 두 가지 목표(즉, 재화와 서비스 생산에서의 보다 큰 효율성의 추구와, 분배에서 보다 큰 형평성의 추구)는 서로 조화를 이루어야 한다.

㉡ 공영개발의 원칙

ⓐ 도시의 균형개발촉진: 도시의 개발은 기존도시나 인근도시와 연관시켜 균형있게 개발함으로써 주민들의 주거생활에 불편을 주지 않도록 추진하여야 한다.

ⓑ 쾌적한 주거편익시설의 설치: 도시기반시설에 해당되는 도시계획시설을 설치하여 주거에 쾌적성과 편리성을 도모

ⓒ 부동산의 공급과 관리: 공공기관이 개발한 부동산의 공급은 무주택 서민에게 저렴한 가격으로 주택을 공급할 수 있도록 국민주택 건설용지와 국민주택 규모 이하의 임대주택용지에 대해서는 조성원가로 공급하여야 한다.

ⓓ 사유재산권의 보호: 사업시행자는 개인의 사유재산권을 보호하는 측면에서 충분한 보상과 협의가 이루어질 수 있도록 노력하여야 한다.

㉢ 부동산공영개발의 장 · 단점

ⓐ 장점

- '토지의 계획적 이용'을 통해 토지이용의 효율성을 제고할 수 있다.
- 택지의 대량공급이 가능하다.
- 개발이익의 사회적 환수가 가능하다.
- 공공사업으로 재투자가 가능하다.
- 토지투기를 방지할 수 있으며, 지가안정을 기할 수 있다.

ⓑ 단점

- 재산권의 상대적 손실감으로 토지소유자의 민원이 발생할 우려가 있다.
- 사업비 전액을 사업시행자가 먼저 투자함으로써 시행자의 자금 부담이 가중된다.
- 대규모사업 시행 시 방대한 용지보상지출로 인해서 통화량 팽창과 주변지역의 지가상승이 우려된다.

㉣ 공영개발에 따른 택지공급의 이중가격체계

공적 주체에게는 낮은 가격으로, 민간기업에게는 높은 가격으로 택지를 공급하는 것을 말한다. 이중가격체계는 서민주택의 공급을 위해 필요한 것이다. 이로 인해 공적 주체의 장기적인 토지보유나 비효율적 개발을 가려주게 된다.

③ 비공영개발

㉠ 민간부문의 활동주체가 적법한 절차로 소규모의 부지를 개량 · 개선하는 개발을 말한다.

㉡ 공영개발이 전면매수에 의한 대규모의 대량공급을 취하는 것과는 대조가 된다.

㉢ 신개발 및 재개발의 구분을 비공영개발에서도 활용할 수 있다.

2. 개발방식의 유형

용지취득방식에 따라 개발방식을 분류하면 단순개발방식, 환지방식, 매수방식, 혼합방식, 기타 등으로 나눌 수 있다.

(1) 단순개발방식

토지형질변경 등 허가기준규칙의 형질변경사업에 의한 지주자력개발을 의미하는 것이다. 지주자력개발은 토지의 절대적인 사유관 개념을 바탕으로 대규모 토지개발방식이 채용되기 이전부터 오늘날까지 전통적으로 이루어져 왔다.

(2) 환지방식

택지화되기 전의 토지위치 · 지목 · 면적 · 등급 · 이용도 등 기타 필요 사항을 고려하여 택지개발 후 개발된 토지를 토지소유주에게 재분배하는 것이다. 대지로서의 효용 증진과 공공시설의 정비를 목적으로 하며, 택지개발사업에 주로 활용되는 방식이다. 사업 후 개발토지 중 사업에 소요된 비용과 공공용지를 제외한 토지를 당초의 토지소유자에게 되돌려 주기 때문에 개발이익은 공공으로 귀속되지 못하고 토지소유자, 사업자 등이 향유한다. 개발사업 시 사업재원으로 확보해 놓은 토지를 체비지라고 한다.

(3) 매수(수용)방식

공공부문이 토지를 전면 매수하여 개발하는 방식, 택지공영개발방식, 주택지조성사업 등 개발사업 후 개발사업전 토지소유권자의 권리는 소멸된다. 수용절차가 필요하고 사업시행자와 주민의 갈등 발생, 초기에 막대한 토지 구입비용이 발생한다.

참고 **택지공영개발의 장 · 단점**

1. 장점: 공익성이 강하고 개발이익의 사회적 환수가 가능하며 택지의 대량공급이 이루어질 수 있다. 공공사업으로 재투자가 가능하고 토지투기방식과 지가안정을 기할 수 있으며 토지의 계획적 이용을 통해 토지이용의 효율성을 제고할 수 있다.
2. 단점: 지주의 권리가 보호되지 못하며, 주민의 의견수렴이 어렵다.

(4) 혼합(혼용)방식

수용 또는 시용방식과 환지방식을 혼용하여 시행하는 방식이다.

(5) 합동 · 신탁개발방식

① 합동개발방식은 토지개발사업에 참여하는 토지소유권자, 사업시행자, 재원조달자, 건설자가 택지개발을 착수하기 전에 대상지역의 토지소유권자로부터 일정가격으로 대상토지를 전량 매수해서 택지로 개발하는 방식이다. ② 신탁개발방식이다. 신탁이란 신탁법에 따라 일정한 목적에 따라서 재산의 관리 또는 처분을 시키기 위해서 그 수탁자에게 재산을 이전하는 것이다. 이러한 신탁을 통하여 개발행위를 할 때, 신탁개발이라고 한다.

KEY PLUS | 용지취득방식과 권리변환

구분	단순개발방식	환지방식	매수(수용)방식	혼합(혼용)방식
주체	토지소유자	원칙 : 토지소유자, 재개발조합	공공부분	환지방식 + 매수방식
권리변환유무	권리불변	권리축소	권리소멸	
기타	토지형질변경 등 전통적인 개발방식	개발이익: 소유자, 사업자 사업시행 복잡, 감보율적용, 비용충당 ⇨ 체비지	개발이익: 공공 사업시행용이 사업부담↑, 소유자저항↑	

5 부동산개발의 과정과 위험

1. 부동산개발과정

[부동산개발의 7단계 모형]

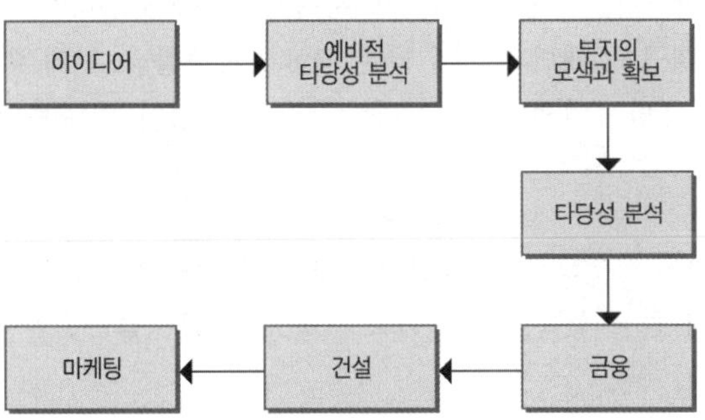

부동산개발의 단계는 '아이디어 단계'에서부터 시작하여 '예비적 타당성분석', '부지확보', '타당성 분석', '금융', '건설' 및 '마케팅'으로서 다음과 같이 7단계로 설명할 수 있다.

(1) 구상단계(아이디어 단계)

모든 부동산개발은 구상으로부터 시작된다.

⇨ 구상의 내용

- 어떠한 형태의 공간이 필요한가?
- 어디에 입지해야 하는가?
- 현재 가지고 있는 부지를 무슨 용도로 이용해야 하는가?
- 구상에 맞는 부지를 어떻게 매입해야 하는가?

(2) 전실행가능성 분석단계(예비적 타당성분석 단계)

부동산개발에서 얻은 수익이 비용을 상회할 가치가 있느냐를 조사하는 것이다. 개발업자는 사전에 개발비용, 개발에 따른 시장가치, 산출임료수익 등을 개괄적으로 조사해 볼 필요가 있다.

(3) 부지구입단계(부지의 모색과 확보단계)

여러 대안부지를 비교해 최선의 부지선택한다. 용도지역의 변경가능성까지도 고려한다. 부지확보는 권리변환을 이용해 사업시행의 용이성, 개발이익 등을 고려할 때 유리한 방식을 택해야 하는데, '권리소멸 〉 권리축소 〉 권리불변'의 순이다.

(4) 실행가능성 및 디자인단계(타당성분석단계)

부지가 선택되면 개발업자는 더 세밀한 실행가능성분석을 하여야 한다. 분석의 내용은 주로 조성공사에 필요한 국토계획법 · 건축법 등의 공법상 규제분석, 토양구조물 등의 부지분석, 개발 후의 시장분석, 개발비 및 예상수익 등의 재정분석 등을 포함한다.

(5) 금융단계

지조성 및 건설자금의 융자 등을 고려하는 국면이다.

(6) 건설단계(택지조성)

물리적인 공간을 창조하는 국면이다. 택지조성의 경우는 토지의 형질을 변경하고 개량하여 택지화한다.

(7) 마케팅단계

개발사업계획의 성공은 궁극적으로 시장성에 의존한다. 임대활동을 개발초기부터 이루어지는 것이 바람직하다. 마케팅기간의 단축을 통해 마케팅비용을 절감할 수 있다. 따라서 쇼핑센터와 같은 대규모 개발의 경우에는 중요임차자를 사전에 확보하는 것이 유리하다. 다만, 사전확보는 개발사업의 가치를 하락시킬 가능성이 있다는 점을 주의해야 한다.

2. 부동산개발의 위험

캐드먼(D. Cadman)은 사업의 진행과정에서 발생할 수 있는 위험부담으로 인플레이션, 자금부족, 인간관계의 파탄 등을 들고 있다. 워포드(Wofford)도 법률위험부담, 시장위험부담, 비용위험부담을 들고 있다.

(1) 법률적 위험부담

개발사업의 법률적 타당성 분석(이미 이용계획이 확정된 토지구입시에 위험 최소화됨), 환경권이나 일조권 침해 등에 의한 민원이나 공중의 여론 문제, 용도지역제, 토지이용규제 변화, 행정인허가의 불확실성 발생

(2) 시장위험부담

시장의 불확실성이 개발업자에게 주는 위험(수요, 공급, 가격의 불확실성, 임대/분양 실패, 헐값매각, 저가임대)

① **시장성분석**: 임대 · 매매능력 조사(시장조사)

- **시장연구 ⇨ 수요 · 공급상황분석**(흡수율 분석: 국지적 세분화를 통해): 시장에 공급된 부동산이 한 해 동안 얼마의 비율로 흡수되었는지 분석 ⇨ 수요의 추세 파악: 흡수율이 높을수록 시장위험 감소한다(공가율과 반대개념).

② **개발기간 중 개발사업의 가치와 시장위험**: 개발사업의 완성률이 높을수록 개발사업의 가치는 커지고 시장위험은 감소함 ⇨ 선 분양시 시장위험 낮고 분양가 낮다. 후분양시 시장위험 높고 분양가 높다.

(3) 비용위험부담

① 개발기간이 길수록, 인플레가 심할수록 비용위험이 커진다.

② 개발업자가 비용 위험을 줄이기 위해 최대가격 보증계약을 체결한다면 개발사업에 지출되는 비용이 계약에서 정한 금액을 초과하더라도 개발업자는 초과되는 비용을 부담하지 않는다.

③ 최대가격 보증계약을 하면 개발업자는 예기치 못한 비용위험을 줄일 수는 있으나 그 계약금액이 높아질 것이다(일반계약자도 개발사업비를 높게 책정하므로).

6 부동산개발의 투자결정분석

1. 투자분석의 관점

(1) 경제적 타당성

투자자본에 대한 기대수익을 경제적인 관점에서 측정하고 분석하는 방법이다.

(2) 재무적 타당성

개발사업을 추진하는 사업주체의 관점에서 그 사업에 투입한 자본의 재무수익을 분석하는 것이다.

2. 경제적 분석방법

(1) 편익 – 비용률(B/C: benefit, cost ratio)

현재가치로 할인한 수익의 합계를 현재가치로 할인한 비용의 합계로 나눈 비율이다. 계획의 타당성을 쉽게 단정할 수 있다는 장점을 지닌다. 즉, B/C〉1이면, 타당성이 있는 것으로 평가하여 그 계획을 수행함이 바람직하다.

(2) 순현재가치(NPV: net present value)

순현재가치법이란 장래 기대되는 세후 소득의 현가합계와 투자비용으로 지출된 지분의 현가합계를 서로 비교하는 방법이다. 순현가가 0 보다 크면, 그 사업의 타당성이 있다고 본다.

(3) 내부수익률(IRR: internal rate of return)

내부수익률은 예상된 현금유입과 현금유출의 현재가치를 서로 같게 만드는 할인율로서, 순현가를 0으로 만드는 할인율이다. 내부수익률이 요구수익률보다 크면, 그 사업의 타당성이 있다고 본다.

7 부동산개발의 타당성분석

1. 법률적 측면의 타당성분석

법 · 제도적 환경분석이다. 대상투자사업과 관련된 것을(공법 · 사법상의 제한사항, 정책적 고려사항도 포함)분석하는 것을 말한다.

2. 기술적 측면의 타당성분석

주어진 토지의 자연적 환경 또는 기술적인 측면의 설계, 시공, 이용, 관리, 보전 등의 기술적 · 물리적 문제 등이 대상 투자사업에 적합한가 여부를 분석하는 것을 말한다.

3. 경제적 측면의 분석

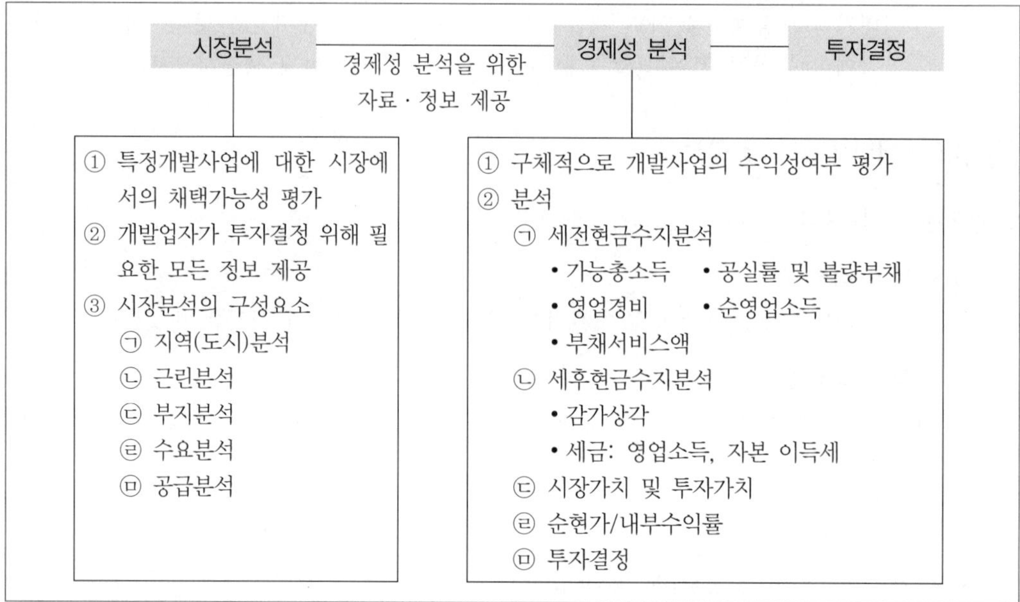

(1) 시장분석

경제 및 지역상황을 주요분석 대상으로 하며, 특정 형태 부동산의 현재와 미래수급동향을 분석한다.

① 지역분석

어떤 지역을 구성하는 부동산가격형성에 전반적 영향을 미치는 요인에 대한 분석이다.

㉠ 국가경제가 지역에 미치는 영향
㉡ 가계소득 및 가계경제에 관한 정보
㉢ 일반적 인구통계 정보(인구, 평균연령, 가구수, 장년층 인구)
㉣ 교통, 성장 및 개발의 유형
㉤ 현재와 미래의 개발 성장의 분석
㉥ 지역의 경제기반 분석

② 인근지역분석

평가대상부동산의 가치에 직접적 영향을 주는 인근지역의 변화를 알 수 있도록 실시되는 분석이다.

㉠ 인근지역 거주자의 인구구조 특징
㉡ 지방경제가 부지에 미치는 영향
㉢ 교통체계와 통행량
㉣ 인근지역 내 유사사업의 경쟁
㉤ 장래 경쟁의 잠재성 등

③ 부지분석(개별분석)

개발 대상부지의 개별적 요인을 분석하여 최유효이용을 꾀하는 것이다.

㉠ 용도지역 · 지구제

㉡ 비용과 가치

㉢ 지형, 지세, 지반 등

㉣ 기본적 편익시설

㉤ 접근성(인접성), 위치(입지)

㉥ 부지의 규모

㉦ 기타 물리적 특징

④ 수요분석

개발대상부동산에 대한 구매력을 가진 수요를 추정하기 위해 실시된다.

㉠ 상권의 범위

㉡ 상권 내 인구 및 가구 수

㉢ 소득수준

㉣ 상품의 경쟁

㉤ 지역의 산업동향

㉥ 지역발전 전망

㉦ 경쟁환경

㉧ 소비자의 형태 등

⑤ 공급분석

재고조사에 의해 현재의 공급을 파악하고, 미래공급까지 예측하기 위해 실시된다.

㉠ 공실률 및 임대료 추세

㉡ 정부서비스의 유용성

㉢ 건축착공량 및 건축허가건수

㉣ 도시 및 지역계획

㉤ 건축비용의 추세 및 금융의 유용성

㉥ 공공편익시설

(2) 경제성(시장성) 분석

① 시장분석의 마지막 단계로서 부동산의 경쟁력을 극대화하려는 의도에서, 부동산개발사업의 수익성을 평가하기 위해 행한다. 경제성 분석은 시장분석에서 수집된 자료를 활용하여 보다 구체적인 개발사업에 대한 수익성을 판단하는 것이다.

② 시장분석의 예측목표

㉠ 부동산시장에서 분양, 임대 가능한 가격 또는 임대료

㉡ 이윤을 최대화 할 수 있는 개발의 규모

㉢ 특정한 기간 내의 예상흡수율

㉣ 판매에 영향을 주는 비가격조건과 금융조건

㉤ 대상시장에 가장 효과적인 판매전략 등

③ 수요분석 - 흡수율 조사단계

㉠ 시장을 확정한다.

㉡ 수집된 자료들이 수요에 미치는 영향을 평가하고 특정기간 수요량을 계산한다.

㉢ 경쟁관계에 대해 조사한다(위치, 임료수준, 거래가격, 공실률 등 포함)

㉣ 인구의 특성조사(소득, 연령, 가구규모 등)를 통해 소비자 특성을 파악한다.

㉤ 동향분석을 통해 현재 부지 시장을 평가하고 장래의 수요를 예측한다.

④ 주요요소

㉠ 세공제전 현금수지분석: 가능총소득, 공실률 및 불량부채, 영업경비, 순영업소득, 부채서비스액

㉡ 세공제후 현금수지분석: 감가상각, 세금(영업소득세, 자본이득세)

㉢ 시장성 · 투자성

㉣ 내부수익률 및 순현재가치

㉤ 부동산개발 투자의 결정

8 부동산개발의 새로운 접근방법

1. 부동산개발과 공중권

(1) 의의

부동산개발에 있어서 공간의 구분이용 방법에는 여러 가지 형태로 구현되어 있으며, 특히 선진국일수록 널리 활용되고 있다. 공중권은 공간을 분할하여 이용하는 권리로서 토지소유권의 구성요소로서 인정되고 있는 재산법상의 권리이다. 도시에 있어서 토지의 고도이용과 공간의 효율적인 활용을 추진하기 위한 방책의 하나로 논의되어 왔다.

(2) 개발권의 이전제도

① 연혁

공중권제도는 외국, 특히 미국에서 널리 활용되고 있는 제도이다. 미국의 몽고메리군은 워싱턴 D.C에 인접하고 있는 인구 약 60만의 도시이다. 그 지역은 워싱턴 교외지로서 워싱턴으로부터 개발압력을 받자 농지를 보존할 필요가 있어서 1973년에 전원지역이란 지역을 새로이 설정하여 1980년에 개발권 양도(TDR: transferable development rights)제도를 도입한 것이다. 또한 농지로서 특히 보전할 필요가 있는 지역은 전원밀도 이전지를 지정하여 제한을 가하게 되었다.

② 개발권 이전절차

매입지역에 있어서 개발권을 얻어 개발을 행하는 개발업자는 이전지역 내의 개발권의 소유자와 개발권의 구입계약서, 개발계획서를 군의 계획국에 제출하여 승인을 구한다. 승인 후, 개발업자는 다시금 구체적으로 상세한 토지개발계획을 작성하여 행정청의 승인을 다시금 얻은 후 개발업자의 등록용 도면을 작성한다. 이전지역에 대해서는 장래의 주택개발을 제약하는 지역권을 설정하여 행정청에 이전한다. 이 등록용 도면과 지역권을 토대로 계획국은 최종적인 승인을 행한다. 토지등록에 해당도면과 지역권의 설정이 등록되면 개발권의 이전이 종료된다.

③ 우리나라에서 개발권양도제를 적용한 것과 유사한 효과를 지닌 토지가 흔히 발견되는 지역은 토지이용규제가 극심한 지역이다.

(3) 활용

토지개발에 따른 공중이용과 공중권은 대도시에 있어서 토지의 입체적 고도이용 및 공간의 효율적인 활용을 촉진시키기 위해서 외국에서는 널리 활용되고 있다. 이는 토지 상부의 미이용 공간을 그 밑의 토지나 지표와 관계없이 토지소유권과 별개의 독립된 객체로 함으로써 그 상부공간에 건축물을 건축하거나 또는 상부공간에 상당하는 용적률 등의 개발허용한도를 인근의 토지로 이전시켜 본래 정해진 한도를 상회하는 규모의 건축물을 건축할 수 있는 권리로 활용되고 있다.

2. 공중권의 가치

(1) 공중권의 가격은 토지가격의 70% 내지 80% 정도로 알려지고 있으며, 뉴욕시의 맨해튼지구는 토지의 가격과 별로 차이가 없는 것으로 나타나고 있다.

(2) 공중권의 가격에 대한 비율은 지가수준이 높은 지역일수록 비싸다.

(3) 부동산감정평가업협회는 토지의 권리군을 다음 네 가지 관점에서 정리하고 여기에 양도성, 즉 권리성을 인정하고 있다. 물리적 형태, 법적 형태, 경제적 형태, 재무적 형태로 이 가운데 물리적 형태는 바로 토지공간을 인식한 부분의 파악이다. 각각에 대해서 매매 · 임대차 · 저당권 설정 등이 가능하도록 되어 있다.

9 민간자본유치 사업방식

민간투자자는 여러 방법을 이용 인프라시설에 관한 프로젝트들을 실행시킬 수 있다.
민간투자법은 BOT(Build-Operate-and-Transfer), BTO(Build- Transfer-and-Operate), BOO(Build-Own-and-Operate) 방식 이외에 주무관청이 시설사업기본계획을 통해 제시한 방식, 민간이 제안하여 주무관청이 채택한 방식도 가능하도록 규정함으로써 다양한 방식에 의한 사업추진이 가능하도록 하고 있다. 아래에 열거하는 방식들은 국제적으로 가장 많이 이용되는 방식들로서 아래에 열거되지 않는 다른 방식들에 의해서도 민간투자사업을 다양하게 추진할 수 있다.

1. 건설 – 운영 – 양도(Build – Own – Operate – and – Transfer, BOT)

사업시행자가 인프라시설에 필요한 재원을 조달하고 건설하며 일정기간 소유권을 가지고 운영 및 관리까지를 담당하는 방식이다. 사업시행자는 운영기간동안 계약상에 명시된 바에 따라 시설에 대한 사용료를 시설이용자들에게 부과할 수 있다. 사용료 수입은 사업시행자가 투자한 금액과 투자액에 대한 수익을 회수하고 시설의 관리 및 운영에 필요한 운영비용을 충당하는데 소요된다. 시설은 계약기간 만료 후 정부 또는 지방정부에 귀속되고 민간투자법상 계약기간의 상한은 정하고 있지 않으나 최장 50년을 넘지 못하고 있다.

2. 건설 – 양도 – 운영(Build – Transfer – and – Operate, BTO)

사업시행자가 인프라시설에 필요한 재원을 조달하고 건설하여 정부 또는 지방정부에 소유권을 양도한 뒤 일정기간 관리운영권을 부여받아 운영 및 관리까지를 담당하는 방식이다. 민간사업자는 BTO 계약에 따라 시설을 운영하면서 시설에 대한 사용료를 이용자들에게 부과할 수 있다. 역시 사용료 수입은 사업시행자가 투자한 금액과 투자액에 대한 수익을 회수하고 시설의 관리 및 운영에 필요한 운영비용을 충당하는데 소요된다.

3. 건설 – 소유 – 운영(Build – Own – and – Operate, BOO)

사업시행자가 인프라시설에 필요한 재원을 조달하여 건설하고 소유하면서 운영 및 관리를 할 수 있는 권한을 승인을 얻어 시설에 대한 사용료를 사용자들에게 부과하는 방식이다. BOT와 달리 사업시행자가 시설 소유권을 영원히 보유하기 때문에 정부에 양도하지 않는다.

4. 건설 – 양도(Build – and – Transfer, BT)

사업시행자가 인프라시설에 필요한 재원을 조달하여 건설하고 준공 후 정부가 다음의 조건을 이행할 때 사업시행자가 시설의 점유, 관리운영, 소유권 등 모든 권한을 정부 또는 지방정부에 양도하는 방식이다.

(1) 정부가 총투자비와 적정 수익을 사업시행자에게 지급 완료하는 경우

(2) 정부가 계약상에 명문화되어 있는 상환 스케줄에 따라 총투자비와 적정 수익을 지급하는 경우

5. 건설 – 임대 – 양도(Build – Lease – and – Transfer, BLT)

사업시행자는 주무관청의 승인을 받아 인프라시설에 필요한 재원을 조달하여 시설을 건설하고 시설이 완공되면 당해 시설을 소유하면서 정부기관이나 지방정부에 일정기간동안 임대한다. 임대기간이 끝나면 시설에 대한 소유권은 자동적으로 시설의 관할권이 있는 정부 또는 지방정부에 시설과 함께 양도된다.

6. 건설 – 양도 – 임대(Build – Transfer – and – Lease, BTL)

사업시행자는 주무관청의 승인을 받아 인프라시설에 필요한 재원을 조달하여 시설을 건설하고 시설이 완공되면 당해 시설의 소유권을 관할권이 있는 정부 또는 지방정부에 양도하고 관리운영권 또는 무상사용 · 수익권을 부여받은 뒤 해당시설의 관리운영을 정부기관 또는 지방정부, 전문운영관리회사 등에 협약에서 정한 기간 동안 임대한다. 임대기간이 끝나면 관리운영권 또는 무상사용 · 수익권은 자동적으로 소멸된다.

7. 계약 – 추가 – 운영(Contract – Add – and – Operate, CAO)

사업시행자는 계약을 통해 특정 시설을 정부로부터 임대받고 해당 시설에 대해 새로운 시설을 추가한 후 계약에 의해 확장된 기간 동안 시설의 관리운영권을 갖게 된다. 임대계약기간이 종료되면 추가된 시설의 관리운영권도 정부 또는 지방정부에 양도된다.

8. 개발 – 운영 – 양도(Develop – Operate – and – Transfer, DOT)

민간이 자신이 소유하고 있는 자산과 인접한 새로운 인프라시설의 개발권을 주무관청으로부터 부여받아 재원을 조달하여 인프라시설을 건설한다. 건설된 인프라시설은 정부 또는 지방정부에 양도되며, 사업시행자는 인프라시설에 대한 투자를 통해 자신의 자산가치 상승 및 임대료 상승 등과 같은 여러 가지 혜택을 누릴 수 있다.

9. 복구 – 운영 – 양도(Rehabilitate – Operate – and – Transfer, ROT)

현존하는 인프라시설의 개선/복구, 운영 및 관리권한을 일정한 계약기간동안 민간 사업자에게 넘기는 방식이다. 계약이 만료되면 시설의 관리운영권은 정부로 귀속된다. ROT방식은 일반적으로 현존시설로부터 얻는 수입을 가지고 해당 시설을 복구, 개선, 운영하는 방식을 말한다.

10. 복구 – 소유 – 운영(Rehabilitate – Own – and – Operate, ROO)

현존하는 시설물의 소유권이 민간 사업자에게 넘어간 후 해당 시설에 대한 개선 및 복구가 이루어지고, 사업자에 의해 운영되는 방식이다. ROO방식에는 소유권에 대한 시간적 제약이 없으며 시설운영권자는 법률을 위배하지 않는 한 계속해서 운영권을 행사 할 수 있다.

11. 복구 – 양도 – 임대(Rehabilitate – Transfer – and – Lease, RTL)

사업시행자가 기존시설을 개선/복구하여 관할권이 있는 정부 또는 지방정부에 양도하고 그 대가로서 전체 시설의 관리운영권 또는 무상사용·수익권을 부여받은 뒤 해당 시설의 관리운영권을 정부기관 또는 지방정부 등에 임대하는 방식을 말한다.

KEY PLUS | BTO/BTL방식 비교

추진방식	Build-Transfer-Operate	Build-Transfer-Lease
① 대상시설성격	최종수요자에게 사용료 부과로 투자비 회수가 가능한 시설(민자도로 등)	최종수요자에게 사용료 부가로 투자비 회수가 어려운 시설(학교, 관공서 등)
② 투자비 회수	최종사용자의 사용료	정부의 시설임대료
③ 사업 리스크	민간이 수요위험 부담	민간의 수요위험 배제

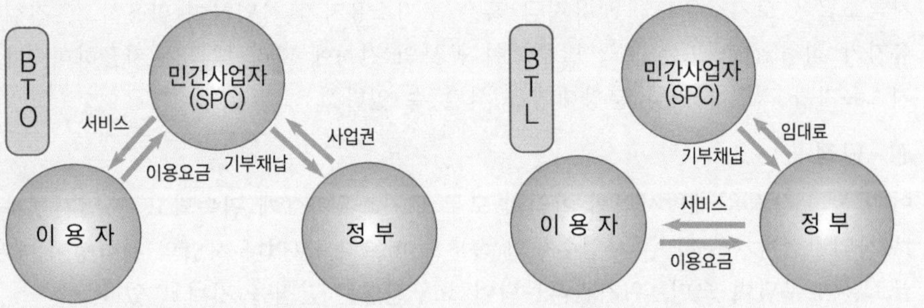

10 도시경제 기반이론

1. 입지계수(LQ)

어떤 지역의 산업이 전국의 동일산업에 대한 상대적 중요도를 나타내는 지수 또는 그 산업의 특화정도, 전문화를 나타내는 지수

> ※ 입지계수(LQ) $= \dfrac{A\text{지역의 }X\text{산업구성비}}{\text{전국의 }X\text{산업구성비}} = \dfrac{\dfrac{A\text{지역의 }X\text{산업에 대한 고용자수}}{A\text{지역의 전 산업에 대한 고용자수}}}{\dfrac{\text{국가전체의 }X\text{산업에 대한 고용자수}}{\text{국가전체의 전 산업에 대한 고용자수}}}$
>
> ※ LQ > 1 ⇨ 경제기반산업
>
> ※ LQ = 1 ⇨ 자급자족도시(전국평균)
>
> ※ LQ < 1 ⇨ 비경제기반산업

2. 경제기반승수

경제기반산업의 고용증가 등이 지역전체의 고용인구증가에 미치는 영향을 나타내는 승수이다. 즉 지역전체의의 인구증가 = 경제기반승수×기반산업의 인구증가이다.

경제기반승수 $= \dfrac{1}{1-\text{비기반산업비율}}$ 로 표시된다.

⇨ 이는 기반산업에 의해 수출이 커져서 소득이 증가하면 지역 내의 서비스업에 대한 소비가 증가한다는 사실을 전제로 한다.

11 부동산유효활용의 방식

1. 자체개발사업

(1) 개념

이 방식은 토지소유자가 사업기획을 하고 직접 자금조달을 하여 건설을 시행하는 방식이며, 통상적으로 가장 많은 형태이다.

(2) 내용

자금조달은 토지소유자의 보유자금 혹은 토지소유자가 차입하여 활용하고, 건설은 토지소유자가 직접 건축 또는 도급 발주하여 공사의 진척에 따라 대금을 지급하며, 마케팅은 토지소유자가 직접 하거나 분양대행을 시킬 수 있다.

(3) 장 · 단점

이 방식의 장점은 개발사업의 이익이 모두 토지소유자에게 귀속되고, 사업시행자의 의도대로 사업추진이 가능하며, 사업수행의 속도도 빠르다. 그러나 사업의 위험성이 매우 높고 자금조달의 부담이 크며, 위기관리능력이 요구된다는 단점을 지니고 있다.

2. 지주공동사업

지주공동사업은 토지소유자와 개발업자간에 부동산 개발을 공동으로 시행하는 것으로서 토지소유자는 토지를 제공하고 개발업자는 개발의 노하우를 제공하여 서로의 이익을 추구하는 행태이다. 이 방식의 가장 큰 장점은 부동산 개발사업에 대한 위험을 지주와 개발업자간에 분산하는 데 있다.

(1) 공사비 대물교환(변제)방식

사업부지를 소유하고 있는 토지소유자가 개발이 완료된 후 개발업자나 시공시에게 공사대금을 완공된 일부의 건물로 변제하고, 나머지는 분양하거나 소유하는 형태이다. 토지소유자는 대상 부지의 소유권을 소유한 상태에서 개발사업이 진행되도록 유도할 수 있고, 그 결과 발생되는 부동산가치의 상승분을 취득할 수 있는 이점이 있다.

(2) 분양금 공사비 지급방식

토지소유자가 사업을 시행하면서 건설업체에 공사를 발주하고 공사비의 지급은 분양 수입금으로 지급하는 방식이다. 통상적으로 자금동원 능력이 없는 개인이나 법인이 사용한다.

(3) 투자자 모집형

개발업자가 조합 아파트처럼 투자자로부터 사업자금을 마련하여 사업을 시행하고 투자자에게는 일정의 투자수익 또는 지분을 보장하는 방식이다. 실제 운영방식은 대개 사업시행자(조합)가 부족 자금에 대해 투자자를 모집하는 방식으로 진행된다.

(4) 사업위탁형

이는 토지소유자가 개발업자에게 사업시행을 의뢰하는 형태이며, 개발업자는 시행을 대행하는 것에 대한 수수료를 취하는 형태이다. 자금의 조달은 토지소유자 또는 개발업자의 주선에 의하여 토지소유자가 조달하며, 개발 후 분양이나 임대를 개발업자가 대행하는 것이 보통이다. 이는 분양보다는 임대형에 유리하고 개발업자도 자금이 풍부해야 한다.

3. 토지신탁형

이는 자신의 토지를 신탁회사에 위탁하여 개발 · 관리 · 처분하는 방식이며, 사업위탁방식과 유사하나, 가장 큰 차이점은 신탁회사에 형식상의 소유권이 이전된다는 것이다. 신탁기간이 종료되면 신탁회사는 토지소유자에게 토지와 건물을 반환한다.

4. 등가교환방식

토지소유자의 토지위에 개발업자가 건축비를 부담 후 건물의 건축면적을 토지소유자와 개발업자가 토지가격과 건축비의 비율에 따라 지분을 나누는 신탁방식이다.

5. 신차지방식

법적 측면에서는 차지방식이지만, 경제적(실질적) 측면에서는 공동사업방식이다.

(1) 차지계약을 체결할 때에는 권리금을 주고받지 않는다.
(2) 차지계약 중에는 토지소유자에게 고액의 지대를 지불한다.(실질적으로는 이익배당)
(3) 차지계약을 종료할 때에는 토지는 무상으로, 건물은 시가로 양도한다.(청산절차)

6. 사업수탁방식

토지나 개발자금을 토지소유자가 부담하며 사업진행도 토지소유자 명의로 진행된다. 개발업자는 일정수수료를 받고 사업전반을 총괄 지휘한다.

※ 토지(개발)신탁이 개발업자인 수탁자 명의로 사업이 행해지는 것과 구별

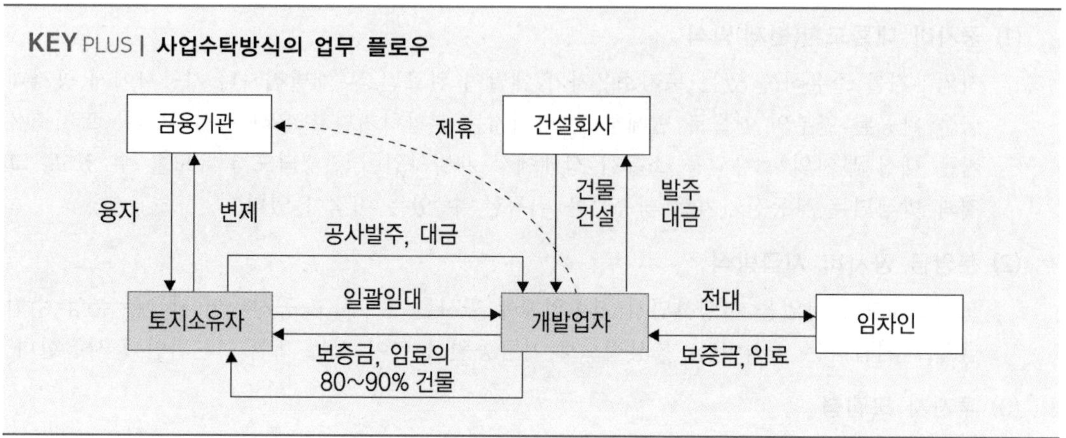

7. 건설협력금 차입방식

토지 소유자가 토지를 소유한 그대로 토지의 활용을 도모하는 방식으로서, 사업파트너가 행하는 업무는 기본적으로 사업수탁방식과 동일하지만 사업자금의 조달 · 완성 후의 운영형태가 다르다. 실질적으로 자금은 사업파트너가 부담하고 사업수지의 균형 등 공동사업으로서의 중요한 전제조건을 요구한다.

8. 공동빌딩 건설방식

공동으로 빌딩을 건설하는 방법에는 자력건설형과 등가교환형이 있다.

(1) 자력건설형

각 토지 소유자가 상호건축비를 부담하여 건설하는 방식을 말한다.

(2) 등가교환형

소유자와 개발업자가 건축비를 부담하여 등가교환하는 방식을 말한다.

9. 컨소시엄(consortium) 구성방식

대규모의 자금이 소요되거나 고도의 기술력을 요하는 개발사업에 있어서 여러 법인들이 상호 필요에 의하여 조합을 구성하여 사업을 수행하는 방식을 말한다. 이 방식은 여러 법인이 참여함에 따라 위험이 분산되어 안정성이 높다는 장점이 있는 반면에, 여러 법인간의 이해 조정에 따른 문제점이 발생한다는 단점이 있다.

WIDE PLUS | 유효활용방식의 주요사항 비교

구분		토지신탁방식	자기개발방식	차지방식	등가교환방식	사업수탁방식	건설협력금 차입방식	공동빌딩방식
소유관계	소유권 귀속	신탁기간 중: 수탁자 신탁종료 후	토지소유자	토지소유자	토지소유자 개발업자의 공유	토지소유자	토지소유자	토지소유자, 개발업자, 제3자 구분
	양도 가능성	형식상의 명의 양도 동결·수익권 이전가	자유로움	자유로우나 시장성이 제약됨	제한되는 경우 있으나 자유로움	자유로움	자유로움	제한되는 경우 있으나 자유로움
사업과정	주체사업	수탁자	소유자	지상권자 또는 임차권자	토지소유자 개발업자	토지소유자 개발업자	토지소유자 개발업자	토지소유자 개발업자
	사업 대상물	토지	토지	토지	토지 (경우에 따라 지상물 포함)	토지	토지 (경우에 따라 지상물 포함)	토지 (경우에 따라 지상물 포함)
	주요 진행방식	수탁자에 의해 유형에 따라 다양	원칙적으로 토지소유자에 의하나 경우에 따라 타인 참여	지상권·임차권자가 계약내용에 의거 진행	계약내용에 의거 다양함	토지소유자의 결정에 따라 다양	계약내용에 따라 다양함	계약내용에 따라 다양함
사무관계 등	토지소유자의 사무관리	없음	없음	없음	있음	거의 없음	있음	있는 경우도 있음
	조세 및 부담금	양도세 없음 건물취득으로 인한 공과금 있음	앞과 동일	앞과 동일	앞과 동일	앞과 동일	앞과 동일	없음

자료: 이창석, "토지활용방식의 비교연구", 「논문집」 제26집 (강남대학교 출판부, 1995), pp. 53~54.

제2장 부동산 관리론

View Point

1. 부동산 관리영역인 자산관리(AM), 재산관리(PM), 시설관리(FM)의 차이를 확인하고 이해한다.
2. 부동산 관리방식인 자가관리/위탁관리/혼합관리의 의미와 장 · 단점을 정리해야 한다.
3. 건물의 생애주기를 확인하고 단계별 특징을 알아본다.

1 부동산관리의 의의와 필요성

1. 부동산관리의 의의

부동산 관리란 부동산을 소유자의 목적에 맞게 최유효이용할 수 있도록 취득 · 보존 · 이용 · 개량 및 운용하는 일체의 행위를 말한다. 이는 부동산의 처분에 대응하는 개념이다.

(1) 보존활동

대상부동산이 갖는 본래의 상태를 보존하여 그 부동산이 갖는 기능을 계속 유지시키는 활동

(2) 이용활동

부동산이 갖는 기능에 따라 이익을 증대시키는 활동(성질을 변화시키지 않는 범위내에서)

(3) 개량활동

부동산의 법률적 · 기능적 · 경제적 하자를 제거하여 부동산의 유용성 극대화 시키는 활동(성질을 변화시키지 않는 범위내에서)

2. 부동산관리의 필요성

(1) 도시화현상

경제의 발전과 더불어 인구의 도시집중은 단독주택에서 공동주택으로 주택 구조를 변경시켰고, 그로 인하여 공동주택의 전문적인 관리를 필요로 한다.

(2) 건축기술 발달

인구의 도시집중과 도시의 성장은 건물의 고층화 · 대형화를 가져오고 이로 인한 건축기술의 발전은 전문적인 관리가 아니고는 그 유지가 불가능하게 되었다.

(3) 부재소유자의 요구와 증가

도시화는 부동산개발이나 투자를 촉진하게 되어 도시지역의 부동산은 대량으로 임대화되어 부재자의 소유현상은 소유자로 하여금 부동산 관리를 전문 관리인에게 위탁하게 되었고 이로 인하여 부동산에 대한 부재자소유의 증대를 가져온다.

(4) 소유와 관리의 분리

부동산관리제도의 필요는 공용부문에서는 물론이나 전유부문에서도 구분소유물의 공공성에 입각하여 단독소유에서와 달리 계속적이고 제도적인 관리가 요청된다.

2 부동산관리의 세 가지 영역

부동산관리는 시설관리, 자산관리, 기업관리의 세 가지 영역으로 나눌 수 있는데, 가장 중요한 것은 자산관리이다.

1. 자산관리(Asset Management)

소유자나 기업의 부를 극대화시키기 위하여 부동산의 가치를 증진시킬 수 있는 다양한 방법을 모색하는 적극적 관리를 말한다. 대상 부동산을 포트폴리오 관점에서 관리한다.

2. 재산관리(Property Management)

부동산관리 또는 기업관리라고도 한다. 부동산의 운영수익을 극대화하고 자산가치를 증진시키기 위한 임대차 관리 등의 일상적인 건물운영 및 관리를 말한다.

3. 시설관리(Facility Management)

각종 부동산시설을 운영하고 유지하는 것으로서 시설사용자나 기업의 여타 부문의 요구에 단순히 부응하는 소극적 관리이고 기술적인 측면의 관리를 말한다.

3 부동산관리의 내용

1. 법률적 관리

부동산의 소유권 기타 권리의 적정성 여부를 판단하여 순수익을 제고시키는 행위로 소유권 등 권리변동시 자주 나타난다. 예를 들면 권리분석과 조정, 계약 관리 등 법률적 관리가 잘 이루어져야 그 부동산의 경제적 가치를 향상시킬 수 있다. 법률적 하자가 있는 건물이 존재한다면 원상회복에 따른 경제적 손실을 가져오게 된다.

(1) 토지의 법률적 관리

토지관리의 가장 기본이 되는 것은 소유권 등 권리보전을 위한 관리이다.

① **권리관계의 조정**: 부동산에 원인 없는 등기가 존재하거나 목적물과 권리가 다른 경우와 같이 불필요한 권리가 부착되어 있거나 필요한 권리가 결여되어 있는 경우, 조정할 권리를 잘 파악하여 조정한다.

② **토지 도난에의 대책**: 토지의 사기, 불법점유 등을 방지하기 위하여 경계표시나 자주 돌보고 있다는 흔적을 보이는 등 토지 도난에의 대책을 세운다.

③ **법률적 이용가치의 개선**: 지목변경 등을 통해 법률적 이용가치를 개선한다.

(2) 건물의 법률적 관리

① **임대차 예약**: 소유부동산의 임대차예약을 위한 관리로서 임대인의 모집을 위하여 광고판의 부착, 중개업자에게 위탁, DM광고 등이 있다.

② **임대차 계약**: 임차인이 선정되면 현재의 관행에 따라 계약을 하되, 이 계약서에는 임대차기간, 해약예고기간, 임료의 개정 · 금지 또는 제한사항, 보증금, 원상회복 등을 약정한다.

③ **기타 시설이용에 관한 계약**: 주차시설의 이용, 광고시설의 이용 등에 관해 계약을 한다.

④ **권리의 보존관리**: 소유하고 있는 건물의 권리에 대한 보존관리를 계속하여야 한다.

⑤ **공법상 규제사항에 관한 관리**

2. 경제적 관리

부동산의 이용에서 발생하는 총수익에서 제비용을 뺀 순수익이 합리적으로 산출되고 있는가의 여부와 어떻게 극대화 수준에서 유지 · 보수 · 개량 · 관리하느냐 하는 것이 경제적 관리의 내용이다. 예를 들면 유능한 관리자 선발, 주기적 생산성 분석, 지렛대효과 유지 및 투자회수, 환경변화에 대응하고 물리적 하자를 제거하여 순수익을 높이려는 행위이다.

(1) 토지의 경제적 관리

나지를 이용하기 전에 그것을 유효하게 활용하는 방안을 검토해야 한다. 예를 들면 ㉠ 공사장 가건물, ㉡ 모델하우스, ㉢ 주차공간, ㉣ 자재하치장, ㉤ 테니스 코트, ㉥ 수화물 취급소 등으로 이용한다.

(2) 건물의 경제적 관리

① 임대건물의 손익분기점 파악: 손익분기점이란 매상고에서 비용을 빼낸 것이 0이 되는 점, 즉 매상고와 비용이 상계되는 점을 말한다. 임대를 개시하고 있는 건물의 경우는 매년 손익계산서에 의해 손익분기점을 찾아낼 수 있으나, 신축건물의 경우는 사례를 산정하여 수지계산을 할 수 있다.

② **회계관리**: 회계관리는 조세공과금, 보험료 등의 납부관리 등을 효과적으로 관리하는 데 중요시된다.

③ **인력관리**: 건물의 경제적 관리에서 관리요원을 적재적소에 배치하는 인사관리, 업무분장 등의 인력관리가 중요하다.

3. 기술적 관리

부동산의 물리적 노후화나 손상 · 마모 기능적 부적합 등의 상태를 예방하거나 치유하여 기술적으로 유지 · 보존하는 행위이다. 보기를 들면, 장래의 증 · 개축 계획을 세우거나, 토지의 경우 경계를 확인하기 위하여 경계측량을 실시하여 확정하는 등의 관리가 이것이다. 이러한 행위는 대상부동산의 이용편의, 가치증대, 거래촉진, 현상보존을 위한 기술면의 관리행위가 되는 것이다. 그러나 기술면의 관리행위는 건축기술자나 측량사 등의 전문적인 기술자가 관계한다는 점에서 불가피하게 전문기술자의 손에 맡겨야 한다는 불편이 따른다. 기술면의 관리만을 협의의 관리라 하는데, 그 내용은 위생관리, 보전관리, 설비관리, 보안관리이다.

(1) 토지의 기술적 관리

토지의 관리에서는 모르는 사이에 이웃이 경계를 침범하여 건물을 짓거나 사도가 되는 경우 등이 있을 수 있으므로 경계표시를 해두거나 측량을 하여 경계를 확정하고, 사도 방지를 위해 철조망 등을 설치해두는 방법도 고려해 볼 수 있다. 또 경사지의 대책으로는 옹벽 설치, 배수시설, 깨끗한 환경관리를 위해 쓰레기장화 방지대책을 세울 수 있다.

(2) 건물의 기술적 관리

① **위생관리**: 위생관리에는 청소관리, 해충대책 등이 있는데, 위생관리의 양부는 많은 건물을 이용하는 사람들의 건강에 직접적인 영향을 미친다.

② **설비관리**: 건물 내 각종 설비의 기능을 충분히 발휘시켜 건물 내의 환경조건을 양호한 상태로 유지하기 위해 기구의 운전 · 보수 · 정비 및 실내의 온도 · 습도의 측정 등 기술적 관리를 하는 것을 말한다.

③ **보안관리**: 방범, 방재, 기타 안전대책을 확보하기 위해여 행하는 관리이다. 화재보험, 재해보험 등에 가입하는 것도 보안관리의 하나이다.

④ **보전관리**: 건물의 현상유지, 원상회복 및 예방관리로서 보수작업으로부터 개량행위, 갱신 등을 포함하는 광의의 유지관리를 말한다.

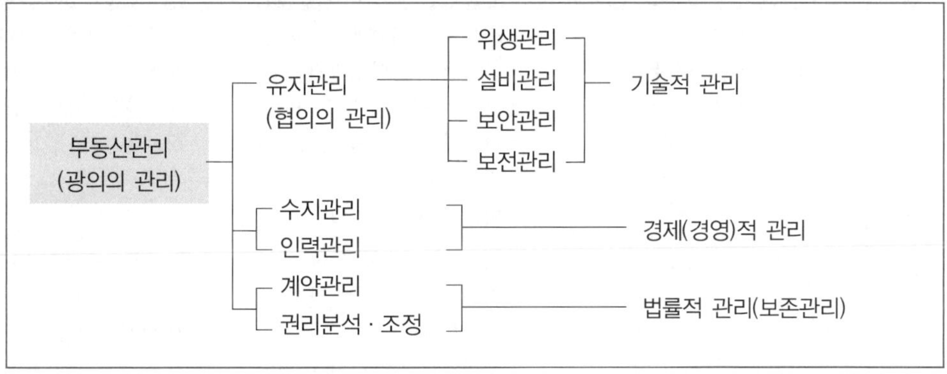

4 부동산관리 3방식

부동산의 관리주체를 중심으로 보면 거주자들 자신의 관리에 의한 직접관리체제와 위탁관리 등을 통한 간접관리체제 및 혼합관리체제로 나누어 볼 수 있다. 부동산관리는 '자가관리 ⇨ 혼합관리 ⇨ 위탁관리'로 발달하여 왔다. 세 가지 방식 중 가장 역사가 오래된 전통적 관리방식은 자가관리방식이며, 현대적 의미에서 전문적인 관리방식은 위탁관리방식을 말한다.

1. 자가관리(자영관리, 직접관리)

직접관리방식이란 개인의 소주택이나 적은 면적의 토지 등의, 대체적으로 소유자가 직접 관리하는 방식을 취하는 것을 말한다. 직접관리를 자영관리라고도 일컫는바, 자영관리는 작게는 자용의 건물이나 크게는 자가의 빌딩을 직접관리하든가 또는 타인에게 임대한 토지나 건물 및 기타 시설물 등을 자기가 직접 관리하는 행위 등을 포함하는 것으로 자치관리라고도 한다.

2. 위탁관리(외주관리, 간접관리)

재산의 관리를 전반적으로 전문가 또는 대행업자에게 위탁하게 되는 것이다. 위탁관리란 타인에게 위임하는 행위라 하여 위임관리 또는 직접관리라고도 한다. 건물의 고층화와 대규모화가 진행되면서 자기관리방식에서 위탁관리방식으로 바뀌는 경향이 있다. 위탁관리는 일반적으로 부동산관리를 전문으로 하는 대행업자에게 위탁하는 것이 보통이지만, 이때에 주의할 것은 사회적으로 신뢰도가 높고 성실한 대행업자를 선정하도록 하여, 불의의 사고 또는 부실한 관리로 인한 피해를 사전에 방지하는 문제가 고려되고 있다.

3. 혼합관리

자영관리와 위탁관리를 병용하여 관리하는 방식이다. 즉, 중층의 빌딩이나 상당히 복잡한 기능을 가진 부동산일 경우 일부는 소유주가 직접관리하고 일부는 제3자에게 관리를 위탁하는 경우이다.

KEY PLUS | 관리3방식의 장단점 비교

구분	자가관리	위탁관리	혼합관리
장점	• 최대한의 서비스 가능 • 보안, 보존관리 유리함 • 건물에 대한 애착심 강함 • 신속한 의사결정 • 소유자의 지시 및 통제권이 강함	• 소유자는 본업에 전념 • 관리업무의 타성방지 • 자사의 참모체계 단순화 • 관리비용의 저렴화, 안정화 • 전문가의 뛰어난 관리와 서비스를 받을 수 있음	• 자가관리에서 위탁관리로의 이행시 과도기적 방식 • 부득이한 부분만 위탁하므로 효율적
단점	• 타성에 젖기 쉽고, 적극적 의욕을 결하기 쉬움 • 불합리한 비용지출의 문제 • 관리의 전문성 결여 가능성 • 인사가 정체하고 관리원을 둘러싼 부정의 우려	• 기밀, 보안유지 불리 • 각 부분의 종합적 관리 곤란 • 관리회사의 신뢰도 문제 • 종업원을 신용하기 어렵고 소질과 기술이 나빠질 우려	• 문제발생시 책임소재 불분명 • 운영이 곤란해지면 양방식의 결점만 노출함 • 직영/외주 관리자간 분쟁 발생↑

5 부동산관리활동

1. 임대차활동

(1) 임차자의 선정

임차자의 선정은 대상부동산의 성격에 따라 달라진다. ① 주거용 부동산인 경우에는 입주자들과 어울릴 수 있는 연대성이, ② 쇼핑센터와 같은 매장용 부동산은 가능매상고가, ③ 사무실부동산이나 공업용부동산의 경우는 적합성이 임차자의 선정기준이 된다.

(2) 임대차 계약

임대차 계약을 맺을 때 가장 중요한 것은 상호간에 서로 받아들일 수 있는 조건으로 계약을 맺는 것이다.

(3) 임대차의 유형

임대차 계약에서 가장 중요한 것은 임대료를 어떠한 수준에서 어떠한 조건으로 어떠한 변화규정으로 결정하는가 하는 것이다. 임대차 유형에는 조임대차, 순임대차, 비율임대차 세 가지가 있다.

KEY PLUS |

구분	임차인 선정기준	혼합관리
주거용	연대성	조임대차: 순임대료+운영경비
공업용	임차인 활동과 부동산의 적합성	순임대차: 순임대료만
상업용	수익성	비율임대차: 기본임대료+추가임대료

① **조임대차(gross lease)**: 조임대차의 경우 임차인은 조임대료를 임대인에게 지불하고 이를 받은 임대인이 부동산 운영에 수반되는 다른 비용(부동산세금, 보험료 등)을 지불하는 것으로서 아파트와 같은 주거용 부동산에 많이 적용된다.

② **순임대차(net lease)**: 순임대차란 임차인은 순수한 임대료만을 임대인에게 지불하고 그 외의 영업경비는 임대인과 임차인이 사전협상에 따라 지불하는 것을 의미한다. 공업용부동산에 많이 적용된다.

㉠ 1차 순임대차: 순수임대료 + 편익시설비용, 부동산 세금, 기타 특별부과금 ⇨ 일반적 순임대차

㉡ 2차 순임대차: 1차 순임대차 + 보험료

㉢ 3차 순임대차: 2차 순임대차 + 유지 수선비

⇨ 공업용 부동산에서는 3차 순임대차가 보편적이다.

③ **비율임대차**: 비율임대차는 임차인의 총수입의 일정비율을 임대로 지불하는 것으로서 매장용 부동산에 일반적으로 적용된다.

④ **임대료수집**: 임대료수집은 부동산관리자가 매월 주기적으로 해야 하는 통상적인 활동이다. 부동산관리자는 계약시에 임차인에게 언제 얼마의 임대료를 납입해야 되는지 주지시킬 필요가 있다.

2. 부동산의 유지

부동산의 유지활동에는 일상적 유지활동, 예방적 유지활동, 대응적 유지활동으로 나누어지는데 여기에서 가장 중요한 위치를 차지하는 것은 예방적 유지활동(사전적 유지활동)이다.

(1) **일상적 유지활동**: 청소, 소독 등 통상적으로 행하는 정기적인 유지활동

(2) **예방적 유지활동**: 시설, 장비 등이 제기능을 효율적으로 발휘하기 위해서 수립된 유지계획에 따라 문제가 발생하기 전에 수리, 교환하는 사전적 유지활동

(3) **대응적 유지활동**: 어떤 문제가 생긴 후에 이를 수정하기 위한 사후적 유지활동

3. 보험

부동산에 관한 보험은 편의상 손해보험, 채무보험 등의 가입이 필요하다.

(1) 손해보험

대상부동산이 화재나 홍수 등 예기치 못한 사건으로 인하여 손해를 입었을 경우, 대상부동산 자체나 그 밖의 동산 등에 대해 보상해 주는 보험을 말한다. 토지 자체는 파괴될 수 없는 것이기 때문에 손해보험의 대상에 들지 않는 반면 여러 가지 개량물은 손해보험의 대상이 된다. 이때 손해보험에 들었다고 하더라도 대상부동산에 대해 보험회사에서 지불해 주는 금액에는 한도가 있는데 이것을 '실제현금가치(actual cash value)'라 한다.

실제현금가치 = 건물의 재생산비용 – 감가상각액

① **대체비용을 위한 보험:** 사고가 났을 경우, 보험회사에서 보상해 주는 비용으로 건물을 다시 현상태대로 복구하거나 갱생시키는 것이 어려울 수 있는데, 이것을 보전하기 위해서 드는 보험이다.

② **임대료 손실보험:** 건물의 재해사고 이후 수리하는 데 상당한 시간이 걸리면 임차자로부터 임대료를 받을 수 없는데도 불구하고, 저당지불금이나 기타 영업경비는 계속 지불해야 되는 수가 많이 있다, 이를 위해서 생긴 보험이 '임대료 손실보험'이다. 임대료 손실보험에 가입하게 되면 그 기간 동안에 초래되는 임대료 손실을 보험회사가 보상해 준다. 임대료 손실보험을 '업무장애보험'이라고도 한다.

(2) 채무보험

대상부동산의 임차인, 고객, 방문자, 인접부동산 등이 입는 손해에 대해 관리자나 소유자가 책임을 져야 할 부분을 보상해 주는 보험을 말한다.

4. 장부처리 · 보고서 작성 · 예산관리

부동산관리자는 영업활동에 관해 상세하게 장부처리를 하고, 그 결과를 소유자에게 정기적으로 보고할 책임이 있다. 정기적 보고는 보통 월별로 하게 되며, 예산은 부동산 관리자와 소유자와의 공동 작업으로 작성된다. 예산관리란 목표설정에서부터 계획의 수립과 실천, 예산평가에 이르는 일련의 과정을 의미한다.

6 부동산관리정보체계

부동산관리정보체계란 부동산결정에 필요한 자료와 정보를 수집, 가공, 축적하여 언제든지 필요한 정보를 제공해주는 인간과 기계와의 통합체계이다.

1. 부동산자산목록의 작성 · 관리

(1) 부동산관리자는 부동산자산목록 또는 데이터 뱅크를 유지 · 관리하고, 임대차 관련 부정기적으로 변동사항이 생기면 이를 새롭게 정리해야 한다.

(2) 관리정보체계에서 모든 획지는 다른 획지와 구별되는 독자적인 식별번호를 가지지만, 모든 획지에 관한 거래변동사항도 역시 별도의 식별번호를 가진다.

(3) 다음의 9개의 숫자와 문자들로 구성된 코딩체계는 특정지역에 위치하는 어떤 부동산의 거래번호와 거래유형을 표시하고 있다. 줄표(−)로 연결되는 네 개의 식별번호는 각각 고유한 의미를 가진다.

SL - 110 - 001 - P

첫 번째 두 자리 수의 문자는 대상부동산이 위치하는 지역을 나타내며, 두 번째 세 자리수는 그 지역에 위치하는 대상부동산의 고유번호를 나타내고, 세 번째 세 자리 수는 대상부동산의 거래번호를 나타내며, 네 번째 문자는 거래유형을 나타낸다. 서울(SL)에 위치한 획지번호가 110번인 부동산에 첫 번째(001) 거래가 발생했는데 거래유형은 매수(P)라는 것을 의미한다.

2. 평가보고서 · 시장보고서 작성

(1) 평가사가 제출한 평가보고서가 최유효이용을 전제로 하여 평가된 것인지를 파악해야 한다.

(2) 매장용 부동산의 경우 특히 시장보고서가 중요하다. 시장보고서는 거래지역의 인구, 소득, 소비행태 등에 관한 사항을 주로 다룬다는 점이 평가보고서와 다르다. 매장용 부동산에 대한 최초의 시장보고서는 부지 선정시에 작성한다.

3. 정기보고서

(1) 부동산관리자는 컴퓨터화일에 저장된 자료를 활용하여 부정기적인 것도 있을 수 있지만 정기적으로 관리보고서를 작성한다.

(2) 기간별로 정기적으로 작성되어야 할 보고서에는 부동산 자산보고서, 부동산 활동보고서, 임대차보고서, 잉여부동산보고서 등이 있다.

(3) 부동산자산보고서는 이 중에서 가장 중요한 것으로 보통 반년에 한 번씩 작성되고 부동산활동보고서, 임대차보고서, 잉여부동산보고서 등은 월별로 작성된다.

> **참고 정기보고서**
>
> 1. **부동산자산보고서**: 회사에서 소유하거나 임대차하고 있는 모든 부동산의 위치, 규모, 금융조건, 계약임대료, 시장가치, 장부가치 등 관련정보와 관련서류가 요약 · 정리된다.
> 2. **부동산활동보고서**: 당월에 있었던 부동산거래를 위치와 날짜별로 요약한다.
> 3. **임대차보고서**: 계약갱신기간이 도래했거나 매수옵션을 활용해야 할 시기가 도래한 임대차계약을 월별로 보고하는 데에 사용된다.

7 토지관리와 건물관리

부동산관리란 토지관리와 건물관리로 나눌 수 있으며, 여기서 토지관리란 토지의 확보행위로서 취득, 유지, 보존과 운용을 의미한다.

1. 토지관리

(1) 토지의 보존관리

토지의 확보행위로서 취득, 유지, 보존, 운용을 의미한다.

① **법률적 보존활동:** 소유권 등 권리상태의 진정성 및 안전성을 조사 · 분석하여 유익한 권리는 계속 보존하고 하자있는 권리는 제거한다. 미이용상태의 나지는 건부지에 있어서보다 권리보존이 중요하다.

② **경제적 보존활동:** 이미 보유중에 있는 나지라면 우선 이를 경제적 측면에서 활용할 수 있는 방안을 모색해야 한다.

③ **기술적 보존활동:** 대상토지의 기술적이고 물리적 · 기능적인 미흡한 상태를 유지 · 보존함으로써 가치를 증대시키는 행위이다. 토지의 기술적 관리에서는 정확한 경계의 확정이 우선 되어야 한다.

(2) 토지의 이용관리

① 토지이용의 최유효조건을 찾기 위한 토지이용이란 인간과 토지와의 사이에서 발생하는 이용관계로 '일정한 토지 위에서 일어나는 제반 활동 또는 이용의 형태'라 할 것이다.

② 토지이용이란 그것을 사용하는 사람에 따라 또는 문맥에 따라 여러 가지 의미로 사용되고 있다. 넓게는 국토 전체의 이용에서부터 좁게는 한 필지의 토지이용에 이르기까지 폭넓게 사용되고 있다.

③ 토지이용은 그것을 이용하는 주체나 목적에 따라 제각기 다른 개념을 지니게 된다. 토지이용이란 '토지에 대한 이용 또는 용도지역규제에 관한 법령에 의해서 허용된 이용능력'이라고 말하는가 하면, '토지를 그 용도 및 토지이용의 규제내용이 허용하는 바에 따라 이용함으로써 그 유용성을 추구하는 행위' 또는 '토지를 이용하는 인간 또는 그 집단의 주체적 행동'이라고 정의한다.

④ 토지의 용도별 규제 내용과 법이 허용하는 바에 따라 이용하여 유용성을 추구하는 행위이다.

⑤ 토지이용활동은 경제적 측면에서 최대수익을 달성하려는 노력이며, 그 수익은 한계비용과 한계수익이 일치하는 점에서 최대화된다.

(3) 토지의 개량관리

① 토지의 공급은 양면성을 지니고 있다. 즉, 경제 전체의 차원에서 보면 토지의 공급량은 물리적으로 한정되어 있다. 그러나 토지이용자의 입장에서 보면 이 물리적 한계 안에서 토지의 공급량은 가변적이다. 토지의 공급을 위해 토지를 개량하는 것을 토지개발이라 일컫는다.

② 토지개발을 그 외관에 따라서 무형적 개발, 유형적 개발, 복합적 개발로 분류하고 유형적 개발을 협의의 개발이라 하며, 유형적 개발에 무형적 개발을 포함하여 광의의 개발이라 분류하기도 한다.

③ 토지의 개량행위는 토지가 갖고 있는 본질적인 내용을 변경하는 행위이다. 토지의 이용가치를 높이기 위해서 토지를 가공하는 행위를 개량공사 혹은 개발이라고 하며 가공된 유형 · 무형의 결과물을 부가물이라고 한다. 따라서 토지개발 토지의 조성과 공공시설의 정비에 의해 토지의 공급 또는 확보와 시가지의 개발을 행하는 것이라고 말할 수 있다.

2. 건물관리

토지관리와는 달리 건물관리에서는 건축의 수명성, 건축수명의 가변성 등에 특히 관심을 둘 필요가 있다.

(1) 건물의 생애주기

① 건물은 일정지역의 토지상에서 신축되어 안정단계를 거쳐 노후화되어 유용성이 다하도록 배타적 공간으로서 지니는 일생을 의미한다.

② 건물은 신축이 완성된 때부터 그 유용성과 가치는 감퇴하기 시작한다.

③ 도시개발이 급격히 확장되는 지역에서는 건물의 경제적 수명이 짧아지는 경향을 보인다.

㉠ 건축전단계(전개발단계)

- 건축계획 및 건축 후의 관리계획
- 장차 건물에 대한 일반 소비자들의 수요행태에 대한 예측 등이 이루어져야 한다. (건물의 수급동향분석/유사빌딩신축 동향)
- 건물에 대한 규제(임료규제), 도시계획상 규제

㉡ 신축단계

빌딩의 완성된 단계를 말한다.

- 조기건설 여부를 판단하며 빌딩의 유용성은 이 단계에서 가장 높이 나타난다.
- 건물의 사회·경제적 기능을 널리 알린다.
- 입주자의 질 등을 통제한다.
- 기능상의 결함 중 치유 가능한 경우 신속히 치유한다.

㉢ 안정단계

- 이 단계의 관리상태에 따라 빌딩수명의 장단이 결정된다. 즉, 관리상태가 좋으면 안정단계가 상당히 연장된다.
- 기술적 상태에 대한 세밀한 검사와 관리가 실시되면 빌딩의 기능적 하자를 최소로 줄여 준다.
- 특정인에게 같은 용도로 장기간 임대하는 경우에는 경제적 임료의 수준을 유지하도록 노력한다.
- 층단위의 임대와 실단위의 임대에 대한 장단점의 검토를 요한다.
- 임료의 정기적인 재평가 및 재조정, 임차인의 이용상태 등 필요한 제반사항에 대한 배려가 있어야 한다.
- 만일 빌딩의 시설이나 구조를 일부 개조·수선 등을 하여야 하는 경우 이 단계에서 하는 것이 효과적이다.

㉣ 노후단계

빌딩의 물리적·기능적 상태가 급격히 악화되기 시작하는 단계이다.

- 설비의 낙후, 외관의 악화, 보다 낮은 수준의 임차인이 들어서는 것 등으로 측정 가능하다. 약 15년 정도 지속된다.
- 빌딩의 기능개선 등을 목적으로 새로운 투자를 한다면, 문제를 더욱 어렵게 만드는 수도 있다.

- 대부분의 소유자는 새로운 개량비의 지출을 억제하는 대신 빌딩 자체를 교체할 계획을 세우는 것이 통상적이다.
- 새로운 임대차계약을 체결함에 있어 기간 등 계약조건이 후일의 교체에 지장이 없도록 배려하여야 한다.

ⓜ 완전폐물단계

빌딩의 설비 등이 쓸모가 거의 없어져 빌딩의 경제적 가치가 거의 없어지는 단계이다. 따라서 빌딩의 교체를 전제로 전개발단계를 향하여 모든 일이 전개된다.

이 단계에서 다음과 같은 경우는 빌딩을 교체하는 것이 순조롭지 못하다.

- 택지조건이 나빠져서 새로운 수요에 맞는 교체가 불가능한 경우
- 경제적 · 사회적 요인이 변화하여 새로운 빌딩에 대한 수요가 미미한 경우
- 정부의 시책, 도시계획 기타 객관적 요인에 변화가 있는 경우

또한 빌딩의 교체결정은 물리적 · 기능적인 마멸의 정도에 따르는 것이 당연하지만 경제적인 측면에서도 타당성이 있어야 한다. 즉, 교체된 새 빌딩의 가격이 현존 빌딩의 가격과 교체하는 데 소요되는 비용을 합산한 것보다 많아야 함은 당연한 논리이다.

(2) 건물의 내용연수

건물의 유용성을 지속할 수 있는 버팀 시간, 보통 건물의 수명을 말한다. 관리자의 태도, 시공상태, 입지조건 및 관리방법에 따라 내용연수는 달라진다. 물리적 내용연수가 가장 길다. 경제적 내용연수는 물리적 내용연수 범위 내에서 파악된다.

① **물리적 내용연수**: 물의 이용에 의한 마멸, 파손, 노후화, 우발적 사고 등으로 사용이 불가능할 때까지의 버팀 시간을 말한다.

② **기능적 내용연수**: 물이 기능적으로 유효한 기간으로 건물과 부지의 부적응, 형식의 구식화, 설비의 부족 · 불량, 외관의 낙후 등과 관계가 있다.

③ **경제적 내용연수**: 제수명이 다하기까지의 버팀 시간이다. 인근지역의 변화, 인근환경과 건물의 부적합, 인근 다른 건물과 비교해 시장성이 감퇴되는 것과 관계가 있다.

④ **행정적 내용연수**: 법 · 제도나 행정적 조건에 의해 건물의 수명이 다하기까지의 기간을 말한다. 이는 철거 및 세법의 규정에 따라 결정된다. 특히 세법의 규정에 의한 내용연수를 법정내용연수라고 한다.

참고 **빌딩관리**

빌딩은 밀폐된 인공 환경공간으로 관리상 다음과 같은 점들이 특히 강조된다.

1. 빌딩의 생태학적 3대목표: 쾌적성, 안전성, 건강성
2. 빌딩경영관리의 핵심: 수익성
3. 빌딩의 특성: 입지의 한정성, 입체공간, 설비의 복잡성

(3) 생애주기비용(life cycle cost)법

① 생애주기비용이란 건축물의 계획, 설계비용으로부터 건설비용, 유지관리비용 그리고 폐기처분비용까지 포함하여 건물의 생애에 걸쳐 필요한 비용을 말한다.

② 이 비용은 유용성에 비해 적게 드는 것이 유리하다.

③ 주택의 경우 유용성이라는 관점에서 보면, 쾌적성과 내용연수가 동일하다면 생애주기비용이 가능한 한 적은 쪽이 경제성이 높다고 할 수 있다.

④ 생애주기비용을 시계열적 분석을 하면, 건설비용은 그 일부에 지나지 않으며 유지관리비와 운용비가 큰 비중을 차지함을 알 수 있다. 그래서 유지비용을 줄이기 위해 건설 당시 외벽의 마감에 양질공법을 선택하여 건설비용을 늘리고 유지관리비를 줄이는 방식도 채용할 수 있다.

(4) 건물관리의 분류

① **단독주택의 관리**: 주거는 사람들이 가정생활 하기 위한 터전이며 가족의 안식처로서 우리들의 생활을 확고하게 지탱해 주는 역할을 하는 것이다. 인간의 보편적인 삶은 집에 거주하는 것과 깊은 관계가 있으며 인간의 본질을 규정하는 중심적 기능을 가지고 있다. 따라서 주택은 사람이 가정생활을 영위할 수 있도록 여러 가지 복합된 목적을 충족하기 위해 만들어진 사회의 기본적 요소이다. 이러한 주택에 대한 관리는 부동산의 복합개념에서 찾아볼 수 있다.

② **공동주택의 관리**: 우리나라의 도시화는 1960년대 초부터 시작된 경제개발과 함께 1960년대 후반에는 급속한 추세로 신장되었으며, 이와 함께 대도시에로의 과도한 인구집중현상이 나타나게 되었다. 이에 따라 도시의 주택난 해결을 위한 공동주택의 공급이 필요하게 되었다. 여기에서 공동주택이라 함은, 주택의 구조에 의한 분류에 따르면 대지 및 건물의 벽, 복도, 계단 기타 설비 등의 전부 또는 일부를 공동으로 사용하는 각 세대가 하나의 건축물 안에서 각각 독립된 주거생활을 영위할 수 있는 구조로 된 주택을 말한다. 공동주택에 대한 다른 정의는 하나의 건축물에 2세대 이상의 가구가 거주하도록 된 주택을 말하며 연립주택, 아파트 및 기숙사 등을 말한다.

③ **빌딩의 관리**: 빌딩이란 철골 또는 철근 철골콘크리트조로 5층 이상이고 엘리베이터 설비, 냉·난방 설비가 있는 건물을 말하나 이에 대한 정의는 학자에 따라 다양하다. 경제화와 산업화 추세로 대도시에서는 도시기능상 업무의 전문화와 분업화 경향에 따른 빌딩의 고층화와 대형화는 사회발전의 표본처럼 되어가고 있다. 빌딩은 일반주택과는 달리 입지조건이 한정되어 있다. 즉, 빌딩은 도심지나 도심지에 아주 가까운 곳에 입지하여야 한다. 교통의 편리와 집적의 경제적 요인 때문이다.

참고 사무실건물의 가치

1. 단위면적당 임대료　　2. 임차자의 질(質)　　3. 임대차기간

이 세 가지 요소들은 상호간에 서로 관련을 가지고 있으며 임대료 수준이 높을수록 소득이 증가될 것으로 생각하지만, 반드시 그런 것은 아니다. 경쟁부동산이란 항상 있기 마련이기 때문에, 대상부동산에 맞는 적절한 임대료수준을 결정했을 때 수익은 극대화될 수 있다.

제3장 부동산 마케팅 및 광고

View Point

1. 마케팅의 세 가지 영역인 시장점유마케팅, 고객점유마케팅, 관계마케팅의 의미와 내용을 숙지한다.
2. 시장점유마케팅 내용인 STP와 4P Mix를 꼼꼼히 암기한다.
3. 고객점유마케팅의 내용인 AIDA의 원리와 그 과정을 순서대로 머리에 그려본다.

제1절 부동산 마케팅

1 부동산 마케팅의 의의와 분류

1. 부동산 마케팅의 의의

부동산과 부동산업에 대한 태도나 행동을 형성 · 유지 · 변경하기 위하여 수행하는 활동이다. 즉, 부동산에 대한 필요를 만족시켜 주기 위해 지향된 인간활동이다. 부동산마케팅은 조사, 분석, 계획, 임료 4가지의 기본적인 요소를 가지고 있다. 그리고 부동산 자체의 마케팅과 부동산업의 마케팅, 즉 부동산 서비스에 대한 마케팅이라는 두 가지 의미를 지니고 있다. 그러나 부동산증권이 일반화된 선진국에서는 부동산증권의 마케팅도 이 범주에 포함시키고 있다. 그러므로 물적 부동산, 부동산 서비스, 부동산증권의 세 가지 유형의 부동산 제품을 사고, 팔고 임대차하는 것을 의미한다.

2. 부동산 마케팅의 분류

(1) 토지건물 공급마케팅

① **주거용 부동산 마케팅:** 단독주택 · 아파트 및 기타 주거시설의 판매나 임대를 개발 또는 조장하기 위하여 노력하는 활동이다. 종래에는 이러한 활동이 단순한 기업의 광고나 혹은 부동산중개업자가 수행하였다. 그러나 오늘날 마케팅 기법은 공동주택 판매에서 보듯이 토탈커뮤니티 개발과 관련하여 나타나고 있다.

② **업무용 부동산 마케팅:** 공장 · 점포 · 사무실 · 창고 같은 비주거용 부동산을 개발 · 판매 혹은 임대하기 위한 노력이다. 대규모 개발업자들은 업무용 부동산의 수요를 조사하는데 능숙하여 공단, 쇼핑센터 및 사무용건물고등과 같은 종합부동산 등과 같은 종합부동산 개발에도 간단히 대응한다.

③ **토지투자 마케팅:** 투자 목적을 위하여 토지를 개발하고 판매하는 노력이다. 우리나라의 토지투자(투기)형태는 개발업자가 개발한 토지는 희소하기 때문에 미성숙지나 임야 등이 주로 그 대상이 되고 있다.

(2) 서비스 마케팅

중개 · 평가 · 권리분석 · 금융 · 관리 · 상담 등 부동산서비스업 분야에서 각 각 그들의 서비스를 개발 · 판매하기 위해 노력하는 활동이다. 이것은 토지건물 공급마케팅과는 달리 많은 자금이나 고정투자를 하지 않는 대신 부동산의 전문지식과 많은 실무경험이 있어야 한다.

(3) 부동산임대 마케팅

사무실 · 토지 · 공장 · 점포 · 별장 · 창고 등 각종 부동산의 임대를 개발 또는 조장하기 위한 활동이다. 임대마케팅활동은 각 용도별 부동산의 정확한 수요예측이 중요하다.

(4) 부동산정책 마케팅

부동산정책의 개발과 홍보를 위한 공중관계활동이다.

2 부동산 마케팅 환경과 전략수립

1. 부동산 마케팅의 환경

마케팅의 환경을 구성하는 요인은 그 수가 많을 뿐만 아니라 이들 사이의 관계도 복잡하게 얽혀 있다. 따라서 환경요인을 일정한 기준에 따라 분류하는 것이 필요하다. 많은 기준이 있겠지만 환경요인들의 위치가 기업 안쪽이냐 또는 바깥쪽이냐에 따라 우선 구분하고 기업 외적요인들을 다시 마케팅 기능과의 관계가 직접적인 여부에 따라 더 세분화한다. 부동산은 부동산특성과 관련하여 능동적인 부동산활동이 요구된다. 부동산 마케팅도 마찬가지다. 따라서 오늘날 마케팅 활동을 효율적으로 수행하려면 환경구조를 정확히 파악하여 합리적인 마케팅 환경 관리를 해야 한다. 부동산마케팅 활동에 영향을 미치는 환경의 구성요소는 크게 거시환경과 미시환경으로 나누기도 한다.

(1) 거시환경

① **자연환경:** 각 분야에서 환경에 대한 논의가 활발한 것과 마찬가지로 부동산마케팅에 있어서도 공기오염, 공동주택단지의 오물처리 및 종말처리, 유해물질의 처리 등은 부동산 마케팅에 영향을 미친다.

② **경제적 · 기술적 환경:** 경제적 환경. 즉, 정부의 재정정책 · 경기변동 · 저축 · 투자 · 세부담 등은 부동산마케팅 및 개인의 가처분소득에 영향을 주고 부동산의 수급에 영향을 미쳐 결국 부동산가격에 까지 영향을 준다. 기술적 혁신은 투자설비를 증가시키고 부동산 전반에 수요를 증대시켜 마케팅기회를 창조한다.

③ **정치적 · 행정적 환경:** 부동산기업에 대해 기회를 창조하게 함과 동시에 억제를 하는 강력한 역할을 한다(예 토지이용과 거래에 관한 법규제, 투기대책, 도시개발 및 재개발).

④ **사회적 · 문화적 환경:** 부동산마케팅은 각 소비자와 의뢰인의 행동, 소비자의 각종 그룹, 사회계층 및 조직의 형태를 취급하게 된다(예 인구, 가족구성, 공공시설, 사회복지, 부동산의 거래 및 이용관행, 건축양식, 지식, 가치관, 관습 및 윤리).

(2) 미시환경

① **경쟁업자:** 부동산기업은 이익을 발생시키는 시장점유율의 비율의 높이기 위해서 동업종의 업자와 경쟁한다.

② **공중**: 기업목적을 달성하는 데 실질적 혹은 잠재적으로 이해관계를 가지는 집단이다. 이들은 시장수요를 창출시켜 주기도 하고 방해하기도 한다.

③ **정부**: 적극적인 행정작용을 통해 부동산기업에 호의적인 영향을 미치는 다음과 같은 기회적 역할을 하기도 한다.

㉠ 택지의 조성과 분양에 기여한다. 국가나 지방자치단체는 주거단지와 공업단지 등을 조성하여 부동산업자에게 분양함으로써 택지 확보의 어려움을 해결해준다.

㉡ 소비자에게 교육과 정보를 제공해 준다. 정부는 각종 행정작용으로 부동산기업의 마케팅계획이나 정책형성에 영향을 미쳐 우량제품과 서비스를 생산하도록 유도하고, 그것이 소비자를 위한 것임을 교육하고 또한 정보를 제공함으로써 부동산기업에 기회제공역할을 한다.

㉢ 서비스를 창출한다. 정부는 부동산기업으로 하여금 서비스업에 종사할 수 있도록 각종 서비스업을 창출해 준다. 부동산평가업 · 부동산중개업 · 부동산관리업 · 부동산컨설팅업 등이 그것이다.

2. 마케팅 전략의 수립방법

부동산 마케팅 전략의 수립에는 거시환경과 미시환경에 대한 분석이 선행되어야 하고 전략수립(과제의 목표, 표적시장, 경쟁전략, 마케팅 믹스)이 끝나면 조직과 시스템을 구축하여야 한다. 마케팅 전략은 거시환경과 미시환경을 서로 접합시키는 과정이라 할 수 있다. 이때 설문조사를 할 경우, 일반적 절차는 '조사목표의 설정 → 모집단의 설정 → 조사설계 및 예비조사 → 설문조사실시 → 코딩 및 전산처리 → 결과종합 및 마케팅 전략수립'의 순서이다.

3 부동산 마케팅의 세 가지 차원

부동산 마케팅은 세 가지 차원에서 접근이 가능하다. 첫째는 공급자의 전략차원으로서 표적시장을 선점하거나 틈새시장을 점유하는 시장점유 마케팅을 들 수 있다. 둘째는 소비자 행동이론 차원으로서 소비자의 행태 · 심리적 측면에서 등장하는 고객점유 마케팅이 있으며, 셋째 공급자와 소비자의 상호작용을 중요시하는 관계마케팅을 들 수 있다.

<table>
<tr><td rowspan="4">마케팅의 3가지 차원</td><td rowspan="2">시장점유 마케팅 전략</td><td>STP 전략: STP란 시장세분화(Segmentation), 표적시장(Target), 포지셔닝(Positioning)으로 구성된다.</td></tr>
<tr><td>4P Mix 전략: 제품(Product), 가격(Price), 유통경로(Place), 홍보(Promotion) 전략</td></tr>
<tr><td>고객점유 마케팅 전략</td><td>AIDA 전략: 주의(Attention), 관심(Interesting), 욕망(Desire),행동(Action)의 전략</td></tr>
<tr><td>관계 마케팅 전략</td><td>생산자와 소비자간의 장기적 · 지속적인 관계유지를 주축으로 하는 마케팅으로 이는 주로 '브랜드' 문제와 연결된다.</td></tr>
</table>

1. 시장점유 마케팅 전략

(1) STP 전략

STP란 시장세분화(Segmentation), 표적시장(Target), 포지셔닝(Positioning)을 표상하는 약자로서 전통적인 전략의 하나이다.

시장세분화(Segmentation) 시장세분화 및 세분시장에 대한 분석	수요자집단을 인구·경제학적 특성에 따라 둘 또는 그 이상의 하위시장으로 세분하고, 세분화된 시장에 따른 상품판매의 지향점을 명백히 한다.
↓	
표적시장 선정(Targeting) 표적시장의 선정 및 마케팅 목표설정	세분화된 시장에서 대상상품의 표적고객집단을 확인하고 표적시장에 적합한 신상품을 기획한다.
↓	
포지셔닝(Positioning) 경쟁우위 분석 및 제품 포지셔닝	표적고객의 마음속에 특정상품이나 서비스가 자리 잡는 느낌을 말한다. 고객에게 자사의 상품과 서비스 이미지가 자리를 잡도록 디자인(우수성, 적합성 홍보)한다.

(2) 4P Mix전략

4P Mix전략이란 제품(product), 가격(price), 유통경로(place), 판매촉진(promotion)의 제 측면에 있어서 차별화를 도모하는 전략을 말하며, 주로 상업용 부동산의 마케팅에서 사용되고 있다.

마케팅의 4P's	부동산업의 4P's	내 용
유통경로 (Place)	입지선정과 토지확보	사업지역에 대한 타당성분석 및 각 용지의 지역분석과 개별요인의 분석이 요구된다.
제품전략 (Product)	상품계획	경쟁력 있는 상품이 되기 위한 구조물, 부대시설, 배치 등에 대한 전략이 요구된다.
가격전략 (Price)	가격전략	시가정책, 저가정책, 고가정책, 할인정책 등 소비자 유인을 위한 다양한 가격전략을 수립한다.
판매촉진전략 (Promotion)	커뮤니케이션 (의사소통)	홍보, 광고, 판매촉진방법, 인적판매, 기타 판매경로에 대한 전략을 수립한다. 쌍방향 광고가 유용하다.

① 입지선정과 토지확보

부동산기업이 활동을 하려면 가장 먼저 계획해야 할 일이 사업대상지역의 선정, 즉 입지선정이며, 그 다음으로 토지를 확보하는 일이다. 이러한 입지선정을 위해서는 타당성 분석 및 각 부지의 지역요인과 개별요인의 분석이 요구된다.

② 제품전략(상품계획)

제품전략이란 공급하는 상품이 경쟁력을 가질 수 있도록 하는 것이다. 부동산 상품은 다양한 형태로 이루어지고 있으므로 용도나 거래유형에 따라 전략이 달라진다.

③ 가격전략

㉠ 저가정책

이 정책은 가격을 낮게 책정함으로써 소비자로 하여금 구매력이 생기게 하여 다수의 고객을 확보하려는 정책으로 장기적인 면에서 이익을 늘리려는 정책이다.

㉡ 고가정책

이 정책은 우수한 고객층을 빨리 파악하여 위험을 최소한으로 하려는 경우에 이용된다.

[고가정책이 적합한 경우]

일반적으로 ① 수요탄력성이 높지 않은 경우
② 진입장벽이 높아 경쟁기업의 진입이 어려운 경우
③ 높은 품질로 새로운 소비자층을 유인하고자 할 경우

㉢ 할부정책

토지의 대단위 거래나 고가부동산의 거래 시에 흔히 쓰인다. 아파트분양시 지금대금을 계약금, 중도금, 잔금으로 나누고, 중도금도 여러 차례로 분할하여 납부하는 것도 할부정책이라고 할 수 있다.

WIDE PLUS | 시장수용성 검증 Process – 가격민감도조사

구분	최저한계가격 (PMC)	최적가격 (OPP)	무상관가격 (IDP)	최대한계가격 (PME)	수용가능가격
33평형	789만원	828만원	855만원	895만원	789-895만원

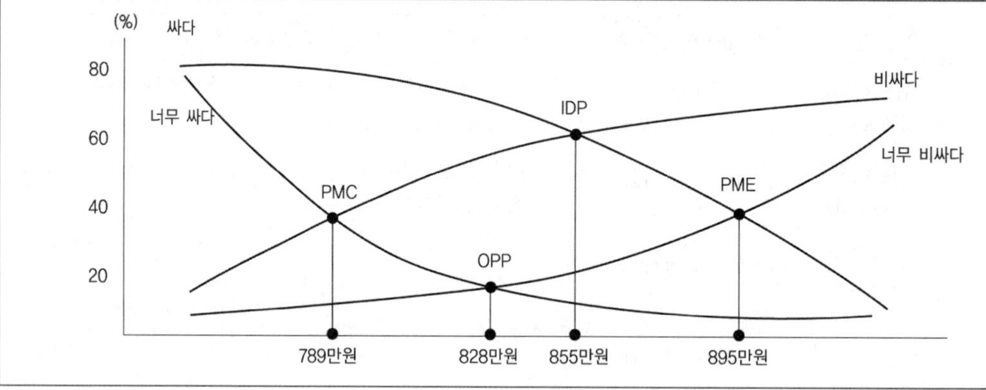

④ 의사소통전략

㉠ 홍보: 홍보란 광고주가 대금을 지불하지 않으면서, 라디오 · TV · 신문 등과 같은 대량매체를 통해서 제품이나 서비스 또는 기업체에 관해 의미 있는 정보를 제공하고, 그러한 정보를 뉴스 또는 기사로 보도하도록 함으로써 수요를 자극하는 활동이다.

㉡ 판매촉진: 판매촉진은 광고, 인적 판매, 그리고 홍보를 제외한 촉진활동으로 소비자의 구매를 촉진시키고, 자사제품을 취급하는 거래점의 효율성을 자극하기 위해서 비상례적으로 수행하는 상품전시, 진열, 전람회 등의 활동을 말한다.

㉢ 인적 판매: 인적 판매는 판매자가 예상고객과 직접 접촉하여 대화를 나누면서 예상고객의 욕구나 필요를 환기시키거나, 판매저항을 배제함으로써 구매행동을 일으키게 하는 활동이다.

WIDE PLUS | 인적 판매의 특징

① 광고, 판매촉진, 홍보 등이 대중적 · 비인적수단인 반면, 인적판매는 개인적 · 인적 수단이다.
② 고객의 반응을 파악할 수 있으므로, 현장에서 필요한 조정이 가능하다.
③ 판매거래는 궁극적으로 판매자를 통해서 완결된다.
④ 예상고객을 적중시켜 낭비를 최소화시킨다.

(3) 광고

① 광고와 홍보

㉠ 광고는 광고주를 명시하고 광고대금을 지불하는 반면, 홍보는 광고주를 명시하지 않고 무료로 한다.

㉡ 홍보의 경우는 당해기사의 게재 여부를 편집자가 판단한다.

㉢ 기사의 내용이나 편집방식에 있어서, 광고는 구매를 자극하는 감정적 요소를 포함하는 반면, 홍보는 대중의 이성에 호소한다.

② 광고와 인적 판매

광고는 메시지가 비인적 매체를 통해서 전달되는 반면, 인적 판매는 사람 대 사람으로 전달된다.

③ 광고와 판매촉진

광고는 장기적인 구매효과를 가져오는 데 비해, 판매촉진은 즉각적인 구매활동을 유도한다.

2. 고객점유 마케팅 전략

전통적인 시장점유 마케팅은 공급자의 일방적인 접근이었다는 반성으로부터 나온 전략으로써, 주의(Attention), 관심(Interest), 욕망(Desire), 행동(Action)으로 이어지는 구매의사결정과정의 각 단계에서 소비자와의 심리적 접점을 마련하고 전달되는 메시지의 톤과 강도를 조절하여 마케팅 효과를 극대화하는 것이 바로 '고객점유 마케팅'의 핵심이다.

3. 관계 마케팅 전략

생산자와 소비자간의 1회성 거래를 전제로 한 종래의 마케팅이론에 대한 반성으로 양자 간의 장기적 · 지속적인 관계 유지를 주축으로 하는 관계 마케팅이 새로운 개념으로 등장하고 있다. 부동산 마케팅에 있어서 이는 '브랜드'의 문제와 연관된다.

제2절 부동산광고

1 부동산광고의 의의

1. 부동산광고의 개념

(1) 명시된 광고주가 고객의 부동산의사결정을 도와주는 설득과정의 하나이다.
(2) 일반광고와는 달리 팔사람 · 살 사람을 모두 대상으로 한다.
(3) 부동산광고에는 다음과 같은 제한이 따른다.
① 지역적 제한　② 시간적 제한　③ 내용의 개별성

2. 부동산광고의 정의

부동산광고란 광고주가 일반대중에게 생각하도록 영향을 미치는 것이며, 부동산사무소의 입지선정 · 설비의 레이아웃 · 경영주나 판매원의 태도 및 고객이 받는 나쁜 인상 등도 광고가 된다고 하고 있다. 부동산광고의 기능은 부동산시장에 상품을 소개하고 그 판매방법을 강구하는 것이다.

2 부동산광고의 분류

1. 광고목적에 따른 분류

(1) 기업광고

일반대중으로 하여금 부동산업무에 대한 호의적인 이미지를 부각시키고, 기업의 우수성이나 공헌도를 알림으로써 기업 자체에 대해서 창의적인 태도나 좋은 이미지를 가지도록 하는 광고이다.

(2) 특정광고

특정 부동산의 매매나 임대차를 촉진시키기 위한 광고로서 부동산업자의 광고는 대부분 여기에 속한다.

(3) 계몽광고

부동산과 부동산업자에 대한 일반인의 오해를 없애고, 부동산의 중요성을 인식시키거나 또는 부동산에 관한 지식을 제공할 목적으로 하는 광고이다.

2. 광고매체에 따른 분류

(1) 신문광고

① **안내광고**: 공간의 제약을 받기 때문에 한정된 광고란에 많은 정보를 넣어야 하므로, 약어를 이용하는 경우가 대부분이다.
② **전시광고**: 안내광고보다 공간이 넓기 때문에 캐치프레이즈나 사진, 상세한 설명문 등을 자유로이 이용할 수 있을 뿐만 아니라 주목률이 큰 요일 · 면 등을 선택할 수가 있다.

(2) 점두광고

점포의 간판·색채 등 점포의 외부를 매체로 이용하는 광고로 상당한 효과를 나타내는 경우가 많다.

(3) 다이렉트메일(DM) 광고

안내엽서 등 우송에 의한 방법, 신문지 사이에 끼어 넣는 방법 등 광고형식이 자유롭고 대상을 선택할 수 있는 장점이 있으나, 비용이 들고 명부관리가 어렵다.

(4) TV · 라디오광고

많은 고객에게 순간적으로 알릴 수 있으며 신뢰성이 크다는 장점이 있으나, 비용이 많이 들기 때문에 대규모 분양시에 이용하는 경우가 많다.

(5) 노벨티(novelty)광고

개인 또는 가정에서 이용되는 실용적이며 장식적인 조그만 물건을 광고매체로 이용하는 방법이다. 즉 볼펜, 재떨이 등에 상호 · 전화번호 등을 표시하는 방법이다.

(6) 교통광고

전철, 버스 등 대중교통수단의 차내광고, 역 구내의 간판광고, 기업이 운영하는 자동차에 기업명을 써서 알리는 광고 등이다.

(7) 업계의 출판물 광고

부동산업계의 출판물을 이용하는 광고이다.

(8) 기타 간판 · 포스터, 게시판 등의 광고매체

3 효과적인 부동산광고방법

1. 광고예산편성방법

부동산광고는 경험이 풍부한 담당자를 두거나 광고대행자에게 의뢰하는 방법이 있으나, 규모가 작은 기업은 대개 업주 스스로 아니면 누군가 판매원을 시켜서 작성하고 있다. 이러한 일련의 행위는 예산을 편성하여 실시하며, 효과적인 광고가 되도록 노력하고 있다.

(1) 전년도 매상고 기준법

전년도만큼의 실적을 올리려면 광고비도 전년과 같이 지출해야한다는 사고방식이다. 이 방법은 전년도 수입으로부터 충분한 광고비가 책정되는 장점이 있다. 전년에도 평균미달이었다면 전년 매상고를 상회하거나 그 이상의 판매예측을 기초로 하여 광고예산을 증액한다. 현실적으로 광고예산은 판매예측의 측정으로 편성하기 때문에 과거의 경험에 비추어 실현가능한 만큼의 예측량을 기준 편성한다. 월별로 책정하고, 전신광고, 안내광고 기타 광고별로 책정한다.

(2) 매년정액법

경기상황에 관계없이 매년 일정 금액의 광고비를 지출하는 방식이다. 경기가 후퇴했다던가 경쟁이 치열해졌다던가 하는 등으로 광고비의 증감액 사유가 분명해졌을 때에 한해서 변경한다.

(3) 현황기준법

판매원의 수, 사무소의 입지 및 현재 시장의 상황 등을 고려하여 광고하는 방식이다. 이 방법은 계획에 차질을 빚는 수가 많아 거의 이용하지 않는다. 왜냐하면 침체기간에 아무리 광고를 많이 한다 해도 그 광고효과를 기대한다는 게 어렵기 때문이다.

(4) 이익백분율법

이익액 비율을 기준으로 이에 일정의 백분율을 곱하여 광고예산을 설정하는 방법이다.

(5) 지불능력기준법

기업이 지불할 수 있는 자금 및 재무능력의 범위 내에서 광고예산을 결정하는 방법이다.

(6) 경쟁자기준법

경쟁업자와 대등한 지위를 유지하기 위하여 경쟁업자의 광고비 지출액에 대응하는 광고예산을 결정하는 방법이다.

2. 효과적인 광고방법

(1) 광고가 효과적이기 위해서는 계속해서 광고하는 것이 좋다.
(2) 광고비를 변경하려면 불경기 때 지출하여 매상을 올리고, 매상이 신장될 때 조금 줄이는 것이 좋다.
(3) 광고비 조절은 월별로 하는 것이 분기별로 하는 것보다 좋다.
(4) 신문의 주택광고는 주목률이 높은 주말에 하는 것이 효과적이다.

3. 광고매체의 선택

(1) 부동산광고에 대해 애드믹스(ad mix)를 적용할 수 있다.
(2) 광고도 수확체감법칙이 작용하기 때문에 특정의 매체에 광고비 전액을 투입하는 것은 비경제적이다.

4 부동산광고의 규제

1. 필요성

허위, 과대의 부당한 광고가 출현하게 되고, 그 결과 부동산 광고에 대한 소비자의 불신감이 높아지게 된다.

2. 규제방식

(1) 법률적 규제

부동산의 부당한 광고를 법률로써 규제하는 방법이다. 광고규제는 원래 업자단체가 스스로 통제하는 것이 통상적이나, 그 한계가 있을 때 정부가 개입하여 타율규제를 하게 되는 것이다.

(2) 자율적 규제

자율규제는 광고주 스스로 하거나 광고매체가 스스로 하는 두 가지 방법이 있다.

① **광고주의 자율규제:** 부동산광고는 광고주가 사회윤리에 비추어 자기 스스로 규율하는 것이 이상적이다. 왜냐하면 광고에 대한 소비자의 신뢰를 얻지 못하기 때문이다.

② **매체의 자율규제:** 광고매체로서 이용되는 것은 신문·잡지·전자매체·DM·간판광고 등이 있지만, 이러한 것 중에서 가장 많이 이용되는 광고매체는 신문, 잡지 및 전파매체이다. 이 매체들은 스스로가 광고윤리를 자발적으로 무겁게 다루어야 할 것이다.

제4장 부동산 중개

View Point

1. 일반중개/전속중개/순가중개/독점중개/공동중개계약을 구분하고 각각의 특징과 차이점을 알아본다.
2. 전속중개계약과 독점중개계약의 차이, 순가중개계약의 의미를 반드시 짚고 넘어가야 한다.
3. 공인중개사법 중 빈출하여 출제되는 부분을 반드시 확인한다. 제2조, 제3조, 제14조, 제25조 등을 정리한다.
4. 공인중개사법 중 중개대상물 표시관련, 거래계약서 작성관련 조항은 디테일 하므로 반드시 문제를 통해 익힌다.
5. 에스크로는 우리나라에서 의무화된 제도가 아니므로 일반적 이해 수준으로 학습하면 된다.

제1절 부동산 중개론

1. 부동산중개의 의의

(1) 부동산중개의 개념

부동산중개란 중개대상물에 대하여 거래당사자 간의 매매, 임대차, 교환, 기타 권리의 득실·변경에 관한 행위를 알선하는 것을 말한다.

(2) 부동산중개의 3요소

① 중개업자: 원칙적으로 부동산중개업법에 의하여 중개업의 허가를 받은 자를 말하지만, 특별법에 의해 중개업을 할 수 있는 특수법인(단위농협)도 있다.

② 중개의뢰인: 권리를 이전하는 의뢰인(매도인, 임대인)과 취득하는 의뢰인(매수인, 임차인)이 있다.

③ 중개대상물: 법정 중개대상물로는 ㉠ 토지, ㉡ 건물 기타 토지의 정착물, ㉢ 기타 대통령령이 정하는 재산권 및 물건(입목, 광업재단, 공장재단) 등이 있다.

(3) 부동산 중개행위의 성격

① 민사중개

민사중개인인 부동산업자는 부동산중개업법에 따라야 하고, 부동산 거래행위의 중개만을 영업목적으로 해야 하며, 대리인과 구별되어야 할 것을 요건으로 하고 있다.

② 참여중개

부동산중개는 중개업자의 개입정도에 따라 지시중개와 참여중개로 나뉘는데, 우리나라의 중개형태는 정보만을 제공하는 지시중개와는 달리, 거래당사자간에 매개하여 계약이 체결되도록 알선하는 참여중개(매개중개)의 성격을 지니고 있다.

③ 일방적 중개

중개는 그 책임과 의무의 정도에 따라 일방적 중개와 쌍방적 중개로 나뉘는데, 전자는 중개를 완성하기 위해 진력을 할 의무는 없으나 일단 중개가 완성 시에만 보수를 받으나, 후자는 중개를 완성하기 위해 진력을 할 의무를 지고 의뢰인도 보수지급의무를 부담하는 것이다.

(4) 부동산중개업자의 기능

부동산중개업자는 부동산시장에서 부동산의 생산과 소비를 연결하는 기능을 수행한다. 부동산을 팔려는 사람과 구입하려는 사람 사이에서 양측에 정보를 제공해주고 거래를 성사시켜 줌으로써 부동산의 거래를 촉진시켜 시장의 효율성을 높인다.

2. 부동산중개의뢰계약과 중개수수료

(1) 부동산중개 의뢰계약

① 일반중개계약(공개중개 위임제)

일반중개계약(open listing)이란 의뢰인이 불특정 다수의 중개업자에게 경쟁적인 중개를 의뢰하는 계약형태로서 우리나라에서 가장 일반적인 형태이다. 이 의뢰방식은 중개업자나 의뢰인 모두에게 불리하다.

② 독점중개계약(독점매도권중개, 전임중개)

독점중개계약(exclusive right-to-sell listing)은 계약기간동안 누가 계약을 성립시켰는가를 묻지 않고 독점매도권계약을 한 중개업자가 보수를 받게 된다. 중개업자에게는 이 계약이 유리하다.

③ 전속중개 의뢰계약(독점대리권중개)

전속중개계약(exclusive agency listing)은 의뢰인이 중개대상물의 중개를 의뢰하는 경우 특정한 개업공인중개사를 정하여 그 개업공인중개사에 한정하여 해당 중개대상물을 중개하도록 하는 계약이다. 이 경우 의뢰인이 직접 계약을 성립시킨 때에는 수수료를 받지 못한다. 이 계약은 한 중개업자에게 독점판매를 의뢰할 수 있고, 별도의 수수료를 지불하지 않아도 되므로 의뢰인에게 유리하다. 우리나라 공인중개사법(제23조)에서의 전속중개계약은 명문화되어 있으나 강제성있는 의무사항은 아니다.

④ 공동중개계약(공동중개 위임제)

독점중개계약의 변형 내지는 보완방법으로 부동산단체, 부동산 거래센터, 기타 2인 이상의 업자가 공동으로 운영하는 중개업무를 허용하는 것이다. 부동산중개의 능률화를 위하여 가장 이상적인 제도이나 이의 도입에는 가입회원의 중개기술·지식·신뢰성 등이 요구된다. 미국에서는 이 방식이 MLS(multiple listing service)로서 많이 이용되고 있다.

⑤ 순가중개계약(순가중개 위임제)

순가중개계약(net listing)이란 의뢰인이 미리 매도가격을 중개업자에게 제시하고 이를 초과한 금액으로 물건이 거래된 경우는 초과액 전액을 수수료로서 중개업자가 취득하는 제도이다.

(2) 중개수수료

① 시장에서의 중개수수료의 변화

㉠ 부동산의 위치: 도시부동산과 농촌부동산의 경우, 다른 조건이 같다면 도시부동산보다 농촌부동산의 수수료가 더 높게 된다. 농촌부동산은 도시부동산에 비해 거래가 빈번하지 않기 때문에, 적절한 매수자를 찾는 데 시간과 비용이 많이 들기 때문이다.

㉡ 부동산의 종류: 다른 조건이 같다면, 주거용 부동산보다 비주거용 부동산의 수수료가 높다. 비주거용 부동산의 거래빈도가 주거용 부동산의 거래빈도보다 작기 때문이다.

㉢ 중개의뢰계약의 유형: 일반적으로 일반 중개의뢰계약보다는 독점중개 의뢰계약의 경우가 수수료가 높다.

㉣ 매매가격: 매매가격이 비싼 부동산일수록 그렇지 않은 부동산에 비해 상대적으로 수수료가 낮다.

㉤ 신·구 부동산: 기존부동산의 경우가 신규부동산의 경우보다 수수료가 상대적으로 높다.

② 중개수수료의 지급요건

중개업자가 중개의뢰인으로부터 적법하게 중개수수료를 지급 받기 위해서는 ㉠ 자격증 소지, ㉡ 원인행위, ㉢ 중개의뢰계약의 존재, ㉣ 매수자의 적절성 등을 요한다.

3. 부동산중개의 과정

(1) 중개의 원리

중개의 원리에는 판매의 원리인 AIDA의 원리가 적용된다. AIDA란 물건의 구입을 행하기까지의 심리적인 발전단계를 나타낸 것이다.

① 제1단계: 주목(Attention)을 끄는 단계

중개업자가 대상물에 관하여 신문에 광고를 하거나 창구에 전시를 한다. 업소를 찾아온 고객에게 부동산의 특징과 개요를 요약하여 설명한다.

② 제2단계: 흥미(Interest)를 끄는 단계

제1단계만으로는 고객의 흥미를 끌지 못하거나 구입단계까지는 이르지 못한다. 부동산 거래에 있어서 고객은 세일즈맨의 설명을 들어야만 흥미가 생기는 것이 보통이다.

③ 제3단계: 욕망(Desire)을 일으키는 단계

강조한 물건의 특징을 설명함으로써 구입하고자 하는 욕망을 일으킨다. 판매소구점(selling point)이란 당해 부동산이 구매자에게 만족을 줄 수 있는 특징을 말한다.

④ 제4단계: 행동(Action) 단계

고객의 욕망이 성숙되면 설득력과 자료를 총동원하여 마지막으로 계약하는 단계이다.

(2) 중개의 과정

① 고객 및 물건의 확보

중개의뢰계약(listing)의 체결단계이다. 리스팅이란 부동산소유자를 대신하여 중개업자가 물건의 매도 또는 임대를 행하는 권리를 말하나, 우리나라에서는 중개의뢰계약으로 표현하며, 일반중개계약이 일반적으로 사용되고 있다.

② 중개의 준비

물건과 고객을 확보하면 물건 및 고객에 대한 정보를 각각 분석하여 적합한 물건과 고객을 선별해 중개활동에 들어갈 준비를 하여야 한다.

㉠ 물건의 분석과 자료정리: 물건분석은 물건이 지닌 장점과 특성을 발견하여 그것을 고객에게 효과적으로 설명할 계획을 세우고 판매에 장애가 될 결점을 조기발견 함으로써 사전대책을 강구할 수 있는 시간적 여유를 갖기 위해 필요하다.

㉡ 고객의 분석: 다수의 방문객 중에서 가능고객을 선별하는 능력이 필요하다. 능률적이고 효과적인 판매활동을 위해서는 고객의 선택이 불가결하다.

③ 중개의 접근

중개업자가 고객과의 관계에 있어 친밀감을 조성함으로써 다음 단계의 교섭을 원활하게 진행시키는 단계이다. 이때 AIDA의 원리가 적용된다.

④ 현지안내와 제시

현지안내시 고객의 구매의욕을 돋우기 위해서는 투자성, 안전성, 가족의 단란, 교육효과, 건강, 사회적 지위와 위신, 신용의 증대, 소유자로서의 자부심 등을 강조할 필요가 있다.

KEY PLUS | 셀링포인트(selling point)

상품으로서 부동산이 가지는 여러 가지 특성 중 구매자에게 만족을 주는 특징을 말하며, 판매소구점이라고 한다.

1. **기술적 측면의 셀링포인트**
   부동산의 기능을 중요시한다. 대상물건이 주택이라면 설비와 기초가 얼마나 잘 되어 있고 동선이 어느 정도 합리적인가 하는 점등이다.
2. **경제적 측면의 셀링포인트**
   부동산의 가격이나 임료의 적정 여부를 중요시한다.
3. **법률적 측면의 셀링포인트**
   소유권의 진정성, 토지이용의 공법상 규제의 내용, 세법의 내용들이 중요하다.
4. **불만처리와 설득**
   고객을 현지에 안내하여 물건을 설명하는 과정에서 고객은 자기의 불안이나 불만을 이야기하게 되는 경우가 있는데, 불만의 내용을 적절히 처리하여 오해를 풀어주고 계약체결로 이끌 수 있는 설득력이 필요하다.
5. **종결단계(closing)**
   마무리짓기란 매도인과 매수인이 동의한 날·시간·장소에서 권리증서와 대금을 교환하는 것을 말하며, 매도인과 매수인이 함께 판매기간이나 조건 등에 만족하는 것을 말한다. 이는 부동산거래계약서에 당사자가 서명하는 행위(서명행위), 부동산소유권을 현실적으로 이전시키는 행위(이전행위)까지를 포함한다. 부동산 거래를 종결시키는 방법에는 당사자간의 대면을 통하여 주고받아야 할 서류나 금액을 직접적으로 처리하는 대면회합법과, 이를 제3자인 에스크로우회사(escrow company)를 통해 간접적으로 처리하는 에스크로우법이 있다.

제2절 공인중개사법(주요 조문 발췌)

제2조(용어의 정의)

1. "중개"라 함은 제3조에 따른 중개대상물에 대하여 거래당사자간의 매매 · 교환 · 임대차 그 밖의 권리의 득실변경에 관한 행위를 알선하는 것을 말한다.
2. "공인중개사"라 함은 이 법에 의한 공인중개사자격을 취득한 자를 말한다.
3. "중개업"이라 함은 다른 사람의 의뢰에 의하여 일정한 보수를 받고 중개를 업으로 행하는 것을 말한다.
4. "개업공인중개사"라 함은 이 법에 의하여 중개사무소의 개설등록을 한 자를 말한다.
5. "소속공인중개사"라 함은 개업공인중개사에 소속된 공인중개사(개업공인중개사인 법인의 사원 또는 임원으로서 공인중개사인 자를 포함한다)로서 중개업무를 수행하거나 개업공인중개사의 중개업무를 보조하는 자를 말한다.
6. "중개보조원"이라 함은 공인중개사가 아닌 자로서 개업공인중개사에 소속되어 중개대상물에 대한 현장안내 및 일반서무 등 개업공인중개사의 중개업무와 관련된 단순한 업무를 보조하는 자를 말한다.

제2조의2(공인중개사 정책심의위원회)

공인중개사의 업무에 관한 다음 각 호의 사항을 심의하기 위하여 국토교통부에 공인중개사 정책심의위원회를 둘 수 있다.

㉠ 공인중개사의 시험 등 공인중개사의 자격취득에 관한 사항 ㉡ 부동산 중개업의 육성에 관한 사항 ㉢ 중개보수 변경에 관한 사항 ㉣ 손해배상책임의 보장 등에 관한 사항

제3조(중개대상물의 범위)

1. 토지
2. 건축물 그 밖의 토지의 정착물
3. 그 밖에 대통령령으로 정하는 재산권 및 물건(입목, 공장재단, 광업재단 등)

제9조(중개사무소의 개설등록)

1. 중개업을 영위하려는 자는 국토교통부령으로 정하는 바에 따라 중개사무소를 두려는 지역을 관할하는 시장 · 군수 또는 구청장에게 중개사무소의 개설등록을 하여야 한다.
2. 공인중개사 또는 법인이 아닌 자는 중개사무소의 개설등록을 신청할 수 없다.

제14조(개업공인중개사의 겸업제한 등)

1. 법인인 개업공인중개사는 다른 법률에 규정된 경우를 제외하고는 중개업 및 다음에 규정된 업무와 2에 규정된 업무 외에 다른 업무를 함께 할 수 없다.

> ㉠ 상업용 건축물 및 주택의 임대관리 등 부동산의 관리대행
> ㉡ 부동산의 이용 · 개발 및 거래에 관한 상담
> ㉢ 개업공인중개사를 대상으로 한 중개업의 경영기법 및 경영정보의 제공
> ㉣ 상업용 건축물 및 주택의 분양대행
> ㉤ 그 밖에 중개업에 부수되는 업무로서 대통령령으로 정하는 업무

2. 개업공인중개사는 「민사집행법」에 의한 경매 및 「국세징수법」 그 밖의 법령에 의한 공매대상 부동산에 대한 권리분석 및 취득의 알선과 매수신청 또는 입찰신청의 대리를 할 수 있다.

제18조의2(중개대상물의 표시 · 광고)

1. 개업공인중개사가 의뢰받은 중개대상물에 대하여 표시 · 광고를 하려면 중개사무소, 개업공인중개사에 관한 사항으로서 다음의 사항을 명시하여야 하며, 중개보조원에 관한 사항은 명시해서는 아니 된다.

> ㉠ 중개사무소의 명칭, 소재지, 연락처 및 등록번호
> ㉡ 개업공인중개사의 성명(법인인 경우에는 대표자의 성명)

2. 개업공인중개사가 인터넷을 이용하여 중개대상물에 대한 표시 · 광고를 하는 때에는 1에서 정하는 사항 외에 중개대상물의 종류별로 다음에서 정하는 소재지, 면적, 가격 등의 사항을 명시하여야 한다.

> ㉠ 소재지
> ㉡ 면적
> ㉢ 가격
> ㉣ 중개대상물 종류
> ㉤ 거래 형태
> ㉥ 건축물 및 그 밖의 토지의 정착물인 경우 다음 각 목의 사항
> 가. 총 층수
> 나. 사용승인 · 사용검사 · 준공검사 등을 받은 날
> 다. 건축물의 방향, 방의 개수, 욕실의 개수, 입주가능일, 주차대수 및 관리비

제22조(일반중개계약) 중개의뢰인은 중개의뢰내용을 명확하게 하기 위하여 필요한 경우에는 개업공인중개사에게 다음 사항을 기재한 일반중개계약서의 작성을 요청할 수 있다.

> ㉠ 중개대상물의 위치 및 규모
> ㉡ 거래예정가격
> ㉢ 거래예정가격에 따라 정한 중개보수
> ㉣ 그 밖에 개업공인중개사와 중개의뢰인이 준수하여야 할 사항

제23조(전속중개계약)

1. 중개의뢰인은 중개대상물의 중개를 의뢰하는 경우 특정한 개업공인중개사를 정하여 그 개업공인중개사에 한정하여 해당 중개대상물을 중개하도록 하는 계약(이하 "전속중개계약"이라 한다)을 체결할 수 있다.
2. 전속중개계약은 국토교통부령으로 정하는 계약서에 의하여야 하며, 개업공인중개사는 전속중개계약을 체결한 때에는 해당 계약서를 국토교통부령으로 정하는 기간 동안 보존하여야 한다.
3. 개업공인중개사는 전속중개계약을 체결한 때에는 부동산거래정보망 또는 일간신문에 해당 중개대상물에 관한 정보를 공개하여야 한다. 다만, 중개의뢰인이 비공개를 요청한 경우에는 이를 공개하여서는 아니된다.

제25조(중개대상물의 확인·설명)

1. 개업공인중개사는 중개를 의뢰받은 경우에는 중개가 완성되기 전에 다음 각 호의 사항을 확인하여 이를 해당 중개대상물에 관한 권리를 취득하고자 하는 중개의뢰인에게 성실·정확하게 설명하고, 토지대장 등본 또는 부동산종합증명서, 등기사항증명서 등 설명의 근거자료를 제시하여야 한다.

① 해당 중개대상물의 상태·입지 및 권리관계

② 법령의 규정에 의한 거래 또는 이용제한사항

③ 다음에 정하는 사항

㉠ 중개대상물의 종류·소재지·지번·지목·면적·용도·구조 및 건축연도 등 중개대상물에 관한 기본적인 사항 ㉡ 소유권·전세권·저당권·지상권 및 임차권 등 중개대상물의 권리관계에 관한 사항 ㉢ 거래예정금액·중개보수 및 실비의 금액과 그 산출내역 ㉣ 토지이용계획, 공법상의 거래규제 및 이용제한에 관한 사항 ㉤ 수도·전기·가스·소방·열공급·승강기 및 배수 등 시설물의 상태 ㉥ 벽면·바닥면 및 도배의 상태 ㉦ 일조·소음·진동 등 환경조건 ㉧ 도로 및 대중교통수단과의 연계성, 시장·학교와의 근접성 등 입지조건 ㉨ 중개대상물에 대한 권리를 취득함에 따라 부담하여야 할 조세의 종류 및 세율

제25조의2(소유자 등의 확인)

개업공인중개사는 중개업무의 수행을 위하여 필요한 경우에는 중개의뢰인에게 주민등록증 등 신분을 확인할 수 있는 증표를 제시할 것을 요구할 수 있다.

제26조(거래계약서의 작성 등)

개업공인중개사는 중개대상물에 관하여 중개가 완성된 때에는 거래계약서를 작성하여 거래당사자에게 교부하고 5년 동안 그 원본, 사본 또는 전자문서를 보존하여야 한다. 다만, 거래계약서가 공인전자문서센터에 보관된 경우에는 그러하지 아니하다.

㉠ 거래당사자의 인적 사항
㉡ 물건의 표시
㉢ 계약일
㉣ 거래금액 · 계약금액 및 그 지급일자 등 지급에 관한 사항
㉤ 물건의 인도일시
㉥ 권리이전의 내용
㉦ 계약의 조건이나 기한이 있는 경우에는 그 조건 또는 기한
㉧ 중개대상물확인 · 설명서 교부일자
㉨ 그 밖의 약정내용

제32조(중개보수 등)

1. 개업공인중개사는 중개업무에 관하여 중개의뢰인으로부터 소정의 보수를 받는다. 다만, 개업공인중개사의 고의 또는 과실로 인하여 중개의뢰인간의 거래행위가 무효 · 취소 또는 해제된 경우에는 그러하지 아니하다.
2. 개업공인중개사는 중개의뢰인으로부터 제25조제1항에 따른 중개대상물의 권리관계 등의 확인 또는 계약금등의 반환채무이행 보장에 소요되는 실비를 받을 수 있다.

제33조(금지행위)

개업공인중개사등은 다음의 행위를 하여서는 아니된다.

㉠ 제3조에 따른 중개대상물의 매매를 업으로 하는 행위
㉡ 제9조에 따른 중개사무소의 개설등록을 하지 아니하고 중개업을 영위하는 자인 사실을 알면서 그를 통하여 중개를 의뢰받거나 그에게 자기의 명의를 이용하게 하는 행위
㉢ 사례 · 증여 그 밖의 어떠한 명목으로도 제32조에 따른 보수 또는 실비를 초과하여 금품을 받는 행위
㉣ 해당 중개대상물의 거래상의 중요사항에 관하여 거짓된 언행 그 밖의 방법으로 중개의뢰인의 판단을 그르치게 하는 행위
㉤ 관계 법령에서 양도 · 알선 등이 금지된 부동산의 분양 · 임대 등과 관련 있는 증서 등의 매매 · 교환 등을 중개하거나 그 매매를 업으로 하는 행위
㉥ 중개의뢰인과 직접 거래를 하거나 거래당사자 쌍방을 대리하는 행위
㉦ 탈세 등 관계 법령을 위반할 목적으로 소유권보존등기 또는 이전등기를 하지 아니한 부동산이나 관계 법령의 규정에 의하여 전매 등 권리의 변동이 제한된 부동산의 매매를 중개하는 등 부동산투기를 조장하는 행위
㉧ 부당한 이익을 얻거나 제3자에게 부당한 이익을 얻게 할 목적으로 거짓으로 거래가 완료된 것처럼 꾸미는 등 중개대상물의 시세에 부당한 영향을 주거나 줄 우려가 있는 행위
㉨ 단체를 구성하여 특정 중개대상물에 대하여 중개를 제한하거나 단체 구성원 이외의 자와 공동중개를 제한하는 행위

제3절 에스크로우(Escrow) 제도

1. 에스크로우의 개념

(1) 개념

에스크로우(Escrow)는 부동산거래에서 발생할 수 있는 사고를 미연에 방지할 수 있는 제도로 활용되고 있다. 만약 쌍방간의 계약이나 법에 의해 에스크로우가 설정될 것이 요구될 경우, 매수자는 매매계약이 체결되자마자 계약금을 예치시키고, 매도자는 특정한 조건이 충족되게 되면 매수자에게 등기증서를 양도하라는 지시서와 함께 등기증서를 예치시킨다.

(2) 에스크로우 회사

에스크로우는 보통 전문적인 에스크로우 회사를 통해 설정된다. 그러나 은행, 신탁회사, 권원보험회사 등도 산하에 별도의 에스크로우 부서를 설치하여, 에스크로우 대행업자로서의 역할을 하기도 한다. 에스크로우 대행업자는 제3자적 입장에서 등기증서를 기록하고 권원조사를 지시하고, 권원상 하자가 없을 경우에는 대금을 매도자에게 전달하는 역할을 한다.

2. 에스크로우 설정의 이점

(1) 거래사고를 사전에 방지

에스크로우를 설정함으로써, 매수자는 권원상의 하자나 부담으로부터 발생하는 위험을 사전에 방지할 수 있다. 왜냐하면 권원의 결함이 명백하게 제거되지 않는 한, 매수자가 지불한 어떠한 대금도 매도자에게 넘어갈 수 없기 때문이다.

(2) 권원상의 하자나 부담을 제거

에스크로우를 설정함으로써, 매수자는 권원상의 하자나 부담을 제거할 수 있다. 권원상의 하자나 부담이 발견되었을 때, 이것이 치유가능한 것일 경우, 에스크로우 대행업자는 매수자가 예치한 계약금이나 매수대금의 일부를 사용하여 이것을 제거한다.

(3) 계약불이행 방지

에스크로우의 설정은 매매당사자가 계약을 체결한 후, 권원이 이전되기 이전에 심정의 변화를 일으켜, 계약을 이행하지 않는 것을 방지할 수 있다.

(4) 거래관계자의 보호와 거래비용의 절감

에스크로우는 비단 매수자뿐만 아니라 권원의 이전에 관계되는 모든 당사자, 예를 들면 매도자, 저당대출기관, 권원보험회사 등의 권익을 보호하는 역할을 한다. 또한 거래당사자가 직접 이 같은 일을 하는 데에 수반되는 비용과 노력을 경감시켜, 거래비용을 줄이는 기능을 수행한다.

3. 중개업과 에스크로우업

에스크로우 회사는 매도자와 매수자와의 협상과정에 참여하지 않는다. 그들은 거래과정에서 발생하는 여러 가지 문제에 대해 아무런 조언을 하지 않는다.
대상부동산을 공고하고, 적절한 매수자를 찾고, 저당대부시 이자율이나 대부조건 등에 대해 조언을 하고, 계약조건을 협의하는 등의 일은 중개사만의 고유한 업무영역이다.

제5장 부동산 권리분석 및 신탁

View Point

1. 권리분석을 위한 기본적 공부(公簿)인 등기사항전부증명서의 구성을 이해해야 한다.(갑구/을구 중심)
2. 부동산권리분석의 원칙을 암기하고 그 의미를 숙지해야 한다.
3. 부동산 권리분석 과정 중 판독에 대하여 꼼꼼하게 학습할 필요가 있다.
4. 협의/광의/최광의 권리분석에 대하여 정리한다.
5. 부동산신탁의 의미와 종류를 포괄적으로 이해한다.

제1절 부동산 권리분석

1 부동산 거래사고

권리분석이란 부동산에 관한 권리관계의 상태 즉, 권리관계의 하자 여부를 실질적으로 조사·확인·판단하여 일련의 부동산활동을 안전하게 하려는 부동산활동 중의 하나이다. 우리나라에서 발생하는 부동산 거래사고의 유형은 다음과 같다.

법률적 거래사고	경제적 거래사고	기술적 거래사고
① 권리의 취득불가능(사립학교 취득) ② 인수불가능(불법점유시) ③ 이용불가능 ④ 공용징수나 징발이 된 부동산 취득 ⑤ 부적합한 건물의 취득(과다한 세금의 승계부담)	① 가격, 임료 불합리 ② 순이익·관리비용이 비표준적인 경우 ③ 수익성 부동산의 수익 오판 ④ 개발사업에서 입지선정 실패 ⑤ 최유효이용의 오판 ⑥ 유통이 원활하지 않은 경우	① 내용연수에 대한 오판 ② 설계·설비상태 불량 ③ 기술적 요인으로 인한 이용의 곤란 ④ 물리적·기능적인 흠 존재

2 권리분석의 의의

권리관계의 진정성 + 법률적 가치 ⇨ 실질적으로 조사·확인·판단하여 부동산활동을 안전하게 함

1. 권원(權源)의 개념

부동산의 대한 소유권 및 이에 관련된 기타 권리(채권·물권 포함), 권원, 권리의 적법성, 부동산 활동에 대한 공법상의 규제관계 등을 포함하는 부동산권리를 말한다.

(1) 부동산 특히 토지의 소유에 관한 법률상의 권리
(2) 부동산에 대한 적법한 소유권 및 권리
(3) 부동산의 소유권을 증명하는 모든 요소의 결합
(4) 부동산에 관한 증거
(5) 부동산의 권원, 즉 부동산에 있어서 향유할 수 있는 권리
(6) 권리의 발생원인 또는 그것이 입증되는 수단

2. 권리분석

대상부동산에 대한 권리관계의 진정성(권리관계에 하자가 없는 것을 말함)과 법률적 가치(대상권리관계의 내용에서 기대되는 실질적 이익)를 실질적으로 조사·확인·판단하여 일련의 부동산거래활동을 안전하게 하려는 작업이다.

3. 성격

(1) 부동산 권리분석은 권리관계를 취급하는 활동이다.
(2) 재판과 같은 사법적 행위가 아니라 권리분석사가 취급하는 비사법적 행위 내지 비권력적 행위이다.
(3) 권리분석은 분석의 관점에서 주어진 권리관계의 사후확인 행위가 원칙적이다.
(4) 권리분석은 주관성과 객관성의 한계에 따라 달라진다. 권리분석은 확고한 자세와 신념을 가지고 임해야 하는 것이기에 냉철하게 문제의식을 가지고 침착한 태도로 자료를 수집해야만 한다.
(5) 과학성과 기술성이다.
(6) 사회성과 공공성이다. 권리분석은 어디까지나 사회성과 공공성이 강조되어야 하는 것이며 이는 불가결한 요인인 것이다.

4. 권리분석의 특별원칙

(1) 능률성의 원칙

부동산의 권리와 거래상의 능률화를 기하는데 있다.

(2) 안전성의 원칙

불의의 사고에 대비하여 사회성·공공성을 바탕으로 안전한 거래관계를 위해 권리분석의 치밀성을 기반으로 한다.

① 하자전제주의 원칙
② 완전심증의 원칙
③ 범위확대의 원칙
④ 차단의 원칙
⑤ 유동성대비 원칙

(3) 탐문주의 원칙

탐문활동이란 부동산 권리분석 활동에 필요한 자료와 정보를 직접 탐문하여 얻는 것을 말한다. 권리분석을 하는 주체가 분석대상 권리의 주요한 사항을 직접 확인해야 한다는 탐문주의 원칙은 권리분석 활동을 하는 데 지켜야 할 이념이다.

(4) 증거주의 원칙

물적 · 인적 증거를 소멸시키지 않고 언제든지 완전한 증거를 제시할 수 있는 합리적인 원칙이다.

KEY PLUS |

• 부동산활동의 일반원칙: 능률성, 안정성, 경제성
• 부동산활동의 감정평가특별원칙: 능률성, 안정성, 전달성

5. 부동산 권리분석의 분류

(1) 권리관계의 범위에 의한 분류

종류	성질
협의의 권리분석	부동산등기법에 의하여 등기할 수 있는 권리관계의 분석 예 가등기확인 → 갑구(甲區)와 을구(乙區)
광의의 권리분석	협의의 권리관계에 부동산의 법률적 가치를 포함하여 분석 ① 법률적 이용가치: 대상부동산의 이용에 관해서 공 · 사법상 인정되는 실질적인 불이익 · 이익으로 측정된다. ② 법률적 경제가치: 부동산물권의 비본래적 효력 또는 사실적 관계에 의해 그 부동산에 주어진 경제적 이익 또는 불이익이다.
최광의의 권리분석	광의의 권리분석에 다음을 포함한다. ① 부동산의 상태, 사실관계 ② 등기능력이 없는 권리관계(점유권 · 유치권) ③ 등기를 요하지 않는 권리관계(상속 · 공용징수 · 판결 · 경매 등)

KEY PLUS | 등기사항전부증명서의 구성

- 표제부: 표시번호, 접수, 지목, 면적, 등기원인 등
- 갑구(소유권): 소유권 보전 · 이전등기, 가압류 · 가처분 · 가등기, 경매개시결정등기, 환매(특약)등기
  ※ 예고등기제도는 폐지(중요!!)
- 을구(소유권 이외의 권리): (근)저당권, 전세권, (구분)지상권, 지역권, 임차권 등이 표시, 근저당권의 경우 채권최고액은 실제 대출금액의 120 ~ 130% 수준
  ※ 등기사항전부증명서를 통해 확인할 수 없는 권리: 유치권, 점유권, 법정지상권, 분묘기지권 등

(2) 권리관계시점에 의한 분류

종류	성질
현황권리분석	① 현재의 권리에 대한 분석(공부상 권리가 중심) ② 현황이라 하여 과거를 전혀 무시하는 것은 아니다.
소급권리분석	① 권리분석의 안전성을 높이기 위하여 과거로 소급해서 행하는 권리분석 ② 소유권의 연쇄성을 확인하는 작업을 중심으로 한다.

(3) 권리분석주체에 의한 분류

① 단독권리분석과 다수인의 권리분석

② 공적권리분석과 사적권리분석

③ 전문성에 의한 분류

㉠ 제1차 수준의 권리분석: 일반인(무지인) 즉, 부동산소유자들이 스스로 행하는 권리분석

㉡ 제2차 수준의 권리분석: 관계인 및 부동산 중개업자 등이 일상업무와 관련하여 행하는 권리분석

㉢ 제3차 수준의 권리분석: 전문자격인에 의한 권리분석을 말한다.(권리분석사의 권리분석)

(4) 권리분석의 목적에 따른 분류

① **소유활동**: 부동산의 소유활동에 대한 안전성을 보장하기 위해서 하는 권리분석을 말하며 권리보증의 경우는 소유자를 위한 권리보증서를 발행하기 위한 권리분석을 말한다.

② **금융활동**: 은행 또는 저당권자 등 부동산 담보물권을 취득해서 금전을 대부한 자의 안전을 위해 행하는 권리분석을 말하고 권리보증의 관점에서는 저당권자를 위한 권리보증서를 발행하기 위한 권리분석이다.

③ **매수활동**: 어떤 부동산을 매수하는 자를 위하여 그 소유권의 취득을 안전하게 할 목적하에 행하는 권리분석이다.

6. 권리분석기관

(1) 담당기관으로는 부동산권리분석대행기관과 부동산권리보증회사가 있는데 이러한 중심은 권리분석사가 맡고 있다.

(2) **권리분석사**: 권리분석에 관한 전문지식과 경험을 갖추고 소정의 자격을 얻어 타인을 위한 권리분석을 대행하는 전문가이다.

(3) 우리나라에는 아직 높은 수준의 권리분석전문기관이 없다. 단, 부동산 거래활동에 수반하여 등기사항전부증명서열람정도의 원시적인 방법이 활용되고 있으나 향우 부동산권리분석사 제도화가 절실히 요구되고 있다.

7. 권리분석의 위험사례와 판독

(1) 권리분석의 위험사례

① 협잡성 위험사례

㉠ 관리상태가 불완전한 부동산

㉡ 6 · 25 사변 등으로 인한 불완전한 부동산

㉢ 상속등기가 안된 부동산

㉣ 국 · 공유 부동산

② 조작성 위험 사례

③ 선의의 위험 사례

(2) 자료의 판독

의의	• 임장활동의 전(前) 단계활동으로 여러 가지 물적 증거(자료)를 수집하여 탁상 위에서 검토함으로써 1차적으로 하자의 유무를 발견하려는 작업 • 위험사례를 미리 발견하기 위한 노력 또는 그 기초작업
판독에 있어 점검할 사항	① 부동산활동에 속하는 판독사항 ㉠ 소유권이동 빈도가 잦은 부동산 ㉡ 관리상태가 불완전한 부동산 ㉢ 부동산규모와 소유자 간의 불균형 ㉣ 장기간 방치된 부동산의 갑작스런 이동 ㉤ 휴일에 거래된 부동산 ㉥ 대리인을 통하여 이루어지는 거래 ② 등기사항전부증명서상 판독사항 ㉠ 등기역사가 짧은 부동산 ㉡ 회복등기된 부동산 ㉢ 판결에 의해 등기된 부동산 ㉣ 특별간이순서에 의해 등기된 부동산

KEY PLUS | 부동산 권리분석 관련 용어

1. 권원요약서: 대상 부동산에 관한 소유권이 어떻게 이전되어 왔는지의 역사적 사실
2. 권원증서: 권리조사자 · 권리분석가의 조사 · 분석행위나 견해 등
3. 권원보험: 보험가입자(매수자) ⇦ 손실보상
4. Torrens System: 부동산 권리 ⇨ 법원 ⇨ 권리보증제도
5. Escrow System 이행대행업: 부동산 거래상의 사고 방지 및 대금의 수수 · 소유권 이전, 세금 · 융자 · 보험료 · 임료 등 청산을 비롯하여 제 금융도 대행한다.

8. 등기의 공신력을 보완할 수 있는 제도적 장치

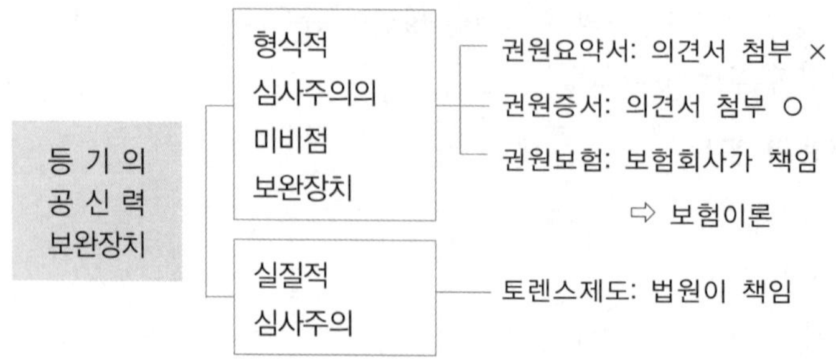

(1) 권원요약서

① 권원요약서는 대상부동산에 관한 소유권이 어떤 사람에게서는 다른 어떤 사람으로 이전되어 왔는지, 즉 권리의 연쇄에 대한 역사적 사실을 용약해 놓은 것이다. 권원요약서에는 요약서의 보증서가 첨부되어 있다.

② 권원요약자는 권리보증을 하거나 권리에 대해서 의견을 개진하는 것은 아니지만 중요한 사항이 나태나 무지로 누락되었을 경우 그것을 신뢰한 사람이 입은 손해에 대해서는 책임을 진다.

(2) 권원증서(권리증서 · 권원의견서)

① 부동산 매매계약이 체결되면 매도인은 매수인으로부터 권원요약서를 넘겨받게 되나 이 자체로 보호책이 되지 못하므로 이를 전문적인 지식과 능력을 갖춘 사람에게 감정을 의뢰하게 된다. 이 일은 변호사나 권리회사가 하게 되며 이들을 권원조사자 또는 권원분석가라 한다.

② 권원조사자는 요약자가 권원요약서를 작성하는데 빠뜨리거나 고려하지 못한 사항이 있는지, 권리에는 어떤 하자가 있는지, 권원요약서에 밝혀진 권리상의 결함이나 부담이 소유자의 권리에 어떤 영향을 주는지 등을 조사하고 이에 대해서 자신의 의견을 피력한다. 이것을 권원의견서 또는 권원증서라 한다.

(3) 토렌스제도(권원등기제도)

① **의의**: 토렌스제도란 미국의 몇 주에서 채택되고 있으며 부동산의 권리를 관할 법원에 등록하게 하고 법원이 등록된 부동산에 관한 권리를 보증하는 제도이다.

② **토렌스제도로서 권리를 보증하는 절차**

㉠ 부동산의 소유자는 관할법원에 권리의 등록을 신청한다.

㉡ 관할법원은 대상부동산의 권리를 조사하고 그 보고서를 보관한다.

㉢ 관할법원은 청문회를 개최하여 대상부동산에 대해서 권리를 가지고 있거나 소유권에 이의가 있는 사람들의 의견을 수렴한다.

㉣ 관할법원은 소유자의 권리와 거기에 대한 타인들의 권리를 확정하고 이것을 등록한다.

㉤ 권리가 등록되면 대상부동산의 소유자는 등록증서를 교부받는다.

㉥ 대상부동산을 타인에게 이전한 경우에는 양도자는 등기증서와 등록증서를 양수자에게 준다.

㉦ 등기공무원은 양수자의 등기증서와 등록증서를 토대로 하여 이상의 절차를 밟아 권리를 다시 확인한다. 권리가 확인되면 과거의 등록증서를 말소하고 새로운 등기증서와 등록증서를 발부해 준다.

③ **장점 및 단점**: 토렌스제도의 가장 큰 장점은 권리증서 상에 나타나지 않은 사항에 대해서 권리를 인수받은 다음 사람은 아무런 책임을 지지 않는다는 것이며 시간과 비용이 많이 든다는 단점이 있다. 또한, 현재의 소유자보다 미래의 소유자를 지나치게 보호한다는 단점이 있다.

KEY PLUS | 권원보증방법

구분	실질적 심사주의	형식적 심사주의
의미	① 등기신청의 절차법적 적법성 여부 ② 등기신청의 실질상이유 등 실체법적 권리관계	등기신청의 절차법적 적법성 여부
등기공신력 인정여부	인정	불인정
장점	확실성↑ ⇨ 거래사고 방지	시간 · 비용절감
단점	시간 · 비용 많이 듬(토렌스제도)	권원요약서, 권원증서, 권원보험 확실성↓(거래사고 발생)

3 부동산경매 관련 권리분석

1. 경매종류별 특징

강제경매	임의경매
집행권원 필요	담보물권 필요(집행권원 불요)
예견되지 않은 경매	예견된 경매
• 채무자의 일반재산에 대한 집행 • 인적책임의 성격	• 저당권등이 설정된 특정재산에 대한 집행 • 물적 책임의 성격
예 임차인의 경매신청	예 저당권자인 금융기관의 경매신청

KEY PLUS | 집행권원의 종류

① 확정된 이행판결
② 가집행선고부판결
③ 확정된 지급명령
④ 각종조서(화해 · 조정 · 청구인낙 등의 조서)
⑤ 강제집행의 허락을 기재한 공증된 금전채권문서

2. 경매 권리분석

(1) 권리분석의 의의

낙찰자가 대금을 완납함으로써 경매부동산의 소유권을 취득함으로써 경매절차가 종결된다. 이 경우 낙찰자(매수인)가 경매부동산에 설정된 권리들 중에서 인수하여야 할 권리가 있는지 여부와 소멸되는 권리들은 어떤 것들이 있는지를 판별하는 것을 권리분석이라고 한다.

(2) 경매종결시 무조건 소멸되는 권리(기준권리)의 종류

① 기준권리의 종류
(근)저당권 · 담보가등기 · (가)압류등기 · 경매개시결정등기가 있으며, 이러한 기준권리들 중에서 가장먼저 설정된 기준권리를 말소기준권리라 한다.

② 인수여부 판별
말소기준권리보다 먼저 설정된 권리들은 매수인이 인수하여야 하고, 말소기준권리 이후에 설정된 권리들은 소멸되므로 매수인이 인수하지 아니한다. 다만 유치권 · 예고등기 · 분묘기지권 · 법정지상권은 말소기준권리보다 먼저 설정되었건 또는 후에 설정되었건 불문하고 소멸하지 아니하고 매수인에게 인수된다.

제2절 부동산 신탁

1. 신탁의 의의

(1) 신탁의 개념

신탁이란 위탁자가 자기의 재산권을 관리 · 이전 · 처분 등을 하려고 할 경우 믿을 수 있는 수탁자에게 재산권을 귀속시키고 그 재산을 일정한 목적에 따라 자기 또는 타인을 위하여 그 재산권을 관리 또는 처분하게 하는 법률관계를 말한다.

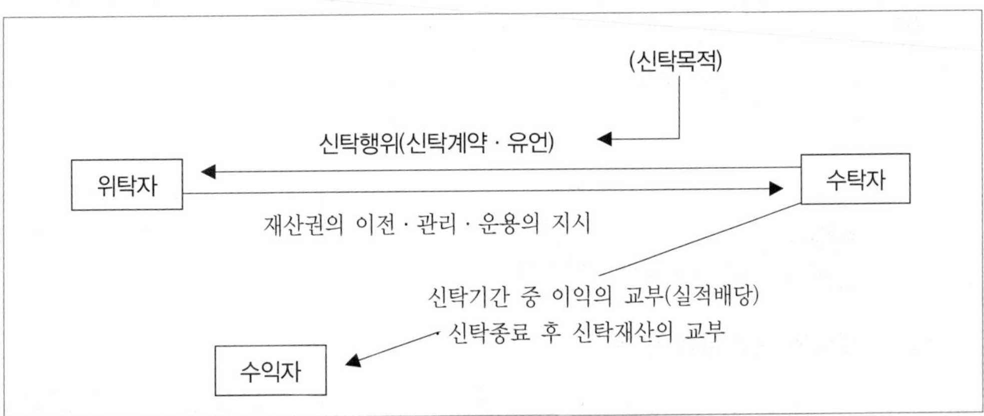

(2) 신탁관계인

① 위탁자: 위탁자는 원칙적으로 누구나 위탁자가 될 수 있으나 신탁설정은 권리와 의무가 발생하는 법률행위이므로 신탁설정에 필요한 행위능력이 있어야 한다.

② 수탁자: 수탁자는 신탁대상의 주체가 될 수 있는 권리능력과 관리 및 처분을 할 수 있는 행위능력을 갖추어야 한다. 도한 수탁자의 권한은 수탁자 스스로를 위하여 부여되는 것은 아니며 타인을 위하여 행사하지 않으면 안된다. 미성년자 · 금치산자 · 한정치산자 및 파산자는 수탁자가 될 수 없다.

③ 수익자: 수익자의 자격에는 신탁법상 아무런 제한이 없다.

(3) 부동산신탁의 성격

실적배당주의	관리운용에 소요된 비용을 공제 후 수익자에 지급
부동산의 독립성	독립재산으로 취급(상속, 강제집행, 경매 제외), 수탁자의 법인격상 이중성격(수탁자의 파산재산 불구성)
물상대위성	신탁재산의 관리 · 처분 · 멸실 · 훼손 등으로 수탁자가 취득한 재산은 신탁재산

2. 부동산 신탁방식

관리신탁	갑종(종합 관리형)	부동산의 소유자가 맡긴 부동산을 총체적으로 관리·운용하여 그 수익을 수익자에게 배당하는 것을 말한다.
	을종(부분 관리형)	관리내용 중 일부만을 수행 · 관리하는 것을 말하며, 보통 '소유권의 법률관리'만을 하는 명의신탁의 경우가 이에 해당한다.
처분신탁	갑종	부동산소유자가 맡긴 부동산의 처분시까지 총체적 관리행위 및 처분행위를 신탁회사가 행하며 처분대금은 부동산소유자 또는 수익자에게 교부하는 것을 말한다.
	을종	부동산소유자가 맡긴 부동산의 처분시까지의 소유권 관리행위 및 단순한 처분행위만을 신탁회사가 행하며 처분대금은 부동산소유자 또는 수익자에게 교부하는 것을 말한다.
개발신탁(토지신탁)	임대형	위탁자가 토지의 소유권을 실질적으로 가지고 있으면서 개발 후 건물을 임대하여 토지의 유효한 이용을 도모하는 방식이다.
	분양형	신탁회사가 토지소유자를 대신하여 토지에 대한 입지조사에서부터 기획입안, 택지조성, 건설, 분양에 이르기까지의 일체의 사업진행을 대행해 주는 토지신탁이다.
	주식형	주식형 토지신탁은 소액투자자(주주)들로부터 자금을 지원 받아 공동으로 사업을 추진한 뒤 그에 따라 부동산의 지분을 배정하거나 영업실적에 따른 수익금의 이익을 배당하는 방식이다.
담보신탁		부동산을 담보로 은행에서 돈을 빌리려 할 경우 이용한다. 토지소유권에 저당권을 설정하는 전형적인 담보방법 이외에, 소유권을 이전하는 방법에 의한 양도담보 등이 있다.

3. 부동산 신탁의 유효성과 한계

부동산신탁의 유효성(이점)	부동산신탁의 한계(문제점)
① 토지보유 욕구만족 ② 전문신탁회사 노하우 이용 ③ 수탁자 개인재산과 독립취급 ④ 신탁수익권 양도 · 담보 설정가능 ⑤ 개발자는 토지매입 없이 개발할 수 있다. ⑥ 토지의 효율적 이용 촉진	① 수익성을 전제로 하므로 사업선정에 제한이 있어 공익실현과 결합이 어렵다. ② 대규모단지사업인 경우 어려움이 따른다. ③ 토지소유자 의견을 완전히 배제하기 어렵다. ④ 신탁회사가 다시 위임하는 경우가 있어 목적에 위배된 결과를 초래할 수 있다.

4. 신탁계약서의 작성

(1) 기재사항

필요사항을 기재하고 위탁자 및 신탁회사의 대표자가 기명 · 날인한다.

(2) 권리, 점유의 하자승계

신탁하기 전에 위탁자의 소유권 등에 하자가 있는 경우에 수탁자는 당연히 하자승계한다.

(3) 수익권의 양도 · 질권설정 등

① 수익권의 양도 · 질권설정 가능
② 수익권의 유가증권화
③ 수익담보대출

5. 명의신탁과 부동산신탁

구분	명의신탁	부동산신탁
목적	투기 · 탈세 · 재산은닉 및 도피에 악용	부동산의 효율적 이용 · 개발, 관리, 처분, 담보대출
법적 근거	판례에 의해 인정	신탁법, 신탁업법
실제 소유자	등기사항전부증명서상의 소유자가 아닌 위장된 타인	부동산의 소유자인 위탁자
실제 소유자 표시	없음	등기사항전부증명서상표시된 소유자
수탁자 지위	등기사항전부증명서상의 명의대여자로서 권한이 없음	신탁계약에서 정한 바대로 적극적 관리자의 책입과 권한이 부여됨
이익귀속주체	드러나지 않은 실제 소유자	소유자인 위탁자 등
분쟁발생 가능성	실제 소유자와 명의대여자 사이에 분쟁소지가 많음	당사자간의 신탁계약에 의하므로 분쟁소지가 없음
투기 · 탈세 등의 염려	진정한 소유자가 은폐되어 소득의 귀속을 왜곡시키고 과세의 형평원칙에 위배	진정한 소유자도 등기사항전부증명서에 표시되므로 소득의 귀속과 이에 따른 과세가 공정
부동산 활용주체	드러나지 않은 실제소유자	소유자인 위탁자 등
정책적 배려	부동산 실명제의 실시와 더불어 금지	부동산의 효율적 활용측면에서 활성화가 예상됨

PART 07 부동산관리 및 개발론 기출문제

01 **최유효이용에 관한 설명으로 옳지 않은 것은?** 2019년 30회

① 토지이용흡수율 분석은 경제적 타당성 여부판단에 활용되지 않는다.
② 인근지역의 용도와는 전혀 다른 데도 불구하고 최유효이용이 되는 경우가 있다.
③ 중도적 이용에 할당되고 있는 부동산을 평가할 때는 토지와 개량물을 같은 용도로 평가해야 한다.
④ 단순히 최고의 수익을 창출하는 잠재적 용도가 아니라 적어도 그 용도에 대한 유사부동산의 시장수익률과 동등 이상의 수준이 되어야 한다.
⑤ 투기적 목적으로 사용되고 있는 토지에 대한 최유효이용분석에 있어서는 특정한 용도를 미리 상정해서는 안되며 미래 사용에 대한 일반적 유형을 상정해야 한다.

해설

흡수율(Absorption Rate)분석은 부동산 투자의 경제적 타당성 여부를 판단할 때 흔히 사용되는 기법이다. 시장에 흡수율분석을 통해 공급된 부동산이 일정기간(통상 1년) 동안 얼마만큼의 비율로 판매되었는지를 분석하여 향후 부동산 거래의 가능성을 예측한다.

| 정답 | ①

02 **부동산개발업의 관리 및 육성에 관한 법률상 부동산개발에 해당하지 않는 행위는?** 2020년 31회

① 토지를 건설공사의 수행으로 조성하는 행위
② 토지를 형질변경의 방법으로 조성하는 행위
③ 시공을 담당하는 행위
④ 건축물을 건축기준에 맞게 용도변경하는 행위
⑤ 공작물을 설치하는 행위

해설

부동산개발업의 관리 및 육성에 관한 법률 상 "부동산개발"의 정의 <제2조>

1. "부동산개발"이란 다음 각 목의 어느 하나에 해당하는 행위를 말한다. 다만, 시공을 담당하는 행위는 제외한다.
   가. 토지를 건설공사의 수행 또는 형질변경의 방법으로 조성하는 행위
   나. 건축물을 건축 · 대수선 · 리모델링 또는 용도변경 하거나 공작물을 설치하는 행위. 이 경우 "건축", "대수선", "리모델링"은 「건축법」의 규정에 따른 "건축", "대수선" 및 "리모델링"을 말하고, "용도변경"은 같은 법 제19조에 따른 "용도변경"을 말한다.

| 정답 | ③

03 부동산개발의 개념에 관한 설명으로 옳지 않은 것? 2019년 30회

① 「부동산개발업의 관리 및 육성에 관한 법률」상 부동산개발은 시공을 담당하는 행위를 포함한다.
② 부동산개발은 온전하게 운용할 수 있는 부동산을 생산하기 위한 토지와 개량물의 결합이다.
③ 부동산개발이란 인간에게 생활, 일, 쇼핑, 레저 등의 공간을 제공하기 위한 토지, 노동, 자본 및 기업가적 능력의 결합과정이다.
④ 부동산개발은 토지조성활동과 건축활동을 포함한다.
⑤ 부동산개발은 토지 위에 건물을 지어 이익을 얻기 위해 일정 면적의 토지를 이용하는 과정이다.

해설

시공을 담당하는 행위는 "부동산개발"에서 제외한다.

| 정답 | ①

04 워포드(L. Wofford)의 부동산개발 7단계의 순서로 올바르게 나열한 것은? 2019년 30회

ㄱ. 사업구상
ㄴ. 마케팅
ㄷ. 예비타당성 분석
ㄹ. 부지확보
ㅁ. 금융
ㅂ. 건설
ㅅ. 타당성분석

① ㄱ-ㄴ-ㄷ-ㄹ-ㅅ-ㅁ-ㅂ
② ㄱ-ㄴ-ㄷ-ㅅ-ㅁ-ㄹ-ㅂ
③ ㄱ-ㄷ-ㄴ-ㅅ-ㄹ-ㅁ-ㅂ
④ ㄱ-ㄷ-ㄹ-ㅅ-ㅁ-ㅂ-ㄴ
⑤ ㄱ-ㄹ-ㄷ-ㅁ-ㅅ-ㅂ-ㄴ

해설

부동산개발의 7단계 모형

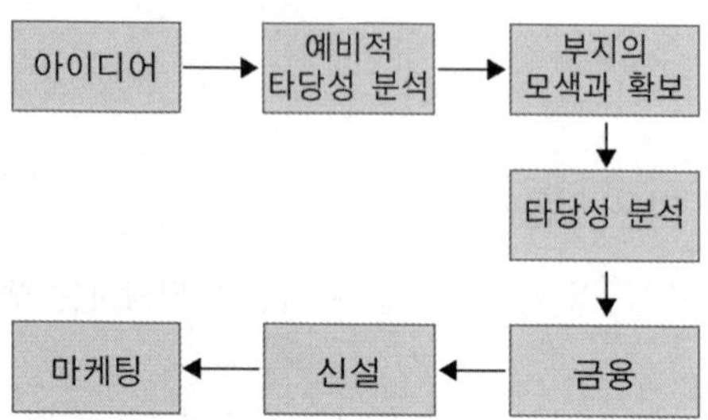

| 정답 | ④

05 다음은 부동산개발과정에 내재하는 위험에 관한 설명이다. (   )에 들어갈 내용으로 옳게 연결된 것은?

2017년 28회

- (ㄱ)은 정부의 정책이나 용도지역제와 같은 토지이용규제의 변화로 인해 발생하기도 한다.
- (ㄴ)은 개발된 부동산이 분양이나 임대가 되지 않거나, 계획했던 가격 이하나 임대료 이하로 매각되거나 임대되는 경우를 말한다.
- (ㄷ)은 인플레이션이 심할수록, 개발기간이 연장될수록 더 커진다.

① ㄱ: 법률적 위험, ㄴ: 시장위험, ㄷ: 비용위험
② ㄱ: 법률적 위험, ㄴ: 관리위험, ㄷ: 시장위험
③ ㄱ: 사업위험, ㄴ: 계획위험, ㄷ: 비용위험
④ ㄱ: 계획위험, ㄴ: 시장위험, ㄷ: 비용위험
⑤ ㄱ: 시장위험, ㄴ: 계획위험, ㄷ: 사업위험

해설

① 법률적 위험부담: 개발사업의 법률적 타당성 분석(이미 이용계획이 확정된 토지구입시에 위험 최소화됨), 환경권이나 일조권 침해 등에 의한 민원이나 공중의 여론 문제, 용도지역제, 토지이용규제 변화, 행정인허가의 불확실성 발생
② 시장위험부담: 시장의 불확실성이 개발업자에게 주는 위험(수요, 공급, 가격의 불확실성, 임대/분양 실패, 헐값매각, 저가임대)
③ 비용위험부담: 개발기간이 길수록, 인플레가 심할수록 비용위험이 커짐

| 정답 | ①

06 부동산개발의 시장위험에 해당하지 않는 것은? (단, 다른 조건은 불변임)

2019년 30회

① 이자율 상승
② 행정인허가 불확실성
③ 공실률 증가
④ 공사자재 가격급등
⑤ 임대료 하락

해설

법률적 위험부담

환경권이나 일조권 침해 등에 의한 민원이나 공중의 여론 문제, 용도지역제, 토지이용규제 변화, 행정인허가의 불확실성 발생

| 정답 | ②

07 개발업자 甲이 직면한 개발사업의 시장위험에 관한 설명으로 옳지 않은 것은?

2020년 31회

① 개발기간 중에도 상황이 변할 수 있다는 점에 유의해야 한다.
② 개발기간이 장기화될수록 개발업자의 시장위험은 높아진다.
③ 선분양은 개발업자가 부담하는 시장위험을 줄일 수 있다.
④ 금융조달비용의 상승과 같은 시장의 불확실성은 개발업자에게 시장위험을 부담시킨다.
⑤ 후분양은 개발업자의 시장위험을 감소시킨다.

해설

개발기간 중 개발사업의 가치와 시장위험

개발사업의 완성률이 높을수록 개발사업의 가치는 커지고 시장위험은 감소함 ⇨ 선 분양시 시장위험 낮고 분양가 낮다. 후분양시 시장위험 높고 분양가 높다.

| 정답 | ⑤

08 부동산개발의 사업타당성분석에 관한 설명으로 옳지 않은 것은?

2018년 29회

① 물리적 타당성분석은 대상 부지의 지형, 지세, 토질과 같은 물리적 요인들이 개발대상 부동산의 건설 및 운영에 적합한지 여부를 분석하는 과정이다.

② 법률적 타당성분석은 대상 부지와 관련된 법적 제약조건을 분석해서 대상 부지 내에서 개발 가능한 용도와 개발규모를 판단하는 과정이다.

③ 경제적 타당성분석은 개발사업에 소요되는 비용, 수익, 시장수요와 공급 등을 분석하는 과정이다.

④ 민감도분석은 사업타당성분석의 주요 변수들의 초기투입 값을 변화시켰을 때 수익성의 변화를 예측하는 과정이다.

⑤ 투자결정분석은 부동산개발에 영향을 미치는 인근 환경요소의 현황과 전망을 분석하는 과정이다.

해설

투자결정분석은 경제적 관점, 재무적 관점 등을 통해 수집된 자료를 바탕으로 여러 기법을 동원하여 최종의 대안을 선택하고 투자여부를 결단하는 과정이다.

| 정답 | ⑤

09 부동산개발사업에 관련된 설명으로 옳은 것을 모두 고른 것은?

2021년 32회

ㄱ. 개발기간의 연장, 이자율의 인상, 인플레이션의 영향으로 개발비용이 증가하는 위험은 비용위험에 속한다.
ㄴ. 개발부동산의 선분양제도는 후분양제도에 비해 사업시행자가 부담하는 시장위험을 줄일 수 있다.
ㄷ. 민감도분석에 있어 주요 변수로는 토지구입비, 개발기간, 분양가격 등이 있다.
ㄹ. 수익성지수가 1보다 크다는 것은 순현가가 '0'(zero)보다 크다는 뜻이다.

① ㄱ, ㄴ
② ㄴ, ㄷ
③ ㄱ, ㄷ, ㄹ
④ ㄴ, ㄷ, ㄹ
⑤ ㄱ, ㄴ, ㄷ, ㄹ

해설

모두 올바른 설명이다.

| 정답 | ⑤

10 부동산개발에 관한 설명으로 옳은 것을 모두 고른 것은? 2022년 33회

ㄱ. 부동산개발업의 관리 및 육성에 관한 법률상 부동산개발은 토지를 건설공사의 수행 또는 형질변경의 방법으로 조성하는 행위 및 건축물을 건축, 대수선, 리모델링 또는 용도를 변경하거나 공작물을 설치하는 행위를 말하며, 시공을 담당하는 행위는 제외한다.
ㄴ. 혼합방식은 개발 전의 면적 · 등급 · 지목 등을 고려하여, 개발된 토지를 토지 소유주에게 종전의 토지위치에 재분배하는 것을 말한다.
ㄷ. 흡수율분석은 수요 · 공급분석을 통하여 대상부동산이 언제 얼마만큼 시장에서 매각 또는 임대될 수 있는지를 파악하는 것이다.
ㄹ. 개발권양도제(TDR)는 일정하게 주어진 개발허용한도 내에서 해당 지역의 토지이용규제로 인해 사용하지 못하는 부분을 다른 지역에 양도할 수 있는 것이다.

① ㄱ, ㄷ
② ㄷ, ㄹ
③ ㄱ, ㄴ, ㄹ
④ ㄱ, ㄷ, ㄹ
⑤ ㄴ, ㄷ, ㄹ

해설

ㄴ. 환지방식: 택지화되기 전의 토지위치 · 지목 · 면적 · 등급 · 이용도 등 기타 필요 사항을 고려하여 택지개발 후 개발된 토지를 토지소유주에게 재분배하는 것이다.

| 정답 | ④

11 부동산개발의 타당성분석 유형을 설명한 것이다. (   )에 들어갈 내용으로 옳게 연결된 것은? 2022년 33회

- (ㄱ)은 부동산이 현재나 미래의 시장상황에서 매매 또는 임대될 수 있는 가능성을 분석하는 것이다.
- (ㄴ)은 개발업자가 대상부동산에 대해 수립한 사업안들 중에서 최유효이용을 달성할 수 있는 방식을 판단할 수 있도록 자료를 제공해주는 것이다.
- (ㄷ)은 주요 변수들의 초기 투입값을 변화시켜 적용함으로써 낙관적 또는 비관적인 상황에서 발생할 수 있는 수익성 및 부채상환능력 등을 예측하는 것이다.

① ㄱ: 시장성 분석, ㄴ: 민감도 분석, ㄷ: 투자 분석
② ㄱ: 민감도 분석, ㄴ: 투자 분석, ㄷ: 시장성 분석
③ ㄱ: 투자 분석, ㄴ: 시장성 분석, ㄷ: 민감도 분석
④ ㄱ: 시장성 분석, ㄴ: 투자 분석, ㄷ: 민감도 분석
⑤ ㄱ: 민감도 분석, ㄴ: 시장성 분석, ㄷ: 투자 분석

해설

해설생략

| 정답 | ④

12 부동산개발사업의 위험에 관한 설명이다. (   )에 들어갈 내용으로 옳은 것은? 2023년 34회

- (ㄱ)은 추정된 토지비, 건축비, 설계비 등 개발비용의 범위 내에서 개발이 이루어져야 하는데, 인플레이션 및 예상치 못한 개발기간의 장기화 등으로 발생할 수 있다.
- (ㄴ)은 용도지역제와 같은 토지이용규제의 변화와 관계기관 인허가 승인의 불확실성 등으로 야기될 수 있다.
- (ㄷ)은 개발기간 중 이자율의 변화, 시장침체에 따른 공실의 장기화 등이 원인일 수 있다.

① ㄱ: 시장위험, ㄴ: 계획위험, ㄷ: 비용위험
② ㄱ: 시장위험, ㄴ: 법률위험, ㄷ: 비용위험
③ ㄱ: 비용위험, ㄴ: 계획위험, ㄷ: 시장위험
④ ㄱ: 비용위험, ㄴ: 법률위험, ㄷ: 시장위험
⑤ ㄱ: 비용위험, ㄴ: 법률위험, ㄷ: 계획위험

해설

ㄱ: 비용위험, ㄴ: 법률위험, ㄷ: 시장위험

| 정답 | ④

13 택지개발방식 중 환지방식에 관한 설명으로 옳지 않은 것을 모두 고른 것은? 2017년 28회

ㄱ. 사업자로서는 상대적으로 사업시행이 간단하고 용이하다.
ㄴ. 개발이익은 토지소유자, 사업자 등이 향유한다.
ㄷ. 사업자의 초기 사업비 부담이 크고, 토지소유자의 저항이 심할 수 있다.
ㄹ. 감보된 토지는 새로이 필요로 하는 공공시설 용지로 사용되고, 나머지 체비지는 환지한다.
ㅁ. 환지의 형평성을 기하기 위해 사업시행기간이 장기화 될 수 있다.
ㅂ. 혼용방식은 수용 또는 사용방식과 환지방식을 혼용하여 시행하는 방식이다.

① ㄱ, ㄴ, ㄷ
② ㄱ, ㄷ, ㄹ
③ ㄱ, ㄹ, ㅁ
④ ㄴ, ㅁ, ㅂ
⑤ ㄹ, ㅁ, ㅂ

해설

택지개발방식 비교

<table>
<tr><th>구분</th><th>환지방식</th><th>매수(수용)방식</th><th>혼합(혼용)방식</th></tr>
<tr><td>주체</td><td>원칙 : 토지소유자,
재개발조합</td><td>공공부분</td><td rowspan="3">환지방식 + 매수방식</td></tr>
<tr><td>권리변환유무</td><td>권리축소</td><td>권리소멸</td></tr>
<tr><td>기타</td><td>개발이익: 소유자, 사업자
사업시행 복잡, 감보율적용,
비용충당 ⇨ 체비지</td><td>개발이익: 공공
사업시행용이
사업부담↑,
소유자저항↑</td></tr>
</table>

| 정답 | ②

14 다음의 개발방식은?

2020년 31회

- 대지로서의 효용증진과 공공시설의 정비를 목적으로 하며, 택지개발사업에 주로 활용되는 방식이다.
- 사업 후 개발토지 중 사업에 소요된 비용과 공공용지를 제외한 토지를 당초의 토지소유자에게 되돌려 주는 방식이다
- 개발사업 시 사업재원으로 확보해 놓은 토지를 체비지라고 한다.

① 환지방식
② 신탁방식
③ 수용방식
④ 매수방식
⑤ 합동방식

해설

환지방식과 관련된 기술이다.

| 정답 | ①

15 토지개발방식으로서 수용방식과 환지방식의 비교에 관한 설명으로 옳지 않은 것은? (단, 사업구역은 동일함)

2021년 32회

① 수용방식은 환지방식에 비해 종전 토지소유자에게 개발이익이 귀속될 가능성이 큰 편이다.
② 수용방식은 환지방식에 비해 사업비의 부담이 큰 편이다.
③ 수용방식은 환지방식에 비해 기반시설의 확보가 용이한 편이다.
④ 환지방식은 수용방식에 비해 사업시행자의 개발토지 매각부담이 적은 편이다.
⑤ 환지방식은 수용방식에 비해 종전 토지소유자의 재정착이 쉬운 편이다.

해설

수용방식

공공부문이 토지를 전면 매수하여 개발하는 방식이다. 개발사업 후 개발사업전 토지소유권자의 권리는 소멸되므로 개발이익이 토지소유자에게 귀속될 가능성이 없다.

| 정답 | ①

16 다음 설명에 모두 해당하는 부동산개발방식은?

2023년 34회

- 사업부지를 소유하고 있는 토지소유자가 개발이 완료된 후 개발업자나 시공사에게 공사대금을 완공된 일부의 건물로 변제하고, 나머지는 분양하거나 소유하는 형태이다.
- 토지소유자는 대상 부지의 소유권을 소유한 상태에서 개발사업이 진행되도록 유도할 수 있고, 그 결과 발생되는 부동산가치의 상승분을 취득할 수 있는 이점이 있다.

① 공영개발방식
② 직접개발방식
③ 대물교환방식
④ 토지신탁방식
⑤ BTL사업방식

해설

지주공동사업 중 공사비 대물교환(변제)방식에 대한 설명이다.

| 정답 | ③

17 다음 민간투자사업방식을 바르게 연결한 것은? 2020년 31회

> ㄱ. 사업주가 시설준공 후 소유권을 취득하여, 일정 기간 동안 운영을 통해 운영수익을 획득하고, 그 기간이 만료되면 공공에게 소유권을 이전하는 방식
> ㄴ. 사업주가 시설준공 후 소유권을 공용에게 귀속시키고, 그 대가로 받은 시설운영권으로 그 시선을 공공에게 임대하여 임대료를 획득하는 방식
> ㄷ. 사업주가 시선준공 후 소유권을 공공에게 귀속시키고, 그 대가로 일정 기간 동안 시설운영권을 받아 운영수익을 획득하는 방식
> ㄹ. 사업주가 시설준공 후 소유권을 취득하여, 그 시설을 운영하는 방식으로, 소유권이 사업주에게 계속 귀속되는 방식

① ㄱ: BTO방식, ㄴ: BTL방식, ㄷ: BOT방식, ㄹ: BOO방식
② ㄱ: BOT방식, ㄴ: BTL방식, ㄷ: BTO방식, ㄹ: BOO방식
③ ㄱ: BOT방식, ㄴ: BTO방식, ㄷ: BOO방식, ㄹ: BTL방식
④ ㄱ: BTL방식, ㄴ: BOT방식, ㄷ: BOO방식, ㄹ: BTO방식
⑤ ㄱ: BOT방식, ㄴ: BOO방식, ㄷ: BTO방식, ㄹ: BTL방식

해설

(1) 건설 - 운영 - 양도(Build - Own - Operate - and - Transfer, BOT): 사업시행자가 인프라시설에 필요한 재원을 조달하고 건설하며 일정기간 소유권을 가지고 운영 및 관리까지를 담당하는 방식이다. 사업시행자는 운영기간동안 계약상에 명시된 바에 따라 시설에 대한 사용료를 시설이용자들에게 부과할 수 있다. 사용료 수입은 사업시행자가 투자한 금액과 투자액에 대한 수익을 회수하고 시설의 관리 및 운영에 필요한 운영비용을 충당하는데 소요된다.

(2) 건설 - 양도 - 임대(Build - Transfer - and - Lease, BTL): 사업시행자는 주무관청의 승인을 받아 인프라시설에 필요한 재원을 조달하여 시설을 건설하고 시설이 완공되면 당해 시설의 소유권을 관할권이 있는 정부 또는 지방정부에 양도하고 관리운영권 또는 무상사용·수익권을 부여받은 뒤 해당시설의 관리운영을 정부기관 또는 지방정부, 전문운영관리회사 등에 협약에서 정한 기간 동안 임대한다. 임대기간이 끝나면 관리운영권 또는 무상사용·수익권은 자동적으로 소멸된다.

(3) 건설 - 양도 - 운영(Build - Transfer - and - Operate, BTO): 사업시행자가 인프라시설에 필요한 재원을 조달하고 건설하여 정부 또는 지방정부에 소유권을 양도한 뒤 일정기간 관리운영권을 부여받아 운영 및 관리까지를 담당하는 방식이다. 민간사업자는 BTO 계약에 따라 시설을 운영하면서 시설에 대한 사용료를 이용자들에게 부과할 수 있다. 역시 사용료 수입은 사업시행자가 투자한 금액과 투자액에 대한 수익을 회수하고 시설의 관리 및 운영에 필요한 운영비용을 충당하는데 소요된다.

(4) 건설 - 소유 - 운영(Build - Own - and - Operate, BOO): 사업시행자가 인프라시설에 필요한 재원을 조달하여 건설하고 소유하면서 운영 및 관리를 할 수 있는 권한을 승인을 얻어 시설에 대한 사용료를 사용자들에게 부과하는 방식이다. BOT와 달리 사업시행자가 시설 소유권을 영원히 보유하기 때문에 정부에 양도하지 않는다.

| 정답 | ②

18 **민간투자사업의 추진방식에 관한 설명으로 옳지 않은 것은?** 2019년 30회

① 사회기반시설의 준공과 동시에 해당 시설의 소유권이 국가 또는 지방자치단체에 귀속되며, 사업시행자에게 일정기간의 시설관리운영권을 인정하는 방식을 BTO방식이라고 한다.
② 사회기반시설의 준공과 동시에 해당 시설의 소유권이 국가 또는 지방자치단체에 귀속되며, 사업시행자에게 일정기간의 시설관리운영권을 인정하되, 그 시설을 국가 또는 지방자치단체 등이 협약에서 정한 기간 동안 임차하여 사용·수익하는 방식을 BTL 방식이라고 한다.
③ 사회기반시설의 준공 후 일정기간 동안 사업시행자에게 해당 시설의 소유권이 인정되며 그 기간이 만료되면 시설소유권이 국가 또는 지방자치단체에 귀속되는 방식을 BOT 방식이라고 한다.
④ BTO 방식은 초등학교 교사 신축사업에 적합한 방식이다.
⑤ BTL 방식은 사업시행자가 최종 수요자에게 사용료를 직접 부과하기 어려운 경우 적합한 방식이다.

해설

BTO/BTL방식 비교

추진방식	Build-Transfer-Operate	Build-Transfer-Lease
① 대상시설성격	• 최종수요자에게 사용료 부과로 투자비 회수가 가능한 시설(민자도로 등)	• 최종수요자에게 사용료 부가로 투자비 회수가 어려운 시설(학교, 관공서 등)
② 투자비 회수	• 최종사용자의 사용료	• 정부의 시설임대료
③ 사업 리스크	• 민간이 수요위험 부담	• 민간의 수요위험 배제

| 정답 | ④

19 **다음에 해당하는 민간투자사업방식은?** 2018년 29회

- 민간사업자가 기숙사를 개발하여 준공과 동시에 그 소유권을 공공에 귀속시켰다.
- 민간사업자는 30년간 시설관리운영권을 갖고, 공공은 그 시설을 임차하여 사용하고 있다.

① BOT(Build - Own - Transfer) 방식
② BTO(Build - Transfer - Operate) 방식
③ BTL(Build - Transfer - Lease) 방식
④ BLT(Build - Lease - Transfer) 방식
⑤ BOO(Build - Own - Operate) 방식

해설

건설 - 양도 - 임대(Build - Transfer - and - Lease), 즉 BTL방식에 대한 설명이다.

| 정답 | ③

20 부동산관리에 관한 설명으로 옳은 것은? 2018년 29회

① 시설관리(facility management)는 부동산시설의 자산 및 부채를 종합관리하는 것으로 시설사용자나 기업의 요구에 따르는 적극적인 관리에 해당한다.
② 자기관리방식은 입주자와의 소통 측면에 있어서 위탁관리방식에 비해 유리한 측면이 있다.
③ 위탁관리방식은 자기관리방식에 비해 기밀유지가 유리한 측면이 있다.
④ 혼합관리방식은 자기관리방식에 비해 문제발생시 책임소재 파악이 용이하다.
⑤ 건물의 고층화와 대규모화가 진행되면서 위탁관리방식에서 자기관리방식으로 바뀌는 경향이 있다.

해설

① 시설관리는 각종 부동산시설을 운영하고 유지하는 것으로서 시설사용자나 기업의 여타 부문의 요구에 단순히 부응하는 소극적 관리를 말한다.

③, ④ 관리3방식의 장단점

구분	자가관리	위탁관리	혼합관리
장점	• 건물에 대한 애착심 강함 • 신속한 의사결정 • 소유자의 지시 및 통제권이 강하다.	• 소유자는 본업에 전념 • 관리업무의 타성방지 • 전문가의 뛰어난 관리와 서비스를 받을 수 있다.	• 자가관리에서 위탁관리로의 과도기적 방식 • 부득이한 부분만 위탁하므로 효율적
단점	• 타성에 젖기 쉽고, 적극적 의욕을 결하기 쉽다. • 관리의 전문성 결여 가능성	• 기밀, 보안유지 불리 • 관리회사의 신뢰도 문제 • 종업원을 신용하기 어렵고 소질과 기술이 나빠질 우려	• 문제발생시 책임소재 불분명 • 운영이 곤란해지면 양방식의 결점만 노출 • 직영/외주 관리자간 분쟁 발생↑

⑤ 위탁관리란 타인에게 위임하는 행위라 하여 위임관리 또는 직접관리라고도 한다. 건물의 고층화와 대규모화가 진행되면서 자기관리방식에서 위탁관리방식으로 바뀌는 경향이 있다.

| 정답 | ②

21 부동산 관리방식에 관한 설명으로 옳지 않은 것은? 2019년 30회

① 자기관리방식은 소유자가 직접 관리하는 방식으로 단독주택이나 소형빌딩과 같은 소규모 부동산에 주로 적용된다.
② 위탁관리방식은 부동산관리 전문업체에 위탁해 부동산을 관리하는 방식으로 대형건물의 관리에 유용하다.
③ 혼합관리방식은 관리 업무 모두를 위탁하지 않고 필요한 부분만 따로 위탁하는 방식이다.
④ 자기관리방식은 전문성 결여의 가능성이 높으나 신속하고 종합적인 운영관리가 가능하다.
⑤ 위탁관리방식은 관리 업무의 전문성과 효율성을 제고할 수 있으며 기밀유지의 장점이 있다.

해설

위탁관리방식은 기밀이나 보안유지에 불안전하다는 단점이 있다.

| 정답 | ⑤

22 건물의 관리방식에 관한 설명으로 옳지 않은 것은?

2020년 31회

① 자가관리방식은 일반적으로 소유자의 지시와 통제 권한이 강하다.
② 위탁관리방식은 부동산관리를 전문적으로 하는 대행업체에게 맡기는 방식으로 사회적으로 신뢰도가 높고 성실한 대행업체를 선정하는 것이 중요하다.
③ 혼합관리방식은 자가관리에서 위탁관리로 이행하는 과도기적 조치로 적합하다.
④ 자가관리방식에 있어 소유자가 전문적 관리지식이 부족한 경우 효율적 관리에 한계가 있을 수 있다.
⑤ 혼합관리방식에 있어 관리상의 문제가 발생할 경우, 책임소재에 대한 구분이 명확하다.

해설

혼합관리방식은 문제발생시 책임소재가 불분명하다는 단점이 있다.

| 정답 | ⑤

23 부동산관리와 생애주기에 관한 설명으로 옳지 않은 것은?

2022년 33회

① 자산관리(Asset Management)란 소유자의 부를 극대화시키기 위하여 대상부동산을 포트폴리오 관점에서 관리하는 것을 말한다.
② 시설관리(Facility Management)란 각종 부동산시설을 운영하고 유지하는 것으로 시설 사용자나 건물주의 요구에 단순히 부응하는 정도의 소극적이고 기술적인 측면의 관리를 말한다.
③ 생애주기상 노후단계는 물리적 · 기능적 상태가 급격히 악화되기 시작하는 단계로 리모델링을 통하여 가치를 올릴 수 있다.
④ 재산관리(Property Management)란 부동산의 운영수익을 극대화하고 자산가치를 증진시키기 위한 임대차관리 등의 일상적인 건물운영 및 관리뿐만 아니라 부동산 투자의 위험관리와 프로젝트 파이낸싱 등의 업무를 하는 것을 말한다.
⑤ 건물의 이용에 의한 마멸, 파손, 노후화, 우발적 사고 등으로 사용이 불가능할 때까지의 기간을 물리적 내용연수라고 한다.

해설

부동산 투자의 위험관리나 프로젝트 파이낸싱 등의 업무는 자산관리(Asset Management)의 영역이다.

| 정답 | ④

24 건물의 관리방식에 관한 설명으로 옳은 것은? 2022년 33회

① 위탁관리방식은 부동산관리 전문업체에 위탁해 관리하는 방식으로 대형건물의 관리에 유용하다.
② 혼합관리방식은 필요한 부분만 일부 위탁하는 방식으로 관리자들간의 협조가 긴밀하게 이루어진다.
③ 자기관리방식은 관리업무의 타성(惰性)을 방지할 수 있다.
④ 위탁관리방식은 외부 전문가가 관리하므로 기밀 및 보안 유지에 유리하다.
⑤ 혼합관리방식은 관리문제 발생시 책임소재가 명확하다.

해설

관리3방식의 장단점

구분	자가관리	위탁관리	혼합관리
장점	• 건물에 대한 애착심 강함 • 신속한 의사결정 • 소유자의 지시 및 통제권이 강함	• 소유자는 본업에 전념 • 관리업무의 타성방지 • 전문가의 뛰어난 관리와 서비스를 받을 수 있음	• 자가관리에서 위탁관리로의 과도기적 방식 • 부득이한 부분만 위탁하므로 효율적
단점	• 타성에 젖기 쉽다 • 관리의 전문성 결여 가능성	• 기밀, 보안유지 불리 • 관리회사의 신뢰도 문제 • 종업원을 신용하기 어렵고 소질과 기술이 나빠질 우려	• 문제발생시 책임소재 불분명 • 운영이 곤란해지면 양방식의 결점만 노출 • 직영/외주 관리자간 분쟁 발생↑

| 정답 | ①

PART 07

부동산관리 및 개발론 I 해커스 감정평가사 민영기 부동산학원론 기본서

25 부동산시장세분화에 관한 설명으로 옳지 않은 것은? 2023년 34회

① 시장세분화는 가격차별화, 최적의사결정, 상품차별화 등에 기초하여 부동산시장을 서로 다른 둘 또는 그 이상의 상위시장으로 묶는 과정이다.

② 시장을 세분화하는데 주로 사용되는 기준으로는 지리적 변수, 인구통계학적 변수, 심리적 변수, 행동적 변수 등이 있다.

③ 시장세분화 전략은 세분된 시장을 대상으로 상품의 판매 지향점을 명확히 하는 것을 말한다.

④ 부동산회사가 세분시장을 평가할 때, 우선해야 할 사항으로 적절한 시장규모와 성장성을 들 수 있다.

⑤ 세분시장에서 경쟁력과 매력도를 평가할 때 기존 경쟁자의 위협, 새로운 경쟁자의 위협, 대체재의 위협, 구매자의 협상력 증가 위협, 공급자의 협상력 증가 위협 등을 고려한다.

해설

시장세분화(Segmentation)란 수요자집단을 인구·경제학적 특성에 따라 둘 또는 그 이상의 하위시장으로 세분하고, 세분화된 시장에 따른 상품판매의 지향점을 명백히 하는 것이다.

| 정답 | ①

26 부동산 마케팅에 관한 설명으로 옳지 않은 것은? 2022년 33회

① STP란 시장세분화(Segmentation), 표적시장(Target market), 포지셔닝(Positioning)을 말한다.

② 마케팅믹스 전략에서의 4P는 유통경로(Place), 제품(Product), 가격(Price), 판매촉진 (Promotion)을 말한다.

③ 노벨티(novelty) 광고는 개인 또는 가정에서 이용되는 실용적이며 장식적인 물건에 상호·전화번호 등을 표시하는 것으로 분양광고에 주로 활용된다.

④ 관계마케팅 전략은 공급자와 소비자 간의 장기적·지속적인 상호작용을 중요시하는 전략을 말한다.

⑤ AIDA 원리에 따르면 소비자의 구매의사결정은 행동(Action), 관심(Interest), 욕망(Desire), 주의(Attention)의 단계를 순차적으로 거친다.

해설

구매의사결정과정은 주의(Attention), 관심(Interest), 욕망(Desire), 행동(Action)으로 이어진다.

| 정답 | ⑤

27 부동산마케팅 전략에 관한 설명으로 옳은 것은?

2019년 30회

① 시장점유마케팅 전략은 AIDA원리에 기반을 두면서 소비자의 욕구를 파악하여 마케팅 효과를 극대화하는 전략이다.
② 고객점유마케팅 전략은 공급자 중심의 마케팅 전략으로 표적시장을 선정하거나 틈새시장을 점유하는 전략이다.
③ 관계마케팅전략은 생산자와 소비자의 지속적인 관계를 통해서 마케팅효과를 도모하는 전략이다.
④ STP전략은 시장세분화(Segmentation), 표적시장 선정(Targeting), 판매촉진(Promotion)으로 구성된다.
⑤ 4P-Mix전략은 제품(Product), 가격(Price), 유통경로(Place), 포지셔닝(Positioning)으로 구성된다.

해설

① AIDA원리에 기반한 것은 고객점유 마케팅 전략이다.
② 공급자의 전략차원으로서 표적시장을 선점하거나 틈새시장을 점유하는 것은 시장점유 마케팅 전략이다.
④ STP란 시장세분화(Segmentation), 표적시장 선정(Targeting), 포지셔닝(Positioning)으로 구성된다.
⑤ 4P Mix전략이란 제품(Product), 가격(Price), 유통경로(Place), 판매촉진(Promotion)의 제 측면에 있어서 차별화를 도모하는 전략이다.

| 정답 | ③

28 부동산마케팅에 관한 설명으로 옳지 않은 것은?

2018년 29회

① 부동산 공급자가 부동산시장을 점유하기 위한 일련의 활동을 시장점유마케팅전략이라 한다.
② AIDA 원리는 소비자가 대상 상품을 구매할 때까지 나타나는 심리 변화의 4단계를 의미한다.
③ 시장점유마케팅전략에 해당되는 STP 전략은 시장세분화(segmentation), 표적시장 선정(targeting), 포지셔닝(positioning)으로 구성된다.
④ 고객점유마케팅전략에 해당되는 4P MIX 전략은 유통경로(place), 제품(product), 위치선점(position), 판매촉진(promotion)으로 구성된다.
⑤ 고객점유마케팅전략은 AIDA 원리를 적용하여 소비자의 욕구를 충족시키기 위해 수행된다.

해설

4P Mix 전략은 시장점유 마케팅 전략에 해당된다.

| 정답 | ④

29 부동산마케팅전략에 관한 설명으로 옳지 않은 것은?

2017년 28회

① 시장점유마케팅전략에는 STP전략과 4P Mix전략이 있다.
② 시장점유마케팅전략은 AIDA원리로 대표되는 소비자중심의 마케팅전략이다.
③ 관계마케팅전략은 생산자와 소비자의 지속적인 관계를 통해서 상호 이익이 되는 장기적인 관점의 마케팅전략이다
④ STP전략 중 시장세분화 전략은 부동산시장을 명확한 여러 개의 구매자 집단으로 나누는 것을 말한다.
⑤ 제품 포지셔닝이란 표적 고객의 마음속에 특정 상품이나 서비스가 자리 잡는 느낌을 말하며, 고객에게 자사의 상품과 서비스 이미지를 자리잡게 디자인하는 활동을 말한다.

해설

주의(Attention), 관심(Interest), 욕망(Desire), 행동(Action)으로 이어지는 구매의사결정과정의 각 단계에서 소비자와의 심리적 접점을 마련하고 전달되는 메시지의 톤과 강도를 조절하여 마케팅 효과를 극대화하는 것이 바로 '고객점유 마케팅'의 핵심이다.

| 정답 | ②

30 부동산 중개계약에 관한 설명으로 옳은 것을 모두 고른 것은?

2016년 27회

ㄱ. 독점중개계약: 매각의뢰를 받은 경우 그 계약기간 내에 거래가 성사되면 개업공인중개사가 당해 부동산거래를 성사시키지 않았더라도 중개수수료 청구권이 발생한다.
ㄴ. 전속중개계약: 공인중개사법령상 중개의뢰인은 중개대상물의 중개를 의뢰함에 있어 특정한 개업공인중개사를 정하여 그 개업공인중개사에 한하여 당해 중개대상물을 중개하도록 하는 계약을 체결하여야 한다고 규정하고 있다.
ㄷ. 일반중개계약: 소유자는 다수의 개업공인중개사에게 매도를 의뢰할 수 있고, 매수인과의 거래를 먼저 성사시킨 개업공인중개사에게 수수료를 지불한다.
ㄹ. 공동중개계약: 부동산정보센터나 부동산협회 등을 매체로 하여 다수의 개업공인중개사가 상호 협동하여 공동으로 중개 역할을 하는 것을 말한다.
ㅁ. 순가중개계약: 거래가격을 정하고 이를 초과한 금액으로 거래가 이루어진 경우 초과액은 개업공인중개사와 의뢰인이 나누어 갖는 것이다.

① ㄷ
② ㄱ, ㄴ
③ ㄷ, ㄹ
④ ㄱ, ㄷ, ㄹ
⑤ ㄷ, ㄹ, ㅁ

해설

ㄴ. 전속중개계약은 강제력이 없다. 공인중개사법 제23조(전속중개계약) ①: 중개의뢰인은 중개대상물의 중개를 의뢰하는 경우 특정한 개업공인중개사를 정하여 그 개업공인중개사에 한정하여 해당 중개대상물을 중개하도록 하는 계약(이하 "전속중개계약"이라 한다)을 체결할 수 있다.

ㅁ. 순가중개계약(net listing)이란 의뢰인이 미리 매도가격을 중개업자에게 제시하고 이를 초과한 금액으로 물건이 거래된 경우는 초과액 전액을 수수료로서 개업공인중개사가 취득하는 제도이다. 개업공인중개사와 의뢰인이 나누어 갖는 것이 아니다.

| 정답 | ④

31 **부동산 중개계약에 관한 설명으로 옳은 것은?** 2019년 30회

① 순가중개계약은 중개의뢰인이 다수의 개업공인중개사에게 의뢰하는 계약의 형태이다.

② 독점중개계약을 체결한 개업공인중개사는 자신이 거래를 성립시키지 않았을 경우 중개보수를 받지 못한다.

③ 전속중개계약을 체결한 개업공인중개사는 누가 거래를 성립시켰는지에 상관없이 중개보수를 받을 수 있다.

④ 공동중개계약은 다수의 개업공인중개사가 상호 협동하여 공동으로 중개 역할을 하는 것이다.

⑤ 일반중개계약은 거래가격을 정하여 개업공인중개사에게 제시하고, 이를 초과한 가격으로 거래가 이루어진 경우 그 초과액을 개업공인중개사가 중개보수로 획득하는 방법이다.

해설

① 공동중개계약(multiple listing)에 대한 설명이다.

② 독점중개계약(exclusive right-to-sell listing)은 계약기간동안 누가 계약을 성립시켰는가를 묻지 않고 독점매도권계약을 한 중개업자가 보수를 받게 된다.

③ 독점중개계약(exclusive right-to-sell listing)에 대한 설명이다.

⑤ 순가중개계약(net listing)에 대한 설명이다.

| 정답 | ④

32 부동산 중개계약에 관한 설명으로 옳지 않은 것은?

2022년 33회

① 순가중개계약에서는 매도자가 개업공인중개사에게 제시한 가격을 초과해 거래가 이루어진 경우 그 초과액을 매도자와 개업공인중개사가 나누어 갖는다.
② 일반중개계약에서는 의뢰인이 다수의 개업공인중개사에게 동등한 기회로 거래를 의뢰한다.
③ 공인중개사법령상 당사자간에 다른 약정이 없는 경우 전속중개계약의 유효기간은 3월로 한다.
④ 공동중개계약에서는 부동산거래정보망 등을 통하여 다수의 개업공인중개사가 상호 협동하여 공동으로 거래를 촉진한다.
⑤ 독점중개계약에서는 의뢰인이 직접 거래를 성사시킨 경우에도 중개보수 청구권이 발생한다.

해설

순가중개계약(net listing)이란 의뢰인이 미리 매도가격을 중개업자에게 제시하고 이를 초과한 금액으로 물건이 거래된 경우는 초과액 전액을 수수료로서 개업공인중개사가 취득하는 제도이다. 개업공인중개사와 의뢰인이 나누어 갖는 것이 아니다.

| 정답 | ①

33 **공인중개사법령상 개업공인중개사가 인터넷을 이용하여 중개대상물인 건축물에 관한 표시 · 광고를 할 때 명시하여야 하는 사항이 아닌 것은?** 2023년 34회

① 건축물의 방향
② 건축물의 소유자
③ 건축물의 총 층수
④ 건축물의 준공검사를 받은 날
⑤ 건축물의 주차대수 및 관리비

해설

건축물의 소유자는 표시 · 광고의 대상이 아니다.

공인중개사법 제18조의2(중개대상물의 표시 · 광고)

1. 개업공인중개사가 의뢰받은 중개대상물에 대하여 표시 · 광고를 하려면 중개사무소, 개업공인중개사에 관한 사항으로서 다음의 사항을 명시하여야 하며, 중개보조원에 관한 사항은 명시해서는 아니 된다.

㉠ 중개사무소의 명칭, 소재지, 연락처 및 등록번호
㉡ 개업공인중개사의 성명(법인인 경우에는 대표자의 성명)

2. 개업공인중개사가 인터넷을 이용하여 중개대상물에 대한 표시 · 광고를 하는 때에는 1에서 정하는 사항 외에 중개대상물의 종류별로 다음에서 정하는 소재지, 면적, 가격 등의 사항을 명시하여야 한다.

㉠ 소재지
㉡ 면적
㉢ 가격
㉣ 중개대상물 종류
㉤ 거래 형태
㉥ 건축물 및 그 밖의 토지의 정착물인 경우 다음 각 목의 사항
가. 총 층수
나. 사용승인 · 사용검사 · 준공검사 등을 받은 날
다. 건축물의 방향, 방의 개수, 욕실의 개수, 입주가능일, 주차대수 및 관리비

| 정답 | ②

34 공인중개사법령상 중개계약 시 거래계약서에 기재하여야 하는 사항은 모두 몇 개인가?

2023년 34회

- 물건의 표시
- 권리이전의 내용
- 물건의 인도일시
- 거래당사자의 인적 사항
- 거래금액 · 계약금액 및 그 지급일자 등 지급에 관한 사항
- 계약의 조건이나 기한이 있는 경우에는 그 조건 또는 기한

① 2개
② 3개
③ 4개
④ 5개
⑤ 6개

해설

보기의 모든 항목을 거래계약서에 기재하여야 한다.

공인중개사법 제26조(거래계약서의 작성 등)

개업공인중개사는 중개대상물에 관하여 중개가 완성된 때에는 거래계약서를 작성하여 거래당사자에게 교부하고 5년 동안 그 원본, 사본 또는 전자문서를 보존하여야 한다. 다만, 거래계약서가 공인전자문서센터에 보관된 경우에는 그러하지 아니하다.

㉠ 거래당사자의 인적 사항
㉡ 물건의 표시
㉢ 계약일
㉣ 거래금액 · 계약금액 및 그 지급일자 등 지급에 관한 사항
㉤ 물건의 인도일시
㉥ 권리이전의 내용
㉦ 계약의 조건이나 기한이 있는 경우에는 그 조건 또는 기한
㉧ 중개대상물확인 · 설명서 교부일자
㉨ 그 밖의 약정내용

| 정답 | ⑤

35 공인중개사법령상 공인중개사의 중개대상물이 아닌 것은? (다툼이 있으면 판례에 따름)

2021년 32회

① 토지거래허가구역 내의 토지
② 가등기가 설정되어 있는 건물
③ 「입목에 관한 법률」에 따른 입목
④ 하천구역에 포함되어 사권이 소멸된 포락지
⑤ 「공장 및 광업재단 저당법」에 따른 광업재단

해설

사권(사적 소유권)이 소멸된 포락지는 중개대상이 되지 못한다.

공인중개사법 제3조(중개대상물의 범위)

1. 토지
2. 건축물 그 밖의 토지의 정착물
3. 그 밖에 대통령령으로 정하는 재산권 및 물건(입목, 공장재단, 광업재단 등)

| 정답 | ④

36 공인중개사법령상 공인중개사 정책심의위원회에서 공인중개사의 업무에 관하여 심의하는 사항으로 명시되지 않은 것은?

2021년 32회

① 개업공인중개사의 교육에 관한 사항
② 부동산 중개업의 육성에 관한 사항
③ 공인중개사의 시험 등 공인중개사의 자격취득에 관한 사항
④ 중개보수 변경에 관한 사항
⑤ 손해배상책임의 보장 등에 관한 사항

해설

심의사항에 개업공인중개사의 교육에 관한 사항은 포함되어 있지 않다.

공인중개사법 제2조의2(공인중개사 정책심의위원회)

공인중개사의 업무에 관한 다음 각 호의 사항을 심의하기 위하여 국토교통부에 공인중개사 정책심의위원회를 둘 수 있다.

㉠ 공인중개사의 시험 등 공인중개사의 자격취득에 관한 사항 ㉡ 부동산 중개업의 육성에 관한 사항 ㉢ 중개보수 변경에 관한 사항 ㉣ 손해배상책임의 보장 등에 관한 사항

| 정답 | ①

37 공인중개사법령에 관한 설명으로 옳은 것은?

2020년 31회

① 공인중개사법에 의한 공인중개사자격을 취득한 자를 개업공인중개사라고 말한다.
② 선박법 및 선박등기법에 따라 등기된 20톤 이상의 선박은 공인중개사법에 의한 중개대상물이다.
③ 개업공인중개사에 소속된 공인중개사인 자로서 중개업무를 수행하는 자는 소속공인중개사가 아니다.
④ 중개업은 다른 사람의 의뢰에 의하여 일정한 보수를 받고 중개를 업으로 행하는 것을 말한다.
⑤ 중개보조원이란 공인중개사가 아닌 자로서 중개업을 하는 자를 말다.

해설

① "개업공인중개사"라 함은 공인중개사법에 의하여 중개사무소의 개설등록을 한 자를 말한다.
② 선박은 중개대상물에 포함되어 있지 않다.

공인중개사법 제3조(중개대상물의 범위)
1. 토지
2. 건축물 그 밖의 토지의 정착물
3. 그 밖에 대통령령으로 정하는 재산권 및 물건(입목, 공장재단, 광업재단 등)

③ 소속공인중개사이다. "소속공인중개사"라 함은 개업공인중개사에 소속된 공인중개사로서 중개업무를 수행하거나 개업공인중개사의 중개업무를 보조하는 자를 말한다.
⑤ 중개보조원이 독자적으로 중개업을 할 수는 없다. "중개보조원"이라 함은 공인중개사가 아닌 자로서 개업공인중개사에 소속되어 중개대상물에 대한 현장안내 및 일반서무 등 개업공인중개사의 중개업무와 관련된 단순한 업무를 보조하는 자를 말한다.

| 정답 | ④

38 공인중개사법령상 개업공인중개사가 주택을 중개하는 경우 확인 · 설명해야 할 사항이 아닌 것은? 2018년 29회

① 일조 · 소음 · 진동 등 환경조건
② 벽면 및 도배의 상태
③ 중개대상물의 최유효이용상태
④ 중개대상물의 권리관계
⑤ 시장 · 학교와의 접근성 등 입지조건

해설

중개대상물의 최유효이용상태는 확인 · 설명해야 할 사항에 포함되지 않는다.

공인중개사법 제25조(중개대상물의 확인 · 설명)

1. 개업공인중개사는 중개를 의뢰받은 경우에는 중개가 완성되기 전에 다음 각 호의 사항을 확인하여 이를 해당 중개대상물에 관한 권리를 취득하고자 하는 중개의뢰인에게 성실·정확하게 설명하고, 토지대장 등본 또는 부동산종합증명서, 등기사항증명서 등 설명의 근거자료를 제시하여야 한다.
   ① 해당 중개대상물의 상태 · 입지 및 권리관계
   ② 법령의 규정에 의한 거래 또는 이용제한사항
   ③ 다음에 정하는 사항

㉠ 중개대상물의 종류 · 소재지 · 지번 · 지목 · 면적 · 용도 · 구조 및 건축연도 등 중개대상물에 관한 기본적인 사항 ㉡ 소유권 · 전세권 · 저당권 · 지상권 및 임차권 등 중개대상물의 권리관계에 관한 사항 ㉢ 거래예정금액 · 중개보수 및 실비의 금액과 그 산출내역 ㉣ 토지이용계획, 공법상의 거래규제 및 이용제한에 관한 사항 ㉤ 수도 · 전기 · 가스 · 소방 · 열공급·승강기 및 배수 등 시설물의 상태 ㉥ 벽면·바닥면 및 도배의 상태 ㉦ 일조 · 소음 · 진동 등 환경조건 ㉧ 도로 및 대중교통수단과의 연계성, 시장 · 학교와의 근접성 등 입지조건 ㉨ 중개대상물에 대한 권리를 취득함에 따라 부담하여야 할 조세의 종류 및 세율

| 정답 | ③

PART 07

부동산관리 및 개발론 | 해커스 감정평가사 민영기 부동산학원론 기본서

39 **법인인 개업공인중개사가 할 수 있는 업무로 옳지 않은 것은?** 2017년 28회

① 상업용 건축물 및 주택의 임대관리 등 부동산의 관리대행
② 부동산의 이용 · 개발 및 거래에 관한 상담
③ 상업용 건축물 및 주택의 개발대행
④ 개업공인중개사를 대상으로 한 중개업의 경영기법 및 경영정보의 제공
⑤ 중개의뢰인의 의뢰에 따른 도배 · 이사업체의 소개 등 주거이전에 부수되는 용역의 알선

해설

개발대행은 할 수 있는 업무에 포함되지 않는다. 상업용 건축물 및 주택의 분양대행은 가능하다.
공인중개사법 제14조(개업공인중개사의 겸업제한 등)

1. 법인인 개업공인중개사는 다른 법률에 규정된 경우를 제외하고는 중개업 및 다음에 규정된 업무와 2에 규정된 업무 외에 다른 업무를 함께 할 수 없다.

㉠ 상업용 건축물 및 주택의 임대관리 등 부동산의 관리대행 ㉡ 부동산의 이용·개발 및 거래에 관한 상담 ㉢ 개업공인중개사를 대상으로 한 중개업의 경영기법 및 경영정보의 제공 ㉣ 상업용 건축물 및 주택의 분양대행 ㉤ 그 밖에 중개업에 부수되는 업무로서 대통령령으로 정하는 업무

2. 개업공인중개사는 「민사집행법」에 의한 경매 및 「국세징수법」 그 밖의 법령에 의한 공매대상 부동산에 대한 권리분석 및 취득의 알선과 매수신청 또는 입찰신청의 대리를 할 수 있다.

| 정답 | ③

40 **개업공인중개사의 금지행위에 해당하지 않는 것은?** 2019년 30회

① 경매대상 부동산의 권리분석 및 취득을 알선하는 행위
② 중개대상물의 매매를 업으로 하는 행위
③ 중개의뢰인과 직접 거래를 하거나 거래당사자 쌍방을 대리하는 행위
④ 당해 중개대상물의 거래상의 중요사항에 관하여 거짓된 언행 그 밖의 방법으로 중개의뢰인의 판단을 그르치게 하는 행위
⑤ 중개사무소의 개설등록을 하지 아니하고 중개업을 영위하는 자인 사실을 알면서 그를 통하여 중개를 의뢰받는 행위

해설

개업공인중개사는 「민사집행법」에 의한 경매 및 「국세징수법」 그 밖의 법령에 의한 공매대상 부동산에 대한 권리분석 및 취득의 알선과 매수신청 또는 입찰신청의 대리를 할 수 있다(공인중개사법 제14조 제2항).

| 정답 | ①

41 에스크로우(Escrow)에 관한 설명으로 옳지 않은 것은?

2022년 33회

① 부동산 매매 및 교환 등에 적용된다.
② 권리관계조사, 물건확인 등의 업무를 포함한다.
③ 매수자, 매도자, 저당대출기관 등의 권익을 보호한다.
④ 은행이나 신탁회사는 해당 업무를 취급할 수 없다.
⑤ 에스크로우 업체는 계약조건이 이행될 때까지 금전 · 문서 · 권원증서 등을 점유한다.

해설

에스크로우(Escrow)는 보통 전문적인 에스크우로 회사를 통해 설정된다. 그러나 은행, 신탁회사, 권원보험회사 등도 산하에 별도의 에스크로우 부서를 설치하여, 에스크로우 대행업자로서의 역할을 하기도 한다.

| 정답 | ④

42 에스크로우(Escrow)제도에 관한 설명으로 옳지 않은 것은?

2016년 27회

① 매수자는 권원상의 하자나 부담으로부터 발생하는 위험을 사전에 방지할 수 있다.
② 매수자뿐만 아니라 권원의 이전에 관계되는 매도자, 저당대출기관 등의 권익을 보호하는 역할을 한다.
③ 권리보험제도와 병행하여 활성화하면 거래안전의 시너지 효과를 거둘 수 있다.
④ 공인중개사법령상 개업공인중개사는 거래의 안전을 보장하기 위하여 필요하다고 인정하는 경우에는 거래계약의 이행이 완료될 때까지 계약금 · 중도금 또는 잔금을 개업공인중개사 명의로 금융기관에 예치하도록 거래당사자에게 권고할 수 있다.
⑤ 에스크로우 회사는 매도자와 매수자의 협상과정에 참여하여 거래과정에서 발생하는 여러 가지 문제에 대하여 조언을 한다.

해설

에스크로우 회사는 매도자와 매수자와의 협상과정에 참여하지 않는다. 그들은 거래과정에서 발생하는 여러 가지 문제에 대해 아무런 조언을 하지 않는다.

| 정답 | ⑤

43 등기사항전부증명서의 갑구(甲區)에서 확인할 수 없는 내용은?

2023년 34회

① 가압류
② 가등기
③ 소유권
④ 근저당권
⑤ 강제경매개시결정

해설

등기사항전부증명서의 구성

- 갑구(소유권): 소유권 보전 · 이전등기, 가압류 · 가처분 · 가등기, 경매개시결정등기, 환매(특약)등기

| 정답 | ④

44 감정평가사 A는 권리분석을 위해 등기사항전부증명서를 발급하였다. 등기사항전부증명서의 을구에서 확인가능한 내용은?

2018년 29회

① 구분지상권
② 유치권
③ 가압류
④ 점유권
⑤ 예고등기

해설

등기사항전부증명서의 구성

- 을구(소유권 이외의 권리): (근)저당권, 전세권, (구분)지상권, 지역권, 임차권 등

| 정답 | ①

45 **우리나라의 부동산등기제도와 권리분석에 관한 설명으로 옳지 않은 것은?** 2023년 34회

① 소유권이전등기 청구권을 확보하기 위해 처분금지가처분의 등기가 가능하다.
② 현재 환매(특약)등기제와 예고등기제는 「부동산등기법」상 폐지되었다.
③ 등기의 순서는 같은 구(區)에서 한 등기 상호간에는 순위번호에 따른다.
④ 근저당권과 담보가기는 부동산경매에서 말소기준권리가 된다.
⑤ 부동산임차권은 부동산물권이 아니지만 등기할 수 있다.

해설

등기사항전부증명서의 구성

- 표제부: 표시번호, 접수, 지목, 면적, 등기원인 등
- 갑구(소유권): 소유권 보전 · 이전등기, 가압류 · 가처분 · 가등기, 경매개시결정등기, 환매(특약)등기
  ※ 예고등기제도는 폐지(중요!!)
- 을구(소유권 이외의 권리): (근)저당권, 전세권, (구분)지상권, 지역권, 임차권 등

| 정답 | ②

46 **다음 중 부동산 권리분석시 등기사항전부증명서를 통해 확인할 수 없는 것은 몇 개인가?** 2021년 32회

• 유치권	• 점유권	• 지역권	• 법정지상권
• 전세권	• 구분지상권	• 분묘기지권	• 근저당권

① 3개 ② 4개
③ 5개 ④ 6개
⑤ 7개

해설

등기사항전부증명서를 통해 확인할 수 없는 권리: 유치권, 점유권, 법정지상권, 분묘기지권 등

| 정답 | ②

47 토지에 관한 강제경매절차에서 토지의 부합물로서 낙찰자가 소유권을 취득할 수 있는 경우를 모두 고른 것은? (다툼이 있으면 판례에 의함)

2023년 34회

ㄱ. 토지소유자가 마당에 설치한 연못
ㄴ. 타인이 토지소유자의 동의 없이 임의로 심은 조경수
ㄷ. 토지에 지상권을 가진 자가 경작을 위해 심은 감나무
ㄹ. 기둥, 지붕 및 주벽의 공사가 완료되어 건물로서의 외관을 갖추었으나 사용승인을 받지 못한 건물

① ㄱ, ㄴ
② ㄴ, ㄷ
③ ㄱ, ㄴ, ㄷ
④ ㄱ, ㄷ, ㄹ
⑤ ㄱ, ㄴ, ㄷ, ㄹ

해설

토지소유자가 마당에 설치한 연못과 토지소유자 동의 없이 심은 조경수는 토지의 종속물(부합물)로 낙찰자에게 귀속된다.

| 정답 | ①

48 부동산경매에서 어떤 권리들은 말소촉탁의 대상이 되지 않고 낙찰자가 인수해야 하는 권리가 있다. 부동산경매의 권리분석에서 말소와 인수의 판단기준이 되는 권리인 말소기준권리가 될 수 없는 것은?

2018년 29회

① 압류
② 전세권
③ 근저당권
④ 담보가등기
⑤ 강제경매개시결정등기

해설

경매의 말소기준권리

(근)저당권 · 담보가등기 · (가)압류등기 · 경매개시결정등기가 있으며, 이러한 기준권리들 중에서 가장 먼저 설정된 기준권리를 말소기준권리라 한다.

| 정답 | ②

49 부동산 권리분석의 원칙에 해당하지 않는 것은? 2017년 28회

① 능률성의 원칙
② 안전성의 원칙
③ 탐문주의의 원칙
④ 증거주의의 원칙
⑤ 사후확인의 원칙

해설

권리분석의 특별원칙

① 능률성의 원칙: 부동산의 권리와 거래상의 능률화를 기하는 데 있다.

② 안전성의 원칙: 불의의 사고에 대비하여 사회성 · 공공성을 바탕으로 안전한 거래관계를 위해 권리분석의 치밀성을 기반으로 한다.

③ 탐문주의의 원칙: 권리분석을 하는 주체가 분석대상 권리의 주요한 사항을 직접 확인해야 한다는 탐문주의의 원칙은 권리분석 활동을 하는 데 지켜야 할 이념이다.

④ 증거주의의 원칙: 물적 · 인적 증거를 소멸시키지 않고 언제든지 완전한 증거를 제시할 수 있는 합리적인 원칙이다.

| 정답 | ⑤

50 부동산 권리분석에 관한 내용으로 옳지 않은 것은? 2017년 28회

① 부동산의 상태 또는 사실관계, 등기능력 없는 권리 및 등기를 요하지 않는 권리관계 등 자세한 내용에 이르기까지 분석의 대상으로 하는 것이 협의의 권리분석이다.
② 매수인이 대상부동산을 매수하기 전에 소유권이전을 저해하는 조세체납, 계약상 하자 등을 확인하기 위해 공부 등을 조사하는 일도 포함한다.
③ 부동산 권리관계를 실질적으로 조사, 확인, 판단하여 일련의 부동산활동을 안전하게 하려는 것이다.
④ 대상부동산의 권리에 하자가 없는지 여부를 판단하는 것을 권리분석이라 한다.
⑤ 권리분석 보고서에는 대상부동산 및 의뢰인, 권리분석의 목적, 판단결과의 표시 및 이유, 권리분석의 방법 및 성격, 수집한 자료 목록, 면책사항 등이 포함된다.

해설

범위에 의한 권리분석의 분류

종류	성질
협의의 권리분석	부동산등기법에 의하여 등기할 수 있는 권리관계의 분석
광의의 권리분석	협의의 권리관계에 부동산의 법률적 가치를 포함하여 분석
최광의의 권리분석	광의의 권리분석에 다음을 포함한다. ① 부동산의 상태, 사실관계 ② 등기능력이 없는 권리관계(점유권 · 유치권) ③ 등기를 요하지 않는 권리관계(상속 · 공용징수 · 판결 · 경매 등)

| 정답 | ①

51 다음의 부동산 권리분석 특별원칙은? 2020년 31회

• 하자전제의 원칙	• 범위확대의 원칙
• 차단의 원칙	• 완전심증의 원칙
• 유동성 대비의 원칙	

① 능률성의 원칙
② 탐문주의 원칙
③ 증거주의 원칙
④ 안전성의 원칙
⑤ 사후확인의 원칙

해설

보기의 내용들은 모두 안전성의 원칙의 하위원칙이다.

| 정답 | ④

52 (   )에 들어갈 내용으로 옳은 것은? 2020년 31회

• (   )(이)란 임장활동의 전 단계 활동으로 여러 가지 물적 증거를 수집하고 탁상 위에서 검토하여 1차적으로 하자의 유무를 발견하려는 작업이다.
• (   )의 과정은 위험사례를 미리 발견하기 위한 노력 또는 그 기초 작업이다.

① 보정
② 심사
③ 판독
④ 면책사항
⑤ 권리보증

해설

권리분석 단계 중 판독에 관한 설명이다.

| 정답 | ③

53 부동산 권리분석에 관련된 설명으로 옳지 않은 것은? 2021년 32회

① 부동산 권리관계를 실질적으로 조사 · 확인 · 판단하여 일련의 부동산활동을 안전하게 하려는 것이다.
② 대상부동산의 권리관계를 조사 · 확인하기 위한 판독 내용에는 권리의 하자나 거래규제의 확인 · 판단이 포함된다.
③ 매수인이 대상부동산을 매수하기 전에 소유권이전을 저해하는 사항이 있는지 여부를 확인하기 위하여 공부(公簿) 등을 조사하는 일도 포함된다.
④ 우리나라 등기는 관련 법률에 다른 규정이 있는 경우를 제외하고는 당사자의 신청 또는 관공서의 촉탁에 따라 행하는 신청주의 원칙을 적용한다.
⑤ 부동산 권리분석을 행하는 주체가 분석대상 권리의 주요한 사항을 직접 확인해야 한다는 증거주의의 원칙은 권리분석 활동을 하는 데 지켜야 할 이념이다.

해설

탐문주의 원칙

부동산 권리분석 활동에 필요한 주요 사항을 권리분석 주체가 직접 탐문하여 얻는 것을 말한다.

| 정답 | ⑤

54 부동산 권리분석에 관한 설명으로 옳지 않은 것은? 2022년 33회

① 권리분석의 원칙에는 능률성, 안전성, 탐문주의, 증거주의 등이 있다.
② 건물의 소재지, 구조, 용도 등의 사실관계는 건축물대장으로 확인 · 판단한다.
③ 임장활동 이전 단계 활동으로 여러 가지 물적 증거를 수집하고 탁상으로 검토하여 1차적으로 하자의 유무를 발견하는 작업을 권리보증이라고 한다.
④ 부동산의 상태 또는 사실관계, 등기능력이 없는 권리 및 등기를 요하지 않는 권리관계 등 자세한 내용까지 분석의 대상으로 하는 것이 최광의의 권리분석이다.
⑤ 매수인이 대상부동산을 매수하기 전에 소유권을 저해하는 조세체납, 계약상 하자 등을 확인하기 위해 공부 등을 조사하는 일도 포함된다.

해설

판독

- 임장활동의 전(前) 단계활동으로 여러 가지 물적 증거(자료)를 수집하여 탁상 위에서 검토함으로써 1차적으로 하자의 유무를 발견하려는 작업
- 위험사례를 미리 발견하기 위한 노력 또는 그 기초작업

| 정답 | ③

55 부동산 권리분석 시 등기능력이 없는 것으로 묶인 것은? 2022년 33회

① 지역권, 지상권
② 유치권, 점유권
③ 전세권, 법정지상권
④ 가압류, 분묘기지권
⑤ 저당권, 권리질권

해설

광의의 권리분석

① 부동산의 상태, 사실관계

② 등기능력이 없는 권리관계(점유권 · 유치권)

③ 등기를 요하지 않는 권리관계(상속 · 공용징수 · 판결 · 경매 등)

| 정답 | ②

56 부동산신탁에 있어 위탁자가 부동산의 관리와 처분을 부동산신탁회사에 신탁한 후 수익증권을 발급받아 이를 담보로 금융기관에서 대출을 받는 신탁방식은? 2021년 32회

① 관리신탁
② 처분신탁
③ 담보신탁
④ 개발신탁
⑤ 명의신탁

해설

부동산신탁의 종류 중 담보신탁에 대한 설명이다.

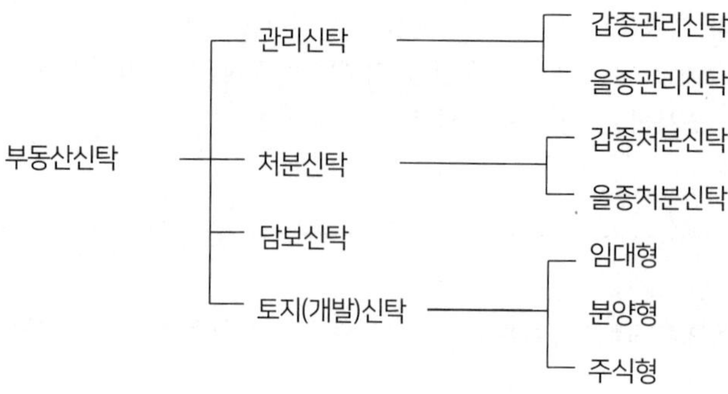

| 정답 | ③

57 부동산 신탁에 관한 설명으로 옳지 않은 것은? 2016년 27회

① 신탁이란 위탁자가 특정한 재산권을 수탁자에게 이전하거나 기타의 처분을 하고, 수탁자로 하여금 수익자의 이익 또는 특정한 목적을 위하여 그 재산권을 관리·처분하게 하는 법률관계를 말한다.
② 부동산신탁의 수익자란 신탁행위에 따라 신탁이익을 받는 자를 말한다.
③ 수익자는 위탁자가 지정한 제3자가 될 수도 있다.
④ 신탁계약은 수익자와 위탁자 간에 체결되며 투자자는 위탁자가 발행하는 수익증권을 매입함으로써 수익자가 되어 운용성과를 얻을 수 있게 된다.
⑤ 수탁자는 자산운용을 담당하는 신탁회사가 될 수 있다.

해설

신탁이란 위탁자가 자기의 재산권을 관리 · 이전 · 처분 등을 하려고 할 경우 믿을 수 있는 수탁자에게 재산권을 귀속시키고 그 재산을 일정한 목적에 따라 자기 또는 타인을 위하여 그 재산권을 관리 또는 처분하게 하는 법률관계를 말한다. 수익자는 계약의 당사자가 아니다.

| 정답 | ④

해커스 감정평가사
ca.Hackers.com

PART 08

부동산 감정평가론

제1장 감정평가의 기초이론

View Point

1. 감정평가 기초이론의 전반부는 가치와 가격의 비교, 가치발생요인과 가치형성요인 등을 중심으로 학습한다.
2. 감정평가분류 중 일괄평가/구분평가/부분평가, 조건부평가/현황평가 등은 그 차이점을 알아두어야 한다.
3. 지역분석과 개별분석의 비교는 표로 정리하여 중요한 부분은 숙지해야 한다.
4. 가격원칙은 비교적 잘 물어보고 있는 영역임을 알고 대비하자.
5. 가격원칙 중 최유효이용, 균형원칙, 적합원칙, 변동원칙, 기여원칙, 대체원칙, 예측원칙은 상대적으로 중요하다.

제1절 감정평가의 개요

1 감정평가의 의의

(1) 감정평가란 토지등의 경제적 가치를 판정하여 그 결과를 가액(價額)으로 표시하는 것을 말한다(감정평가 및 감정평가사에 관한 법률 이하 "감정평가법" 제2조 제2호).

(2) 감정평가업이란 타인의 의뢰에 따라 일정한 보수를 받고 토지등의 감정평가를 업(業)으로 행하는 것을 말한다(감정평가법 제2조 제3호).

2 감정평가의 필요성

(1) 합리적 시장의 부재로 인한 필요
(2) 가치형성요인의 복잡성 및 다양성으로 인한 필요
(3) 부동산의 사회성 및 공공성에 의한 필요
(4) 가치형성의 기초에 의한 필요
(5) 부동산거래의 특수성에 의한 필요

KEY PLUS | 감정평가의 기능

정책적 기능	① 부동산의 효율적 이용관리 ② 적정한 가치형성 유도 ③ 합리적인 손실보상 ④ 과세의 합리화
경제적 기능	① 부동산 자원의 효율적 배분 ② 거래질서의 확립과 유지 ③ 부동산 의사결정의 판단기준 제시

제2절 감정평가의 분류

1 제도상·정책상의 분류

1. 평가주체에 따른 분류(공적평가와 공인평가)

(1) **공적평가(公的評價):** 국가, 공공기관 등 공적기관에 의한 평가

(2) **공인평가(公認評價):** 국가 또는 공공단체로부터 일정한 자격을 부여받은 개인에 의한 평가

2. 평가의무에 따른 분류(필수적 평가와 임의적 평가)

(1) **필수적 평가:** 일정한 사항이 있을 때 의무적으로 관련 평가기관이 행하는 평가를 받아야 하는 것을 말한다. 예컨대, 토지의 협의매수 또는 공용수용에 따른 평가, 공시지가의 평가, 국유재산처분을 위한 평가, 각종 조세부과에 따른 평가 등을 들 수 있다.

(2) **임의적 평가:** 이해관계인이 강제적인 구속 없이 자유의사에 따라 임의로 의뢰하여 행하여지는 평가를 말한다. 부동산매매에 있어서의 평가, 담보평가, 상속재산의 평가 등이 이에 해당한다.

3. 평가목적에 따른 분류(공익평가와 사익평가)

(1) **공익평가:** 표준지공시지가의 평가, 보상평가 등 평가의 목적과 결과가 공익을 위한 감정평가를 말한다.

(2) **사익평가:** 평가의 목적과 결과가 사익을 위한 감정평가를 말하며, 부동산 매매를 위한 평가, 담보평가가 대표적인 예이다.

4. 법정평가

(1) **의의:** 일종의 필수적 평가로서 평가목적이 일반적인 거래활동과 다른 경우 및 평가결과로서 나타나는 가격수준이 시장가격과 괴리될 개연성이 내포된 경우에 그 평가방법을 법령에 규정하고 그 규정에 의하여 평가하는 것이다.

(2) **종류:** 법정평가에는 공시지가의 평가, 공공용지의 매수 및 수용시의 평가, 토지거래규제를 위한 평가, 개발부담금의 부과를 위한 평가 등이 있다.

2 업무기술상의 분류

1. 단독평가와 합의제 평가(평가주체의 수에 따른 분류)

(1) **단독평가:** 한 사람의 평가주체에 의한 감정평가를 말하며, 단독으로 평가하므로 신속하고 경제적이라는 장점이 있는 반면, 부동산의 각 부문에 따른 전문지식과 경험을 고루 발휘하지 못하거나 객관성과 타당성이 결여되기 쉽다는 단점이 있다.

(2) **합의제평가(공동평가):** 다수의 평가주체가 공동으로 행하는 감정평가를 말한다. 이는 규모가 크거나 여러 부문의 전문지식과 경험을 요하는 부동산의 경우에 유용하며 객관성이 유지된다는 장점이 있으나, 신속 · 경제적이지 못하다는 단점이 있다.

2. 평가의 전제조건에 따른 분류

(1) **현황평가:** 대상부동산의 상태, 구조, 이용방법, 제한물건의 존재여부, 환경, 점유상태 등 현황대로 평가하는 것을 말한다. 예컨대, 현재 불법 점유되고 있는 건물부지를 불법점유 상태대로 평가하는 것이 현황평가이다(정상평가).

(2) **조건부평가:** 감정평가는 현황대로 하는 것이 원칙이나 다양한 경제활동의 목적상 조건부평가를 필요로 하는 경우가 있다. 조건부평가란 부동산의 증·감가요인이 되는 장래 불확실한 사태가 발생할 것을 전제로 하는 감정평가를 말한다. 예를 들어, 도시계획의 실시나 개발제한구역의 해제 등을 전제조건으로 하는 평가, 지상건물이 없는 것으로 보는 나지상정평가, 택지조성완료를 전제로 하는 평가 등이 있다.

(3) **기한부평가:** 장래 도래할 것이 확실한 일정시점을 기준으로 한 평가를 말한다. 기한부평가는 '내년 3월 택지조성공사가 완공되는 경우' 등의 조건이 전제되는 경우와 같이 조건부평가와 병행되는 경우가 많다.

(4) **소급평가:** 기한부평가가 장래의 일정시점을 기준으로 한다면, 소급평가는 과거의 일정시점을 기준시점으로 하여 대상부동산을 평가하는 것을 말한다. 이는 주로 토지수용 등에 따른 보상평가와 민·형사사건의 유력한 증거로서의 평가 등에 사용되고, 지가통제를 위한 평가는 전부 소급평가에 해당한다.

감정평가에 관한 규칙(이하 "감칙") 제9조에서는 기준시점이 미리 정하여진 때에는 가격조사가 가능한 경우에 한하여 그 일자를 기준시점으로 정할 수 있다고 하여 소급평가를 인정하고 있다.

3 평가기법상의 분류

1. 평가대상물의 구분에 따른 분류

(1) **개별평가:** 감정평가는 대상물건마다 개별로 하여야 한다.

(2) **일괄평가:** 둘 이상의 대상물건이 일체로 거래되거나 대상물건 상호 간에 용도상 불가분의 관계가 있는 경우에는 일괄하여 감정평가할 수 있다.

예 2필지 이상의 토지가 일단지로 이용되는 경우, 아파트·상가와 같은 구분건물에서의 토지(대지권)와 건물 등에 있어서는 일괄 평가한다.

(3) **구분평가:** 하나의 대상물건이라도 가치를 달리하는 부분은 이를 구분하여 감정평가할 수 있다. 이 경우 감정평가서에 그 내용을 기재하여야 한다.

예 1필지의 일부가 개발제한구역에 편입되어 나머지 부분과 가치를 달리하는 경우, 대로변의 장방형 토지가 전·후면으로 가치를 달리하는 경우, 건물의 경우 주택 또는 점포·목욕탕으로 용도에 따라 가치를 달리할 때는 구분평가를 할 수 있다.

(4) **부분평가:** 일체로 이용되고 있는 대상물건의 일부분에 대하여 감정평가하여야 할 특수한 목적이나 합리적인 이유가 있는 경우에는 그 부분에 대하여 감정평가할 수 있다.

평가대상토지위에 건물이 있는 경우 건물이 있는 상태대로 토지를 평가하는 것을 말하며, 이는 현황평가에 해당하는 것으로 건부감가 및 건부증가를 인식한다.

예 공공사업에 편입되는 토지의 보상평가에 있어 300㎡의 대지 중 30㎡가 도로에 편입될 때에 30㎡의 토지는 1택지로도 이용될 수 없어 감가의 요인이 될 수 있으나 전체 토지인 300㎡를 기준으로 평가함과 같은 것이다.

(5) **독립평가:** 평가대상 부동산이 토지 및 건물 등의 결합에 의해 구성되어 있는 복합부동산일 경우에 그 구성분자인 토지만을 독립된 부동산(나지 즉, 건물이 없는 것으로 상정)으로 보고 평가하는 것을 말하는 것으로, 이는 토지에 대한 건물의 영향(건부감가나 건부증가)을 고려하지 않는 일종의 조건부평가라 할 수 있다. 우리나라의 표준지공시지가의 평가가 독립평가에 해당한다.

KEY PLUS | 부동산 관련 개념의 구별

1. 독립평가: 건물이 없는 상태를 상정하여 평가(나지상정평가), 조건부평가
2. 부분평가: 건물이 있는 상태대로 평가(건부지평가), 현황평가

2. 병합 · 분할평가

토지의 병합 · 분할을 전제로 병합 또는 분할 후의 토지를 단독의 것으로 하여 평가하는 것을 말한다.

4 기타의 분류

1. 감정평가 수준에 따른 분류

(1) **1차 수준의 평가:** 부동산의 소유자, 투자자, 사용자, 거래자 등이 부동산의 거래, 투자 및 임대 등을 위하여 그 자신들이 행하는 평가로서, 가장 낮은 수준의 지식과 정보를 요한다.

(2) **2차 수준의 평가:** 공인중개사, 부동산공급업자(개발업자), 건축업자, 부동산판매업자, 금융기관 등 부동산업과 이와 관련된 업무에 종사하는 자들에 의한 평가를 말한다.

(3) **3차 수준의 평가:** 전문적인 감정평가사들에 의하여 이루어지는 평가를 말한다. 이들은 부동산평가업무에 전적으로 몰두할 수 있고 중개업 혹은 그 밖의 유사직업에서 일반적 실무를 경영할 수 있는 자들이다.

2. 참모평가와 수시적 평가

(1) **참모 평가:** 참모평가란 금융기관이 감정부서를 두고 자체 감정평가를 하는 경우와 같이 감정평가주체가 독립된 평가활동을 하여 대중에게 평가서비스를 제공하는 것이 아니라, 주로 그들의 고용주 또는 고용기관의 업무를 위하여 행하는 평가를 말한다.

(2) **수시적 평가:** 부동산의 평가를 전업(專業)으로 삼지 않으나 특별히 고도의 전문지식이 필요한 경우에 각 분야의 전문가로 구성되는 일시적인 감정평가를 말한다. 또한, 자격을 소지한 감정평가사의 경우에 있어서도 전업(專業)으로 평가를 행하는 것이 아니라 부업 또는 특수한 경우에만 수시로 평가하는 경우에도 이에 해당한다.

제3절 감정평가의 특별원칙과 특징

1. 능률성의 원칙

이 원칙이 강조하는 것은 부동산 감정평가이론의 개발 및 그 전달과정도 고도로 능률적이라야 한다는 것이다. 편의상 부동산감정평가활동의 개척을 도구의 제작으로 보고, 평가활동을 도구의 사용으로 본다면 도구의 제작과 사용의 과정 및 방법이 다 같이 능률적이라야 한다는 뜻이다.

2. 안전성의 원칙

안전성의 원칙이 제기되는 것은 부동산의 감정평가활동과 부동산감정평가이론의 능률화에만 집중하면 합리적 안전성의 유지를 소홀히 해서는 안 된다는 원칙을 말한다.

3. 전달성의 원칙

부동산감정평가의 절차에 따라 구해진 가격을 대외적으로 정확하고 신속하게 전달하려는 기술로서 전달성의 원칙을 중요시하고 있다. 왜냐하면 부동산평가활동에 있어서 사회성 · 공공성이 특히 강조되기 때문이다. 감정평가사에 의해 구해진 가격은 부동산 감정평가의 합리적 근거와 이론적 해석에 입각하여 그 평가보고서가 타당한 설득력을 발휘하는 경우에는 전달력이 있다고 보겠다.

이외에 합리성의 원칙을 들기도 한다. 여기에서 제기되는 합리성의 원칙은 법률적 · 경제적 · 기술적 등 제측면에서 고려하는 합리성이기 때문에 안전성의 원칙과 중복되는 원칙이라 할 수 있다.

제4절 부동산가격의 일반론

1 부동산가격의 본질

1. 부동산가격의 개념

일반적으로 부동산가격은 '부동산의 소유권 기타 권리 · 이익에서 발생하는 장래이익에 대한 현재가치'라고 표현한다. 이와 같은 개념은 부동산가격의 본질을 이해하거나 평가과정을 명확히 하고 부동산에서의 이익산출 등에 유익한 정의로 인정된다. 부동산가격에 대한 정의를 분설하면 다음과 같다.

(1) 소유권 기타 권리 · 이익

부동산감정평가는 대상부동산의 물리적 실체를 평가하는 것이 아니라, 소유권 기타 권리 · 이익에서 발생하는 장래이익 즉, 부동산에 결부된 권익의 경제적 가치를 평가하는 것이다.

① **소유권**: 법률의 범위 내에서 소유물을 사용 · 수익 · 처분할 수 있는 권리

② **권리**: 일정한 목적을 위하여 타인의 물건을 제한적으로 지배하는 제한물권과 임차권 · 환매권 및 영업권 등 무체재산권도 포함됨

③ **이익**: 제도적으로는 권리로서 확립되지는 않았으나 사회통념상 가격을 발생시키는 것으로서 권리와 같은 것을 말함.

(2) 장래의 이익

① **이익의 기간**: 원칙적으로 영속적이다. 그러나 사회 · 경제의 다양성으로 인하여 영속성은 필요에 따라 전형적인 보유기간이나 경제적 내용연수 등으로 시분할 되어 분석되기도 한다.

② **이익의 종류**: 장래이익은 부동산이 향후 발생시킬 이익으로서 유무형의 이익 일체를 의미한다.

(3) 현재가치

가치판단은 특정시점을 기준으로 하므로 시점의 일치화를 위한 장래이익의 현재가치화 작업이 전제된다.

2. 부동산의 가치와 가격

가격	가치
교환의 대가로서 실제 지불된 금액	장래(미래)편익의 현재가치, 즉 유용성, 효용의 개념으로 이해
시장의 가격은 정확한 가치를 반영하기 어렵다.	가치 = 가격 + 오차
시장에서 지불된 금액으로 과거의 값	장래 편익의 현재가치로 현재의 값
시장에서 특정시점에 지불된 하나밖에 있을 수 없다.	가치는 현재 값으로 관점에 따라 시장가치 · 보상가치 · 보험가치 등 여러 가지다(가치의 다원설).

(1) 부동산은 영속성이나 내구성이 있으므로 가치와 가격의 구별이 가능하다.

(2) **사용가치**: 부동산이 특정용도로 사용될 때 기업, 소유자에게 기여하는 가치이며, 이는 투자가치와 관련되고 교환가치와는 관계가 없다.

(3) **교환가치**: 시장에서 수요공급에 의해 거래될 만한 가치이며, 시장가치와 관련된다.

(4) 가치 = 매매가격 + 추가적 편익 − 추가적 비용

(5) 가치 〉 가격 ⇨ 수요증가 ⇨ 가격상승(가치=가격)

(6) 가치 〈 가격 ⇨ 수요감소 ⇨ 가격하락(가치=가격)

2 부동산 가격의 특징 및 가격의 이중성

1. 부동산 가격의 특징

부동산가격은 부동산이 갖는 자연적 · 인문적 특성으로 인하여 일반 재화의 가격과는 다른 다음과 같은 특이성을 지니게 된다.

(1) 부동산 가격은 가격과 임대료로 표시된다.

① 부동산가격은 일반적으로 교환의 대가인 가격과 용익의 대가인 임대료로 표시된다. 전자를 협의의 가격이라 하고, 광의의 가격은 양자를 통칭하는 의미가 된다.

② 협의의 가격과 임대료사이에는 원본과 과실의 관계에 있으며, 그 구하는 가격에 따라 평가방법이 달라진다. 예컨대, 협의의 가격으로 임대료를 구하는 경우에는 적산법을 적용하고, 임대료로서 협의의 가격을 구하는 경우에는 수익환원법을 적용한다. 따라서 대상부동산의 정확한 경제적 가치를 파악함으로써 대상부동산의 정확한 임대료의 파악이 가능하고, 또한 정확한 임대료의 파악으로 정확한 경제적 가치의 파악이 가능하게 된다.

(2) 부동산 가격은 소유권 기타 권리 · 이익의 가격이다.

① 부동산의 가격은 그 부동산의 소유권, 임차권 등의 권리의 대가 또는 경제적 이익의 대가를 말한다. 하나의 부동산에 2개 이상의 권리 · 이익이 병존할 수 있으며, 각 권리 · 이익마다 각각 개별적인 가격이 형성되고, 그 반대로 부동산의 완전소유권의 가격은 개별적인 권리 · 이익의 가격으로 분할될 수도 있다.

② 부동산의 거래에 있어서 물리적 실체를 대상으로 거래하는 것이 아니라, 그 위에 존재하는 권리가 거래의 대상이 된다는 것과 관련이 있다. 따라서 감정평가를 행함에 있어서는 소유권 등의 권리가 진정한 것인지를 파악할 필요가 있는바, 감정평가에서 부동산의 권리분석이 필연화된다고 할 수 있다.

(3) 장기적인 배려 하에서 형성된다.

① 부동산이 속하는 지역은 사회적 · 경제적 · 행정적 위치의 가변성으로 인하여 항상 확대 · 축소 · 집중 · 확산 · 발전 · 쇠퇴 등의 변화과정에 있으므로 부동산의 가격은 그러한 제요인의 장기적인 배려 하에서 형성된다.

② 감정평가시 시점수정이 필요하게 되고, 대상부동산의 최유효이용 상태와 장래에 걸친 예측 및 현재 상태가 최적인 경우 그 지속 여부 등을 고려하여야 한다. 이와 관련된 가격원칙은 최유효이용의 원칙과 변동의 원칙, 예측의 원칙이 있다.

(4) 개별적 동기나 특수한 사정개입이 쉽다.

① 부동산가격은 (구체적 시장에서) 일물일가의 법칙에 의거한 정상적인 균형가격이 성립되기가 어렵고 부동산시장이 불완전시장이기 때문에, 부동산가격은 일반재화의 가격과는 달리 구체화 · 개별화된다.

② 부동산에 대한 현실적인 가격은 통상 거래 등의 필요가 있을 때 개별적으로 형성되므로, 부동산의 가치형성에 있어서는 특히 거래주체의 개별적인 사정(특수사정)이 작용하기 쉽다. 감정평가에 있어서 사례자료를 정상화시키는 사정보정의 작업이 필요한 이유가 바로 여기에 있다.

(5) 기타의 특징

① 부동산의 부동성 · 지역성으로 인하여 부동산시장이 국지화되고, 부동산 가격은 지역적으로 형성된다.

② 부증성으로 인하여 부동산 가격은 수요 요인에 의해 결정되는 수요자 가격의 성격을 갖는다.

2. 부동산 가격의 이중성

모든 재화의 가격은 그 재화의 수요 · 공급의 관계에 의하여 결정되고, 일단 결정된 가격은 다시 수요와 공급에 영향을 미쳐 수급을 조정하게 되는 현상이 나타나는바, 이를 가격의 이중성이라 한다.

3 가격의 다원론

1. 의의

부동산 가격을 언제나 하나로 볼 것인가, 아니면 평가목적 · 가격형성 동기 등에 따라 다양하게 볼 것인가의 문제가 제기되는바, 후자를 가격다원설이라 하며 통설이다.

2. 부동산가격의 종류

(1) 시장가치

① 시장가치의 의의

우리나라의 감칙 제5조에서는 '대상물건에 대한 감정평가액은 시장가치를 기준으로 결정한다.'고 하여 시장가치주의를 취하고 있다. 따라서 시장가치는 여러 가지 가격의 종류 가운데 대표성 · 규범성을 지닌 가격이라 할 수 있으며, 이 때문에 다른 종류의 가격을 구하기 전에 먼저 시장가치를 확정하여야 한다.

여기서 시장가치란 감정평가의 대상이 되는 토지등(이하 "대상물건"이라 한다)이 통상적인 시장에서 충분한 기간 동안 거래를 위하여 공개된 후 그 대상물건의 내용에 정통한 당사자 사이에 신중하고 자발적인 거래가 있을 경우 성립될 가능성이 가장 높다고 인정되는 대상물건의 가액(價額)을 말한다(감칙 제2조 제1호).

② 시장가치의 조건

㉠ 대상물건의 시장성: 시장가치는 시장성(매매가능성 · 임대가능성)이 있는 물건에 대한 가격이다. 따라서 시장성이 없는 물건은 유효수요가 제한되어 거래의 대상이 되지 못하므로 시장가치를 구할 수 없으며, 다만 특수한 조건을 수반하는 경우에 그 목적 · 성격이나 조건에 부응한 특정가격으로 구할 수 있다.

㉡ 통상적인 시장: 통상적인 시장이란 다수의 매도인과 매수인이 합리적 · 합법적 사고하에 경원칙에 입각하여 행동함에 따라 형성되는 시장을 의미한다. 따라서 매도인 또는 매수인의 독점 하에서는 통상적인 시장이 될 수 없으며, 비합리적 · 비합법적인 동기에 의한 거래시장도 통상적인 시장이 될 수 없다.

ⓒ 출품기간의 합리성: 통상적인 시장에서 충분한 기간 동안 공개시장에 출품된 후 형성되는 가격이어야 한다. 여기서 충분한 기간이란 출품기간의 적정성 내지 합리성을 의미하는 것으로 매도자와 매수자 양자 모두 대상물건에 대해 정통할 시간적인 여유와 경쟁 물건과의 비교 기회를 갖게 하는 것이다. 출품기간이 너무 길거나 혹은 너무 짧은 경우에는 특수한 사정이 개입될 여지가 높으므로 시장가치의 성립이 어려워진다.

ⓓ 거래의 자연성: 거래당사자의 자유의사에 의한 자연스러운 거래로 부동산 거래가격을 불합리하게 만드는 대내적 · 대외적 요인이 개입되지 아니한 상태여야 한다. 즉, 당사자의 특별한 동기나 개별적인 사정에 의한 거래, 강요된 거래, 경매나 공매에 의한 거래, 당사자의 의사에 반한 거래 등이 아니어야 한다.

ⓔ 당사자의 정통성: 거래당사자가 대상부동산의 내용과, 부동산의 수급동향이나 부동산시장의 추이 및 대상부동산의 경제적 가치나 시장성에 정통하여야 한다.

(2) 특정가치

평가목적이나 대상물건의 성격상 시장가치로 평가함이 적정하지 아니하거나 평가에 있어서 특수한 조건이 수반된 경우에 그 목적 · 성격이나 조건에 부응하는 가치을 특정가치이라 한다. 대상부동산의 가치을 특정가치으로 결정하는 경우로는 다음과 같다.

① 자산재평가, 합병시의 재평가 기타 기업회계에 관련된 경우
② 공공 또는 공익의 목적에 제공되는 물건의 보상이나 취득에 따른 평가
③ 공매 · 경매 · 청산 기타 특별한 조건이 있는 물건의 평가
④ 담보로서 안전성에 대한 고려가 특히 요청된 경우 또는 특별한 조건이 수반된 경우
⑤ 임대차의 대상인 부동산을 당해 임차인에게 양도하는 경우
⑥ 기타 목적이나 성격상 시장가치로 평가함이 불합리한 경우

(3) 한정가치

한정가치이란 어떤 부동산과 취득하는 다른 부동산과의 병합 또는 부동산의 일부를 취득할 때의 분할로 인해 부동산의 가치가 시장가치와 달라짐으로써 시장이 상대적으로 한정될 때, 취득부분에 대하여 당해 한정된 시장에 부응하는 경제 가치를 나타내는 가치을 말한다. 이는 특정 당사자에게만 합리성이 인정되는 가치으로, 그 합리성은 부동산 가치 자체에서 도출된다. 한정가치으로 결정하는 경우로는 다음과 같다.

① 지상권자 · 임차권자가 지상권 · 임차권이 설정된 당해 토지를 매입하는 토지
② 인근부동산의 병합을 목적으로 하는 매매에 관련된 경우
③ 경제적 합리성에 반하는 부동산의 분할을 전제로 하는 경우

(4) 기타의 가치

① 보험가치(insurable value): 보험금 산정과 보상에 대한 기준으로 사용되는 가치의 개념이다. 이것은 보험약관의 규정에 따라 결정되는 것으로서, 부동산 전체의 가치가 아니라 그것의 일부분인 감가상각된 가치를 의미한다.

② 과세가치(assessed value): 국가나 지방자치단체에서 소득세나 재산세를 부과하는 데 사용되는 기준으로서, 관련법규에 의해 조정된 부동산의 가치를 말한다.

③ **장부가치**(book value): 대상부동산의 애초의 취득가치에서 법적으로 허용되는 방법에 의한 감가상각분을 제외한 나머지로서, 장부상의 잔존가치를 의미한다.

④ **교환가치**(exchange value): 대상부동산이 시장에서 매도되었을 때 형성될 수 있는 가치이다.

⑤ **사용가치**(use value): 경재재의 생산성에 근거하고 있는 개념으로서, 대상부동산이 특정한 용도로 사용될 때에 가질 수 있는 가치를 지칭하고 있다. 이것은 대상부동산이 해당기업이나 소유자에 대해 기여하는 가치이다.

⑥ **공익가치**(public interest value): 어떤 부동산의 최고최선의 이용이 사적 목적의 경제적 이용에 있는 것이 아니라, 보존이나 보전과 같은 공공목적의 비경제적 이용에 있을 때, 대상부동산이 지니는 가치를 말하는 것으로, 공공가치라고도 한다.

⑦ **투자가치**(investment value): 대상부동산이 특정한 투자자에게 부여하는 주관적인 가치이다. 시장가치가 객관적인 가치인 데 반해서 투자가치는 투자자가 대상부동산에 갖는 주관적인 가치이다. 투자가치는 투자에 소요되는 비용과 창출되는 편익을 분석함으로써 추계된다.

제5절 부동산가치의 형성원리

1 개요

부동산 가치는 유용성 · 상대적 희소성 · 유효수요 등 부동산 가치 발생요인의 상관결합에 의하여 발생하고, 이들 가치발생요인에 영향을 미치는 가치형성요인의 상호작용을 통하여 형성 · 유지 · 수정 · 파괴되는 과정을 거쳐 화폐라는 매개체를 통해 가격으로 나타난다.

2 부동산의 가치발생요인

부동산은 경제재의 하나로서, 부동산가치 역시 일반재화의 가치처럼 수요와 공급의 상호작용으로 발생한다. 즉, 부동산가치은 수요측면성에서는 유용성과 유효수요가, 공급측면에서는 상대적 희소성이라는 3가지 가치발생요소의 상관작용으로 발생한다. 위의 3요소 외에도 이전성(양도성)을 가치발생요소로 보는 견해도 있다.

1. 유용성(효용)

유용성이란 인간의 욕구와 필요를 만족시킬 수 있는 정도를 말하며, 부동산의 경우 부동산을 소유 또는 이용함으로써 얻어지는 주관적인 만족을 말한다. 이는 부동산의 용도에 따라 쾌적성 · 수익성 · 생산성 등으로 표현되는 데 대체로 주거지는 쾌적성, 상업지는 수익성, 공업지는 생산성에 의해 그 부동산의 유용성이 좌우된다.

2. 상대적 희소성

희소성이란 인간의 욕망에 비해 충족수단이 양적으로 유한·부족한 상태를 말한다. 부동산의 경우 부증성으로 인하여 일반재화보다 희소성이 높으나, 경제적·용도적 관점에서 대체성이 인정되므로 부동산의 희소성 개념은 상대적이다.

상대적 희소성의 원인으로는 ① 부증성으로 인한 물리적 측면에서 총량이 한정되어 있고, ② 부동성(지리적 위치의 고정성)으로 인해 대체권 내에 드는 토지의 양에 제한이 있으며, ③ 개발제한구역의 지정, 용도지역·지구·구역제, 건폐율 인하 등과 같은 행정적 요인의 작용, ④ 인구증가·소득증대 등으로 인한 토지에 대한 수요증가 등이 있다.

3. 유효수요

유효수요란 어떤 물건을 구입할 의사(willingness to buy)와 대가를 지불할 수 있는 능력(ability to pay)을 갖춘 수요 즉, 실질적 구매력을 가진 수요를 말한다. 구매력은 지역과 시기, 임금수준, 관습, 부동산 가치수준에 따라 가변적이므로 부동산의 가치수준을 파악함에 있어서는 구매력의 분석 또는 구매력의 변동에 대한 관찰이 중요시된다.

4. 이전성(transferability)

이전성(양도성)은 법적개념으로서 어떤 재화가 가치를 가지기 위해서는 그 재화의 전체 또는 일부가 이전될 수 있어야 한다는 것으로, 앞의 3가지 요소가 있다고 하더라도 이전성이 없으면 가치이 시장에서 형성될 수 없다. 여기서 이전성은 단순한 물리적인 이동을 의미하는 것이 아니고, 부동산의 소유권을 구성하고 있는 모든 권리 또는 일부 권리가 이전되는 것을 의미한다.

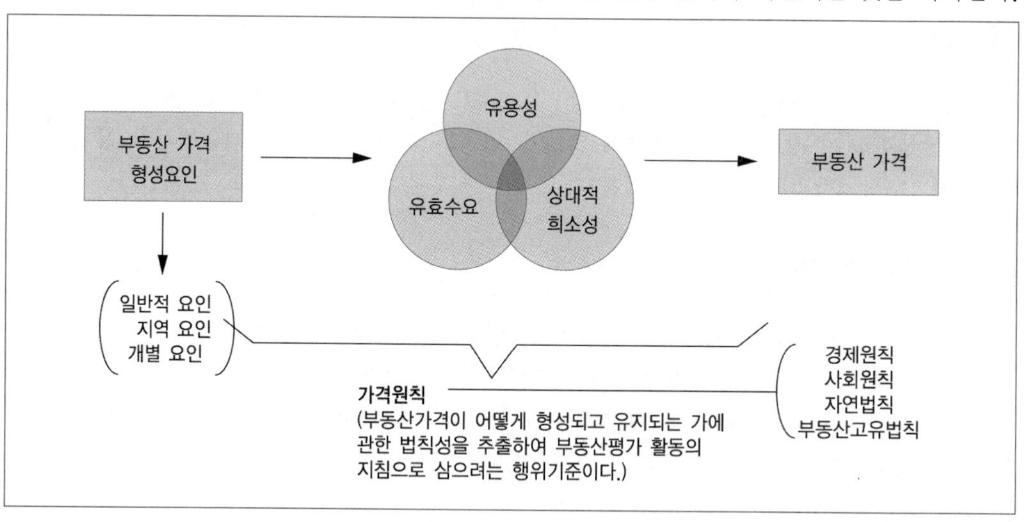

3 부동산의 가치형성요인

가치형성요인이란 대상물건의 경제적 가치에 영향을 미치는 일반요인, 지역요인, 개별요인 등을 말한다. 가치형성요인은 부동산 제현상의 변동에 따라 끊임없이 변동하는 유동성의 특성이 있으며, 각기 독립되어 작용하는 것이 아니라 서로 유기적인 관련성의 특성을 지니고 있다.

1. 일반요인

대상물건이 속한 전체 사회에서 대상물건의 이용과 가격수준 형성에 전반적으로 영향을 미치는 일반적인 요인

(1) 사회적 요인

① 인구의 수, 인구의 연령별 구조 등 인구의 상태
② 가족구성 및 가구분리(세대분리) 등의 상태
③ 도시형성 및 공공시설 등이 정비 상태
④ 교육 및 사회복지 등의 수준
⑤ 부동산거래 및 사용수익 등의 관습
⑥ 건축양식 등의 상태
⑦ 정보화 진전의 상태
⑧ 생활양식 등의 상태

(2) 경제적 요인

① 저축 · 소비 · 투자 등의 수준과 국제수지의 상태
② 재정과 금융 등이 상태
③ 물가 · 임금과 고용 등의 상태
④ 세금부담의 상태
⑤ 기술혁신과 산업구조 등이 상태
⑥ 교통체계의 상태

(3) 행정적 요인

① 토지이용에 관한 계획 및 규제의 상태
② 토지 및 건축물의 구조 · 방재 등에 관한 규제의 상태
③ 택지 및 주택정책의 상태
④ 부동산에 관한 세제의 상태
⑤ 부동산의 가치 · 임대료 등에 관한 통제의 상태

2. 지역적 요인

대상물건이 속한 지역의 가격수준 형성에 영향을 미치는 자연적 · 사회적 · 경제적 · 행정적 요인

3. 개별적 요인

대상물건의 구체적 가치에 영향을 미치는 대상물건의 고유한 개별적 요인

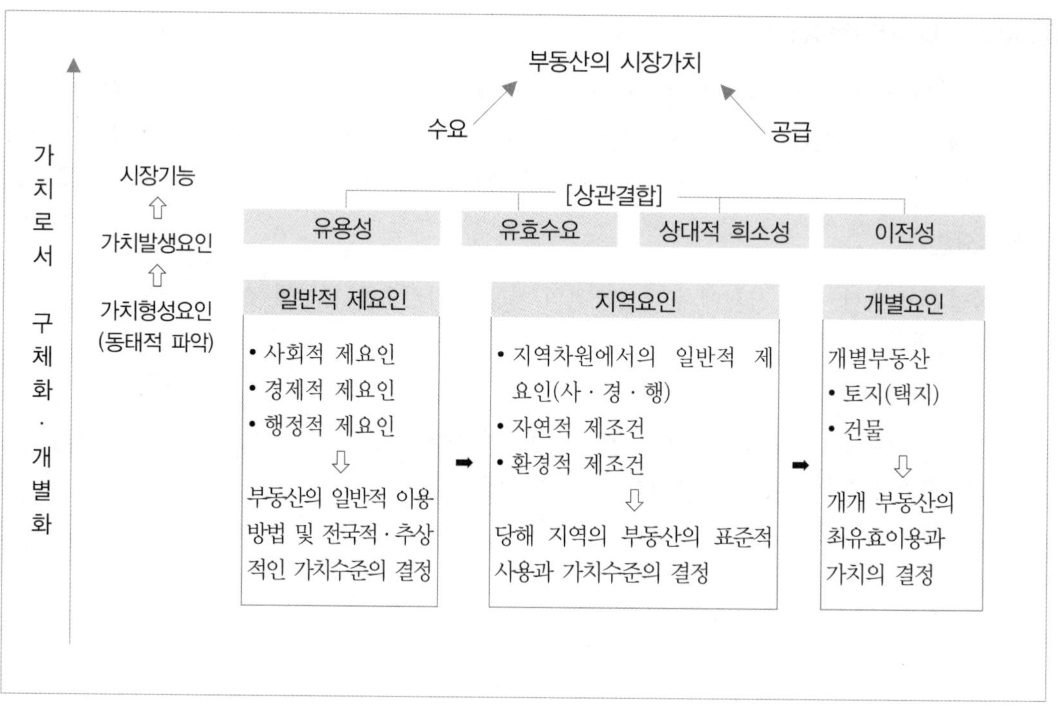

제6절 지역분석

1 지역분석의 의의

지역분석이란 지역을 구성하는 부동산의 가치형성에 영향을 미치는 제요인(지역요인)을 분석하는 것을 말한다. 이는 ① 대상부동산이 어떤 지역에 속하는가, ② 그 지역의 특성은 무엇인가, ③ 그 특성은 그 지역 내 부동산의 이용형태와 가치형성에 어떠한 영향을 미치는 가에 대한 분석·판단을 행하는 작업으로서, 당해지역의 특성의 현재 상태 및 장래동향을 파악하여 그 지역 내의 표준적 이용과 가격 수준을 판정하는 것이다.

2 지역분석의 필요성

1. 부동산의 지역성으로 인한 필요

부동산은 각각 단독으로 독립하여 가치를 형성하거나 기능을 발휘하는 것이 아니고 다른 부동산과 함께 어떤 지역을 구성하고 이에 속한다. 또한, 그가 속한 지역의 구성분자로서 그 지역 내의 다른 부동산과의 사이에 상호관계를 유지, 그 상호관계를 통하여 사회적·경제적·행정적 위치가 정해진다.

2. 지역특성(지역적 특성)

각 지역은 다른 지역과 구별되는 지역특성을 갖는다. 지역특성은 그 지역에 속한 부동산의 일반적 · 표준적인 사용 상태를 구체적으로 나타나게 하는 것이 통상이며, 이는 대상부동산의 가격수준에 전반적인 영향을 주는 지역요인이 그 바탕이 된다.

3. 최유효이용의 표준적 이용에 의한 피결정성

지역적 특성은 그 지역의 일반적이고 표준적인 사용에 의하여 구체적으로 나타나며, 이 표준적 사용은 대상부동산의 최유효이용을 판정하는 유력한 표준이 된다. 즉, 최유효이용은 그 지역의 표준적 이용과의 상관관계를 고려한 후 판정되는 것이다.

4. 사례자료의 수집범위 결정

지역분석을 행함으로서 사례수집의 범위가 밝혀진다.

3 지역분석의 방법(절차)

(1) 용도성을 기준으로 대상부동산이 어떠한 지역에 속하는가를 파악한다.
(2) 지역요인의 분석에 의해 그 지역의 특성을 분석한다.
(3) 지역특성의 현재 상태와 장래의 동향을 명백히 한다.
(4) 지역의 표준적 이용 및 가격수준을 판정한다.

4 지역분석의 대상지역

1. 인근지역

(1) 인근지역의 의의

인근지역이란 대상부동산이 속해있는 지역이며 부동산이용이 동질적이고 가치형성요인 중 인근지역은 지역 요인을 공유하는 지역이다. 대상부동산과 용도적 · 기능적 동질성이 있으며 상호 대체 · 경쟁의 관계에 있는 부동산이 존재하는 지역으로, 당해 지역의 특성이 대상부동산의 가치형성에 직접적으로 영향을 미치는 지역을 말한다.

(2) 인근지역의 조건(요건)

① 대상부동산이 속한 지역이다.
② 도시 또는 농촌과 같은 지역사회와 비교하여 보다 작은 지역이다.
③ 주거활동, 상업활동, 공업활동 등의 특정한 토지용도를 중심으로 집합된 용도지역이다.
④ 인근지역의 지역적 특성이 부동산의 가치형성에 직접 영향을 미치는 지역이다.

(3) 인근지역의 특성

① 인근지역의 지역특성은 대상부동산의 가치형성에 직접 영향을 미친다.
② 이 지역 내의 부동산은 대상부동산과 상호 대체 · 경쟁의 관계에 있고 동일한 지가수준(경제적으로 동일한 위치)을 갖는다.
③ 이 지역 내의 부동산은 대상부동산과 용도적 · 기능적 동질성을 갖는다.
④ 인근지역의 지역요인은 발전, 쇠퇴 등 부단한 변화의 과정에 있다.

(4) 경계 및 범위

① **경계설정의 필요성**: 같은 용도지역이라도 규모에 따라 부동산의 가치형성에 미치는 영향에는 차이가 있으며, 지역의 범위가 너무 넓으면 가격수준의 판정이 어렵고 너무 좁으면 사례자료의 선정에 어려움이 있다. 따라서 지역특성, 장래동향, 표준적 이용 등을 종합적 · 유기적으로 고려하여 인근지역의 경계를 설정할 필요성이 있다.

② **경계**: 경계는 인위적으로 만들지 않고 자연 그대로 나타난 자연적 경계와 지역특성을 형성하는 일련의 여러 현상이 모여 부동산의 가격수준을 달리하는 인문적 경계가 있다.

<table>
<tr><td>자연적 경계</td><td colspan="3">산맥, 호수, 강, 바다, 사막 등</td></tr>
<tr><td rowspan="4">인문적 경계</td><td>유형적 경계</td><td colspan="2">철도, 도로, 공원 등</td></tr>
<tr><td rowspan="3">무형적 경계</td><td>사회적 경계</td><td>종교, 인종, 언어 등</td></tr>
<tr><td>경제적 경계</td><td>소득수준, 문화생활 등의 차이</td></tr>
<tr><td>행정적 경계</td><td>행정구역, 공법상 이용규제 등</td></tr>
</table>

(5) 인근지역의 변화

인근지역의 사회적 · 경제적 · 행정적 위치는 고정적 · 경직적인 것이 아니고 유동적 · 가변적이기 때문에, 부동산이 속한 인근지역은 그 가치형성의 일반적인 요인변화에 따라 끊임없이 발전, 쇠퇴한다. 즉, 인근지역은 '성장기 ⇨ 성숙기 ⇨ 쇠퇴기 ⇨ 천이기 ⇨ 악화기'라는 인근지역의 사이클 패턴(neighbourhood cycle pattern)을 가지면서 변화한다.

2. 유사지역

(1) 유사지역의 의의

유사지역이란 대상부동산이 속하지 아니하는 지역으로서 인근지역과 유사한 특성을 갖는 지역을 말한다. 이때 지역은 거리의 원근개념이 아닌 가치형성 제요인이 유사성을 갖는 범위를 의미한다.

(2) 유사지역의 특성

① 인근지역과 지리적 위치는 다르다.
② 대상부동산이 속한 인근지역과 용도적 · 기능적으로 동질적이다.
③ 양 지역의 부동산은 서로 대체 · 경쟁의 관계가 성립한다.

(3) 유사지역 분석의 중요성

유사지역의 분석은 감정평가에 있어서, ① 인근지역 내 사례자료가 없는 경우에는 동일수급권내 유사지역의 사례자료를 활용할 수 있으며, ② 인근지역 내 사례자료가 있는 경우에는 유사지역을 분석하여 인근지역의 상대적 위치와 지역특성을 명백히 하고 적정한 가격수준을 파악할 수 있으므로, 감정평가의 정밀도를 높일 수 있다.

3. 동일수급권

(1) 동일수급권의 의의

동일수급권(同一需給圈)이란 일반적으로 대상 부동산과 대체 · 경쟁관계가 성립하고 가치형성에 서로 영향을 미치는 관계에 있는 다른 부동산이 존재하는 권역을 말하며, 인근지역과 유사지역을 포함한다.

(2) 동일수급권 파악의 필요성

인근지역에 사례자료가 없거나, 사례자료가 있다고 하더라도 감정평가의 정도(精度)를 높이기 위해서는 동일수급권내의 유사지역의 자료를 수집하여 이를 비교 · 검토해야 할 필요가 있다. 이 경우 사례부동산과 대상부동산 사이의 가치형성요인과 지역요인을 비교하여 지역격차를 수정할 필요가 있다. 만일, 사례자료가 동일수급권 내 유사지역에 소재할 경우에는 지역요인 및 개별요인을 비교 · 조정하여야 하지만, 인근지역에 속할 경우에는 개별요인만 비교 · 조정하면 된다.

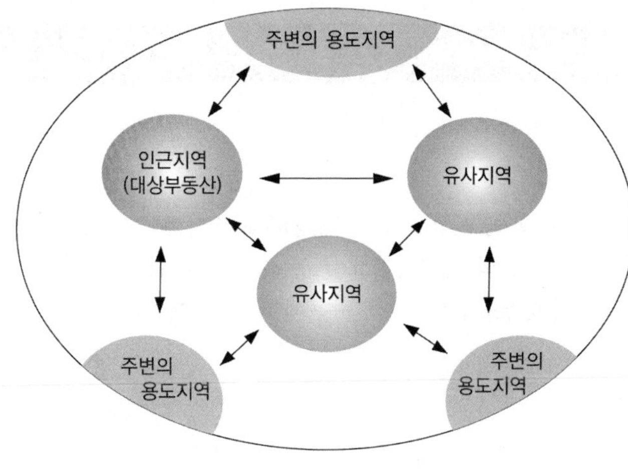

[동일수급권]

(3) 동일수급권의 파악

동일수급권의 파악은 동일수급권의 범위를 판단하는 것으로, 동일수급권은 부동산의 종별 · 성격 및 규모에 따라 그 지역적 범위가 달라지므로 부동산의 종별 · 성격 및 규모를 적절하게 판정하여 동일수급권의 범위를 정하여야 할 것이다. 부동산의 용도에 따른 동일수급권의 범위는 다음과 같다.

① **주거지:** 주거지의 동일수급권은 일반적으로 도심에서 통근이 가능한 지역의 범위와 일치하는 경향이 있다. 그러나 출생 · 생육(生育) 등 지연적 선호나 지역의 사회적 지위 · 명성 · 품등에 따라서 대체관계가 성립하여 그 범위가 좁아지기도 한다.

② **상업지:** 상업지에 있어서는 배후지를 가지고 상업활동을 하여 상업수익을 올리는 상업지가 성립되는 지역범위와 일치하는 경향이 있다. 고도상업지역은 일반적으로 광역적인 상업배후지를 배경으로 성립되어 동일수급권이 비교적 크고, 보통상업지역은 보다 좁은 배후지를 배경으로 성립되므로 동일수급권이 보다 적어진다.

③ **공업지**: 공업지에 있어서는 제품이 생산과 판매활동을 하는데 있어 경제성의 문제가 대체성의 초점이 된다. 따라서 제품 및 공장의 형태에 따라, 또한 소비지 입지형이냐 원료지 입지형이냐에 따라 그 대체성이 달라진다. 또한 철도, 도로, 항만 등의 수송수단도 함께 고려되어야 할 것이다. 대규모 공장의 경우는 전국을 동일수급권으로 하는 수가 많다.

④ **농지**: 농지에 있어서의 동일수급권은 당해 농지에 대하여 통상적인 형태로 농업 경영이 가능한 거리와 일치하게 되어 그 범위는 통근경작이 가능한 거리의 약 2배를 반경으로 하는 지역이 된다.

⑤ **이행지 · 후보지**: 이행지(移行地) 또는 후보지(候補地)의 동일수급권은 이행(전환)후의 종류별 동일수급권과 일치하는 경향이 있으므로, 이들에 대한 동일수급권의 파악은 이행(전환)후의 종별에 따라 그 범위를 정하여야 한다. 다만, 이행의 속도가 완만한 경우에는 종전 토지의 동일수급권을 기준으로 하여 고려해야 한다.

제7절 개별분석

1 개별분석의 의의

개별분석이란 지역분석에 의해 판정된 당해 지역의 표준적 이용 및 가격수준을 전제로, 부동산의 개별성에 근거하여 부동산의 가치형성요인 중 개별적 제요인을 분석하여 대상 부동산의 최유효이용을 판정하고, 대상부동산의 가격을 구체화 · 개별화시키는 작업을 말한다.

2 지역분석과의 관계

구분	지역분석	개별분석
정의	지역요인 분석 ⇨ 지역특성 파악 ⇨ 표준적 이용과 가격수준 파악	개별요인 분석 ⇨ 개별특성 파악 ⇨ 최유효이용과 가격결정
필요성	위치의 고정성 ⇨ 부동산 지역성 · 인접성	개별성
선 · 후 관계	지역분석을 먼저 한다. ⇨ 지역특성(표준적 이용)의 제약하에 최유효이용이 결정된다. ⇨ 지역분석을 통해 사례자료수집의 범위를 파악할 수 있다.	
대상	동일수급권 내 인근지역과 유사지역	대상부동산
최유효이용 요인	최유효이용의 외부요인(⇨ 지역분석)	최유효이용의 내부요인(⇨ 개별분석)
평가원칙	외부성 · 적합 · 경쟁의 원칙	수익체증체감 · 수익분배 · 기여 · 균형의 원칙
감가(하자) 요인	경제적 감가(=외부적 감가) 예 입지선정의 실패	물리적 감가와 기능적 감가 예 건폐율의 비효율적 이용

부동산가치는 최유효이용을 전제하여 파악되는 가치를 표준으로 형성되는바, 개별분석을 통해 최유효이용을 판정함으로써 대상부동산의 개별적 · 구체적인 가격으로의 접근이 가능하게 된다.

제8절 부동산가격의 원칙

1 개설

1. 부동산 가격원칙(부동산 평가원리)의 의의

부동산 가격은 가치발생요인(유용성 · 상대적희소성 · 유효수요)의 상호작용에 의하여 발생하고, 이들 발생요인에 영향을 미치는 제요인(즉, 가치형성요인)에 의해 형성되는바, 그 가치형성과정에는 일정한 법칙성이 작용한다. 이러한 부동산 가치형성과정에서의 법칙성을 부동산의 가격원칙 혹은 부동산평가원리라고 한다. 이는 부동산의 가격이 어떻게 형성되고 유지되는 가에 관한 법칙성을 추출하여 부동산 평가활동의 지침으로 삼으려는 하나의 행위기준이다.

2. 가격원칙의 체계(분류)

(1) 가격원칙의 성격에 따른 분류

① 자연법칙적인 것: 변동, 기여, 수익체증 · 체감의 원칙
② 사회 · 경제법칙적인 것: 수요공급, 대체, 균형, 수익배분, 경쟁, 예측의 원칙
③ 부동산 고유의 것: 최유효이용, 적합의 원칙

(2) 부동산의 특성을 기준으로 한 분류

① 부동성(지리적 위치의 고정성): 외부성, 적합, 수익배분의 원칙
② 부증성: 수요공급, 최유효이용의 원칙
③ 영속성: 예측, 변동의 원칙
④ 개별성: 대체, 경쟁의 원칙
⑤ 용도의 다양성: 대체, 경쟁, 최유효이용의 원칙
⑥ 합병 · 분할의 가능성: 균형, 적합, 기여, 최유효이용의 원칙
⑦ 사회적 · 경제적 · 행정적위치의 가변성: 예측, 변동, 최유효이용의 원칙

(3) 평가 3방식과 가격제원칙

① 비교방식
㉠ 사례의 수집 및 선택: 대체, 변동, 경쟁, 수요공급
㉡ 사정보정: 대체, 변동, 최유효이용, 수익체증체감
㉢ 기준시점 확정: 변동
㉣ 지역요인 비교: 적합, 변동, 예측, 대체, 수요공급
㉤ 개별요인 비교: 최유효이용, 기여, 수익체증체감, 균형, 수익배분, 경쟁, 대체, 수요공급

② 원가방식
㉠ 재조달원가: 대체, 경쟁, 최유효이용, 수요공급, 변동
㉡ 감가수정: 물리적감가는 대체, 최유효이용의 원칙, 기능적감가는 균형, 최유효이용의 원칙, 경제적감가는 적합, 최유효이용의 원칙

③ 수익방식

㉠ 순수익: 최유효이용, 대체, 경쟁, 수요공급, 변동, 예측, 기여, 수익체증체감, 수익배분

㉡ 환원이율: 예측, 변동, 경쟁, 대체

④ 시산가액 조정: 수요공급, 대체, 예측, 변동

(4) 최유효이용의 원칙을 중심으로 한 분류

가격원칙은 최유효이용의 원칙을 상위원칙으로 하는 체계를 가지고 있으므로, 최유효이용의 원칙을 중심으로 하여 대상부동산의 최유효이용의 판정과 관련한 내부, 외부원칙과 토대가 되는 원칙으로 나눌 수 있다.

① 토대가 되는 원칙: 변동의 원칙, 예측의 원칙

② 내부측면의 원칙: 균형의 원칙, 수익배분의 원칙, 기여의 원칙, 수익체증 · 체감의 원칙

③ 외부측면의 원칙: 적합의 원칙, 경쟁의 원칙, 외부성의 원칙

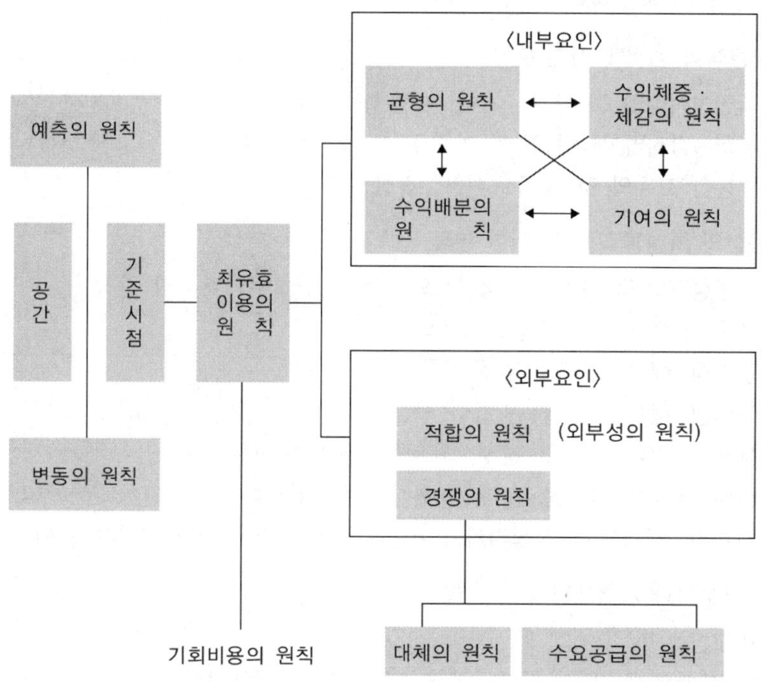

2 최유효이용의 원칙

1. 의의

최유효이용(최유효이용, 최고최선의 이용: highest and best use)의 원칙이란 부동산가격은 최유효이용을 전제로 파악되는 가격을 표준으로 형성된다는 원칙으로, 가격원칙 중 가장 중추적인 기능을 담당한다. 여기서 최유효이용이란 객관적으로 보아 양식과 통상의 이용능력을 가진 사람이 부동산을 합법적이고 합리적이며 최고 · 최선의 방법으로 이용하는 것을 말한다.

KEY PLUS | 최고 · 최선의 이용

안정근 교수는 'highest and best use'를 '최고최선의 이용'이라고 하며, "공지나 개량부동산(improved property)에 대해서 합리적이며 합법적으로 이용이 가능한 대안 중에서, 물리적으로 채택이 가능하고, 경험적인 자료에 의해서 적절히 지지될 수 있고, 경제적으로도 타당성이 있다고 판명된 것으로서 최고의 가치를 창출하는 이용"이라고 번역하고 있으며, 이러한 최고최선의 이용에 대한 판단기준으로 ① 합리적인 이용, ② 합법적인 이용, ③ 물리적 채택가능성, ④ 최고수익에 대한 경험적 증거를 들고 있다.

2. 이론적 근거

가장 강조되는 근거로서, 부동산은 용도의 다양성으로 인해 이용방법간의 상호경쟁이 불가피하여 결국 당해 부동산의 수익성 · 쾌적성 등을 최고로 발휘할 수 있는 경영주체에 의해 이용되기 때문에 부동산의 이용은 최유효이용으로 귀착되고 가치형성도 최유효이용을 전제로 형성되는 것이다.

3. 최유효이용의 판정

(1) **객관적인 양식과 통상의 사용능력을 가진 자의 사용방식일 것:** 최유효이용은 부동산사용자의 주관적인 예측을 전제로 하거나 특별한 능력을 가진 자의 사용방법을 기준으로 해서는 아니 된다.

(2) **합리적이고 합법적인 사용방법일 것:** 경제적으로 합리적이지 못한 사용이거나 토지이용상의 각종 규제에 반하는 사용, 투기적인 사용 등은 최유효이용이라고 할 수 없다.

(3) **사용 · 수익이 상당한 기간 지속될 수 있을 것:** 일시적인 수익이나 사용, 투기적인 사용 등은 최유효이용에 해당하지 않는다.

(4) **효용을 발휘할 수 있는 시점이 예측할 수 없는 장래가 아닐 것:** 막연한 예측이나 예측할 수 없는 장래를 기준으로 하여서는 아니 된다.

3 최유효이용의 토대가 되는 원칙

1. 변동의 원칙

모든 현상은 자연법칙에 의해 항상 변화한다. 부동산에 대한 유용성도 그 내 · 외적 요인의 변화에 따라 부단히 변동하므로, 부동산가격도 가치형성요인의 변동과정에서 형성된다는 원칙을 말한다.

(1) **기준시점 확정:** 부동산은 지역성과 지역특성에 있어서 지역요인의 변화에 따라 지역특성이 변화하고 한 용도에서 다른 용도로 변화하면서 그 지역을 구성하는 부동산의 변화와 함께 가격도 변동한다. 따라서 지역분석과 개별분석이 동태적으로 파악되어야 하며, 기준시점을 확정해야 한다는 이론적 근거를 제시한다.

(2) 비교방식 중 시점수정의 근거가 된다.

2. 예측의 원칙

부동산의 가격은 그 부동산에 존재하는 장래 수익성 등의 가치형성요인을 예측하여 반영함으로써 결정된다는 원칙을 말한다.

(1) 부동산의 가격은 장래이익의 현재가치라 할 수 있으므로 가치형성요인 등의 적절한 예측여부에 감정평가의 정밀도가 좌우된다.

(2) 부동산 가격은 부동산의 소유에서 비롯되는 장래이익에 대한 현재가치이며, 모든 사상은 끊임없이 변화의 과정에 있으므로 부동산의 정확한 가치를 파악하기 위해서는 합리적인 예측이 필수적이다.

4 최유효이용의 내부측면의 원칙

1. 균형의 원칙

균형의 원칙이란 부동산의 유용성이 최고로 발휘하려면 부동산의 내부 구성요소들의 결합에 균형을 이루어야 한다는 원칙으로, 부동산 가격이 이들 구성요소들과의 균형과 관련되어 형성된다는 원칙을 말한다.

(1) 개별요인의 분석에 유효한 기준이 된다.

(2) **원가방식:** 재조달원가의 적정성과 재조달원가의 구성항목간의 투입비 균형판단에 있어서 적용되며, 또한 내부균형의 상실에 따른 기능적 감가요인(내부 기능상 효용의 변화에 따른 설계의 불량, 형식의 구식화 등)을 파악하는데 지침이 된다.

(3) 수익분석에서도 내부적 요소의 균형에 유의하여야 한다.

2. 수익체증 · 체감의 원칙(수확체감의 원칙)

단위부동산에 대하여 계속적인 투자를 행하는 경우 단위투자 당 순수익이 증가하다가 손익분기점 이후에서는 감소한다는 원칙으로, 부동산의 가격이 단위투자 당 순수익의 증가를 반영하여 형성된다는 원칙이다. 이 원칙은 부동산의 추가투자에 대한 적부판정과 최유효이용의 원칙과 적합으로 토지공간의 입체이용률, 한계효용이론, 토지이용의 집약도, 한계지 등 다양한 논리가 구성 가능하다.

(1) 추가투자의 적정성 판정기준이 된다. 최유효이용층수를 판정하는 기준이 된다.

(2) 토지의 공간이용가치를 측정하기 위한 입체이용률, 입체이용저해율, 지가배분율, 층별효용비율, 공중권의 이용가치 등과 밀접한 관계가 있다.

WIDE PLUS |

1. 입체이용률

토지공간을 입체이용으로 파악할 때 지표면을 최유효이용상태로 본다면 지표면 이외의 공간이용은 지표면을 기준으로 하여 공중으로 올라가거나 지하로 내려갈수록 그 이용가치가 체증 또는 체감되어 진다. 이와 같이 토지의 지표면 이외의 공간에 대한 최유효이용의 원칙과 수익체증 · 체감의 원칙을 종합하여 토지공간의 입체적 이용가치를 비율로 표시한 것을 입체이용률이라 한다. 다시 말하면 입체이용률이란 지표상의 이용률을 100%로 하였을 때 지표면을 기준으로 일정한 높이의 공중공간 및 일정한 깊이의 지하공간의 각 부분을 구분하여 사용함에 있어 얻어지는 구분된 각 부분의 이용가치의 증감률을 말하는 것이다.

2. 입체이용저해율

입체이용저해율이란 구분지상권, 지역권, 임차권 또는 건물의 구분소유권 등에 의하여 공중 또는 지하공간의 일부분이 이용되는 경우에 대상획지의 권리행사는 상당히 제한되는데, 이때 대상획지의 최유효이용 상태의 이용률에 대한 그 제한에 따라 입체이용이 방해되는 정도의 비율을 말한다.

3. 한계효용층수

한계효용층수란 토지공간의 입체이용의 하나로 건물의 고층화를 기했을 때, 더 이상 건물을 고층화하면 수익한계점을 초과하여 투자액에 비해 그 수익이 체감되어질 것으로 예측되는 층수를 말한다. 한계효용층수에서 건물의 고층화에 대한 한계에는 법률적 · 경제적 · 기술적 측면에서 생각할 수 있는데, 감정평가에서는 경제적 측면이 중시된다. 다시 말해서 투자액에 비례하여 수익성이 가장 높은 상태의 건물층수라야만 최유효이용 상태가 된다는 것이다.

4. 층별효용비율과 지가배분율

층별효용비율이란 건물의 효용이 층별로 차이가 날 때 각 층간의 효용의 비율을 말하고, 지가배분율이란 부지의 가격이 입체적으로 부지의 상하로 배분될 때 그 비율을 말한다. 층별효용비율과 지가배분율은 모두 고층건물 등 토지공간의 입체적 이용을 전제로 한 입체효용의 차이를 의미하나, 전자는 토지 및 건물의 효용(즉 토지 및 건물가격)의 입체적 배분율을 의미하는데 비해 후자는 지가의 입체적 배분을 의미한다.

5. 공중권(Air Right)

공중권이란 토지공간을 효율적으로 이용하기 위한 방안의 하나로서, 토지의 소유권을 일정한 높이에서 수평면으로 잘라내었을 때 그 수평면보다 위의 공간을 그 밑의 토지와는 별개의 독립된 객체로 인정하는 권리를 말한다.

공중권은 우리나라에서는 법적으로 아직 확립되어 있지는 않으나 미국에서는 감정평가실무에서 활용되고 있다. 우리나라처럼 도시의 인구밀도가 높고 국토가 유난히 좁은 나라에서는 토지공간의 입체이용이라는 측면에서 공중권의 개발 필요성은 높다고 하겠다.

3. 기여의 원칙(공헌의 원리)

부동산의 가격은 각 구성요소의 수익획득에 대한 기여도에 따라 영향을 받는다는 원칙으로, 생산비의 합이 아닌 각 부분 기여가치의 합이 전체 부동산의 가치가 된다는 것이다. 이 원칙 역시 수익체증 · 체감의 원칙과 같이 부동산의 추가투자의 적부판단 등에 유용하게 이용될 수 있다.

(1) 건물을 증축하는 경우 등에 있어서 추가투자의 적정성을 판정하는 데 유용하게 활용된다.

(2) 부적정한 획지규모나 부정형의 획지에 인접한 다른 토지를 구입하여 합필함으로써 획지전체의 가격을 상승시키는 경우에 한정가격 및 기여도의 판정근거가 된다.

4. 수익배분의 원칙(잉여생산성의 원리)

부동산의 자연적 특성으로 인하여 부동산의 수익은 자본, 노동, 경영 등에 배분되고 남는 잔여수익이 배분되는 바, 수익배분의 원칙이라 함은 잔여수익의 크기를 통해 부동산의 가격이 형성된다는 원칙을 말한다.

(1) 부동산에 귀속되는 순수익을 기초로 가격을 구하는 수익방식 및 토지잔여법 등의 이론적 근거가 된다.

(2) 기업용 부동산은 각 생산요소의 결합에 의하여 수익이 발생되는바, 수익배분의 원칙이 중요한 판단기준이 된다.

5 최유효이용의 외부측면의 원칙

1. 적합의 원칙

부동산의 유용성이 최고로 발휘되려면 당해 부동산이 그의 환경(외부)에 적합해야 한다는 것으로 부동산의 가격이 주변 환경과의 적합성과 관련되어 형성된다는 원칙이다. 즉, 부동산은 부동성 및 지역성의 특성에 의하여 그 부동산이 속한 지역특성의 영향을 받으므로, 대상부동산이 속한 지역에 적합하여야 유용성이 최고로 발휘된다는 데 근거를 두고 있다.

KEY PLUS | 균형의 원칙 vs 적합의 원칙

- 적합의 원칙: 외부적 균형, 지역분석
- 균형의 원칙: 내부적 균형, 개별분석

(1) **지역분석의 근거:** 부동산과 환경과의 적합성 판단에 있어서는 그 부동산이 속한 용도지역의 표준적 사용을 명확히 할 필요가 있는데, 이는 지역분석에 의한다.

(2) **최유효이용 판정의 기준:** 부동산의 유용성이 최고도로 발휘되기 위해서는 부동산이 속하는 용도지역의 환경에 적합할 필요가 있다.

(3) **경제적 감가요인의 판단기준(원가방식):** 경제적 합리성에 부적합으로 인한 유용성의 감퇴는 수요의 이동을 초래하고, 대상물건의 시장성을 감퇴시키는 요인이 된다. 따라서 적합의 원칙은 외부환경과의 부적합으로 인한 경제적 감가요인의 판단기준이 된다.

2. 외부성의 원칙

외부성의 원칙이라 함은 부동산의 가격은 부동산을 둘러 싼 제반요인에 의해 긍정적 · 부정적 영향을 받으며 그 가격이 형성된다는 원칙을 말한다. 부동산은 일반재화보다 외적 요소의 영향을 받는데, 이는 부동산의 부동성에서 기인한다.

(1) **적합의 원칙과 최유효이용의 원칙:** 부동산은 외부환경에 적합하여야 최유효이용이 가능하다는 점에서 적합의 원칙과 최유효이용의 원칙과 관련성을 갖는다. 다만, 적합의 원칙이 대상부동산의 주위환경에의 능동적인 조화에 중점을 두고 있는 것이라면, 외부성의 원칙은 부동산 가격에 대한 수동적인 영향을 강조한 것이다.

(2) 지역분석 및 개별분석을 함에 있어서 대상지역이나 대상부동산에 미치는 외부적인 제요인(사회적 · 경제적 · 행정적 제요인)의 관찰에 특히 주의하여야 한다.

3. 경쟁의 원칙

일반 경제활동과 같이 부동산도 이용으로 인한 초과이윤을 얻기 위해 시장 참가자들의 경쟁관계에 의해 그 가격이 형성된다는 원칙이다. 부동산은 초과이윤을 찾아서 부동산 상호간에 또는 다른 재화와의 사이에 경쟁관계가 인정되고 부동산의 가격은 그러한 경쟁과정에서 형성된다는 것이다.

6 기타의 가격원칙

1. 대체의 원칙

가격은 대체성을 지닌 다른 부동산 또는 재화 등의 가격과 상호작용 과정에서 형성된다는 원칙이다. 이는 감정평가활동을 부동산 시장분석과 비교조정 작업의 결과로 볼 때 가장 기본이 되는 요소로, 감정평가 3방식의 가장 기초가 되는 가격원칙이다.

2. 수요 · 공급의 원칙

일반재화의 가격이 수요 · 공급에 의해 결정되고 동시에 그 가격은 수요 · 공급에 영향을 미치게 되는 바, 이를 부동산에 적용시킨 것이다. 그러나 부동산은 그 특성상 일반재화와는 약간 달리 적용된다. 즉, 토지에 있어서는 자연적 특성에서 보면 이 원칙이 제한은 있으나, 용도적 관점이나 효용면에 있어서는 대체가 가능하므로, 수요공급의 원칙이 적용되는 것이다.

3. 기회비용의 원칙

기회비용이란 경제적 선택에 있어서 그 선택을 함으로써 경제주체가 포기하여야 하는 차선의 경제적 선택의 가치를 말한다. 기회비용은 당해 부동산의 투자, 유보수요, 시장성에 영향을 미치므로 부동산에 대한 투자결정의 중요한 지침이 되며, 투자비용과 기회비용과의 비교 및 대체관계의 분석을 통하여 대상부동산의 가치를 객관적으로 판단할 수 있어 감정평가에서도 주요한 지침이 된다.

제2장 감정평가의 방식

View Point

1. 감정평가 3방식 내용을 숙지하고 원가법에서 재조달원가와 감가수정의 개념을 확실히 파악한다.
2. 원가법, 거래사례비교법, 수익환원법으로 시산가액을 구하는 것은 계산문제로 출제되니 연습이 필요하다.
3. 원가법의 감가수정액, 거래사례비교법의 비교치(격차율), 수익환원법의 자본환원율은 자주 나오는 계산문제이다.
4. 공시지가기준법을 활용한 토지 가액 구하는 요령 역시 철저한 대비가 필요하다.
5. 임대료 구하는 법은 핵심적 사안만 확인하면 되며, 감정평가 원칙과 절차는 감정평가규칙을 중심으로 학습한다.
6. 물건별 평가방법은 감정평가규칙을 중심으로 감정평가실무기준으로 보완하며 철저히 대비한다.

제1절 감정평가의 기본원리

1 가격의 3면성

일반적으로 재화의 경제적 가치를 판정함에 있어서는 비용성 · 시장성 · 수익성의 3가지 측면에서 고찰하게 되는데, 이러한 3가지 측면을 가격의 3면성이라 한다. 이는 감정평가 3방식의 기본적 · 이론적 근거가 된다.

(1) **비용성:** 당해 물건은 어느 정도의 비용이 투입되어 만들어졌는가?

(2) **시장성:** 시장에서 어느 정도의 가격으로 거래되는가?

(3) **수익성:** 당해 물건을 이용함으로써 어느 정도의 수익 또는 편익을 얻을 수 있는가?

2 감정평가의 3방식과 6방법

가격 3면성	3방식	특징	평가 조건	6방법	시산가액 (임대료)	성격
비용성	원가방식 (비용접근법)	공급가격 (투입가치)	가액	원가법	적산가액	공급자 가격
			임대료	적산법	적산임대료	
시장성	비교방식 (시장접근법)	균형가격 (시장가치)	가액	거래사례비교법	비준가액	균형가격
			가액	공시지가기준법	비준가액	
			임대료	임대사례비교법	비준임대료	
수익성	수익방식 (소득접근법)	수요가격 (산출가치)	가액	수익환원법	수익가액	수요자 가격
			임대료	수익분석법	수익임대료	

제2절 원가법(원가방식, Cost Approach)

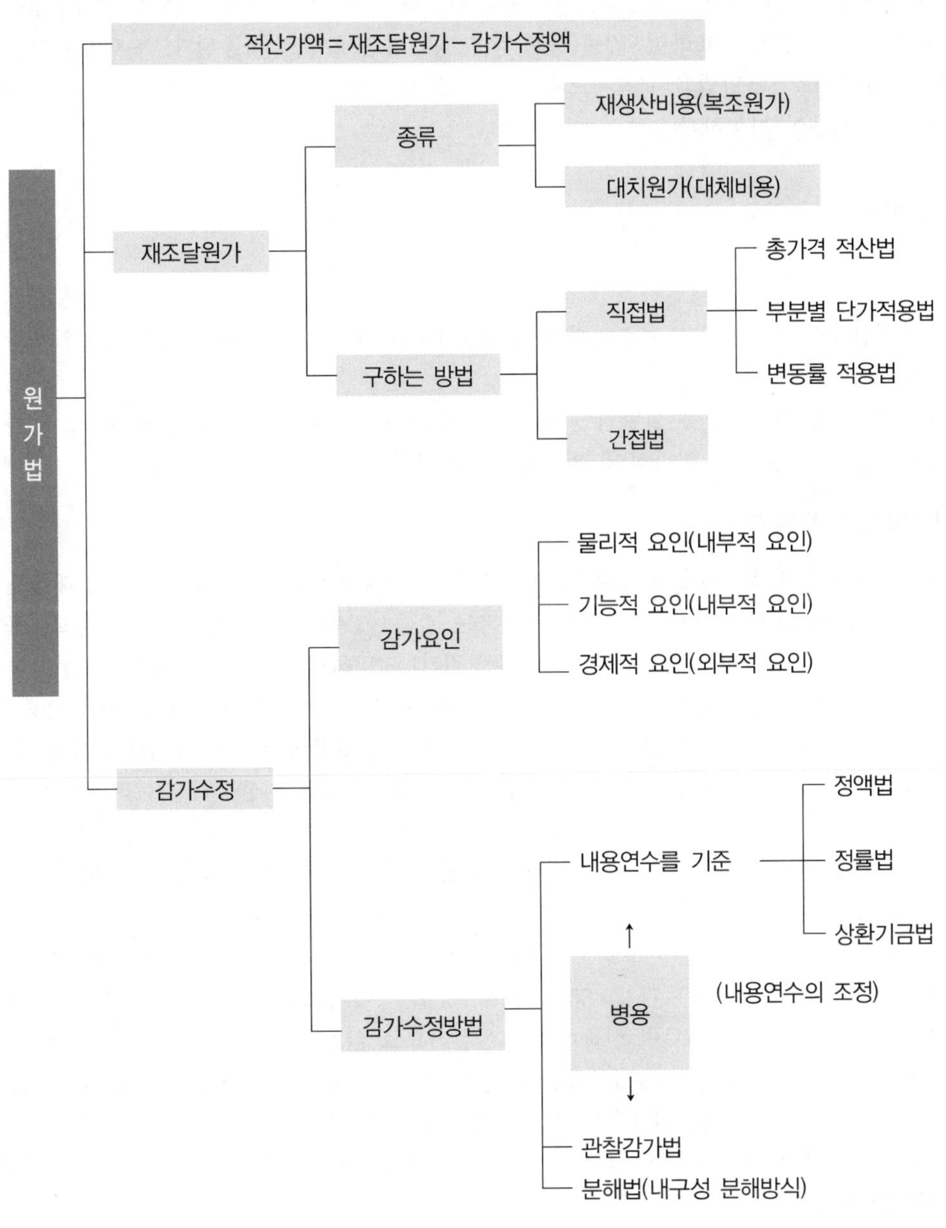

1 원가법의 의의

원가법이란 대상물건의 재조달원가에 감가수정(減價修正)을 하여 대상물건의 가액을 산정하는 감정평가방법을 말한다. 이 방법에 의해 구한 가격을 적산가액이라 하며, 이를 산정하는 공식은 다음과 같다.

적산가액 = 재조달원가 - 감가수정액

위 공식에서도 나타나듯이 적산가액의 정도(精度)는 재조달원가 및 감가누계액이 얼마나 적정하게 파악되었는가에 따라 좌우된다. 그러므로 원가법은 재조달원가의 파악 및 감가수정을 적정하게 행하는 경우에 유효하며, 건물 등과 같은 상각자산에 주로 적용된다. 토지의 경우 재생산이 불가능하므로 이 방법을 원칙적으로 적용할 수 없으나, 조성지 혹은 매립지의 적산가액을 구하는데는 적용이 가능하다.

2 재조달원가

(1) 의의

① 재조달원가란 대상물건을 기준시점에 재생산하거나 재취득하는 데 필요한 적정원가의 총액을 말한다.

② 재조달원가는 대상물건을 일반적인 방법으로 생산하거나 취득하는 데 드는 비용으로 하되, 제세공과금 등과 같은 일반적인 부대비용을 포함한다.

(2) 재생산비용 대치원가

① 재조달원가는 재생산비용(복조원가, 복제원가: reproduction cost)과 대치원가(대체원가: replacement cost)로 구분할 수 있다. 전자는 기준시점에 있어서 대상물건과 규모, 구조, 모양이 동일한 복제품을 만드는데 드는 비용(원가)을 말하며, 후자는 대상물건과 동일한 기능 및 효용을 갖는 물건을 생산하는데 드는 비용(원가)을 말한다. 즉, 재생산비용 부동산의 물리적인 면에서 착안함에 반하여 대치원가는 부동산의 효용에 착안한 것이라고 볼 수 있다.

② 대치원가로 적산가액을 구하는 경우 유의할 점은 감가수정액의 산정시 기능적 감가를 해서는 안 된다는 점이다. 앞에서 언급하였듯이 대치원가는 기능·효용면에서 동일성을 그 기준으로 하고 있으므로 기능적 감가를 행하는 경우 이중감가가 되기 때문이다. 따라서 재생산비용이 대치원가보다 통상적으로 크다(재생산비용 〉 대치원가).

③ 재생산비용과 대치원가를 비교함에 있어서, 이론적으로는 대치원가가 우수하다 할 수 있다. 특히 중고건물의 경우 자재, 양식, 설계, 공법 등이 중고건물의 신축 당시와는 다르기 때문에 똑같은 건물을 새로이 신축하기가 현실적으로 어려움이 따르고, 수요자의 입장에서도 물리적 구조의 유사성 보다는 효용이 같으면서도 현대적 감각에 맞는 부동산을 선호하기 때문이다. 그러나 대치원가에서 기준으로 삼고 있는 효용은 그 판단에 있어서 평가자의 주관이 개입되기 쉽기 때문에 실무상으로는 재생산비용을 채택하는 것이 더 정확한 가격을 구할 수 있다.

(3) 산정방법

재조달원가를 구하는 방법으로는 대상물건의 전체 또는 구성부분별 원가관련 자료를 직접 활용하는 직접법과 대상물건과 동일성 또는 유사성이 있는 다른 물건의 원가자료를 활용하여 재조달원가를 산정하는 간접법이 있다. 이 두 가지 방법은 보다 적정한 재조달원가의 산정을 위하여 서로 병용함이 바람직하다 할 것이다.

① 직접법

㉠ 총가격적산법(총량조사법): 대상부동산의 건축에 관계되는 모든 항목에 대하여 투입되는 원자재와 노동량을 세세히 조사하여 기준시점 현재의 단가를 곱하고 이에 부대비용을 더하여 재조달원가를 추계하는 방법이다. 이 방법은 재조달원가를 가장 정확하게 구할 수 있다는 장점이 있는 반면에, 시간과 비용의 부담이 매우 크다는 단점이 있다.

재조달원가 = (자재량×단가) + (노동량×단가) + 부대비용

㉡ 부분별 단가적용법(구성단위 비교법): 이 방법은 대상부동산의 지붕 · 기둥 · 벽 · 바닥 등 구성부분별로 표준단가를 먼저 구한 후 이를 해당 면적이나 수량별로 곱하여 총공사원가를 구하고, 이에 부대비용을 가산하여 재조달원가를 구하는 방법이다.

재조달원가 = 구성부분별 표준단가 × 수량(면적) + 부대비용

② 간접법

㉠ 변동률 적용법(비용지수법): 대상부동산에 대한 실제의 건설비를 명세별로 명백히 파악할 수 있는 경우 그 명세를 분석하여 중용적인 적정액으로 보정하고 이에 시점수정을 가하여 재조달원가를 구하는 방법을 말한다.

재조달원가 = 대상부동산의 실제 건설비 × 가격변동률(비용지수)

㉡ 단위비교법(총량 단가적용법): 단위비교법이라 함은 단위면적당 표준건축비에 대상부동산의 총면적을 곱하여 재조달원가를 구하는 방법으로, 가장 간편한 방법인 반면에 정확도가 가장 떨어지는 방법이다.

재조달원가 = 단위면적당 표준건축비 × 총면적

(4) 물건별 재조달원가의 산정방법

① 일반 건축물

일반 건축물의 재조달원가는 도급방식에 의하여 소요되는 표준적 건설비(직접공사비, 간접공사비, 수급자가 받을 적정이윤 등)와 도급인이 별도로 부담할 통상적인 부대비용(건설기간중의 부담금리, 등기비용, 감독비용, 제세공과금 등)의 합으로 구한다.

재조달원가 = 표준적 건설비 + 통상 부대비용

여기서 재조달원가의 산정을 대상부동산의 실제 조달방법이 자기건설이나 도급건설의 경우를 구분하지 않고 도급방식에 준하도록 한 것은, 같은 규모나 효용을 지닌 물건이라도 건설방식에 따라 재조달원가가 달라지는 것을 방지하고자 함이다. 재조달원가가 달라지면 이를 기준으로 구하는 가격(적산가액) 역시 달라지기 때문이다.

② 토지(택지)

토지는 원칙적으로 재생산이 불가능하므로 기성시가지의 경우 이를 적용할 수 없고, 조성지 · 매립지 · 간척지 · 개간지 등에 적용할 수 있다. 토지(택지)의 재조달원가는 택지로 개발되기 전의 소지가격에 조성 · 매립 · 간척 · 개간 등에 소요되는 표준적 건설비와 도급인이 부담할 통상부대비용을 합산하여 구한다. 한편, 건물 및 부지의 재조달원가는 토지의 재조달원가에 건물의 재조달원가를 가산한 액으로 한다.

재조달원가 = 소지가격 + 표준적 건설비 + 통상 부대비용

3 감가수정

1. 의의

감가수정이란 대상물건에 대한 재조달원가를 감액하여야 할 요인이 있는 경우에 물리적 감가, 기능적 감가 또는 경제적 감가 등을 고려하여 그에 해당하는 금액을 재조달원가에서 공제하여 기준시점에 있어서의 대상물건의 가액을 적정화하는 작업을 말한다.

원가법에서 감가수정이 반드시 있어야 하는 필수불가결의 요소인 것은 아니며, 대상물건이 재조달원가를 감액하여야 할 요인이 없는 경우 즉, 새로이 조성·건축한 것으로 기능적, 경제적인 면에서 최유효이용의 상태에 있을 경우에는 감가수정 작업을 요하지 않게 된다(신조·신축 건물이므로 물리적 감가는 없다).

2. 감가수정과 기업회계상의 감가상각과의 차이점

구분	감가수정	감가상각
관련용어	감정평가상의 용어	회계학상의 용어(기업회계, 세무)
목적	기준시점에 있어서의 대상부동산의 경제적 가치(적산가액)를 구함	취득가격의 비용배분, 기간 내의 손익계산을 통한 자본의 유지와 회수
방법	① 재조달원가를 기초로 함 ② 경제적 내용연수를 기준으로 하여 장래잔존 내용연수에 중점을 둠 ③ 내용연수 만료시의 잔가율은 개별적으로 판단함 ④ 비용성·수익성 외에도 시장성을 고려하여야 함 ⑤ 관찰감가법을 인정함	① 취득원가(장부가격)를 기초로 함 ② 법정내용연수를 기준으로 하되 경과연수에 중점을 둠 ③ 내용연수 만료시의 잔가율은 일치함 ④ 시장성을 고려할 필요가 없음 ⑤ 관찰감가법이 인정되지 않음
대상물건	비상각자산에도 감가수정을 요하는 경우가 있음	상각자산에만 인정됨
감가요인	물리적·기능적·경제적 감가요인이 모두 인정됨	물리적·기능적 감가요인만 인정(경제적 감가 인정×)

3. 감가요인

감가수정은 기준시점에 있어서의 대상물건의 가격이 재조달원가에 비하여 얼마나 하락하였는가와 관련된 문제로서 그 원인은 여러 가지 요인에 의하여 발생하는 바, 일반적으로 물리적·기능적·경제적 요인으로 분류한다.

① 물리적 감가요인: 대상물건의 물리적 상태 변화에 따른 감가요인 ⇨ 치유가능 또는 치유불가능감가

② 기능적 감가요인: 대상물건의 기능적 효용 변화에 따른 감가요인 ⇨ 표준이하의 건축설비, 재래식 부엌구조와 협소한 방, 부적절한 냉난방 ⇨ 치유가능 또는 치유불가능 감가

③ 경제적 감가요인(외부적, 위치적 감가): 인근지역의 경제적 상태, 주위환경, 시장상황 등 대상물건의 가치에 영향을 미치는 경제적 요소들의 변화에 따른 감가요인 ⇨ 치유불가능 감가

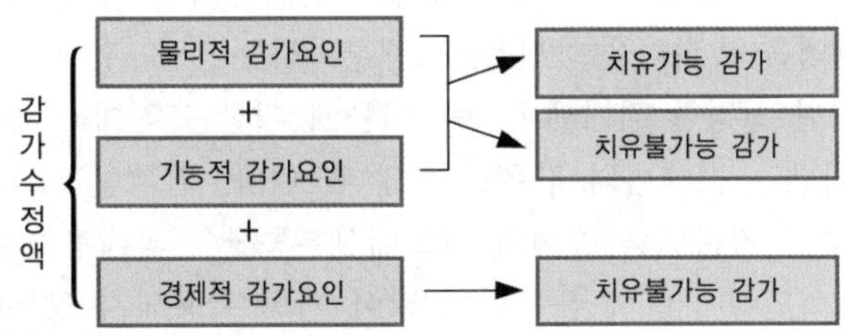

4. 감가수정 방법

(1) 감가수정을 할 때에는 경제적 내용연수를 기준으로 한 정액법, 정률법 또는 상환기금법 중에서 대상물건에 가장 적합한 방법을 적용하여야 한다.

(2) 내용연수법에 의한 감가수정이 적절하지 아니한 경우에는 물리적 · 기능적 · 경제적 감가요인을 고려하여 관찰감가 등으로 조정하거나 다른 방법에 따라 감가수정할 수 있다.

① 내용연수를 표준으로 하는 방법(내용연수법)

WIDE PLUS | 내용연수(감가상각자산의 수명)

1. 물리적 내용연수

상각자산의 구조상으로 본 내용연수로서 자연적으로 신축에서 철거할 때까지의 기간을 말하고, 경제적 내용연수는 경제적 효용(유용성)측면으로 본 내용연수로서 임대 수익할 수 있는 상태의 기간을 말한다.

※ 물리적 내용연수 〉 기능적 내용연수 〉 경제적 내용연수

2. 내용연수의 조정

경과연수는 실제로 경과한 연수로 하되, 실제경과연수(actual age)로 함이 불리한 경우에는 성능, 상태, 사용정도, 장래사용기간 등을 참작하여 경과연수를 조정하여야 한다. 이때 조정된 경과연수를 유효경과연수(effective age)라 한다. 잔존연수에서도 이와 마찬가지로 실제잔존연수(actual life)와 유효잔존연수(effective life)로 나누어 조정한다.

㉠ 정액법(직선법 = 균등상각법) ⇨ 매년감가액 = (재조달원가 − 잔존가격) / 경제적내용연수 = 총감가액/경제적 내용연수

정액법은 대상부동산의 감가상각총액을 단순히 경제적 내용연수로 평등하게 분배하여 매년의 감가액으로 하는 방법이다. 이 방법은 계산이 간편하다는 장점이 있어 건물 · 구축물 등의 상각자산에 많이 이용되고 있으나 단점으로는 매년 일정하게 감가하기 때문에 실제의 감가와 일치하지 않는다. ⇨ 매년감가액은 일정(감가액의 표준화가 쉽다)

⇨ 감가누계액은 정비례 증가

※ 기간말 잔가율(잔존율) = $\frac{\text{잔존가격}}{\text{재조달원가}}$

㉡ 정률법(체감상각법) ⇨ 매년 감가액 = 전 연말 미상각잔액 × 감가율(정률)

대상부동산의 전년 말 가격에 일정한 감가율을 곱하여 매년의 감가액을 구하는 방법이다. (매년 감가율 일정, 매년 감가액 감소) 초기에 많이 감가하여 안전하게 자본회수를 할 수 있으므로 기계 · 기구 등에 적합하다.

⇨ 적산가액 = 재조달원가 × (전년대비 잔가율)

= 재조달원가 × (1-전년대비 감가율) × (m: 경과연수)

㉢ 상환기금법(감채기금법) ⇨ 매년감가액 = 감가총액 × 상환기금률(축적이율)

매년의 감가액을 축적이율(안전율)로 재투자하는 것을 전제로 복리로 이자를 발생시킨다(광산). 매년 일정한 감가액이 복리이율에 의한 축적이기 때문에 정액법의 경우보다 적고, 적산가액은 정액법의 경우보다 많다. 미국, 일본 등은 사용하지 않고 있다.

⇨ 감가액 중 이자분만큼 공제되므로 대상부동산이 과대평가 우려가 있다.

⇨ 기업경영측면에서는 세금 부담이 많아 거의 활용되지 않는다.

- 초기 감가수정액이 큰 순서 : 정률법 > 정액법 > 상환기금법
- 초기 평가액(적산가액)이 큰 순서 : 상환기금법 > 정액법 > 정률법

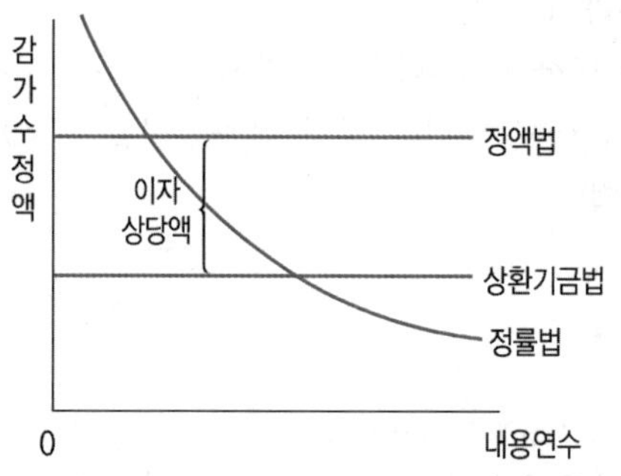

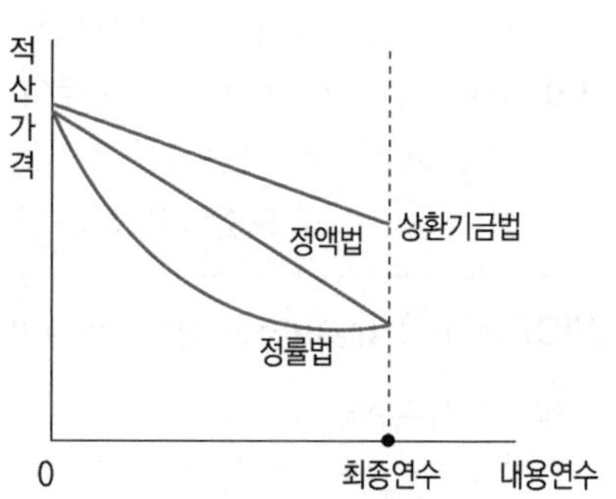

구분	정액법	정률법	상환기금법
적용대상	건물 및 구축물 평가	기계 및 동산평가	광산평가
특징	감가누계액이 경과연수에 정비례	감가액이 첫해에 가장 많고, 가치가 체감하면 감가액도 체감	감가액은 정액법보다 적고, 적산가액은 정액법보다 많음
장점	계산이 용이	① 능률이 높은 초기에 많이 감가(능률성에 비례) ② 안전하게 자본회수(원금회수가 빠름)	연간감가액은 아주 적고, 평가액은 타방법보다 아주 높음
단점	실제의 감가와 일치하지 않음	매년 감가액이 상이하여 표준감가액을 정하기 어려움	대상 부동산의 가액상승 시에 대체가 불가능

② 관찰감가법

㉠ 의의: 감정평가의 대상이 되는 부동산의 상태를 면밀히 관찰한 후 감정평가사의 폭넓은 경험과 지식에 의존하는 것이 관찰감가법이다. 감가의 기준을 내용연수나 감가율 등에 두지 않고 대상부동산의 전체 또는 각 구성부분에 대하여 물리적 · 기능적 · 경제적 감가요인을 직접 관찰 · 조사하여 감가액을 직접 구하는 방법이다.

㉡ 장 · 단점: 이 방법은 감정평가사가 대상물건의 개별적인 상태 · 상황을 직접 세밀하게 관찰하여 감가수정에 반영시킬 수 있다는 장점이 있는 반면, 감정평가사의 개별적인 능력이나 주관의 개입여지가 크고, 시간의 경과에 따른 재질의 변화 등 외부에서 관찰할 수 없는 기술적인 하자를 놓치기 쉽다는 단점이 있다.

㉢ 내용연수법과의 병용: 내용연수를 표준으로 하는 방법과 관찰감가법은 각기 장 · 단점을 지니고 있으므로, 실무에 있어서는 이를 병용함으로써 감가의 적정화를 기해야 할 것이다. 즉, 시간의 경과 등과 같은 물리적 감가는 내용연수법을, 기능적 · 경제적 감가는 관찰감가법에 의해 상호 보완하는 것이 바람직하다.

③ 분해법(내구성분해방식: breakdown method)

분해법은 감가요인을 물리적 · 기능적 · 경제적 요인으로 나누고, 다시 치유가능 · 불능항목으로 세분하여 각각의 발생감가의 합계액을 감가수정액으로 하는 방법이다. 이는 내용연수법이나 시장추출법에 의하여 산정한 감가상각액을 각각의 감가요인(물리적 · 기능적 · 경제적 감가요인)에 할당하는 데 이용된다. 한편, 내용연수법이나 시장추출법의 적용이 곤란한 경우에는 분해법을 독자적으로 적용할 수도 있다.

㉠ 치유가능성의 판단

감가요인이 치유가능한지의 여부는 물리적 가능성으로만 판단하는 것이 아니라 경제적으로도 타당성이 있어야 한다(물리적 가능성 + 경제적 타당성). 즉 "치유비용≤치유에 따른 수익증가분"이거나, 치유비용이 치유에 따른 수익증가분보다 크더라도 기존항목이 가치유지에 필요한 경우에는 치유 가능한 감가요인으로 판단한다.

㉡ 경제적 감가

경제적 감가요인은 모두 치유가 불가능한 감가라는 점에 유의해야 한다. 경제적 감가는 대상부동산 자체가 아닌 외부적 · 환경적인 요인에 의한 가치감소이므로, 대상부동산을 치유한다고 해서 해소될 수 있는 것이 아니기 때문이다.

㉢ 분석절차

ⓐ 발생감가산정은 치유가능한 물리적 감가 ⇨ 치유불가능한 물리적 감가 ⇨ 치유가능한 기능적 감가 ⇨ 치유불가능한 기능적 감가 ⇨ 경제적 감가의 순서로 행하며, 동일 구성부분에 대하여 이중감가가 행해지지 않도록 주의하여야 한다.

ⓑ 대치원가로 재조달원가를 구한 후 대치원가에서 공제할 발생감가총액을 산정하는 경우에는 위의 감가요인 중 기능적 감가를 고려하지 않는다. 그 이유는 대치원가라는 것이 효용적인 측면에서 기능적 결함을 고려한 후의 원가이기 때문에 또다시 기능적 감가를 행하는 것은 이중감가가 되기 때문이다.

> **WIDE PLUS | 간접법에 의한 감가수정방법**
>
> ① **시장추출법:** 대상부동산과 유사한 사례부동산을 비교 · 조정하여 감가 수정하는 방법을 말하며 이는 거래사례가 풍부한 부동산에서나 적용되는 방법이다.
>
> ② **임대료손실환원법:** 감가상각이 있는 부동산이 그렇지 않는 부동산에 비해 상대적으로 임대료가 쌀 것이라는 가정 하에 감가상각 요인에서 발생하는 임대료손실을 환원율로 나누어 계산하는 직접(환원)법이나 조소득승수법으로 환원하여 감가상각하는 방법을 말한다.

제3절 거래사례비교법(비교방식, Market Approach)

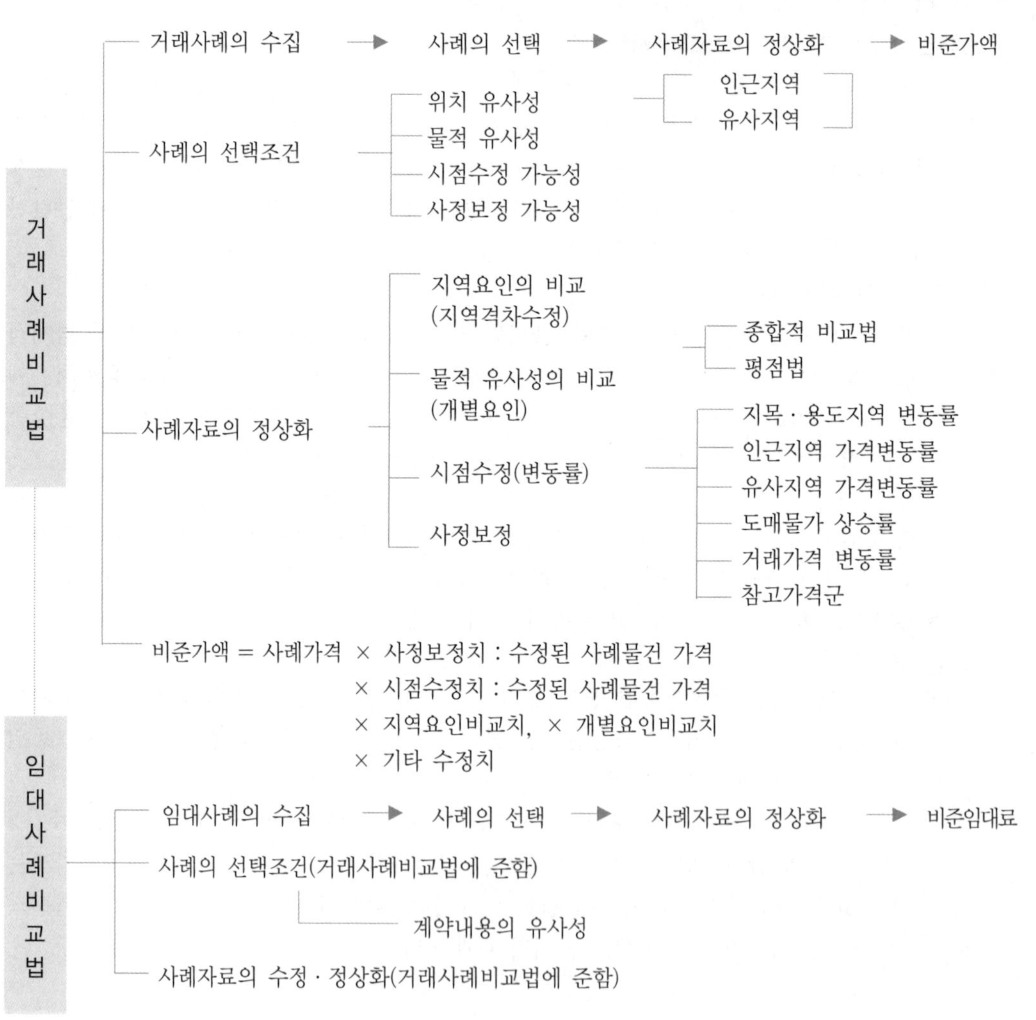

대상부동산과 유사한 사례부동산 선택	■ 사례선택조건 ① 위치적 유사성(지역요인 비교가능성) : 인근지역, 동일수급권 내 유사지역 ② 물적 유사성(개별요인 비교가능성) ③ 시점수정 가능성(시간적 유사성) ④ 사정보정 가능성
⬇	
사정보정	시장가치 거래인 경우 – × 시장가치 거래가 아닌 경우 – ○
⬇	
시점수정	거래시점과 기준시점이 일치할 경우 – × 거래시점과 기준시점이 일치하지 않을 경우 – ○
⬇	
지역요인 비교	사례부동산이 인근지역에 존재 시 – × 사례부동산이 동일수급권 내 유사지역에 속해 있는 경우 – ○
⬇	
개별요인 비교	① 사례부동산이 인근지역에 속해 있는 경우 ⇨ 항상해야 함 ② 사례부동산이 인근지역에 속해 있지 않은 경우 (개별성 때문에)
⬇	
면적비교	

비준가액 = 사례가격 × 사정보정 × 시점수정 × 지역요인비교 × 개별요인비교 × 면적비교

1 거래사례비교법의 의의

거래사례비교법이란 대상물건과 가치형성요인이 같거나 비슷한 물건의 거래사례와 비교하여 대상물건의 현황에 맞게 사정보정(事情補正), 시점수정, 가치형성요인 비교 등의 과정을 거쳐 대상물건의 가액을 산정하는 감정평가방법을 말한다. 이 방법에 의해 구한 가격을 비준가액이라고 한다.

비준가액을 구함에 있어서 주요 요건이 되는 것으로는 ① 거래사례의 선택, ② 사정보정, ③ 시점수정, ④ 지역요인의 비교, ⑤ 개별요인의 비교, ⑥ 면적 비교가 있다.

2 적용방법

1. 거래사례자료의 수집

(1) 거래사례는 다음의 선정기준을 모두 충족하는 거래가격 중에서 대상토지의 감정평가에 가장 적절하다고 인정되는 거래가격을 선정한다. 다만, 한 필지의 토지가 둘 이상의 용도로 이용되고 있거나 적절한 감정평가액의 산정을 위하여 필요하다고 인정되는 경우에는 둘 이상의 거래사례를 선정할 수 있다.

① **위치의 유사성(지역요인 비교가능성)**: 대상물건과 위치적 유사성이 있어 지역요인 비교가 가능한 사례일 것

② **물적 유사성(개별요인 비교가능성)**: 대상물건과 물적 유사성이 있어 개별요인 비교가 가능한 사례일 것

③ **시간의 유사성(시점수정의 가능성)**: 기준시점으로 시점수정이 가능한 사례일 것. 기준시점으로부터 도시지역은 3년 이내, 그 밖의 지역은 5년 이내에 거래된 사례일 것. 다만, 특별한 사유가 있는 경우에는 그 기간을 초과할 수 있다.

④ **사정보정 가능성**: 신고된 실제 거래가격일 것. 거래사정이 정상이라고 인정되는 사례나 정상적인 것으로 보정이 가능한 사례일 것. 토지 및 그 지상건물이 일체로 거래된 경우에는 배분법의 적용이 합리적으로 가능한 사례일 것

(2) 배분법

배분법이란 사례부동산이 대상 부동산과 같은 유형(예컨대, 토지)의 부분뿐만 아니라 다른 유형의 부분도 포함하는 복합부동산(예 토지 및 건물)인 경우에, 사례부동산 전체가격에서 대상부동산과 다른 유형의 부분의 가격을 제외하고 동유형(예 토지)에 귀속되는 부분의 가격만을 추출해 내는 방법을 말한다. 배분법에는 공제방식과 비율방식이 있다.

① **공제방식**: 복합부동산에 해당하는 거래사례의 가격에서 대상부동산과 다른 유형의 가격을 공제하여 대상 부동산과 같은 유형의 사례자료를 구하는 방법을 말한다.

② **비율방식**: 복합부동산에 대하여 각 구성부분의 가격비율이 판명되어 있는 경우 당해 사례의 거래가격에 대상 부동산의 유형과 같은 부분의 구성 비율을 곱하여 사례자료를 구하는 방법이다.

2. 사정보정

거래사례에 특수한 사정이나 개별적 동기가 반영되어 있거나 거래 당사자가 시장에 정통하지 않은 등 수집된 거래사례의 가격이 적절하지 못한 경우에는 사정보정을 통해 그러한 사정이 없었을 경우의 적절한 가격수준으로 정상화하여야 한다.

거래사례에 특수한 사정이 개입된 경우에는 다음과 같은 공식에 의하여 사정보정치를 구하고, 이를 사례가격에 곱하여 거래사례가격을 사정보정한다.

$$\text{사정보정율} = \frac{\text{대상부동산}\,100\% \pm \beta\%}{\text{사례부동산}\,100\% \pm \alpha\%} = \frac{100\% \pm \beta\%}{100\% \pm \alpha\%}$$

3. 시점수정

(1) 거래사례의 거래시점과 대상물건의 기준시점이 불일치하여 가격수준의 변동이 있을 경우에는 거래사례의 가격을 기준시점의 가격수준으로 시점수정하여야 한다.

(2) 시점수정은 사례물건의 가격 변동률로 한다. 다만, 사례물건의 가격 변동률을 구할 수 없거나 사례물건의 가격 변동률로 시점수정하는 것이 적절하지 않은 경우에는 지가변동률 · 건축비지수 · 임대료지수 · 생산자물가지수 · 주택가격동향지수 등을 고려하여 가격 변동률을 구할 수 있다.

[시점수정방법]

① 변동률적용법

시점수정치 = $(1 \pm r)^n$ (r: 변동율, n: 기간)

② 지수법

$$\text{시점수정치} = \frac{\text{가격시점의 가격지수}}{\text{거래시점의 가격지수}}$$

4. 지역요인 및 개별요인의 비교

(1) 거래사례와 대상물건 간에 종별·유형별 특성에 따라 지역요인이나 개별요인 등 가치형성요인에 차이가 있는 경우에는 이를 각각 비교하여 대상물건의 가치를 개별화·구체화하여야 한다. 지역 및 개별요인의 비교방법에는 종합적 비교법과 평점법이 있다.

① **사례부동산이 유사지역에 소재하는 경우:** 지역요인 비교 후, 개별요인 비교

② **사례부동산이 인근지역에 소재하는 경우:** 지역요인이 동일하므로 개별요인만 비교

KEY PLUS | 정상화

구분	내용
사정보정	보정치 : $\frac{\text{대상물건}}{\text{사례물건}} = \frac{100 \pm \alpha}{100 \pm \beta}$
시점수정	① 지수법 : $\frac{\text{기준시점의 지수}}{\text{거래시점의 지수}}$
	② 변동율법 : $(1 + r)^n$
지역요인 및 개별요인의 비교	① 유사지역의 거래사례 – 지역요인과 개별요인 비교 ② 인근지역의 거래사례 – 개별요인만 비교
	③ 비교치 : $\frac{\text{대상물건}}{\text{사례물건}} = \frac{100 \pm \alpha\text{(우세, 열세)}}{100 \pm \beta\text{(우세, 열세)}}$

(2) **종합적 비교법:** 종합적 비교법이란 사례부동산과 대상부동산의 지역요인 및 개별요인을 종합적으로 비교·분석하여 얻은 비율을 사례부동산의 거래가격에 곱하여 비준가액을 구하는 방법이다. 이 방법은 감정평가사의 경험과 능력이 풍부한 경우에는 대체로 정확하며 방법이 간편하다는 장점이 있는 반면, 감정평가사의 주관이 개입되기 쉽고 안이한 결과가 될 수 있다는 단점이 있다.

(3) **평점법:** 평점법이란 가로조건, 접근조건, 환경조건, 획지조건, 행정적 조건(공법상의 규제 등), 기타 등 여러 가지 항목을 설정하고 항목별로 대상부동산과 사례부동산을 서로 비교·검토하여 평점을 구한 후 그 비율을 사례가격에 곱하여 대상부동산의 가격을 유추하는 방법이다. 이에는 각 항목에 비중(weight)을 두는 방법과 비중을 두지 않는 방법이 있다.

5. 면적비교

토지의 면적사정은 토지대장상의 면적을 기준으로 하되, 다음의 경우에는 실제면적을 기준으로 할 수 있다.

1. 현장조사 결과 실제면적과 토지대장상 면적이 현저하게 차이가 나는 경우
2. 의뢰인이 실제면적을 제시하여 그 면적을 기준으로 감정평가할 것을 요청한 경우

KEY PLUS | 공시지가기준법

감정평가의 대상이 된 토지와 가치형성요인이 같거나 비슷하여 유사한 이용가치를 지닌다고 인정되는 표준지의 공시지가를 기준으로 대상토지의 현황에 맞게 시점수정, 지역요인 및 개별요인 비교, 그 밖의 요인의 보정을 거쳐 대상토지의 가액을 산정하는 감정평가방법을 말한다.

(1) 공시지가기준법의 순서

비교표준지 선정 ⇨ 시점수정 ⇨ 지역요인 비교 ⇨ 개별요인 비교 ⇨ 그 밖의 요인 보정

※ 공시지가기준법 적용시 사정보정은 하지 않는다.

(2) 비교표준지 선정

① 인근지역에 있는 표준지 중에서 대상토지와 용도지역 · 이용상황 · 주변환경 등이 같거나 비슷한 표준지를 선정할 것

② 인근지역에 적절한 표준지가 없는 경우에는 인근지역과 유사한 지역적 특성을 갖는 동일수급권 안의 유사지역에 있는 표준지를 선정할 수 있다.

(3) 시점수정

국토교통부장관이 조사 · 발표하는 비교표준지가 있는 시 · 군 · 구의 같은 용도지역 지가변동률을 적용할 것. 다만, 다음의 경우에는 그러하지 아니하다.

가. 같은 용도지역의 지가변동률을 적용하는 것이 불가능하거나 적절하지 아니하다고 판단되는 경우에는 공법상 제한이 같거나 비슷한 용도지역의 지가변동률, 이용상황별 지가변동률 또는 해당 시 · 군 · 구의 평균지가변동률을 적용할 것

나. 지가변동률을 적용하는 것이 불가능하거나 적절하지 아니한 경우에는 한국은행이 조사 · 발표하는 생산자물가지수에 따라 산정된 생산자물가상승률을 적용할 것

(4) 지역요인 비교 / 개별요인 비교

(5) 그 밖의 요인 보정

대상토지의 인근지역 또는 동일수급권내 유사지역의 가치형성요인이 유사한 정상적인 거래사례 또는 평가사례 등을 고려할 것

제4절 수익환원법(수익방식, Income Approach)

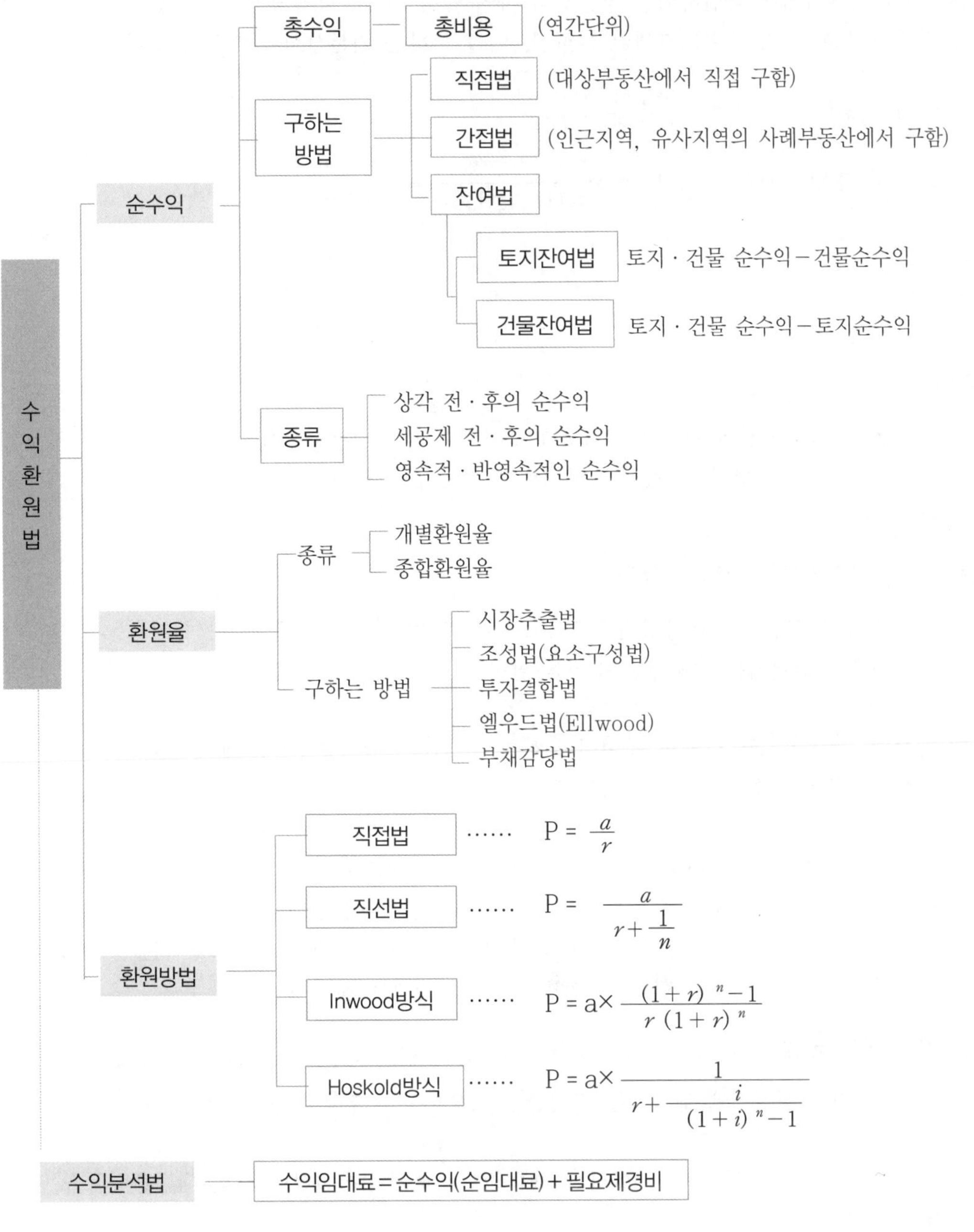

1 수익환원법의 의의

수익환원법(收益還元法)이란 대상물건이 장래 산출할 것으로 기대되는 순수익이나 미래의 현금흐름을 환원하거나 할인하여 대상물건의 가액을 산정하는 감정평가방법을 말한다. 이 방법에 의하여 구한 가격을 수익가액이라 하며, 이를 구하는 기본산식은 다음과 같다.

○ 직접환원법: 수익가액 $= \dfrac{\text{순수익}}{\text{환원율}}$

○ 할인현금흐름분석법: 수익가액 $= \displaystyle\sum_{n=1}^{N} \frac{\text{순수익}}{(1+\text{할인율})^n} + \frac{\text{복귀가액}}{(1+\text{할인율})^N}$

2 순수익

1. 의의

순수익이란 대상부동산에 귀속하는 적정한 수익으로서, 대상부동산을 통하여 획득할 수익에서 그 수익의 발생에 소요되는 비용을 공제하여 산정한 금액을 말하는 것으로 일반적으로 연간을 단위로 한다.

2. 순수익의 산정기준(순수익의 요건)

(1) 수익은 보통 일반적인 이용방법으로 산출되는 것이어야 한다. 즉, 통상의 이용능력이나 이용방법으로 얻어지는 중용적인 수익을 말하는 것으로, 최고의 유용성에 의한 것임을 요하지는 않는다.

(2) 계속적 · 규칙적으로 발생할 것이어야 한다. 수익은 장래 상당기간 계속되는 것으로, 일시적 · 불규칙적인 수익은 제외되어야 한다.

(3) 수익은 안전하고 확실한 것으로서 객관적이고 표준적인 수익이어야 한다.

(4) 현재의 수익을 기초로 하되 과거 및 장래의 수익을 참고로 비교성이 있는 유사부동산의 수익실적과 비교 검토해야 하며, 그 추이 · 동향도 분석해야 한다.

(5) 수익의 발생이 법령이나 관습에 위배되지 않아야 하며, 투기적으로 발생하는 수익도 배제되어야 한다. 즉, 수익은 합리적 · 합법적으로 발생하는 것이어야 한다.

3. 순수익의 산정방법

(1) 순수익이란 대상물건에 귀속하는 적절한 수익으로서 유효총수익에서 운영경비를 공제하여 산정한다.

(2) 유효총수익은 다음의 사항을 합산한 가능총수익에 공실손실상당액 및 대손충당금을 공제하여 산정한다.

1. 보증금(전세금) 운용수익
2. 연간 임대료
3. 연간 관리비 수입
4. 주차수입, 광고수입, 그 밖에 대상물건의 운용에 따른 주된 수입

(3) 운영경비는 다음의 사항을 더하여 산정한다.

> 1. 용역인건비 · 직영인건비
> 2. 수도광열비
> 3. 수선유지비
> 4. 세금 · 공과금
> 5. 보험료
> 6. 대체충당금
> 7. 광고선전비 등 그 밖의 경비

(4) 할인현금흐름분석법의 적용에 따른 복귀가액은 보유기간 경과 후 초년도의 순수익을 추정하여 최종(기출)환원율로 환원한 후 매도비용을 공제하여 산정한다.

3 환원율(자본환원율: capitalization rate)

1. 의의

(1) 직접환원법에서 사용할 환원율은 시장추출법(직접시장비교법)으로 구하는 것을 원칙으로 한다. 다만, 시장추출법의 적용이 적절하지 않은 때에는 요소구성법, 투자결합법, 유효총수익승수에 의한 결정방법, 시장에서 발표된 환원율 등을 검토하여 조정할 수 있다.
(2) 할인현금흐름분석법에서 사용할 할인율은 투자자조사법(지분할인율), 투자결합법(종합할인율), 시장에서 발표된 할인율 등을 고려하여 대상물건의 위험이 적절히 반영되도록 결정하되 추정된 현금흐름에 맞는 할인율을 적용한다.
(3) 복귀가액 산정을 위한 최종환원율은 환원율에 장기위험프리미엄 · 성장률 · 소비자물가상승률 등을 고려하여 결정한다.

2. 환원이율의 종류

환원이율이란 순수익을 자본환원하는 이율로서 대상물건이 산출할 것으로 기대되는 표준적인 순수익과 그 물건가격과의 비율로서 대상물건 전내용연수 동안의 최유효이용을 전제로 한 장기적인 활동에 대한 이율이며 투자에 대한 일종의 보수율이라고 할 수 있다.

$$\text{환원이율}(\%) = \frac{\text{순수익}}{\text{부동산가격(원본가격)}} \times 100$$

(1) **개별환원이율과 종합환원이율:** 개별환원이율이란 토지와 건물의 환원이율이 각각 다를 경우에 그 각각에 있어서의 환원이율을 말하며, 종합환원이율이란 토지와 건물의 개별환원이율을 토지가격과 건물가격의 구성비율에 따라 가중평균하여 구한 환원이율을 말한다.
(2) **상각 전 환원이율과 상각후 환원이율:** 이는 상각여부에 따른 구분으로 상각 후 환원이율은 상각률을 포함하지 않고, 상각 전 환원이율은 상각률을 포함한다. 즉, 상각 전 환원이율은 상각 후 환원이율에 상각률을 더한 것과 같은 값이 된다. 여기서 상각률은 대상부동산의 잔존내용연수의 역수가 된다.

$$\text{상각 전 환원율} = \text{상각 후 환원율} + \frac{1}{\text{잔존내용연수}}$$

(3) 세공제전 환원이율과 세공제후 환원이율: 세금공제여부에 따라 환원이율을 구분하는 것으로, 여기서의 세금은 필요제경비에서의 공조공과를 말하는 것이 아니라 법인세 · 소득세를 의미하는 것이다.

KEY PLUS | 자본수익률과 자본회수율

수익방식에서는 투자자의 궁극적인 목적이 투자금액을 초과하는 총수익(total return)이라고 가정한다. 따라서 투자자가 기대하는 수익은 ① 투자금액의 완전회수(자본회수: return of capital)와 ② 이윤 혹은 보상(자본에 대한 수익: return on capital)으로 이루어진다. 따라서 자본환원율은 그 성격상 자본수익률과 자본회수율의 합으로 구성된다.

자본환원율 =종합환원율 =환원이율	자본수익률+자본회수율 (① 자본회수율=감가상각률 또는 ② 매매차익 · 차손비율)
	이자율(또는 할인률)±위험률
	순수이율(또는 무위험률)±부동산투자활동의 위험률 ⇨ 위험할증률을 가산하는 조성법(組成法)

WIDE PLUS | 자본수익률

수익률(rate of return)은 소득률(income rate)과 수익률(yield rate)로 분류할 수 있다.

① **소득률**: 1년 동안(단기)의 소득 또는 여러 해의 평균소득과 부동산가치의 비율
   예 자본환원율, 종합환원율 등 복수

② **수익률**: 여러 해(복기)의 소득의 각각의 현재가치를 구하기 위해 연속적인 개별소득에 적용되는 비율
   예 할인율, 이자율, 내부수익률, 지분수익률, 저당수익률, 종합수익률 등

3. 환원이율의 산정방법

(1) 시장추출법(market extraction method): 시장접근방식

① 시장추출법은 사례부동산으로부터 대상부동산의 자본환원이율을 구하는 방법으로 이에는 직접시장비교법, 투자시장의 질적 비교법, 유효총수익승수법(Effective Gross Income Multiplier Method) 등이 있다. 이때 사례부동산은 대상부동산과 위치적 · 물적 유사성이 있어야 한다. 시장추출법은 시장성에 근거하므로 실증적이고 설득력이 있는 반면, 과거의 사례가격과 순수익에 근거하므로 사후적인 개념에 해당한다는 단점이 있다.

② 직접시장 비교법은 요소별 구분 없이 전체로서 조건이 유사한 거래사례를 직접 비교하는 방법이며, 투자시장 질적 비교법은 우량적 투자를 가능하게 하는 제요소를 고려한 방법이다.

(2) 요소구성법(조성법; built-up method)

① 의의: 요소구성법이란 환원이율을 구성하고 있는 각각의 구성요소들을 직접 구해서 이들의 합계로 환원이율을 구하는 방법이다. 즉, 환원이율은 순수이율과 위험률의 복합이율이라고 할 수 있는 바, 순수이율에 대상부동산이 가지고 있는 추가적인 위험에 대한 할증률(위험률, 위험부담 할증률)을 합산하여 환원이율을 구하는 방법이다.

② **순수이율**: 순수이율은 모든 투자활동에 일률적으로 적용되는 이율로서 무위험이자율(risk-free rate)을 말하며, 이는 일반적으로 가장 안정적인 투자대상인 국채, 지방채 등의 유가증권의 이율에 기초를 둔다.

③ **위험률**: 위험률(위험부담 할증률)은 부동산을 투자활동의 대상으로 하는 데 수반되는 위험에 대한 할증률을 의미하는 것으로, 이는 대상부동산과 관련하여 위험성 · 비유동성 · 관리의 난이성 · 자금의 안정성 등을 참작한 것이어야 한다.

㉠ 위험성: 예금이자와 같은 확실성, 안정성이 없음을 의미

㉡ 비유동성: 현금화하기까지 많은 시간이 소요됨

㉢ 관리의 난이성: 이자나 배당수입에 비하여 임대료징수나 유지수선 등에 더 많은 비용이 소모됨

㉣ 안정성: 도난, 멸실 등의 위험이 적고 인플레이션에 강하며, 화폐가치의 하락에도 원본가치 감소의 위험성이 적다.

(3) 투자결합법(이자율합성법)

투자결합법은 대상부동산의 자본환원이율을 결정함에 있어서 토지 · 건물과 같은 물리적인 구성비율에 따라 가중평균하여 구하는 물리적 투자결합법과 저당과 지분이라는 금융적인 구성비율에 따라 구하는 금융적 투자결합법이 있다.

① 물리적 투자결합법

소득을 창출하는 부동산의 능력이 토지와 건물이 서로 다르며, 분리될 수 있다는 가정에 근거하고 있다. 이것은 토지와 건물의 구성비율에 각각 토지환원이율, 건물환원이율을 곱한 것을 서로 합산하여 자본환원이율을 구하고 있다.

종합환원이율 = (토지가격 구성비율 × 토지환원이율) + (건물가격 구성비율 × 건물환원이율)

② 금융적 투자결합법

저당투자자의 요구수익률과 지분투자자의 요구수익률이 다르며, 분리될 수 있다는 가정에 착안하고 있다. 투자자본을 금융적 측면에서 구분하는 것이다. 일반적으로 투자결합법이라 하면 금융적 투자결합법을 가리킨다.

주의할 것은 저당환원이율에 저당이자율을 사용할 경우에는 자본회수를 고려하지 못하기 때문에 종합환원이율을 도출할 수가 없게 된다. 그러므로 저당환원이율에는 매 기간마다의 원금상환분(자본회수)과 이자지급분(자본수익)을 포함하고 있는 저당상수를 사용하는 것이 합리적이다.

㉠ Ross에 의한 방식

자본환원이율 = (저당비율 × 저당이자율) + (지분비율 × 지분환원이율)

㉡ Kazdin에 의한 방식

자본환원이율 = (저당비율 × 저당상수) + (지분비율 × 지분환원이율)

③ 양자의 비교

Ross방식에서는 저당투자액에 대하여 이자지급분만을 고려하고 있는 반면, Kazdin방식에서 사용하고 있는 저당상수가 이자지급분 뿐만 아니라 원금상환분도 포함하고 있으므

로 저당투자자의 자본회수를 고려하고 있다. 따라서 Kazdin방식에 의해 구한 환원이율은 종합환원이율이 된다. 그러나 두 방식 모두 보유기간 동안의 부동산의 가치변동은 고려하지 못하고 있다는 단점이 있다. 이를 보완한 것이 Ellwood법이다.

(4) 엘우드법(Ellwood; 저당지분환원법)

미국의 Ellwood에 의해 개발된 방법으로 자본환원이율에 영향을 미치는 세 가지 요소 즉, ① 매기간의 현금수지(BTCF), ② 보유기간 동안의 지분형성분, ③ 보유기간 동안의 부동산의 가치변동을 고려하여 대상부동산의 자본환원이율을 구하는 금융적 분석법의 하나이다. 그러나 환원이율 산정에 있어 지나치게 지분투자자 입장이고 세전현금수지를 환원대상 소득으로 함으로써 세금이 부동산가치에 미치는 영향 등을 고려하지 못한다는 단점이 있다.

Ellwood법에 의한 자본환원이율을 구하는 산식

자본환원율$(R) = y - (L/V)[y + p \times SFF_{y\%,n} - MC]^{-app}_{+dep} SFF_{y\%}$

y : 지분수익률, L/V : 대부비율, P : 상환비율

$SFF_{y\%,}$ MC : 저당상수, n : 보유기간

$app(dep)$: 보유기간동안의 가치상승률(하락율)

(5) 부채감당법(DCR법, Gettel법)

투자결합법과 Ellwood법이 지분투자자의 입장에서의 환원이율 산정방법이라고 한다면, 부채감당법은 저당투자자가 중요하게 여기는 요소인 부채감당률(DCR), 대부비율(LTV), 저당상수(MC)를 이용하여 자본환원이율을 산정하는 방법이다. 이 방법은 지나치게 저당투자자의 입장에 따른 방법이라는 비판을 받고 있다.

- 부채감당률$(DCR) = \dfrac{\text{순영업소득}(NOI)}{\text{부채서비스액}(DS)} = \dfrac{\text{순영업소득}}{\text{저당대부액} \times \text{저당상수}(MC)}$

- 자본환원율(R) = 부채감당률$(DCR) \times$ 대부비율$(LTV) \times$ 저당상수(MC)

4 환원방법

① 직접환원법은 단일기간의 순수익을 적절한 환원율로 환원하여 대상물건의 가액을 산정하는 방법을 말한다.

② 할인현금흐름분석법은 대상물건의 보유기간에 발생하는 복수기간의 순수익(이하 "현금흐름"이라 한다)과 보유기간 말의 복귀가액에 적절한 할인율을 적용하여 현재가치로 할인한 후 더하여 대상물건의 가액을 산정하는 방법을 말한다.

③ 수익환원법으로 감정평가할 때에는 직접환원법이나 할인현금흐름분석법 중에서 감정평가 목적이나 대상물건에 적절한 방법을 선택하여 적용한다. 다만, 부동산의 증권화와 관련한 감정평가 등 매기의 순수익을 예상해야 하는 경우에는 할인현금흐름분석법을 원칙으로 하고 직접환원법으로 합리성을 검토한다.

(1) 직접환원법

수익환원법에 의한 수익가액은 직접환원법 또는 할인현금흐름분석법중에서 대상물건에 가장 적정한 방법을 선택하여 순수익 또는 미래의 현금흐름을 적정한 율로 환원 또는 할인하여 결정한다.

① **직접법**

대지, 염전, 농지 등 토지와 같이 비상각자산이며 내용연수가 무한하여 순수익이 영속적으로 발생하는 경우에 적용하는 방법으로, 순수익을 환원율로 직접 환원하여 수익가액을 산정한다. 이 경우 상각율은 고려되지 않는다.

$$\text{수익가격} = \frac{\text{순수익}}{\text{환원이율}}$$

② **직선법**

건물, 구축물, 기계 · 장치 등과 같이 상각을 요하는 자산이며 내용연수가 한정된 경우에는 투하자본에 대한 회수가 고려되어야 할 것이다. 따라서 이 경우에는 상각전 순수익을 상각 후 환원율에 상각율을 가산한 상각 전 환원율로 환원하여 수익가액을 구한다.

$$\text{수익가격} = \frac{\text{상각전순수익}}{\text{상각전환원이율}} = \frac{\text{상각전순수익}}{\text{상각후환원이율} + \text{상각률}} = \frac{\text{상각전순수익}}{\text{상각후환원이율} + 1/\text{잔존내용연수}(n)}$$

③ **연금법(Inwood 방식)**

대상물건이 토지와 건물 · 기타 상각자산으로 구성된 복합부동산인 경우 상각 전 순수익에 상각 후의 종합환원율과 잔존내용연수를 기초로 한 복리연금현가율을 곱하여 수익가액을 구하는 방법이다. 이 방법은 내용연수 만료 시 상각액의 재투자로서 대상부동산의 수익성을 연장시킬 수 있는 일반 복합부동산(슈퍼마켓 등)과 어장의 평가에 유용하게 적용할 수 있다.

$$\text{수익가격} = \text{상각전순수익} \times \text{복리연금현가율}$$

$$\text{복리연금현가율} = \frac{(1+r)^n - 1}{r(1+r)^n} \ (r: \text{상각후종합환원이율}, n: \text{잔존내용연수})$$

④ **상환기금법(Hoskold 방식)**

㉠ 상환기금법은 대상물건이 복합부동산인 경우 상각 전 순수익에 상각 후 종합환원율과 축적이율 및 잔존내용연수를 기초로 한 수익현가율을 곱하여 수익가액을 구하는 방법이다.

㉡ 연금법이 수익이 비교적 확실한 임대용부동산이나 어장의 평가 등에 적합한 방법이라면, 상환기금법은 광산 등과 같이 수익이 불확실한 경우에 적합하다. 그러므로 상환기금법에서의 축적이율은 안정성이 있는 이율을 채택하기 때문에 연금법에 의하여 구한 수익가액은 상환기금법에 의한 수익가액보다 높게 나타난다.

$$수익가격 = 상각전순수익 \times 수익현가율$$

$$수익현가율 = \frac{1}{r + \frac{i}{(1+i)^n - 1}}$$

(r: 상각후종합환원이율, i: 축적이율, n: 잔존내용연수)

KEY PLUS | 자본회수율

내용연수 만료시까지 보유 (감가상각액으로 회수)	직접환원법 • 직선환원법(정액법) • 평준연금환원법(Inwood법) • 감채기금환원법(Hoskold법)	가정 ① 대상부동산의 경제적 수명까지 보유한다. ② 감가상각액으로 자본회수 ③ 자본환원율 = 자본수익률 + 자본회수율 (감가상각률 = 자본회수율)
보유기간 상정 (재매도가격으로 자본회수)	수익환원법 • 저당지분환원법(엘우드법) • 할인현금흐름분석법	가정 ① 경제적 수명까지 보유한다고 가정하지 않는다. ② 재매도가격으로 자본회수 ③ 자본환원율 = 자본수익률 + 자본회수율 매수가격 〉 재매도가격 = 자본회수율 〉 0 매수가격 〈 재매도가격 = 자본회수율 〈 0 매수가격 = 재매도가격 = 자본회수율 = 0

(2) 할인현금흐름분석법(DCF분석법)

① DCF분석법의 의의

할인현금흐름분석법(discounted cash flow analysis)이란 매 기간 기대되는 현금수지를 현재가치로 환원하여 대상부동산의 가격을 구하는 방법을 말하며, 이에는 세전현금수지(BTCF)를 현재가치로 환원해서 대상부동산의 가격을 구하는 세전현금수지모형과 세후현금수지(ATCF)를 환원하는 세후현금수지모형이 있다. 일반적으로 DCF법이라고 하면 후자를 말하며, 세전현금수지모형에 따른 전형적인 방법으로는 저당지분환원법(엘우드법)을 들 수 있다.

② 대상부동산의 가격산정

부동산의 가격 = 지분가치 + 저당가치

지분가치 = 매 기간 ATCF의 현가액 + 기간 말 세후지분복귀액의 현가

※ 저당가치는 대상부동산의 투자에 있어서 기간초의 저당대부액으로 한다.

③ DCF분석법의 장단점

할인현금흐름분석법은 세금효과까지 고려하고 있으므로 투자자의 행태에 잘 부합하며, 부동산의 투자분석에도 유용한 방법이라는 장점이 있는 반면에, 매기간의 현금수지의 추계나 부동산가격의 변화 예측 등에 평가사의 주관개입의 여지가 있으며 세금에 따라 부동산가격이 달라진다는 문제점이 지적되고 있다.

제5절 임대료 구하는 법

1 적산법(원가방식)

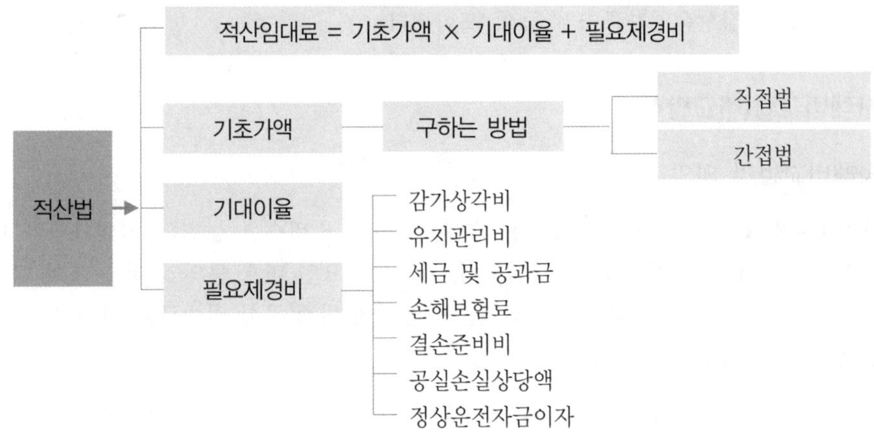

1. 적산법의 의의

적산법(積算法)이란 대상물건의 기초가액에 기대이율을 곱하여 산정된 기대수익에 대상물건을 계속하여 임대하는 데에 필요한 경비를 더하여 대상물건의 임대료(사용료를 포함)를 산정하는 감정평가방법을 말한다. 이 방법에 의하여 구하는 임대료를 적산임대료라 하며, 이를 구하는 공식은 다음과 같다.

적산임대료 = (기초가액 × 기대이율) + 필요제경비

여기서 적산임대료는 실질임대료를 말하는 것이고, '기초가액×기대이율'은 순임대료가 된다. 이 방법에 의한 적산임대료의 정도(精度)는 기초가액, 기대이율, 필요제경비의 정확한 파악에 달려 있으며, 임대사례가 적은 부동산의 경우에 있어서 유용한 방법이다.

2. 적용방법

(1) 기초가액

① 기초가액이란 적산법으로 감정평가하는 데 기초가 되는 대상물건의 가치를 말한다.

② 기초가액은 비교방식이나 원가방식으로 감정평가한다. 이 경우 사용 조건 · 방법 · 범위 등을 고려할 수 있다.

(2) 기대이율

① 기대이율이란 기초가액에 대하여 기대되는 임대수익의 비율을 말한다.

② 기대이율은 시장추출법, 요소구성법, 투자결합법, CAPM을 활용한 방법, 그 밖의 대체 · 경쟁 자산의 수익률 등을 고려한 방법 등으로 산정한다.

③ 기초가액을 시장가치로 감정평가한 경우에는 해당 지역 및 대상물건의 특성을 반영하는 이율로 정하되, 한국감정평가사협회에서 발표한 '기대이율 적용기준율표', 「국유재산법 시행령」 · 「공유재산 및 물품관리법 시행령」에 따른 국 · 공유재산의 사용료율(대부료율) 등을 참고하여 실현가능한 율로 정할 수 있다.

(3) 필요제경비

① 필요제경비란 임차인이 사용·수익할 수 있도록 임대인이 대상물건을 적절하게 유지·관리하는 데에 필요한 비용을 말한다.

② 필요제경비에는 감가상각비, 유지관리비, 조세공과금, 손해보험료, 대손준비금, 공실손실상당액, 정상운영자금이자 등이 포함된다.

2 임대사례비교법(비교방식)

1. 임대사례비교법의 의의

임대사례비교법이란 대상물건과 가치형성요인이 같거나 비슷한 물건의 임대사례와 비교하여 대상물건의 현황에 맞게 사정보정, 시점수정, 가치형성요인 비교 등의 과정을 거쳐 대상물건의 임대료를 산정하는 감정평가방법을 말한다. 이 방법에 의해 구한 임대료를 비준임대료라 한다. 비준임대료를 구하는 공식은 다음과 같다.

비준임대료 = 임대사례의 임대료 × 사정보정 × 시점수정 × 지역요인비교 × 개별요인비교 × 면적비교

2. 비교사례의 선정

임대사례비교법으로 감정평가할 때에는 임대사례를 수집하여 적정성 여부를 검토한 후 다음의 요건을 모두 갖춘 하나 또는 둘 이상의 적절한 임대사례를 선택하여야 한다.

1. 임대차 등의 계약내용이 같거나 비슷한 사례
2. 임대차 사정이 정상이라고 인정되는 사례나 정상적인 것으로 보정이 가능한 사례
3. 기준시점으로 시점수정이 가능한 사례
4. 대상물건과 위치적 유사성이나 물적 유사성이 있어 지역요인·개별요인 등 가치형성요인의 비교가 가능한 사례

3. 적용방법

(1) 사정보정

임대사례에 특수한 사정이나 개별적 동기가 반영되어 있거나 임대차 당사자가 시장에 정통하지 않은 등 수집된 임대사례의 임대료가 적절하지 못한 경우에는 사정보정을 통해 그러한 사정이 없었을 경우의 적절한 임대료 수준으로 정상화하여야 한다.

(2) 시점수정

① 임대사례의 임대시점과 대상물건의 기준시점이 불일치하여 임대료 수준의 변동이 있을 경우에는 임대사례의 임대료를 기준시점의 임대료 수준으로 시점수정하여야 한다.

② 시점수정은 사례물건의 임대료 변동률로 한다. 다만, 사례물건의 임대료 변동률을 구할 수 없거나 사례물건의 임대료 변동률로 시점수정하는 것이 적절하지 않은 경우에는 사례물건의 가격 변동률·임대료지수·생산자물가지수 등을 고려하여 임대료 변동률을 구할 수 있다.

(3) 가치형성요인의 비교

임대사례와 대상물건 간에 종별·유형별 특성에 따라 지역요인이나 개별요인 등 임대료의 형성에 영향을 미치는 여러 요인에 차이가 있는 경우에는 이를 각각 비교하여 대상물건의 임대료를 개별화·구체화하여야 한다.

4. 임대료의 구성

(1) 실질임대료: 임대차에 있어 임차인이 임대인에게 지불하는 금액 중에서 그 종류와 명목여하를 불문하고 임대인이 받는 모든 실질적인 경제적 대가를 말한다.

실질임대료 = 순임대료 + 필요제경비

(2) 순임대료: 순수하게 임대인의 수익에 속하는 임대료를 말한다.

① 예금적 성격을 갖는 일시금(예 보증금, 전세금, 건설협력금)의 운용이익
② 선불적 성격을 갖는 일시금(예 권리금, 사글세, 예치금)의 상각액
③ 선불적 성격을 갖는 일시금의 미상각액에 대한 운용이익
④ 각 지불시기(예 매월)에 일정액씩 지불되는 임대료 중 순 임대료액(월세)
⑤ 부가사용료, 공익비 중 실비를 초과하는 금액

(3) 지불임대료 ⇨ 순임대료의 ④ ⑤ + 필요제경비

<table>
<tr><td rowspan="2">실
질
임
대
료</td><td colspan="2">① 예금적 성격의 일시금 운용익(보증금 등)
② 선불적 성격의 일시금 상각액
③ 선불적 성격의 일시금 미상각액 운용익</td><td></td></tr>
<tr><td>지
불
임
대
료</td><td>① 각 지불시기에 일정액씩 지불되는 순임대료분
② 부가사용료, 공익비 중 실비초과액</td><td>① 감가상각비 ② 유지관리비
③ 조세공과금 ④ 손해보험료
⑤ 대손충당금
⑥ 공실 등에 의한 손실상당액
⑦ 정상운전자금이자</td></tr>
<tr><td></td><td></td><td>순임대료</td><td>필요제경비</td></tr>
</table>

5. 임대료의 평가방법

(1) 신규임대료의 평가방법: 감정평가법인등은 임대료를 감정평가할 때에 임대사례비교법을 적용해야 한다.

(2) 계속임대료의 평가방법: 우리나라 감칙에서는 이에 관하여 규정이 없으나, 일본의 기준을 들어 설명하고자 한다.

① **차액배분법:** 계속임대료의 경우 대상부동산의 경제적 가치에 따른 적정한 실질임대료와 실제 실질임대료에 차액이 나타나는 바, 이 차액에 대하여 계약내용, 계약 체결경위 등을 종합적으로 판단하여 임대인에게 귀속하는 부분을 적정하게 판정하고 이를 실제 실질임대료에 가감하여 계속임대료를 구하는 방법을 말한다.

계속임대료 = 실제 실질임대료 + (대상부동산의 경제적가치에 부응하는 정상임대료 - 실제 실질임대료) × 임대인 귀속비율

② **이율법**: 이율법은 투하된 투하자본(기초가액)에 계속임대료이율을 곱하여 구한 금액과 임대차를 계속하는데 필요한 제경비를 합하여 산정한 금액으로 적정한 임대료를 산정하는 방법이다.

계속임대료 =기초가액(투하자본) × 계속임대료이율 + 필요제경비

③ **슬라이드(slide)법**: 슬라이드법은 임대부동산의 필요제경비의 변동, 부동산 가격의 변동, 임대료수준의 변동 등이 유기적 실체를 이루어 변동한다고 보고 이들의 적정한 변동률 즉, 슬라이드지수를 파악하여 현행임대료에 곱하여 타당한 계속임대료를 산출하는 방법이다.

- 계속임대료 = 현행임대료를 정한 시점에서의 실질임대료 × 변동률(슬라이드지수)
- 계속임대료 = 현행임대료를 정한 시점에서의 순임대료 × 변동률 + 필요제경비

④ **임대사례비교법**: 이 방법은 대상부동산과 인근지역 또는 동일수급권내 유사지역에 소재하고 있는 동유형의 계속임대료의 사례자료를 기초로 하여 사정보정 · 시점수정 · 지역요인 및 개별요인의 비교와 임대차 계약내용을 비교하여 계속임대료를 산정하는 방법이다.

3 수익분석법(수익방식)

1. 수익분석법의 의의

수익분석법이란 일반기업 경영에 의하여 산출된 총수익을 분석하여 대상물건이 일정한 기간에 산출할 것으로 기대되는 순수익에 대상물건을 계속하여 임대하는 데에 필요한 경비를 더하여 대상물건의 임대료를 산정하는 감정평가방법을 말한다. 이 방법에 의하여 구하는 임대료를 수익임대료라고 하며, 이를 구하는 공식은 다음과 같다.

수익임대료 = 순이익 + 필요제경비

순이익은 임대차에 기한 경우와 기업경영에 기한 경우의 두 가지 방법이 있으나, 수익분석법에 적용되는 순이익은 일반기업경영에 기한 경우에만 적용된다. 그 이유는 부동산임대차에 기한 순이익으로부터 임대료를 구함은 임대료에서 다시 임대료를 구하는 악순환이 되기 때문이다.

2. 순수익과 필요제경비

(1) 순수익은 대상물건의 총수익에서 그 수익을 발생시키는 데 드는 경비(매출원가, 판매비 및 일반관리비, 정상운전자금이자, 그 밖에 생산요소귀속 수익 등을 포함한다)를 공제하여 산정한 금액을 말한다.

(2) 필요제경비에는 대상물건에 귀속될 감가상각비, 유지관리비, 조세공과금, 손해보험료, 대손준비금 등이 포함된다.

제6절 감정평가의 실시

1 감정평가 프로세스(감칙 제8조~제13조)

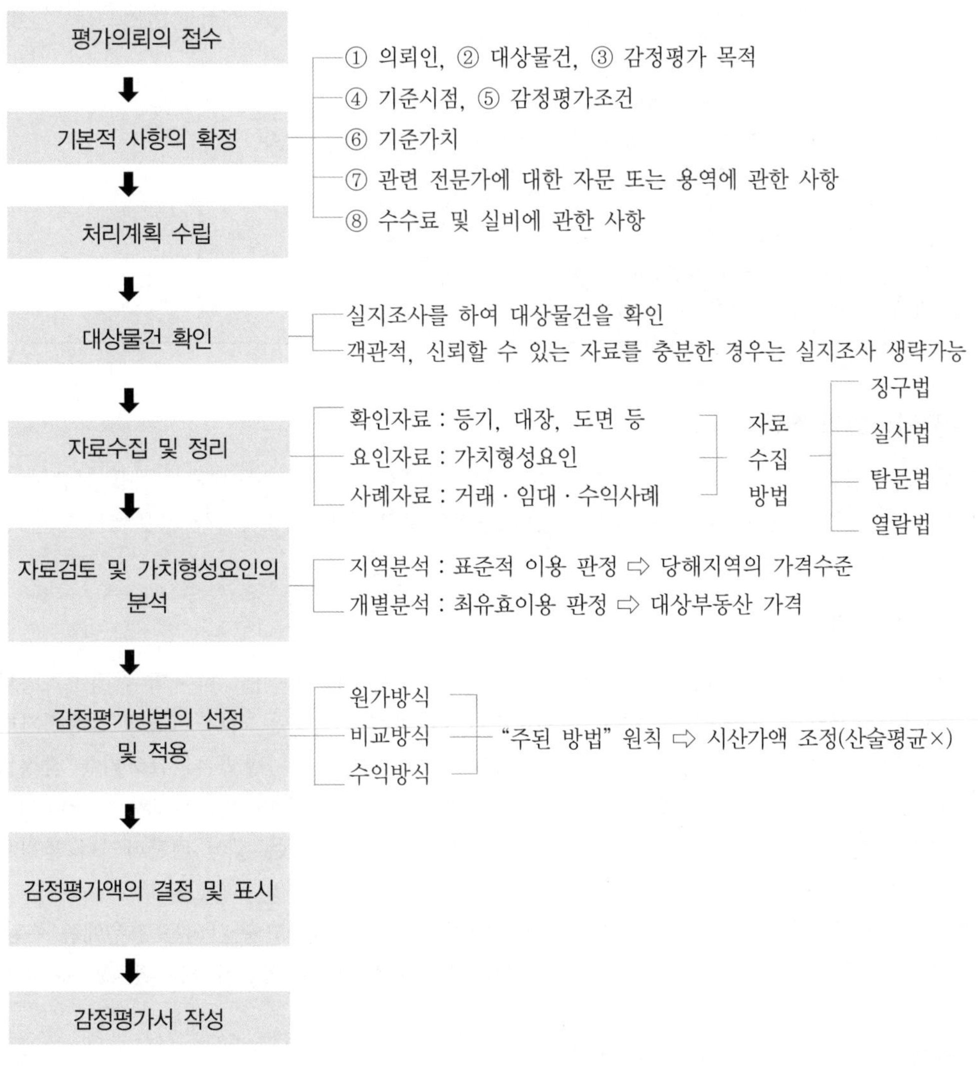

KEY PLUS | 감정평가서 포함 사항

1. 감정평가법인등의 명칭
2. 의뢰인의 성명 또는 명칭
3. 대상물건(소재지, 종류, 수량, 그 밖에 필요한 사항)
4. 대상물건 목록의 표시근거
5. 감정평가 목적
6. 기준시점, 조사기간 및 감정평가서 작성일
7. 실지조사를 하지 않은 경우에는 그 이유
8. 시장가치 외의 가치를 기준으로 감정평가한 경우에는 그 판단에 관한 사항
9. 감정평가조건을 붙인 경우에는 그 이유 및 검토사항
10. 감정평가액
11. 감정평가액의 산출근거 및 결정 의견
12. 전문가의 자문등을 거쳐 감정평가한 경우 그 자문 등의 내용
13. 그 밖에 이 규칙이나 다른 법령에 따른 기재사항

1. 감정평가방법의 적용

감정평가법인등은 대상물건별로 정한 감정평가방법(이하 "주된 방법"이라 한다)을 적용하여 감정평가해야 한다. 다만, 주된 방법을 적용하는 것이 곤란하거나 부적절한 경우에는 다른 감정평가방법을 적용할 수 있다.

2. 시산가액 조정

(1) 감정평가법인등은 대상물건의 감정평가액을 결정하기 위하여 어느 하나의 감정평가방법을 적용하여 산정한 가액(시산가액)을 다른 감정평가방식에 속하는 하나 이상의 감정평가방법(이 경우 공시지가기준법과 그 밖의 비교방식에 속한 감정평가방법은 서로 다른 감정평가방식에 속한 것으로 본다)으로 산출한 시산가액과 비교하여 합리성을 검토해야 한다. 다만, 대상물건의 특성 등으로 인하여 다른 감정평가방법을 적용하는 것이 곤란하거나 불필요한 경우에는 그렇지 않다.

(2) 감정평가법인등은 검토 결과 산출한 시산가액의 합리성이 없다고 판단되는 경우에는 주된 방법 및 다른 감정평가방법으로 산출한 시산가액을 조정하여 감정평가액을 결정할 수 있다.

2 감정평가의 원칙(감칙 제5조~제9조)

1. 시장가치기준 원칙(감칙 제5조)

(1) 대상물건에 대한 감정평가액은 시장가치를 기준으로 결정한다. 이때 시장가치란 감정평가의 대상이 되는 토지등(이하 "대상물건"이라 한다)이 통상적인 시장에서 충분한 기간 동안 거래를 위하여 공개된 후 그 대상물건의 내용에 정통한 당사자 사이에 신중하고 자발적인 거래가 있을 경우 성립될 가능성이 가장 높다고 인정되는 대상물건의 가액(價額)을 말한다.

(2) 감정평가법인등은 다음의 어느 하나에 해당하는 경우에는 대상물건의 감정평가액을 시장가치 외의 가치를 기준으로 결정할 수 있다.

> 1. 법령에 다른 규정이 있는 경우
> 2. 감정평가 의뢰인(이하 "의뢰인"이라 한다)이 요청하는 경우
> 3. 감정평가의 목적이나 대상물건의 특성에 비추어 사회통념상 필요하다고 인정되는 경우

(3) 감정평가법인등은 시장가치 외의 가치를 기준으로 감정평가할 때에는 다음의 사항을 검토해야 한다. 다만, 법령에 다른 규정이 있는 경우에는 그렇지 않다.

> 1. 해당 시장가치 외의 가치의 성격과 특징
> 2. 시장가치 외의 가치를 기준으로 하는 감정평가의 합리성 및 적법성

(4) 감정평가법인등은 시장가치 외의 가치를 기준으로 하는 감정평가의 합리성 및 적법성이 결여되었다고 판단할 때에는 의뢰를 거부하거나 수임을 철회할 수 있다.

2. 현황기준 원칙(감칙 제6조)

(1) 감정평가는 기준시점에서의 대상물건의 이용상황(불법적이거나 일시적인 이용은 제외한다) 및 공법상 제한을 받는 상태를 기준으로 한다.

(2) 감정평가법인등은 다음의 어느 하나에 해당하는 경우에는 기준시점의 가치형성요인 등을 실제와 다르게 가정하거나 특수한 경우로 한정하는 조건을 붙여 감정평가할 수 있다.

> 1. 법령에 다른 규정이 있는 경우
> 2. 의뢰인이 요청하는 경우
> 3. 감정평가의 목적이나 대상물건의 특성에 비추어 사회통념상 필요하다고 인정되는 경우

(3) 감정평가법인등은 감정평가조건을 붙일 때에는 감정평가조건의 합리성, 적법성 및 실현가능성을 검토해야 한다. 다만, 법령에 다른 규정이 있는 경우에는 그렇지 않다.

(4) 감정평가법인등은 감정평가조건의 합리성, 적법성이 결여되거나 사실상 실현 불가능하다고 판단할 때에는 의뢰를 거부하거나 수임을 철회할 수 있다.

3. 개별물건기준 원칙 등(감칙 제7조)

(1) **개별평가(원칙):** 감정평가는 대상물건마다 개별로 하여야 한다.

(2) **일괄평가:** 둘 이상의 대상물건이 일체로 거래되거나 대상물건 상호 간에 용도상 불가분의 관계가 있는 경우에는 일괄하여 감정평가할 수 있다.

(3) **구분평가:** 하나의 대상물건이라도 가치를 달리하는 부분은 이를 구분하여 감정평가할 수 있다.

(4) **부분평가:** 일체로 이용되고 있는 대상물건의 일부분에 대하여 감정평가하여야 할 특수한 목적이나 합리적인 이유가 있는 경우에는 그 부분에 대하여 감정평가할 수 있다.

4. 기준시점기준 원칙(감칙 제9조)

(1) 기준시점이란 대상물건의 감정평가액을 결정하는 기준이 되는 날짜를 말한다(감칙 제2조 제2호).

(2) 기준시점은 대상물건의 가격조사를 완료한 날짜로 한다. 다만, 기준시점을 미리 정하였을 때에는 그 날짜에 가격조사가 가능한 경우에만 기준시점으로 할 수 있다.

KEY PLUS | 기준시점

1. 감정평가에 있어서 기준시점이 중요한 이유
   ① 부동산의 가격은 장래이익을 특정시점의 현재가치로 전환한 것이기 때문이다.
   ② 부동산가치는 가치형성요인의 변화에 따라 항상 변동하고 있기 때문에 평가보고서의 평가액은 기준시점 당시에만 타당하기 때문이다(변동의 원칙).
   ③ 평가자의 책임소재를 명백히 할 필요가 있기 때문이다.
2. 감정평가일과의 차이: 기준시점은 감정평가의 기준이 되는 시점을 말하며, 감정평가일(감정평가를 행한 일자)은 대상부동산의 현지조사를 완료하여 감정평가서를 작성한 날짜를 말한다. 따라서 감정평가일은 항상 현재로 표시되나 기준시점은 과거나 미래도 될 수 있다. 양자는 서로 일치하는 경우도 있으나 개념상으로는 엄격히 구분된다.
3. 임대료의 기준시점: 임대료의 기준시점은 임대료산정의 수익성을 반영하는 것으로서 그 기간이 개시되는 시점을 기준시점으로 한다.

제7절 물건별 평가방법(감칙 제14조~제26조)

토지

구분	주된 방법	기타
토지	공시지가기준법	• 순서: 비교표준지 선정 ⇨ 시점수정 ⇨ 지역/개별요인 비교 • 적정한 실거래가 기준으로 평가할 때: 거래사례비교법
산림	거래사례비교법 (임지와 입목으로 구분평가)	• 일괄평가(일괄평가 가능 시) • 원가법(소경목림)
과수원	거래사례비교법	

건물

구분	주된 방법	기타
건물	원가법	
집합건물	거래사례비교법	토지가액과 건물가액으로 구분하여 표시할 수 있음

의제부동산

구분	주된 방법	기타
자동차	거래사례비교법	해체처분가격(효용가치가 없는 경우)
건설기계 · 선박 · 항공기	원가법	해체처분가격(효용가치가 없는 경우)
동산	거래사례비교법	
어업권	어업권의 평가: 어장 전체의 수익가액(수익환원법) − 시설소요액	
광업권	광업재단의 감정평가액(수익환원법) - 광산의 현존시설 가액	
공장/광업재단	개별평가	수익환원법(계속적인 수익이 예상될 때, 일괄평가)

무형자산

구분	주된 방법	기타
무형자산	수익환원법	
영업권	수익환원법	

임료

구분	주된 방법	기타
임료	임대사례비교법	

1. 토지의 감정평가(감칙 제14조)

(1) 감정평가법인등은 토지를 감정평가할 때에는 공시지가기준법을 적용해야 한다.

(2) 감정평가법인등은 공시지가기준법에 따라 토지를 감정평가할 때 다음의 순서에 따라야 한다.

> 비교표준지 선정 ⇨ 시점수정 ⇨ 지역요인 비교 ⇨ 개별요인 비교 ⇨ 그 밖의 요인 보정
> ※ 공시지가기준법 적용시 사정보정은 하지 않는다.

(3) 감정평가법인등은 적정한 실거래가를 기준으로 토지를 감정평가할 때에는 거래사례비교법을 적용해야 한다.

2. 건물의 감정평가(감칙 제15조)

감정평가법인등은 건물을 감정평가할 때에 원가법을 적용해야 한다.

3. 토지와 건물의 일괄감정평가(감칙 제16조)

감정평가법인등은 「집합건물의 소유 및 관리에 관한 법률」에 따른 구분소유권의 대상이 되는 건물부분과 그 대지사용권을 일괄하여 감정평가하는 경우 등 토지와 건물을 일괄하여 감정평가할 때에는 거래사례비교법을 적용해야 한다. 이 경우 감정평가액은 합리적인 기준에 따라 토지가액과 건물가액으로 구분하여 표시할 수 있다.

4. 산림의 감정평가(감칙 제17조)

(1) 감정평가법인등은 산림을 감정평가할 때에 산지와 입목(立木)을 구분하여 감정평가해야 한다. 이 경우 입목은 거래사례비교법을 적용하되, 소경목림(小徑木林: 지름이 작은 나무 · 숲)인 경우에는 원가법을 적용할 수 있다.
(2) 감정평가법인등은 산지와 입목을 일괄하여 감정평가할 때에 거래사례비교법을 적용해야 한다.

5. 과수원의 감정평가(감칙 제18조)

감정평가법인등은 과수원을 감정평가할 때에 거래사례비교법을 적용해야 한다.

6. 공장재단 및 광업재단의 감정평가(감칙 제19조)

(1) 감정평가법인등은 공장재단을 감정평가할 때에 공장재단을 구성하는 개별 물건의 감정평가액을 합산하여 감정평가해야 한다. 다만, 계속적인 수익이 예상되는 경우 등 일괄하여 감정평가하는 경우에는 수익환원법을 적용할 수 있다.
(2) 감정평가법인등은 광업재단을 감정평가할 때에 수익환원법을 적용해야 한다.

7. 자동차 등의 감정평가(감칙 제20조)

(1) 감정평가법인등은 자동차를 감정평가할 때에 거래사례비교법을 적용해야 한다.
(2) 감정평가법인등은 건설기계를 감정평가할 때에 원가법을 적용해야 한다.
(3) 감정평가법인등은 선박을 감정평가할 때에 선체 · 기관 · 의장(艤裝)별로 구분하여 감정평가하되, 각각 원가법을 적용해야 한다.
(4) 감정평가법인등은 항공기를 감정평가할 때에 원가법을 적용해야 한다.
(5) 감정평가법인등은 본래 용도의 효용가치가 없는 물건은 해체처분가액으로 감정평가할 수 있다.

8. 동산의 감정평가(감칙 제21조)

(1) 감정평가법인등은 동산을 감정평가할 때에는 거래사례비교법을 적용해야 한다. 다만, 본래 용도의 효용가치가 없는 물건은 해체처분가액으로 감정평가할 수 있다.
(2) 기계 · 기구류를 감정평가할 때에는 원가법을 적용해야 한다.

9. 임대료의 감정평가(감칙 제22조)

감정평가법인등은 임대료를 감정평가할 때에 임대사례비교법을 적용해야 한다.

10. 무형자산의 감정평가(감칙 제23조)

(1) 감정평가법인등은 광업권을 감정평가할 때에 광업재단의 감정평가액에서 해당 광산의 현존시설 가액을 빼고 감정평가해야 한다.
(2) 감정평가법인등은 어업권을 감정평가할 때에 어장 전체를 수익환원법에 따라 감정평가한 가액에서 해당 어장의 현존시설 가액을 빼고 감정평가해야 한다.
(3) 감정평가법인등은 영업권, 특허권, 실용신안권, 디자인권, 상표권, 저작권, 전용측선이용권(專用側線利用權), 그 밖의 무형자산을 감정평가할 때에 수익환원법을 적용해야 한다.

KEY PLUS | 권리금의 감정평가

1. 권리금의 정의

① 권리금이란 임대차 목적물인 상가건물에서 영업을 하는 자 또는 영업을 하려는 자가 영업시설·비품, 거래처, 신용, 영업상의 노하우, 상가건물의 위치에 따른 영업상의 이점 등 유형·무형의 재산적 가치의 양도 또는 이용대가로서 임대인, 임차인에게 보증금과 차임 이외에 지급하는 금전 등의 대가를 말한다.

② 유형재산이란 영업을 하는 자 또는 영업을 하려고 하는 자가 영업활동에 사용하는 영업시설, 비품, 재고자산 등 물리적·구체적 형태를 갖춘 재산을 말한다.

③ 무형재산이란 영업을 하는 자 또는 영업을 하려고 하는 자가 영업활동에 사용하는 거래처, 신용, 영업상의 노하우, 건물의 위치에 따른 영업상의 이점 등 물리적·구체적 형태를 갖추지 않은 재산을 말한다.

2. 자료의 수집 및 정리

권리금의 가격자료에는 거래사례, 수익자료, 시장자료 등이 있으며, 대상 권리금의 특성에 맞는 적절한 자료를 수집하고 정리한다. 유형재산의 경우에는 해당 물건의 자료의 수집 및 정리 규정을 준용한다.

3. 권리금의 감정평가방법

① 권리금을 감정평가할 때에는 유형·무형의 재산마다 개별로 감정평가하는 것을 원칙으로 한다.

② 권리금을 개별로 감정평가하는 것이 곤란하거나 적절하지 아니한 경우에는 일괄하여 감정평가할 수 있다. 이 경우 감정평가액은 합리적인 배분기준에 따라 유형재산가액과 무형재산가액으로 구분하여 표시할 수 있다.

③ 유형재산을 감정평가할 때에는 원가법을 적용하여야 한다.

④ 무형재산을 감정평가할 때에는 수익환원법을 적용하여야 한다.

⑤ 유형재산과 무형재산을 일괄하여 감정평가할 때에는 수익환원법을 적용하여야 한다.

11. 유가증권 등의 감정평가(감칙 제24조)

(1) 감정평가법인등은 주식을 감정평가할 때에 다음의 구분에 따라야 한다.

1. 상장주식: 거래사례비교법
2. 비상장주식: 해당 회사의 자산·부채 및 자본 항목을 평가하여 수정재무상태표를 작성한 후 기업체의 유·무형의 자산가치에서 부채의 가치를 빼고 산정한 자기자본의 가치를 발행주식 수로 나눌 것

(2) 감정평가법인등은 채권을 감정평가할 때에 다음의 구분에 따라야 한다.

1. 상장채권: 거래사례비교법
2. 비상장채권: 수익환원법을 적용할 것

(3) 감정평가법인등은 기업가치를 감정평가할 때에 수익환원법을 적용해야 한다.

12. 소음 등으로 인한 대상물건의 가치하락분에 대한 감정평가(감칙 제25조)

감정평가법인등은 소음·진동·일조침해 또는 환경오염 등으로 대상물건에 직접적 또는 간접적인 피해가 발생하여 대상물건의 가치가 하락한 경우 그 가치하락분을 감정평가할 때에 소음 등이 발생하기 전의 대상물건의 가액 및 원상회복비용 등을 고려해야 한다.

13. 그 밖의 물건의 감정평가(감칙 제26조)

감정평가법인등은 감칙에 규정되지 아니한 대상물건을 감정평가할 때에 이와 비슷한 물건이나 권리 등의 경우에 준하여 감정평가해야 한다.

제3장 부동산 가격공시제도

View Point

1. 출제비중은 적다. 가격공시제도와 관련해서는 공시주체, 공시기준일, 공시효과 등을 중심으로 확인한다.
2. 가격공시제도의 큰 줄기보다 잔가지라고 볼 수 있는 개별공시지가 관련한 토지특성 부분이 출제되었다.

제1절 부동산 가격공시제도의 개요

부동산의 적정가격(適正價格) 공시에 관한 기본적인 사항과 부동산시장 · 동향의 조사 · 관리에 필요한 사항을 규정함으로써 부동산의 적정한 가격형성과 각종 조세 · 부담금 등의 형평성을 도모하고 국민경제의 발전에 이바지함을 목적으로 한다.

KEY PLUS | 부동산가격공시제도 요약

<table>
<tr><th colspan="3">구분</th><th>결정 · 공시</th><th>공시일</th><th>적용 및 효력</th></tr>
<tr><td rowspan="2">토지</td><td colspan="2">표준지 공시지가</td><td>국토교통부장관</td><td>2월 말일</td><td>지가정보제공, 거래의 지표, 평가의 기준, 보상기준</td></tr>
<tr><td colspan="2">개별공시지가</td><td>시 · 군 · 구청장</td><td>5월 31일</td><td>조세부과를 위한 기준, 부담금 부과기준</td></tr>
<tr><td rowspan="3">주택</td><td rowspan="2">단독</td><td>표준주택</td><td>국토교통부장관</td><td>1월 31일</td><td>개별주택가격 산정 기준</td></tr>
<tr><td>개별주택</td><td>시 · 군 · 구청장</td><td>4월 30일</td><td>주택시장 가격정보 제공, 과세 산정기준</td></tr>
<tr><td colspan="2">공동주택</td><td>국토교통부장관</td><td>4월 30일</td><td>주택시장 가격정보 제공, 과세 산정기준</td></tr>
<tr><td rowspan="3">비주거용</td><td rowspan="2">일반</td><td>표준부동산</td><td>국토교통부장관</td><td>1월 31일</td><td>비주거용 개별부동산가격 산정 기준</td></tr>
<tr><td>개별부동산</td><td>시 · 군 · 구청장</td><td>4월 30일</td><td>비주거용 부동산시장 가격정보 제공, 과세 산정기준</td></tr>
<tr><td colspan="2">집합부동산</td><td>국토교통부장관</td><td>4월 30일</td><td>비주거용 부동산시장 가격정보 제공, 과세 산정기준</td></tr>
</table>

(1) 주택이란 세대(世帶)의 구성원이 장기간 독립된 주거생활을 할 수 있는 구조로 된 건축물의 전부 또는 일부 및 그 부속토지를 말하며, 단독주택과 공동주택으로 구분한다.

(2) 공동주택이란 건축물의 벽 · 복도 · 계단이나 그 밖의 설비 등의 전부 또는 일부를 공동으로 사용하는 각 세대가 하나의 건축물 안에서 각각 독립된 주거생활을 할 수 있는 구조로 된 주택을 말한다.

(3) 단독주택이란 공동주택을 제외한 주택을 말한다.

(4) 비주거용 부동산이란 주택을 제외한 건축물이나 건축물과 그 토지의 전부 또는 일부를 말하며 다음과 같이 구분한다.

> ① 비주거용 집합부동산: 「집합건물의 소유 및 관리에 관한 법률」에 따라 구분소유되는 비주거용 부동산
> ② 비주거용 일반부동산: 가목을 제외한 비주거용 부동산

(5) 적정가격이란 토지, 주택 및 비주거용 부동산에 대하여 통상적인 시장에서 정상적인 거래가 이루어지는 경우 성립될 가능성이 가장 높다고 인정되는 가격을 말한다.

제2절 토지의 공시가격

1 표준지공시지가

1. 조사 · 평가의 목적

매년 1월 1일 기준의 토지에 대한 적정가격을 평가 · 공시하여 토지에 대한 감정평가의 기준과 개별공시지가 등 각종 행정목적을 위한 지가 산정의 기준으로 적용하기 위함이다.

2. 표준지공시지가의 개념

(1) 표준지공시지가라 함은 「부동산 가격공시에 관한 법률」의 규정에 의한 절차에 따라 국토교통부장관이 조사 · 평가하여 공시한 표준지의 단위면적당(㎡) 적정가격을 말한다.

(2) 적정가격이라 함은 해당 토지에 대하여 통상적인 시장에서 정상적인 거래가 이루어지는 경우 성립될 가능성이 가장 높다고 인정되는 가격을 말한다.

3. 표준지공시지가의 효력

(1) 토지시장의 지가정보를 제공한다.

(2) 일반적인 토지거래의 지표가 된다.

(3) 국가 · 지방자치단체 등의 기관이 그 업무와 관련하여 지가를 산정하는 경우에 그 기준이 된다.

(4) 감정평가법인등이 개별적으로 토지를 감정평가하는 경우에 그 기준이 된다.

4. 표준지 조사 · 평가 의뢰

국토교통부장관은 매년 1월 1일 기준으로 토지의 적정가격 산정을 위하여 전년도 8월 중 감정평가사에게 조사 · 평가 의뢰한다.

5. 지역분석 및 가격조사

(1) 조사 · 평가자는 현장조사를 위한 현장조사도면 작성, 전년도 조사자료 수집 등 사전준비를 거쳐 토지특성조사, 가격자료 수집 등 현장조사 및 지역분석을 실시한다.
(2) 표준지 중 토지형질변경, 개발사업의 시행 및 지적변경 등으로 주요 토지 특성이 변동되거나 비교표준지로서 역할을 할 수 없는 표준지의 조사 및 새로운 표준지 선정을 검토한다.

6. 가격균형협의

시 · 군 · 구내, 시 · 군 · 구간, 시 · 도간 순차적으로 지가간에 가격균형을 위한 협의를 실시한다.
※ 골프장, 스키장, 고속도로 휴게소 등 특수토지에 대하여는 별도로 가격균형협의를 실시한다.

7. 표준지의 선정

(1) 표준지는 토지특성이나 주변환경 기타 자연적·사회적 조건이 일반적으로 유사하다고 인정되는 일단의 토지 중에서 선정한다.
※ 표준지의 선정기준(「표준지 선정 및 관리지침」 제10조)

지가의 대표성	지가수준을 대표할 수 있는 토지 중 인근지역 내 가격의 층화를 반영할 수 있는 토지
토지특성의 중용성	개별토지의 토지이용 상황 · 면적 · 지형지세 · 도로조건 · 주위환경 및 공적규제 등이 동일 또는 유사한 토지 중 토지특성빈도가 가장 높은 토지
토지용도의 안정성	개별토지의 주변이용상황으로 보아 그 이용상황이 안정적이고 장래 상당기간 동일 용도로 활용될 수 있는 토지
토지구별의 확정성	다른 토지와 구분이 용이하고 위치를 쉽게 확인할 수 있는 토지

(2) 토지형질변경 등으로 표준지로서 적정성을 상실한 표준지를 삭제하고 상기 기준에 의한 적정한 표준지로 교체 선정

8. 가격평가

(1) 기존에 표준지와 새로이 선정된 표준지에 대하여 현장조사 과정에서 조사 · 수집된 지역분석, 토지특성, 거래사례와 가격균형협의 결과를 토대로 잠정적으로 평가가격을 산출한다.
(2) 잠정적인 평가가격에 대하여 토지소유자 및 시장 · 군수 · 구청장의 의견 청취를 거쳐 최종보고서를 국토교통부장관에게 제출한다.

9. 표준지 공시지가의 평가기준

(1) **적정가격 기준평가:** 표준지의 평가가격은 일반적으로 당해 토지에 대하여 통상적인 시장에서 정상적인 거래가 이루어지는 경우 성립될 가능성이 가장 높다고 인정되는 가격(적정가격)으로 결정하되, 시장에서 형성되는 가격자료를 충분히 조사하여 표준지의 객관적인 시장가치를 평가한다.
(2) **실제용도 기준평가:** 표준지의 공부상의 지목에 불구하고 공시기준일 현재의 실제지목 및 이용 상황을 기준으로 평가하되, 일시적인 이용 상황은 이를 고려하지 아니한다.

(3) 나지상정평가: 당해 토지에 건물 기타의 정착물이 있거나 지상권 등 토지의 사용 · 수익을 제한하는 사법상의 권리가 설정되어 있는 경우에는, 그 정착물 등이 없는 토지의 나지상태를 상정하여 평가한다.

(4) 공법상 제한상태 기준평가: 공법상 용도지역 · 지구 · 구역 등 일반적인 계획제한사항 뿐만 아니라, 도시계획시설 결정 등 공공사업의 시행을 직접목적으로 하는 개별적인 계획제한사항이 있는 경우에는 그 공법상 제한을 받는 상태대로 평가한다.

(5) 개발이익의 반영평가: 공공사업의 계획 · 시행에 따른 개발이익은 이를 반영하여 평가한다. 다만, 그 개발이익이 주위환경 등의 사정으로 보아 공시기준일 현재 현실화 또는 구체화되지 아니하였다고 인정되는 경우에는 개발이익을 반영하지 않는다.

(6) 일단지의 평가: 용도상 불가분의 관계에 있는 2필지 이상의 일단의 토지(일단지) 중에서 대표성이 있는 1필지가 표준지로 선정된 때에는 그 일단지를 1필지의 토지로 보고 평가한다.

10. 지가의 공시

(1) 국토교통부장관은 감정평가법인등이 조사 · 평가한 표준지공시지가 조사 · 평가보고서를 검수하고, 중앙부동산가격공시위원회의 심의를 거쳐 공시한다(관보에 공고).

(2) 공시내용에는 다음의 사항이 포함되어야 한다. 또한 일반인에게 열람을 위해 시장 · 군수 · 구청장에게 송부한다.

- 표준지의 지번
- 표준지의 단위면적당 가격
- 표준지의 면적 및 형상
- 표준지 및 주변토지의 이용상황
- 그 밖에 대통령령이 정하는 사항

(3) 공시된 지가에 이의가 있는 토지소유자 등은 공시일로부터 30일 이내에 이의신청을 제기할 수 있으며, 국토교통부장관은 적정성 여부를 검토하여 타당한 경우 공시지가를 조정하여 공시한다.

2 개별공시지가

1. 개별공시지가의 개요

(1) 시장 · 군수 또는 구청장은 국세 · 지방세 등 각종 세금의 부과, 그 밖의 다른 법령에서 정하는 목적을 위한 지가산정에 사용되도록 하기 위하여 시 · 군 · 구부동산가격공시위원회의 심의를 거쳐 매년 공시지가의 공시기준일 현재 관할 구역 안의 개별토지의 단위면적당 가격을 결정 · 공시하고, 이를 관계 행정기관 등에 제공하여야 한다.

(2) 표준지로 선정된 토지, 조세 또는 부담금 등의 부과대상이 아닌 토지, 그 밖에 대통령령으로 정하는 토지에 대하여는 개별공시지가를 결정 · 공시하지 아니할 수 있다. 이 경우 표준지로 선정된 토지에 대하여는 해당 토지의 표준지공시지가를 개별공시지가로 본다.

(3) 시장 · 군수 또는 구청장은 공시기준일(1월 1일) 이후에 분할 · 합병 등이 발생한 토지에 대하여는 다음에 해당하는 날을 기준으로 하여 개별공시지가를 결정 · 공시하여야 한다.

- 1. 1.~ 6.30 까지 사유 발생 토지: 7. 1 기준일로 하여 10.31.까지 개별공시지가를 결정 · 공시
- 7. 1.~ 12.31 까지 사유 발생 토지: 다음년도 1. 1 기준일로 하여 개별공시지가를 결정 · 공시

2. 개별공시지가의 산정 및 결정절차

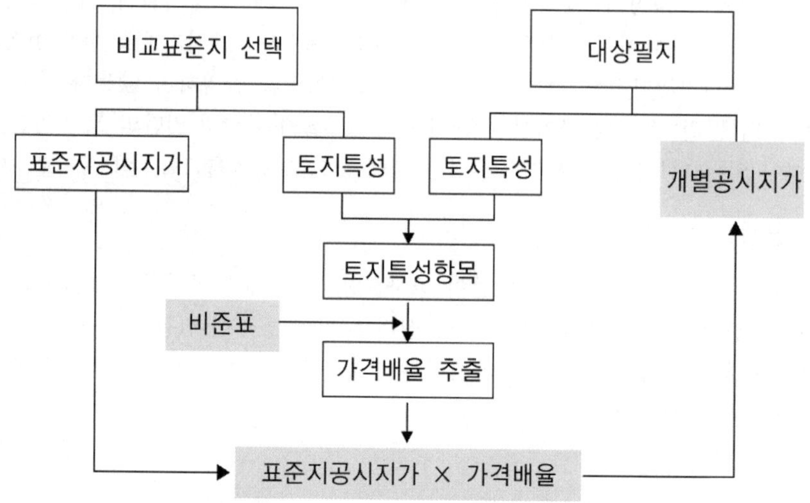

(1) 지가산정: 시장 · 군수 · 구청장

① **토지특성조사**: 조사대상필지의 토지특성조사

② **비교표준지 선정**: 비교표준지 선정기준에 따라 선택

③ **가격배율 산출**: 비교표준지와 개별토지의 특성차이에 따른 토지가격비준표상의 가격배율 산출

④ **지가산정**: 산출된 총가격배율을 비교표준지의 가격에 곱함

⑤ **산정지가검증**: 산정된 지가에 대하여 감정평가법인등이 가격의 타당성 여부를 검증

KEY PLUS | 토지특성 용어해설

- 토지소재지: 나지 등에는 도로명주소가 부여되지 아니하므로, 지번주소 기재
- 지목: 공시기준일 현재의 토지(임야)대장에 표시된 지목 기재
- 면적: 토지(임야)대장에 표시된 면적(환지예정지는 환지(예정)면적) 기재 단, 일단지 중 1필지가 표준지로 선정된 경우 당해 표준지의 면적을 기재
- 용도지역: 용도지역을 2개까지 기재. 단, 개발제한구역은 용도지역은 아니나 그 규제내용이 엄격하므로 용도지역으로 분류
- 이용상황: 토지의 실제이용상황 및 주위의 주된 토지이용상황을 기준으로 기재하되, 일시적인 이용상황은 고려하지 아니함

• 도로접면

도로접면	적용범위
광대한면	폭 25m 이상의 도로에 한면이 접하고 있는 토지
광대소각	광대로에 한면이 접하고 소로(폭8m 이상 12m 미만)이상의 도로에 한면 이상 접하고 있는 토지
광대세각	광대로에 한면이 접하면서 자동차 통행이 가능한 세로(가)에 한면 이상 접하고 있는 토지
중로한면	폭 12m 이상 25m 미만 도로에 한면이 접하고 있는 토지
중로각지	중로에 한면이 접하면서 중로, 소로, 자동차 통행이 가능한 세로(가)에 한면 이상 접하고 있는 토지
소로한면	폭 8m 이상 12m 미만의 도로에 한면이 접하고 있는 토지
소로각지	소로에 한면이 접하면서 소로, 자동차통행이 가능한 세로(가)에 한면 이상 접하고 있는 토지
세로(가)	자동차 통행이 가능한 폭 8m 미만의 도로에 한면이 접하고 있는 토지
세각(가)	자동차 통행이 가능한 세로에 두면 이상이 접하고 있는 토지
세로(불)	자동차 통행이 불가능하나 이륜자동차의 통행이 가능한 세로에 한면이 접하고 있는 토지
세각(불)	자동차 통행이 불가능하나 이륜자동차의 통행이 가능한 세로에 두면 이상 접하고 있는 토지
맹지	이륜자동차의 통행이 불가능한 도로에 접한 토지와 도로에 접하지 아니한 토지

• 고저

고저	적용범위
저지	간선도로 또는 주위의 지형지세보다 현저히 낮은 지대의 토지
평지	간선도로 또는 주위의 지형지세와 높이가 비슷하거나, 경사도가 미미한 토지
완경사	간선도로 또는 주위의 지형지세보다 높고 경사도가 15°이하인 지대의 토지
급경사	간선도로 또는 주의의 지형지세보다 높고 경사도가 15°를 초과하는 지대의 토지
고지	간선도로 또는 주위의 지형지세보다 현저히 높은 지대의 토지

• 형상

형상	적용범위
정방형	정사각형 모양의 토지로서 양변의 길이 비율이 1:1.1 내외인 토지
가장형	장방형의 토지로 넓은 면이 도로에 접하거나 도로를 향하고 있는 토지
세장형	장방형의 토지로 좁은 면이 도로에 접하거나 도로를 향하고 있는 토지
사다리	사다리꼴(변형사다리꼴 포함) 모양의 토지
부정형	불규칙한 형상의 토지 또는 삼각형 모양의 토지 중 최소외접 직사각형 기준 1/3 이상의 면적손실이 발생한 토지
자루형	출입구가 자루처럼 좁게 생겼거나 역삼각형의 토지(역사다리형을 포함)로 꼭지점 부분이 도로에 접하거나 도로를 향하고 있는 토지

(2) 주민열람을 통한 의견청취(20일간) 및 시 · 군 · 구 부동산가격공시위원회 심의: 시 · 군 · 구

(3) 지가결정 및 공시: 매년 5월 31일까지 시장 · 군수 · 구청장이 결정 · 공시

(4) 이의신청: 개별공시지가에 이의가 있는 자 ⇨ 시장 · 군수 · 구청장(지가결정 · 공시일부터 30일 이내)

(5) 이의신청처리: 시장 · 군수 · 구청장은 이의신청기간이 만료된 날부터 30일 이내에 재조사한 후 시 · 군 · 구 부동산가격공시위원회의 심의를 거쳐 지가조정 또는 기각

3. 개별공시지가의 활용

(1) 개별공시지가는 토지관련 국세 및 지방세 부과기준으로 활용됨은 물론 개발부담금 등 각종 부담금의 부과기준으로 쓰인다.

(2) 재산세, 취득세, 등록면허세 등 지방세의 과세표준 결정자료로 활용한다.

(3) 양도소득세, 증여세, 상속세, 종합부동산세 등의 기준시가는 개별공시지가를 적용한다.

(4) 기타 개발부담금, 국 · 공유재산의 사용료 산정 등에 사용한다.

※ 표준지 공시지가와 개별공시지가의 비교

구분	표준지 공시지가	개별공시지가
평가기준	• 지역분석 및 표준지 선정 • 나지 등 상정 • 개발이익 반영 • 공법상 제한 반영 • 일반적 이용상황	비교표준지 선정기준
평가방식	• 거래사례비교법(원칙) • 수익환원법 • 원가법	토지가격 비준표(比準表) 적용 (표준지 가격으로부터 추정)
효력 및 적용범위	• 공공용지의 매수 및 토지의 수용 · 사용에 대한 보상 • 국유지 · 공유지의 취득 또는 처분 • 토지시장에 지가정보를 제공 • 일반적인 토지거래의 지표 • 토지평가 기준	• 국세 · 지방세 등 각종 세금의 부과 • 개발부담금산출을 위한 토지가격 • 농지전용부담금, 산지전용부담금 부과대상토지가격 • 국 · 공유재산 대부 · 사용료 산정을 위한 토지가격

WIDE PLUS | 용어풀이

• **주택 공시가격:** 아파트, 연립주택, 다세대 등 공동주택 공시가격과 단독주택 공시가격으로 나뉜다. 공시가격은 재산세, 종합부동산세 등의 부과기준이 된다. 과거 공동주택 공시가격은 국세청이 기준시가란 이름으로 발표하고 단독주택 공시가격은 국토교통부가 발표했지만, 2006년부터 국토교통부가 모든 주택의 공시가격을 일괄 발표한다. 공동주택 가격은 가격변동이 심해 모든 주택을 조사해 산정한다. 반면 단독주택 가격은 국토교통부가 표준주택을 선택해 비준표를 작성해 주면 시 · 군 · 구에서 이를 토대로 개별주택의 토지와 건물을 평가해 공시한다.

- 과세 표준: 세금을 부과할 때 기준이 되는 가격, 수량 등을 말한다. 소득세는 소득액 등이 과세표준이 되지만 재산세 등을 부과할 땐 공시가격을 기준으로 하지 않고 공시가격의 일정률을 반영한 금액을 과세표준으로 한다.
- 공시지가: 땅값은 국토교통부가 공시지가란 이름으로 발표한다. 전국의 땅 가운데 대표성이 있는 땅인 표준지에 대해 국토교통부가 공시지가를 책정(표준지 공시지가)하면 각 지방자치단체가 이를 기준으로 개별 땅에 대한 공시지가(개별공시지가)를 산정한다. 표준지 공시지가는 매년 1월 1일 기준으로 2월 말일까지, 개별공시지가는 5월 31일까지 공시되며 토지 관련 세금, 토지수용보상가 산정 등의 기준으로 활용된다.

제3절 주택의 공시가격

1 표준(단독)주택가격

1. 표준주택가격 공시 개요

표준주택가격은 용도지역 · 건물구조 등이 일반적으로 유사하다고 인정되는 일단의 단독주택 중에서 선정한 표준주택에 대해 매년 공시기준일 현재의 적정가격을 말한다.

(1) 국토교통부장관은 용도지역, 건물구조 등이 일반적으로 유사하다고 인정되는 일단의 단독주택 중에서 선정한 표준주택에 대하여 매년 공시기준일 현재의 적정가격을 조사 · 평가하고, 중앙부동산평가위원회의 심의를 거쳐 이를 공시하여야 한다.

(2) 표준주택공시기준일은 1월 1일로 한다.

2. 표준주택가격 공시절차

표준주택의 선정 ⇨ 표준주택의 조사 · 산정 ⇨ 시장 · 군수 또는 구청장의 의견 청취 ⇨ 중앙부동산가격공시위원회의 심의 ⇨ 표준주택가격의 공시 ⇨ 표준주택가격의 열람 ⇨ 표준주택가격에 대한 이의신청

(1) 국토교통부장관은 표준주택가격을 조사 · 산정하고자 할 때에는 「한국감정원법」에 따른 한국감정원에 의뢰한다.

(2) 국토교통부장관이 표준주택가격을 조사 · 산정하는 경우에는 인근 유사 단독주택의 거래가격 · 임대료 및 해당 단독주택과 유사한 이용가치를 지닌다고 인정되는 단독주택의 건설에 필요한 비용추정액 등을 종합적으로 참작하여야 한다.

(3) 표준주택가격 조사 · 산정 사항의 기준

㉠ 표준주택에 전세권 또는 그 밖에 단독주택의 사용 · 수익을 제한하는 권리가 설정되어 있을 때에는 그 권리가 존재하지 아니하는 것으로 보고 적정가격을 산정하여야 한다. ㉡ 해당 단독주택과 유사한 이용가치를 지닌다고 인정되는 단독주택의 건축에 필요한 비용추정액의 경우: 공시기준일 현재 해당 단독주택을 건축하기 위한 표준적인 건축비와 일반적인 부대비용으로 할 것

(4) 시장 · 군수 또는 구청장의 의견 청취

(5) 중앙부동산가격공시위원회의 심의

(6) 표준주택가격의 공시

• 표준주택의 지번 • 표준주택의 가격 • 표준주택의 대지면적 및 형상 • 표준주택의 용도, 연면적, 구조 및 사용승인일 • 그 밖에 대통령령이 정하는 사항

(7) 표준주택가격에 대한 이의신청

• 이의신청은 표준주택가격의 공시일부터 30일 이내에 서면으로 국토교통부장관에게 신청 • 국토교통부장관은 이의신청 기간이 만료된 날부터 30일 이내에 이의신청을 심사하여 서면 통지

3. 표준주택가격의 효력

표준주택가격은 국가 · 지방자치단체 등이 그 업무와 관련하여 개별주택가격을 산정하는 경우에 그 기준이 된다.

2 개별(단독)주택가격

1. 개별주택가격 공시 개요

개별주택가격은 시장 · 군수 또는 구청장이 시 · 군 · 구 부동산가격공시위원회의 심의를 거쳐 결정 · 공시하는 매년 표준주택가격의 공시기준일 현재 관할 구역 안의 개별주택의 가격을 말한다.

(1) 표준주택으로 선정된 단독주택, 그 밖에 대통령령으로 정하는 단독주택에 대하여는 개별주택가격을 결정 · 공시하지 아니할 수 있다.

(2) 표준주택으로 선정된 주택에 대하여는 해당 주택의 표준주택가격을 개별주택가격으로 본다.

(3) 시장 · 군수 또는 구청장은 공시기준일 이후에 토지의 분할 · 합병이나 건축물의 신축 등이 발생한 경우에는 다음의 날을 기준으로 하여 개별주택가격을 결정 · 공시하여야 한다.

- 1월 1일 ~ 5월 31일 사이 사유 발생한 단독주택: 그 해 6월 1일
- 6월 1일 ~ 12월 31일 사이 사유 발생한 단독주택: 다음 해 1월 1일

2. 개별주택가격 공시절차

개별주택가격의 조사 · 산정 → 개별주택가격 산정의 검증 및 토지소유자 등의 의견 청취 → 시 · 군 · 구 부동산가격공시위원회의 심의 → 개별주택가격의 공시 → 개별주택가격에 대한 이의신청 → 개별주택가격의 정정

(1) **개별주택가격의 조사 · 산정:** 시장 · 군수 또는 구청장이 개별주택가격을 결정 · 공시하는 경우에는 해당 주택과 유사한이용가치를 지닌다고 인정되는 표준주택가격을 기준으로 주택가격비준표를 사용하여 가격을 산정하되, 해당 주택의 가격과 표준주택가격이 균형을 유지하도록 하여야 한다.

(2) **개별주택가격 산정의 검증 및 의견 청취**

(3) **시 · 군 · 구 부동산가격공시위원회의 심의**

(4) **개별주택가격의 공시:** 시장 · 군수 또는 구청장은 매년 4월 30일까지 개별주택가격을 결정 · 공시하여야 한다.

(5) **개별주택가격에 대한 이의신청**

- 이의신청은 개별주택가격의 결정 · 공시일부터 30일 이내에 서면으로 시 · 군 · 구청장에게 이의 신청
- 시 · 군 · 구청장은 이의신청 기간이 만료된 날부터 30일 이내에 이의신청을 심사하여 서면 통지

3. 개별주택가격의 효력

(1) **주택시장의 가격정보제공**

(2) **지방자치단체 등의 기관이 과세 등의 업무와 관련하여 주택가격 산정기준으로 활용**

3 공동주택가격

1. 공동주택가격 공시 개요

공동주택가격은 국토교통부장관이 중앙부동산가격공시위원회의 심의를 거쳐 공시하는 공동주택에 대한 매년 공시기준일 현재의 적정가격을 말한다

(1) 공시기준일은 1월 1일로 한다.

(2) 국토교통부장관은 공시기준일 이후에 토지의 분할 · 합병이나 건축물의 신축 등이 발생한 경우에는 다음의 날을 기준으로 하여 공동주택가격을 결정 · 공시하여야 한다.

- 1월 1일 ~ 5월 31일 사이 사유 발생한 공동주택: 그 해 6월 1일
- 6월 1일 ~ 12월 31일 사이 사유 발생한 공동주택: 다음 해 1월 1일

2. 공동주택가격 공시절차

공동주택가격의 조사 · 산정 ⇨ 공동주택소유자 등의 의견 청취 ⇨ 중앙부동산가격공시위원회의 심의 ⇨ 공동주택가격의 공시 ⇨ 공동주택가격에 대한 이의신청 ⇨ 공동주택가격의 정정

(1) **공동주택가격의 조사 · 산정:** 국토교통부장관이 공동주택가격을 조사 산정하는 경우에는 인근 유사 공동주택의 거래가격 · 임대료 및 해당 공동주택과 유사한 이용가치를 지닌다고 인정되는 공동주택의 건설에 필요한 비용추정액 등을 종합적으로 참작하여야 한다.

(2) 국토교통부장관이 공동주택가격을 조사 · 산정하고자 할 때에는 감정원에 의뢰한다(부동산가격공시에 관한 법률 제18조 제6항).

(3) 공동주택에 전세권 또는 그 밖에 공동주택의 사용 · 수익을 제한하는 권리가 설정되어 있을 때에는 그 권리가 존재하지 아니하는 것으로 보고 적정가격을 산정하여야 한다.

(4) **중앙부동산가격공시위원회의 심의**

(5) 국토교통부장관은 매년 4월 30일까지 공동주택가격을 산정 · 공시하여야 한다. 공시사항은 다음과 같다.

- 공동주택의 소재지, 명칭, 동 · 호수
- 공동주택의 가격
- 공동주택의 면적
- 그 밖에 공동주택가격의 공시에 관하여 필요한 사항

(6) **공동주택가격에 대한 이의신청**

- 이의신청은 표준주택가격의 공시일부터 30일 이내에 서면으로 국토교통부장관에게 신청
- 국토교통부장관은 이의신청 기간이 만료된 날부터 30일 이내에 이의신청을 심사하여 서면 통지

3. 공동주택가격의 효력

공동주택가격은 주택시장의 가격정보를 제공하고, 국가 · 지방자치단체 등이 과세 등의 업무와 관련하여 주택의 가격을 산정하는 경우에 그 기준으로 활용될 수 있다.

KEY PLUS | 부동산가격 공시사항 정리

<table>
<tr><th colspan="3">구분</th><th>공시사항</th></tr>
<tr><td colspan="3">표준지공시지가</td><td>• 표준지의 지번
• 표준지의 단위면적당 가격
• 표준지의 면적 및 형상
• 표준지 및 주변토지의 이용상황
• 그 밖에 대통령령이 정하는 사항</td></tr>
<tr><td rowspan="3">주택
가격</td><td rowspan="2">단독주택</td><td>표준</td><td>• 표준주택의 지번
• 표준주택의 가격
• 표준주택의 대지면적 및 형상
• 표준주택의 용도, 연면적, 구조 및 사용승인일
• 그 밖에 대통령령이 정하는 사항</td></tr>
<tr><td>개별</td><td>• 개별주택의 지번
• 개별주택의 가격
• 그 밖에 대통령령이 정하는 사항</td></tr>
<tr><td colspan="2">공동주택</td><td>• 공동주택의 소재지, 명칭, 동 · 호수
• 공동주택의 가격
• 공동주택의 면적
• 그 밖에 공동주택가격의 공시에 관하여 필요한 사항</td></tr>
</table>

제4절 비주거용 부동산의 공시가격

1 비주거용 표준부동산 가격

1. 비주거용 표준부동산가격 개요

비주거용 표준부동산가격은 용도지역, 이용상황, 건물구조 등이 일반적으로 유사하다고 인정되는 일단의 비주거용 일반부동산 중에서 선정한 비주거용 표준부동산에 대해 매년 공시기준일 현재의 적정가격을 말한다.

2. 비주거용 표준부동산가격 공시절차

비주거용 표준부동산의 선정 → 비주거용 표준부동산가격의 조사 · 산정 → 시장 · 군수 또는 구청장의 의견 청취 → 중앙부동산가격공시위원회의 심의 → 비주거용 표준부동산가격의 공시 → 비주거용 표준부동산가격의 열람 → 비주거용 표준부동산가격에 대한 이의신청

(1) 비주거용 표준부동산의 선정: 국토교통부장관은 용도지역, 이용상황, 건물구조 등이 일반적으로 유사하다고 인정되는 일단의 비주거용 일반부동산 중에서 선정한다

(2) 비주거용 표준부동산가격의 조사 · 산정

> ㉠ 국토교통부장관은 비주거용 표준부동산가격을 조사 · 산정하려는 경우 감정평가업자 또는 대통령령으로 정하는 부동산 가격의 조사 · 산정에 관한 전문성이 있는 자(감정원)에게 의뢰한다.
> ㉡ 국토교통부장관이 비주거용 표준부동산가격을 조사 · 산정하는 경우에는 인근 유사 비주거용 일반부동산의 거래가격 · 임대료 및 해당 비주거용 일반부동산과 유사한 이용가치를 지닌다고 인정되는 비주거용 일반부동산의 건설에 필요한 비용추정액 등을 종합적으로 참작하여야 한다.
> ㉢ 비주거용 일반부동산에 전세권 또는 그 밖에 비주거용 일반부동산의 사용 · 수익을 제한하는 권리가 설정되어 있을 때에는 그 권리가 존재하지 아니하는 것으로 보고 적정가격을 조사 · 산정하여야 한다.

(3) 중앙부동산가격공시위원회의 심의

(4) 비주거용 표준부동산가격의 공시

> • 비주거용 표준부동산의 지번
> • 비주거용 표준부동산의 가격
> • 비주거용 표준부동산의 대지면적 및 형상
> • 비주거용 표준부동산의 용도, 연면적, 구조 및 사용승인일
> • 그 밖에 대통령령이 정하는 사항

(5) 비주거용 표준부동산가격에 대한 이의신청

> • 공시일부터 30일 이내에 서면으로 국토교통부장관에게 이의신청
> • 국토교통부장관은 이의신청 기간이 만료일부터 30일 이내에 이의신청을 심사하여 서면 통지

3. 비주거용 부동산가격공시의 효력

비주거용 표준부동산가격은 국가 · 지방자치단체 등이 그 업무와 관련하여 비주거용 개별부동산가격을 산정하는 경우에 그 기준이 된다.

2 비주거용 개별부동산 가격

1. 비주거용 개별부동산가격 개요

비주거용 개별부동산가격은 시장 · 군수 또는 구청장이 시 · 군 · 구 부동산가격공시위원회의 심의를 거쳐 결정 · 공시하는 매년 비주거용 표준부동산가격의 공시기준일 현재 관할 구역안의 비주거용 개별부동산을 말한다.

(1) 비주거용 표준부동산으로 선정된 비주거용 일반부동산 등 대통령령으로 정하는 비주거용 일반부동산에 대하여는 비주거용 개별부동산가격을 결정 · 공시하지 아니할 수 있다.
(2) 비주거용 표준부동산으로 선정된 비주거용 일반부동산에 대하여는 해당 비주거용 표준부동산가격을 비주거용 개별부동산가격으로 본다.
(3) 시장 · 군수 또는 구청장은 공시기준일 이후에 토지의 분할 · 합병이나 건축물의 신축 등이 발생한 경우 다음의 날을 기준으로 하여 비주거용 개별부동산가격을 결정 · 공시하여야 한다.

- 1월 1일 ~ 5월 31일 사이 사유 발생한 비주거용 일반부동산: 그 해 6월 1일
- 6월 1일 ~ 12월 31일 사이 사유 발생한 비주거용 일반부동산: 다음 해 1월 1일

2. 비주거용 개별부동산가격 공시절차

비주거용 개별부동산가격의 조사 산정 → 비주거용 개별부동산가격 산정의 검증 및 토지소유자 등의 의견 청취 → 시 · 군 · 구 부동산가격공시위원회의 심의 → 비주거용 개별부동산가격의 공시 → 비주거용 개별부동산가격에 대한 이의신청 → 비주거용 개별부동산가격의 정정

(1) 비주거용 개별부동산가격의 조사 · 산정

(2) 시 · 군 · 구 부동산가격공시위원회의 심의

(3) 비주거용 개별부동산가격의 공시(시 · 군 · 구청장, 4월 30일)

(4) 비주거용 개별부동산가격에 대한 이의신청

- 결정 · 공시일부터 30일 이내에 서면으로 시 · 군 · 구청장에게 이의신청
- 시 · 군 · 구청장은 이의신청 기간이 만료된 날부터 30일 이내에 이의신청을 심사하여 서면 통지

3. 비주거용 개별부동산가격의 효력

비주거용 개별부동산가격은 비주거용 부동산시장에 가격정보를 제공하고, 국가 · 지방자치단체 등이 과세 등의 업무와 관련하여 비주거용 부동산의 가격을 산정하는 경우에 그 기준으로 활용될 수 있다.

3 비주거용 집합부동산가격

1. 비주거용 집합부동산가격 개요

비주거용 집합부동산가격은 국토교통부장관이 중앙부동산가격공시위원회의 심의를 거쳐 공시하는 비주거용 집합부동산에 대한 매년 공시기준일 현재의 적정가격을 말한다.
(1) 공시기준일은 1월 1일로 한다.
(2) 국토교통부장관은 공시기준일 이후에 토지의 분할 · 합병이나 건축물의 신축 등이 발생한 경우에는 대통령령으로 정하는 날을 기준으로 하여 비주거용 집합부동산가격을 결정 · 공시하여야 한다.

• 1월 1일 ~ 5월 31일 사이 사유 발생한 비주거용 집합부동산: 그 해 6월 1일
• 6월 1일 ~ 12월 31일 사이 사유 발생한 비주거용 집합부동산: 다음 해 1월 1일

2. 비주거용 집합부동산가격 공시절차

비주거용 집합부동산가격의 조사 · 산정 → 비주거용 집합부동산소유자 등의 의견 청취 → 중앙부동산가격공시위원회의 심의 → 비주거용 집합부동산가격의 공시 → 비주거용 집합부동산가격에 대한 이의신청 → 비주거용 집합부동산가격의 정정

(1) 비주거용 집합부동산가격의 조사 · 산정: 국토교통부장관이 비주거용 집합부동산가격을 조사 · 산정하는 경우에는 인근 유사 비주거용 집합부동산의 거래가격 · 임대료 및 해당 비주거용 집합부동산과 유사한 이용가치를 지닌다고 인정되는 비주거용 집합부동산의 건설에 필요한 비용추정액 등을 종합적으로 참작하여야 한다.

(2) 국토교통부장관은 비주거용 집합부동산가격을 조사 · 산정할 때에는 감정원 또는 대통령령으로 정하는 부동산 가격의 조사 · 산정에 관한 전문성이 있는 자에게 의뢰한다.

(3) 국토교통부장관은 비주거용 집합부동산가격을 조사 · 산정할 때 그 비주거용 집합부동산에 전세권 또는 그 밖에 비주거용 집합부동산의 사용 · 수익을 제한하는 권리가 설정되어 있는 경우에는 그 권리가 존재하지 아니하는 것으로 보고 적정가격을 산정하여야 한다.

(4) 중앙부동산가격공시위원회의 심의

(5) 비주거용 집합부동산가격의 공시(국토교통부장관, 4월 30일)

(6) 비주거용 집합부동산가격에 대한 이의신청

• 공시일부터 30일 이내에 서면으로 국토교통부장관에게 이의신청
• 국토교통부장관은 이의신청 기간이 만료일부터 30일 이내에 이의신청을 심사하여 서면 통지

3. 비주거용 집합부동산가격의 효력

비주거용 집합부동산가격은 비주거용 부동산시장에 가격정보를 제공하고, 국가 · 지방자치단체 등이 과세 등의 업무와 관련하여 비주거용 부동산의 가격을 산정하는 경우에 그 기준으로 활용될 수 있다.

ca.Hackers.com

PART 08 부동산 감정평가론 기출문제

01 부동산의 가치와 가격에 관한 설명으로 옳지 않은 것은? 2018년 29회

① 일정시점에서 부동산가격은 하나 밖에 없지만, 부동산가치는 여러 개 있을 수 있다.
② 부동산가격은 장기적 고려 하에서 형성된다.
③ 부동산의 가격과 가치 간에는 오차가 있을 수 있으며, 이는 감정평가 필요성의 근거가 된다.
④ 부동산가격은 시장경제에서 자원배분의 기능을 수행한다.
⑤ 부동산가치는 부동산의 소유에서 비롯되는 현재의 편익을 미래가치로 환원한 값이다.

해설

부동산의 가치와 가격

가격	가치
시장의 가격은 정확한 가치를 반영하기 어렵다.	가치 = 가격 + 오차
시장에서 지불된 금액으로 과거의 값	장래(미래) 편익의 현재가치
시장에서 특정시점에 지불된 하나밖에 있을 수 없다.	가치는 현재 값으로 관점에 따라 시장가치 · 보상가치 · 보험가치 등 여러 가지다(가치의 다원설).

| 정답 | ⑤

02 부동산가치의 발생요인에 관한 설명으로 옳지 않은 것은? 2020년 31회

① 유효수요는 구입의사와 지불능력을 가지고 있는 수요이다.
② 효용(유용성)은 인간의 필요나 욕구를 만족시킬 수 있는 재화의 능력이다.
③ 효용(유용성)은 부동산의 용도에 따라 주거지는 쾌적성, 상업지는 수익성, 공업지는 생산성으로 표현할 수 있다
④ 부동산은 용도적 관점에서 대체성이 인정되고 있기 때문에 절대적 희소성이 아닌 상대적 희소성을 가지고 있다.
⑤ 이전성은 법률적인 측면이 아닌 경제적인 측면에서의 가치발생요인이다.

해설

이전성(transferability)

이전성(양도성)은 법률적 개념으로서 어떤 재화가 가치를 가지기 위해서는 그 재화의 전체 또는 일부가 이전될 수 있어야 한다는 것이다.

| 정답 | ⑤

03 지역분석과 개별분석에 관한 설명으로 옳은 것은? 2019년 30회

① 지역분석은 일반적으로 개별분석에 선행하여 행하는 것으로 그 지역 내의 최유효이용을 판정하는 것이다.
② 인근지역이란 대상부동산이 속한 지역으로 부동산의 이용이 동질적이고 가치형성요인 중 개별요인을 공유하는 지역이다.
③ 유사지역이란 대상부동산이 속하지 아니하는 지역으로서 인근지역과 유사한 특성을 갖는 지역이다.
④ 개별분석이란 지역분석의 결과로 얻어진 정보를 기준으로 대상부동산의 가격을 표준화 · 일반화시키는 작업을 말한다.
⑤ 지역분석 시에는 균형의 원칙에, 개별분석 시에는 적합의 원칙에 더 유의하여야 한다.

해설

① 지역분석은 지역 내의 표준적 이용을 판정한다.
② 인근지역은 개별 요인이 아닌 지역 요인을 공유하는 지역이다.
④ 개별분석은 대상 부동산의 가격을 개별화, 구체화시키는 작업을 수행한다.
⑤ 지역분석은 적합의 원칙, 개별분석은 균형의 원칙과 연관된다.

| 정답 | ③

04 감정평가 과정상 지역분석과 개별분석에 관한 설명으로 옳지 않은 것은? 2021년 32회

① 지역분석을 통해 해당 지역 내 부동산의 표준적 이용과 가격수준을 파악할 수 있다.
② 지역분석은 개별분석보다 먼저 실시하는 것이 일반적이다.
③ 인근지역이란 대상부동산이 속한 지역으로서 부동산의 이용이 동질적이고 가치형성요인 중 개별요인을 공유하는 지역을 말한다.
④ 유사지역이란 대상부동산이 속하지 아니하는 지역으로서 인근지역과 유사한 특성을 갖는 지역을 말한다.
⑤ 지역분석은 대상지역에 대한 거시적인 분석인 반면, 개별분석은 대상 부동산에 대한 미시적인 분석이다.

해설

인근지역이란 대상부동산이 속해 있는 지역이며 부동산이용이 동질적이고 지역요인을 공유하는 지역이다. 대상부동산과 용도적 · 기능적 동질성이 있으며 상호 대체 · 경쟁의 관계에 있는 부동산이 존재하는 지역으로, 당해 지역의 특성이 대상부동산의 가치형성에 직접적으로 영향을 미치는 지역을 말한다.

| 정답 | ③

05 부동산 평가활동에서 부동산 가격의 원칙에 관한 설명으로 옳지 않은 것은? 2017년 28회

① 기여의 원칙이란 부동산가격이 대상부동산의 각 구성요소가 기여하는 정도의 합으로 결정된다는 것을 말한다.
② 최유효이용의 원칙이란 객관적으로 보아 양식과 통상의 이용능력을 지닌 사람이 대상토지를 합법적이고 합리적이며 최고최선의 방법으로 이용하는 것을 말한다.
③ 변동의 원칙이란 가치형성요인이 시간의 흐름에 따라 지속적으로 변화함으로써 부동산가격도 변화한다는 것을 말한다.
④ 적합의 원칙이란 부동산의 유용성이 최고도로 발휘되기 위해서는 부동산구성요소의 결합에 균형이 있어야 한다는 것을 말한다.
⑤ 예측의 원칙이란 평가활동에서 가치형성요인의 변동추이 또는 동향을 주시해야 한다는 것을 말한다.

해설

부동산의 유용성이 최고로 발휘하려면 부동산의 내부 구성요소들이 균형을 이루어야 한다는 원칙은 균형의 원칙이다.

| 정답 | ④

06 부동산 평가활동에서 부동산 가격의 원칙에 관한 설명으로 옳지 않은 것은? 2021년 32회

① 예측의 원칙이란 평가활동에서 가치형성요인의 변동추이 또는 동향을 주시해야 한다는 것을 말한다.
② 대체의 원칙이란 부동산의 가격이 대체관계의 유사 부동산으로부터 영향을 받는다는 것을 말한다.
③ 균형의 원칙이란 부동산의 유용성이 최고도로 발휘되기 위해서는 부동산이 외부환경과 균형을 이루어야 한다는 것을 말한다.
④ 변동의 원칙이란 가치형성요인이 시간의 흐름에 따라 지속적으로 변화함으로써 부동산 가격도 변화한다는 것을 말한다.
⑤ 기여의 원칙이란 부동산의 가격이 대상부동산의 각 구성요소가 기여하는 정도의 합으로 결정된다는 것을 말한다.

해설

부동산의 유용성이 최고로 발휘되려면 당해 부동산이 그의 환경(외부)에 적합해야 한다는 것으로 부동산의 가격이 주변 환경과의 적합성과 관련되어 형성된다는 원칙은 적합의 원칙이다.

| 정답 | ③

07 감정평가방식 중 원가방식에 관련된 설명으로 옳은 것은? 2023년 34회

① 원가방식은 대체의 원칙, 수요와 공급의 원칙, 균형의 원칙, 외부의 원칙, 예측의 원칙과 밀접한 관련이 있다.

② 재조달원가란 대상물건을 기준시점에 재생산 또는 재취득하는데 필요한 적정원가의 총액으로서 원칙적으로 그 대상물건 값의 상한선을 나타낸다.

③ 대치원가(replacement cost)란 건축자재, 설비공법 등에 있어 신축시점의 표준적인 것을 사용한 적정원가로서 이미 기능적 감가는 반영되어 있다.

④ 재조달원가를 구하는 방법은 직접법으로 총가격적산법(총량조사법), 변동률적용법(비용지수법) 등이 있고, 간접법으로 부분별단가적용법, 단위비교법 등이 있다.

⑤ 감가수정에 있어서 감가요인은 물리적 요인, 기능적 요인, 경제적 요인이 있으며, 감가상각에 있어서 감가요인은 물리적 요인, 경제적 요인이 있다.

해설

① 원가방식 관련 원칙(예측의 원칙과 직접 관련 ×)
  ㉠ 재조달원가: 대체, 경쟁, 최유효이용, 수요공급, 변동
  ㉡ 감가수정: 물리적감가는 대체, 최유효이용의 원칙, 기능적감가는 균형, 최유효이용의 원칙, 경제적감가는 적합, 최유효이용의 원칙

③ 대치원가가 아닌 재조달원가(복제원가, 대치원가)에 대한 설명이다. 이때 재조달원가는 신축시점이 아닌 기준시점의 측정 원가이다.

④ 직접법: 총가격적산법(총량조사법), 부분별단가적용법, 간접법: 변동률적용법(비용지수법), 단위비교법

⑤ 기업회계의 감가상각은 물리적·기능적 감가요인만 인정(경제적 감가 인정×)

| 정답 | ②

08 감가수정에 관한 설명으로 옳은 것은? 2017년 28회

① 치유가능한 감가는 내용연수 항목 중에서 치유로 증가가 예상되는 효용이 치유에 요하는 비용보다 큰 경우의 감가를 의미한다.

② 감가수정의 방법은 직접법과 간접법이 있으며, 직접법에는 내용연수법, 관찰감가법 및 분해법이 있다. 감가수정액의 산정은 세가지 방법을 병용하여 산정해야 한다.

③ 감가수정은 재조달원가에서 부동산가격에 영향을 미치는 물리적 · 기능적 · 경제적 감가요인 등을 고려하고, 그에 해당하는 감가수정액을 공제하여, 기준시점 현재 대상물건의 기간손익의 배분을 산정하기 위한 것이다.

④ 감정평가대상이 되는 부동산의 상태를 면밀히 관찰한 후 감정평가사의 폭넓은 경험과 지식에 의존하는 것이 분해법이다.

⑤ 감가요인을 물리적 · 기능적 · 경제적 요인으로 세분하고, 치유가능 · 불능항목으로 세분하여 각각의 발생감가의 합계액을 감가수정액으로 하는 방법이 관찰감가법이다.

해설

② 감가수정액의 산정시 세 가지 방법을 병용하는 것이 강제적인 것은 아니다.

③ "감가수정"이란 대상물건에 대한 재조달원가를 감액하여야 할 요인이 있는 경우에 물리적 감가, 기능적 감가 또는 경제적 감가 등을 고려하여 그에 해당하는 금액을 재조달원가에서 공제하여 기준시점에 있어서의 대상물건의 가액을 적정화하는 작업을 말한다(감칙 제2조 12호).

④ 관찰감가법에 대한 설명이다.

⑤ 분해법에 대한 설명이다.

| 정답 | ①

09 **다음 자료를 활용하여 원가법으로 평가한 대상건물의 가액은? (단, 주어진 조건에 한함)** 2021년 32회

- 대상건물 현황: 연와조, 단독주택, 연면적 $200m^2$
- 사용승인시점: 2016.06.30
- 기준시점: 2021.04.24
- 사용승인시점의 신축공사비: 1,000,000원/m^2(신축공사비는 적정함)
- 건축비지수
  - 사용승인시점: 100
  - 기준시점: 110
- 경제적 내용연수: 40년
- 감가수정방법: 정액법(만년감가기준)
- 내용연수 만료시 잔존가치 없음

① 175,000,000원
② 180,000,000원
③ 192,500,000원
④ 198,000,000원
⑤ 203,500,000원

해설

적산가액 = ① 재조달원가 - ② 감가수정액

1. 재조달원가: (1,000,000원 × 200) × 1.1 = 220,000,000원

2. 감가수정액: $\frac{220,000,000}{40\text{년}(\text{경제적 내용년수})} \times 4\text{년}(\text{경과년수})$ = 22,000,000원

※ 경과기간(2016.06.30. ~2021.04.24.)은 햇수로 딱 떨어지지 않으나 관행적 역년(calendar year)은 만으로 계산하므로 경과연수는 4년이다.

∴ 적산가액: 220,000,000원 - 22,000,000원 = 198,000,000원

| 정답 | ④

10 **원가법에 의한 대상물건 기준시점의 감가누계액은? (단, 주어진 조건에 한함)** 2017년 28회

• 준공시점: 2012. 3. 2	• 기준시점: 2017. 3. 2
• 기준시점 재조달원가: 500,000,000원	• 경제적 내용연수: 50년
• 감가수정은 정액법에 의함	• 내용연수 만료시 잔존가치율은 10%

① 35,000,000원
② 40,000,000원
③ 45,000,000원
④ 50,000,000원
⑤ 55,000,000원

해설

감가수정액

1. 재조달원가: 500,000,000원
2. 감가누계액: $\frac{500,000,000 \times 0.9}{50\text{년(경제적 내용년수)}} \times 5\text{년(경과년수)}$ = 45,000,000원

| 정답 | ③

11 **다음과 같은 복합부동산의 조건하에서 거래시점의 토지 단가는? (단, 건물은 원가법으로 평가함)** 2016년 27회

• 거래사례 개요
  - 토지 · 건물 일체의 거래가액: 300,000,000원
  - 거래시점: 2016. 2. 21
  - 토지 면적: $250m^2$
• 건물 관련 자료
  - 건물 연면적: $350m^2$
  - 건물 사용승인일: 1992. 12. 25
  - 건물의 경제적 내용연수: 50년
  - 건물 재조달원가(거래시점기준): 500,000원/m^2
• 감가수정은 정액법 만년감가기준, 잔가율 "0"으로 가정

① 811,000원/m^2
② 822,000원/m^2
③ 833,000원/m^2
④ 844,000원/m^2
⑤ 855,000원/m^2

해설

해당 문제는 배분법 관련 문제이다. 배분법이란 사례부동산이 복합부동산(예 토지 + 건물)인 경우에, 전체가격에서 대상부동산과 다른 유형의 부분의 가격을 제외하고 동유형(예 토지)에 귀속되는 부분의 가격만을 추출해내는 방법을 말한다. 배분법에는 공제방식과 비율방식이 있다. 이 문제는 공제방식으로 구성되어 있다. 공제방식은 복합부동산에 해당하는 거래사례의 가격에서 대상부동산과 다른 유형의 가격을 공제하여 대상 부동산과 같은 유형의 사례자료를 구하는 방법을 말한다.

※ 토지가액 = (토지+건물 일체의 거래가액) - 건물가액

1. 토지+건물 일체의 거래가액: 300,000,000원
2. 건물가액: $(500{,}000 \times 350) \times \dfrac{27(\text{년})}{50(\text{년})}$ = 94,500,000원

∴ 토지단가: $\dfrac{300{,}000{,}000\text{원} - 94{,}500{,}000\text{원}}{250m^2}$ = 822,000원/㎡

| 정답 | ②

12 감정평가방법 중 거래사례비교법과 관련된 설명으로 옳지 않은 것은?

2023년 34회

① 거래사례비교법은 실제 거래되는 가격을 준거하므로 현실성이 있으며 설득력이 풍부하다는 장점이 있다.
② 거래사례비교법과 관련된 가격원칙은 대체의 원칙이고, 구해진 가액은 비준가액이라 한다.
③ 거래사례비교법은 대상부동산과 동질·동일성이 있어서 비교 가능한 사례를 채택하는 것이 중요하다.
④ 거래사례는 위치에 있어서 동일성 내지 유사성이 있어야 하며, 인근지역에 소재하는 경우에는 지역요인비교를 하여야 한다.
⑤ 거래사례에 사정보정요인이 있는 경우 우선 사정보정을 하고, 거래시점과 기준시점간의 시간적 불일치를 정상화하는 작업인 시점수정을 하여야 한다.

해설

사례부동산이 인근지역에 소재하는 경우: 지역요인이 동일하므로 지역요인 비교는 하지 않고 개별요인만 비교한다.

| 정답 | ④

13 공시지가기준법에 의한 토지의 감정평가시 개별요인 세항목의 비교내용이 다음의 표와 같을 때 개별요인 비교치(격차율)는? (단, 주어진 자료 이외의 내용은 없음) 2018년 29회

조건	항목	세항목	비교 내용
접근조건	교통의 편부	취락과의 접근성	대상토지가 10% 우세
		농로의 상태	대상토지가 5% 열세
자연조건	일조 등	일조, 통풍 등	대상토지가 10% 우세
	토양, 토실	토양 · 토질의 양부	대상토지가 5% 열세
획지조건	면적, 경사 등	경사도	대상토지가 5% 열세
	경작의 편부	형상에 의한 장애정도	동일함
행정적조건	행정상의 조장 및 규제 정도	용도지역	동일함
기타조건	기타	장래의 동향	대상토지가 10% 열세

① 0.980
② 0.955
③ 0,950
④ 0.943
⑤ 0.934

해설

$$\text{비교치} = \frac{\text{대상물건}\ 100\% \pm \beta\%}{\text{사례물건}\ 100\% \pm \alpha\%}$$

※ 거래사례 대비 대상 토지 접근조건 :+5%, 자연조건: +5%, 획지조건: -5%, 기타조건: -10%

∴ 비교치(격차율): $\frac{105}{100} \times \frac{105}{100} \times \frac{95}{100} \times \frac{90}{100}$ = 1.05 × 1.05 × 0.95 × 0.9 = 0.9426375

| 정답 | ④

14 **다음 자료를 활용하여 거래사례비교법으로 평가한 대상토지의 감정평가액은? (단, 주어진 조건에 한함)** 2020년 31회

- 대상토지: A시 B대로 30, 토지면적 200m^2, 제3종 일반주거지역, 주거용 토지
- 기준시점: 2020. 3. 1.
- 거래사례의 내역(거래시점: 2019. 9. 1.)

소재지	용도지역	토지면적	이용상황	거래사례가격
A시 B대로 29	제3종 일반주거지역	250m^2	주거용	6억원

- 지가변동율(2019. 9. 1. ~ 2020. 3. 1.): A시 주거지역은 3% 상승함.
- 지역요인: 대상토지는 거래사례의 인근지역에 위치함.
- 개별요인: 대상토지는 거래사례에 비해 8% 우세함.
- 그 밖의 다른 조건은 동일함.
- 상승식으로 계산할 것.

① 531,952,000원
② 532,952,000원
③ 533,952,000원
④ 534,952,000원
⑤ 535,952,000원

해설

시점수정(1.03), 지역요인비교(1), 개별요인비교(1.08)

1. 사례의 m^{2}당 거래가격: 2,400,000원
2. 대상토지의 평가액(비준가액): 2,400,000원 × 1.03 × 1.08 × 200m^2 = 533,952,000원

| 정답 | ③

15 **다음 자료를 활용하여 공시지가기준법으로 평가한 대상 토지의 단위면적당 가액은? (단, 주어진 조건에 한함)**

2021년 32회

- 대상토지 현황: A시 B구 C동 175번지, 일반상업지역, 상업나지
- 기준시점: 2021.04.24
- 비교표준시: A시 B구 C동 183번지, 일반상업지역, 상업용
  2021.01.01.기준 공시지가 6,000,000원/m^2
- 지가변동률(2021.01.01~2021.04.24): A시 B구 상업지역 2% 상승함
- 지역요인: 비교표준지와 대상토지는 인근지역에 위치하여 지역요인 동일함
- 개별요인: 대상토지는 비교표준지에 비해 가로조건에서 5% 우세하고, 환경조건에서 10% 열세하며, 다른 조건은 동일함(상승식으로 계산할 것)
- 그 밖의 요인 보정: 대상토지 인근지역의 가치형성요인이 유사한 정상적인 거래사례 및 평가사례 등을 고려하여 그 밖의 요인으로 50% 증액 보정함

① 5,700,000원/m^2
② 5,783,400원/m^2
③ 8,505,000원/m^2
④ 8,675,100원/m^2
⑤ 8,721,000원/m^2

해설

비교치 $= \frac{\text{대상물건}\ 100\% \pm \beta\%}{\text{사례물건}\ 100\% \pm \alpha\%}$, 시점수정(1.02), 지역요인(1), 개별요인(1.05 × 0.9), 기타(1.5)

∴ 6,000,000원/m^2 × 1.02 × 1.05 × 0.9 × 1.5 = 8,675,100원/m^2

| 정답 | ④

16 **감정평가사 A는 B토지의 감정평가를 의뢰받고 인근지역 나지 거래사례인 C토지를 활용해 2억원으로 평가했다. A가 C토지 거래금액에 대해 판단한 사항은? (단, 주어진 자료에 한함)**

2022년 33회

- B, C토지의 소재지, 용도지역: D구, 제2종일반주거지역
- 면적: B토지 200m^2, C토지 150m^2
- 거래금액: 1.5억원(거래시점 일괄지급)
- D구 주거지역 지가변동률(거래시점~기준시점): 10% 상승
- 개별요인: B토지 가로조건 10% 우세, 그 외 조건 대등

① 정상
② 10% 고가
③ 20% 고가
④ 21% 고가
⑤ 31% 고가

해설

1. 100만원/m^2(C토지) × 사정보정치 × 1.1 × 1.1 = 100만원/m^2(B토지)

2. 사정보정치 = 0.8264, 0.8264 = $\frac{\text{대상물건}100}{\text{사례물건}100+\alpha}$

∴ α = 21%, C토지는 21% 고가 거래되었다고 판단함

| 정답 | ④

17 **다음 자료를 활용하여 공시지가기준법으로 평가한 대상토지의 시산가액(m^2당 단가)은?**

2023년 34회

- 대상토지 현황: A시 B구 C동 101번지, 일반상업지역. 상업나지
- 기준시점: 2023.04.08.
- 비교표준지: A시 B구 C동 103번지, 일반상업지역, 상업나지
  2023.01.01.기준 표준지공시지가 10,000,000원/m^2
- 지가변동률 1) 2023.01.01. ~ 2023.03.31.: −5.00%
  2) 2023.04.01. ~ 2023.04.08.: −2.00%
- 지역요인: 비교표준지는 대상토지의 인근지역에 위치함
- 개별요인: 대상토지는 비교표준지대비 획지조건에서 4% 열세하고, 환경조건에서 5% 우세하며, 다른 조건은 동일함
- 그 밖의 요인 보정: 대상토지 인근지역의 가치형성요인이 유사한 정상적인 거래사례 및 평가사례 등을 고려하여 그 밖의 요인으로 20% 증액 보정함
- 상승식으로 계산할 것
- 산정된 시산가액의 천원미만은 버릴 것

① 11,144,000원
② 11,168,000원
③ 11,190,000원
④ 11,261,000원
⑤ 11,970,000원

해설

10,000,000원/m^2 × 0.95 × 0.98 × 0.96 × 1.05 × 1.2 = 11,261,376원/m^2(천원 미만 절사)

| 정답 | ④

18 **감정평가 실무기준에서 규정하고 있는 수익환원법에 관한 내용으로 옳지 않은 것은?** 2021년 32회

① 수익환원법으로 감정평가할 때에는 직접환원법이나 할인현금흐름분석법 중에서 감정평가 목적이나 대상물건에 적절한 방법을 선택하여 적용한다.

② 부동산의 증권화와 관련한 감정평가 등 매기의 순수익을 예상해야 하는 경우에는 할인현금흐름분석법을 원칙으로 하고 직접환원법으로 합리성을 검토한다.

③ 직접환원법에서 사용할 환원율은 요소구성법으로 구하는 것을 원칙으로 한다. 다만, 요소구성법의 적용이 적절하지 않은 때에는 시장추출법, 투자결합법, 유효총수익승수에 의한 결정방법, 시장에서 발표된 환원율 등을 검토하여 조정할 수 있다.

④ 할인현금흐름분석법에서 사용할 할인율은 투자자조사법(지분할인율), 투자결합법(종합할인율), 시장에서 발표된 할인율 등을 고려하여 대상물건의 위험이 적절히 반영되도록 결정하되 추정된 현금흐름에 맞는 할인율을 적용한다.

⑤ 복귀가액 산정을 위한 최종환원율은 환원율에 장기위험프리미엄 · 성장률 · 소비자물가상승률 등을 고려하여 결정한다.

해설

직접환원법에서 사용할 환원율은 시장추출법으로 구하는 것을 원칙으로 한다. 다만, 시장추출법의 적용이 적절하지 않은 때에는 요소구성법, 투자결합법, 유효총수익승수에 의한 결정방법, 시장에서 발표된 환원율 등을 검토하여 조정할 수 있다.

| 정답 | ③

19 **환원이율에 관한 설명으로 옳지 않은 것은?** 2017년 28회

① 환원이율은 투하자본에 대한 수익비율로써 상각 후 · 세공제전의 이율을 말한다.

② 개별환원이율이란 토지와 건물 각각의 환원이율을 말한다.

③ 환원이율이란 대상부동산이 장래 산출할 것으로 기대되는 표준적인 순수익과 부동산가격의 비율이다.

④ 환원이율은 순수익을 자본환원해서 수익가격을 구하는 경우에 적용되며, 이는 결국 부동산의 수익성을 나타낸다.

⑤ 세공제전 환원이율이란 세금으로 인한 수익의 변동을 환원이율에 반영하여 조정(배제)하지 않은 환원이율을 말한다.

해설

환원이율은 개별환원이율과 종합환원이율, 상각 전 환원이율과 상각 후 환원이율, 세공제전 환원이율과 세공제 후 환원이율 등 어떤 순수익을 사용하느냐에 따라 다양하게 적용된다.

| 정답 | ①

20 자본환원율에 관한 설명으로 옳지 않은 것은? 2019년 30회

① 자본환원율이란 대상부동산이 장래 산출할 것으로 기대되는 표준적인 순영업소득과 부동산 가격의 비율이다.
② 감가상각 전의 순영업소득으로 가치를 추계하는 경우 감가상각률을 제외한 자본환원율을 사용해야 한다.
③ 할인현금흐름분석법에서는 별도로 자본회수율을 계산하지 않는다.
④ 부채감당법에 의한 자본환원율은 부채감당률에 저당비율과 저당상수를 곱하여 구한다.
⑤ 지분수익률은 매기간 세전현금수지의 현가와 기말지분복귀액의 현가의 합을 지분투자액과 같게 만드는 내부수익률이다.

해설

상각 전 순영업소득으로 가치를 추계하는 경우 환원이율도 상각 전 환원이율을 사용해야 한다. 상각 전 환원이율은 상각 후 환원이율에 감가상각률을 더한 것과 같은 값이 된다.

| 정답 | ②

21 수익환원법에 관한 설명으로 옳지 않은 것은? 2022년 33회

① 운영경비에 감가상각비를 포함시킨 경우 상각전환원율을 적용한다.
② 직접환원법에서 사용할 환원율은 시장추출법으로 구하는 것을 원칙으로 한다.
③ 재매도가치를 내부추계로 구할 때 보유기간 경과 후 초년도 순수익을 반영한다.
④ 할인 또는 환원할 순수익을 구할 때 자본적지출은 비용으로 고려하지 않는다.
⑤ 요소구성법으로 환원율을 결정할 때 위험요소를 적극적으로 반영하면 환원율은 커진다.

해설

감가상각비가 운영경비에 포함되어 공제된다면 그 이후의 소득은 모두 상각 후 소득이 된다. 이렇게 상각 후 소득을 토대로 가치추계하는 경우 환원율도 반드시 상각후환원율을 사용해야 한다.

| 정답 | ①

22 다음은 대상부동산의 1년 동안 예상되는 현금흐름이다. (상각전)순영업소득(NOI)은? (단, 주어진, 조건에 한함) 2016년 27회

- 임대면적: $100m^2$
- 임대면적당 매월 임대료: 20,000원/m^2
- 공실손실상당액: 연간 임대료의 5%
- 영업경비: 유효총소득의 60%(감가상각비 2,000,000원 포함)

① 10,080,000원
② 10,880,000원
③ 11,120,000원
④ 12,320,000원
⑤ 12,420,000원

해설

100(m^2)×20,000(원)×12(개월)×(1-0.05)×(1-0.6)+2,000,000(원) = 11,120,000원

| 정답 | ③

23 다음의 자료는 수익형 부동산 A에 관한 내용이다. 수익환원법에 적용할 순수익은? (단, 모든 금액은 연 기준이며, 제시된 자료에 한함) 2018년 29회

- 가능총수익: 9천만원
- 대손충당금: 1백만원
- 자본적 지출액: 6백만원
- 재산세: 2백만원
- 사업소득세: 6백만원
- 공실손실상당액: 3백만원
- 관리직원 인건비: 2천4백만원
- 수선유지비: 3백만원
- 광고선전비: 3백만원

① 42,000,000원
② 48,000,000원
③ 52,000,000원
④ 54,000,000원
⑤ 60,000,000원

해설

순수익(NOI) = 유효총수익(EGI) − 영업경비(OE)

1. 유효총수익(EGI): 9,000만원(PGI) − 300만원(공실손실상당액) − 100만원(대손충당금) = 8,600만원
2. 영업경비(OE): 2,400만원(인건비) + 300만원(수선유지비) + 200만원(재산세) + 300만원(광고선전비) = 3,200만원

∴ 8,600만원 − 3,200만원 = 5,400만원

※ 자본적 지출, 소득세, 개인업무비, 장기차입금이자, 건설자금이자 등은 영업경비에 포함시키지 않는다.

| 정답 | ④

24 현재 대상부동산의 가치는 3억원이다. 향후 1년 동안 예상되는 현금흐름이 다음 자료와 같을 경우, 대상 부동산의 자본환원율(종합환원율)은? (단, 가능총소득에는 기타소득이 포함되어 있지 않고, 주어진 조건에 한함) 2016년 27회

- 가능총소득: 20,000,000원
- 기타소득: 1,000,000원
- 공실손실상당액: 3,000,000원
- 영업경비: 4,500,000원

① 4.0%
② 4.5%
③ 5.5%
④ 6.0%
⑤ 6.5%

해설

$$환원이율(\%) = \frac{순수익(NOI)}{부동산가격} \times 100$$

NOI = PGI(가능총소득) − 공실손실상당액 + OI(기타소득) − OE(영업경비)

$$\therefore\ 4.5\% = \frac{2{,}000만원 - 300만원 + 100만원 - 450만원}{30{,}000만원} \times 100$$

| 정답 | ②

25 다음 조건을 가진 부동산을 통해 산출한 내용으로 옳지 않은 것은? (단, 주어진 조건에 한함) 2023년 34회

- 가능총소득(PGI): 연 150,000,000원
- 공실손실상당액 · 대손충당금: 가능총소득의 10%
- 운영경비(OE): 유효총소득의 30%
- 대출원리금 상환액: 연 40,000,000원
- 가격구성비: 토지 40%, 건물 60%
- 토지환원이율: 연 3%, 건물환원이율: 연 5%

① 운영경비는 40,500,000원이다.
② 종합환원이율은 연 4.2%이다.
③ 순영업소득(NOI)은 94,500,000원이다.
④ 유효총소득(EGI)은 135,000,000원이다.
⑤ 세전현금흐름(BTCF)은 53,500,000원이다.

해설

1. 영업현금흐름표

가능총소득 (PGI: potential gross income)	150,000,000원
- 공실 및 대손충당금 (VBD)	× (1—0.1)
+ 기타수입 (OI: other income)	+ 0
유효총소득 (EGI: effective gross income)	135,000,000원
- 운영경비 (OE: operation expenses)	- 40,500,000원(EGI × 0.3)
순영업소득 (NOI: net operation income)	94,500,000원
- 대출원리금상환액 (DS: debt service)	- 40,000,000원
세전현금흐름 (BTCF: before-tax cash flow)	54,500,000원

2. 종합환원이율 = (토지가격 구성비율 × 토지환원이율) + (건물가격 구성비율 × 건물환원이율)

∴ 0.042(4.2%) = (0.4 × 0.03) + (0.6 × 0.05)

| 정답 | ⑤

26 수익방식의 직접환원법에 의한 대상 부동산의 시산가액은? 2017년 28회

- 가능총수익: 연 2천만원
- 공실 및 대손: 가능총수익의 10%
- 임대경비비율: 유효총수익의 30%
- 가격구성비: 토지, 건물 각각 50%
- 토지환원율: 연 5%, 건물환원율: 연 7%

① 190,000,000원
② 200,000,000원
③ 210,000,000원
④ 220,000,000원
⑤ 230,000,000원

해설

직접환원법: $수익가액 = \frac{순수익(NOI)}{환원율}$

1. 영업현금흐름표

가능총소득 (PGI: potential gross income)	2,000만원
- 공실 및 대손충당금 (VBD)	× 0.9
+ 기타수입 (OI: other income)	+ 0
유효총소득 (EGI: effective gross income)	1,800만원
- 운영경비 (OE: operation expenses)	× 0.7
순영업소득 (NOI: net operation income)	1,260만원

2. 종합환원율 = (토지가격 구성비율 × 토지환원이율) + (건물가격 구성비율 × 건물환원이율)

0.06(6%) = (0.5 × 0.05) + (0.5 × 0.07)

$∴ 210,000,000원 = \frac{12,600,000원}{0.06}$

| 정답 | ③

PART 08 부동산 감정평가론 | 해커스 감정평가사 민영기 부동산학원론 기본서

27 다음과 같은 조건에서 수익환원법에 의해 평가한 대상부동산의 가액은? (단, 주어진 조건에 한함)

2020년 31회

- 가능총소득(PGI): 1억원
- 공실손실상당액 및 대손충당금: 가능총소득의 5%
- 재산세: 300만원
- 화재보험료: 200만원
- 영업소득세: 400만원
- 건물주 개인업무비: 500만원
- 토지가액 : 건물가액 = 40% : 60%
- 토지환원이율: 5%
- 건물환원이율: 10%

① 1,025,000,000원
② 1,075,000,000원
③ 1,125,000,000원
④ 1,175,000,000원
⑤ 1,225,000,000원

해설

직접환원법: 수익가액 $= \frac{\text{순수익}(NOI)}{\text{환원율}}$

1. 영업현금흐름표

가능총소득 (PGI: potential gross income)	10,000만원
- 공실 및 대손충당금 (VBD)	× 0.95
+ 기타수입 (OI: other income)	+ 0
유효총소득 (EGI: effective gross income)	9,500만원
- 운영경비 (OE: operation expenses)	- 500만원
순영업소득 (NOI: net operation income)	9,000만원

※ 자본적 지출, 소득세, 개인업무비, 장기차입금이자, 건설자금이자 등은 영업경비에 포함시키지 않는다.

2. 종합환원율 = (토지가격 구성비율 × 토지환원이율) + (건물가격 구성비율 × 건물환원이율)

   0.08(8%) = (0.4 × 0.05) + (0.6 × 0.1)

∴ 1,125,000,000원 $= \frac{90,000,000\text{원}}{0.08}$

| 정답 | ③

28 **할인현금흐름분석법에 의한 수익가액은? (단, 주어진 자료에 한함, 모든 현금흐름은 연말에 발생함)** 2022년 33회

- 보유기간(5년)의 순영업소득: 매년 9천만원
- 6기 순영업소득: 1억원
- 매도비용: 재매도가치의 5%
- 기입환원율: 4%, 기출환원율: 5%, 할인율: 연 5%
- 연금현가계수(5%, 5년): 4.329
- 일시불현가계수(5%, 5년): 0.783

① 1,655,410,000원
② 1,877,310,000원
③ 2,249,235,000원
④ 2,350,000,000원
⑤ 2,825,000,000원

해설

할인현금흐름분석법: $\text{수익가액} = \sum_{n=1}^{N} \frac{\text{순수익}}{(1+\text{할인율})^n} + \frac{\text{복귀가액}}{(1+\text{할인율})^N}$

= (순수익 × 연금현가계수) + (복귀가액 × 일시불현가계수)

보유기간 순영업소득의 현가: 순영업소득 × 연금현가계수(5%, 5년) = 9,000만원 X 4.329 = 38,961만원

복귀가액 추계: 할인현금흐름분석법의 적용에 따른 복귀가액은 보유기간(5년) 경과 후 초년도(6기)의 순수익을 추정하여 최종(기출)환원율로 환원한 후 매도비용을 공제하여 산정한다. 즉, "재매도가치 - 매도비용"

$\left(\frac{10{,}000\text{만원}(6\text{기 } NOI)}{0.05(\text{기출환원율})}\right) - (200{,}000\text{만원} \times 0.05)$ = 190,000만원

기간말 복귀가액의 현가: 190,000만원 × 일시불현가계수(5%, 5년) = 190,000만원 × 0.783 = 148,770만원

∴ 38,961만원(순수익의 현가) + 148,770만원(복귀가액의 현가) = 187,731만원

| 정답 | ②

29 **수익환원법(직접환원법)에 의한 대상부동산의 가액이 8억원일 때, 건물의 연간 감가율(회수율)은? (단, 주어진 자료에 한함)** 2022년 33회

- 가능총수익: 월 6백만원
- 공실 및 대손: 연 1천2백만원
- 운영경비(감가상각비 제외): 유효총수익의 20%
- 토지, 건물 가격구성비: 각각 50%
- 토지환원율, 건물상각후환원율: 각각 연 5%

① 1%
② 2%
③ 3%
④ 4%
⑤ 5%

해설

$$\text{수익가액} = \frac{\text{순수익}(NOI)}{\text{환원율}}$$

1. 영업현금흐름표

가능총소득 (PGI: potential gross income)	7,200만원(600×12)
- 공실 및 대손충당금 (VBD)	- 1,200만원
+ 기타수입 (OI: other income)	+ 0
유효총소득 (EGI: effective gross income)	6,000만원
- 운영경비 (OE: operation expenses)	× 0.8
순영업소득 (NOI: net operation income)	4,800만원

2. 종합환원율 = (토지가격 구성비율 × 토지환원이율) + (건물가격 구성비율 × 건물환원이율)

※ 상각전 환원율 = 상각후 환원율 + 상각률(감가율, 회수율)

$$80,000\text{만원} = \frac{4,800\text{만원}}{(0.5 \times 0.05) + (0.5 \times (0.05 + \alpha))}$$, ∴ α(감가율) = 0.02(2%)

| 정답 | ②

30 **감정평가에 관한 규칙과 감정평가 실무기준 상 임대료 감정평가에 관한 설명으로 옳지 않은 것은?** 2023년 34회

① 임대사례비교법으로 감정평가할 때 임대사례에 특수한 사정이나 개별적 동기가 반영되어 수집된 임대사례의 임대료가 적절하지 못한 경우에는 사정보정을 통해 그러한 사정이 없었을 경우의 적절한 임대료 수준으로 정상화하여야 한다.
② 시점수정은 대상물건의 임대료 변동률로 함을 원칙으로 한다.
③ 감정평가법인등은 임대료를 감정평가할 때에 임대사례비교법을 적용해야 한다.
④ 적산법은 원가방식에 기초하여 대상물건의 임대료를 산정하는 감정평가방법이다.
⑤ 수익분석법이란 일반기업 경영에 의하여 산출된 총수익을 분석하여 대상물건이 일정한 기간에 산출할 것으로 기대되는 순수익에 대상물건을 계속하여 임대하는 데에 필요한 경비를 더하여 대상물건의 임대료를 산정하는 감정평가방법을 말한다.

해설

시점수정은 사례물건의 임대료 변동률로 한다. 다만, 사례물건의 임대료 변동률을 구할 수 없거나 사례물건의 임대료 변동률로 시점수정하는 것이 적절하지 않은 경우에는 사례물건의 가격 변동률·임대료지수·생산자물가지수 등을 고려하여 임대료 변동률을 구할 수 있다.

| 정답 | ②

31 **다음의 자료를 활용하여 평가한 A부동산의 연간 비준 임대료(원/m^2)는? (단, 주어진 조건에 한함)** 2019년 30회

- 유사임대사례의 임대료: 월 1,000,000원/m^2(보증금 없음)
- 임대료 상승률: 우사임대사례의 계약일로부터 기준시험까지 10% 상승
- A부동산이 유사임대사례보다 개별요인에서 5% 우세

① 13,200,000
② 13,540,000
③ 13,560,000
④ 13,800,000
⑤ 13,860,000

해설

100만원/m^2 × 12(개월) × 1.1 × 1.05 = 1,386만원/m^2

| 정답 | ⑤

32 **다음 자료를 활용한 연간 실질임대료는? (단, 주어진 조건에 한함)** 2016년 27회

- 지불임대료: 200,000원(매월 기준)
- 예금적 성격을 갖는 일시금의 운용수익: 400,000원(연 기준)
- 선불적 성격을 갖는 일시금의 상각액: 80,000원(연 기준)

① 2,400,000원 ② 2,480,000원
③ 2,720,000원 ④ 2,800,000원
⑤ 2,880,000원

해설

실질임대료 = ① ② ③ + 지불임대료

<table>
<tr><td rowspan="2">실질임대료</td><td colspan="2">① 예금적 성격의 일시금 운용익(보증금 등)
② 선불적 성격의 일시금 상각액
③ 선불적 성격의 일시금 미상각액 운용익</td><td></td></tr>
<tr><td>지불임대료</td><td>① 각 지불시기에 일정액씩 지불되는 순임대료분
② 부가사용료, 공익비 중 실비초과액</td><td>① 감가상각비 ② 유지관리비
③ 조세공과금 ④ 손해보험료
⑤ 대손충당금
⑥ 공실 등에 의한 손실상당액
⑦ 정상운전자금이자</td></tr>
<tr><td></td><td></td><td>순 임 료</td><td>필 요 제 경 비</td></tr>
</table>

∴ 실질 임대료: 400,000원 + 80,000원 + (200,000원 X 12개월) = 2,880,000원

| 정답 | ⑤

33 **감정평가에 관한 규칙상 감정평가법인 등이 의뢰인과 협의하여 확정할 기본적 사항이 아닌 것은?** 2018년 29회

① 감정평가 목적 ② 감정평가조건
③ 실지조사 여부 ④ 기준가치
⑤ 수수료 및 실비에 관한 사항

해설

기본적 사항의 확정(감정평가에 관한 규칙 제9조)

① 의뢰인 ② 대상물건
③ 감정평가 목적 ④ 기준시점
⑤ 감정평가조건 ⑥ 기준가치
⑦ 관련 전문가에 대한 자문 또는 용역에 관한 사항
⑧ 수수료 및 실비에 관한 사항

| 정답 | ③

34 감정평가에 관한 규칙상 감정평가법인 등이 감정평가를 의뢰받았을 때 의뢰인과 협의하여 확정하여야 할 기본적 사항이 아닌 것은? 2016년 27회

① 공시지가
② 기준가치
③ 대상물건
④ 기준시점
⑤ 감정평가 목적

해설

감정평가시 확정해야 할 기본적 사항 중에 공시지가는 포함되지 않는다.

| 정답 | ①

35 감정평가에 관한 규칙상 시산가액 조정에 관한 설명으로 옳지 않은 것은? 2019년 30회

① 평가대상물건별로 정한 감정평가방법을 적용하여 산정한 가액을 시산가액이라 한다.
② 평가대상물건의 시산가액은 감정평가 3방식 중 다른 감정평가방식에 속하는 하나 이상의 감정평가방법으로 산정한 시산가액과 비교하여 합리성을 검토하여야 한다.
③ 시산가액 조정시 공시지가기준법과 거래사례비교법은 같은 감정평가방식으로 본다.
④ 대상물건의 특성 등으로 인하여 다른 감정평가방법을 적용하는 것이 곤란하거나 불필요한 경우에는 시산가액 조정을 생략할 수 있다.
⑤ 산출한 시산가액의 합리성이 없다고 판단되는 경우에는 주된 방법 및 다른 감정평가방법으로 산출한 시산가액을 조정하여 감정평가액을 결정할 수 있다.

해설

감정평가방법의 적용 및 시산가액 조정(감정평가에 관한 규칙 제12조 제2항)

감정평가법인등은 대상물건의 감정평가액을 결정하기 위하여 제1항에 따라 어느 하나의 감정평가방법을 적용하여 산정(算定)한 가액[이하 "시산가액(試算價額)"이라 한다]을 제11조 각 호의 감정평가방식 중 다른 감정평가방식에 속하는 하나 이상의 감정평가방법(이 경우 공시지가기준법과 그 밖의 비교방식에 속한 감정평가방법은 서로 다른 감정평가방식에 속한 것으로 본다)으로 산출한 시산가액과 비교하여 합리성을 검토해야 한다. 다만, 대상물건의 특성 등으로 인하여 다른 감정평가방법을 적용하는 것이 곤란하거나 불필요한 경우에는 그렇지 않다.

| 정답 | ③

36 감정평가에 관한 규칙의 내용으로 옳지 않은 것은?

2017년 28회

① 대상물건에 대한 감정평가액은 시장가치를 기준으로 결정하나, 감정평가 의뢰인이 요청하는 경우 등에는 시장가치 외의 가치를 기준으로 결정할 수 있다.
② 적정한 실거래가는 부동산 거래신고에 관한 법률에 따라 신고된 실제 거래가격으로서 거래 시점이 도시지역은 3년 이내, 그 밖의 지역은 5년 이내인 거래가격 중에서 감정평가업자가 인근지역의 지가수준 등을 고려하여 감정평가의 기준으로 적용하기에 적정하다고 판단하는 거래가격을 말한다.
③ 가치형성요인은 대상 물건의 경제적 가치에 영향을 미치는 일반요인, 지역요인 및 개별요인 등을 말한다.
④ 시장가치는 감정평가의 대상이 되는 토지등(이하 "대상물건")이 통상적인 시장에서 충분한 기간 동안 거래를 위하여 공개된 후 그 대상물건의 내용에 정통한 당사자 사이에 신중하고 자발적인 거래가 있을 경우 성립될 가능성이 가장 높다고 인정되는 대상물건의 가액을 말한다.
⑤ 유사지역은 감정평가의 대상이 된 부동산이 속한 지역으로서 부동산의 이용이 동질적이고 가치형성요인 중 지역요인을 공유하는 지역을 말한다.

해설

인근지역에 관한 내용이다.

| 정답 | ⑤

37 감정평가에 관한 규칙에서 규정하고 있는 내용으로 옳지 않은 것은?

2018년 29회

① 감정평가법인 등은 자신의 능력으로 업무수행이 불가능한 경우 감정평가를 하여서는 아니 된다.
② 감정평가법인 등은 감정평가조건의 합리성이 결여되었다고 판단할 때에는 감정평가 의뢰를 거부할 수 있다.
③ 유사지역이란 감정평가의 대상이 된 부동산이 속한 지역으로서 인근지역과 유사한 특성을 갖는 지역을 말한다.
④ 둘 이상의 대상물건 상호간에 용도상 불가분의 관계가 있는 경우에는 일괄하여 감정평가할 수 있다.
⑤ 기준시점을 미리 정하였을 때에는 그 날짜에 가격조사가 가능한 경우에만 기준시점으로 할 수 있다.

해설

유사지역이란 대상부동산이 속하지 아니하는 지역으로서 인근지역과 유사한 특성을 갖는 지역을 말한다.

| 정답 | ③

38 감정평가에 관한 규칙상 가치에 관한 설명으로 옳지 않은 것은?

2019년 30회

① 대상물건에 대한 감정평가액은 시장가치를 기준으로 결정하는 것을 원칙으로 한다.
② 법령에 다른 규정이 있는 경우에는 시장가치 외의 가치를 기준으로 감정평가 할 수 있다.
③ 대상물건의 특성에 비추어 사회통념상 필요하다고 인정되는 경우에는 시장가치 외의 가치를 기준으로 감정평가 할 수 있다.
④ 시장가치란 대상 물건이 통상적인 시상에서 충분한 기간 방매된 후 매수인에 의해 제시된 것 중에서 가장 높은 가격을 말한다
⑤ 감정평가 의뢰인이 요청하여 시장가치 외의 가치로 감정평가하는 경우에는 해당 시장가치 외의 가치의 성격과 특징을 검토하여야 한다.

해설

시장가치란 감정평가의 대상이 되는 토지등(이하 "대상물건"이라 한다)이 통상적인 시장에서 충분한 기간 동안 거래를 위하여 공개된 후 그 대상물건의 내용에 정통한 당사자 사이에 신중하고 자발적인 거래가 있을 경우 성립될 가능성이 가장 높다고 인정되는 대상물건의 가액(價額)을 말한다.

| 정답 | ④

39 감정평가에 관한 규칙상 용어의 정의로 옳지 않은 것은?

2020년 31회

① 기준시점이란 대상물건의 감정평가액을 결정하는 기준이 되는 날짜를 말한다.
② 가치형성요인이란 대상물건의 경제적 가치에 영향을 미치는 일반요인, 지역요인 및 개별요인 등을 말한다.
③ 동일수급권이란 대상부동산과 대체·경쟁 관계가 성립하고 가치 형성에 서로 영향을 미치는 관계에 있는 다른 부동산이 존재하는 권역을 말하며, 인근지역과 유사지역을 포함한다.
④ 임대사례비교법이란 대상물건과 가치형성요인이 같거나 비슷한 물건의 임대사례와 비교하여 대상물건의 현황에 맞게 사정보정, 시점수정, 가치형성요인 비교 등의 과정을 거쳐 대상물건의 임대료를 산정하는 감정평가방법을 말한다.
⑤ 수익분석법이란 대상물건이 장래 산출할 것으로 기대되는 순수익이나 미래의 현금흐름을 환원하거나 할인하여 대상물건의 가액을 산정하는 감정평가방법을 말한다.

해설

수익분석법이란 일반기업 경영에 의하여 산출된 총수익을 분석하여 대상물건이 일정한 기간에 산출할 것으로 기대되는 순수익에 대상물건을 계속하여 임대하는 데에 필요한 경비를 더하여 대상물건의 임대료를 산정하는 감정평가방법을 말한다. 해당 지문은 수익환원법에 대한 설명이다.

| 정답 | ⑤

40 **감정평가 유형에 관한 설명으로 옳지 않은 것은?** 2017년 28회

① 일괄평가란 2개 이상의 대상 물건이 일체로 거래되거나 대상물건 상호간에 용도상 불가분의 관계가 있는 경우에는 일괄하여 평가하는 것을 말한다.
② 조건부평가란 일체로 이용되고 있는 물건의 일부만을 평가하는 것을 말한다.
③ 구분평가란 1개의 대상물건이라도 가치를 달리하는 부분은 이를 구분하여 평가하는 것을 말한다.
④ 현황평가란 대상 물건의 상태, 구조, 이용방법 등을 있는 그대로 평가하는 것을 말한다.
⑤ 참모평가란 대중평가가 아니라 고용주 혹은 고용기관을 위해 하는 평가를 말한다.

해설

부분평가
일체로 이용되고 있는 대상물건의 일부분에 대하여 감정평가하여야 할 특수한 목적이나 합리적인 이유가 있는 경우에는 그 부분에 대하여 감정평가할 수 있다.

| 정답 | ②

41 **감정평가에 관한 규칙상 현황기준 원칙에 관한 내용으로 옳지 않은 것은? (단, 감정평가조건이란 기준시점의 가치형성요인 등을 실제와 다르게 가정하거나 특수한 경우로 한정하는 조건을 말함)** 2021년 32회

① 감정평가법인 등은 감정평가조건의 합리성, 적법성이 결여되거나 사실상 실현 불가능하다고 판단할 때에는 의뢰를 거부하거나 수임을 철회할 수 있다.
② 현황기준 원칙에도 불구하고 법령에 다른 규정이 있는 경우에는 감정평가조건을 붙여 감정평가할 수 있다.
③ 현황기준 원칙에도 불구하고 대상물건의 특성에 비추어 사회통념상 필요하다고 인정되는 경우에는 감정평가조건을 붙여 감정평가할 수 있다.
④ 감정평가의 목적에 비추어 사회통념상 필요하다고 인정되어 감정평가조건을 붙여 감정평가하는 경우에는 감정평가조건의 합리성, 적법성 및 실현가능성의 검토를 생략할 수 있다.
⑤ 현황기준 원칙에도 불구하고 감정평가 의뢰인이 요청하는 경우에는 감정평가조건을 붙여 감정평가할 수 있다.

해설

조건부평가

1. 다음의 어느 하나에 해당하는 경우에는 기준시점의 가치형성요인 등을 실제와 다르게 가정하거나 특수한 경우로 한정하는 조건을 붙여 감정평가할 수 있다.

ㄱ. 법령에 다른 규정이 있는 경우
ㄴ. 의뢰인이 요청하는 경우
ㄷ. 감정평가의 목적이나 대상물건의 특성에 비추어 사회통념상 필요하다고 인정되는 경우

2. 감정평가법인 등은 감정평가조건을 붙일 때에는 감정평가조건의 합리성, 적법성 및 실현가능성을 검토해야 한다.
3. 감정평가법인등은 감정평가조건의 합리성, 적법성이 결여되거나 사실상 실현 불가능하다고 판단할 때에는 의뢰를 거부하거나 수임을 철회할 수 있다.

| 정답 | ④

42 **감정평가에 관한 규칙의 내용으로 옳지 않은 것은?** 2023년 34회

① 시장가치란 감정평가의 대상이 되는 토지등이 통상적인 시장에서 충분한 기간 동안 거래를 위하여 공개된 후 그 대상물건의 내용에 정통한 당사자 사이에 신중하고 자발적인 거래가 있을 경우 성립될 가능성이 가장 높다고 인정되는 대상물건의 가액을 말한다.
② 일체로 이용되고 있는 대상물건의 일부분에 대하여 감정평가하여야 할 특수한 목적이나 합리적인 이유가 있는 경우에는 그 부분에 대하여 감정평가할 수 있다.
③ 감정평가는 대상물건마다 개별로 하여야 하되, 가치를 달리하는 부분은 이를 구분하여 감정평가할 수 있다.
④ 감정평가법인 등은 과수원을 감정평가할 때에 공시지가기준법을 적용해야 한다.
⑤ 감정평가는 기준시점에서의 대상물건의 이용상황(불법적이거나 일시적인 이용은 제외한다) 및 공법상 제한을 받는 상태를 기준으로 한다.

해설

과수원의 감정평가(감칙 제18조)
감정평가법인 등은 과수원을 감정평가할 때에 거래사례비교법을 적용해야 한다.

| 정답 | ④

43 감정평가에 관한 규칙상 대상물건별 주된 감정평가방법으로 옳지 않은 것은? 2018년 29회

① 임대료 - 임대사례비교법
② 자동차 - 거래사례비교법
③ 비상장채권 - 수익환원법
④ 건설기계 - 원가법
⑤ 과수원 - 공시지가기준법

해설

감정평가법인등은 과수원을 감정평가할 때에 거래사례비교법을 적용해야 한다(감칙 제18조).

| 정답 | ⑤

44 감정평가에 관한 규칙상 주된 감정평가방법 중 거래사례비교법을 적용하는 것은? 2020년 31회

ㄱ. 토지
ㄴ. 건물
ㄷ. 토지와 건물의 일괄
ㄹ. 임대료
ㅁ. 광업재단
ㅂ. 과수원
ㅅ. 자동차

① ㄱ, ㄴ, ㅂ
② ㄱ, ㅁ, ㅅ
③ ㄴ, ㅁ, ㅅ
④ ㄷ, ㄹ, ㅁ
⑤ ㄷ, ㅂ, ㅅ

해설

물건별 주된 감정평가방법

ㄱ. 토지(공시지가기준법)
ㄴ. 건물(원가법)
ㄷ. 토지와 건물의 일괄(거래사례비교법)
ㄹ. 임대료(임대사례비교법)
ㅁ. 광업재단(수익환원법)
ㅂ. 과수원(거래사례비교법)
ㅅ. 자동차(거래사례비교법)

| 정답 | ⑤

45 **감정평가에 관한 규칙상 감정평가에 관한 설명으로 옳지 않은 것은?** 2016년 27회

① 토지를 감정평가할 때에 감정평가 및 감정평가사에 관한 법률에 따라 공시지가기준법을 적용하여야 한다.
② 공시지가기준법에 따라 토지를 감정평가할 때에는 비교표준지 선정, 시점수정, 지역요인 비교, 개별요인 비교, 그 밖의 요인 보정의 순서에 따라야 한다.
③ 건물을 감정평가할 때에 원가법을 원칙적으로 적용하여야 한다.
④ 과수원을 감정평가할 때에 수익환원법을 원칙적으로 적용하여야 한다.
⑤ 자동차를 감정평가할 때에 거래사례비교법을 원칙적으로 적용하여야 하나, 본래 용도의 효용가치가 없는 물건은 해체처분가액으로 감정평가할 수 있다.

해설

감정평가법인등은 과수원을 감정평가할 때에 거래사례비교법을 적용해야 한다(감칙 제18조).

| 정답 | ④

46 **감정평가에 관한 규칙상 대상물건별 주된 감정평가방법으로 옳지 않은 것은? (단, 대상물건은 본래 용도의 효용가치가 있음을 전제함)** 2021년 32회

① 선박 – 거래사례비교법
② 건설기계 – 원가법
③ 자동차 – 거래사례비교법
④ 항공기 – 원가법
⑤ 동산 – 거래사례비교법

해설

선박/건설기계/항공기 – 원가법, 자동차 – 거래사례비교법

| 정답 | ①

47 감정평가 실무기준상 권리금 감정평가방법에 관한 설명으로 옳지 않은 것은? 2020년 31회

① 권리금을 감정평가할 때에는 유형·무형의 재산마다 개별로 감정평가하는 것을 원칙으로 한다.

② 권리금을 개별로 감정평가하는 것이 곤란하거나 적절하지 아니한 경우에는 일괄하여 감정평가할 수 있으며, 이 경우 감정평가액은 유형재산가액과 무형재산가액으로 구분하지 않아야 한다.

③ 유형재산을 감정평가할 때에는 주된 방법으로 원가법을 적용하여야 한다.

④ 무형재산을 감정평가할 때에는 주된 방법으로 수익환원법을 적용하여야 한다.

⑤ 유형재산과 무형재산을 일괄하여 감정평가할 때에는 주된 방법으로 수익환원법을 적용하여야 한다.

해설

권리금을 개별로 감정평가하는 것이 곤란하거나 적절하지 아니한 경우에는 일괄하여 감정평가할 수 있다. 이 경우 감정평가액은 합리적인 배분기준에 따라 유형재산가액과 무형재산가액으로 구분하여 표시할 수 있다.

| 정답 | ②

48 감정평가에 관한 규칙에서 규정하고 있는 내용으로 옳지 않은 것은? 2022년 33회

① 기업가치의 주된 평가방법은 수익환원법이다.

② 적정한 실거래가는 감정평가의 기준으로 적용하기에 적정하다고 판단되는 거래가격으로서, 거래시점이 도시지역은 5년 이내, 그 밖의 지역은 3년 이내인 거래가격을 말한다.

③ 시산가액 조정 시, 공시지가기준법과 그 밖의 비교방식에 속한 감정평가방법은 서로 다른 감정평가방식에 속한 것으로 본다.

④ 필요한 경우 관련 전문가에 대한 자문등을 거쳐 감정평가할 수 있다.

⑤ 항공기의 주된 평가방법은 원가법이며, 본래 용도의 효용가치가 없는 물건은 해체처분가액으로 감정평가할 수 있다.

해설

"적정한 실거래가"란 「부동산 거래신고 등에 관한 법률」에 따라 신고된 실제 거래가격(이하 "거래가격"이라 한다)으로서 거래 시점이 도시지역(「국토의 계획 및 이용에 관한 법률」 따른 도시지역을 말한다)은 3년 이내, 그 밖의 지역은 5년 이내인 거래가격 중에서 감정평가법인등이 인근지역의 지가수준 등을 고려하여 감정평가의 기준으로 적용하기에 적정하다고 판단하는 거래가격을 말한다.

| 정답 | ②

49 감정평가에 관한 규칙상 원가방식에 관한 설명으로 옳지 않은 것은?

2022년 33회

① 원가법과 적산법은 원가방식에 속한다.
② 적산법에 의한 임대료 평가에서는 대상물건의 재조달원가에 기대이율을 곱하여 산정된 기대수익에 대상물건을 계속하여 임대하는 데에 필요한 경비를 더한다.
③ 원가방식을 적용한 감정평가서에는 부득이한 경우를 제외하고는 재조달원가 산정 및 감가수정 등의 내용이 포함되어야 한다.
④ 입목 평가 시 소경목림(小徑木林)인 경우에는 원가법을 적용할 수 있다.
⑤ 선박 평가 시 본래 용도의 효용가치가 있으면 선체 · 기관 · 의장(艤裝)별로 구분한 후 각각 원가법을 적용해야 한다.

해설

적산법(積算法)이란 대상물건의 기초가액에 기대이율을 곱하여 산정된 기대수익에 대상물건을 계속하여 임대하는 데에 필요한 경비를 더하여 대상물건의 임대료(사용료를 포함)를 산정하는 감정평가방법을 말한다.

| 정답 | ②

50 우리나라의 부동산 가격공시제도에 관한 설명으로 옳은 것은?

2018년 29회

① 다가구주택은 공동주택가격의 공시대상이다.
② 개별공시지가의 공시기준일이 6월 1일인 경우도 있다.
③ 표준주택에 그 주택의 사용 · 수익을 제한하는 권리가 설정되어 있을 때에는 이를 반영하여 적정가격을 산정하여야 한다.
④ 국세 또는 지방세 부과대상이 아닌 단독주택은 개별주택가격을 결정 · 공시하지 아니할 수 있다.
⑤ 표준지공시지가의 공시권자는 시장 · 군수 · 구청장이다.

해설

① 다가구주택은 단독주택에 포함되므로 단독주택 가격 공시대상이다.
② 개별공시지가의 공시기준일은 매년 1월 1일을 원칙으로 한다.
③ 표준주택에 전세권 또는 그 밖에 단독주택의 사용 · 수익을 제한하는 권리가 설정되어 있을 때에는 그 권리가 존재하지 아니하는 것으로 보고 적정가격을 산정하여야 한다.
⑤ 표준지공시지가의 공시권자는 국토교통부장관이다.

| 정답 | ④

51 다음 중 현행 부동산가격공시제도에 관한 설명으로 옳은 것은 몇 개인가? 2021년 32회

- 표준주택가격의 조사·평가는 감정평가사가 담당한다.
- 개별주택가격의 공시기준일이 6월 1일인 경우도 있다.
- 공동주택가격의 공시권자는 시장·군수·구청장이다.
- 표준지공시지가는 표준지의 사용·수익을 제한하는 사법상의 권리가 설정되어 있는 경우 이를 반영하여 평가한다.
- 개별공시지가는 감정평가법인 등이 개별적으로 토지를 감정평가하는 경우에 기준이 된다.

① 없음
② 1개
③ 2개
④ 3개
⑤ 4개

해설

- **옳은 설명**

개별주택 가격의 공시기준일이 6월 1일인 경우도 있다. 시장·군수 또는 구청장은 공시기준일 이후에 토지의 분할·합병이나 건축물의 신축 등이 발생한 경우에는 사유에 따라 그 해 6월 1일 또는 다음 해 1월 1일을 기준으로 하여 개별주택 가격을 결정·공시하여야 한다.

- **옳지 않은 설명**
  - 표준주택 가격의 조사, 평가는 한국부동산원이 담당한다.
  - 공동주택 가격의 공시권자는 국토교통부장관이다.
  - 표준지공시지가는 표준지의 사용·수익을 제한하는 사법상의 권리가 설정되어 있는 경우 이를 없는 것으로 보고 평가한다.
  - 표준지공시지가는 감정평가법인 등이 개별적으로 토지를 감정평가하는 경우에 기준이 된다.

| 정답 | ②

52 소급감정평가를 의뢰받은 감정평가사 A는 종전 감정평가서의 관련서류인 등기부등본을 통해 감정평가대상 임야의 면적이 1정 3무인 것을 확인하였다. 감정평가서 기재를 위한 사정면적은? (단, 임야대장에 등록되는 면적으로 사정하며, 임야도의 축적은 1 : 3,000임) 2018년 29회

① $12,893m^2$
② $10,215m^2$
③ $9,947m^2$
④ $4,298m^2$
⑤ $3,405m^2$

해설

정(町) = 3,000평, 단(段) = 300평, 무(畝) = 30평, 보(步) = 1평, 평(坪) = 3,3058 m^2

1정 3무: 3,090(평) × 3.3058(m^2) = 10,214.922 m^2

| 정답 | ②

53 **감정평가사 A는 표준지공시지가의 감정평가를 의뢰받고 현장조사를 통해 표준지에 대해 다음과 같이 확인하였다. 표준지조사평가보고서의 토지특성 기재방법으로 옳게 연결된 것은?**

2018년 29회

ㄱ. 토지이용상황: 주변의 토지이용상황이 '답'으로서 돈사·우사 등으로 이용되고 있는 토지
ㄴ. 도로접면: 폭 12미터의 도로에 한면이 접하면서 자동차 통행이 가능한 폭 6미터의 도로에 다른 한면이 접하고 있는 토지

① ㄱ: 목장용지, ㄴ: 중로각지
② ㄱ: 목장용지, ㄴ: 소로각지
③ ㄱ: 답기타, ㄴ: 중로각지
④ ㄱ: 답기타, ㄴ: 소로각지
⑤ ㄱ: 답축사, ㄴ: 중로각지

해설

ㄱ: 답축사, ㄴ: 중로각지

도로접면에 따른 토지특성

도로접면	적용범위
광대한면	폭 25m 이상의 도로에 한면이 접하고 있는 토지
광대소각	광대로에 한면이 접하고 소로(폭 8m 이상 12m 미만) 이상의 도로에 한면 이상 접하고 있는 토지
광대세각	광대로에 한면이 접하면서 자동차 통행이 가능한 세로(가)에 한면 이상 접하고 있는 토지
중로한면	폭 12m 이상 25m 미만 도로에 한면이 접하고 있는 토지
중로각지	중로에 한면이 접하면서 중로, 소로, 자동차 통행이 가능한 세로(가)에 한면 이상 접하고 있는 토지
소로한면	폭 8m 이상 12m 미만의 도로에 한면이 접하고 있는 토지
소로각지	소로에 한면이 접하면서 소로, 자동차통행이 가능한 세로(가)에 한면 이상 접하고 있는 토지
세로(가)	자동차 통행이 가능한 폭 8m 미만의 도로에 한면이 접하고 있는 토지
세각(가)	자동차 통행이 가능한 세로에 두면 이상이 접하고 있는 토지
세로(불)	자동차 통행이 불가능하나 이륜자동차의 통행이 가능한 세로에 한면이 접하고 있는 토지
세각(불)	자동차 통행이 불가능하나 이륜자동차의 통행이 가능한 세로에 두면 이상 접하고 있는 토지
맹지	이륜자동차의 통행이 불가능한 도로에 접한 토지와 도로에 접하지 아니한 토지

| 정답 | ⑤

54 감정평가사 A는 단독주택의 감정평가를 의뢰받고 관련 공부(公簿)를 통하여 다음과 같은 사항을 확인하였다. 이 단독주택의 건폐율(ㄱ)과 용적률(ㄴ)은? (단, 주어진 자료에 한함)

2021년 32회

- 토지대장상 토지면적: $240m^2$
- 대지 중 도시 · 군계획시설(공원) 저촉 면적: $40m^2$
- 건축물의 용도: 지하1층(주차장), 지상1층(단독주택), 지상2층(단독주택)
- 건축물대장상 건축면적: $120m^2$
- 건축물대장상 각 층 바닥면적: 지하1층($60m^2$), 지상1층($120m^2$), 지상2층($120m^2$)

① ㄱ: 50.00%, ㄴ: 100.00%
② ㄱ: 50.00%, ㄴ: 120.00%
③ ㄱ: 50.00%, ㄴ: 150.00%
④ ㄱ: 60.00%, ㄴ: 120.00%
⑤ ㄱ: 60.00%, ㄴ: 150.00%

해설

- **건폐율**

건폐율이란 대지면적에 대한 건축면적의 비율을 말한다. 즉, 건축물이 위치하고 있는 대지면적에 대한 건축물의 바닥면적을 말한다. 예를 들어 대지가 $100m^2$이고 건축물의 바닥면적이 $70m^2$라면 건폐율은 70/100 즉, 70%가 되는 것이다. 쉽게 말해서 이것은 건축물이 얼마나 뚱뚱한 것인가를 나타내는 것이다.

- **용적률**

용적률이란 대지면적에 대한 (지상층)연면적의 비율을 말한다. 즉, 건축물이 위치하고 있는 대지면적에 대한 건축물 전체(지하층, 주차장 제외)의 연면적을 말한다. 예를 들어 대지가 $100m^2$이고 건축물 전체의 면적인 연면적이 $400m^2$라면 용적률은 400/100, 즉 400%가 되는 것이다. 쉽게 말해서 이것은 건축물이 얼마나 키가 큰 것인가를 나타내는 것이다.

$$\therefore \text{ 건폐율} = \frac{120m^2(\text{건축면적})}{200m^2(\text{대지면적})} = 60\%,\ \text{용적률} = \frac{240m^2(\text{연면적})}{200m^2(\text{대지면적})} = 120\%$$

| 정답 | ④

55 감정평가사 A는 표준지공시지가의 감정평가를 의뢰받고 현장조사를 통해 표준지에 대해 다음과 같이 확인하였다. 표준지조사평가보고서상 토지특성 기재방법의 연결이 옳은 것은?

2021년 32회

ㄱ. 지형지세: 간선도로 또는 주위의 지형지세보다 높고 경사도가 15°를 초과하는 지대의 토지
ㄴ. 도로접면: 폭 12m 이상 25m 미만 도로에 한면이 접하고 있는 토지

① ㄱ: 급경사, ㄴ: 광대한면
② ㄱ: 급경사, ㄴ: 중로한면
③ ㄱ: 고지, ㄴ: 광대한면
④ ㄱ: 고지, ㄴ: 중로한면
⑤ ㄱ: 고지, ㄴ: 소로한면

해설

ㄱ: 급경사, ㄴ: 중로한면

고저에 따른 토지특성

고저	적용범위
저지	간선도로 또는 주위의 지형지세보다 현저히 낮은 지대의 토지
평지	간선도로 또는 주위의 지형지세와 높이가 비슷하거나, 경사도가 미미한 토지
완경사	간선도로 또는 주위의 지형지세보다 높고 경사도가 15° 이하인 지대의 토지
급경사	간선도로 또는 주의의 지형지세보다 높고 경사도가 15°를 초과하는 지대의 토지
고지	간선도로 또는 주위의 지형지세보다 현저히 높은 지대의 토지

| 정답 | ②

56 **감정평가사 A는 표준지공시지가의 조사·평가를 의뢰받고 실지조사를 통해 표준지에 대해 다음과 같이 확인하였다. 표준지조사·평가보고서상 토지특성 기재방법의 연결이 옳은 것은?**

2023년 34회

ㄱ. 토지이용상황: 주변의 토지이용상황이 '전'으로서 돈사와 우사로 이용되고 있음
ㄴ. 도로접면: 폭 10미터의 도로와 한면이 접하면서 자동차 통행이 불가능한 폭 2미터의 도로에 다른 한면이 접합

① ㄱ: 전기타, ㄴ: 중로한면
② ㄱ: 전기타, ㄴ: 소로한면
③ ㄱ: 전축사, ㄴ: 소로각지
④ ㄱ: 전축사, ㄴ: 소로한면
⑤ ㄱ: 목장용지, ㄴ: 소로한면

해설

ㄱ: 전축사, ㄴ: 소로한면

소로한면

폭 8m 이상 12m 미만의 도로에 한면이 접하고 있는 토지

| 정답 | ④

MEMO

MEMO

MEMO

민영기

약력
동국대학교 대학원 박사
삼성증권, 씨티은행, 하나대투증권, 메리츠증권, 현대해상 강의
국민은행, 기업은행, 신한생명, 알리안츠생명 강의(투자설계, 부동산설계)
EBS강의(2006, 2019), RTN(부동산TV) 출연(2007, 2009, 2011)

현 | 해커스 감정평가사 부동산학원론 교수
현 | 해커스금융 온라인 및 오프라인 전임교수
현 | 금융투자협회 등록교수
현 | 성공회대학교 민주자료관 박사급 연구위원
전 | 한국교육방송(EBS) 부동산학 방송강사
전 | 동국대학교, 세종대학교, 상명대학교 외래교수

저서
해커스 감정평가사 민영기 부동산학원론 기본서,
해커스 감정평가사, 2024
해커스 외환전문역1종 최종핵심정리문제집,
해커스금융, 2021~2023
해커스 증권투자권유대행인·펀드투자권유대행인·
펀드투자권유자문인력·파생상품투자권유자문인력·
증권투자권유자문인력 최종핵심정리문제집(송영욱 공저),
해커스금융, 2021~2024
해커스 투자자산운용사 최종핵심정리문제집
(백영, 송현남, 조중식 공저), 해커스금융, 2024
해커스 금융투자분석사 최종핵심정리문제집
(송현남, 송영욱, 김장현 공저), 해커스금융, 2022~2023
2019 EBS 공인중개사 기본서 1차 부동산학개론
(이동기, 김하선, 김덕기 공저), 랜드프로, 2018
북한의 화폐와 시장, 한울아카데미, 2018

2025 대비 최신판

해커스 감정평가사 민영기 부동산학원론 기본서

초판 1쇄 발행 2024년 3월 19일

지은이	민영기 편저
펴낸곳	해커스패스
펴낸이	해커스 감정평가사 출판팀

주소	서울특별시 강남구 강남대로 428 해커스 감정평가사
고객센터	1588-2332
교재 관련 문의	publishing@hackers.com 해커스 감정평가사 사이트(ca.Hackers.com) 1:1 고객센터
학원 강의 및 동영상강의	ca.Hackers.com

ISBN	979-11-6999-939-7 (13320)
Serial Number	01-01-01